Jürgen Hartmann

Staat und Regime im Orient und in Afrika

Jürgen Hartmann

Staat und Regime im Orient und in Afrika

Regionenporträts und Länderstudien

Bibliografische Information der Deutschen Nationalbibliothek
Die Deutsche Nationalbibliothek verzeichnet diese Publikation in der
Deutschen Nationalbibliografie; detaillierte bibliografische Daten sind im Internet über
<http://dnb.d-nb.de> abrufbar.

1. Auflage 2011

Lektorat: Frank Schindler | Verena Metzger

VS Verlag für Sozialwissenschaften ist eine Marke von Springer Fachmedien.
Springer Fachmedien ist Teil der Fachverlagsgruppe Springer Science+Business Media.
www.vs-verlag.de

Umschlaggestaltung: KünkelLopka Medienentwicklung, Heidelberg
Druck und buchbinderische Verarbeitung: Ten Brink, Meppel
Gedruckt auf säurefreiem und chlorfrei gebleichtem Papier
Printed in the Netherlands

ISBN 978-3-531-18042-7

Inhaltsverzeichnis

Teil 2: Afrika

Teil 3: Zwischen Orient und Afrika: Der Sudan

Einleitung

Das subsaharische Afrika und die arabisch-islamische Welt liegen vor Europas Haustür. Der Nahost-Konflikt, Reibungen zwischen schiitischen und sunnitischen Muslimen, organisierter Mord zwischen afrikanischen Völkern, manipulierte Wahlen und luxuriöser Konsum inmitten von Gesellschaften, die in einer Armutsfalle stecken, dringen in Abständen in die Schlagzeilen und Nachrichten. Intime Landeskenner kommentieren Ereignisse und Hintergründe. Die orientalische und afrikanische Politik verschwinden hin und wieder aus dem Fokus der Medien. Kurz darauf tauchen sie mit denselben oder anderen Krisenherden und Problemländern wieder auf. Vorgestern der Kongo, gestern Kenia, heute Simbabwe. Neulich der Irak, jetzt wieder der Libanon, morgen vielleicht Ägypten oder wie so oft zuvor der Sudan.

Schon bei flüchtiger Wahrnehmung halten sich bei allem raschen Wechsel der Themen und Länder einige Konstanten: Afrika und die arabisch-islamische Welt bieten offensichtlich keinen guten Nährboden für Demokratie, für friedlichen Konfliktaustrag und für die Toleranz ethnischer oder konfessioneller Verschiedenheit. Leider gilt dies auch für andere Teile der Welt. Doch in diese Welten ist Bewegung gekommen. Neben dem langjährigen Unikat einer japanischen Demokratie finden wir in Ostasien heute in Indonesien, Korea und auf Taiwan demokratische Regime vor, in Thailand und auf den Philippinen wachsen Elemente demokratischer Herrschaft auf. Die autoritären Regime Chinas und Vietnams sind bei aller Intoleranz gegenüber Dissidenten durchaus sensibel für die Quellen verbreiteter Armut und gesellschaftlicher Proteste. In Lateinamerika gar sind autoritäre Regime heute zur Ausnahme geworden, mag die demokratische Qualität des Wandels vom Standard der nordatlantischen Welt auch noch weit entfernt sein. Blicken wir auf den Orient, so registrieren wir lediglich in der Türkei ein Land, das mit Erfolg die Hülsen autoritärer Tradition abstreift. Wenden wir den Blick weiter südlich auf die schwarzafrikanische Welt, so ragen lediglich eine Handvoll Staaten heraus, darunter die ökonomisch erfolgreicheren wie Ghana und Südafrika, die nicht wie das persönliche Wirtschaftsgut eines politischen Führers oder einer Clique anmuten.

An Länderstudien über Afrika und den Orient herrscht kein Mangel. Auch an generalisierenden Darstellungen fehlt es nicht. Aber nur wenige Politikwissenschaftler, vornehmlich in der angelsächsischen Welt, ziehen aus dem reichlich vorhandenen Wissen eine Summe. Mehr als eine für Historie und Kultur sensible Betrachtung braucht es dazu eigentlich nicht.

Die europäische Staatenwelt fußt auf Entwicklungen, die vor über 400 Jahren einsetzten. Der Zerfall des Römischen Reiches und die Reformation brachten eine Reihe von Staaten hervor. Einige davon, wie Frankreich und Spanien, halten sich bis heute, andere sind verschwunden, wie Preußen und das historische Österreich. Alle diese Staaten zeichneten sich durch gemeinsame Institutionen aus, Bürokratie, Repräsentation, Privateigentum, Individualrechte, später Öffentlichkeit, Opposition, Parteien und Verbände. Die neue asiatische Staatenwelt ist zwar bedeutend jünger als diejenige Europas, fasst man aber ihre kulturellen Fundamente ins Auge, so lässt sich in Ostasien eine viel ältere übergreifende konfuzianische Kultur erkennen. In ihrem Mittelpunkt stehen China, daneben Japan, Korea und sogar noch Vietnam. Sie alle haben später, im 19. und 20. Jahrhundert, die äußere Form moderner Staatlichkeit übernommen.

Für eine vergleichende Darstellung Afrikas und des Orients gibt es gute Gründe. Der erste und wichtigste Grund liegt darin, dass beide Staatenwelten einfach da sind und dass es gerade für ein europäisches Publikum wichtig ist zu verstehen, woher diese Staaten kommen, welche politischen Kräfte dort wirken und warum der europäische Betrachter gut beraten ist, sie nicht mit den Maßstäben zu beurteilen, die als Messlatte für westliche Demokratien taugen. Vor dem Urteil kommt das Verstehen, und ein Verstehen ohne die Kenntnis historischer und kultureller Hintergründe ist ein Unding. Eine Politikwissenschaft, die darüber hinwegsieht, taugt allenfalls dazu, Höhen, Längen und Volumina zu berechnen. Bei solchem Treiben spielt es dann keine Rolle mehr, ob Äpfel oder Birnen, Sri Lanka, Kolumbien, Uganda und Kirgistan miteinander verglichen werden.

Bei der Betrachtung Afrikas und des Orients bedürfen drei Themen der Klärung. Es handelt sich zunächst um den Islam, ferner um die neopatrimoniale Erscheinungsform des autoritären Systems, in diesem Zusammenhang auch um Stammes- und Klanzugehörigkeit sowie Ethnizität, und schließlich um die Durchsetzungsmängel der staatlichen Gewalt. Diese Phänomene erschließen den Zuschnitt der beiden Gesamtregionen wie auch die Situation einzelner Länder.

Personalisierte Diktaturen, um mit dem ersten Thema zu beginnen, halten sich in keiner anderen großen Weltregion so hartnäckig wie in Afrika und im Orient. Lediglich im Iran und in der Türkei hat eine Institutionenbildung stattgefunden, hier im Sinne oligarchischer, dort im Sinne demokratischer Herrschaft. Mit dem Typus neopatrimonialer Herrschaft sind Machtkämpfe und Nachfolgekrisen verbunden. Im Orient werden sie zwischen mächtigen Familien und Stammesgruppen – und damit zusammenhängend – auch zwischen den islamischen Konfessionen ausgetragen. Hier zählt allein die Eroberung und Kontrolle staatlicher Apparate, insbesondere Militär und Polizei. Das Ergebnis ist stets eine Herrschaft von Minderheiten. Nicht anders geht es in Afrika zu, nur dass dort eben Völker und Sprachgemeinschaften um die Staatskontrolle kämpfen und dass es dort um die Durchsetzungsfähigkeit des Staates ungleich schlechter steht. Ob und wie sich diese Herrschaft hält, das hängt von der Effizienz des Staates ab. Die Erzwingungsfähigkeit autoritärer Herrschaft ist ein kardinal wichtiges Kriterium für die Stabilität der Regime. Sie wiederum hängt von der Ressourcenbeschaffung und vom internationalen Umfeld ab (Bellin 2005: 25ff.).

Damit sind wir beim gemeinsamen Signum beider Weltregionen angelangt: dem Staat. Der Staat ist hier nicht einfach das Herrschaftsinstrument einer Gruppe. Er dient vielmehr zur Einkommensbeschaffung für diejenigen, die diesen Staat kontrollieren, und er belohnt die Fußtruppen der Herrschenden mit Jobs und Verdienstmöglichkeiten. Weitergehende Verpflichtungen kennt er nicht.

Im modernen Orient ist diese Variante des Staates eine Hinterlassenschaft der osmanischen Epoche. Sie ging vor erst 90 Jahren zu Ende. Ägypter und Araber kannten nichts anderes, als dass sie von ethnisch und teilweise auch religiös fremden Hilfsbeamten des Sultans regiert wurden. Sie hatten überwiegend auch keine Wir-Empfindungen als Ägypter oder Araber. Gemeinsamkeitsempfindungen, die Stammesloyalität überlagerten, reiften allein in dem gemeinsamen Interesse einer Klasse, d.h. bei Grundbesitzern, städtischen Kaufleuten, Bürokraten und Offizieren.

Im orientalischen Norden Afrikas und auch im subsaharischen Afrika erwuchsen ähnliche Praktiken aus einer anderen Tradition. Wie zuvor die Gouverneure und das Verwaltungspersonal der Kolonialmächte die Afrikaner ausbeuteten und sich um Bildung und Gesundheit nicht groß kümmerten, so sprangen nach der Unabhängigkeit Afrikaner selbst mit ihren eigenen Landsleuten um – nicht überall, aber doch so häufig, dass die Verallgemeinerung erlaubt erscheint.

Vor diesem Hintergrund relativiert sich die Bedeutung parlamentarischer und bürokratischer Institutionen bei der Betrachtung der afrikanischen und orientalischen Politik. Soweit vorhanden, handelt es sich um Behelfe, um in der modernen Welt zu bestehen. Ihr Eigenwert ist zu vernachlässigen. Doch immerhin: Wie das Beispiel der Türkei zeigt, schließt der Ballast der Vergangenheit den demokratischen Wandel nicht aus.

Kommen wir jetzt zur grundlegenden Gemeinsamkeit der orientalischen Politik, dem Islam. Die Religion bestimmt die Parameter aller sozialen Aktivität. Die Privatisierung der Religion, wie sie in Europa zu beobachten ist, taugt denkbar schlecht als Blickwinkel, um den Status des Islam in der orientalischen Gesellschaft zu erfassen.

Wie alle großen und alten Religionen überliefert der Islam keine politische Theorie. Schließlich bedurfte es auch im Okzident erst der Emanzipation des philosophischen Denkens von der Universalreligion des Katholizismus, um Staatstheorien reifen zu lassen. Der Islam wird von den Herrschenden mit unterschiedlichem Vorzeichen bemüht, um eine Klassenherrschaft, eine Familienherrschaft oder ein Regime der Geistlichen zu legitimieren. Gleichzeitig bietet er den Vertretern der Gesellschaft eine Plattform, um Kritik an Unterdrückung und sozialer Ungleichheit zu üben.

Um die legitimen Grenzen zwischen dem Religiösen und dem Staatlichen wird ein Kulturkampf ausgetragen. Er berührt unmittelbar die Herrschaftsverhältnisse. Selbst die recht weit dem europäischen Konstitutionalismus zugewandte Türkei ist Schauplatz dieser Auseinandersetzung. Und wie es nicht anders sein kann, wenn Glaubensüberzeugungen im Spiel sind, schlagen konfessionelle Unterschiede, hier insbesondere zwischen dem sunnitischen und dem schiitischen Islam, auf die Politik durch.

In Afrika ist die Ethnizität das große gemeinsame Thema. Das Machtkalkül mit der Zugehörigkeit zu Völkern, zumeist kombiniert mit Sprach- und Religionsgruppen, geht auf den Kolonialismus zurück. Zum Generaltenor des Machtgewinns und Machterhalts wurde Ethnizität erst nach der Unabhängigkeit der vormaligen Kolonien. Der Appell an ethnische Identität mobilisiert Wähler. Er hält die Klientel der Herrschenden bei der Stange. Er sammelt die Zukurzgekommenen und Benachteiligten hinter der Fahne oppositioneller Politiker, und er rechtfertigt schließlich den kollektiven Widerstand kaum weniger als er zur Verteidigung der bestehenden Verhältnisse aufruft.

Die Grenzziehungen in der Kolonialära ziehen sich bis in die gegenwärtige afrikanische Staatenwelt durch. Sie durchschneiden Siedlungs- und Wirtschaftsräume. Sie sperren Völker mit verschiedener Tradition und Sprache in ein und denselben Staat, und sie marginalisieren kleine Völker beim Ringen um die Staatskontrolle. Nicht der Markt, sondern der Staat ist der Hauptgenerator für Reichtum, Luxus und Privilegien. Allein die überschaubaren Eliten kommen in ihren Genuss. Ethnische Politik wirbt um Mitinteressenten am Status quo, indem sie Wir-Empfindungen manipuliert. Für die meisten zahlt sich diese Manipulation in den Brosamen aus, die von der Reichen Tische fallen: kleine Jobs, Vorzugsbehandlung durch die Behörden und sichtbare Benachteiligung der als fremd empfundenen Anderen. Der Rückhalt der ethnischen Klientel ist unverzichtbar, weil der Staat als solcher zu schwach ist, um die Herrschenden in schwierigen Zeiten im Sattel zu halten.

Im Gegensatz zu den orientalischen Staaten, die ihr Territorium überwiegend im Griff haben, handelt es sich bei vielen afrikanischen Staaten um Failed states, um gescheiterte Staaten, oder aber um Staaten, die als Failing states in einem Stadium auf dem Wege dorthin stecken. Sie vernachlässigen Gebiete, in denen keine Staatseinkünfte erwirtschaftet werden. Der Staat wird wie ein Unternehmen betrieben. Dieses stößt Bereiche, hier Gebiete und Völker, ab, die nicht profitabel sind.

Nun zum Aufbau dieses Buches: Der erste Teil umreißt kurz die Konzepte des Staates und des Regimes. Der zweite und der dritte Teil schildern zunächst jeweils die koloniale Vorgeschichte der afrikanischen und orientalischen Staatenwelt.

In einem nächsten Schritt werden die kulturellen Grundlagen der Politik ins Auge gefasst. In der orientalischen Gesellschaft bestimmen Islam, Familie, Stamm und Klan den Gesamtzuschnitt. Entsprechende Bedeutung haben in Afrika die Ethnie bzw. das Volk, die Religion und Rollenmodelle aus der kolonialen Ära.

Für den Zeitraum der Unabhängigkeit geht die Darstellung zur Porträtierung einzelner Länder über. Im Mittelpunkt dieser Länderkapitel stehen das Regime und die Staatswirksamkeit. Das Modell der neopatrimonialen Herrschaftspraxis bietet für beide Staatenregionen einen Schlüssel, um die Regime zu verstehen. Es gibt neopatrimoniale Systeme von beachtlicher Stabilität, die klug gemanaged und sogar von einer Generation zur nächsten weitergeführt werden. Aber es gibt eben auch andere Systeme solcher Art, die an Inkompetenz und Maßlosigkeit scheitern.

Der beschreibende Zugriff genießt in der Politikwissenschaft kein großes Ansehen. Politische Systeme, in denen Personen und Einzelereignisse, informelle Strukturen und kulturelle Kodierungen stärker hervortreten als Institutionen, sind kein dankbarer Gegenstand für die Verallgemeinerung. Wo das Studium der Institutionen, ihrer Regeln und Gewohnheiten in westlichen Demokratien oder in bürokratischen Diktaturen Aufschluss über Macht und Machtgebrauch verspricht, hilft bei den weniger institutionalisierten Systemen die historische Retrospektive auf Konflikte, Personen und Veränderungen weiter.

Aus diesem Grund wurde als Vorgehensweise für die Länderdarstellungen die chronologische Schilderung gewählt. Im Zeitverlauf lässt sich zeigen, ob und wie neopatrimoniale Herrscher aufsteigen und scheitern. Das Gleiche gilt für den Aspekt der Staatlichkeit. Das unabhängige Afrika war nicht auf den Failing oder Failed state programmiert. Dieser war und ist das Resultat politischer Entscheidungen.

Für beide Regionen wird eine Länderauswahl getroffen. Im Mittelpunkt steht für den Orient der Maschrek, d.h. der östliche Mittelmeerraum und die Golfregion. Ferner werden mit dem Iran und der Türkei zwei Länder außerhalb des arabischen Kulturraumes berücksichtigt. Zunächst werden die wichtigsten arabischen Republiken, Ägypten, Syrien, der Libanon und der Irak porträtiert. Mit Jordanien und Saudi-Arabien schließt sich die Betrachtung zweier monarchisch verfasster arabischer Länder an, wobei Saudi-Arabien auch unter dem

Aspekt des Paktes zwischen den Repräsentanten des sunnitischen Islam und der Herrscherfamilie betrachtet wird.

Danach folgen ausführliche Blicke auf die Türkei und den Iran. Der Iran repräsentiert das Zusammengehen von Islam und moderner Staatlichkeit in seiner schiitischen Variante. Die Türkei hingegen, die über mehr als 80 Jahre, häufig unter autoritärem Vorzeichen auf laizistischem Kurs gefahren wurde, bietet heute das faszinierende Bild, Demokratie und Islam im Rahmen eines säkularen Staates in Einklang zu bringen.

Unter Afrika wird im Folgenden das subsaharische Afrika verstanden. Nordafrika gehört zum arabischen Kulturraum. Es ist aber, bedingt durch die koloniale Vergangenheit, stärker als der östliche Orient auf Europa bezogen. Es soll gesondert betrachtet werden.

Auch für Afrika wird eine Länderauswahl getroffen. Diese Auswahl folgt zweierlei Gesichtspunkten. Zum einen werden mit Kamerun, Nigeria, Senegal, Ghana, Kenia, Uganda und Südafrika Länder vorgestellt, die allein aufgrund ihrer Größe oder wegen ihres Ausnahmecharakters als afrikanische Demokratien Beachtung verdienen. Zum anderen werden Länder in Augenschein genommen, deren innere Befindlichkeit von Ereignissen in den Nachbarländern bestimmt wird. Die Ursache dafür sind schwache oder de facto nicht mehr funktionierende Staaten. Der liberianische Bürgerkrieg verwüstete Sierra Leone und hat auch die Elfenbeinküste in Mitleidenschaft gezogen. Der Genozid an den in Ruanda lebenden Tutsi im Jahr 1994 destabilisierte die Staatenregion im Gebiet der großen afrikanischen Seen. Er entzündete einen Bürgerkrieg im ohnehin bereits labilen Kongo. Mali, Niger, Tschad und Sudan liegen sämtlich an den Nahtstellen des arabischen und des afrikanischen Kulturraumes. Sie werden abschließend betrachtet.

Die im Text verwendeten Abkürzungen werden im Abkürzungsverzeichnis aufgelöst. Der Tabellenanhang gliedert sich in Tabellen, die ein vergleichendes Datenprofil der im Folgenden betrachteten Länder bieten und Basisdaten für jedes einzelne Land aufführen.

Autoritäres Regime und Staat

Staat und Staatsversagen

Der Staat ist ein Schlüsselbegriff dieser Erörterungen. In den historischen Ausführungen wird auf das Imperium, d.h. auf die großräumige politische Einheit vor der Erfindung des modernen Territorialstaates einzugehen sein. Das Imperium ist eine pluralistische Herrschaftsform. Historische Imperien wie das alte China und das Osmanenreich ließen den verschiedensten Herrschern und Glaubensrichtungen Luft, sofern sie nur die Oberhoheit des Kaisers oder Sultans anerkannten.

Das marode osmanische Imperium verlangte seinen Völkern keine große Anpassung ihrer tradierten Lebensweise ab. Erst die osmanischen Staatsreformen zwangen sie ab Mitte des 19. Jahrhunderts in eine europäisch anmutende Staatlichkeit. Danach gelangten sie unter die Vormundschaft europäischer Kolonialmächte. Schließlich wurden sie ohne ihr Zutun in die Form unabhängiger Staaten gepresst. Dies alles geschah in einer Kulturregion, die sich durch eine ungeheure Vielfalt und Gemengelage der Religionen, Lebensweisen und Sprachen auszeichnet. Neben bäuerlicher Existenz spielte die nomadische Lebensweise noch eine bedeutende Rolle. Die Völker des Orients waren schlecht für den bürokratischen Staat gerüstet. Afrika schließlich wurde gänzlich unvorbereitet aus traditionellen Lebensformen herausgerissen und ins kalte Wasser einer bürokratischen Kolonialherrschaft geworfen.

Wenn hier vom Staat die Rede ist, so ist darunter der moderne Staat zu verstehen. Seine Formen und Inhalte gehen auf die frühe europäische Neuzeit zurück. In der Lehre von den Internationalen Beziehungen wird er als der westfälische Staat bezeichnet: Seine Merkmale sind das Gewaltmonopol der staatlichen Organe, klar definierte Grenzen und rechtliche Kriterien zur Abgrenzung von Staatsangehörigen und Ausländern.

Um der Funktionstüchtigkeit, den Schwächen oder einfach dem Versagen des Staates auf die Spur zu kommen, verwendet die politikwissenschaftliche Literatur einige Maßstäbe. So unterscheidet Zartman den Staat

- als Identitätsquelle und akzeptierte Arena der politischen Auseinandersetzung,

- in Gestalt plastischer Institutionen, die Entscheidungen treffen und anwenden, und
- als flächendeckenden Sicherheitsgaranten (Zartman 1995a: 5).

Diese Staatsdimensionen lassen sich nur analytisch trennen. Lässt eine dieser Fähigkeiten nach, geht etwa die Anwendungskraft der staatlichen Institutionen zurück, so bilden sich andere Arenen der Politik, z.B. bewaffnete Auseinandersetzungen zwischen Rebellen- oder Privatarmeen. Damit droht dann auch der Verlust der territorialen Kontrolle. Staatsversagen ist *kein* Regierungsversagen. Solange sich die Profiteure einer Misere im Sattel halten, erfüllt für sie auch ein schwacher Staat seinen Zweck. Staatsversagen ist in aller Regel kein Produkt unglücklicher Umstände, sondern das Ergebnis politischen Handelns und des gewollten Handlungsverzichts (Rotberg 2004a: 25f.; zur kritischen Auseinandersetzung mit der Vorstellung eines Failed State: Call 2008; dazu ferner Straßner/Klein 2007, Schneckener 2006).

Rotberg präsentiert ein Leistungsprofil des intakten Staates, um daran abzulesen, ob ein Staat als Failing state schwächelt oder ob er gar kollabiert ist. An erster Stelle der vom Staat bereitzustellenden Güter steht die Sicherheit – die Hobbessche Kernfunktion des Staates. Der typische Failed state zeichnet sich aus durch

- kommunalen Unfrieden,
- die Ausbeutung der Bürger durch den Staat,
- die Unfähigkeit, seine Peripherien zu kontrollieren (im besonderen jene, die von Outgroups bewohnt werden),
- die Herrschaft krimineller Banden auf der Straße,
- die Reduktion der funktionstüchtigen Staatsorgane auf die Exekutive,
- den Verfall der Infrastruktur (Straßenschäden, Einstellung oder Einschränkung des Bahnverkehrs),
- die Vernachlässigung des Schulwesens und der Krankenhäuser, damit auch die Privatisierung entsprechender Leistungen,
- die Kriminalisierung des Staatshandelns, vor allem Korruption und
- das unternehmerische Kalkül auf der Basis der Kontakte zu den Regierungsbehörden.

Den staatlichen Handlungen kommt im Failed State die Legitimität abhanden. Die Bürger entziehen sich, sie weichen aus oder sie leisten Widerstand. Entsprechend kapriziert sich Politik auf die Gewaltdrohung und Gewaltanwendung (Rotberg 2004a: 3, 6ff.).

Das Versagen des Staates tritt je offensichtlicher hervor, desto weniger die Herrschenden zu verteilen haben. Eine kritische Grenze wird erreicht, wenn diese nicht mehr in der Lage sind, ihre Klientel auf dem gewohnten Niveau zu versorgen. Entsprechend wächst die Opposition, entsprechend steigt auch der Rekurs auf Gewalt und regt sich Gegengewalt (Clapham 2003: 30).

Am deutlichsten tritt das Staatsversagen in der territorialen Dimension zutage. Es manifestiert sich in aller Regel darin, dass die Regierung in bestimmten Gebieten überhaupt nicht mehr in Erscheinung tritt oder dass ihre Anordnungen und Befehle dort nichts mehr gelten. Das Ergebnis mag eine Anarchie sein, das Abgleiten in eine Herrschaft durch kriminelle Banden oder aber das Auftreten eines Warlord, eines lokalen oder regionalen Machthabers. Warlords treten in vielerlei Varianten auf, vom kaum verhüllten Despoten bis hin zum kühlen Politiker, der auf der Basis bewaffneter Macht quasi-staatliche Leistungen organisiert und auf diese Weise vielleicht sogar Legitimität gewinnt (Clapham 1998).

Ebenso kann anstelle eines Warlord ein Nachbarstaat das Vakuum ausfüllen, das ein Staat hinterlässt, der die Fähigkeit verloren hat, sein Gebiet zu beherrschen. In aller Regel wird dies auf verdeckte Weise geschehen, um keinen Anlass für den Vorwurf der Aggression und den Tadel der Staatengemeinschaft zu geben. An den Länderbeispielen dieses Buches wird zu ersehen sein, dass Warlords und benachbarte Regierungen häufig mehr oder weniger zusammenspielen, um die Schwäche der legalen Regierung zu ihrem Vorteil auszunutzen.

Regime

Die Politikwissenschaft unterscheidet zwischen dem Staat und dem Regime. Der *Staat* ist das Gerüst der Verfassungs- und Rechtsbestimmungen und Institutionen. Das *Regime* verkörpert den Modus, in dem regiert wird. Das Regime bestimmt die Qualität des politischen Systems, ob demokratisch oder autoritär. Ob Wahlen oder freie und kritische Öffentlichkeit, ob Unterdrückung der politischen Opposition oder manipulierte Wahlen – dies alles gehört in den Bereich des Regimes. Ein Regime mag sich grundlegend ändern, der Staat als Apparatur ist bei weitem nicht so wandlungsfähig. Die *Regierung* schließlich bezeichnet lediglich das Führungsorgan, das in wechselnder personeller Besetzung Macht im Einklang mit dem betreffenden Regimen ausübt (Fishman 1990).

Das Generalmerkmal autoritärer Herrschaft ist die Tatsache, dass sie Teile der Gesellschaft von politischer Teilhabe und von der Zuteilung öffentlicher Güter ausschließt. Blicken wir dazu kurz auf das Repertoire politikwissenschaftlicher Konzepte für politische Systeme, die nicht dem Typus der westlichen Demokratie entsprechen. Carl J. Friedrich und Zbigniew Brzezinski unterscheiden zwischen dem totalitären und dem autoritären System (Friedrich/Brzezinski 1956). Die gemeinsame Schnittmenge beider Systeme ist die Ausschaltung des politischen Wettbewerbs und der kritischen Öffentlichkeit. Totalitäre Systeme sind auf die historischen Phänomene des Nationalsozialismus und der leninistischen Spielart des Sozialismus gemünzt, vor allem in dessen stalinistischer Variante. Beide haben sich überlebt. Hauptmerkmale des Totalitarismus sind die politische Richtschnur eines neuen Menschenbildes, die umfassende Steuerung von Staat, Wirtschaft und Gesellschaft sowie die Unterdrückung politischer Konkurrenz und freier Öffentlichkeit.

Autoritäre Systeme besitzen kein weltanschauliches Leitsystem, das mit politischen Mitteln einen neuen Menschen hervorbringen will. Deshalb lassen sie sich ohne Weiteres mit den verschiedensten Ideologien und Wirtschaftsordnungen vereinbaren.

Das autoritäre System zeichnet sich nach Juan Linz durch seinen eingeschränkten Pluralismus aus (Linz 1973). Neben dem autoritären Herrscher existieren weitere legale politische Spieler. Sie werden geduldet, weil sie das politische Verteilungsmuster nicht infrage stellen. Negativ ausgedrückt heißt dies aber auch, dass andere Kräfte auf Dauer von politischer Teilhabe ausgeschlossen werden. Es mag im autoritären System also durchaus mehr als eine Partei und auch eine gewisse Meinungsvielfalt geben. Die Grenzen dieses Pluralismus werden von den primären Nutznießern der Herrschaft bestimmt (Linz 2000: 159f., 168).

Hier knüpft Robert A. Dahl an. Er unterscheidet starke und schwache Demokratien. Ferner differenziert er zwischen autoritären Systemen der härteren und der weicheren Variante, d.h. solche, die ein großes Maß an kontrolliertem Pluralismus zulassen, und andere, die schon leichte Variationen der offiziellen Stimme des Regimes nicht tolerieren. Ein Militärputsch mag ein schwaches demokratisches Regime unter die Schwelle zum Autoritarismus rutschen lassen. Ein locker gehandhabtes autoritäres Regime mag sich irgendwann auf breitere politische Beteiligung einlassen und in die Liga der Demokratien aufsteigen (Dahl 1971: 20ff.).

Neopatrimoniales Regime

Die neopatrimoniale Herrschaft ist ein Schlüsselbegriff der folgenden Erörterungen. Der Begriff geht auf Max Weber zurück (Weber 2002: 720ff.). Das Patrimonium stellt eine Analogie zum Eigentümer her, der beim Gebrauch seines Eigentums keinem Dritten verantwortlich ist. Eigentum lässt sich pflegen, mehren, verschleudern und verschenken. Den Schaden oder Nutzen hat niemand außer dem Eigentümer selbst. Patrimonialherrschaft bedeutet Herrschaftsausübung ohne Regel- oder Zweckbindung. Sie markiert den Gegenpol zur Herrschaft in und mit Institutionen. Institutionen verkörpern bürokratisch-legale Herrschaft im Rahmen von Recht, Bürokratie und Verfassung. Der idealtypische patrimoniale Herrscher ist ein Despot. Er ist nicht einmal – wie etwa ein Monarch – durch Tradition und ungeschriebene Regeln gebunden. An die Stelle der Kalkulierbarkeit im bürokratischen Staat tritt hier die Laune und Tagesform des Herrschers.

Die Politikwissenschaft hat dieses Bild zum neopatrimonialen System weiterentwickelt. Im „neo" wird deutlich, dass heutzutage selbst kein Despot umhin kann, sich auf die Sachzwänge eines Regierungsapparats einzulassen. Ohne ein Minimum an fachbürokratischer Kompetenz greift auch autoritäre Herrschaft ins Leere. Zwar kommt der neopatrimoniale Herrscher an Bürokraten nicht vorbei. Diese besorgen seine Geschäfte und gewinnen dabei ein Stück eigene Macht. Aber letztlich liegt es allein bei ihm, wen er an die Spitzen der Bürokratien setzt. Dabei obsiegt im Regelfall persönliche Ergebenheit über Kompetenz. Schließlich wird sich ein neopatrimonialer Herrscher auch mit Eliten arrangieren, die er zu Beginn seiner Herrschaft vorfindet und die er nicht ersetzen will oder kann (Eisenstadt 1973: 30ff., 50ff.).

Das bürokratisch-autoritäre Regime

Mit der bürokratisch-autoritären Herrschaft stellte Guillermo O'Donnell ein weiteres Regime vor (O'Donnell 1973). Das Modell folgt der Anschauung lateinamerikanischer Militärdiktaturen in den 1960er und 1970er Jahren. Dieser Regimetypus tritt mit gewissen Akzentverschiebungen in aller Welt auf. Wesentlich für die Unterscheidung vom neopatrimonialen System ist der Umstand, dass im Zentrum dieses Regimes keine Person steht, sondern eine Institution. Meist handelt es sich um das Militär. Je nachdem, ob die Militärs unmittelbar regieren oder andere für sich regieren lassen, wird das Offizierkorps zur Arena eines Machtkampfes oder dieser Kampf findet zwischen Politikern und Bürokraten statt (Linz 2000: 270). Im Militärregime kleiden sich politische Ambitionen in Uniform. Professionell orientierte Militärs lassen sich auf politisches Kalkül ein, um in ihrem Apparat zu reüssieren. In den Spitzenstellungen verwischen sich die Rollen des Politikers und des Offiziers bis zur Unkenntlichkeit. Im Mittelpunkt des bürokratisch-autoritären Regimes mögen auch Parteien stehen, wie etwa in China oder Vietnam, oder aber Teile eines klerikalen Establishments, wie im Iran.

Typische Konfliktlinien im konkurrenzfreien Regime

Autoritäre Systeme jedweder Art grenzen Teile der Gesellschaft aus. Aber gesellschaftliche Verwerfungen und Konflikte verschaffen sich auch dort Ausdruck, wo es keine freie politische Auseinandersetzung gibt. Daraus ergeben sich jetzt – bereits mit Blick auf die Themen dieses Buches – folgende Merkpunkte:

1. Der Gegensatz zwischen Arm und Reich tritt im autoritären Regime stärker zutage als im demokratischen Regime, weil sich allein regimekonforme Interessen legal artikulieren dürfen. Ein autoritäres Regime ist auf größere Fehlverteilungen disponiert, als sie ein demokratisches Regime aushalten könnte. Der schlichte Grund: Die Demokratie fußt auf dem egalitären Zuschnitt politischer Beteiligungsrechte.

2. Die Religion reguliert in der islamischen Welt das Alltagsleben stärker als in anderen Kulturkreisen. Das säkulare Staatsverständnis postuliert im öffentlichen Leben den Vorrang staatlicher vor religiösen Normen. Fragen des Glaubens und der Lebensführung bewegen sich in der privaten Sphäre. Die Separierung dieser Sphären ist dem Islam, wie er im Orient verstanden und gelebt wird, fremd. Das autoritäre System des Orients muss mit der Religion so umgehen, dass es seinen Bestand sichert und gleichwohl die Verletzung religiöser Empfindungen und Tabus minimiert.

3. Menschen unterscheiden sich neben Geschlecht und Alter schon im ersten Kontakt durch Rasse, Herkunft und Sprache. Autoritäre Systeme stehen in Versuchung, diese Unterschiede im Machtkampf bzw. für den Machterhalt auszubeuten. Mit der Mobilisierung von Neidempfindungen, Vorurteilen und Ressentiments werben sie hier um Rückhalt und lenken sie dort die Ursache für Missstände und Unzufriedenheit auf missliebige Ethnien und Religionen ab.

Autoritäre Herrschaft, ob neopatrimonial oder bürokratisch gewandet, mag zwar dauerhaft Teilhaber, Nutznießer und Ausgeschlossene definieren. Sie wird auch darin Konstanz zeigen, dass sie die bewaffneten Apparate für die Sicherung des Regimes braucht. Aber sie ist durchaus wandlungsfähig. Nach Machtkämpfen oder nach einem Generationswechsel mögen die Begünstigten von gestern auf die Verliererseite geraten. Die Lenker des Regimes mögen es für nützlich halten, bisher ausgeschlossene Interessen und Gruppen wenn schon nicht zu beteiligen, ihnen aber doch entgegenzukommen, indem sie ihrer Tradition und Religion größere Entfaltung im öffentlichen Raum konzedieren. Die Streitkräfte mögen sich aus dem Schaufenster des Regimes zurückziehen, Allianzen mit neu aufwachsenden Klassen eingehen und Politiker in Zivil regieren lassen, sich selbst aber im Hintergrund halten und weiterhin darauf achten, dass die Politik ihre Essentials respektiert.

Der Rentenstaat

In seiner bekanntesten Gestalt tritt der Rentenstaat als Petrostaat, d.h. als Erdöl produzierender Staa auf. Bei Renten handelt es sich um Einkünfte, die ohne nennenswerten Beitrag zur Wertschöpfung, vorzugsweise aus der Ausbeutung der geologogischen und klimatischen Gegebenheiten erwirtschaftet werden. Die einzig relevante Einkommensquelle dieses Staatstypus ist der Verkauf von Rohstoffen und Naturprodukten.

Die immense Weltnachfrage nach Treib- und Schmierstoffen bringt besonders die Erdöl produzierenden Staaten in eine komfortable Lage. Zwar müssen auch sie hin und wieder Einbußen hinnehmen, da die Nachfrage und die Preise Schwankungen unterliegen. Doch solange der Vorrat reicht, verschafft ihnen die weltweite Abhängigkeit vom Öl eine sichere Einkommensquelle. Schwieriger ist die Situation derjenigen Rohstoffstaaten, deren Produkte weniger nachgefragt werden. Nachfrageeinbrüche bei Kupfer und Zinn haben Sambia, Chile und Bolivien in den vergangenen Jahrzehnten schwer zu schaffen gemacht.

Die Rentenökonomie ist ein zweifelhafter Segen. Die Einkünfte alimentieren die Staats- und Sicherheitsapparate. Sie haben eine Bourgeoisie entstehen lassen, die am Import von Luxusgütern für die Eliten und die kaufkräftigen Schichten verdient. So lassen sich leicht Gewinne realisieren. Investitionen in die Industrie brauchen demgegenüber ihre Zeit, um sich auszuzahlen. Wozu im eigenen Lande herstellen, was das Ausland zu günstigen Preisen anbietet?

Rentierstaaten sind nach dem Prinzip des „no taxation with no representation“ (Okruhlik 1999: 296) konstruiert. Der Staat muss sich nicht groß anstrengen, um den Staatsapparat im Wege der steuerlichen Umverteilung zu finanzieren. In der historischen Retrospektive haben sich effektive staatliche Strukturen aber durchweg um die extraktive Leistung des Staates herum entwickelt: um die Fähigkeit, für die Realisierung seiner Politik auf die Vermögen und Einkommen seiner Untertanen zuzugreifen (Karl 1997: 10ff.). In aller Welt tritt der Staat für gewöhnlich als Umverteilungsagent, d.h. als Steuerstaat auf. Der Rohstoffstaat indes verteilt bloß die Erträge aus dem Verkauf des Tafelsilbers. Dazu muss er nicht tief in die Gesellschaft eindringen, sich nicht groß um die Zustimmung der Betroffenen bemühen und auch seine Zwangsmittel nicht schärfen. Das gesellschaftliche Wurzelwerk des Staates ist deshalb schwach entwickelt.

Repression tritt im Rentenstaat ebenso auf wie in jenen Staaten, die nicht reich mit natürlichen Ressourcen ausgestattet sind. Wo die Erträge aus der Ausbeute der Ressourcen fließen, fließen sie in aller Regel auf die Konten einer überschaubaren Klasse von Politikern und Geschäftsleuten. Dafür gibt es einen zwingenden Grund. Der Grund mag am Beispiel der Erdöl produzierenden Staaten verdeutlicht werden. Die Länder der Golfregion, der Sahara und an den Küsten des Golfs von Guinea, wo die großen Ölvorkommen entdeckt wurden, standen zu dem Zeitpunkt, als die lukrative Förderung begann, unter der Herrschaft autoritärer Regime. Da die Macht schon im Zeitpunkt der Entdeckung lukrativer Ressourcen bei überschaubaren Eliten konzentriert war, flossen auch die Mittel aus dem Ressourcenverkauf dorthin.

Jene Mittel, die nach dem persönlichen Konsum und den Ausgaben für die Regimesicherheit im Rentenstaat noch übrig bleiben, bringen mehr, wenn sie in London, Zürich und New York Zinsen erwirtschaften, als würden sie für Infrastrukturprojekte und Entwicklungsvorhaben mit einer langfristigen Zukunftsdividende verausgabt. Diese Anlageform stellt außerdem eine probate Rückversicherung für den komfortablen Lebensabend in Aussicht, wenn die Hauptprofiteure des Regimes durch die Unwägbarkeiten der Innenpolitik doch einmal ins westliche Exil gezwungen werden sollten.

Teil 1: Der Orient

1 Historischer Überblick

1.1 Vorstaatliche Prägungen

1.1.1 Islamische Frühgeschichte

Der arabisch-islamische Raum war bis ins 20. Jahrhundert hinein Bestandteil eines zunächst arabisch, später osmanisch geprägten Imperiums. Der Islam war die einzige größere Gemeinsamkeit seiner zahlreichen Völker. Im Ursprung ist der Islam eine arabische Religion. Der Religionsstifter Mohammed, der Prophet, lebte in den Oasenstädten Mekka und Medina. Seine Geburtsstadt Mekka war von arabischen Stämmen besiedelt, die erst kurz zuvor ihre nomadische Lebensweise aufgegeben hatten. Die wenigen großen Städte des arabischen Raumes existierten in einer Symbiose mit den Beduinen. Beide hatten ihre Lebensweise der frugalen Natur angepasst. Gegen Bezahlung boten die Beduinen Schutz für die Handelskarawanen. Auch Raub, Gefangennahme und Lösegeld gehörten zur Überlebensstrategie. Das Leben in diesem Raum war indes kein unaufhörlicher Kampf zwischen Stadt und Land. Es gehorchte gewissen Regeln und bewahrte so das Nebeneinander verschiedener Lebens- und Wirtschaftsweisen. In deren Mittelpunkt standen der Primat der Familie und des Stammes. Kämpferische Tugenden standen hoch im Kurs. Das Ansehen der Familie bestimmte den sozialen Status. Es bemaß sich nach der Anzahl der männlichen Nachkommen und den verwandtschaftlichen Beziehungen zu anderen Familien. Heiratsentscheidungen waren politische Entscheidungen. Sie glichen Bündnissen. Blutsverwandtschaft schweißte Familien zu Klans und Stämmen zusammen (Noth 1987: 12ff.).

Zum Verstehen der orientalischen Gesellschaft sei eine knappe Skizze der islamischen Religionsgeschichte vorausgeschickt. Ihre zentrale Gestalt ist der Prophet Mohammed (570-632). Nach der Überlieferung übte Mohammed in seiner Heimatstadt Mekka den Beruf eines Kaufmannes aus (zum Folgenden die von Ibn Ishaq notierten Berichte vom Leben des Propheten: Ibn Ishaq 1999; kurze Sekundärschilderungen bei North 1987: 28ff., Busse 1987: 17ff.). Im 7. Jahrhundert christlicher Zeitrechnung hatte er das Erlebnis, dass sich ihm Gott durch den Erzengel Gabriel offenbarte. Fortan sah sich Mohammed als Werkzeug dazu bestimmt, Gottes Willen zu verkünden. Gottes zentrale Botschaft war, es gebe nur einen Gott, und dieser einzige Gott dulde keine weiteren Götter neben sich. In zahlreichen Äußerungen tat Mohammed kund, welche Lebensregeln Gott den Menschen verordnet hat. Der Kern seiner Botschaft, die Einzigartigkeit Gottes, weist starke Parallelen mit Judentum und Christentum auf. Nachweislich lebten in den Städten des frühen prophetischen Wirkens Stämme, die den jüdischen Glauben praktizierten. Es wird vermutet, dass Mohammed und seine ersten Anhänger durch römische Grenzsoldaten in groben Zügen mit dem Christentum vertraut wurden (Jansen 2007). Im Monotheismus stimmen diese drei großen Weltreligionen überein. Doch Mohammed kennt weder ein von Gott ausgewähltes Volk, wie es im Judentum der Fall ist, noch Gott als Dreifaltigkeit wie im Christentum noch Apostel, in deren Wirken sich Gott artikuliert. Von allen monotheistischen Religionen ist der Islam die kompromissloseste.

Die göttlichen Offenbarungen wurden dem Propheten in arabischer Sprache verkündet und im Heiligen Buch des Koran niedergeschrieben. Der Koran ist das zentrale Glaubensdokument der Muslime. Er gilt als unmittelbares Wort Gottes. Deshalb wird das Arabische als Sprache Gottes aufgefasst. Koranschüler in Afrika und Asien lernen den Koran auf Arabisch, d.h. eine Sprache, die sie sonst weder aktiv noch passiv beherrschen. Mohammed ließ neben dem Islam noch die „Buchreligionen" der Juden und Christen gelten. Sie haben Gott zwar nicht ganz richtig erkannt, aber doch insoweit, als sie eben nur den einen Gott kennen. Alle Religionen, die mehr als einen Gott verehren, lehnt der Islam entschieden ab.

Nach der Überlieferung verehrten die Wüsten- und Oasenbewohner eine Vielzahl von Gottheiten. Mekka war ein Zentrum der Götterverehrung, die ihren Bewohnern beträchtlichen Wohlstand verschaffte. Mit der Bekehrung seiner mekkanischen Landsleute zur monotheistischen Gottesverehrung hatte Mohammed zunächst wenig Erfolg. Die Abkehr von der alten Religion hätte die Einnahmen aus dem Götzendienst gefährdet. Im Jahr 622 christlicher Zeitrechnung übersiedelte Mohammed nach Medina. Die Stämme Medinas hatten ihn gebeten, dort Streitigkeiten zu schlichten. Mohammed willigte ein, wenn sie sich zu Gott bekannten. In Medina, einer von Arabern und Juden bewohnten Ansammlung kleiner Ortschaften, nutzte er die Gelegenheit zu verwirklichen, was ihm in seiner Heimatstadt verwehrt geblieben war. Mit der Autorität der ihm mitgeteilten göttlichen Offenbarungen gab er den Medinensern eine Rechtsordnung. Dort, im Exil, entstand die islamische Urgemeinde. Diese Gemeinschaft, die Umma, wurde später zum Mythos, zum Modell für das friedliche Zusammenleben der Gläubigen.

Von Medina aus kämpfte Mohammed dafür, den rechten Glauben auch in seiner Heimatstadt durchzusetzen. Er erwies sich dabei als fähiger Kopf. Teils mit geschickter Diplomatie bei den Stammesführern, teils im offenen Kampf nahm er im Jahr 630 Mekka ein und zwang dessen Familien, den Islam anzunehmen. Die Kaaba (Würfel), zuvor der Ort, an dem die alten Götter verehrt wurden, wurde sakralisiert (Gebet in Richtung Mekka, Hadsch). Als Ort, an dem Abraham gewirkt habe, der auch im Islam Verehrung genießt, wurde Mekka in die monotheistische Vorgeschichte der neuen Religion eingebunden.

Durch die Epoche der Glaubensverkündigung ist das Milieu der arabischen Stämme in die Botschaft des Islam eingeflossen. Schließlich war die Botschaft, was ihre lebenspraktische Anwendbarkeit betraf, auf die lokale Gesellschaft ausgelegt. Unvermeidlich spiegelte sie deren Werte, Praktiken und Konflikte wider.

Mit der Bekehrung zum Islam entstand im arabischen Raum für Nomaden, Bauern und Städter Gemeinschaft. Es gab nunmehr ein islamisches „Wir“, die Vorstellung einer Gemeinsamkeit mit Menschen desselben Glaubens außerhalb des eigenen Gesichtskreises. Die Anderen waren die Ungläubigen, und diese Ungläubigen sollten bekehrt werden. Auf der Grundlage des Missionsauftrags expandierte der Islam bereits zu Lebzeiten des Propheten, zunächst auf der arabischen Halbinsel. Bei seinem Tod hatte der Prophet den Status eines sowohl religiösen als auch politischen Führers der Stämme, die sich zum neuen Glauben bekannten.

Der Prophet hatte keine männlichen Nachkommen. Die Führung der islamischen Gemeinde ging nach seinem Tode (632) an den Kalifen über. Es handelte sich hier um eine Figur, die in der ursprünglichen Glaubensbotschaft nicht enthalten war. Der Kalif ist ein Stellvertreter, kein Nachfolger des Propheten. Gottes Offenbarung gegenüber Mohammed war ein einzigartiges, nicht weitergebbares Ereignis. Der Kalif war somit bloß politischer Wahrer und Beschützer des Prophetenerbes. Besondere Bedeutung in der Glaubengeschichte haben die vier „rechtgeleiteten“ Kalifen. Sie waren enge Weggefährten Mohammeds und hatten aus dem Munde des Propheten noch die authentische Auslegung der von Gott empfangenen Botschaft empfangen dürfen. Sie kamen sämtlich aus verschiedenen Zweigen des Prophetenstammes der Kuraisch.

Der erste rechtgeleitete Kalif war Abu Bakr, Schwiegervater des Propheten. Er wurde von den Honoratioren Medinas bestimmt, wo der Prophet bis zu seinem Lebensende lebte. Etliche Muslime hätten die Bestimmung Alis, ein Cousins des Propheten und Ehemann der Prophetentochter Fatima, vorgezogen. Unter Abu Bakr dehnte der Islam seine Herrschaft bis auf Teile Syriens und Groß-Palästinas aus (dazu und zum Folgenden: Busse 1987: 24ff., Cahen 1968: 65ff.).

Nach Abu Bakrs Tod (634) bestimmte die Medinenser Gemeinde Omar zum Nachfolger. In Omars Herrschaftszeit entstand das klassische islamische Recht, die Scharia. Die islamische Herrschaft dehnte sich jetzt auf ganz Syrien aus und griff bereits auf Teile Persiens über; auch Ägypten wurde erobert. Omar wurde ermordet (644).

Zum Nachfolger wurde Uthman bestimmt. Unter seiner Führung wurde Nordafrika erobert. Er wurde Opfer einer Rebellion. Sie hatte sich in der ägyptischen und irakischen Provinz am Vorwurf entzündet, der Kalif begünstige bei der Ämtervergabe seine Familie und teile die Einkünfte aus Tributen und Kriegsbeute nicht gerecht. Er wurde von rebellischen Kriegern ermordet (656).

Als vierter und letzter rechtgeleiteter Kalif wurde Ali ausgerufen. Ali hatte zu den Kritikern des ermordeten Kalifen gehört, seine Gegner bezichtigten ihn der Mitschuld am Tod des Vorgängers. Das Kalifenreich schloss inzwischen zahlreiche nicht-arabische Stämme und Völker ein. Die Notabeln der Stadt Medina waren nicht mehr geeignet, eine Gemeinschaft von Muslimen zu repräsentieren, die in das Format eines Imperiums hineingewachsen war. Ali verlegte seinen Sitz ins irakische Kufa. Die Nachfahren des Kalifen Omar akzeptierten sein Kalifat nicht. Auch ursprüngliche Anhänger wandten sich von ihm ab. Beide zwangen ihn, sein Amt im Krieg der Muslime untereinander zu verteidigen. Obgleich Ali militärisch die Oberhand behielt, blieb er umstritten. Er starb infolge eines Attentats, das ein früherer Anhänger auf ihn verübte (661).

Schon bei der Bestimmung des ersten Kalifen hatte es Stimmen gegeben, die für Ali plädierten, der mit dem Propheten am engsten verwandt war. Die Entscheidung für Ali beseitigte nach Auffassung eines Teils der Muslime ein Unrecht, zu dem es gar nicht erst hätte kommen dürfen. Als nun Ali in Teilen der muslimischen Gemeinde angefeindet wurde, entwickelte sich Streit um die Frage, ob der Kalif ein Blutsverwandter des Propheten sein müsse. Alis Gegner verneinten dies nicht weniger entschieden, als es seine Anhänger bejahten (Noth 1987: 77).

Ali musste seinen Anspruch auf das Kalifat verteidigen. Nach ergebnislosem Kampf – bei Damaskus – mit Muawiya aus der omayyadischen Kuraisch-Sippe des zweiten Kalifen, der Statthalter in Syrien war, unterwarf sich Ali einem Schiedsspruch. Dieser ließ seine Legitimität weiterhin offen. Als Ali ermordet wurde, traten seine Anhänger für die Nachfolge des Sohnes Hussein ein. Hussein wurde jedoch übergangen. Das Kalifat ging an Muawiya, den omayyadischen Herausforderer Alis, über. Der Sitz des Kalifats wechselte nach Damaskus.

Aus diesem Konflikt erwuchs das Schisma der muslimischen Welt. Auf der einen Seite standen Muslime, die in der Kalifatsfrage für den Brauch, d.h. die Sunna, standen. Danach sollte jeder moralisch einwandfreie und qualifizierte Muslim aus dem Stamme des Propheten das Kalifat ausüben können. Auf der anderen Seite beharrten die Parteigänger Alis – Schia't Ali – darauf, dass allein die Nachfolge Alis für das Kalifat prädestiniere. Die Omayyaden behaupteten sich erfolgreich gegen einen Aufstand des Ali-Sohnes Hussein, der seinen Anspruch mit den Waffen durchsetzen wollte. Hussein fiel nahe dem heute irakischen Kerbala in der Schlacht (680). Bis heute wird er von schiitischen Muslimen als Märtyrer verehrt (Ende 1987: 71ff.).

1.1.2 Omayyaden- und Abassidenreich

Unter den Omayyaden-Kalifen wurde Syrien zum politischen und geistigen Zentrum des Islam. Die omayyadische Periode der arabischen Geschichte sollte bis zum Jahr 750 andauern. In dieser Zeit wurde das Kalifat zur erbmonarchischen Institution. Die Araber stellten das Staatsvolk. Deshalb ging die Verbreitung des Islam jetzt mit der Ausdehnung arabischen Brauchtums auch unter nicht-arabischen Völkern einher. Gleichzeitig nahm die Glaubenspraxis Elemente der dort zuvor verbreiteten Religionen auf. In Nordafrika, in Ägypten, im Sudangebiet sowie in Syrien, Palästina und in Kleinasien handelte es sich um christliche Elemente (Heilige, Orden). Hieraus entstand der sufische Islam (s. unten 2.1.3.4). In seiner sufischen Variante sollte der Islam Jahrhunderte später wiederum in Westafrika aufgenommen werden. Dort reicherte er sich mit Elementen afrikanischer Religionen an. Arabischen Kriegern gelang im Jahr 711 der Sprung über die Meerenge von Gibraltar. Bereits 732 erreichten und überschritten sie die Pyrenäen. Im Osten des Reiches unternahmen sie Vorstöße nach Mittelasien bis Samarkand und Buchara.

Die letzte Phase des arabisch geprägten Kalifats brach mit der Abbasiden-Dynastie an (dazu und zum Folgenden: Nagel 1987: 101ff., Cahen 1968: 133ff., Busse 1989: 34ff.). Das Zentrum islamisch-arabischer Herrschaft verschob sich jetzt in den heutigen Irak. Bagdad wurde zum Sitz der Kalifen. Die Abbasiden-Herrschaft dauerte bis ins 13. Jahrhundert. Unter den Abbasiden gelangten auch Angehörige anderer Völker, die den Islam angenommen hatten, in hohe Ämter. Die religiösen Funktionen des Kalifats verblassten zum Ritual. Gleichzeitig erstarrten Theologie und Recht, im Islam eine Einheit, in den überlieferten Auslegungen. In alltagspraktischen Fragen wandten sich die Gläubigen, wenn sie der Wegweisung bedurften, an einen Geistlichen (Ulama).

Unter den Abbasiden gab es keine weiteren großen Eroberungen mehr. Die Reichsgrenzen waren mit Blick auf die schwachen administrativen und militärischen Strukturen des Kalifats bereits weit überdehnt. Feindlichen Völkern, die auf die Grenzen des Reiches drückten, zeigte sich das Kalifat immer weniger gewachsen. Auf der iberischen Halbinsel begann die Rückeroberung durch christliche Fürsten. Im Osten des Reiches stießen die Mongolen nach Persien und ins Zweistromland vor. Die Abbasidendynastie erlosch mit der Eroberung Bagdads durch die Mongolen im Jahr 1258.

In der „goldenen Zeit" der Omayyaden- und Abbasidenreiche verblasste die Ausstrahlung des arabischen Stammesbrauchtums. Es entwickelte sich eine blühende Stadtwelt. Sie überragte in dieser Zeit die christliche Welt an Weltläufigkeit und Offenheit für Wissenschaft und Architektur. Frei von der Enge, die im katholischen Europa Wissenschaft und Kunst einschnürte, nahmen islamische Gelehrte Anstöße der hellenischen und der persischen Kultur auf. Der Islam wurde zur Grundlage einer hochstehenden Weltzivilisation. Ihre ökonomische Basis war der Handel.

Die Ausgaben für Heer und Hofhaltung wurden durch die Besteuerung des Handels abgeschöpft. Für die ständige Präsenz von Kalifatsbeamten in den letzten Winkeln des Reiches gab es keine Notwendigkeit. Es handelte sich hier um ein typisches Imperium. Nicht anders als im damaligen Europa gab es weder kartographisch erfasste Grenzen noch Behörden, die diese Grenzen hätten kontrollieren können. Die Ausdehnung des Kalifats bemaß sich danach, welche Völker an der Peripherie des Reiches die Oberhoheit des Kalifen noch anerkannten.

In dieser Zeit fiel es Sekten, Dissidenten und Angehörigen anderer Religionen noch leicht, sich dem Zugriff eines muslimischen Herrschers durch die Flucht in unwegsame Regionen zu entziehen. Die Gebirge des Libanon beherbergen deshalb bis zum heutigen Tage arabische Christen, Drusen und Schiiten. In Südostanatolien hielten sich alawitische Kurden mit ihrer eigenen Sprache und Kultur. Die Bergwelt der Kabylei, des Atlas und des Rif ist Heimat der Berber mit ihrer eigenen Sprache. Sie praktizieren den Islam in einer sufischen Variante.

In einer langen Übergangsperiode siechte das Kalifat seit dem 13. Jahrhundert in kraftlosen Nebenlinien der Abbasiden vor sich hin. Die letzten Kalifen hatten sich auf Krieger aus den Turkvölkern gestützt, um in der unruhigen Peripherie für Ordnung zu sorgen. Am Ende wurden sie von ihnen abhängig. Auch die Verwaltungsfunktion entglitt den arabischen Stämmen. Sie war im Laufe der Zeit den Mamelucken übertragen worden. Eine Art Dienstsklaven, wurden die Mamelucken vor allem im Kaukasus rekrutiert. Sie waren dem Kalifen persönlich verpflichtet. Lediglich in rechtstechnischer Hinsicht waren die Mamelucken Sklaven. Sie wurden für bürokratische und militärische Fertigkeiten ausgebildet, um das weitläufige Reich zu verwalten. Der Masse der Untertanen waren sie überlegen. Ihre Rechte und ihr Vermögen waren allein vom Willen des Kalifen hergeleitet (Qureshi 1981: 279). Mamelucken wurden mächtige Gestalten mit beträchtlichen Freiräumen. Aufgrund ihrer Erfahrung in der Regierung des Reiches formulierten sie in der weitläufigen Provinz den Herrscherwillen (Kamali 2006: 60ff., Hourani 1991: 264). Ihre Privilegierung schwächte den Anpassungsdruck an die Gesellschaften, über die sie herrschten. Die Entfremdung der arabischen Gesellschaft von den Regierenden nahm ihren Anfang.

1.1.3 Das Osmanische Reich bis an die Schwelle des 19. Jahrhunderts

Nach einer Phase der Agonie ging das Kalifat im 1517 an die Osmanen über. Die Osmanen waren der beherrschende Stamm unter den verschiedenen Turkstämmen (Ayubi 1995: 63f.). Im Zuge der Völkerwanderungen waren die Osmanen von Mittelasien nach Westen vorgerückt. Die arabischen Kalifen hatten sich ihrer zuletzt vorzugsweise als Militärs bedient. Als streitbares Volk kämpften sich die Osmanen von Mittelasien bis nach Kleinasien vor. Von dort aus zerschlugen sie die letzten Reste des byzantinischen Reiches. In Anatolien gingen die meisten osmanischen Untertanen zur bäuerlichen Lebensweise über.

Wie alle größeren Nomadenvölker des Orients und Zentralasiens, so hatten auch die Osmanen den sunnitischen Islam angenommen – eine Religion mit abstrakten, klaren Geboten und einfachen Gebets- und Verehrungsformen, die ohne feste Kultstätten wie Kirchen oder Tempel auskommt, an keine Ethnie gebunden ist, keines Priesters bedarf und sich schließlich mit den verschiedensten Herrschaftsformen verträgt. Für mobile Völker war der Islam geradezu ideal beschaffen.

Die Kraftlosigkeit der Kalifatsidee hätte kaum eindrucksvoller unterstrichen werden können als im vollständig fehlenden Bezug der Osmanen zum Stamm des Propheten. Als letzte muslimische Dynastie, die noch eine Stammesbeziehung zum Propheten in Anspruch nehmen konnte, behaupteten sich die Haschemiten auf der arabischen Halbinsel. Wichtiger als der Titel war für die Osmanenkalifen das Sultanat, das sie zu Herrschern über die Muslime, Christen und Juden machte, die in ihrem Reich lebten.

Die Osmanen waren militärisch außerordentlich tüchtig. Wie die Araber zielten sie auf die Eroberung ausgedehnter Gebiete ab. Dort behielten sie sich das Waffen- bzw. Militärmonopol vor, während die besiegte Bevölkerung, zumeist Bauern und Händler, als Steuerquelle und Nahrungslieferanten ausgebeutet wurden. Die Osmanenheere stießen 1453 über die Meerenge zwischen Asien und Europa vor und eroberten Konstantinopel. In den nachfolgenden Jahrzehnten erweiterten sie ihren Machtbereich auf den Balkan. Im Jahr 1623 standen sie zum ersten Mal vor Wien.

Die Verwaltungs- und Militärstrukturen der Osmanen waren effektiver als die der vorausgehenden arabischen Reiche (zum Folgenden: Kreiser 2008). Die Janitscharen hatten darin eine bedeutende Rolle. Es handelte sich um eine Truppe, die zur Kampfmaschine ausgebildet wurde. Die Janitscharen waren die Prätorianer der Osmanen. Sie hatten unter anderem den Auftrag, den Sultan zu bewachen. Rekrutiert wurden sie jahrhundertelang in den christlichen Gebieten des Reiches, auf dem Balkan und im Kaukasus. Den Familien wurden die jüngsten Söhne fortgenommen (Knabenlese), die nach dem Anschein die besten Voraussetzungen boten, tüchtige Soldaten zu werden. Diese Rekruten wurden in Militärlagern erzogen und zu Leibeigenen des Sultans herangebildet. Die Fähigsten darunter erhielten eine lange Ausbildung, um anschließend in höchsten Staatsämtern zu dienen. Der Rest blieb in einer engeren militärischen Funktion (Kamali 2006: 65). In späterer Zeit rekrutierten sich die Janitscharen aus den eigenen Reihen. Große Teile verbürgerlichten, nahmen kaum noch militärische Pflichten wahr und betätigten sich als Handwerker, Händler und im Transportgewerbe. Als stehende Truppe waren Janitscharen in der Hauptstadt sowie an neuralgischen Punkten des Reiches stationiert.

Bald wuchsen die Janitscharen über ihren Herrn hinaus. Janitscharenoffiziere wurden wichtige Mitspieler in den fortwährenden Palastintrigen um den Sultan. Im Laufe der Zeit zogen sich die Sultane immer mehr in ihre Paläste zurück. Ab dem 16. Jahrhundert wurden sie ganz von den Stimmungen und Handlungen der Janitscharen abhängig, die den Palastbezirk kontrollierten. Auch in der Provinz verselbständigten sich die von den Osmanen eingesetzten landfremden Dienstklassen. Ähnlich wie die Janitscharen in der Hauptstadt, stellten Mamelucken bis zur Schwelle des 19. Jahrhunderts die Herrschenden in Ägypten und den arabischen Gebieten.

Beide Punkte sind bis in die Gegenwart wichtig. Auch wenn Städter und Landbewohner in dieser Zeit ihre Dinge noch weitgehend selbst und nach Tradition regelten: Wo es zum Kontakt mit einer entfernten Obrigkeit kam, war diese erkennbar fremd. In aller Regel fügte man sich ihr, weil sie eine bewaffnete Macht war. Krieger waren das Rückgrat des Osmanenherrschers. Deshalb bedurfte es eines halbwegs funktionierenden Steuersystems als ergänzendem Stützapparat.

Die Sipahis bildeten das Territorialheer der Osmanen. Hier handelte es sich um eine Miliztruppe. Militärführer mussten dem Sultan Soldaten stellen, wenn sie dazu aufgefordert wurden. Die wichtigsten Führer, Kavallerieoffiziere, wurden zur Institution erhoben. Ihnen wurde Land zugeteilt. Sie durften die dort lebenden Bauern und Händler mit Steuern belasten, um damit ihre persönlichen Ausgaben und die militärischen Aufwendungen zu bestreiten (Barkey 2008: 77, Kamali 2006: 65f.). Nicht verbrauchte Mittel hätten eigentlich dem Sultan überwiesen werden müssen. Dies geschah aber kaum, weil sich die Militärführer an den Mitteln bereicherten. Die Finanzen wurden für die Regierung des Reiches zum Problem.

Die Steuerpacht löste dieses feudale System ab. Personen erhielten gegen Zahlung eines hohen Betrages die Lizenz zur Steuererhebung in einem Gebiet oder in einer Personengruppe. Ein fester Betrag musste dem Sultan überwiesen, der Rest durfte jedoch einbehalten werden. Mangels effektiver Überwachung war diese Lizenz für die Pächter eine Goldgrube, da die an die Hauptstadt abzuführenden Beträge notorisch zu gering berechnet wurden. Die Steuererhebung war und blieb ein Hauptzweck, gleichzeitig aber ein Dauerproblem der osmanischen Herrschaftsstruktur (von Grunebaum 1971: 87ff., 93ff., Hourani 1991: 272ff.).

Blicken wir nun auf die Araber im Osmanenreich. Die arabischen Eliten hatten immer noch Grund, sich als Juniorpartner der Osmanen zu empfinden. Das Turkvolk der Osmanen genoss als solches so wenige Privilegien wie die Araber. Die religiösen Gemeinschaften verwalteten sich als so genannte Millets selbst. Jede Millet hatte in der Hauptstadt ein Oberhaupt, das als Ansprechpartner für den Palast diente und auch dafür verantwortlich war, dass seine Steuerpflicht erfüllt wurde (von Grunebaum 1971: 91ff.).

Der politische Ehrgeiz der Osmanen richtete sich nach Westen, auf den Balkan. Noch gut 300 Jahre nach der Eroberung Konstantinopels unternahmen die Osmanen Versuche, weiter nach Mitteleuropa vorzustoßen. In diesem Prozess wurden sie anerkannte Mitspieler im europäischen Mächtekonzert. Dort trafen sie indes auf politische Gebilde, die alle Merkmale des modernen Staates besaßen.

Den Osmanen misslang der Schritt von der lockeren imperialen Struktur zum modernen Staat – im Unterschied etwa zur Habsburger Monarchie und später auch zum Russischen Reich. In der vielfältigen Staatenlandschaft Europas bildeten sich seit dem 17. Jahrhundert professionalisierte Bürokratien, die sich der Steuereintreibung, der Gesetzestreue und dem Militärhandwerk widmeten. Ferner wurden dort allmählich Schulen eingerichtet und die Wissenschaft gefördert, um die Fähigkeiten der Untertanen in Institutionen zu verfestigen, statt sie den Zufälligkeiten persönlicher Tüchtigkeit zu überlassen. Eine merkantilistische Wirtschaftslenkung wurde eingeführt. Die Osmanen pflegten demgegenüber ausschließlich ihre militärische Kapazität. Die Waffenproduktion wurde vom Westen kopiert. Militärische Führer und Spezialisten wurden als Berater und Söldner in Europa angeworben. Ebenso wurden Finanzexperten und Diplomaten, vornehmlich aus den christlichen und jüdischen Minderheiten des Reiches herangezogen. Ihnen waren europäische Bräuche und Sprachen geläufig.

Die muslimischen Untertanen des Sultans, Türken, Ägypter und Araber, blieben wie seit Jahrhunderten Bauern, Hirten und Händler. Sie wurden weitestgehend sich selbst überlassen. Soweit sie sesshaft waren, wurden sie allenfalls von Steuereintreibern behelligt. Der Boden gehörte weiterhin allein dem Sultan. Dieser übertrug auf Widerruf lediglich Nutzungsrechte an Günstlinge. Eine Laune der Palastgewaltigen mochte unverhofft ein lukratives Amt entziehen und es anderen übertragen. Pächter und Steuerpflichtige täuschten oder verschwiegen deshalb ihre Einkünfte. Sie verbargen ihr Vermögen vor der Öffentlichkeit und mieden jegliche Erwerbstätigkeit, die Aufmerksamkeit auf vorhandenes Vermögen hätte ziehen können.

Zum Vergleich: Die neuzeitlichen europäischen Herrscher waren bestrebt, mit staatlichen Maßnahmen Anreize für handwerkliche, landwirtschaftliche und technische Innovation zu schaffen, um ihre Staaten zu festigen und deren Leistungsfähigkeit zu steigern. Dies geschah auch mit dem Blick auf die Selbstbehauptung in den zahlreichen Kriegen, zu denen es in der zersplitterten Staatenwelt Europas nach dem Zerfall des römisch-katholischen Reiches kam. Überspitzt ließe sich formulieren, dass sich die Osmanen mit der Stagnation der Verhältnisse zufrieden gaben, weil sie mit ihr gut durch die Jahrhunderte gekommen waren.

Zum Zeitpunkt seiner größten Ausdehnung umfasste das Osmanenreich folgende Landschaften und Bevölkerungsgruppen. Der Balkan war als Anspruchsgrundlage für den Status einer europäischen Macht, als Zivilisationsbrücke zum Westen und als Brotkorb des Reiches besonders wichtig (Barkey 2008: 97). Auf dem Balkan, in Anatolien und im Zweistromland sowie in Ägypten herrschte der Sultan hauptsächlich über Bauern. In den arabischen Kerngebieten war Landwirtschaft aber nur im Gebiet der großen Flüsse möglich. Dahinter erstreckten sich Gebirge und Wüsten – der Lebensraum von Nomaden, die im Jahresrhythmus Steppen und Oasen abwanderten oder zwischen Hochgebirge und Hochebene wechselten. Die Nomadenstämme mit ihrer freien Lebensweise verachteten die Bauern. Die Beduinen im Lebensraum der Ebenen waren auf die Symbiose mit den Bauern und Dörfern angewiesen. Ihre Existenz verlangte Raub und Überfälle in der sesshaften Bevölkerung. Dies wurde zum Problem, als die osmanischen Ambitionen auf dem Balkan die Kräfte auszehrten. Für den Schutz der Untertanen in der ferneren Provinz fehlten die Mittel und die Infrastruktur.

Der Antagonismus von Bauern und Nomaden setzte eine Landflucht in Gang. Der Teufelskreis wurde erst offenbar, als die Osmanen im späteren 17. Jahrhundert erstmals europäische Eroberungen preisgeben mussten. Im Jahr 1683 machten die Osmanen einen letzten Versuch, Wien zu erobern und sich damit als mitteleuropäische Macht zu etablieren. Bereits im Frieden von Karlowitz (1699) musste die Hohe Pforte – unter Zeitgenossen das Synonym für den Sultan und seine Regierung – große Teile seiner jüngeren europäischen Eroberungen aufgeben. Mit jedem Rückzug aus der Region veränderte das Imperium seinen Charakter. Es wurde orientalischer. Der Abstieg begann. Es brauchte noch einmal gut hundert Jahre, bis sich der Sultan besann, sein mürbes Reich mit Staatsreformen zu erneuern. In diesem Zusammenhang wurden erste Versuche unternommen, die Nomaden sesshaft zu machen und die Landgebiete als Produktions- und Besteuerungsfaktor zu stabilisieren (Kasaba 2004: 34f.). Zum Vergleich: Die zeitgenössischen europäischen Staaten kannten dieses Problem nicht, weil die nomadische Lebensweise dort nicht existierte.

1.1.4 Muhammad Ali und der ägyptische Sonderweg

Ägypten kam nach 1798 in wenigen Jahren unter französischer Besatzung als erstes größeres Gebiet des Osmanischen Reiches mit den Ideen und Lebensweisen des Westens in Berührung. Diese Kontakte genügten bereits, um den örtlichen Statthaltern des Sultans die Rückständigkeit der Verhältnisse vor Augen zu führen. In Ägypten verkörperten die Mamelucken die eigentliche Macht. Muhammad Ali, bisher eher ein zeremonieller Regent der Provinz, ließ die Mamelucken im Jahr 1811 in einer blutigen Aktion ermorden. Statt ihrer setzte er eigene Gefolgsleute als Verwalter ein. Muhammad Ali und seine Vertrauten waren freilich selbst landfremd. Der gebürtige Albaner war als Offizier nach Ägypten gelangt und dank seiner Verdienste zum Statthalter bestellt worden. Eine ägyptische Oberschicht gab es zu dieser Zeit nicht. Die Ägypter waren Bauern und Tagelöhner, dazu Analphabeten und durchweg arm. Die Ausschaltung der Mamelucken ersetzte eine Fremdherrschaft durch die andere.

Muhammad Ali ließ mit großem Aufwand ägyptische Bauern zu Soldaten sowie zu Fabrik- und Landarbeitern ausbilden. Baumwolle fand in der europäischen Textilindustrie Absatz und spülte Geld in die Staatskasse. Muhammad Ali machte sich die Disziplin eines Bauernvolkes zunutze, das seit Jahrtausenden im Einklang mit den Launen des Nil zu wirtschaften gelernt hatte (Bewässerungstechnik). Er bemühte sich ferner, Ärzte, Ingenieure und Lehrer auszubilden und ein allgemeines Schulwesen aufzuziehen. Der Boden blieb aber wie im Übrigen osmanischen Reich in Staatshand. Muhammad Ali versuchte ferner die Beduinenstämme zu bezwingen, die mit Übergriffen auf die Nildörfer die Geschäfte störten.

Diese Reformen koppelten Ägypten vom Rest des Osmanenreiches ab. Sie vertieften das Maß an Autonomie, das diese Provinz bereits unter den Mamelucken gewonnen hatte. Noch aber akzeptierte Muhammad Ali die Oberhoheit des Sultans. Er ließ sich von der Hohen Pforte dazu bewegen, seine modernen Truppen einzusetzen, um einen Aufstand der Griechen auf Kreta niederzuschlagen. Wegen der inkompetenten militärischen Führung ging 1830 dabei seine Flotte verloren. Muhammad Ali zog daraus seine Schlüsse. Er griff über Ägypten hinaus und machte Anstalten, die Osmanen zu vertreiben. Seine Truppen eroberten zunächst Syrien. Versuche des Sultans, ihn von dort zu vertreiben, schlugen fehl. Den europäischen Großmächten begann Muhammad Ali zu stark zu werden. London, Paris und St. Petersburg hatten mit einem schwachen Osmanenreich gut leben können, das auf dem Balkan Stück für Stück seines Herrschaftsgebiets aufgeben musste. Der dynamische, reformfreudige Provinzherrscher störte einen für sie vorteilhaften Status quo. Die europäischen Mächte griffen ein und zwangen Muhammad Ali zum Rückzug. Dieser erhielt den Titel eines Khediven, eines ägyptischen Vizekönigs. Abgesehen vom symbolischen Herrschaftsanspruch genoss Ägypten fortan vollständige Autonomie.

1.1.5 Die Tanzimat-Reformen im Osmanischen Reich

Der Ausbruch Ägyptens aus dem lockeren Regiment der Osmanen hatte gravierende Konsequenzen. An Staatskapazität war Ägypten jetzt dem Rest des Reiches deutlich überlegen. Diese Erkenntnis förderte an der Hohen Pforte die Einsicht, ohne grundlegende Reformen sei das Reich dem Untergang geweiht. Ab Anfang des 19. Jahrhunderts setzten Bemühungen ein, auch im übrigen Osmanischen Reich staatliche Strukturen zu etablieren. Dafür wurden 1826 in einer Überraschungsaktion zunächst die Janitscharen ermordet. Die Palastwache hatte bis dahin alle Reformanläufe verhindert.

Die mit Tanzimat überschriebenen Staatsreformen verfolgten seit 1839/40 drei Ziele: Modernisierung der Streitkräfte, des Rechtssystems und des Bildungssystems. Im Zeitraum von 1856 bis 1876 erreichte diese Politik ihren Höhepunkt. In dieser Zeit wurde die Schwäche des Reiches allerdings dramatischer deutlich als je zuvor, insbesondere mit dem weiteren Rückzug der Osmanen vom Balkan.

Die Steuerpacht wurde aufgehoben. Eine Wehrpflicht wurde eingeführt. Die Ausbildung, vor allem die Offizierausbildung wurde nach preußischem Modell und mit Hilfe ausländischer Instrukteure gestaltet. Bei den europäischen Waffenschmieden wurde die neueste Technik eingekauft (von Grunebaum 1971: 121ff.). Das bisher allein dem Sultan gehörende Land durfte ab 1858 an Private veräußert werden, um dringend benötigtes Geld in die Staatskasse zu leiten. Die Mittel für Landkäufe hatten indes allein vermögende Kaufleute, ehemalige Steuerpächter, hochstehende Ulama sowie Beamte und Militärführer (Schölch 1987: 405f.). Es schlug die Stunde der orientalischen Großgrundbesitzer. In Syrien griffen reiche Familien zu, die günstig das Land verschuldeter Bauern erwarben. Im Irak erlaubten die Behörden, dass Scheichs das gewohnheitsrechtlich dem Stammeskollektiv gehörende Land als persönliches Eigentum eintragen ließen (Hourani 1991: 353ff.).

Viele Scheichs, traditionell lediglich Moderatoren und Sprecher ihrer Stammesgenossen, aber keine regierenden Fürsten, wurden vermögende Leute. Als große Grundbesitzer traten sie jetzt aus dem Kreise ihrer Stammesgenossen heraus. Fortan hatten sie Interesse an der Aufrechterhaltung einer Ordnung, die ihnen Vermögen und Privilegien garantierte. Durch das Zuschanzen von Grundbesitz gewann der Sultan in Anatolien auch die Loyalität der mächtigen Kurdenführer. Der durchschnittliche orientalische Großgrundbesitzer lebte für gewöhnlich fernab seiner Ländereien in der Stadt. Bewirtschaftet wurde das Land von Kleinbauern, zumeist auf Pachtbasis, wobei die Pacht mit einem Teil der Ernte abgegolten wurde (Waldner 2004: 1368f.).

Die Beduinen in den syrischen und arabischen Wüsten ließen sich auch mit Landschenkungen nicht dafür gewinnen, ihre Lebensweise aufzugeben. Bis zum Ende der Osmanenherrschaft und teilweise noch darüber hinaus entzogen sie sich der Kontrolle staatlicher Behörden. Das Gleiche galt für die Bewohner der unwegsamen Steppen- und Bergregionen des Reiches.

Doch alles in allem entstand in der Tanzimat-Ära etwas, das im Orient gänzlich neu war: eine schwerreiche Schicht von Landbesitzern, die Pächter und Tagelöhner für sich arbeiten ließen. Ein Hauptzweck der Übung, die jetzt entstandenen privaten Grundvermögen steuerlich abzuschöpfen, wurde indes verfehlt. Die neue Klasse reicher Notabeln sorgte mit Geld und Gunsterweisen dafür, dass Behörden, Gerichte, Polizei und Steuerbeamte nicht gegen ihre Interessen handelten. Die Staatsfinanzierung lastete im Kern weiterhin auf Menschen mit bescheidenen Einkünften, die keine Möglichkeit hatten, sich dem Zugriff der Staatsgewalt zu entziehen.

Das nunmehr vorhandene Bildungssystem war hauptsächlich auf die Rekrutierung der militärischen und zivilbürokratischen Elite angelegt. Ein Volksbildungssystem ließ bis zum Ende der Osmanenzeit auf sich warten.

Blickt man auf diese Entwicklungen zurück, so stellt sich die Erinnerung an den Failing state unserer Tage ein. Doch was heute darunter verstanden wird, ein Staat, der seine Aufgaben nicht mehr richtig erfüllen kann, also ein Staat mit grundlegenden Fehlfunktionen, das bedeutete im Osmanischen Reich des 19. Jahrhunderts immer noch einen Fortschritt gegenüber der diffusen imperialen Struktur der Vergangenheit. In Gestalt der Militärbürokratie und der nachgeordneten Zivilverwaltungen gab es jetzt Dienstklassen, die ihre Existenz dem Staat verdankten und diesem entsprechend den Rücken stärkten.

Verlierer dieser Entwicklung waren die selbstverwalteten Millets. Sie büßten in dem Maße ihre Autonomie ein, wie jetzt für Christen, Juden und Muslime gleichermaßen das vom Staat gesetzte Recht galt. Auch die im gebirgigen Syrien und im Libanon lebenden Stämme und Religionsgemeinschaften, um die sich die Osmanen bisher nicht groß gekümmert hatten, bekamen nun mit Steuerbeamten, Polizei und Gerichten den Staat zu spüren. Die Weichheit dieses mit großen Mängeln behafteten Staates nahm der neuen Ordnung aber häufig den Biss: Die Bestechlichkeit und Inkompetenz der Staatsvertreter sorgten dafür, dass die Forderungen des Staates stets mit geringem Nachdruck und häufig überhaupt nicht geltend gemacht wurden. Doch im Vergleich mit früheren Epochen gewann das Osmanenreich an Festigkeit und Effizienz.

Die osmanischen Reformen holten die Veränderungen in Ägypten bald ein und übertrafen sie. Dort überwucherten bald koloniale Interessen die Politik: Muhammad Alis Nachfahre Ismail (1863-1879) beteiligte sich an der Finanzierung des Sueskanalprojekts. Die unerfahrenen Ägypter wurden dabei über den Tisch gezogen. Das Land wurde von den Krediten ausländischer Banken abhängig. Um ihren Geschäftsleuten Chancen zu eröffnen, setzten London und Paris bei der hochverschuldeten ägyptischen Regierung durch, dass auch Ausländer ägyptischen Boden erwerben durften.

Auch Militärs und Würdenträger in der Umgebung des Khediven erwarben Land. Damit stellten sich ähnliche Verhältnisse ein wie im übrigen Osmanenreich. Besitz erwarben auch die von jeher in Ägypten ansässigen griechischen, armenischen und syrisch-libanesischen Kaufleute. Der Klassenunterschied zwischen Arm und Reich, den es sonst auch im Osmanenreich gab, gewann in Ägypten damit eine ethnische Einfärbung. Ägypter erwarben kein Eigentum, sie blieben Pächter, Kleinbauern und Landarbeiter.

1.1.6 Das zweite islamische Reich: Der Iran

Blicken wir zuletzt auf den Iran. Hier handelt es sich um eine der ältesten, weit in die vorchristliche Zeit reichende Herrschaften Vorderasiens. Schon im 7. Jahrhundert hielt dort der Islam Einzug. Das Vordringen der Mongolen im 13. Jahrhundert traf das Bagdader Kalifenreich und Persien gleichermaßen. Die Eroberung durch die Nomadenstämme zerstörte die traditionellen Stadt-Land-Beziehungen. Kaufleute, Stadtbewohner und Bauern wurden ausgeplündert. Nach der Eroberung traten die klassischen Konflikte zwischen Weidewirtschaft und Ackerbau in einer überwiegend trockenen Region hinzu, deren Ressourcen für ein Nebeneinander von beidem nicht genügten. Nach dem ersten Nomadenzug gen Westen beruhigte sich die Lage etwas. Nachdem sich die Expansion der Mongolen in die arabische Welt erschöpft hatte, drifteten die Eroberer auf dem gleichen Wege zurück. Einige siedelten dauerhaft in der Peripherie der persischen Kerngebiete (Gronke 2006: 53ff.).

Zu Beginn des 16. Jahrhunderts, in der Safawiden-Dynastie, wurde der Islam in seiner schiitischen Variante zur Staatsreligion erklärt. Damit verlor dort der osmanische Kalif seine Rolle als Hüter der Religion. Die Safawiden ließen Geistliche aus den schiitischen Gemeinden des Libanon kommen, um die dem einfachen Volk noch nicht geläufige Konfession zu verbreiten. Einige hundert Jahre später, nach der Islamischen Revolution im Iran, sollte diese Verbindung zum Libanon wieder aufleben. Stärker noch als von iranischer Sprache und Kultur sollte die Identität der Perser künftig von der Schia bestimmt werden (von Grunebaum 1971: 160ff.).

Neben chronischer Finanznot war das unzulängliche Militärsystem der schwächste Punkt der persischen Herrscher. Diese bedienten sich, wenn sie in militärische Auseinandersetzungen gerieten, ad hoc der Krieger starker und kampferprobter Stämme (Kamali 2006: 93f.). Zum Ausgleich erhielten die Stammesführer wie im vorreformerischen Osmanischen Reich das Recht, in ihren Gebieten Steuern zu erheben. Die Abhängigkeit von den Stämmen machte den Schah zu einer schwachen Figur (Beck 1990). Deshalb schufen die Safawiden ein neues Militärsystem. Militärsklaven, die aus dem christlichen Armenien und Georgien rekrutiert wurden, gelangten auf die höchsten Militärstellen. Auch sie bekamen Land zur Besteuerung zugesprochen. Letztlich setzte sich dieses Modell aber nicht durch. Die Stämme blieben mächtig und das zentrale Hemmnis für eine effektivere Herrschaft (Matin 2007: 430ff.).

1.1.7 Patrimonialismus als gemeinsamer Nenner der orientalischen Herrschaft

Resümieren wir nun den Herrschaftsmodus der historischen Gesellschaften des Orients. Er entsprach durchweg dem patrimonialen Modell. Vieles erledigte sich durch Tradition und Konvention. Die politische Richtung wurde von der Person des Herrschers gewiesen. Hinter diesem stand freilich eine Kamarilla von Günstlingen und Ratgebern, die als eigentliche Mächtige die Geschicke lenkten. Das Herrscherhandeln war so berechenbar oder unberechenbar wie die beteiligten Persönlichkeiten. Auf den ersten Blick bot sich das Bild einer pyramidal gestuften Despotie, in der ein zentraler Wille große Reiche lenkte. Tatsächlich aber funktionierten das Osmanische Reich, Ägypten und Persien als hierarchisch gestufte Pyramiden großer und kleiner Despoten. Diese schalteten und walteten in dem Amt, das sie der Gunst des Herrschers verdankten, nach der Maxime, Rivalen unter und neben sich zu verhindern und ihr persönliches Vermögen zu mehren. Nicht einmal die Mächtigen waren sicher vor Willkür. Findige Untertanen ertrotzten oder erzwangen mit Schwindelei, Bestechung, Verschwörung und Denunziation bis in die Umgebung des Sultans und seiner Statthalter Dinge, die auf anderen Wegen nicht zu bekommen waren.

1.2 Kolonialisierung und Staatswerdung

1.2.1 Die existenzielle Krise des spätosmanischen Reiches

Das Osmanische Reich musste auch in der Tanzimat-Epoche zahlreiche Rückschläge hinnehmen. Die Kriege und der exzessive Konsum des Sultans und seiner Entourage trieben die Verschuldung in Rekordhöhen. Die Sultane Selim III. (1789-1807) und Mahmut II. (1808-1839) bewunderten alles Europäische und Westliche. In ihrer Herrschaftszeit explodierten die Belastungen. Sie gingen auf den Konsum importierter Luxusgüter und Statusattribute zurück. Als erster Herrscher lernte Selim III. mit Französisch eine Fremdsprache. Mit Palästen im westlichen Stil, die auch im europäischen Standard ausgestattet waren, und mit Empfängen und Bällen entstand in der ersten Hälfte des 19. Jahrhunderts in Konstantinopel (Istanbul) eine Prachtkulisse, die im krassen Gegensatz zur Rückständigkeit der osmanischen Ökonomie stand.

Gravierender noch wog der Umstand, dass die zahlreichen Kriege auf dem Balkan und im Kaukasus auf Pump finanziert wurden. Zucker und industriell gefertigte Gebrauchsgegenstände wurden vollständig importiert. Wo es zu größeren Infrastrukturprojekten (Häfen, Eisenbahnen) kam, wurden sie von ausländischen Investoren realisiert. Eine von den Gläubigern eigens eingerichtete Schuldenverwaltung kassierte seit 1881 ein Drittel der osmanischen Zoll- und Steuereinnahmen. Auch in der Außenpolitik setzten sich die Rückschläge fort. Auf dem Balkan hatten es die Osmanen mit Aufständen der slawischen Völker zu tun. Diese strebten im nationalistischen Zeitgeist eigene Staaten an. Russland mischte in diesen Konflikten bis hin zu militärischer Unterstützung mit. Im Kaukasusgebiet drückte Russland selbst wie von jeher unmittelbar auf die osmanischen Grenzen im Osten.

Aus den Gebieten, welche die Osmanen auf dem Balkan aufgeben mussten, fluteten Hunderttausende Muslime, die dort seit Generationen gelebt hatten, in das Restreich zurück. Mit dem Verlust europäischer Gebiete schrumpfte der Anteil der nicht-muslimischen Untertanen. Hatte die muslimische Bevölkerung 1840 noch 60 Prozent betragen, so stieg sie in geschrumpften Grenzen bis 1906 auf 75 Prozent, bis 1914 gar auf 81 Prozent (Schulze 2003: 37). Wirtschaft und Verwaltung waren den Flüchtlingsmassen nicht gewachsen. Gewohnt, im europäisch geprägten Milieu zu leben, ließen sich viele Flüchtlinge in der Hauptstadt und den Küstenstädten der Ägäis nieder, wo von jeher viele Griechen lebten. Die zweitbedeutendste Stadt des Osmanischen Reiches und das wichtigste Handelszentrum war Saloniki. Die Stadt fiel 1912 an Griechenland. Die auf dem Balkan von der europäischen Zivilisation mitgeprägten Osmanen sollten die Gründergeneration der modernen Türkei stellen.

1.2.2 Die Minderheiten

Griechen besiedelten bereits seit vorosmanischer Zeit die westlichen Küstengebiete Anatoliens. Die im Kaukasus lebenden Armenier waren im 12. Jahrhundert zunächst unter persische, dann unter osmanische Herrschaft geraten. Im 18. und im 19. Jahrhundert wurden Teile dieser Gebiete von Russland erobert. Die Armenier arrangierten sich mit der Osmanenherrschaft. Viele verließen ihr Stammland und bauten eine Existenz in den Städten und Ortschaften Anatoliens auf. Sie assimilierten sich an die regionale Kultur, nahmen das Türkische als Muttersprache an und behielten als besonderes Merkmal hauptsächlich ihre Nationalreligion bei. Viele betätigten sich im Handel und Kreditgewerbe, etliche erwarben ein Vermögen. Die Bevölkerung des Osmanischen Reiches setzte sich 1913 zu 13,5 Prozent aus Griechen und zu 6,5 Prozent aus Armeniern zusammen (Schulze 2003: 37).

Die Reformpolitik des Tanzimat verbesserte die Situation der Minderheiten. Sie durften in den neu geschaffenen Staatsdienst eintreten. Als die am stärksten an das Türkische assimilierte Minorität drängten Armenier in die Justiz, in das Bildungswesen und in die Finanzverwaltung. Beäugt von neidischen muslimischen Nachbarn, nutzten Armenier die neu eröffnete Möglichkeit, Land zu erwerben. Die traditionelle ländliche Oberschicht Anatoliens, Scheichs und Agas, bekam Konkurrenz. Die Neidempfindungen in der ländlichen anatolischen Gesellschaft bereiteten den Boden für die spätere Verfolgung (Keyder 1994).

1.2.3 Die Fliehkräfte der osmanischen Gesellschaft

Mit einer modernen Verfassung erreichten die Tanzimat-Reformen im Jahr 1876 einen Höhepunkt. Ein Parlament wurde gewählt. Es handelte sich hier um bloße Attribute der Modernität, die von den europäischen Mächten kopiert waren. Ein nennenswertes Elektorat, etwa eine politisch informierte Mittelschicht, gab es nicht, ebenso wenig eine Öffentlichkeit. Diese Reformen schränkten die Machtfülle des Sultans auch nicht wirklich ein. Sultan Abdülhamid (1876-1909) machte dem Verfassungsspuk ein Ende, Verfassung und Parlament wurden beseitigt. Aber die Reformen gingen weiter. Vor allem im Bildungswesen und beim Eisenbahnbau gab es Fortschritte. Diese Maßnahmen vermochten die fortlaufende Schwächung des Imperiums jedoch nicht aufzuhalten.

Armenische Nationalisten, die vom Nationalismus der Balkanvölker inspiriert waren, verlangten Autonomie für die von ihnen bewohnten Provinzen. Eingedenk der Tatsache, dass der Verlust des Balkan unter ähnlichen Vorzeichen begonnen hatte, zeigte sich der Sultan unnachgiebig. Attentate auf osmanische

Sicherheitskräfte lösten 1894/95 das erste große Pogrom gegen die Armenier aus.

Um die Wende zum 20. Jahrhundert beherrschten die Osmanen neben ihrem Kernland Anatolien vollständig nur noch den arabischen Raum, bestehend aus Großsyrien und dem Zweistromland. Ersteres umfasste die Gebiete des heutigen Syrien, Libanon, Jordanien und Palästina, Letzteres weite Teile des heutigen Irak. Schließlich gehörte das kaum besiedelte, riesengroße Gebiet der arabischen Halbinsel dazu. In dem Maße, wie die Osmanen aus Europa verdrängt wurden, gewannen diese verbliebenen Gebietsteile an Bedeutung. Unter Abdülhamid betonte die osmanische Politik die Gemeinsamkeit der Muslime. Damit kam sie dem Selbstwertempfinden der arabischen Elite entgegen (Schölch 1987: 421ff.).

Das Manöver des Sultans war offensichtlich: Auf der Suche nach einer neuen Identität für das schrumpfende Reich, d.h. nach einem Äquivalent für die Sprach- und Kulturnationen Europas rekurrierte der Sultan auf den sunnitischen Islam. Doch im spätosmanischen Reich wog diese Gemeinsamkeit nicht mehr viel. Großsyrien und das Zweistromland waren konfessionell gemischt. Neben Muslimen lebten zahlreiche Christen und Juden. Im Libanon und im Irak gab es zudem große schiitische Gemeinschaften. Die dort ansässigen Bergvölker und Beduinen entzogen sich dem Zugriff der osmanischen Behörden. Die Notabeln der wenigen großen Städte waren selbstbewusst und daran gewöhnt, ihre Angelegenheiten selbst zu regeln. Die verhassten Rekrutierungen für das osmanische Militär und die Steuerforderungen an Pächter und Bauern lasteten zudem schwer auf der Bevölkerung (zum Folgenden Schölch 1987: 421ff.).

1.2.4 Die Jungtürken – Versuch einer nationalistischen Staatsreform

Vor diesem Hintergrund brach die letzte Etappe des Großversuchs an, aus dem osmanischen Imperium ein Gebilde zu formen, das den Maßstäben der europäischen Staatenwelt gewachsen war. Die so genannten Jungtürken – Intellektuelle und Offiziere – wollten einen Nationalstaat auf der Basis türkischer Sprache und Kultur. Das jungtürkische Programm wurde von Osmanen im europäischen Exil formuliert. Durchsetzen sollten es allerdings Offiziere, und zwar nicht die Generalität, die vielfältige Privilegien genoss, sondern jüngere Offiziere, die erst in der Armee sozial aufgestiegen waren (Tibi 1973: 93). Die Führer der Bewegung kamen aus den Reihen der im Westen des Reiches stationierten Mazedonischen Armee. Diese Truppe hatte sich in den immer wieder aufflammenden Kämpfen um die Bewahrung des osmanischen Restbesitzes auf europäischem Boden verschlissen Ein Putsch jungtürkischer Offiziere entmachtete 1908/09 die Berater, auf die der Sultan gehört hatte. Die Verfassung wurde wieder in Kraft gesetzt.

Diese Ereignisse waren von hochfliegenden Erwartungen der Minderheiten begleitet. Die von den Jungtürken ausgestrahlten Signale deuteten auf eine Säkularisierung.

Kern des jungtürkischen Programms waren die Durchsetzung der türkischen Sprache und Kultur als einigendes Band des Imperiums sowie die Straffung der Verwaltung nach zentralen Vorgaben (Turfan 2000, von Grunebaum 1971: 139ff.). Ein ehrgeiziges Infrastrukturprogramm wurde aufgelegt. Wegen des bald hereinbrechenden Ersten Weltkrieges zeitigten diese Programme aber erst in Ansätzen Ergebnisse. Das Modernisierungsmodell war der Westen. Selbst der Sport wurde gefördert, unter anderem der Massensport des Fußballs; sogar die Pfadfinderbewegung wurde kopiert (Ahmad 1999: 31). Viele dieser Punkte sollten sich im kemalistischen Entwurf für den türkischen Nachfolgestaat des osmanischen Reiches wiederfinden.

In der arabischen Gesellschaft des Reiches erwies sich die jungtürkische Politik als kontraproduktiv. Die langen Zügel, die den arabischen Eliten bisher gelassen worden waren, wurden angezogen. In der Provinzverwaltung ersetzten türkische Beamte die arabischen Notabeln. Türkisch wurde Unterrichtssprache an den höheren Schulen (Schölch 1987: 426ff.). Arabische Offiziere, für die an der Militärakademie eine Quote reserviert war, verstanden sich zunehmend als Militärs zweiter Klasse (Hashim 2003: 13). Es kränkte gebildete Araber und Religionsgelehrte, dass die Sprache des Propheten und die arabische Kultur an offizieller Wertschätzung verloren. So, wie die Jungtürken ihr Rezept für die Rettung des Osmanenreiches bei den Europäern geborgt hatten, so reifte jetzt bei arabischen Würdenträgern, Intellektuellen und Offizieren das Gegenbild einer eigenen arabischen Nation. In beiden Fällen – beim türkischen wie beim arabischen Nationalismus – handelte es sich freilich um Elitenphänomene. Die Masse der so gut wie vollständig analphabetischen Untertanen blieb von alledem unberührt.

Der Erste Weltkrieg beschleunigte die spaltende Wirkung des Turkisierungsproramms. Die Regierung stellte sich 1914 an die Seite der Achsenmächte. Die Turkisierungspolitik hatte den Antagonismus zu Russland verschärft. Die Turkvölker außerhalb des osmanischen Reiches lebten hauptsächlich in den angrenzenden, von Russland eroberten Gebieten. Die christlich-orthodoxen Armenier aber, die weit verstreut in ganz Anatolien lebten, wurden nach Kriegsausbruch als Russlands Fünfte Kolonne diffamiert. In den Jahren 1915/16 wurden Hunderttausende Armenier Opfer eines von der osmanischen Regierung angestifteten Progroms. Polizei und Militär wüteten in Palästina und Syrien gegen Araber, die Sympathie für die Idee eines arabischen Staates zeigten. Außerhalb Anatoliens wurden die Türken im Verlauf des Krieges als Besatzer wahrgenommen. Die Nationidee sprengte das Osmanenreich in türkische und arabische

Untertanen, bevor noch die Kapitulation und die Friedenskonferenzen das Ende des Reiches besiegelten.

1.3 Arabischer Nationalismus und Kolonialisierung

Nach Beginn des Krieges wiegelte die britische Politik Stammesführer auf der arabischen Halbinsel auf, sich gegen die dort nur locker ausgeübte osmanische Herrschaft aufzulehnen. Die Briten setzten hier beim Scherifen Hussein an, dem Herrscher über das Hedschas und die Heiligen Städte Medina und Mekka. Hussein war ein Spross der haschemitischen Linie des Stammes der Kuraisch, aus dem der Prophet hervorgegangen ist. Der Sohn des Scherifen, Feisal, ließ sich mit dem Versprechen, Herrscher über einen Nachfolgestaat der osmanischen Provinz Groß-Syrien zu werden, für eine Erhebung gegen die Osmanen gewinnen,. Etliche Beduinenstämme stellten sich Feisal zur Verfügung. Britische Gelder und die Aussicht auf Beute und Belohnung halfen nach – traditionelle Anreize in der beduinischen Gesellschaft, deren Scheichs überhaupt keine Vorstellung von Staatlichkeit besaßen (Dawisha 2003: 37). Geführt von britischen Offizieren, teilweise auch unterstützt von britischen Truppen, vertrieben die Aufständischen die Osmanen zunächst aus dem Gebiet der arabischen Halbinsel. Später rückten sie nach Palästina und Syrien vor.

Die alliierte Unterstützung für den arabischen Staat war ein Betrugsmanöver. Bereits 1916 hatten London und Paris im so genannten Sykes-Picot-Abkommen – benannt nach den britischen und französischen Verhandlungsführern – vereinbart, die Provinz Großsyrien unter sich aufzuteilen. Die Provinzen Mesopotamien und Basra, der spätere Irak, sollten an London und das Kurdengebiet an Frankreich fallen. Die Zeit für formale Kolonien war jetzt freilich vorbei. Die USA waren antikolonialistisch eingestellt. In den Friedensverhandlungen wurden diese Gebiete zu Mandaten des zur gleichen Zeit beratenen Völkerbundes erklärt. Die Mandatsmächte, hier also Frankreich und Großbritannien, erhielten den Auftrag, diese Gebiete in einer nicht näher bestimmten Periode auf die Selbständigkeit vorzubereiten. In einer weiteren Abmachung kamen London und Paris überein, die ölreiche Provinz Kirkuk und damit ein Großteil des Kurdengebiets doch Großbritannien zu überlassen. Dieses hatte bereits vor dem Ersten Weltkrieg damit begonnen, seine Flotte von der Kohle- auf die Ölfeuerung umzustellen. Im Ausgleich sagte London Paris freie Hand in dessen Mandatsgebiet Syrien zu.

Britisch-arabische Truppen eroberten 1918 die Provinz Groß-Syrien. In Erwartung der versprochenen Staatsgründung trat 1920 in Damaskus ein arabischer Nationalkongress zusammen. Damaskus war zu dieser Zeit das Zentrum des arabischen Nationgedankens. Die Meinungsführer der arabischen Gesellschaft, mit denen sich der Haschemit Feisal dort umgab, waren syrische Intellektuelle und aus dem Irak stammende Offiziere. Es handelte sich um Aufsteiger, die sich von der Turkisierungspolitik der Osmanen deklassiert empfanden. Syrien erhielt eine moderne Verfassung, Feisal wurde zum König bestimmt.

Zur Nagelprobe, dem Durchsetzen der neuen Staatlichkeit, sollte es aber gar nicht erst kommen. Noch im selben Jahr rückten französische Truppen ein und reklamierten Frankreichs Souveränität. Feisals Bruder Abdallah rückte aus der Heimat der Haschemiten mit einigen Bewaffneten nach Norden vor, um seinem Bruder gegen die Franzosen beizustehen. Er selbst machte sich Hoffnungen auf den Thron im Irak. Unterdessen hatte London aber Feisal angeboten, König im Irak zu werden. Als dieser das Angebot akzeptierte, stand Abdallah mit seinen Kriegern im Jordanstädtchen Amman. Die Briten, die noch keine Pläne für das Jordangebiet hatten, machten aus der Not eine Tugend. Nach einer Idee des damaligen Kolonialministers Winston Churchill schufen sie kurzerhand einen Kunststaat Transjordanien und setzten Abdallah als König ein. Damit gewannen sie einen Verbündeten, der ihnen half, das von Nomaden und Beduinen bewohnte westliche Jordangebiet zu kontrollieren.

Dem Irak wurde bereits 1923 eingeschränkte Souveränität zugestanden. 1932 wurde daraus eine vollständige Unabhängigkeit. Diese wurde materiell jedoch durch das Zugeständnis britischer Militärpräsenz eingeschränkt. Nach dem Scheitern des unabhängigen Syrien wurde der Irak zum Zentrum des arabischen Nationalismus. Seine Fürsprecher waren dort vor allem Offiziere in vormals osmanischen Diensten, aber auch Intellektuelle, die lieber im Irak als im französisch bevormundeten Syrien leben wollten. Der arabische Nationgedanken blieb lebendig, der arabische Staat blieb aus. Ob er eine reale Chance hatte oder auch nicht: Die Vielstaatlichkeit des östlichen Orients war im Ursprung ein Oktroi, und dieser trug die Handschrift imperialer Interessen (Lustick 1997).

1.4 Die Gründung der Türkei

Ein Staatsgebilde wie die heutige Türkei sahen die Siegermächte des Ersten Weltkrieges nicht vor. Bis auf ein Restgebiet in Anatolien und Konstantinopel (Istanbul) war Kleinasien für die Annexion durch europäische Mächte bestimmt. Das Gebiet um Izmir (damals noch Smyrna) und sein Hinterland, wo seit mehr als tausend Jahren Griechen lebten, sollte zunächst an Griechenland fallen. Eine spätere Volksabstimmung hätte dann über das weitere Schicksal dieses Gebietes entscheiden sollten. Armenien wurde ein eigenständiger Staat, dem große Teile des osmanischen Ostanatoliens zugedacht waren.

Griechenland besetzte 1920 die ihm zugesprochenen Gebiete. Unter Führung Kemal Paschas, des späteren Atatürk, organisierten Offiziere den Widerstand. Sie verstanden es, die Ressourcen des anatolischen Hinterlandes zu mobilisieren. Zu Gunsten Griechenlands mochten die europäischen Groß- und Siegermächte militärisch nicht eingreifen. Die Russische Revolution hatte inzwischen eine Macht neutralisiert, die traditionell Ansprüche auf anatolische Gebiete erhoben hatte. Insofern erfolgte der Widerstand unter günstigen internationalen Bedingungen. Atatürks Truppen bereiteten Griechenland eine desaströse Niederlage. Dem Rückzug griechischer Truppen folgte ein Massenexodus der griechischen Bevölkerung. Im Vertrag von Lausanne (1923), der die Türkei in ihren heutigen Grenzen garantierte, wurde darüber hinaus ein Bevölkerungstausch vereinbart. Eineinhalb Millionen Griechen mussten ihre anatolische, eine halbe Million Türken ihre griechische Heimat verlassen. Da die türkischen Neuankömmliche aus der Ägais, Saloniki und Kreta aber wie die Griechen, deren Platz sie einnahmen, von europäischer Lebensweise geprägt waren, behielten die Küstenstädte des westlichen Anatolien ein europäisches Gesicht (Tachau 2004: 1201). Zunächst wurde 1923 die türkische Republik gegründet, 1924 auch das Kalifat für abgeschafft erklärt. Die Staatsgründer definierten die Türkei als säkularen Staat.

Der türkische Staat erhielt die Chance, sich auf der Basis einer überwiegend türkischen Bevölkerung zu konsolidieren. Zwar schloss das Staatsgebiet im Südosten des Landes zahlreiche Kurden ein. Aber die Masse der Kurden waren – wie auch die anatolischen Türken – Analphabeten. Sie lebten in archaischen Stammeshierarchien. Zwar kam es in den 1920er und 1930er Jahren vereinzelt zu Kurdenaufständen. Diese richteten sich aber eher dagegen, dass sich die Kurdenführer der Autorität des türkischen Staates widersetzten. Aus ähnlichen Gründen rebellierten Stämme auch im Irak und Syrien gegen die Regierungen. Erst Jahrzehnte später reifte bei den Kurden nationalistisches Gedankengut.

Die moderne Türkei war das Werk einer Elite, die bereits – als Jungtürken – die Umwandlung des multinationalen Osmanenreiches in einen Nationalstaat betrieben hatte. Der Zuschnitt dieser Elite war europäisch und urban. Den Islam betrachteten die Staatsgründer als Relikt einer rückständigen Vergangenheit. Die Mehrheit der Türken und Kurden lebte allerdings traditionell und konzentrierte sich auf dem Lande. Die meisten waren Bauern. Nicht wenige darunter waren von Grundbesitzern abhängig.

Die Reformer um Atatürk nahmen sich vor, auch in kleinen, alltäglichen Dingen die säkulare Neuorientierung festzuschreiben. Eher symbolisch waren noch Fez- und Verhüllungsverbote. Substanziell aber war die Einführung einer latinisierten türkischen Schriftsprache, die den Gebrauch der arabischen Schrift in Behörden und Bildungseinrichtungen ablöste. Doch auch dieser neue Staat fußte auf Kompromissen. Die Reformer beließen die Verhältnisse auf dem Lande im Großen und Ganzen intakt. Die säkularen Kemalisten stellten eine gesellschaftliche Minderheit dar. Aber sie beherrschten den Staat. Die in der islamischen Tradition lebende Mehrheit wurde von Karrieren im Staat ausgeschlossen. In aller Regel fehlten ihr dafür auch die schulischen und sonstigen Voraussetzungen. Aber der Islam wurde nicht etwa unterdrückt, er wurde lediglich unter staatliche Aufsicht gestellt. Der autoritäre Charakter des kemalistischen Staates sicherte die Reformen ab. Probleme entstanden erst Jahrzehnte später, als demokratische Verhältnisse einkehrten.

Die bis 1946 autoritär regierte Türkei zeigte einerseits ein modernes Gesicht, das in Richtung Westen blickte, und andererseits ein der Welt überwiegend verborgenes Gesicht traditionell islamischer Lebensverhältnisse. Mit Blick auf die Geltung der staatlichen Autorität war bereits die junge Türkei kompromisslos. Bildungsoffensiven, die Kontrolle der Moscheen und polizeilicher Durchgriff bis in den hintersten Winkel des Landes dokumentierten, dass es den Kemalisten gelungen war, einen effektiven Staat zu realisieren.

Denkt man sich am Ende des Ersten Weltkrieges – kontrafaktisch – eine Siegerkonstellation, an der das Russische Reich teilgehabt hätte, so dürfte es die Türkei in ihren derzeitigen Grenzen kaum geben. Eine kluge Außenpolitik trug maßgeblich dazu bei, das Werk Atatürks zu stabilisieren: strikte Neutralität auch im Zeitraum der größten sowjetischen Niederlagen im Zweiten Weltkrieg, ferner die Suche nach Schutz unter dem Dach der Nato, als die Türkei nach 1945 von sozialistischen Staaten umgeben war.

Gar nicht hoch genug kann die Ausstrahlung der modernen Türkei auf die übrige islamische Welt veranschlagt werden. Der türkische Staat war modern im Sinne eines rational organisierten Komplexes von Bürokratien, demokratisch war er nicht. In wirtschaftlicher Hinsicht standen der türkischen Elite die Anschauung der sowjetischen Planwirtschaft sowie die Planwirtschaft des Dritten Reiches vor Augen, nicht das minimalstaatliche Modell des angelsächsischen Kapitalismus. Staat und Gesellschaft waren hierarchisch angeordnet; der Staat stand über der Gesellschaft. Seine wichtigsten Betreiber waren Offiziere, Lehrer, Verwaltungsbeamte und technische Experten.

Das türkische Modernisierungsmodell maß sich an der säkularen Kultur des Westens. Negativ grenzte es sich von der patrimonialen und muslimischen Vergangenheit der Sultansherrschaft ab. Beides beeindruckte die modernisierungswilligen Eliten des übrigen Orients. Die Revolutionen im Iran (1925), im Ägypten (1952), im Irak (1958) und in Syrien (1966) zielten sämtlich darauf ab, eine säkulare Staatsideologie zu verbreiten und dem Staat die Kontrolle der Wirtschaft zu übertragen. Dabei hatten wie in der Türkei maßgeblich Offiziere, aber auch Lehrer und andere Intellektuelle die Hand im Spiel.

1.5 Halbsouveräne Staaten

1.5.1 Dispositionsmasse kolonialer Interessen

Der arabische Orient geriet in rauere Fahrwasser als die junge Türkei. Die Briten suchten nach dem Ersten Weltkrieg ihre Einflusssphäre über Ägypten hinaus an die Seewege nach Asien und an die Ölquellen der Region auszudehnen. Die Konstruktion dieser Sphäre folgte dem im indisch-asiatischen Raum bewährten Muster: eine Indirect rule durch Staaten mit innerer Autonomie, deren Außen- und Sicherheitspolitik von London bestimmt wurde. Das französische Interesse am östlichen Orient war eher ökonomisch und kulturell motiviert. Frankreich sah sich von jeher als Schutzmacht der katholischen Christen im Libanongebiet. Es importierte Tabak und Seide von dort. Araber christlicher und muslimischer Prägung lernten Französisch und studierten bevorzugt in Frankreich.

Für den Irak wurde eine ähnliche Lösung gewählt wie für Ägypten: ein Staat, dessen äußere Souveränität durch Verträge und Militärpräsenz stark eingeschränkt war. Während Ägypten aber trotz britischer Letztkontrolle doch eine historisch-ethnische Identität besaß, gab es für den Kunststaat Irak keinerlei historische Anknüpfungspunkte. Er wurde zunächst aus der osmanischen Provinz Basra – mit überwiegend schiitischer Bevölkerung – und der Provinz Bagdad – mit überwiegend sunnitischer Bevölkerung – gebildet. Später wurde ihm die ölreiche Provinz Kirkuk angegliedert. Diese Provinz war eine Hochburg der Kurden. Die Kurden sind sunnitische Muslime. Sie sprechen aber keinen arabischen Dialekt, sondern eine eigene Sprache. Beides, die religiösen wie die sprachlich-ethnischen Unterschiede, belasten den Irak bis in die Gegenwart. Mit dem Haschemiten Feisal, der nicht König im nunmehr französischen Syrien werden durfte, wurde im britisch kontrollierten Bagdad eine sunnitische Dynastie eingesetzt. Den Irakis bedeutete dieses fremde Königshaus nichts. Seine Stütze waren Stammesführer und Landbesitzer. Diese untermauerten ihre privilegierte gesellschaftliche Position mit besonderen Beziehungen zum Palast.

Das Mandatsgebiet Palästina übernahmen die Briten mit wenig Begeisterung. Ökonomisch war dieses Gebiet für London wertlos. Angesichts seiner Nähe zu Ägypten und zum Irak wollte es dieses Gebiet aber nicht sich selbst überlassen. Für Transjordanien wurde eine ähnliche Lösung gefunden wie für den Irak. Es wurde in London, wie oben geschildert, als Kunststaat konstruiert.

Die Haschemiten herrschten nun in drei Gebieten. Hussein im Stammgebiet im Hedschas, sein Sohn Feisal im Irak und sein Sohn Abdallah in Transjordanien. Doch Hussein stand zu Beginn der 1920er Jahre kurz davor, sein Herrschaftsgebiet mit den Heiligen Städten an eine Koalition arabischer Beduinenstämme zu verlieren. Im Inneren der arabischen Halbinsel beheimatete Stämme unter Führung der Sauds vertrieben die Haschemiten 1924 aus dem Hedschas und schickten sich darüber hinaus an, nach Jordanien und noch weiter in den arabischen Raum vorzudringen. Nur mit Mühe und dank überlegener britischer Waffen (Panzerfahrzeuge, Flugzeuge) konnte ihre Expansion 1925 zum Stillstand gebracht werden. Im Jahr 1932 riefen die Sauds den neuen Staat Saudi-Arabien aus. Die Briten nahmen es gelassen. Noch wusste niemand, dass sich im Nordosten dieses Neustaates die reichsten Ölvorkommen der Welt befanden.

Das französische Mandatsgebiet Syrien fasste Provinzen zusammen, die wenig gemeinsam hatten. Das Gebiet um die Stadt Aleppo war arabisch besiedelt, aber seine Wirtschaft war auf Anatolien ausgerichtet. Mit Gründung der Türkei verlor es sein Hinterland. Damaskus lag an der historischen Handelsroute zwischen Persischem Golf und Mittelmeer. Es war eng mit den palästinensischen und libanesischen Küstengebieten verflochten. Frankreich teilte diesen gewachsenen Wirtschaftsraum. Der Libanon wurde zum eigenen Mandatsgebiet deklariert. Mit den zahlreichen dort lebenden Christen sollte ein prospektiver Verbündeter Frankreichs in der künftigen orientalischen Staatenwelt aufgebaut werden. Das syrische Mandatsgebiet wurde hingegen in Pseudostaaten zergliedert, die jeweils mehrheitlich von einer bestimmten Konfession – Alawiten, Drusen, Sunniten – bewohnt wurden. Für die französischen Ordnungstruppen wurden bevorzugt Soldaten aus den Reihen dieser religiösen Minderheiten rekrutiert.

Syriens Weg in die Unabhängigkeit war holprig. Die französische Volksfrontregierung handelte bereits 1936 die Unabängigkeit Syriens aus, der Vertrag wurde aber nie ratifiziert. Im Jahr 1941 rückten Truppen des Freien Frankreich und Großbritanniens ein, um dort eine Verwaltung abzusetzen, die den Anweisungen des mit Deutschland kollaborierenden Vichy-Regime gehorchte. Mit der Befreiuung Frankreichs im Jahr 1944 bestätigte der französische Staatschef Charles de Gaulle die frühere Unabhängigkeitszusage. Aber erst nach Kämpfen der syrischen Unabhängigkeitsbewegung mit britischen und französischen Soldaten, bei denen auch Teile von Damaskus in Trümmer gelegt wurden, endete das Mandat. London und Paris wollten keinen Rückzug in der Niederlage. Räumten sie als Sieger den Platz, so das Kalkül, ermunterten sie auch keine Nachahmer in der arabischen Welt.

Im Irak, in Syrien und in Transjordanien gab es ein konfliktreiches Nebeneinander von nomadischer und bäuerlicher Lebensart. Noch von den Osmanen her gewohnt, auf ihren Traditionen zu beharren, kam es zu lokalen Aufständen und harter Repression der Mandatsbehörden. Im Irak probte die britische Luftwaffe erstmals das Flächenbombardement besiedelter Gebiete, um Aufständische zu bekämpfen. Transjordanien kannte lediglich am östlichen Jordanufer feste Siedlungen und Landwirtschaft. Sonst war es Beduinengebiet. Die Autorität des transjordanischen Haschemitenkönigs stützte sich auf eine Truppe loyaler Beduinenkrieger, die Arabische Legion. Sie wurde von britischen Offizieren geführt.

Im Irak waren arabische Offiziere die bestimmende politische Kraft. Viele von ihnen hatten noch in der osmanischen Armee gedient. Im kurzlebigen syrischen Königreich hatten sie sich für die Idee einer arabischen Nation begeistert. Mit Feisal zogen sie dann nach Bagdad, um dort weiterhin für den gesamtarabischen Staat einzutreten. Bereits zwischen den Kriegen kam es im Irak zu Militärputschen. Die Putschoffiziere waren durchweg soziale Aufsteiger. Sie wandten sich gegen Regierungen, die von den irakischen Notabeln getragen waren. Bei diesen handelte es sich durchweg um reiche Kaufleute und Großgrundbesitzer. Unter dem Schutz der britischen Protektoratsmacht sahen sie ihre Interessen am besten aufgehoben. Im Verlauf des Zweiten Weltkrieges unterstützten irakische Offiziere offen die deutsche Seite. Um die irakischen Ölquellen zu sichern, besetzten die Briten 1941 den Irak und lieferten sich heftige Gefechte mit den seinen Streitkräften. In Jordanien hingegen hatten die Briten ein leichtes Spiel. Die Haschemiten waren voll damit ausgelastet, um Akzeptanz bei den Beduinenstämmen zu werben. Die Arabische Legion wurde für den Bestand der Haschemitendynastie unverzichtbar.

Von diesen Neustaaten unterschieden sich Ägypten und der Iran durch ihre historische Identität. Deren Basis war in Ägypten die von der Bewässerungswirtschaft und die von der Bevölkerungsdichte im Niltal erzwungene soziale Disziplin, im Iran waren es die persische Sprache und die Zugehörigkeit zur Schia (siehe Teil 1, 2.1.2.2). Die arabischen Menschen in der Region waren zwar auch zum großen Teil Muslime, allerdings der unterschiedlichsten Ausprägung, wie Ägypter, Türken und Iraner auch: Drusen, Sunniten und Ismailiten lebten neben arabischen Christen, und auch deren Lebensweise unterschied sich mit Ausnahme der Religion kaum von der ihrer muslimischen Nachbarn.

Die klassische Ressource der Nationalstaatsbildung war in Europa die Sprache. Auf derselben Idee einer Sprach- und Kulturnation fußten die Bath-Parteien. Die erste Bath-Partei wurde in der Zwischenkriegszeit in Syrien aus der Taufe gehoben. Sie vertrat die Idee der staatlich geeinten arabischen Nation.

Das nationalsozialistische Deutschland stand in der Zwischenkriegsepoche bei den arabischen Eliten hoch im Kurs. Seine Vorbildhaftigkeit ergab sich einfach daraus, dass es als Feind Frankreichs und Großbritanniens wahrgenommen wurde. Die großen europäischen Demokratien traten im Orient schließlich nicht als Bringer der Demokratie, sondern als Unterdrücker und Besatzer auf. Hitlers Missachtung der Versailler Friedensordnung imponierte. Seine Expansionspolitik unter dem zunächst vorgeschobenen Motto, alle Deutschen in einem Staat zusammenzubringen, bot sich für die Analogie mit panarabischen Visionen an. Deutschlands anfängliche militärische Erfolge im Zweiten Weltkrieg taten ein

Übriges. Ägyptische und irakische Offiziere waren begeistert und machten aus ihrer Sympathie für Deutschland kein Geheimnis. Aus Europa diffundierten also Ideen in den arabischen Raum. Sie waren nationalistisch und autoritär gefärbt.

1.5.2 Ägypten – britische Kaserne am Sueskanal

Im Kreise der post-osmanischen Kunststaaten nahm Ägypten wie seit je eine Sonderrolle ein. Die Nachfolger Muhammad Alis lieferten das Land praktisch an die Briten aus. Das Vorbild des liberalen europäischen Nationalstaates vor Augen, rebellierten 1881 ägyptische Offiziere unter Führung des Militärschefs Ahmad Urabi gegen die albanische Dynastie. Der Khedive gab nach und konzedierte eine Verfassung. Ein Parlament wurde gewählt. Ihm gehörten auch Vertreter der ägyptischstämmigen Gebildeten, Kaufleute und Beamten an. Der Vorgang glich dem in Konstantinopel, wo wenige Jahre zuvor osmanische Reformer auf europäische Verfassungs- und Staatsattribute gedrängt hatten.

Die Khediven betrieben, auch hier in einer Parallelität mit dem osmanischen Hof, eine verschwenderische Hofhaltung und Günstlingswirtschaft. Das Land geriet in eine chronische Verschuldung. Die Abhängigkeit von britischen Krediten ließ den Khediven zur britischen Marionette werden. Auf sein Ersuchen, Ägypten unter den Schutz der britischen Krone zu stellen, antwortete 1882 Armeechef Urabi abermals mit einer Rebellion. Britische Streitkräfte schlugen sie nieder. Bis 1954 sollte Ägypten eine gewaltige britische Kaserne bleiben.

Erst im Jahr 1922 wurde Ägypten eine eingeschränkte Unabhängigkeit zugestanden. Verträge enthielten ihm jedoch den Großteil der Einnahmen aus dem Sueskanal vor. In Kairo und in der Kanalzone, wo ausländische Kapitalgesellschaften die Wirtschaft kontrollierten, kam es vereinzelt zur Gründung von Gewerkschaften. In jenem Teil der Mittelschicht, der sich nicht an den Western way of life assimilieren wollte, fassten muslimische Vereine Fuß. Darunter ragten die Muslimbrüder heraus. Um dem Kolonialismus, dem korrupten Khediven und der Empfänglichkeit für westliche Ideen Paroli zu bieten, verlangten sie die Rückbesinnung auf die islamischen Wurzeln. Die Muslimbrüder sollten sich später, ähnlich wie die gesamtarabische Idee, in sämtlichen arabischen Ländern verbreiten. Größte Bedeutung für die Zukunft Ägyptens hatte eine Militärreform, die es auch Kindern aus einfachen Verhältnissen ermöglichte, eine Offizierkarriere einzuschlagen. Antibritische und gegen die ägyptische Dynastie gerichtete Ressentiments schlugen dort tiefe Wurzeln (Tibi 1973: 119ff.).

Die ägyptische Autonomie änderte nichts an der britischen Vormundschaft. Ganz im Gegenteil brachte der Zweite Weltkrieg noch stärkere Eingriffe der Briten in ägyptische Angelegenheiten mit sich, um die prodeutschen Neigungen des Offizierkorps in Schach zu halten und deutsch-italienische Truppenvorstöße auf Ägypten abzuwehren. Erst der britische Entschluss, das Kolonialimperium preiszugeben, leitete den Rückzug ein. Nach 1950 wurden die britischen Soldaten nicht mehr gebraucht. Ägypten erlangte die volle Unabhängigkeit. Es musste sich vorerst aber damit abfinden, den Sueskanal unter fremder Kontrolle zu belassen.

1.6 Der Iran – ein Reformprojekt im Kräftefeld imperialer Mächte

Dem Iran blieb die förmliche Kolonialisierung erspart. Doch sein Schicksal wurde um nichts weniger von fremden Mächten bestimmt. Die Kadscharen-Herrscher, die den altpersischen Titel eines Schah übernommen hatten, gelangten im späten 18. Jahrhundert, nach einer Periode konfliktreicher Beziehungen zu einem Modus vivendi mit dem benachbarten Osmanischen Reich. In der folgenden Epoche wurde die Entwicklung des Iran von der Nachbarschaft Russlands und Britisch-Indiens bestimmt. Russland drückte im Kaukasus, später auch in Mittelasien auf die iranischen Grenzen. Großbritannien, stets bedacht auf ein sicheres strategisches Vorfeld seiner reichsten und wichtigsten Kolonie Indien, trat dem russischen Expansionsdrang entgegen. Es bediente sich dabei des Kadscharen-Herrschers. Die Kadscharen waren – ähnlich wie der Khedive in Ägypten – leicht beeinflussbar. Die Pachterträge – alles Land gehörte dem Herrscher – reichten nicht aus, um die aufwändige Hofhaltung zu finanzieren. Die Geldbedürfnisse des Hofes stiegen noch in dem Ausmaß, wie sich der Kontakt mit dem Westen intensivierte und die Amtsträger des Reiches einen Konsum nach europäischer Lebensart praktizierten. Auch kostspielige Auslandsreisen des Herrschers und seiner Familie belasteten die Staatsfinanzen.

Im 19. Jahrhundert versuchte Teheran, eine gewisse Unabhängigkeit zu gewinnen, indem es Briten und Russen gegeneinander auszuspielen versuchte. Der Iran war in dieser Zeit ein lockeres Gebilde in orientalischer Reichstradition, ohne jegliche moderne Regierungsinstrumente, ohne Polizei und Finanzverwaltung. Im Unterschied zu den Osmanen besaßen die Kadscharen nicht einmal eine taugliche Armee. Da der Iran im 19. Jahrhundert kaum Kriege geführt hatte, vernachlässigten die Militärführer ihre Soldaten. Sie zahlten den Sold nicht aus, reduzierten die Truppen und zwangen die Soldaten zum Nebenerwerb (Gronke 2006: 90ff., von Grunebaum 1971: 187). Unter den damaligen orientalischen Reichen war der Iran das antiquierteste und reformunfähigste.

Mit den Nomadenstämmen an der östlichen Peripherie des Reiches, die militärisches Können mit großer Mobilität verbanden, mussten sich die Kadscharen notgedrungen arrangieren. Geldzahlungen und Pfründe in Gestalt von Hofämtern stellten die Stammesführer ruhig. Dieselben Mittel, insbesondere Geld und Waffen, benutzten freilich auch Briten und Russen, um über diese Stämme Druck auf den Schah auszuüben. Erst 1879 wurde eine moderne Truppe aufgestellt. Es handelte sich um eine Kosakenbrigade nach russischem Vorbild. Sie wurde von russischen Offizieren in iranischen Diensten geführt (Arjomand 1988: 47ff.).

Die Briten machten ihren Einfluss in Teheran hauptsächlich als Kreditgeber und Handelsmacht geltend. Als Sicherheit für die Gläubiger wurde wie in Istanbul und Kairo eine Schuldenverwaltung installiert. Sie erhielt direkten Zugriff auf die Staatseinkünfte. Britischen und anderen ausländischen Firmen wurden Vorzugskonditionen eingeräumt. Eine britische Firma erhielt 1890 das Monopol auf den Verkauf von Tabak. Rauchen war wie überall im Orient Bestandteil des Alltagsgenusses. Dagegen erhoben sich gemeinsam der schiitische Klerus und die Kaufleute, die Basaris. Sie riefen das Volk zum Boykott des Tabakverkaufs auf.

Dieses Ereignis warf ein Schlaglicht auf die Substanz des Kadscharenreiches. Die Dynastie war nicht sonderlich wichtig. Im Unterschied zu den schiitischen Geistlichen besaß sie wenig Legitimität. Im fernen, verschlafenen Teheran traten westliche Geschäftsleute, Berater und Gesandte als Exoten auf, die es am gebotenen Fingerspitzengefühl für Land und Leute vermissen ließen (Arjomand 1988: 36ff.). Der Schah war ein Teil dieses Problems. Zum einen hatte er die Fremden ins Land geholt und ließ sie gewähren. Zum anderen kopierte er blind und unsystematisch westliche Institutionen, um sein Land als modern auszuweisen (Kurzman 2005, Mahdavi 2005.).

Dieselbe Allianz von Klerus und Basar, die den Tabakboykott organisiert hatte, begehrte 1905 gegen die Willkür des Schahs auf. Sie erzwang eine Verfassung und die Wahl eines Parlaments. Beide Partner in diesem Bündnis wollten die Macht des Schahs einschränken. Sie hatten aber unterschiedliche Vorstellungen, zu welchem Zweck dies geschehen sollte. Der Klerus wollte ein Ende der Westorientierung. Der Basar wollte mitregieren. Verfassung und Parlament boten sich als Einstieg dafür an. Forderungen auf liberale Staatsreformen sprengten die Allianz. Der Klerus hatte starke Vorbehalte gegen Verfassungsideen, die ihren Ursprung im säkularen Westen hatten. Er wollte lediglich seinen traditionellen Einfluss in der Gesellschaft sichern (Algar 1969).

Als sich der Kadscharenherrscher stark genug wähnte, im Jahr 1908, löste er das Parlament wieder auf. Jetzt lehnte sich Teheran sicherheitspolitisch an Russland an, die antiliberale und antirevolutionäre Macht der Epoche par excellence.

Dass der Iran für die Großmächte weiterhin wenig mehr zählte denn als strategisches Puffergebiet, wurde abermals im Ersten Weltkrieg deutlich. Russland besetzte die Nord- und Großbritannien die Südhälfte des Iran. Die Oktoberrevolution schaltete 1917 den großen Nachbarn Russland vorübergehend aus.

Dies gab den iranischen Reformern – in Parallelität zu den Reformern in der Türkei – genügend Luft, um sich ab 1919 auf die Modernisierung des Landes zu konzentrieren.

In dieser Epoche wurde das notorische Durchsetzungsdefizit des Kadscharenstaates in der Peripherie behoben. Die Kosaken, der einzig ernstzunehmende Teil der iranischen Streitkräfte, errangen nach dem Abzug britischer und russischer Truppen die Kontrolle über das Land. Gleichzeitig verlor der Schah an Macht, weil er von dieser Truppe abhängig wurde. Deren Befehlshaber, Reza Pahlevi, hatte die Kosaken zunächst iranisiert, d.h. die Russen aus der Kommandostruktur verdrängt. Danach erzwang er seine Ernennung zum Verteidigungsminister. In dieser Eigenschaft wurde er zur bestimmenden Kraft hinter dem Thron. Im Jahr 1925 stieß er schließlich den Kadscharen-Schah vom Thron und rief sich selbst als Reza I. zum Nachfolger aus.

Anschließend begann eine Phase stürmischer Modernisierung. Eine Militärakademie wurde aufgebaut. In den Städten entstanden einfache und weiterführende Schulen und Universitäten. Ein modernes Straßennetz wurde angelegt. Es erleichterte Polizei und Militär die flächendeckende Territorialkontrolle und dämpfte die traditionellen Übergriffe der Nomaden auf die Landbevölkerung. Wie Atatürk mied Reza Schah die Auseinandersetzung mit den Grundbesitzern. Im Unterschied zu diesem brach er aber Konflikte mit dem Klerus vom Zaun. Seine Vision war eine säkulare Gesellschaft. Bekleidungsvorschriften und die Einführung westlichen Zivil- und Strafrechts sollten den Iran aus seiner Rückständigkeit herausführen. Die historische Verbindung des iranischen Herrschers mit den Ulama, den Geistlichen, wurde damit unterbrochen (Arjomand 1989: 116). Gut fünfzig Jahre später sollten Kleriker den Nachfolger Rezas I. stürzen. Um die Unabhängigkeit des Iran zu unterstreichen, bediente sich der Schah der personellen, technischen und finanziellen Hilfe unter anderem Deutschlands.

Alle diese Veränderungen wurden zunichte, als der Zweite Weltkrieg in die Region eindrang. Wie im letzten Krieg besetzte der sowjetische Nachbar die Nordhälfte des Staatsgebiets, die Briten den Süden. Als Schah Reza sich weigerte, diese Situation nachträglich gutzuheißen, wurde er 1941 zur Abdankung und ins Exil gezwungen. Als die Besatzungsmächte 1946 abzogen, musste die iranische Regierung die Kontrolle über das Staatsgebiet erst mühsam zurückerkämpfen.

1.7 Zwischenergebnis – zögernde Modernisierung

Am Ende des Osmanenreiches konstatieren wir durchweg, auch im Iran, politische Gebilde, deren Herrschaftsstrukturen recht nahe an das von Max Weber beschriebene Modell des Patrimonialismus heranreichten. Der Herrschaftszweck erschöpfte sich im Genussbedürfnis kleiner Eliten. Allein im Osmanenreich sollte sich eine Modernisierungselite bilden, die den Willen besaß, bürokratisch-rationale Strukturen gegen das Beharrungsinteresse patrimonialer Herrscher durchzusetzen.

Die Antiquiertheit der Verhältnisse, insbesondere deren Unzulänglichkeit in einer Welt, die von Technik, Handel und Industrie geprägt war, wurde lange davon überdeckt, dass sich die Herrscher bei europäischen Banken und Regierungen verschuldeten. Dabei gerieten Sultan, Schah und Khedive auf die schiefe Bahn einer Fremdbestimmung, die einer Kolonisierung gleichkam. Die Not zwang die Herrschenden, das Eigentum an Grund und Boden mit anderen zu teilen, um Einnahmen zu erwirtschaften. Das Ergebnis war eine Grundbesitzerklasse, die sich damit begnügte, aus den Pachterträgen eine stetig fließende Rente zu erzielen.

Die Penetration des Orients mit moderner Staatlichkeit, überlegener Technologie und Kapitalismus war ein schleichender Prozess. Wie die Rechts-, Bildungs- und Militärreformen zeigten, bewirkte er einige Änderungen. Dieser Prozess zog sich mit wachsendem Tempo mehr als hundert Jahre hin. Er beschränkte sich auf die Übernahme der Strukturen zur Einnahmenbeschaffung und auf die Erzwingungsmechanismen (Kedourie 1994: 9f.).

Das patrimoniale Herrschaftsmodell stieß gegen Ende des 19. Jahrhunderts an seine Grenzen. Offiziere, Gerichtsbeamte, Finanzexperten und Wirtschaftsfachleute wurden unentbehrlich, um das Waffenmonopol des Staates durchzusetzen, die Wirtschaft zu stabilisieren und von ausländischen Banken ernstgenommen zu werden. Ihr wichtigstes Kapital war Professionalität. Die Bühne für den Übergang zur neopatrimonialen Herrschaft war vorbereitet.

Die Opposition gegen die Mächte des Gestern ließ vor allem im Militär Korpsgeist wachsen. Modern ausgebildete Offiziere sahen sich als die Speerspitze des Fortschritts. Damit war in den meisten Ländern die weitere Entwicklung vorgezeichnet. Militärregime und von Militärs umstellte autoritäre Regimes sollten die arabische Zukunft prägen. Der Respekt für die gekrönten Häupter und die alten Eliten des Basars und der Landbesitzer war in den Offizierkorps dieser neuen Staaten gering. Die Dynastien waren von außen aufgepfropft worden. Offiziere, Lehrer und politisierte Intellektuelle wollten ihre Staaten auf Augenhöhe mit den Fremdmächten bringen. In diesen Kreisen reifte eine Opposition, die nur auf die Gelegenheit wartete, die Regimes zu stürzen.

1.8 Exkurs: Israel als Faktor der arabischen Politik

Israel steht 2011 im 63. Jahr der Staatsgründung. Historisch betrachtet ist es eine Hinterlassenschaft der britischen Mandatspolitik. Initiiert von der Zionistischen Bewegung, setzte zu Beginn des 20. Jahrhunderts die Ansiedlung europäischer Juden in Palästina ein. Vor dem Hintergrund des immer noch virulenten Antisemitismus in Europa wollte der Zionismus einen eigenen jüdischen Nationalstaat. Die Reformen im Osmanischen Reich hatten den privaten Landerwerb erlaubt. Mit Unterstützung der Zionistischen Bewegung entstanden nun im historischen Ursprungsgebiet des jüdischen Glaubens Siedlergemeinschaften europäischer Einwanderer (dazu Brenner 2005: 7ff., 51ff.)..

Mit der Umwandlung Palästinas in ein britisches Mandatsgebiet des Völkerbundes wurde die jüdische Besiedlung zum Thema der britischen Innenpolitik. Erst jetzt, nach dem Ersten Weltkrieg intensivierte sich die jüdische Einwanderung. Im neu entstandenen polnischen Staat wurden die zahlreichen Bürger jüdischen Glaubens in mancherlei Hinsicht diskriminiert. Jüdische Vereine und Selbstschutzorganisationen, zumeist mit sozialistischem Profil, propagierten die Emigration nach Palästina. Die Neuzuwanderer waren gut ausgebildet und, soweit sie in Europa ihren Wehrdienst geleistet hatten, auch militärisch geschult.

Gegen die Zuwanderung baute sich in der arabischen Bevölkerung allmählich Widerstand auf (zum Folgenden: Segev 2006). Minorisierungsängste und Konflikte um Land führten zu gewaltsamen Zusammenstößen. Zumeist waren die gut organisierten Juden überlegen. Die Verfolgung der deutschen, österreichischen und tschechischen Juden im nationalsozialistischen Deutschland steigerte vor Kriegsausbruch die Zuwanderung nach Palästina noch zusätzlich. Schließlich kamen nach Kriegsende diejenigen europäischen Juden hinzu, die der Vernichtungsmaschinerie des Dritten Reichs hatten entkommen können.

Dieser Situation war die britische Mandatsmacht nicht gewachsen. Für die jüdische Seite konnte sie schwer Partei ergreifen, ohne die arabische Bevölkerung zu verprellen. Es war ihr aber auch unmöglich, sich gegen die wachsende jüdische Bevölkerung zu stellen. Diese stand ihr schon nach dem zivilisatorischen Zuschnitt näher als die Araber. Um der Wahrung ihrer Autorität willen ließ sich die Mandatsmacht jedoch auf Konflikte mit der jüdischen Gemeinschaft ein.

Diese hatte im so genannten Jischuw Israel inzwischen einen Quasi-Staat inklusive Armee, Gewerkschaften, Schulen und landwirtschaftliche Genossenschaften errichtet. Die britische Mandatsregierung Palästinas ließe sich in heutiger Diktion mit einem Failing state umschreiben. Sie konnte ihren Willen im Mandatsgebiet immer schlechter durchsetzen.

Wie oft in solchen Situationen kopierten die Verlierer, also die palästinensischen Araber, das erfolgreiche Modell des Herausforderers, hier also der jüdischen Einwanderer. Sie organisierten und bewaffneten sich und scherten sich dabei wenig um die Briten, die den Konflikt eindämmen wollten. Die britische Mandatsmacht geriet zwischen die Fronten. Jüdische Organisationen begannen nach 1945 einen Guerillakrieg auch gegen die Briten, um diese zum Abzug zu zwingen.

Die sozialistischen Gruppen in der jüdischen Siedlergemeinschaft präferierten den Modus vivendi mit den Arabern. Demgegenüber wollte eine jüdisch-nationalistische Fraktion die Araber vertreiben, um die Fundamente für einen kulturell homogenen jüdischen Staat zu legen.

Die Überlegenheit der Juden in dieser Auseinandersetzung hatte viele Gründe. Der wichtigste darunter war die Tatsache, dass die Zionisten aller Schattierung europäische bzw. ashkenasische Juden waren, also Europäer mit guten Bildungsstandards, technologischem Know-how und Erfahrung in der Organisation von Betrieben, Schulen und nicht zuletzt in militärischen Dingen.

Die palästinensischen Araber dagegen hatten bis 1918 in einer rückständigen und vernachlässigten osmanischen Provinz gelebt. Die meisten waren Analphabeten und empfanden die westliche Zivilisation als fremd. Um es in zeitgenössischer Diktion zu formulieren: Die palästinensischen Juden repräsentierten die durchrationalisierte Erste Welt, während die palästinensischen Araber die Dritte Welt verkörperten. Deshalb wurden die Juden in Palästina – wie später auch der Staat Israel – von den Arabern auch nicht so sehr als Glieder einer Religionsgemeinschaft, sondern vielmehr als Vertreter der westlichen Welt wahrgenommen. Die Anschlussdeutung, der Westen wolle sich inmitten der eben aus der kolonialen Bevormundung befreiten arabischen Welt mit einem kolonialen Außenposten festsetzen, lag auf der Hand.

Juden sephardischer Provenienz, die nach der Zerstreuung des jüdischen Volkes in alle Welt nicht nach Europa gelangt, sondern im Orient geblieben waren, weckten bei den Arabern keinerlei Ressentiment dieser Art. Sie lebten von jeher in arabischen Städten und hatten sich – mit Ausnahme der Religion – an ihre arabische Umwelt assimiliert. Es gab keinerlei Anlass, sie anders als Orientalen jüdischen Glaubens wahrzunehmen. An der Gründung des Staates Israel waren diese Juden nicht beteiligt. Sie wurden erst später zu einer gewichtigen Kraft in der israelischen Gesellschaft.

Nach 1945 traten die Vereinten Nationen als Rechtsnachfolger in die Rolle des Völkerbundes. Entnervt und übereilt gaben die Briten 1948 ihr Mandat auf. Es ging ihnen nur noch darum, die Kosten der Entkolonialisierung gering zu halten. Nachdem Syrien, der Libanon und Jordanien unabhängig geworden waren, war Palästina ganz von unabhängigen arabischen Staaten umringt.

Die Vereinten Nationen beschlossen, Palästina zu teilen und auf seinem Gebiet einen jüdischen Staat zuzulassen. Auf diesen Akt hatten sich beide Konfliktparteien vorbereitet. Die palästinensischen Juden versuchten militärisch soviel Boden wie möglich zu gewinnen, um das durch den Teilungsbeschluss zugewiesene Gebiet noch zu vergrößern. Umgekehrt marschierten die Armeen der Nachbarländer auf, um das für Israel vorgesehene Gebiet zu besetzen. Israel entschied diesen Konflikt für sich. Die kleine israelische Armee hatte den Vorteil überlegener Erfahrung und besserer Ausbildung. Jüdische Guerillakämpfer und Juden, die im Krieg in den alliierten Armeen gedient und im Untergrund gegen deutsche Okkupanten gekämpft hatten, traten schlecht ausgebildeten und geführten sowie technisch unzulänglichen Dritte-Welt-Armeen gegenüber. Dies erklärt die arabische Niederlage. Es minderte aber nicht die Schmach, die in den arabischen Staaten darüber empfunden wurde.

Im Zuge der militärischen Auseinandersetzungen kam es zu systematischen Vertreibungen durch diejenige Seite, die sich die Kontrolle eines Gebietes verschaffen konnte. Die arabischen Flüchtlinge ließen sich in den Nachbarstaaten nieder. Für ihre Integration in die Nachbargesellschaften fehlten freilich alle Voraussetzungen. Es handelte sich durchweg um arme Zufluchtsgesellschaften. Die zahlreichen Flüchtlingslager, inzwischen übervölkerte feste Siedlungen, sind bis heute eine Hinterlassenschaft dieser Zeit.

Der junge Staat Israel hatte 20 Jahre Zeit, um sich zu konsolidieren, bevor er mit der nächsten Herausforderung konfrontiert wurde. Im Frühjahr 1967 marschierten arabische Armeen an den Grenzen des kleinen, an einigen Stellen nur Dutzende Kilometer breiten Staates auf. Auf diese Angriffskulisse reagierte Israel im Juni 1967 mit einem Präventivschlag. Er endete binnen weniger Tage mit einem umfassenden Sieg. In der arabischen Welt wirkte dieser Ausgang als kollektives Trauma. Die Regime wankten. Er nahm ihren Führern, die das Risiko falsch kalkuliert hatten, die Legitimität. Israel wurde zur Besatzungsmacht. Auf der West Bank und im Gazastreifen kontrollierte es mehrheitlich arabische Gebiete. Zunächst von der Regierung geduldet, dann aber offiziell gefördert, entstanden dort später jüdische Siedlungen. Sie genossen den Schutz der Besatzungsarmee. In den besetzten Gebieten fasste eine Zweiklassengesellschaft von – auch materiell – privilegierten jüdischen Siedlern und depravierten Arabern Fuß.

Der Nimbus der israelischen Unbesiegbarkeit nahm erstmals Schaden, als Ägypten im Yom-Kippur-Krieg vom Herbst 1973 den von Israel besetzten Sinai attackierte. Es erzielte Überraschungserfolge. Auch diesen Waffengang gewann letztlich Israel. Die militärische Gegenreaktion führte israelische Truppen bis kurz vor Kairo. In der arabischen Öffentlichkeit wurde dieser dritte israelische Sieg davon überdeckt, dass Israel jetzt von den USA massiv mit Waffen und Logistik unterstützt wurde. Diese Hilfe leistete der Legende Vorschub, Israel trete als Außenposten US-amerikanischer Interessen in der Region auf. Amerika- und Israelfeindlichkeit verbanden sich in der arabischen Öffentlichkeit zu ein und derselben Sache. Die Besetzung Gazas und der West Bank schürten den Hass, zumal Washington bei den Hässlichkeiten der Besatzungspolitik das Argument israelischer Sicherheitsinteressen gelten ließ.

Nach 1973 stieg Israel zum wichtigsten Verbündeten der USA in der Region auf. Es wurde mit modernsten Waffen beliefert und konnte sich in den Vereinten Nationen darauf verlassen, dass ein US-Veto jegliche gegen Israel gerichtete Resolution verhindern würde. Die Israel-Lobby, ein mächtiges Unterstützernetzwerk im Kongress und in den Medien, sichert diese Verbindung zur amerikanischen Weltmacht ab.

Israel selbst gewann in den 1970er Jahren einen anderen Charakter (zum Folgenden: Timm 2003: 38ff., Eisenstadt 1987: 563ff.). Bis dahin war es im Wesentlichen ein Staat europäischer Immigranten und im Lande aufgewachsener Juden. Fortan veränderten neue Zuwanderungswellen die Zusammensetzung der Gesellschaft. Nach dem arabisch-israelischen Krieg von 1967 setzte die Einwanderung sephardischer Juden ein, die ihre orientalischen Heimatländer verließen. Den Sepharden war der westliche Stil der israelischen Gesellschaft zunächst fremd. Die Identität dieser Gruppe wurde stärker von der Religiosität bestimmt als von säkularen Ideen (Zionismus, Sozialismus), die bei den Ashkenasen stark vertreten waren. Mit diesen Neubürgern polarisierte sich die israelische Politik zwischen Säkularen und Religiösen. Schließlich zog es jetzt auch zahlreiche orthodoxe Ashkenasen nach Israel, die bis dahin in den USA gelebt hatten. Siedlungsprojekte in den besetzten Gebieten boten ihnen Gelegenheit, unterstützt vom Staat, im Gelobten Land zu leben.

Zu guter Letzt wanderten noch Juden aus der Sowjetunion ein, später aus den sowjetischen Nachfolgestaaten. Sie kehrten dem anti-semitischen Klima dieser Länder den Rücken, suchten aber auch eine neue Heimat, die ihnen materiell bessere Lebensbedingungen bot. Der religiösen Praxis des Judentums waren diese Neubürger zum großen Teil entfremdet. Im Generalkontext der israelischen Gesellschaft stellen sie heute eher eine Gruppe funktionaler Atheisten dar. Stark an russische Sprache und Kultur assimiliert, schließen sie sich vom gesellschaftlichen Mainstream ab und bilden eine russo-israelische Subgesellschaft.

Israel gleicht heute stärker als je zuvor einem Patchwork säkularer, religiöser, sprachlicher und kultureller Teilgesellschaften. Diese sind vor allem durch eines verbunden: der Staat Israel als politische Heimat. Diese Heimat ist ein kleines Gebiet. Die Wahrnehmung der arabischen Nachbarn als Bedrohung wird in Teilen der Gesellschaft zudem auf die Araber in den eigenen Grenzen projiziert.

Die israelische Gesellschaft hat sich in eine Festungs- und Verteidigungshaltung gegenüber den Arabern eingemauert. Das Schema, mit dem sich Israel Jahrzehnte lang seiner äußeren Feinde erwehrt hat, militärische Stärke, wird auf die Araber in den besetzten Gebieten projiziert. Dramatische Wohlfahrtsunterschiede zwischen Israelis und Palästinensern nähren den Hass mit Neid und Verlustängsten. Israel betrieb zudem eine harte Besatzungspolitik, die Araber als Menschen zweiter Klasse behandelte.

Das hohe Ansehen der Armee und die Ambitionen der hohen Offiziere auf politische Karrieren sind Konstanten der israelischen Politik (Wolffsohn 2007: 186ff.). Die Streitkräfte sind als rasch mobilisierbare Miliztruppe ausgelegt und fest in der Gesellschaft verwurzelt. Sie schöpfen aus dem Potenzial einer exzellent ausgebildeten Bevölkerung und bestehen in technologischer Hinsicht den Vergleich mit den besten Armeen der Welt. Dieses Faktum eines militärisch starken, engstens mit den USA verbundenen Israel ist ein Eckpunkt der kollektiven Psyche in den orientalischen Staaten.

2 Grundlagen des orientalischen politischen Systems

2.1 Der Islam und die Politik

2.1.1 Die Rechtsquellen

Der gläubige Muslim unterwirft sich religiösen Rechtsvorschriften. Sie stellen Glaubensinhalte dar und bestimmen seinen Lebensrhythmus. Der islamische Theologe ist Rechtswissenschaftler. Das islamische Recht kann nur mit theologischen Kenntnissen gelehrt werden. Dem Gläubigen, der ein rechtes Leben führt, winkt das Paradies. Dem fehlbaren Muslimen drohen Verdammnis und ewige Qual. Paradies und Verdammnis vergelten Verdienste und Laster nach dem Richterspruch Gottes im Jenseits entsprechend der Lebensführung im Diesseits.

Der Gesamtkomplex des islamischen Rechts ist die Scharia. Sie umfasst die folgenden Quellen:

a) Der Koran drückt unmittelbar Gottes Willen aus, wie er dem Propheten mitgeteilt und von diesem niedergeschrieben wurde. Er verpflichtet den gläubigen Muslim auf das Bekenntnis zum einen Gott, auf das Fasten im Monat Ramadan, auf das fünfmalige tägliche Gebet, auf das Entrichten des Zakat, des Almosens für die Bedürftigen, und schließlich auf die Pilgerfahrt nach Mekka, wenn es die wirtschaftlichen Verhältnisse erlauben.

b) Hadithen sind Berichte vom Leben des Propheten. Sie sind von Zeitzeugen verfasst und dokumentieren Aussprüche und Auslegungen des Propheten zum

Koran. Auch sie gelten als Rechtsquellen, soweit sie Aussagen zur Lebensführung der Muslime treffen.

c) Darüber hinaus sind Traditionen in die Scharia eingeflossen. Sie besaßen in der Zeit, als der Islam sich durchsetzte und verbreitete, verpflichtenden Charakter. Dieser Teil der Scharia haftet eng an der arabischen Stammesgesellschaft zur Zeit des Propheten. Hier handelt es sich um Speiseverbote (kein Schweinefleisch, kein Alkohol), um die Verhüllungspflicht für Frauen und um die Grundsätze des Gerichtsverfahrens. Wie weit diese Traditionen der Scharia zugerechnet werden müssen, ist unter islamischen Rechtsgelehrten umstritten. Moderne Vertreter definieren sie als zeitgebunden aus der Scharia heraus.

Die Scharia gilt im heutigen Iran als unmittelbares Recht, in anderen islamischen Staaten lediglich in Teilen, vor allem das Familienrecht. Seit dem 9. Jahrhundert gilt die Entwicklung der Scharia als abgeschlossen.

2.1.2 Die Hauptrichtungen des Islam

2.1.2.1 Die Sunna

Die Frage der legitimen Prophetennachfolge spaltet, wie oben bereits skizziert, die Muslime in Sunniten und Schiiten. Die Anhänger Alis, die Schia, erkennen die Scharia freilich in gleicher Weise an wie diejenigen der Sunna. Die Zwölfer-Schia übernimmt ebenfalls zahlreiche Elemente arabischen Stammesbrauchtums. Die Anhänger der Schia werden auf zehn bis 15 Prozent aller Muslime geschätzt.

Der sunnitische Islam differenziert sich bei der Rechtsquelle der Hadithen. Es gibt verschiedene Hadithen, die von den Rechtsgelehrten sämtlich als authentisch anerkannt sind. Sie unterscheiden sich in der Praxis darin, welche theologischen Quellen und Auslegungsmethoden Vorrang genießen und in welchem Ausmaß rationale Argumente vor Buchstabentreue und konventioneller Lesart gelten dürfen.

Die Rechtsschulen des sunnitischen Islam fußen zum Teil auf den Verfassern der Hadithen.

In der Türkei, in Syrien, in Jordanien und im Libanon dominiert die *hanafitische Rechtsschule*. Ihr gehören allein die Hälfte der Sunniten an. Sie steht für die flexible Auslegung und Praxis des Islam. Diese Rechtsschule hat sich dort durchgesetzt, wo das arabische und osmanische Kalifat über mehr als tausend Jahre hinweg die politischen Verhältnisse bestimmt hat. Dort war pragmatischer

Umgang mit dem Glauben angezeigt, um den vielfältigen Herausforderungen des Lebens- und Herrschaftsalltags zu begegnen.

Die *malikitische Schule* ist im Maghreb verbreitet. Es handelt sich um eine konservative Rechtsschule, die den Islam so zu tradieren sucht, wie er zur Zeit des Propheten gewesen ist. Gleichwohl nahm ihre Praxis einige äußerliche Merkmale der christlichen Gemeinschaften an, die sie im nördlichen Afrika verdrängte, so etwa die Heiligenverehrung. Die Malikiten dominieren als Rechtsschule auch im subsaharischen Afrika, und auch dort kam es zur Verbindung mit örtlichen Glaubenspraktiken.

Die *schafitische Rechtsschule* dominiert im Jemen, am Horn von Afrika und in Südostasien. Sie betrachtet das Handeln der Menschen als unmittelbare Manifestation göttlichen Willens und betont den Rechtskodex der frühislamischen Gesellschaft als Glaubensinhalt.

Die *hanbalitische Rechtsschule* hat sich auf der arabischen Halbinsel, an der geografischen Nahtstelle zum schiitischen Islam durchgesetzt. Diese Spielart der Sunna zeichnet sich durch ihren Skriptualismus aus. Mit der nüchternen Verehrung des Wortes und der Tradition unterstreicht sie den Gegensatz zur Emotionalität und Priesterlichkeit der Schia. In neuerer Zeit haben der Wahabismus und in neuester Zeit der Salafismus an diese Schule angeknüpft. Der *Wahabismus* kehrt die Strenge einer allein der Schrift verpflichteten Lesart des Glaubens hervor. Seine Anhängerschaft erstreckt sich heute auf die ganze Region.

Die sunnitischen Geistlichen, die Ulama, sind Prediger und Richter, aber keine Wegweiser für die Gläubigen. Unter Heranziehung des für sie maßgeblichen Hadiths klären sie komplizierte religiös-rechtliche Fragen nach Regeln, die sie im Religionsstudium erwerben. Die wichtigste Ausbildungsstätte des sunnitischen Islam ist die Al-Ahzar-Universität in Kairo.

Die Ulama sind für die Gläubigen wichtig. Dank ihrer Ausbildung wissen sie in praktischen Fragen Rat. Durch schöpferische Auslegung, die Kunst des Ijtihad, leisten sie ihren Beitrag, insbesondere durch die Suche nach Analogien mit Koran und Brauch, damit die Gläubigen im Einklang mit einer Welt leben können, auf deren Fragen der Koran und die Religionsgeschichte des 6. bis 9. Jahrhunderts keine Antworten geben. Was der gläubige Muslim in einer Welt der Technik, der modernen Unterhaltung und des westlichen Konsums darf und was nicht, bestimmen letztlich die angesehensten Ulama, in den ganz großen Dingen Institutionen wie die Al-Ahzar-Universität.

Regierungen holen bei heiklen Entscheidungen nicht selten eine *Fatwa* ein, d.h. das Gutachten eines renommierten Ulama. Vielfach werden die Ulama vom Staat bezahlt. Ulama im Land A entscheiden so, im Land B gänzlich konträr. Einheitliche Lehrmeinungen gibt es nicht.

Der Sunna hängen etwa 90 Prozent aller Muslime an. In der Vergangenheit hat sich die Sunna stellenweise an lokales Brauchtum assimiliert, besonders an das Bedürfnis nach Mystifizierung, nach jüngeren Zeugnissen der Gotteserfahrung und auch nach dem emotionalen Ausleben des Glaubens. Das Ergebnis ist ein Phänomen, das verallgemeinernd als *Sufismus* (siehe unten 2.1.3.4) bezeichnet wird.

Im Ursprungsgebiet des Islam, auf der arabischen Halbinsel, wird ein an das karge Nomadenleben angepasster, schnörkelloser, asketischer Islam praktiziert. Als *Wahabismus* – benannt nach al-Wahab, einem Sektengründer – wirkt er bis in die Gegenwart fort, vor allem dank seiner Verbindung mit der Herrscherfamilie in Saudi-Arabien. In diesem Anliegen, dem Zurück zu den einfachen Ursprüngen des Islam in der Lebenszeit des Propheten, ist ihm der *Salafismus* ähnlich. Dieser verbindet sich darüber hinaus mit politischen Lehren. Der Salafismus ist die heute wohl mächtigste Strömung im sunnitischen Islam.

2.1.2.2 Die Schia

Die zweite innerislamische Großkonfession ist die Schia. Der Konflikt zwischen Sunna und Schia wurzelt in der Dynastiegeschichte des Kalifats. Nach schiitischem Dogma waren die ersten drei Kalifen nicht „rechtgeleitet", sondern vielmehr widerrechtlich zur Führung der islamischen Gemeinde berufen worden. Der vierte Kalif Ali hätte als engster Verwandter dem Propheten direkt nachfolgen müssen. Alle vor Ali amtierenden und die auf ihn folgenden Kalifen waren nach dieser Auffassung illegitim. Die später so genannten Sunnis glauben hingegen, der Kalif müsse kein Blutsverwandter des Propheten sein. Der in der Tradition aufbewahrte Konsens der Gläubigen ist hier Beweis genug, dass die historische Kalifenfolge Gottes Willen entspricht.

Die sunnitischen Hadithen sind nach schiitischer Auffassung Religions- und Geschichtsklitterung. Einen besonderen Platz im Glaubensbild der Schiiten hat Hussein, der Enkel des Propheten. Er starb im 7. Jahrhundert bei Kerbala im heutigen Irak in einer Schlacht, die er um seine Anerkennung als legitimer Kalif führte. Im Ashura-Fest gedenken die Schiiten Husseins als Märtyrer.

Mit der Schia verbindet sich ein Messiasglaube. Nur Alis Söhne, Enkel und Urenkel konnten das Erbe Mohammeds wahren. Zwar des Kalifats beraubt, blieb Alis Nachfolgern doch das Imamat, d.h. die geistliche Führung der rechtgeleiteten Gläubigen. Die Hauptrichtung des schiitischen Islam zählt zwölf sog. Imame. Sie wird deshalb als Zwölfer-Schia bezeichnet. Der zwölfte Imam namens Mahdi ist nach schiitischem Glauben nicht gestorben. Denn er ist im Kindesalter „entrückt", um den Häschern des illegitimen Kalifen zu entkommen, die dem legitimen Ali-Nachfolger ans Leben wollten, bevor er eigene Nachkommen zeugen konnte. Eines fernen Tages wird der Mahdi, der Verborgene Imam, wieder erscheinen und das nahende Gottesgericht ankündigen. Bis dahin ist es die Sache ausgebildeter Theologen, die Gläubigen zu leiten.

Die Sunna sieht das Erbe des Propheten als abgeschlossen an. Die Schia betrachtet es als interpretationsbedürftigen Prozess, der erst mit dem Wiedererscheinen des Mahdi zum Abschluss kommt. Bis es so weit ist, gebührt den Theologen als Platzhaltern des Mahdi Respekt und Gefolgschaft. Weil sich die Theologen allein durch Frömmigkeit und theologische Gelehrsamkeit für die stellvertretende Führung der Muslimengemeinde qualifizieren, darf es keinen unter ihnen geben, der beanspruchen könnte, den Koran richtiger auszulegen als andere mit vergleichbarer Qualifikation. Die gelehrtesten und angesehensten Geistlichen werden von Ihresgleichen als Mujtahids anerkannt. Auch die gelehrtesten Geistlichen sind lediglich Menschen ohne das Charisma der Begegnung mit Gott. Unter den Menschen war allein der Prophet dafür bestimmt. Was die Führung der Gemeinde betrifft, ist die Schia pluralistisch.

Die wichtigsten theologischen Ausbildungsstätten für schiitische Geistliche befinden sich in Ghom (Iran) und Nadschaf (Irak). Die Mujtahids sorgen sich nicht nur als Geistliche, sondern auch karitativ um ihre Gemeinden. Die Gläubigen wenden sich an Geistliche minderen Ranges, die der Führung eines Mujtahid folgen (Nasr 2006: 70f.). Die Geistlichkeit steht in einer Hierarchie. Der höchste Rang ist der Status einer Quelle der Nachahmung (Marja-i-taqlid).

Das Erscheinen des Mahdi projiziert die Schia in eine ferne, unbestimmte Zukunft. Die Schia hat eine Kultur des Sehnens und gleichzeitig des Trauerns hervorgebracht. Wenn man so will, ist sie eine Verliererkonfession. Sie zieht sich auf die Innerlichkeit zurück, weil sie in der Welt so schmählich um ihre Ansprüche betrogen worden ist.

Demgegenüber tritt die Sunna als Gewinnerkonfession auf. In ihrem Zeichen wurde das große arabische Reich gegründet, das die glanzvollste Epoche der islamischen Vergangenheit einläutete. Die Sunna hat in der Welt triumphiert. Umso schmerzlicher wurden die Anhänger der Sunna vom Niedergang des Kalifats getroffen, insbesondere von der Demütigung durch den Kolonialismus europäischer und christlicher Mächte. Die Gestalt des Mahdi gibt es auch hier. Sie hat jedoch eine andere Bedeutung. Der Mahdi hier ist eine Figur, die, nach eigener Überzeugung von Gott beauftragt, gegen das Böse kämpft. Er schafft das Übel aus der Welt und bereitet den Feinden des Islam die gebührende Niederlage. Mit großem zeitlichen Abstand tauchten in der Historie charismatische Persönlichkeiten auf, die sich selbst zum Mahdi erklärten und Anhänger um sich scharten, um dann, nach mehr oder minder großem historischen Spektakel wieder abzutreten, wie zuletzt vor mehr als hundert Jahren im Sudan geschehen (siehe unten Teil 3, 1).

Sichtbare Unterschiede zwischen den Konfessionen betreffen die Bedeutung sinnlicher Glaubenserfahrung. Das höchste Fest der Schiiten, Ashura, mobilisiert die Emotionen. Es wird mit Prozessionen, lautem Klagen, Schreien, Büßergewändern und Selbstgeißelung begangen. Die Sunniten mit ihrer nüchternen Glaubenspraxis empfinden die Schia aus diesen Gründen als fremd. Kerbala, die im Irak gelegene Stätte der Niederlage Husseins, und Nadschaf, die Ruhestätte des Kalifen Ali, zählen als Pilgerstätten unter Schiiten so viel wie Mekka und Medina unter den Sunniten. Schreine gelten in besonderer Weise als von Gott beseelt und deshalb auch als geeignet, um dort seinen Segen zu erflehen und um Hilfe zu bitten (Nasr 2006: 43f., 54ff.).

Im Unterschied zur Sunna verlangt die Schia, dass sich der Gläubige einem Geistlichen, einem Mujtahid, anvertraut, um nicht vom rechten Glaubenspfad abzukommen. Verstorbene Mujtahids erlöschen als Vorbilder. Das Erfordernis, einem lebenden Mujtahid zu folgen, hält die Auslegungskunst lebendig. Die Mujtahids stehen stellvertretend für den verborgenen zwölften Imam. Schiitische Geistliche lassen sich eher mit Priestern vergleichen.

Es ist dem schiitischen Gläubigen überlassen, den Mujtahid, dem er folgen will, frei zu wählen. Der sunnitische Gläubige bewegt sich demgegenüber seit Jahrhunderten in unveränderten Regeln und Gewohnheiten. Diese lassen ihm dort, wo sie schweigen, Raum für freies Handeln. Die Schia behält die vernunftgeleitete Interpretation der Glaubensinhalte den Geistlichen vor.

2.1.2.3 Die Alawiten

Neben der Zwölfer-Schia gibt es noch weitere Richtungen. Die Alawiten schreiben die Wiederkunft des legitimen Imam dem vierten Kalifen Ali selbst zu. Ali, so ein Vorwurf gegen die Alawiten, tritt hier so stark in den Mittelpunkt der Verehrung, dass Mohammed dahinter verblasst. Alawiten werden von Anhängern der Sunna schon gar nicht mehr als Muslime anerkannt. Einige schiitische Theologen sehen durchaus Berührungspunkte. Die alawitischen Glaubensinhalte haben esoterische Züge. Alawitische Geistliche behalten ihr Wissen für sich. Vom arabischen Brauchtum sind die Alawiten weit abgerückt. Sie kennen keine Bekleidungsgebote, diskriminieren ihre Frauen nicht und zelebrieren Tanz und Fröhlichkeit. Eine weitere schiitische Sonderrichtung verkörpern die Drusen. Auch sie zählen die Folge legitimer Kalifen anders, sie glauben an Seelenwanderung und haben eigene heilige Schriften (kurze Charakterisierung bei Halawi/ Ghazzal 2004: 104f.).

2.1.2.4 Der Sufismus

Der Sufismus ist ein höchst komplexes Phänomen. Seine Anfänge deuten auf die frühislamische Glaubenspraxis. Überall dort, wo der Islam Fuß fasste, verband sich die monotheistische Botschaft mit Elementen der Glaubenshaltungen, die von ihr abgelöst wurden. Die Synthese integrierte einen Heiligenkult, der vor allem in Nordafrika an die von Christen verehrten Eremiten erinnerte. Die Verbindung des neuen Glaubens mit der Personifizierung frommer Gestalten erleichterte es den Menschen, den neuen Glauben anzunehmen. Er wurde ja nicht durch Fremde, sondern von Gestalten des vertrauten Umfeldes vermittelt und vorgelebt. Der Islam gewann damit örtliches Kolorit, ähnlich wie die Lokalheiligen der katholischen Kirche, als der christliche Glauben bei Sachsen, Kelten und Slawen Fuß fasste (Vassiliev 2000: 68ff.). Das mystische Element ist ein weiteres Generalmerkmal des sufischen Islam. Tanz, Musik, Ekstase, Trance – dies alles dient der unmittelbaren Gotteserfahrung.

Mit Blick auf die politische Bedeutung des Sufismus ist hier zu betonen, dass Sufis häufig Orden oder Bruderschaften – Tarikas – bilden, in denen sich die Anhänger zum Gehorsam für ihre Meister verpflichten, in bestimmter Tradition sogar zum gemeinsamen Leben und Arbeiten (Schimmel 2000: 21ff., 68ff.). Es wird angenommen, dass dabei die Anschauung der christlichen Mönchsorden und die Eremitenverehrung Pate gestanden haben könnte. Die Führer der Tarikas haben eine ähnliche geistliche Rolle, wie die hohen Geistlichen im schiitischen Islam.

Vom Führer einer sufischen Gemeinschaft wird erwartet, dass er für seine Gemeinde da ist, dass er zuhört, hilft und rituelle Handlungen ausführt. Dafür genießt er nicht nur Verehrung und Gehorsam. Seine Anhänger wenden ihm Spenden zu und leisten ggf. unentgeltliche Arbeit. Die Sufi-Heiligen, auch als Marabuts bezeichnet, werden über ihren Tod hinaus verehrt. Ihr Tod ist kein betrübliches Ereignis. Der heilige Mann verlängert die Verbindung zum Propheten. Seine Grabstätte wird zum Wallfahrtsort. Heilung und Wunder werden dort erfleht, kann sich der Verstorbene doch jetzt Gott unmittelbar mitteilen.

Neben dem Propheten selbst genießt der Kalif Ali bei den Sufis besondere Verehrung. Andere verehren mit dem Kalifen Abu Bakr Mohammeds Schwiegervater. Gleichwohl verstehen sich die Sufis als Sunniten. Die Aliverehrung stellt jedoch Verbindungen zur Schia und den Alawiten her. Die hanbalitische Rechtsschule toleriert die Verbindung der Sunna mit dem Sufismus nicht (siehe oben 2.1.2.1). Die Verehrung der Heiligen lenke vom Monotheismus ab, Tanz und Gesang vom Heiligen Buch. Der Bezug auf Ali weiche die Grenze zur Schia auf.

Sufis und Schiiten kommen besser miteinander aus. In Indien, wo auch die Schia stark vertreten ist, ist der Sufismus weit verbreitet, aber auch im Maghreb, wo die Schia keinerlei Bedeutung hat.

2.1.3 Der Islam und die moderne Welt

Seit mehr als tausend Jahren beschränken sich Islamgelehrte darauf, theologische und Rechtsfragen zu erörtern. Unter welchem Regime die Muslime lebten, war lange zweitrangig. Was ein politischer Führer treibt, tangiert keine Glaubensdinge. Das politische Geschäft ist eine weltliche Sache, während der Glauben das Tor zum Paradies weist. Der Herrscher, ob Sultan, König, Emir oder Präsident, hat dafür zu sorgen, dass die muslimische Gemeinde intakt bleibt und der Muslim seinen Glauben ausüben kann. Traditionell legitimiert die Religion auch den despotischen Herrscher, sofern dieser nur ein Muslim ist und vor allem, soweit er die Lehre des Propheten nicht behindert. Diaspora-Muslime müssen sich sogar einer nicht-islamischen Obrigkeit fügen, wenn der Muslim dort nach seinem Glauben leben darf. Namentlich die sunnitische Richtung des Islam betont traditionell den politischen Quietismus der Untertanen und das vom Propheten bestätigte Recht der Herrscher, die Gläubigen im Rahmen des göttlichen Gesetzes zu regieren. Die schiitischen Ulama waren traditionell kaum weniger unpolitisch. Jenes Ausmaß von Politisierung, wie es sich heute in der Geistlichkeit des Iran zeigt, ist historisch beispiellos.

Der Islam ist Religions- und Rechtswissenschaft in einem. In Hinsicht auf das politische Recht schweigen sich islamische Rechtsquellen allerdings aus. Nach sunnitischer Auffassung muss die Schura, eine Versammlung der islamischen Würdenträger, darüber befinden, wer die Leitung der Gemeinde übernimmt, wenn der bisherige Gemeindevorsteher, im frühen Islam also der Kalif, stirbt. Denn so wenig der Kalif ein Nachfolger des Propheten als Religionsverkünder sein konnte, trat er doch in die weltliche Rolle des Propheten als Regent der Gemeinde. Für die Bestimmung des Kalifen war der Konsens der nicht weiter definierten und nach Brauch selektierten Gemeindeältesten maßgeblich, einen neuen Kalifen als Oberhaupt zu akzeptieren. Weil der Kalif lediglich ein weltlicher Beschützer der Religion ist, seine Herrscherrolle also im Vordergrund steht, nicht zuletzt auch deshalb, weil das Kalifat im Koran und in den Worten des Propheten keine Grundlage hat, konnte die Sunna die Abschaffung des Kalifats letztlich gut verkraften (Liebl 2009: 374). Politische Autoritäten traten an seine Stelle, wie auch viele Staaten an die Stelle des Osmanenreiches traten.

Die Scharia lässt sich durch die Auslegung der Ulama durchaus so handhaben, dass sie Kollisionen mit den Bedürfnissen der modernen Zivilisation vermeidet. Von alters her bereits wird das Zinsnahmeverbot des Islam durch die sog. „Schliche“ umgangen, d.h. förmlich gesehen legale Handlungsweisen, die zwar nicht den Buchstaben, aber den Sinn des Verbots verletzen. Viel Islamisierung ist Augenwischerei. Sie erfüllt aber mit der Behauptung des Anders- bzw. Ursprünglichseins ihren legitimatorischen Zweck. Nehmen wir ein Beispiel. So unterscheiden sich islamische Banken, um dem Zins- oder Wucherverbot Genüge zu tun, von westlichen Banken im Verzicht auf Zinsen. Sie beteiligen die Anleger am Gewinn, der allerdings lange auf sich warten lassen mag. Sie ermöglichen aber auch die sofortige Auszahlung der Anlage ohne Verlust.

Das überragende Thema in der Auseinandersetzung des Islam mit der modernen Welt ist die Frage, warum die islamische Welt gegenüber dem Westen ins Hintertreffen geraten ist. Schließlich steht der Westen für die Welt der fehlgeleiteten Ungläubigen, den Atheismus und die freizügige Moral. Aus dieser Frage ergeben sich gravierende Identitätsprobleme. Da es am islamischen Wertesystem nicht liegen kann und darf, muss es andere Gründe geben. Doch welche? Sind die Gläubigen vom rechten Pfad abgewichen oder interpretieren sie den Islam nicht zeitgemäß? Ist es schon ein Fehler, den Westen in einigen Dingen als Vorbild zu nehmen? Verheißt die Demokratie eine Lösung oder ist sie unislamisch? Stehen sich Kreativität und Glaubenslehre im Wege? Diese Fragen quälen seit mehr als hundert Jahren muslimische Intellektuelle. Entsprechende Überlegungen überschreiten seit geraumer Zeit die Schwellen der Studierstuben und driften mit populär vereinfachenden Phrasen in die Gesellschaft.

Der Niedergang der islamischen Völker im 19. Jahrhundert gab den ersten großen Anstoß zur Neuinterpretation. Hier ist an erster Stelle der Gelehrte Dschamal al-Afghani (1838-97) zu nennen. Afghani lebte in Britisch-Indien. Der Kontrast zwischen der Macht des British Empire sowie dem Stand europäischer Bildung und der Stagnation der islamischen Welt trat dort besonders deutlich zutage. Für die Schwäche der islamischen Gemeinschaft machte Afghani das mangelnde Vertrauen in die Fähigkeit des Islam verantwortlich, sich mit der technischen Zivilisation zu verbinden.

Es sei kein Anzeichen für die Unterlegenheit des Islam, wenn er sich auf die technischen Errungenschaften einlasse, die im Westen entwickelt wurden. Auf diese gründe sich letztlich dessen politische und wirtschaftliche Überlegenheit, nicht auf seine Religion. Der Islam sei eine Vernunftreligion. Die auf dem Gebrauch der Vernunft beruhende Wissenschaft und Technik des Westens stehe durchaus nicht im Widerspruch zum Islam. In früheren Zeiten, etwa im Mittelalter, hätten auch Christen nichts dabei gefunden, Erkenntnisse aus dem arabisch-islamischen Raum zu übernehmen, etwa die Mathematik oder die Chirurgie. Sie hätten sich deshalb nicht vom christlichen Glauben abgewandt. Afghanis Denken war in hohem Maße antikolonialistisch inspiriert. Das Thema der Unterlegenheit der islamischen Gemeinschaft hielt ihn so stark gefangen, dass er die weitergehende Frage nicht stellte, was den Islam in der Vergangenheit denn daran gehindert habe, den christlichen Westen zu studieren und von ihm Neuerungen zu übernehmen.

Afghanis Schüler Muhammad Abduh (1849-1905) stieß zu dieser Frage vor. Seine Position lässt sich so skizzieren, dass er den orthodoxen Islam von allen Elementen entschlacken wollte, die sich nicht unmittelbar aus der zentralen Glaubensbotschaft des Koran herleiten. Damit fasste er vor allem jene Bestandteile der Scharia ins Auge, die an den Kontext der frühislamischen Gesellschaft gebunden waren. Er verlangte also, zwischen dem überzeitlichen Normenkern der Scharia und den zeitgebundenen Lebensregeln der frühen islamischen Gemeinde zu unterscheiden. Was im Kontext dieser historischen Gesellschaft seinen guten Sinn hatte, tauge nicht mehr als Rezept für die Auseinandersetzung mit den Problemen des modernen Zeitalters. Abduh projizierte hier ein theologisches Unterfangen mit reformatorischem Potenzial. Aber er kam nicht weit. Die Ulama der Azhar-Universität indizierten seine Schriften. Fand Afghani immerhin als Kämpfer gegen den Kolonialismus breite Anerkennung, wurde Abduh in der islamischen Welt zur Unperson – hauptsächlich deshalb, weil er einen tief sitzenden Konservatismus herausforderte.

Rashid Rida (1865-1935) knüpfte hier an. Auf ihn geht der Begriff des Salafismus zurück (tugendhafte Ahnen). Die Muslime der heutigen Zeit sollen sich an das Vorbild der ersten Kalifen halten und den Glauben von Tradition und Ritualen entschlacken, die sich in späteren Jahrhunderten um ihn entwickelt hätten (Nasr 2006: 103). Die Lage der Muslime wurzele im Abweichen vom Ursprünglichen, zu dem es zurückzukehren gelte. Betrachten wir im nächsten Abschnitt nun die Debatte im 20. Jahrhundert. Sie wandte sich stärker der Politik zu.

2.1.4 Der Islam und die Welt der Politik

Die ursprüngliche legitime Herrschaftsfigur der islamischen Welt war der Kalif. Der Kalif ist ein Stellvertreter des Propheten. Nach der sunnitischen Lehre basiert das Kalifat auf dem Vertrag zwischen dem Kalifen und dem Volk. Das Volk gibt dem Kalifen ein Mandat zum Herrschen und der Kalif wahrt den Frieden in der Gemeinschaft. Als Gegenleistung übt das Volk Treue zum Kalifen. Die Einzelheiten dieses Vertrages liegen bei den Religions- und Rechtsgelehrten im Dunkeln. Dem Kalifen wird – argumentativ stringent – die Aufgabe zugeschrieben, die von Gott gegebenen Gesetze anzuwenden und die Muslime und ihren Lebensraum zu schützen.

Der Kalif soll sich in allen wichtigen Angelegenheiten mit den Muslimen beraten. Er ist kein Souverän. Souverän ist allein Gott, wie er sich im Koran und in der Scharia offenbart. Die Gesetze des Kalifen verfehlen auch bei guten Absichten mehr oder weniger den göttlichen Willen, weil auch er nur ein Mensch ist. Deshalb ist der Kalif von „Volkes Gnaden" (El Fadl 2004: 11ff.).

Diese Konstruktion des Herrschers leidet darunter, dass es unter den Juristen und Theologen keinen Konsens darüber gibt, was unter dem Volk, was unter Herrschertreue und was unter Beratung zu verstehen ist.

Noch für den Reformtheologen Muhammad Abduh war Politik ein unvermeidliches Übel. Sein Werk gibt dafür nichts her. Anders verhält es sich mit seinem Schüler Rashid Rida. Auch dieser sieht keinen Widerspruch zwischen Islam und Rationalität; selbst das Naturgesetz kommt von Gott. Die schöpferische Auslegung, der Ijtihad, bietet die Lösung für alle Probleme, auch für das Herrschaftsproblem (siehe oben 2.1.2.1). Ein Problem gibt es hier überhaupt nur deshalb, weil sich die Herrscher des Orients vom Islam abgewandt haben. Die zum Ijtihad befähigten Muslime bilden die Schura, d.h. eine Versammlung, die Elite der Gläubigen. Sie bestimmt den politischen Führer der Gemeinschaft. Die Teilnehmer an der Schura müssen rechtschaffen, weise und urteilsfähig sein, und sie müssen die Anwärter auf das Herrscheramt gut kennen. Diese Elite hat auch das Recht, einen Führer abzuberufen, der seinem Amt nicht genügt. Die Pflichten des guten Muslims binden auch den Herrscher. Vor ihrer Auswahlentscheidung muss diese Elite das Volk konsultieren. Zu Details, wie die Elite zustande kommt und wie sie die Konsultation des Volkes bewerkstelligt, schweigt sich auch Rida aus. Sein Konstrukt deutet in Richtung auf eine religiöse Aristokratie (Akhvari 2003a: 553ff., Akhvari 2003b: 28f., Kerr 1966: 154ff.).

Die gegenwärtigen Debatten über den legitimen Herrscher weisen in verschiedene Richtungen. Auf der einen Seite lassen sich Stimmen vernehmen, die das Konzept der Schura in eine Demokratie umdeuten. Sie legen in die Konsultationspflicht das Postulat eines politischen Pluralismus hinein. Mit der Anforderung an den Herrscher, ein rechtschaffener Muslim zu sein, verbinden sie ferner ein Widerstandsrecht des Volkes (Ratherford 2006). Doch diese Stimmen sind Randerscheinungen.

Dominant ist vielmehr die Auffassung, dass die gläubigen Muslime zu den Ursprüngen ihres Glaubens zurückfinden müssen. Die gegenwärtige Rückständigkeit und Unterlegenheit der islamischen Gesellschaft habe ihre Ursachen im Abrücken der Muslime von der Glaubensstärke und von den Glaubensgewohnheiten früherer Epochen. Gleichzeitig wird eine Vergangenheit beschworen, in der das islamische Großreich in seiner höchsten Blüte stand, dem christlichen Europa an politischer Kraft überlegen war und dieses an Geschlossenheit und kultureller Ausstrahlung überragte. Es handelt sich bei diesem zivilisationskritischen Mainstream um ein Denken, das die ganze Epoche des Niedergangs der islamischen Welt ungeschehen machen will (Tibi 1991: 188ff.).

Der wirkungsmächtigste Vertreter dieses heute auch islamistisch genannten Denkens ist der Ägypter Sayyid Qutb (1906-1966). Qutb sah seine Landsleute und viele seiner Glaubensbrüder im Zustand der Unwissenheit. Sie laufen dem Nationalismus und dem Sozialismus hinterher und haben vergessen, dass für den Muslim nicht das Volk, sondern Gott Alleininhaber der Souveränität ist. Die Gebote des Glaubens und die menschliche Natur sind perfekt aufeinander abgestimmt. Gut und Böse liegen offen zutage. Wer sich für Letzteres entscheidet, tut dies aus freiem Willen (March 2010). Die säkularen Politiker gehören aus der Umma ausgestoßen, weil sie abtrünnig und korrupt geworden sind und in ihren Staaten das Volk der Gläubigen unterdrücken. Für die Verbreiter der falschen, vom Westen überkommenen Lehren gilt das Tötungsverbot nicht. Es schützt sonst die Glieder der muslimischen Gemeinde vor dem Tod durch Ihresgleichen. Qutb bezahlte seine Lehre mit dem Leben. Er wurde vom Nasser-Regime der Verschwörung bezichtigt und hingerichtet.

Der Dschihad, das nicht nachlassende Bemühen um Glaubenstreue, muss auch als Kampf gegen Verräter am Glauben geführt werden. Der Herrscher muss sich an der freien Zustimmung der Muslime legitimieren. Seine Autorität kommt nicht von Gott. Islamische Herrschaft ist nicht theokratisch. Die Schura, die Beratung mit dem Volk, bildet den Kern der Herrschaftsausübung. Sie lässt sich indes nicht in säkulare Begriffe wie Demokratie und Parteienherrschaft übersetzen. In institutioneller Hinsicht lassen Qutb wie auch Rida viele Fragen offen. Für wichtiger als die Details einer islamgerechten Verfassung hält Qutb die Forderung an die Muslime, kein System zu akzeptieren, in dem die Herrschenden den Willen Gottes missachten (Khatab 2002).

Qutb ist bis zum heutigen Tage einflussreich. Muslime, die sich an Qutb halten, sind antiklerikal disponiert. Wie er selbst haben sie meist auch keine theologische Ausbildung. Die Ulama, die sich mit den Regimenn arrangiert haben oder von ihnen bezahlt werden, stehen im Verdacht des Komplizentums (Norton 2002: 379). Für die schiitischen Ulama wäre diese Verdächtigung zu relativieren, weil sie ihre Autorität aus dem Kontakt mit der Gemeinde gewinnen. Der politisch geladene Islam ist das Ergebnis des Wirkens von Theologen und Laien in sunnitischer Tradition.

Der zweite wichtige Urheber des Islamismus war der Pakistaner Sayyid Abdul Ala Maududi (1903-1979). Er propagierte die Idee eines unabhängigen Pakistan. Dieses Pakistan sollte ein Staat der Muslime werden, in dem der Koran und die Scharia unmittelbar gelten. Und dieser Staat sollte allen Muslimen offen stehen, die dort leben wollten. Er sollte ferner durch politische Entscheidungen konstruiert und auch dem islamischen Gesetz unterworfen werden. Dieser

Staatsentwurf war in jeder Hinsicht ein Gegenmodell zu den Staaten, die nach europäischem Vorbild in der islamischen Welt entstanden waren.

Der iranische Geistliche und Religionsgelehrte Ruholla Mussawi Hendi Khomeini (1900-1989) hat Elemente dieser Ideen aufgegriffen und in seiner Vorstellung eines islamischen Staates kombiniert. Seine Lehre hat, wenig verwunderlich, eine schiitische Note. Zur Erinnerung: Nach schiitischem Glauben gab es mit dem Tode des Propheten eine Spaltung in der Fortführung seines Erbes. Mit den illegitimen Kalifen gelangte die politisch-militärische Rolle des Propheten in die Hände der Sunniten. Nach schiitischer Auffassung verblieb die geistlich-religiöse Autorität bei den Abkömmlingen Fatimas und Husseins. Ihr Erbe wird in Abwesenheit des entrückten Imam von den Mujtahids, den Führern der schiitischen Gläubigen verwaltet (Maghen 2008: 239).

Nach Khomeini muss die höchste Autorität im Staat in einem hochqualifizierten Theologen verkörpert sein. Das Regieren indes soll die Sache gewählter Politiker bleiben. Diese müssen sich vor dem Volk verantworten. Gottes Wille hat Vorrang vor dem Volkswillen. Deshalb wird die Politik unter die Aufsicht der Geistlichen gestellt. Denn allein diese sind durch Studium und theologische Qualifikation dazu befähigt, Gottes Willen zu erkennen. Diese Aufsicht soll in besonderen Organen des islamischen Staates organisiert werden.

Das Einverständnis der Theologen mit den beabsichtigten Staatsakten und notfalls ihr Einspruch sorgen dafür, dass der Staatswillen die höheren Weihen der Gottgefälligkeit für sich in Anspruch nehmen darf. Die Geistlichen befassen sich in dieser Verfassungsstruktur aber nicht mit dem Klein-klein des Regierungsalltags. Was lediglich technisches Regieren oder aber Grundsätzliches ist, entscheiden wiederum Geistliche. Wegen dieser kontinuierlichen theologischen Vorprüfung der Politik ist dem Staat in gleichem Maße Gehorsam zu leisten wie den religiösen Geboten.

Diese Konzeption hat schiitische Züge, insbesondere in der Wegweisungsfunktion der Geistlichen für Staat und Gesellschaft. Sie ist aber nicht auf Anhänger der Schia beschränkt. Jedwede Idee eines islamischen Staates muss eine Antwort auf die Frage finden, worin sich denn die Institutionen und Verfahren eines solchen Staates von denen herkömmlicher Staaten unterscheiden. Ließen Qutb und Maududi noch offen, wer berufen sei, Religion und Politik zusammenzuführen, der Staatsmann oder der Religionsgelehrte, so gab der iranische Theologe Khomeini eine klare Antwort: Politischer Führer darf nur ein höchstqualifizierter Religionsgelehrter sein.

2.2 Der arabische Nationalismus

Urheber der Idee eines arabischen Nationalismus war der Syrer Sati Husri (1882-1968). Er hatte in der Zeit des spätosmanischen Reiches in Paris studiert und sich dort mit den Schriften Herders, Fichtes und Hegels vertraut gemacht. Wie viele andere arabische Intellektuelle zur damaligen Zeit, empfand Husri die Lage seiner Landsleute als Schmach. Sein Anliegen war die Vereinigung aller Menschen arabischer Sprache in einem unabhängigen Staat. Husri betrachtete den Islam zwar als Bestandteil des arabischen Kulturerbes. Doch seine Vorstellungswelt wurde vom Gedanken der Sprache und Kultur beherrscht. Damit baute er eine Brücke zu Arabern nicht-muslimischen Glaubens, ebenso zu Muslimen, die konfessionellen Minderheiten oder aber den vom Hauptstrom der Muslime gering geschätzten Sekten angehörten.

Nicht von ungefähr sollten sich arabische Christen für die Idee eines arabischen Nationalstaates erwärmen, ebenso Schiiten, Alawiten und Drusen. Die Perspektive eines säkularen arabischen Staates bot ihnen die Aussicht, den konfessionellen Außenseiterstatus zu überwinden. Husri schreibt den Arabern, wie es Herder mit Blick auf die europäischen Völker tut, besondere Eigenschaften zu. Wie Fichte, so verklärt Husri die Vergangenheit. Er stellt Eigenschaften heraus, die eine kulturelle Überlegenheit der Araber vor anderen Völkern begründen und ihre triste Gegenwart den Machenschaften anderer Völker anlasten. Die Gegner der arabischen Sache sind die Kolonialmächte.

Das Kernübel der arabischen Nation ist für Husri ihre Verstreutheit in einer Vielzahl von Gebieten und Staaten. Diese trennen künstlich, was ethnisch und kulturell zusammengehört. Er bemüht hier die Analogie mit Deutschland vor der staatlichen Einigung unter Bismarck. Deutschland, vormals ein Spielball seiner mächtigen Nachbarn, habe einen ungeheuren Aufstieg erlebt und einen kraftvollen nationalen Charakter entfaltet, nachdem es unter einem starken nationalen Führer zu einem einheitlichen Staat zusammengefügt worden sei. In ähnlicher Weise erträumt sich Husri die Emanzipation der arabischen Welt.

Man mag diese Vision belächeln. Sie hatte aber greifbare historische Folgen. Viele arabische Führer haben seit den 1950er Jahren versucht, in die Rolle eines arabischen Bismarck zu schlüpfen. Erinnert sei an Gamal Abdel Nasser, Muammar Gaddhafi und Saddam Hussein. Ähnlich wie die romantischen Pangermanisten und die Panslawisten des 19. Jahrhunderts zeichnet Husri eine harmonische Vergangenheit, ein verlorenes Paradies der Araber, das es wiederzuerobern gilt.

Die Sprache ist für Husri, auch hier im Einklang mit dem nationalistischen Denken, das Schlüsselmerkmal der Zugehörigkeit zur arabischen Nation. Deshalb bezieht die panarabische Idee auch Ägypten ein. Dessen Bevölkerung spricht zwar in der Mehrheit arabisch, ist jedoch kein arabisches Volk. Das Sprachkriterium grenzt große Teile der islamischen Welt des Orients aus. Dies gilt insbesondere für Iraner und Türken. Der Ausgrenzungseffekt reicht jedoch tiefer als bloß in Völker, die nicht arabisch sprechen. Obgleich vom Anspruch her säkular, hat der Panarabismus implizit pansunnitischen Charakter. Irakische und libanesische Schiiten sowie syrische Alawiten, sämtlich Araber, stehen am Rande. Trotz prominenter Christen in der frühen Bath-Bewegung ist der Blick den großen Kalifenreichen zugewandt – eine Epoche, die für Schiiten in religiöser Hinsicht jeglicher Legitimität entbehrt (Nasr 2006: 91). Außerhalb der Türkei und des Iran ist das Arabische in Nordafrika und im ganzen Nahen Osten Schriftsprache. Das Hocharabisch der islamischen Rechtsgelehrten beschränkt sich indes auf einen kleinen Teil der Gesellschaft, die Bildungseliten. Die Masse spricht arabische Dialekte, die sich zum Teil erheblich voneinander unterscheiden.

Die politische Sprache bemüht auch heute noch gern Vergleiche mit der Kalifenzeit und mit den heroischen Kämpfen der Muslime gegen den Ungläubigen. Sie liebt die große Geste. Der Gegner wird dämonisiert, die eigene Position erstrahlt im hellen Glanz der gerechten Sache. Drohungen und verbale Attacken, früher ein Element der Unterhaltung in einer frugalen, an Abwechslung armen Gesellschaft, täuschen Handeln vor oder sie ersetzen es vollständig. Oft wird auch gar nicht erwartet, dass dem Verbalgetöse Handlungen folgen. Schon geringe Erfolge werden zu gewaltigen Siegen aufgebauscht. Die Sprache der arabischen Politik ist romantisch. Sie neigt dazu, es mit der Realität nicht allzu genau zu nehmen. Sie sorgt damit weniger bei den Arabern selbst, die den in der Sprache versteckten Code verstehen, als vielmehr im nicht-arabischen Ausland für Irritationen, Missverständnisse und Fehlreaktionen.

Der arabische Nationalismus hat seine besten Zeiten hinter sich. Alle Versuche, Keimzellen einer gesamtarabischen Nation zu bilden, sind gescheitert. Als einprägsames Datum für die nachlassende Strahlkraft der arabischen Idee drängt sich die Schmach der Niederlage im Sechstagekrieg von 1967 auf.

2.3 Gesellschaftliche Bausteine der orientalischen Politik

2.3.1 Die Familie

Die Familie ist das grundlegende Element der orientalischen Gesellschaft. Sie wird extensiv als Verband all jener aufgefasst, die von denselben Vorfahren abstammen. Die Ursprünge dieses Familienbildes liegen noch in vorislamischer Zeit. Sie sind in der Lebensweise nomadischer Gesellschaften verwurzelt. Diese Gesellschaften kultivierten ihren Zusammenhalt, um sich in einer schwierigen

Natur und im Konflikt mit anderen Gemeinschaften zu behaupten (so bereits der mittelalterliche arabische Gelehrte Ibn Chaldoun 1951 [1377]: 39).

Die für den Orient typische patrilineare Familie besteht aus den Eltern, den unverheirateten väterlichen Geschwistern, ggf. aus Großeltern und Enkeln sowie aus den im Hause lebenden verheirateten und unverheirateten Kindern (Bartel/ Stock 1994: 194f.). Familiäre Entscheidungen werden vom Familienoberhaupt getroffen, in aller Regel vom ältesten männlichen Familienmitglied. Die wichtigsten Entscheidungen betreffen die Verheiratung der Kinder. Die Liebesheirat ist der orientalischen Familientradition fremd. Vielmehr ist die Heirat ein familienpolitischer Akt. Präferiert wird das Heiraten in der weiteren Familie. Als ideal gilt es, wenn der älteste Sohn die Tochter eines väterlichen Onkels ehelicht (Patai 2002: 98). Selbst im urbanen Kairo werden noch ein Drittel endogame Ehen geschlossen (Singerman 1995: 78). Im Rahmen des Üblichen bewegt sich auch das Heiraten unter Familien desselben Klans. Hier handelt es sich um alle jene Familien, die seit einigen Generationen ihren Ursprung auf denselben Vorfahren zurückführen.

Neben der Reproduktion dient die Heirat dem Zweck, den Status der Familie im Klan oder im sozialen Kontext des Dorfes oder in der urbanen Ober- und Mittelschicht zu festigen und ihn nach Möglichkeit aufzuwerten. Blutsbande schaffen Verpflichtungen. Die angeheiratete Familie darf ins Kalkül gezogen werden, wenn die eingeheiratete Familie Unterstützung braucht. Das gleiche gilt auch umgekehrt. Die Heirat neutralisiert Rivalitäten und potenzielle Konflikte zwischen den beteiligten Familien, und sie erweitert beider Ressourcen und Durchsetzungskraft. Selbst bei Heiraten unter Kairoer Kleinkommerziellen, die sich ausschließlich in der informellen Ökonomie bewegen, lässt sich dieses Kalkül noch nachweisen (Singerman 1995: 199). Kommt es zwischen den verbundenen Familien zu Unstimmigkeiten und Konflikten, so kommen die Oberhäupter zusammen, um eine Einigung zu finden. Dies geschieht durch Überreden und Überzeugen. Die Familien legen größten Wert auf geschlossenes Auftreten nach außen (Bill/Springborg 2000: 74ff.).

Um die Familie rankt sich ein archaischer Kult der Ehre (Baron 2006). Er bezieht sich in hohem Maße auf die weiblichen Familienmitglieder. Früher war es einmal die beduinische Tapferkeit, mit der Ehre erworben und verteidigt wurde. Das Waffenmonopol des Staates hat nur noch die Verteidigung der familiären Ehre übrig gelassen. Töchter und Schwestern zählen weniger als Brüder oder Söhne. Als Kapital für eheliche Verbindungen mit anderen Familien wird ihre Reinheit zum Fetisch. Schäden am Handelsgut der jungen Frau zeigen die Unfähigkeit der Familie an, ihr Ansehen zu wahren. Brüder und Söhne treten als Rächer auf, aber nicht diskret, sondern laut und öffentlich, um zu demonstrieren, dass die Familie den Fleck auf ihrer Ehre tilgt. In einer Umgebung von Frauen, von denen erwartet wird, dass sie sich zurücknehmen, werden Söhne, die den Namen der Familie weitergeben, gehätschelt und verwöhnt. Das männliche Verhalten ist häufig von stetem Bemühen um Anerkennung in der Familie und außerhalb, von Narzissmus, vom Buhlen um Zustimmung und Prestige und von kaum gedämpfter Emotionalität charakterisiert (Rodinson 1981: 179, Patai 2002: 169ff.). Zahlreiche männliche Nachkommen heben den Status.

Dieses Familienmodell ist in der Gegenwart vielfältig ausgehöhlt. Mehrere Generationen unter einem Dach werfen in den beengten städtischen Wohnverhältnissen und im Kontext allgemeiner Armut und tagelöhnerischer Beschäftigungsverhältnisse Probleme auf. Unter Armen spielt es keine nennenswerte Rolle, welche Familien zusammenkommen, da ohnehin kein Ressourcenzuwachs zu erwarten ist. Dennoch hat dieses Familienbild nach wie vor Bedeutung. Dies zeigt allein die geringe Differenz im Status der Familie in Stadt und Land (Patai 2002: 81).

Überall dort, wo Geld und Macht anzutreffen sind, erst recht dort, wo beides konzentriert ist, gibt es durch Heiratsverbindungen einiges zu gewinnen und zu verteilen: bei Basarhändlern, hohen Offizieren und Bürokraten, Parteifunktionären, reichen Unternehmern und hochgestellten Klerikern.

Wichtig ist es auch, dass die Familie mit all ihren Verästelungen in verschiedenen politischen Lagern und Organisationen vertreten ist (Bill/Springborg 2000: 76). Weit verzweigte Verwandtschaftsverhältnisse stehen für ein Sicherheitsnetz und für jederzeit abrufbare tätige Solidarität. Beide Güter sind umso wertvoller, je breiter die familiären Bindungen über die gesellschaftlichen Funktionsbereiche streuen, wenn etwa Offizierskinder in die Familie eines Baulöwen oder in die eines vermögenden Grundbesitzers oder eines hohen Bürokraten heiraten. Für Verwandte öffnen sich die Eingangspforten des Staatsdienstes ganz diskret schneller als für Befähigte, die außer ihren Zeugnissen nichts haben, was sie empfehlen könnte. Familiäre Rücksichten überlagern und verwässern Entscheidungen, die nach Gesetz und Recht geboten wären. Politisch-bürokratische Ressourcen werden so zum Familienkapital.

2.3.2 Informelle Gruppen

Bill und Springborg machen neben der Familie kleine, nicht-exklusive Gruppen als zweite Ingredienz der orientalischen Politik aus. Es handelt sich um Personen, die um des gemeinsamen Machterhalts willen zusammenarbeiten. Das Kooperationsmotiv ist taktischer Natur. Ein Kreis zwischen zwei und zwölf Personen, deren jede macht- und vermögensrelevante Ressourcen besitzt, stimmt sich über gemeinsame Interessen ab. Dies geschieht im privaten Rahmen, in Kaffeehäusern oder anderen Orten, die hinreichende Diskretion bieten. Diese Zirkel weisen bei weitem nicht die Stabilität familiärer Beziehungen auf. Teilnehmer scheiden aus, neue kommen hinzu. Oder diese Zirkel lösen sich irgendwann auf, sobald die Klammer des gemeinsamen Nutzens nicht mehr hält. Dies ist etwa der Fall, wenn ein Teilnehmer zu dem Ergebnis kommt, dass die Möglichkeiten der Verbindung erschöpft sind und dass es vorteilhafter wäre, neue Verbündete zu suchen und sich in mächtigere Netzwerke zu integrieren oder aber lieber auf Distanz zu einem Kreis zu gehen, der seine Ziele mit hohem Risiko verfolgt und so die Ungnade noch Mächtigerer heraufzubeschwören droht (Bill/Springborg 2000: 69ff.).

Solange diese Zirkel intakt sind, operieren sie nach denselben Regeln wie der Verband blutsverwandter Familien. Ihre Grundlage ist der Konsens in der Vorgehensweise und in den Zielen. Da im Prinzip Gleiche miteinander umgehen, ist der Entscheidungs- und Willensbildungsmodus ergebnisoffen (Richards/ Waterbury 1998: 310f.). Es wird solange geredet und argumentiert, bis auch die Skeptiker zustimmen. Die Konsistenz dieser Zirkel ist geringer als die der Familien und Klans. Eine Eigenschaft freilich haben sie mit diesen gemeinsam. Solange die Gruppe existiert, baut sie auf die Devise des geschlossenen Auftretens im Außenverhältnis. Es handelt sich um Zweckgemeinschaften. Ihr Status und ihre Ziele mögen von anderen Zirkeln dieser Art herausgefordert werden, die auf ihre Kosten expandieren wollen.

In der orientalischen Politik, die Machtverlust und Machtzuweisung durch Wahlen lediglich als Ausnahmeerscheinung kennt, kommt es fortlaufend zu kleineren und größeren Verschiebungen im Machtgefüge. Die eine Clique gewinnt durch personelle Veränderungen, Tod, Krankheit und Alter eines Mächtigen neue Positionen. Dort kann sie dann auf den Mann an der Spitze der Machtpyramide und seine Umgebung einflüstern. Die andere Clique verliert durch Personen, die in Ungnade fallen. So oder so muss eine gestörte Balance wieder hergestellt werden. Kleine Machtzirkel sind keine Besonderheit der orientalischen Politik. Sie entfalten ihre größte Wirkung jedoch in autoritären Systemen des neopatrimonialen Typus. Diese lassen soviel personenzentrierte Herrschaft an der Spitze zu, wie sich mit der Funktionsnotwendigkeit des bürokratischen Staates eben vereinbaren lässt. Dabei ist zu bedenken, dass sich der patrimoniale Gestus, das Eigentumsverständnis des Amtes, nicht auf den Monarchen oder Präsidenten an der Staatsspitze beschränkt. Er wird vielmehr von allen kopiert, die auf den nachgeordneten Rängen der Machtpyramide eine Position bekleiden. Allein die Familie und Seilschaften der skizzierten Art erlauben in diesem Kontext eine gewisse Berechenbarkeit (Bill/Springborg 2000: 113ff., 120ff.).

2.3.3 Stämme

Im politischen und gesellschaftlichen Alltag vieler orientalischer Gesellschaften haben die Stämme noch große Bedeutung. Die originäre Verbindung der Stämme mit dem Nomadentum hat sich überlebt. Lediglich ein verschwindend geringer Teil der orientalischen Stämme pflegt noch die nomadische oder gar beduinische Lebensweise. In Ägypten und in der Türkei – dort mit gewissen Ausnahmen bei den Kurden – haben Stämme überhaupt keine Bedeutung mehr. Die Bezugspunkte des ländlich-bäuerlichen Lebens sind dort Dörfer und Landstädte sowie der Status des Subsistenzbauern, des Landbesitzers, des Pächters und des Tagelöhners. Im arabischen Kernraum, also im Irak, Syrien, Jordanien und Saudi-Arabien sind Stämme aber noch höchst vital. Durch die Schenkung und Zuweisung von Land wurden die Nomaden in der Vergangenheit, wie oben beschrieben, sesshaft gemacht. Sie gingen zur bäuerlichen Lebensweise über. Ihre Angehörigen siedelten aber zusammen und sie heirateten weiterhin untereinander. Für die Stämme gilt die gleiche Grundregel wie für die Familie: Solidarität nach innen und Abschottung nach außen (Ayubi 1995: 51).

Der soziale Mittelpunkt auf dem Lande ist das Dorf, in der Stadt das Viertel, in dem Familien desselben Klans wohnen. Klan und Stamm sind keine abstrakten Größen. Sie treten in Nachbarn, Freunden und Verwandten zu Tage, die am selben Ort oder in der überschaubaren Nachbarschaft leben. Häufig schließt die Stammesloyalität die Bindung an eine bestimmte Konfession ein, z.B. Sunnit, Schiit, Alawit oder Druse. Sie endet jenseits dieser in Personen, Ortschaften und Landschaften erfahrbaren, vertrauten Welt.

Landflüchtige nehmen ihre Stammesidentität teilweise in die Stadt mit. Dort bewohnen sie dieselben Straßen und Viertel. In Damaskus pflegen selbst die alteingesessenen Bewohner ihre dem Stammesideal entlehnte Identität (Patai 2002: 81). Der Lebensmittelpunkt mag sich vom Land in die Stadt verschieben, der soziale Standort bleibt gleich (Rodinson 1981: 156f.). Schiiten und Sunniten bewohnen in den konfessionell gemischten Metropolen des Irak und des Libanon eigene Stadtviertel. Als Repräsentanten dieser Gemeinschaften treten geistliche Führer und Notabeln auf. Es entstehen auch „neue Stämme“, vor allem unter den Ärmeren. Diese Gemeinschaften bieten Zusammengehörigkeit und Autoritäten, wie zuvor die Dörfer, die diese Menschen teils vor Generationen verlassen haben. Hier treten dann Konfession, Dialekt und Herkunftsregion an die Stelle der genealogischer Gemeinschaftskonstruktion im ländlichen Milieu.

Der Scheich, in der Literatur missverständlich auch als Stammesführer bezeichnet, ist eine vom Konsens der Familienhäupter getragene Figur. Die osmanischen Landreformen werteten ihn auf. Da ihm das meiste Land zugeteilt wurde, gehörte er fortan zu den Reichen. Er half seinen Stammesgliedern, erwarb

Land dazu und war in der Lage, Landarbeiter und Pächter zu beschäftigen. Auf dieser Grundlage bildete sich in der ländlichen Gesellschaft eine Rangordnung aus, in der Vermögen und Ansehen eng zusammen gingen (Khoury/Kostiner 1990: 11). Die Bemühungen zur Sesshaftwerdung arabischer Nomaden setzten in der Spätzeit osmanischer Herrschaft, d.h. im späten 19. Jahrhundert ein. Die ehemals nomadischen Stämme lebten bis auf einen unbedeutenden Rest bereits zum Zeitpunkt der vollen Unabhängigkeit der Staaten in festen Siedlungen (Kasaba 2004: 38f.).

Die Stammesidentität hat zwei Grundlagen, Region und Konfession. Die gegenwärtigen orientalischen Stämme unterscheiden sich – mit Ausnahmen – grundlegend von den afrikanischen Stämmen, auf die unten näher einzugehen sein wird: Sie besitzen keine ethnische Basis. Es handelt sich durchweg um Menschen arabischer Sprache, die sich im Aussehen und in den Bräuchen kaum voneinander unterscheiden (Eickelmann 2002: 116f, Tibi 1990: 138). Ein Fremder muss schon einiges über einen anderen in Erfahrung bringen, um ihn überhaupt einem Stamm zurechnen zu können. Dort, wo es keine oder keine bedeutende beduinische Tradition gab, im westlichen Anatolien und im Niltal, lösten sich die Stämme im Laufe der Zeit schlicht in gelehrige, friedfertige und sesshafte Gemeinschaften von Bauern auf, (Gellner 1990: 116).

Schon an Herkunft und Wohnort erkennen Stammesglieder, dass sie Gemeinsamkeiten besitzen (Perthes 1990: 225f.), darunter als informelles Oberhaupt und Streitschlichter auch einen Scheich, der dieser Identität ein Gesicht gibt (Lancaster 1997: 73, 87). Stämme, die in Gemengelage siedeln, die also gemeinsam mit anderen Stämmen dieselben Ortschaften bewohnen, ergänzen die lokale Herkunft mit der genealogischen Zusatzinformation, dass sie von diesem oder jenem Ahnen abstammen (Bill/Springborg 2000: 75).

Diese Zusatzinformation kann große Bedeutung entfalten. Steht ein Scheich mit seiner sozialen Macht (Vermögen, Ansehen) der regierenden Partei oder Offiziersgruppe nahe, dann wird er zum wichtigen Glied eines Klientelsystems. Kleine Jobs im Staatsdienst, Studienplätze und Kredite der Staatsbankfiliale werden auf Empfehlung des Stammesführers vergeben, ebenso, wie dieser auch Beschwerden und Petitionen seiner Stammesgenossen weiterreicht (Richards/Waterbury 1998: 311f.). Die Tatsache jahre- und jahrzehntelanger klientelistischer Begünstigung wirkt als weiterer Anreiz, die Stammesidentität zu pflegen.

Mit gravierenderen Veränderungen im Machtzentrum reißen solche Verbindungen. Dies geschieht vor allem dann, wenn die neuen Herrschenden anderen Stämmen verpflichtet sind. Ein radikales Umschalten birgt Gefahren für die Herrschenden. Dies gilt besonders dann, wenn in der Vergangenheit vorzugsweise die Angehörigen bestimmter Stämme für die Streitkräfte und Sicherheitsdienste rekrutiert worden sind.

Brisanz gewinnen Stammesunterschiede, wenn sie mit religiösen Differenzen unterlegt sind. Dies trifft vor allem auf die Stämme im ländlichen Syrien, im Irak und im Libanon zu. Schiiten stellen im Irak und im Iran die Mehrheit, und sie bilden im Libanon die größte Konfession. Alawiten stellen in der Türkei und in Syrien bedeutende Minderheiten dar. Drusen spielen in Syrien und im Libanon eine Rolle.

Im arabischen Raum zogen sich die von den Sunniten verachteten und diskriminierten Drusen, Alawiten und Schiiten in teils unwegsame ländliche Gegenden zurück, wo sie unbehelligt ihren Glauben und ihre Bräuche praktizieren konnten. Ausgeschlossen vom sunnitisch beherrschten Kommerzbürgertum und generell vom Stadtleben mit seiner Chance, Vermögen und Bildung zu erwerben, sind sie in ihrer Gesamtheit arm geblieben.

Am Beispiel der syrischen Alawiten lässt sich zeigen, dass die Stammesidentität Machtkonjunkturen unterliegt. Von den Osmanen in Frieden gelassen, lebten die Alawiten im nordwestlichen Syrien als Bauern. Die meisten waren Pächter auf Land, das sunnitischen Familien gehörte, die wiederum in den Städten lebten. Die französische Mandatsmacht rekrutierte Alawiten für ihre Sicherheitskräfte. Politisch spielten sie jedoch auch 20 Jahre nach Gründung des unabhängigen Syrien keine Rolle. Erst als alawitische Offiziere 1970 die Regierung übernahmen, änderte sich der Status der Alawiten. Sie rückten in hohe und höchste Staatsämter ein. Die bisher vernachlässigten alawitischen Dörfer wurden bei Infrastrukturinvestitionen bevorzugt. Nach einer Generation alawitischer Herrschaft kam es zu den ersten markanten Heiratsverbindungen zwischen alawitischen und alteingesessenen sunnitischen Bürgerfamilien.

Die Modernisierung der arabischen Staaten hat die Relevanz der Stämme relativiert. Syrien führte konsequent Landreformen durch, um ehemalige Pächter und Landarbeiter aus der Abhängigkeit ortsfremder Landbesitzer zu befreien. Die Staatspartei warf ein dichtes Netz von Parteifunktionären über Stadt und Land aus. Es sollte die Stammesoberhäupter als Klientelmanager ablösen (Zisser 2006a: 191, Batatu 1999: 23f., Van Dam 1997: 139). Das Gleiche geschah zu beinahe gleicher Zeit im Irak. Als der langjährige Diktator Saddam Hussein infolge militärischer Niederlagen die Parteikontrolle in den Dörfern ausdünnte, um die Funktionäre als Soldaten an die Fronten des Golfkrieges zu schicken, lebten die Stammesautoritäten wieder auf. Sie füllten das vom Staat hinterlassene Vakuum. Saddam Hussein machte das Beste daraus und bemühte sich, die Scheichs mit allerlei Privilegien und Schmeicheleien an sich zu binden (Baram 1997). Und als im Jahr 2003 infolge der amerikanischen Invasion jegliche irakische Staatsautorität zum Erliegen kam, waren es sunnitische und schiitische Stammesführer, mit denen die amerikanischen Militärs verhandelten, um den Kampf gegen Aufständische nicht allein führen zu müssen.

2.3.4 Klientelismus und Sozialislam

Das für die Region typische autoritäre Regime wurde nirgendwo (mit Ausnahme der Türkei) durch längere demokratisch-pluralistische Intermezzi aufgelockert. Es hat Assoziationsbedürfnisse, wie sie üblicherweise durch echte Wahlen und die Themensetzung in einer freien medialen Öffentlichkeit geweckt werden, behindert und unterdrückt (Bayat 2002: 11). Parteien und Gewerkschaften sind Kreationen der Regime: fremde und manipulierte Strukturen, die stets hinter den originären Bindungen an Klan, Stamm und Religionsgemeinschaft verblassen. Oppositionelle Parteien, wie die Kommunisten und die Bath-Parteien im Irak, in Syrien und im Libanon, fanden anfänglich vor allem bei konfessionellen und ethnischen Minderheiten Zuspruch, die diskriminiert oder nicht für voll genommen wurden und am Rande der Gesellschaft standen (Alawiten, Drusen in Syrien, Schiiten im Irak und im Libanon, Kurden in der Türkei).

Überall dort, wo es keine Interessenaggregation durch freie Parteien und Verbände gibt, blüht der Klientelismus. Die Primärgruppen des Stammes, des Klans und der Nachbarschaft sind für einfache Menschen und die Herrschenden leicht erkennbar. Im Irak und in Jordanien sind Klientelsysteme, die sich auf solche Strukturen stützen, höchst bedeutsam. Ihre Basis sind Stämme, die noch kompakt auf dem Lande leben. Die Beduinen gehen weiterhin ihren Geschäften nach. Sie haben freilich auf den Lkw umgesattelt und ihren Radius damit beträchtlich erweitert, ohne auf die Annehmlichkeit fester Siedlungen verzichten zu müssen. Auch ihre Würdenträger sind in die Regimestrukturen eingebunden (dazu am Beispiel Syrien: Chatty 2010).

In der ärmeren städtischen Bevölkerung, die im Umkreis der großen Städte und in rechtlich unsicheren Wohnverhältnissen (illegale Bebauung) lebt, fehlt es an gewachsenen Strukturen wie Scheichs und Dorfgemeinschaften, welche die Nöte und Risiken eines schwierigen Alltags lindern könnten. Dort springen die Institutionen der islamischen Gesellschaft ein – vor allem inoffizielle, vom Staat nicht genehmigte oder finanzierte Moscheen, ferner religiöse Stiftungen, an die der fromme Muslim seinen Sozialobolus entrichtet, und schließlich auch islamische Vereine, in denen gut bemittelte Gläubige Zeit und Geld opfern, um den vom Schicksal weniger begünstigten Glaubensbrüdern zu helfen (Bayat 2002: 8f., 12f.).

Diese Seite des Islam, wenn man so will: der Sozialislam, entlastet die Regime in mehrfacher Hinsicht. Er fängt Menschen auf, die durch die allzu grob gespannten sozialen Netze fallen, und er leistet einen wichtigen Beitrag zu einem bemerkenswerten sozialen Frieden. Die orientalischen Gesellschaften verzeichnen weniger Kriminalität als Dritte-Welt-Gesellschaften mit vergleichbaren Armutsindikatoren. Gelegentlich öffnen die Regime die Ventile des autoritären

Systems, um mit Vereinsfreiheit, der Zulassung von Parteien oder gar dem Experimentieren mit freien Wahlen Druck aus dem politischen System entweichen zu lassen. Beispiele bieten Jordanien, Ägypten, die Türkei, Marokko, Tunesien und Algerien. Dann sprießen stets zugkräftige islamische Parteien und Organisationen aus dem Boden, aber keine liberalen oder sozialistischen Kräfte.

2.3.5 Der Basar (Suq) und das verwestlichte Business

Eine weitere tragende Struktur der orientalischen Gesellschaft ist der Basar (persisch) oder Suq (arabisch) (Barthel/Stock 1994: 568f.). Der Basar ist der ökonomische und städtebauliche Mittelpunkt der alten orientalischen Stadt. Er bildet noch heute vielfach den Kern der Altstadt – ein Gewirr aus engen, verwinkelten Straßen und Gassen, gespickt mit Ladengeschäften von Händlern und Handwerkern. Hinter bescheidenen Fassaden und in kleinen Etablissements verbergen sich auch Unternehmen, die ihren Inhabern beachtlichen Wohlstand verschaffen. Die gewerbliche Selbständigkeit ist das Ideal der Stadtbewohner – ein Widerschein der historischen Verbindung von Lohnarbeit und Unselbständigkeit mit Haus- und Dienstpersonal (Patai 2002: 120). Der idealtypische Basari ist kein gnadenlos-kühl kalkulierender Kapitalist, sondern ein frommer Muslim, der die vom Koran verlangte Sozialpflichtigkeit des Vermögenden ernst nimmt. Er schielt nicht auf maximalen Gewinn, spendet für gute Werke und kümmert sich ggf. um das Wohl seiner Angestellten. Er greift seinen Verwandten unter die Arme und deponiert sein Geld nicht so sehr bei der Bank, sondern legt es in sicheren Werten wie Grundstücken an, d.h. er erwirbt Häuser und Ackerland, das er durch Pächter oder Verwalter bewirtschaften lässt (Bill/Springborg 2000: 92). Die große Wertschätzung von Selbständigkeit und Eigentum hat die orientalischen Gesellschaften in der Vergangenheit gegen sozialistische Ideologien resistent gemacht.

Der Basar ist ein lebhafter Ort. Dort werden nicht nur Güter und Leistungen, sondern auch Nachrichten und Gerüchte gehandelt, die sich im Handumdrehen außerhalb des Basars verbreiten. Für die Popularität der Regime und Führergestalten ist die Stimmung im Basar oder Suq eine kritische Größe. Lediglich in der Türkei hat der Basar keine entsprechende Bedeutung. Auch fehlen in Anatolien und in der westlichen Türkei die Charakteristika der arabischen Stadt.

Der Basar und die Moschee gehören zusammen. Die Ulama als Vorbeter und Ratgeber in allen Lebenslagen sind Respektspersonen. Die meisten Basaris haben Koranschulen besucht und achten die Gebote der Scharia, regelmäßig eilen sie zum Gebet. Politische Ereignisse werden von Moscheebesuchern in dem Deutungsrahmen aufgenommen, der von der Scharia und in den Freitagspredigten gespannt wird (Bill/Springborg 2000: 92). Die Moschee und die religiösen Stiftungen werden zum erheblichen Teil von den Basaris alimentiert. Umgekehrt verinnerlichen die Ulama in ihren Reden und im Handeln die Interessen des Basars.

Die ökonomische Bedeutung des Basars ist zwar immer noch groß, aber seit Jahrzehnten geschrumpft. In Altstadtvierteln sind moderne Ladenzeilen mit geschlossenen Verkaufsräumen entstanden. Neue Stadtviertel beherbergen Einkaufszentren westlichen Stils. Eine neue Generation von Unternehmern betreibt Geschäfte mit dem Import von Konsumgütern, mit Immobilien, mit Bodenspekulation, Vermittler- und Maklerdiensten – dies alles im durchweg größeren Maßstab als im traditionellen Basar (Amin 2000: 34f.). Sie arbeitet mit Managern und qualifizierten Angestellten, die wie sie selbst eine Ausbildung an westlichen Universitäten erhalten oder westliche Universitäten im Orient besucht haben. Sie kalkulieren knallhart Risiken und Chancen und setzen auf schnelle Rendite. Das sozial moderierte Geschäftsgebaren des Basar ist hier fremd (Bill/Springborg 2000: 96f., Perthes 2002: 140f.).

Dieser Typus des Unternehmers bildet eine Klasse, die sich nicht groß von ihren Pendants in anderen Teilen der Welt unterscheidet. Ihre Geschäftsräume befinden sich in modernen Stahl-Glas-Konstruktionen wie überall. Die modernen orientalischen Geschäftsleute leben in eigenen Vierteln modernen baulichen Zuschnitts, die mit der traditionellen orientalischen Stadt nichts mehr gemeinsam haben. Auch wenn der moderne und der Basar-Kommerz nicht direkt miteinander konkurrieren – dafür fehlt dem Basar für gewöhnlich das Kapital –, gibt es zwischen beiden doch einen Konflikt. Dieser ist einmal kulturell verursacht, denn der pfiffige Basari, der unter seinesgleichen reüssiert, ist üblicherweise nicht in der durchrationalisierten Welt der Bilanzen und Marktanalysen heimisch. Diese jedoch bedroht ihn mittelbar, zum Beispiel in der Konkurrenz mit Billig- und Supermärkten, ferner in steigenden Grundstückspreisen, die jenseits seiner Möglichkeiten liegen, und schließlich in Stadt- und Raumplanungen, die auf die traditionellen Strukturen keine Rücksicht nehmen. Der Basar steht deshalb tendenziell in Opposition zu den Regimen, die sich den Interessen des modernen orientalischen Unternehmertypus dienstbar gemacht haben.

Die Manager, Unternehmer und Banker besitzen sämtliche Attribute, die einer Oberklasse zugeschrieben werden: Sie leben so, wie sie es von der Ausbildung im Westen und schon von den eigenen Eltern her kennen: in großzügigen Häusern und Wohnungen, unbehelligt vom Müll und Lärm der übrigen Stadt. Sie nennen Luxuskarossen ihr Eigen, erfrischen sich in heimischen Pools, konsumieren edle Spirituosen, ja viele können es sich leisten, in London, Paris oder New York auf Einkaufstour zu gehen. Hohe Mauern, raffinierte Sicherheitstechnik und private Sicherheitsdienste schützen diese Inseln der Prosperität vor den Blicken und Begehrlichkeiten derjenigen, die nicht auf der Sonnenseite leben (Beattie 2000: 159). Ungeachtet dieser Wertschätzung des westlichen Lifestyle sind aber auch dort die Bindungen an Familie und Stamm intakt, wird die Identität also stark vom herkömmlichen Kollektiv bestimmt, was auch darin zum Ausdruck kommt, dass Menschen in diesem Milieu in ungleich größerem Ausmaß, als es in den westlichen Gesellschaften der Fall ist, in Großfamilien mit Eltern, Großeltern, Geschwistern, Cousins und Cousinen leben.

2.3.6 Die Reichen, die Enttäuschten und die Depravierten

Zu den Benachteiligten der orientalischen Gesellschaft gehören nicht nur die Armen und Ungebildeten, sondern auch Lehrer, Menschen in kleinen Bürojobs, Handwerker und kleine Unternehmer. Sie alle sind vom Abstieg bedroht. Ihr einziges Kapital sind Bildung und Können (Bill/Springborg 2000: 96). In dieser Kategorie findet sich auch eine große Zahl junger und gut ausgebildeter Menschen, deren Eltern es sich einiges an Verzicht kosten lassen, um ihnen ein Studium zu ermöglichen. Von der Welt freilich, in der ihre Fähigkeiten in Einkommen und Lebensstandard umgemünzt werden könnten, werden sie ausgeschlossen. Viele verdienen sich mit Arbeiten ihr Geld, für die es keines Studiums bedurft hätte. Die Regime fördern die Schul- und Hochschulbildung im Rahmen ihrer Möglichkeiten. Aber die beruflichen Chancen nach der Ausbildung diskriminieren alle jene, die keine Beziehungen und keine reiche Eltern haben. Häufig machen Universitätsabsolventen auch die Erfahrung, dass statt ihrer die Absolventen ausländischer Universitäten oder vom Ausland finanzierter Universitäten im eigenen Lande – im Maghreb französischer, sonst eher angelsächsischer Prägung – Jobs erhalten, die ihrer Qualifikation entsprechen. Wegen der verlangten hohen Studiengebühren handelt es sich bei diesen Happy few auch noch um die Sprösslinge der Reichen und Mächtigen. Wer tüchtig ist und eine Gelegenheit findet, wandert aus und macht Karriere in Europa oder Nordamerika. Unter diesen Umständen überrascht es nicht, dass hier ein Ressentiment reift, das sich gegen den eng verflochtenen Komplex von Macht und Geld richtet. Radikale islamistische Gegenideologien finden in dieser Grundstimmung ihre Nahrung. Die qualifizierte Jugend ist ein regimepolitischer Risikofaktor (Baker 1999: 6). Ein Ventil bieten lediglich die Arbeitsmöglichkeiten im Petrosektor Saudi-Arabiens und der Golfstaaten. Aber auch hier lauern Beschäftigungs- und Einkommensrisiken, insbesondere die Schwankungen der Weltkonjunktur und des Rohölpreises. Lediglich die Türkei bietet ein anderes Bild. Weil der Staat Jahrzehnte lang darauf gesetzt hatte, Importe überflüssig zu machen, also eine gewisse Außenabschottung betrieb, entstanden dort eine industrielle Basis und ein privates Unternehmertum.

Geschäfte wurden hier nicht vorwiegend durch Kaufen und Verkaufen im Kontakt mit dem Ausland gemacht, sondern auch in der heimischen Produktion.

Die oberen Schichten sind ihren Gesellschaften entfremdet. Ihre Elternhäuser und Erziehung entsprechen dem, was rund um den Globus üblich geworden ist, wo immer Geld und Erfolg zusammenkommen: Die Betreiber des modernen Business sind funktional verwestlicht und in London, Paris und Boston genauso zu Hause wie in Amman, Damaskus und Kairo. Traditionelle Kleidung und Gesten sind erkennbar für das Schaufenster bestimmt. Wer dazu gehört, hat keine staatliche Schule oder Universität, sondern mindestens eine westliche Schule oder eine private Hochschule im eigenen Lande besucht.

Demgegenüber wachsen zahlreiche Anwälte, Lehrer und Ingenieure, also soziale Aufsteiger, denen es gelungen ist, einer minder qualifizierten Beschäftigung zu entrinnen, in Milieus auf, in denen Eltern und Geschwistern den Islam noch leben. Sie wissen um die Korruptheit der Regime. Sie kennen die Kluft zwischen Arm und Reich und registrieren aufmerksam, dass der Westen, der doch so stark auf Demokratie und Menschenrechte pocht, Regime stützt, die beidem Hohn sprechen. In Palästina duldet der Westen eine Situation, in der Muslime und Araber diskriminiert werden. Diese Doppelmoral kann in einer so stark von Moralität durchtränkten Gesellschaft wie der islamischen nicht ohne Folgen bleiben.

Die berufliche Sphäre – wie bereits die Ausbildung – ist hier von der Beachtung wissenschaftlicher Erkenntnisse sowie von Kunstregeln normiert. Dcn Alltag und die persönliche Lebensführung reguliert der Islam nach klaren Regeln. In der westlichen, säkularen Gesellschaft sind beide Sphären entkoppelt. Der nüchterne Wissenschaftler mag in seinem Privatleben die bürgerlichen Konventionen in den Wind schlagen; es genügt, die Kollision mit dem Strafgesetzbuch zu vermeiden. Doch gläubige Muslime wechseln von der einen Sphäre unbestechlicher Gesetze, jener im Beruf, lediglich in die Sphäre von der Religion diktierter Moralgesetze in Familie und Nachbarschaft. Es kommt hinzu, dass Lehrer, Professoren, Anwälte und Ingenieure Klientenberufe ausüben, also ihr Wissen und Können in einem Milieu von Auftraggebern, Klienten und Patienten ausüben, die nach derselben Moral leben. Vor dem Hintergrund der Alltagsbeobachtung, dass die Mächtigen Moral, Kompetenz und Recht mit Füßen treten, gedeiht das für westliche Betrachter erstaunliche Phänomen, dass etliche Muslime mit einer exzellenten Ausbildung, ob im Westen oder in der Heimat erworben, die Welt nicht durch die Brille des individualistischen Besserverdieners wahrnehmen, sondern aus dem Blickwinkel einer gerechten, vom Islam gewollten Ordnung beurteilen.

In diesen Kreisen wird der Islam nicht als modernitäts- und wissenschaftsfeindlich verstanden. Er dient vielmehr als moralisches Leitsystem. Auf seiner Grundlage reift die Kritik an den offenkundigen Ungerechtigkeiten in Politik und

Gesellschaft. Der Islam entfaltet hier ein Kritikpotenzial, das zum Vergleich mit den kritischen Maßstäben der Freiheit, Individualität und sozialen Gerechtigkeit in westlichen Gesellschaften einlädt.

Im Zentrum des Islam steht, wie oben skizziert, die Umma, also ein kollektiver Wert, die Gemeinschaft, ähnlich wie im originären Christentum. Dieser Wert ist aber nicht, wie seit mehr als 400 Jahren im Westen, von säkularer und individualistischer Philosophie überlagert worden. Moderne Muslime lehnen Werte wie Demokratie und Menschenrechte keineswegs ab. Sie passen sie jedoch in die vertraute Wertewelt ein. Ein mit der Moderne kompatibles Islamverständnis hat allein in der Türkei in Parteien und seit einigen Jahren auch in der Regierungspolitik Fuß fassen können. In Ägypten hat es vermutlich das Zeug zur Parteibildung. Originäre Parteien werden von den autoritären Regimen aber immer wieder unterdrückt. Dass sich die Regime vor islamisch fundierter Kritik an Repression und Korruption stärker fürchten müssen als vor Dissidenten, die sich das Bild der kulturell fremden liberalen westlichen Demokratie zu Eigen machen, liegt auf der Hand.

2.3.7 Der informelle Sektor

Die Masse der Menschen arbeitet im amorphen Komplex des informellen Sektors, d.h. ohne Arbeitsverträge, ohne soziale Absicherung, mal selbständig, mal als Tagelöhner oder als Gelegenheitsarbeiter. Die Palette reicht vom Straßenhändler über den Sammeltaxifahrer, den Kellner und Boten bis hin zum Ladenbesitzer, der keine Konzession hat und keine Steuern zahlt. Der informelle Sektor wuchs mit den Landflüchtigen der ersten und zweiten Generation auf, d.h. mit Menschen, die als Pächter und Bauern kein Auskommen mehr fanden. Sie leben nicht ausschließlich, aber schwerpunktmäßig in den um die alten Städte entstandenen Vorstädten. Und dies bedeutet, dass sie häufig illegal in Wohnvierteln leben, die ohne Genehmigung errichtet wurden und deshalb auch nicht an das Strom- und Wasserversorgungsnetz angeschlossen sind. Strom wird illegal vom öffentlichen Netz abgezapft, Wasser von findigen Unternehmern aus Tankwagen verkauft (Stewig 1988: 482ff.). Polizei und Verwaltung machen ihren Schnitt, indem sie wegschauen und die Hand aufhalten (Fahmy 2004).

Familien leben in Kairo auf Friedhöfen, Balkons und Hausdächern. Ohne Rücksicht auf die Statik werden Häuser um etliche Etagen aufgestockt. Die Folgen sind fatal. Weite Teile des Orients sind von Erdbeben gefährdet. Schon kleine Erdstöße richten größte Schäden an, weil Bauvorschriften missachtet wurden.

Ganze Stadtviertel sind ohne Rechtsbasis gewachsen. Allein Teheran wuchs von 1980 bis 1992 von 200 auf 600 qkm (Bayat 2002: 19ff.). Die Rechtsunsicherheit ist extrem. Moscheen und islamische Vereine machen sich in diesem Umfeld beliebt, indem sie inoffizielle Schulen, Kliniken und Betreuungseinrichtungen unterhalten. Diese Verhältnisse nähren in Kairo und Teheran Gärungsprozesse, die sich gegen die Regime richten. In Teheran kam es in den letzten Jahren zu heftigen Zusammenstößen zwischen der Polizei und illegalen Siedlern.

Als Gegenkraft wirkt sich die Neigung der Zuzügler aus, sich in Gegenden anzusiedeln, in denen bereits Menschen mit ihren Herkunftsmerkmalen leben. So bilden Oberägypter aus dem Assuan-Gebiet, Alawiten in Syrien und Schiiten aus dem südlichen Irak in den Hauptstädten eigene Viertel. Dort leben sie zwar anders als vorher auf dem Lande, aber sie wahren einen vertrauten Dialekt und religiöse Praktiken. Die Menschen, die sich im städtischen Milieu eingerichtet haben, brechen die Kontakte zum Lande nicht vollständig ab. Bedenkt man zudem die brauchbare Infrastruktur und die Schienen- und Straßenverbindungen im Orient sowie die meist überschaubaren Entfernungen, so resultiert aus alledem ein relativ weicher Stadt-Land-Gegensatz.

2.3.8 Die Internationalen Finanzinstitutionen

Der Irak, der Iran, Saudi-Arabien und in geringem Ausmaß auch Syrien profitieren von der Ölrente. Doch die Rentenbasis einer Ökonomie ist ein zweifelhafter Segen. Nicht nur im Orient, auch in Afrika und Lateinamerika zeigen sich in den Petrostaaten massive Fehlverteilungen. Die Öleinkünfte alimentieren Staats- und Sicherheitsapparate, und sie haben eine Kompradorenbourgeoisie entstehen lassen, die am Import von Luxusgütern für die kaufkräftigen Eliten und Mittelschichten verdient. Hier lässt sich schneller und wenig aufwändig Geld verdienen, während industrielle Investitionen ihre Zeit brauchen, um sich auszuzahlen, zumal es für den Erwerb industrieller Produkte nicht am Geld mangelt. Wozu im Lande herstellen, was das Ausland zu günstigen Preisen anbietet?

Die sekundären Rentenökonomien präsentieren ein anderes Bild. Hier handelt es sich in erster Linie um Ägypten und Jordanien. Gut ausgebildete Menschen finden ihre Jobs in den Petrostaaten, auch die schlecht ausgebildeten. Sie erledigen dort Jobs, die für Einheimische nicht infrage kommen. Ihre Überweisungen an die Familien daheim sind bedeutende makroökonomische Größen.

Ausländische und internationale Kredite belohnen ein aus der Sicht der Geldgeber konstruktives Verhalten im Nahostkonflikt. Exemplarisch ist Ägypten. Die Gläubiger verlangen aber ganz im Sinne der ökonomischen Theorie komparativer Kosten – mit wachsender Bedeutung – die Umstellung der Agrarproduktion von Grundnahrungsmitteln wie etwa Weizen auf exportfähige Produkte wie Obst und Gemüse für den europäischen Markt. Ägypten als bevölkerungsreichster und militärisch stärkster Staat der Region ist ein strategischer Faktor von herausragender Bedeutung. Weder die USA noch die Europäische Union noch die von beiden beherrschten Internationalen Finanzinstitutionen des Internationalen Währungsfonds und der Weltbank könnten es sich leisten, dieses Land in eine Finanz- und Wirtschaftskrise hineinschlittern zu lassen, indem sie unzureichende Reformleistungen mit dem Entzug von Krediten und Projekthilfen sanktionieren.

Staaten, die keine devisenträchtigen Ressourcen besitzen, sind vital auf Kredite angewiesen, um ihre Staatshaushalte und ihre Importe zu finanzieren. Deshalb sind die Internationalen Finanzinstitutionen wichtige Faktoren ihrer inneren Politik geworden. Die Weltbank und der Internationale Währungsfonds stellen ähnliche Bedingungen wie überall in der Welt. Die Landwirtschaft soll für den Weltmarkt produzieren, um die Handelsbilanz zu entlasten. Preisstützen sollen abgebaut, staatliche Verwaltungen verschlankt und Good governance-Praktiken etabliert werden, um der Ressourcenverschwendung durch Korruption und Misswirtschaft Einhalt zu gebieten (dazu detailliert unten Teil 2, 4.5).

Im Orient nehmen es der Währungsfonds und die Weltbank mit der politischen Konditionierung von Hilfsprogrammen und Krediten nicht so genau. Regierungen, die den Ausgleich mit Israel suchen, die ein distanziertes Verhältnis zu Syrien und zum Iran pflegen und die im so genannten Kampf gegen den Terror auf der Linie der Washingtoner Politik liegen, dürfen mit nachsichtiger Bewertung ihrer Leistungsprofile rechnen, auch wenn die tatsächliche Performance zu wünschen übrig lässt (El-Said/Harrington 2006). Die Gründe liegen auf der Hand. Schon wegen seiner Energieressourcen ist der Orient eine wichtige geostrategische Region.

2.4 Das Herrschaftssystem

2.4.1 Schwache Verwaltung, unfreie Organisationen

Die älteren und neueren Monarchien des Orients taten wenig für Bildung, soziale Dienste und Infrastruktur. Mit ihrem Sturz schlug die Stunde der Staatsverwaltung. Das Beispiel der europäischen Staaten vor Augen, wurde nach 1952, beginnend in Ägypten, die gesamte Palette der modernen Staatstätigkeit in Gestalt von Ämtern und Behörden etabliert. Der Beschäftigungseffekt war immens, die Leistungsfähigkeit blieb indes weit dahinter zurück. Im Ägypten Nassers wurde jedem Hochschulabsolventen ein Arbeitsplatz garantiert. Diese Verpflichtung ist heute wertlos. Die Spitzenränge der Bürokratie gehören – wie in den Nachbarländern – zu den Bestverdienern, die Masse der mittleren und unteren Verwaltungsbeamten wird schlecht bezahlt. Sie bessern das bescheidene Salär mit Zweit- und Drittjobs auf. Die allgegenwärtige Korruption ist Teil eines Sozialkontrakts zwischen dem Staat und seinen Bediensteten. Der Staat bezahlt die Masse seines Personals schlecht, dafür bessern Bestechungsgelder, die für Amtshandlungen verlangt werden, die kargen Gehälter auf. Dagegen vorzugehen wäre sinnlos, solange die Bereitschaft fehlt, besser zu bezahlen (Gillespie 2006: 45).

Öffentliche Dienste, Eisenbahn und Nahverkehr bilden den Kern der regulären Beschäftigung. Die industrielle Produktion beschränkt sich zumeist auf die Verarbeitung von Agrarprodukten, darunter Cash crops, und auf die Montage importierter Komponenten, also in einer für die Dritte Welt typischen Weise auf Prozesse, die sich den Vorteil geringer Lohnkosten zunutze machen. In sozialen Auseinandersetzungen haben nur die Transportbeschäftigten wirkliche Verhandlungsmacht, und selbst diese haben das Risiko des Absinkens in das Heer der Arbeitslosen und irregulär Beschäftigten vor Augen.

Vitale Gewerkschaften gab es nur in der Zeit kolonialer und halbkolonialer Verhältnisse. Damals standen ausländische Arbeitgeber in der Rolle des Kontrahenten der heimischen Beschäftigten. Dieses Gegenüber verkörpern heute die Regime selbst, also das Konglomerat von Politiker-Offizieren und reichen Unternehmern.

Verbände und Organisationen haben im Orient keine große Bedeutung. Entweder sind sie vom Staat geschaffen oder sie sind von ihm abhängig. In den oberen Etagen der Sozialpyramide bedarf es keiner großen Organisationsanstrengungen. Persönliche und familiäre Kontakte zu den Schlüsselfiguren des neopatrimonialen Systems leisten das, was in pluralistischen Systemen die Aufgabe freier Interessenvertretungen ist.

2.4.2 Das neopatrimoniale System

Das neopatrimoniale System des Orients ist komplex. Ein beträchtlicher Teil der Staatseinkünfte wird für den Sicherheitsapparat aufgewendet. Weil die politische Führung den Streitkräften misstraut, existieren Doppelstrukturen. Die bewaffneten Apparate sind hier der inneren Sicherheit, d.h. der Aufstandsbekämpfung und der Verfolgung Oppositioneller, dort aber vorrangig der Landesverteidigung gewidmet. Der Apparat zur Aufrechterhaltung der Inneren Sicherheit, die Prätorianergarde des Regimes, ist in aller Regel militärisch ausgebildet und ausgerüstet.

Das neopatrimoniale System des Orients integriert, wie oben erwähnt, immer stärker auch den modernen, privatwirtschaftlich organisierten Sektor der Volkswirtschaft. Die Stützen des Regimes, Militärs und Bürokraten, sind Mitbewohner der modernen, kapitalistischen Inseln in Volkswirtschaften, die insgesamt noch weithin agrarische und staatswirtschaftliche Züge aufweisen. Umgekehrt kaufen sich die modernen kommerziellen Schichten in die Schutz- und Sicherheitsmechanismen ein, die das Regime originär und vorrangig zu dem Zweck etabliert hat, seinen Fortbestand zu gewährleisten. Die Partnerschaft zwischen Geld und Macht ist um nichts weniger demokratiewidrig als die grundlegende Tatsache, dass sich das neopatrimoniale System nicht mit politischem Pluralismus verträgt. Die Türkei praktiziert seit mehr als einem halben Jahrhundert demokratische Wahlen. Doch Interventionen der Militärs haben den politischen Prozess immer wieder unterbrochen und mit dem Beifall des Business Gewerkschaften und linke Parteien ins Aus gestellt.

Auch wenn die Regime hier und dort Probleme mit den Internationalen Finanzinstitutionen haben, verfügen sie im Allgemeinen doch über genügend Mittel, um den weit verzweigten Repressionsapparat zu unterhalten. Nicht von ungefähr hatten alle Regimewandlungen, die sich nicht auf den Wechsel von Personen beschränkt haben, ihren Ursprung im Militär.

Opposition ist ein riskantes Unterfangen. Wenn es ihr gelingt, die Massen auf die Straße zu bringen, ruft sie Soldaten und paramilitärische Ordnungstruppen auf den Plan. Diese Lektion hat sich eingebrannt. Das Antizipieren blutiger Unterdrückung schreckt für gewöhnlich von Unmutsbekundungen ab, die eine aus der Erfahrung bekannte rote Linie überschreiten. Es kommt gar nicht erst zum Kräftemessen, weil die Überlegenheit des Regimes offensichtlich ist.

Punktuelle, gegen Personen und Vereine gerichtete Maßnahmen wie Verbote, Anklagen, Zensur und Propagandakampagnen erzielen zumeist bereits die beabsichtigte Wirkung. Wie das ägyptische Regime des Öfteren hat erfahren müssen, ist allein gegen Elendsaufstände kein Kraut gewachsen.

Die größte Gefahr droht den Regimenn von Illoyalität in den Sicherheitsapparaten selbst. Um ihr entgegenzuwirken, werden die führenden Kader mit Einkommen, Konsumgütern und Geschäftsbeteiligungen privilegiert. Die Fußtruppen der Sicherheit, exemplarisch die Polizisten, sind unterbezahlt. Als Hoheitsträger erwirtschaften sie ein Zusatzeinkommen, wie etwa ägyptische Polizisten, die gern verhaften, um die Inhaftierten gegen einen Obolus wieder laufen zu lassen (Ismail 2006: 149).

Verfassungsfragen haben geringe Bedeutung. Die meisten Staaten der Region sind als Republiken verfasst. Sie konzentrieren die Exekutivgewalt in der Art des Präsidialsystems auf die Person des Präsidenten. Mit dem Sturz der ägyptischen und irakischen Monarchien wurden parlamentarische Verfassungen ausrangiert. Doch wie auch immer, in Jordanien, das eine parlamentarische Monarchie verkörpert, ist der neopatrimoniale Charakter des Regimes kaum weniger offensichtlich als in den Präsidialrepubliken.

2.4.3 Die islamische Opposition

Die höheren und mittleren Ebenen der Staatsverwaltung, der Staatspartei und der Sicherheitsdienste haben hohe Grundeinkommen. Sie konsumieren auf hohem Niveau und müssen sich um die gesundheitliche Versorgung keine Gedanken machen. Der Masse der Bevölkerung und teilweise auch den mittleren Schichten fehlt es an alledem (dazu ausführlich Bellin 2004). Die Situation erinnert an das mameluckische System (siehe oben 1.1.3).

Die gehobenen Funktionsträger des Regimes bilden einen eigenen Stamm. Die bedeutendste Gegenkraft ist jener Teil der Gesellschaft, der sich vom Gegenbild des Islam leiten lässt. Er besitzt eine vertraute Gerechtigkeitsvision, und diese findet gerade deshalb Zustimmung, weil sie mit der Tradition und mit den Glaubensüberzeugungen der gesellschaftlichen Mehrheit übereinstimmt. Die dem Ideenbestand und den historischen Erfahrungen des Westens entlehnten Gegenideologien finden allenfalls bei Teilen der Gebildeten Anklang. Der Liberalismus und die Sozialdemokratie, beides Gedankengebäude, die auf Individualrechten und der religiösen Neutralität des Staates basieren, lassen sich schlecht mit dem vom Propheten gelehrten Gottesglauben in Einklang bringen.

Die bedeutendsten islamischen Gegenkräfte sind die Muslimbrüder. Sie sind teils verboten, teils werden sie in prekärer Weise als Vereine geduldet. Es handelt sich um ein Mittelschichtphänomen. Unter den Aktivisten ragen Ärzte, Ingenieure und Lehrer heraus. Die Spannung zwischen der unumgänglichen Rationalität in der beruflichen Sphäre und dem Religiösen in der gesellschaftlichen Sphäre wird hier nicht abgebaut. Beide Sphären stehen unverbunden nebeneinander. Nur so lässt sich der Bruch mit der familiären und religiösen Sozialisation vermeiden. Denkbar wäre die Lösung, beide Lebensarten zu vereinbaren, indem das Religiöse weniger als Rechtslehre aufgefasst und auf eine Angelegenheit der individuellen Lebensführung zurückgestutzt wird. Dies wäre der historische Pfad, den die Menschen in den christlichen Gesellschaften beschritten haben. Doch die übermächtige Erwartung, den Glauben im Kollektiv und öffentlich zu leben und die Glaubensbotschaft mit all ihrem historischen Kolorit als unumstößlichen Willen Gottes zu akzeptieren, lässt diese Lösung bei vielen nicht zu. Die Sozialisierung im islamischen Milieu steht dagegen (siehe auch Goele 1997).

Schon der islamische Reformdenker Muhammad Abduh wurde vor hundert Jahren gerügt, weil er zur Unterscheidung zwischen einem überzeitlichen Glaubenskern und den historischen Zufallsattributen der Frühgeschichte des Islam riet. Abermals stößt man an diesem Punkt auf die Basistatsache der orientalischen Gesellschaft: Sie ist von der Religion geprägt.

Zu den Aktiven islamischer Vereine und Gruppen gehören auch die neuen Gebildeten aus den unteren Schichten. Ihr Bildungsaufstieg nützt ihnen wenig, weil es an adäquaten Jobs fehlt. Diese Menschen haben die Ausbildung der Ersten Welt, aber sie leben in der Dritten Welt (Woltering 2002: 1139). Bei aller Wertschätzung für westliche Technologie und Konsumgegenstände ist schließlich auch zu bedenken, dass die subjektiv wahrgenommene Feindschaft des Westens gegenüber der islamischen Welt das kollektive Selbstgefühl verletzt und Wir-Empfindungen mobilisiert (Norton 2002: 379).

Islamische Aktive und Oppositionelle gewinnen durch Basisarbeit und soziales Engagement Zuspruch bei den Unterschichten (Bayat 2005). Zur Mittelschicht, die sich mit der Verwestlichung ihrer Gesellschaft identifiziert, stehen sie in Distanz. Ein weiteres Problem existiert in der Außenwahrnehmung des Orients. Das westliche Ausland, auch seine politischen Eliten, wissen wenig vom Islam. Noch unbekannter sind die politischen Kräfte, die politische Veränderungen unter der Flagge des Islam verlangen.

2.4.4 Verfassung und Regime

Der Verpflichtungswert der Verfassungsdokumente ist in den meisten orientalischen Ländern gering. Von den einstigen Monarchien sind unter den bedeutenderen Ländern allein Jordanien und Marokko übrig geblieben. Die übrigen Länder haben eine republikanische Verfassung. Dort steht der Präsident im Mittelpunkt. Hier und dort gibt es neben dem Präsidenten noch einen Regierungschef. Aber diese Funktion relativiert sich dadurch, dass seine Berufung und Entlassung allein Sache des Präsidenten ist. Am besten informiert der Blick auf die Regimequalität über die Bedeutung der politischen Ämter. Von wenigen Ausnahmen abgesehen, haben wir es hier mit autoritären Regimen zu tun, in denen sich die Regierungsmacht in der Person des Präsidenten konzentriert. Der Regelfall ist die Unterdrückung oder aber die Manipulation konkurrierender Parteien, so dass die Präsidialherrschaft unbeschadet der Anzahl der Parteien mit einem funktionalen Einparteisystem einhergeht, wie es in Ägypten, Algerien, Tunesien und im Sudan der Fall ist.

Ausnahmen bestätigen die Regel: Der Präsident ist in der Türkei eine mächtige Verfassungsfigur. Für die Regierungspolitik wichtiger ist aber der Regierungschef. Im Modus eines parlamentarischen Regierungssystems wird er vom Parlament gewählt. Verliert er den Rückhalt einer parlamentarischen Mehrheit, bleibt ihm nur der Rücktritt. Die Neuwahl des Parlaments oder aber der fliegende Wechsel zu einer anderen Regierungskoalition hebt einen Nachfolger auf den Schild. Die geltende Verfassung trägt noch die Handschrift der Militärdiktatur, unter der sie zustande kam. Der Präsident hat ein Einspruchsrecht gegen parlamentarische Gesetzesbeschlüsse. Aber er kann nicht ohne Weiteres die Regierung entlassen. Seine konstitutionelle Statur bewegt sich im Rahmen dessen, was in den parlamentarischen Regierungssystemen Europas geläufig ist. Das politische Geschehen erschließt sich dort also nicht ohne Kenntnis der Verfassungsinstitutionen.

Während sich die Türkei also gut in konstitutionellen Formen beschreiben lässt, verhält es sich im Iran anders. Auch der Iran lässt sich nicht ohne die Existenz einer Verfassungsordnung verstehen, welche die Regierungs- und Entscheidungsmacht auf verschiedene Institutionen verteilt. Nur folgt die zugrunde liegende Verfassungsidee einer vom Islam inspirierten Staatskonstruktion. Dort ist die Geistlichkeit ist in das Verfassungsgerüst integriert.

Die bedeutenderen konstitutionellen Monarchien des Orients, Jordanien und Marokko, kennen ein kontrolliertes parlamentarisches Spiel. Der Monarch steht im Mittelpunkt des Regierungsprozesses. Aber er lässt sich auf Regierungschefs ein, bei deren Berufung er auf das Parlament blickt, und er teilt die Gesetzgebungsfunktion mit dem Parlament. Doch Parteienverbote grenzen unerwünschte und popularitätsträchtige Parteien aus, wie es auch in den präsidialen Systemen des Orients, die sich auf Parteienvielfalt einlassen, der Fall ist. Für die Monarchien liegt der Vorteil einer konstitutionell inszenierten Politik darin, dass sie den Monarchen aus der Schusslinie nimmt, weil die formale Verantwortung für Regierungsentscheidungen bei einem Regierungschef liegt. Hinter dem Habitus des Schiedsrichters und Maklers, der bei einer unpopulären Regierungspolitik eine neue Mannschaftsaufstellung anordnet, steht tatsächlich eine auf vielerlei Wegen ausgeübte indirekte monokratische Steuerung des politischen Alltags.

Die bewaffnete Macht hat eine Schlüsselstellung im politischen System. Sie weist die für den Orient typische Doppelstruktur auf. Die Streitkräfte mit ihrem militärisch geschulten Personal und ihrer auf alle Bedrohungslagen ausgelegten Ausrüstung kontrollieren durchweg das wichtigste Gewaltpotenzial. Vom Einsatz im Inneren werden sie nach Möglichkeit ferngehalten. Hier halten sie sich in aller Regel als letzte Reserve im Hintergrund und treten nur dann auf den Plan, wenn alle anderen Gewaltregister bereits gezogen sind und versagt haben.

Militärisch ausgebildete und ausgerüstete Truppen für den Einsatz im Inneren sichern die Regime an zweierlei Fronten ab. Erstens dienen sie als Schutztruppe für den Präsidenten und die Elite. Dieser Auftrag richtet sich gegen eventuelle Putschversuche unter Beteiligung der regulären Streitkräfte. Zweitens aber wird von ihnen erwartet, rücksichtslos gegen Massenproteste vorzugehen. Diese Aufgabe könnte bei den regulären Streitkräften vor allem die Loyalität der Mannschaften strapazieren, die aus denselben, zumeist ärmeren Milieus kommen wie die Protestierenden. Ausgesuchte Rekrutierung und materielle Privilegien sorgen dafür, dass die Loyalität der Apparate nicht ins Wanken gerät.

Schließlich tritt als dritte, polizeiliche Komponente ein Staatssicherheitsdienst hinzu. Er spät Opponenten aus, überwacht sie und schaltet sie gegebenenfalls aus. Ihm ist eine Justiz hinzuzurechnen, die solche Aktivitäten mit den Mitteln des Strafrechts sanktioniert. Die Schutz- und Ordnungspolizei ist als Komponente der Herrschaftsstruktur zu vernachlässigen.

Die Spitzen dieser Apparate sind handverlesen. Sie verdanken ihre Karriere der Person im Mittelpunkt des politischen Systems und stehen und fallen mit ihr. Da diese Apparate aber eine gewisse Professionalität verlangen, bleibt stets ein Risiko, dass sie sich verselbständigen und in den Nischen ihrer Unentbehrlichkeit eigene Interessen verfolgen. Dies zu verhindern und gleichwohl ihre Loyalität zu pflegen, ist ein wichtiger Rollenaspekt der Person an der Spitze.

3 Ägypten

3.1 Das Ende eines Ancien régime: Die Militäropposition und der politische Islam betreten die politische Bühne

Bis zur Abdankung König Faruks im Jahr 1952 herrschten in Ägypten die Khediven (Kapitel 1.5.2). Dieses Regime stellte eine simple Klassenherrschaft dar. Die wichtigste soziale Macht waren die Grundbesitzer. Sie nannten den größten Teil des wirtschaftlich nutzbaren Landes ihr Eigen. Wegen der Konzentration landwirtschaftlicher Nutzfläche und der starken Bevölkerungsdichte im Niltal haben Fragen der Landverteilung von jeher Brisanz. In der Monarchie hatten die Grundbesitzer den maßgeblichen politischen Einfluss. Das parlamentarische Geschehen beherrschte die liberal-nationalistische Wafd-Partei. In verteilungspolitischer Hinsicht war sie das Instrument der Landbesitzeroligarchie. Missliebige Parlamente wurden vom Khediven kurzerhand aufgelöst und unbequeme Regierungen ohne Umschweife entlassen. Bis zum Ende des Zweiten Weltkrieges waren die im Lande stationierten britischen Truppen die entscheidende Ordnungsmacht.

Pachtverträge und Schulden disziplinierten die Masse der Landbevölkerung. Wenn die Ausbeutung der Bauern und Pächter überhand nahm, kam es gelegentlich zu Armuts- und Hungeraufständen. Sie überschritten selten den örtlichen Rahmen. In aller Regel richteten sie sich gegen die Willkür einzelner Beamter und landwirtschaftlicher Verwalter.

Am Khedivenhof waltete das Günstlingsprinzip, auch die Streitkräfte waren davon nicht ausgenommen. Waren die Verhältnisse auf dem Lande rückständig, so zeigten Städte wie Kairo und Alexandria Modernität. Es gab Flaniermeilen,

Straßenbahnen, Bars, Kinos, Theater, Straßenzüge und Wohnbebauung wie in den europäischen Metropolen. Westlicher Lebensstil galt in der ägyptischen Bourgeoisie als chic. Die massive Präsenz von Briten, Griechen und europäischen Geschäftsleuten anderer Nationalität leisteten dem Vorschub. Kairo dürfte in der ersten Hälfte des 20. Jahrhunderts die internationalste Stadt des Orients gewesen sein.

Dessen ungeachtet war Kairo eine Hochburg der Kritik nicht nur am Khedivenregime, sondern auch an der allgemeinen Lage des Orients. Beobachter, die den Islam als kritischen Maßstab wählten, teilten sich in zwei Lager, ein theologisch-intellektuelles um die Azhar-Universität und ein dem politischen Handeln verpflichtetes Lager um den Gründer der Muslimbruderschaften, Hassan al-Bannah.

Die Azhar-Universität ist bis heute die wichtigste Lehr- und Ausbildungsstätte für Geistliche des sunnitischen Islam. Um die Jahrhundertwende war dort, wie oben geschildert, heftig darüber diskutiert worden, wie die desolate Lage des Orients zum Besseren gewendet werden könne. Gelehrte wie Abduh, Afghani und Rida empfahlen, den Islam im Lichte moderner Wissenschaft und Verfassungspolitik zu interpretieren (siehe oben 2.4.1). Diese Debatte hatte eine antikoloniale Stoßrichtung: Es ging darum, eine Synthese der wissenschaftlich-technischen Errungenschaften des Westens mit der Botschaft des Propheten zu finden. Die islamische Welt sollte mit den gleichen Mitteln aufholen, welche die Überlegenheit des Westens ausmachten. Der Orient sollte also Ähnliches leisten, was nach 1868 das dem Westen noch hoffnungslos unterlegen scheinende Japan binnen eines Vierteljahrhunderts geschafft hatte: ein dem Westen ebenbürtiges Volk zu werden, ohne seine kulturelle Identität preiszugeben. Japan war bei orientalischen und asiatischen Intellektuellen ein bekanntes und bewundertes Phänomen.

Hassan al-Bannah (1905-1949), der Gründer der Muslimbruderschaften, hatte ein anderes Anliegen. Als Volksschullehrer aus einfachen Verhältnissen kommend, machte er seine ersten politischen Erfahrungen in der Sueskanalzone. Diese besaß extraterritorialen Charakter und wurde wie eine Kolonie verwaltet. Zunächst unter den Arbeitern in den Kanalhäfen, später auch in der städtischen Mittelschicht fand al-Bannah seine Anhänger. Sie traten bald unter dem Namen der Muslimbrüder auf. Die Brüder kämpften gegen das Vordringen westlicher Lebensart und Ideen. Al-Bannah war das Khedivenregime verhasst, er sah es als Komplizen der britischen Protektoratsmacht an. Nach 1945 radikalisierten sich die Bruderschaften, nicht zuletzt unter dem Eindruck der Auseinandersetzungen in Palästina. Einzelne Muslimbrüder beteiligten sich an Attentaten auf Regierungsmitglieder. Das Regime ließ al-Bannah ermorden (dazu Rubin 1990, Lia 1998).

In Gestalt der Freien Offiziere bildete sich nach 1948 auch eine militärische Opposition zum Regime. Ihre Initiatoren und tragenden Gestalten waren Gamal Abdel Nasser, Ali Muhammad Nagib und Abd al-Hakim Amr. Auch sie kamen aus einfachen Verhältnissen, und sie gehörten einer Generation von Offizieren an, die dank einer Militärreform im Jahr 1936 überhaupt die Chance erhalten hatte, nach ihrer Befähigung aufzusteigen. Ihre Haltung war antibritisch und gegen den Khediven gerichtet. Besonders schmerzlich und schmählich empfanden sie die arabische Niederlage im ersten arabisch-israelischen Krieg von 1948 (Beattie 1994: 36ff.). Die Freien Offiziere schrieben das Debakel der Korruptheit und Unfähigkeit der Monarchie zu. Sie putschten und zwangen den Khediven 1952 zur Abdankung.

3.2 Die Freien Offiziere: Weichenstellung für ein neues autoritäres System

Auf die Monarchie folgte ein Militärregime. Zunächst waren die Machtverhältnisse unter den Putschisten aber noch offen (Baker 1978: 23). General Nagib wollte möglichst bald zurück zu einer verfassungsmäßigen Regierung. General Amr hatte das Vertrauen der Armee, er war die Schlüsselfigur unter den Putschoffizieren. Nach seiner ganzen Haltung war er aber ein Berufsoffizier. Er verachtete das Ancien régime und war politisch nicht ambitioniert. Nasser, ein charismatischer Oberst mit rhetorischer Begabung, bekleidete zunächst das Amt des Innenministers. Er beherrschte die Bühne der Freien Offiziere. Im Konflikt mit Nagib, der die Armee bald wieder aus der Politik zurückziehen wollte, entwand er diesem das Präsidentenamt. Es gelang Nasser jedoch nicht, die vollständige Kontrolle über die Armee zu gewinnen.

Mit einer Reihe von Entscheidungen verbesserte Nasser seine Position in diesem Triumvirat. Nagib war die Hoffnung derer, die Ägypten künftig als liberale Mehrparteiendemokratie wollten. Nasser konterte diese Erwartung mit dem Aufbau eines Polizei- und Sicherheitsapparates, der jedes Anzeichen von Dissidenz erstickte. Politische Organisationen wurden verboten. Die Muslimbrüder hatten den Putsch der Freien Offiziere anfänglich begrüßt. Als deutlich wurde, dass Nasser ein säkulares Programm verfolgte, entzogen sie ihre Unterstützung. Als ein Muslimbruder verhaftet wurde, der bei der Fahndung nach Attentätern ins Netz gegangen war, nahm Nasser dies zum Anlass, die Bruderschaft zu verbieten. Die Führer der Muslimbrüder wurden inhaftiert, einige hingerichtet. Nasser wollte vollständige Kontrolle, ein hartes autoritäres Regime. Nach und nach ordneten sich die übrigen Führungspersonen im Kreis der Freien Offiziere Nasser unter. Unter neuen Vorzeichen pendelte sich eine neopatrimoniale Herrschaft ein.

3.3 Das Nassersche Modernisierungsprogramm: Umverteilung und Säkularisierung

Betrachten wir nun die Gewinner und Verlierer dieses neuen autoritären Regimes. Mit einer populistischen Politik bemühte sich Nasser um Rückhalt in der ägyptischen Gesellschaft. Er wagte dabei den Konflikt mit der stärksten sozialen Macht, dem Großgrundbesitz. Hier ging es ihm allerdings in erster Linie darum, die Bourgeoisie als politischen Faktor auszuschalten (Waterbury 1983: 424). Die Höchstgrenze für Landbesitz wurde zunächst auf 80, dann auf 20 Hektar festgesetzt. Damit wurden die großen Grundbesitzer empfindlich geschwächt. Sie verloren ihre Kontrolle über die Landgebiete.

Für die dauerhafte Nutzung des gepachteten Landes wurden den Bauern Garantien gewährt; die Pachtzahlungen wurden limitiert. Für Land, das im Zuge der Reformen verkauft werden musste, trat jetzt der Staat selbst als Verpächter auf. Die Landreform war populär. Zur Popularität dieser Reformen weit über die Landbevölkerung hinaus trug es bci, dass die Großgrundbesitzer das Image des Landfremden hatten. Zahlreiche Griechen, Albaner und Armenier, meist wohlhabende Kaufleute, hatten bereits im 19. Jahrhundert die Chance wahrgenommen, zur Privatisierung freigegebenes Staatsland zu erwerben (Ibrahim 1994: 22,30).

Nasser ließ mit der Arabischen Sozialistischen Union eine Staatspartei gründen. Mit ihrer flächendeckenden Organisation pflanzte sie Vertreter des Regimes in die zahlreichen Dörfer und Landstriche, die bis dahin allein unter der Kuratel der Landbesitzer gestanden hatten. Nasser begnügte sich aber nicht mit der Veränderung der ländlichen Lebens- und Wirtschaftsverhältnisse.

In den 1950er Jahren flossen große Summen in das Bildungs- und Gesundheitssystem. Jedem Hochschulabsolventen wurde eine Stelle im Staatsdienst angeboten. Weite Teile der Industrie wurden verstaatlicht und hohe Steuern auf größere Einkommen erhoben (Waterbury 1983). Anfang der 1960er Jahre wurden auch größere Unternehmen verstaatlicht. Die Gewerkschaften wurden an den Staat gebunden und verloren so ihre Autonomie. Unter dem alten Regime waren sie noch eine mächtige oppositionelle Kraft.

Schließlich nahm Nasser auch die Religion ins Visier. Sie wurde im öffentlichen Raum auf ein Minimum zurückgestutzt, das gerade noch tolerierbar war, ohne Auflehnung zu provozieren. Der Azhar-Universität, eine traditionell rein theologische Hochschule, wurden naturwissenschaftliche Zweige angegliedert. Damit wurde sie den staatlichen Hochschulen gleichgestellt.

Die massive Präsenz des Staates in der Gesellschaft veränderte die Wege zu Geld und Macht. Hatten bis dahin Grundbesitz und Privatvermögen dorthin geführt, traten fortan die Kontakte zu Staatsfunktionären und Militärs an ihre Stelle (Springborg 1975: 93f.). Aktive und ehemalige Offiziere rückten in die Kommandostellen des Regimes auf, allerdings durchweg Personen, die Nassers Vertrauen genossen. Das Motiv der umfassenden Staatskontrolle über Wirtschaft und Gesellschaft ging also deutlich erkennbar mit dem Motiv der persönlichen Kontrolle des Staates einher, ganz so, wie vom Idealtypus der neopatrimonialen Herrschaft her zu erwarten.

Vordergründig wirkte vieles, was unter Nasser an Veränderungen geschah, vom Staatssozialismus sowjetischen Typus inspiriert. Nassers Ziel war jedoch ein anderes. Der Staat war das A und O für Nassers Plan, aus dem überlieferten Ägypten ein modernes Land zu formen. Nasser wählte für diesen Zweck Vorbilder und Verbündete, wo er sie finden konnte. Der marktwirtschaftlich verfasste Westen taugte nicht zum Vorbild. Die junge sowjetische Weltmacht bot jedoch Anschauung für die Kraftentfaltung einer Staatswirtschaft.

Es lässt sich also resümieren, dass Nassers Regime bei allem Personalismus und Personenkult ein Programm verfolgte: eine kulturelle Reform in Richtung auf den säkularen Staat und in sozialer und wirtschaftlicher Hinsicht die Verbesserung der Lebensverhältnisse für die große Mehrheit der Ägypter. Mehr noch als Modelle brauchte Nasser Verbündete und Geldgeber. Zwei Schlüsselprojekte waren dazu bestimmt, die wirtschaftliche Modernisierung voranzubringen: der Assuan-Staudamm und die Kontrolle über den Sues-Kanal.

3.4 Die Außenpolitik als Mittel der Innenpolitik

Der ägyptische Präsident weigerte sich, sein Land in die von den USA geführten antikommunistischen Bündnissysteme einzugliedern, die den Einfluss der Sowjetunion eindämmen und zurückdrängen sollten. Ägypten musste nach Nassers Auffassung frei von Blockbindungen bleiben. Nasser und die Freien Offiziere waren antikolonialistisch und damit anti-britisch disponiert. Die westliche Allianz wurde nicht grundlos als angelsächsisch dominiert wahrgenommen. Frankreich, damals noch ein Nato-Mitglied ohne jede Vorbehalte, war Kolonialmacht in Algerien. Seit 1954 führte es dort einen grausamen Krieg gegen die algerische Unabhängigkeitsbewegung. Die Parole der Demokratie war im arabischen Raum diskreditiert. Waren es doch gerade die europäischen Demokratien, die nach dem Zerfall des Osmanischen Reichs weite Teile der Region kolonialisiert hatten. Der Zeitgeist in der damals noch nicht so genannten Dritten Welt war antikapitalistisch und antiwestlich gestimmt. Nasser war zwar nicht prosowjetisch. Er ließ aber doch Bewunderung erkennen, was ein Paria der Weltpolitik wie die Sowjetunion geleistet hatte. Nicht nur Nasser, auch andere Führer der aus den Kolonien hervorgegangenen Neustaaten wie Nehru in Indien und Sukarno in Indonesien plädierten für einen Dritten Weg zwischen West und Ost, Kapitalismus und Sozialismus.

Die Blockfreiheit grenzte für die amerikanische Eisenhower-Administration an die Parteinahme für die sozialistische Welt. Statt der politisch konditionierten Kredit- und Projekthilfen der USA und Großbritanniens nahm Nasser Angebote aus der Sowjetunion und der Tschechoslowakei in Anspruch. Zwei Jahre nach dem Abzug der britischen Truppen aus der Kanalzone (1954) wurde der Kanal verstaatlicht. Mit diesem Akt machte sich Nasser zum gesamtarabischen Helden. Zwar unternahmen London und Paris im Herbst 1956 den Versuch, mit einer militärischen Intervention den Status quo ante wiederherzustellen. Doch hier machte nicht einmal ihr amerikanischer Verbündeter mit. Der amerikanische Präsident Dwight D. Eisenhower zwang die europäischen Regierungen zum Rückzug. Dieser Rückzug wurde in der arabischen Welt als weitere Großtat Nassers aufgenommen. Nasser wuchs in die Rolle des Führers der arabischen Welt, obgleich er zunächst nur ein ägyptischer Nationalist war. Bald fand er Gefallen an der Verehrung, die ihm weit über die ägyptischen Grenzen hinaus zuteil wurde. Deshalb ließ er sich 1958 überreden, Ägypten mit Syrien zu einem gemeinsamen Staat, zur Vereinigten Arabischen Republik (VAR) zu verbinden.

Die syrische Politik hatte sich zu dieser Zeit in einer Kette von Putschen und Gegenputschen erschöpft. Syrische Politiker und Offiziere erhofften sich die Früchte der Juniorpartnerrolle in einem arabischen Großstaat. Das Einheitsprojekt wurde jedoch zur gigantischen Enttäuschung. Wie weiland Muhammad Ali betrachtete Nasser Syrien lediglich als eine dazu gewonnene Provinz, und dieser vermeintlichen Provinz wurde ohne Rücksicht auf die historischen, ethnischen und konfessionellen Unterschiede das staatswirtschaftliche und administrative System Ägyptens übergestülpt. Schon nach drei Jahren war die VAR am Ende. Syrien erklärte sich 1961 wieder zum eigenen Staat. Der vom Erfolg verwöhnte Nasser erlitt eine erste schmähliche Niederlage.

Im rückständigen Jemen war unterdes ein Bürgerkrieg im Gang. Nasser entschloss sich, die Schmach der gescheiterten Vereinigten Arabischen Republik zu tilgen, indem er seit 1963 die Sache der jemenitischen Aufständischen mit Waffen und Truppen unterstützte. Dieser Krieg führte zu nichts. Er überforderte die Ressourcen des mittellosen Ägypten. Zudem trug er Nasser die Feindschaft des benachbarten Saudi-Arabien ein. Auch der Jemen wurde zum Fiasko.

Ein letztes Mal versuchte Nasser 1967, sich dramatisch als arabischer Führer in Szene zu setzen. Drohende Truppenaufmärsche Ägyptens an den israelischen Grenzen, die mit entsprechenden Aktionen der arabischen Nachbarn abgestimmt waren, endeten mit einem beschämenden Desaster. Im Sechstagekrieg schlug Israel mit einer überraschenden Präventivaktion los, bevor es selbst zum

Opfer eines Angriffs werden konnte. Die arabischen Armeen erlitten eine vollständige Niederlage.

Nassers Nimbus war nach diesem Ereignis dahin. In einem larmoyanten Auftritt bot Nasser seinen Rücktritt an. Das auf Ort und Termin bestellte Volk, sprich: die Propagandamaschine weinte dagegen an und groß- und reumütig revidierte der Präsident seinen Beschluss. Der Neopatrimonialismus erreichte hier einen Höhepunkt der politischen Inszenierungskunst. Tatsächlich machten diese Ereignisse jedoch vieles Positive zunichte, das Nasser in den Vorjahren erreicht hatte. Sie zerstörten die wichtigste Einnahmequelle. Der Sues-Kanal wurde auf Jahre hinaus durch Wracks blockiert und der Kanal zur Waffenstillstandslinie.

Die nachfolgende engere Anlehnung an die Sowjetunion sollte sich als fragwürdig herausstellen. Moskau bekam Militärbasen in Ägypten eingeräumt. Doch das sowjetische Militär war in Ägypten unbeliebt. Es trat so auf, wie es dies in den osteuropäischen Bruderstaaten gewohnt war. Als Nasser 1970 starb, kam es zur zweiten großen Zäsur in der ägyptischen Politik.

3.5 Die Ära Sadat: Das Regime wechselt die Richtung

Die Armeeführung entschied sich für Anwar Sadat als Nachfolger. Auch Sadat hatte den Freien Offizieren angehört, er hatte sich als treuer Gefolgsmann Nassers bewährt. Er war zwar um nichts weniger autoritär gestimmt als dieser. Doch seine Persönlichkeit war anders. Nach der Logik des auf die Person des Herrschers zugeschnittenen neopatrimonialen Systems schlug dies auf die Politik des Regimes durch. Sadat war praktizierender Muslim, gleichzeitig aber ein Freund westlicher Lebensart. Als er die Staatsführung übernahm, war die von Nasser gedeckelte Elite der Khediven-Ära, reiche Unternehmer und Grundbesitzer, zwar geschwächt, aber durchaus noch vital. Sadat war mit den reichen Familien Ägyptens befreundet. Nassers Vertraute mussten ihre Posten jetzt für Sadats Gefolgsleute räumen (Kassem 2004: 20ff.). Auch dieser Schritt lag ganz in der Logik eines neopatrimonialen Systems.

Zunächst aber setzte Sadat wie sein Vorgänger außenpolitische Prioritäten. Im Oktober 1973 griffen ägyptische Truppen den israelisch besetzten Sinai an und drängten die israelischen Linien mit Hilfe des Überraschungsmoments zurück. Der Gegenangriff kam prompt und führte die israelische Armee bis kurz vor Kairo. Anschließend handelten beide Seiten ein Waffenstillstandsabkommen aus. Allein der Anfangserfolg und das Ausbleiben einer kompletten Niederlage retteten propagandistisch die Ehre des Landes. Damit hatte Sadat genügend politisches Startkapital erwirtschaftet, um andere Wege zu beschreiten als sein Vorgänger. Das Bündnis mit der Sowjetunion hatte für Ägypten wenig Nutzen gehabt. In diesem letzten Waffengang hatten die USA Israel erstmals massiv mit Waffen und Material unterstützt. Anschließend hatten sie aber auch dazu beigetragen, den Konflikt beizulegen. Daraus zog Sadat zwei Lehren: Die Allianz mit Moskau wurde gekündigt. Sowjetische Basen wurden geschlossen und sowjetische Berater des Landes verwiesen. In einer drastischen Kehrtwendung lehnte sich Ägypten nunmehr an die USA an:

(1) Ägypten brauchte Kredite und ökonomische Chancen, die es nur im Einklang mit den Interessen der USA und den Gegebenheiten des Welthandels realisieren konnte.

(2) Um das Verhältnis zu den USA zu entlasten, kehrte sich Ägypten von den panarabischen Ambitionen Nassers ab und schloss 1977 einen Separatfrieden mit Israel.

(3) Die Rolle des Staates in der Wirtschaft wurde zurückgefahren, um ausländische Investoren ins Land zu holen.

Im Jahr 1974 wurde offiziell die Politik der Infitah eingeläutet: die wirtschaftliche Öffnung. Sie schuf die Voraussetzungen für internationale Kredite. Sie vollzog sich in mehreren Stufen von der Liberalisierung der Importbestimmungen über die allmähliche Aufhebung der Preiskontrollen für Lebensmittel bis hin zur Reprivatisierung landwirtschaftlicher Nutzflächen.

Als Kreditgeber und Arbeitsplatzanbieter wurde Saudi-Arabien fortan bedeutsam. Als Gegenleistung wurde dem Islam stärkere Präsenz in der Öffentlichkeit eingeräumt. Muslimbrüder wurden aus der Haft entlassen, der Bau neuer Moscheen gefördert und die Aktivität von Saudi-Arabien inspirierter islamischer Vereine geduldet. Ohne seine grundsätzlich säkulare Orientierung aufzugeben, suchte das Regime nunmehr Legitimität bei den Gläubigen und beim religiösen Establishment. Es suchte ferner den Einklang mit einer von den USA beherrschten internationalen Umgebung und dem Weltmarkt, um Stabilität zu gewinnen. Dabei wurden aus den Verlierern der Nasser-Ära nunmehr wieder Gewinner und umgekehrt. Diese Linie sollte bis heute beibehalten werden.

Gehen wir nunmehr zu einer Nahbetrachtung der bald 30 Jahre währenden Ära Mubarak über, in der sich diese Weichenstellung fortgesetzt hat.

3.6 Die Struktur des Mubarak-Regimes: Ein militärisch-kommerzieller Komplex

Sadat fiel 1981 bei einer Militärparade einem Attentat zum Opfer. Der Attentäter, ein Offizier, war Islamist. Wie viele Ägypter sah er den Separatfrieden mit Israel als Verrat an der palästinensischen Sache an. Sadats Nachfolger wurde

Husni Mubarak, der Vizepräsident, ein ehemaliger Luftwaffenoffizier. Er setzte die von Sadat betriebene Politik fort, insbesondere die außenwirtschaftliche Öffnung und die Partnerschaft mit den USA, aber auch das Arrangement mit den islamischen Institutionen.

Bereits Sadat hatte die Beziehungen zu Vertretern der ägyptischen Bourgeoisie kultiviert (Dessouki 1994: 85). Durch die Liberalisierung und den vorsichtigen Abbau der Staatswirtschaft eröffneten sich den alteingesessenen Familien neue Geschäftsfelder. Und ebenfalls bereits in der Ära Sadat heirateten hohe Staatsfunktionäre in Familien des vermögenden Bürgertums ein. In dieser Zeit wuchs eine neue Schicht von Geschäftsleuten heran. Unter Mubarak sollte sie stark expandieren. Sie machte ihre Geschäfte im Zwischenhandel, z.B. mit dem Import von Autos, Büro-, Haushalts- und Unterhaltungsgeräten sowie mit dem Export von Obst und Gemüse auf die europäischen Märkte. Diese Geschäftsaktivität bedient vor allem die Bedürfnisse der 20 bis 30 Prozent Ägypter, die sich überhaupt gehobene Konsumgüter leisten können. Auch im Tourismus ergeben sich lukrative Betätigungsfelder. Hotels, Schnellstraßen zu den antiken Sehenswürdigkeiten und historische Erlebnisparks beflügeln die Bautätigkeit, ebenso der Bürobedarf von Unternehmen und Banken. Der Bauboom heizte die Boden- und Immobilienspekulation an (Mitchell 1999: 462ff., Springborg 1989: 71ff., 77). Ägyptische Banker, Manager und Firmeneigner, die an alledem verdienen, unterscheiden sich kaum vom Standardtypus des Betriebswirtes oder Wirtschaftsanwalts, wie er in aller Welt anzutreffen ist. Etliche haben im angelsächsischen Ausland studiert und praktizieren die raubeinige Geschäftsmentalität, die sie dort kennengelernt haben (Amin 2000: 32ff.). Der Wechsel von Sadat zu Mubarak wahrte zwar die politikinhaltliche Kontinuität. Aber mit Blick auf Personen und Beziehungen ergaben sich, abermals in der Konsequenz personalisierter Herrschaft, einige Veränderungen.

Veränderungen an der Spitze des neopatrimonialen Regimes zerreißen das eine oder andere Beziehungsnetz. Der kontaktfreudige Sadat war freundschaftlich mit den größten Bau-Tycoons Ägyptens umgegangen. Der gesellschaftliche Umgang mit der Präsidentenfamilie zahlte sich aus (Beattie 2000: 142ff., 150ff.). Der zurückhaltendere Mubarak hält persönlich Abstand zur Geschäftswelt. Doch sein Sohn Gamal ist ausgebildeter Betriebswirt und besitzt Erfahrung als Investment-Banker. Er pflegt engsten Kontakt mit den Reichen Ägyptens (Perthes 2006: 52ff., Steiner 2006, Springborg 2005). Dieser Hintergrund dürfte die wirtschafts- und sozialpolitischen Anschauungen auch des Präsidenten beeinflussen.

Wirtschaftsführer, hohe Beamte und Spitzenpolitiker begegnen sich im selben Milieu. Dieses Milieu schließt sich mit Mauern, Sicherheitsanlagen und Wachpersonal vom Rest der ägyptischen Gesellschaft ab. Die Kinder besuchen teure Privatschulen und -universitäten (Süddeutsche Zeitung vom 9.9.2008, S.9).

Man trifft sich in den Festsälen derselben teuren Hotels zu Familienfeiern, begegnet sich beim Golf und besucht dieselben teuren Restaurants. Langer Rede kurzer Sinn: Das ägyptische Regime hat sich auf der Basis gleichgerichteter politischer und geschäftlicher Interessen in den oberen Etagen der Gesellschaft konsolidiert.

Im Mittelpunkt der Machtstruktur stehen nach wie vor die Streitkräfte. Nach dem Frieden mit Israel trat das Militär im Erscheinungsbild des Regimes aber generell schwächer hervor (Abdelnasser 2004: 132). Es begnügt sich heute mit der Mitsprache an der Präsidentennachfolge und hält sich ferner als letzte Reserve bereit, wenn die übrigen Sicherheitsorgane bei inneren Unruhen an ihre Grenzen stoßen. Sonst gibt es sich mit der Rolle einer professionellen Armee zufrieden, die ihren Status an den modernen Armeen in aller Welt bemisst (Waterbury 1983: 375f., Harb 2003: 282, Abdelnasser 2004: 120). In Fragen der Wirtschafts-, Kultur- und Sozialpolitik halten sich die Militärs zurück. Diese Politikbereiche werden in einem diffusen Geflecht von Akteuren entschieden, die zum Teil überhaupt keine politischen Ämter bekleiden. Das bedeutet aber nur, dass sich das Militär von der kleinteiligen Politikbeteiligung zurückgezogen hat. Seine Interessen sind im Regime gut aufgehoben. Wenn es notwendig erscheint, wird es kaum zögern, über den Präsidenten seinen Einfluss geltend zu machen (Cook 2007: 73, Droz-Vincent 2006: 209).

Durch den Austausch mit US-amerikanischen Offizierausbildungsstätten und mit der Ausbildung an US-Waffensystemen, auch in den USA selbst, ist das Offizierkorps für den westlichen Way of life aufgeschlossen. Das Regime lässt sich das Wohlwollen des Militärs einiges kosten. Ganze Stadtteile Kairos – mit komfortablem Wohnraum und Shopping malls – sind eigens für Militärs und ihre Familien entstanden. Im Besitz der Streitkräfte befindet sich eine Reihe profitabler Unternehmen. Ihre Gewinne kommen in der einen oder anderen Weise wieder Militärangehörigen zugute (Cook 2007: 19f., Richter 2007: 184f., Harb 2003: 285, Springborg 1989: 101, 105, 113ff.). Das Interesse an der Aufrechterhaltung einer Ordnung, die privilegierte Lebensverhältnisse verschafft, ist offensichtlich. Die Militärs teilen es mit der alten und neuen Bourgeoisie und mit den hohen Beamten und Funktionären der Staatspartei.

Dessen ungeachtet herrscht, wie in neopatrimonialen Systemen üblich, Misstrauen gegenüber populären Offizieren. Der charismatische Verteidigungsminister General Abu-Ghazala, beliebt in den eigenen Reihen und bei Politikern und Militärs des amerikanischen Verbündeten, wurde 1989 überraschend abgelöst. Er war zu sichtbar und zu mächtig geworden, Putschgerüchte liefen um (Kassem 2004: 169). Die Personalpolitik bei den Streitkräften war in der Folgezeit wieder stärker darauf ausgelegt, den Aufstieg populärer Offiziere zu verhindern (Sullivan 2003: 30).

Besondere Bedeutung besitzt ferner der diplomatische Apparat. Ägypten ist durch das Bündnis mit den USA und in seiner Abhängigkeit von den internationalen Finanzinstitutionen und der Europäischen Union auf professionelle Diplomaten angewiesen. Dem Außenministerium wird in Entscheidungsprozessen großes Gewicht zugeschrieben (Abdelnasser 2004: 121).

Nassers Staatspartei ASU wurde von Sadat aufgelöst. Die Regimepartei NDP trat an ihre Stelle. Im Unterschied zur Nasser-Ära sind heute andere Parteien erlaubt. Doch die Vorherrschaft der NDP wird durch die Manipulation der Wahlen, durch die Behinderung unerwünschter Kandidaten und durch restriktive Vorgaben für Programm und Organisation garantiert. Derzeitiger Chef der NDP ist der Sohn des Staatspräsidenten. Die Bedeutung der NDP liegt darin, dass sie regimekonformes Personal für die verschiedensten Funktionsbereiche rekrutiert, vor allem für die des Staates (Collombier 2007). Darüber hinaus integriert sie die private Wirtschaft in die Staatselite, insbesondere den modernen Sektor (Süddeutsche Zeitung vom 9.9.2008, 2008, S.9, Nasser 2004: 124). Parteien, die sich auf Religion und Klasse berufen, sind nicht erlaubt. Nur fünf Parteien sind wirklich relevant: Zunächst die liberale Wafd, die älteste Partei Ägyptens. Sie hatte ihre große Zeit in der Epoche vor Nasser, als sie sich für die Verfassung und die vollständige Unabhängkeit engagierte. Die Tagammu-Partei steht links von der Mitte. Sie tritt für die Beibehaltung der sozialen Ziele der Nasser-Revolution von 1952 ein. Auch die Sozialistische Arbeiterpartei stellt sich in diese Tradition. Sie ist mit den Gewerkschaften liiert und offeriert den Muslimbrüdern ihre Listen als Kandidatenplattform (Albrecht 2007). Die Gerichte bekräftigen zwar regelmäßig die Legalität der Parteien. Wenn diese aber eine rote Linie überschreiten, müssen sie mit Schikanen der Staatssicherheitsorgane rechnen (Stacher 2004: 224).

Im Jahr 2005 fanden erstmals Präsidentschaftswahlen statt, in denen Gegenkandidaten zum Amtsinhaber zugelassen wurden. Aus diesem Anlass schlossen sich Parteiaktivisten von rechts bis links unter dem Motto „genug“ (Kefaya) zusammen (Shorbagy 2007). Für eine dauerhafte Koalition reichte die Kraft dieser Bewegung aber nicht aus. Ein Grund lag darin, dass die beteiligten Oppositionsparteien lieber ihrer eigenen Wege gingen, mochten sie einzeln auch schwach bleiben (El-Mahdi 2009). Der Wahlkampf wurde vom Präsidentensohn organisiert. Er nahm sich amerikanische Kampagnen zum Vorbild. Dies beflügelte Gerüchte um eine innerfamiliäre Nachfolge des greisen und gesundheitlich schwer angeschlagenen Präsidenten. Mubarak hat im Gegensatz zu seinem Vorgänger Sadat keinen Vizepräsidenten benannt. Derzeit stehen viele Signale so, dass die Präsidentschaft in der Familie Mubarak bleiben könnte (Stacher 2008). Der seit 2003 amtierende Geheimdienstchef Omar Suleiman wird seit Jahren ebenfalls als potenzieller Nachfolger gehandelt. Für ihn spricht die Zugehörigkeit zum Sicherheitsestablishment und die darin gesammelte Erfahrung.

Suzanne Mubarak, der Ehefrau des Präsidenten, wird nachgesagt, ihren Sohn Gamal als Nachfolger zu favorisieren. Die Stimmung in der Bevölkerung und im Establishment wird allerdings so eingeschätzt, dass es wenig Rückhalt dafür gibt. Ohne das Plazet des Militärs wird ohnehin keine Nachfolgentscheidung getroffen werden können (Avenarius 2010e).

3.7 Klassenpolitik: Umverteilung von unten nach oben und Korrosion der öffentlichen Leistungen

Die Staatselite, die Militärs und die alte und neue Bourgeoisie bilden eine – wenn auch nicht scharf konturierte – Klasse. Ihre Lebensverhältnisse verlaufen in anderen Bahnen als die der gesellschaftlichen Mehrheit. Perthes spricht in diesem Zusammenhang von einer Gesellschaft der zwei Geschwindigkeiten (Perthes 2002: 139). Unabhängig von der Frage, welche Rolle die Kredit gebenden Internationalen Finanzinstitutionen dabei spielen, betreibt das Regime Klassenpolitik. Einige Beispiele mögen dies erläutern. Sie unterstreichen die Motive, warum das Regime immer wieder interveniert, um die Aktivität gesellschaftlicher Gruppen und oppositioneller Parteien zu behindern oder sie gar zu unterbinden. Seit Jahren verzeichnen Lehrer und Ärzte, Angehörige auch in Ägypten sehr renommierter Berufe, sinkende Realeinkommen. Die Masse der Staatsbediensteten kommt mit den regulären Einkommen für die Ernährung der Familien und die Ausbildung der Kinder nicht mehr über die Runden. Die schiere Menge dieser Bediensteten ist trotz mancher Einschnitte immer noch erheblich. Das auf Nassersche Tage datierende Versprechen, jedem Hochschulabsolventen eine Stelle im Staatsdienst anzubieten, ist schon lange nichts mehr wert. Hier sprudelt eine der Quellen tiefgreifender Unzufriedenheit mit dem Regime, die sich in der Unterstützung der Opposition ein Ventil sucht (Shechter 2009).

Staatsbedienstete erscheinen Tage lang gar nicht oder nur stundenweise in den Amtsstuben, während sie gleichzeitig in inoffiziellen Zweit- und Drittjobs arbeiten. Lehrer gestalten den Unterricht so, dass die Lernziele im vorgegebenen Stundenrahmen nicht erreicht und deshalb Nachhilfestunden erforderlich werden. Die Nachhilfe wird von denselben Lehrern in denselben Räumen erteilt. Die Eltern müssen dafür tief in die Tasche greifen. Vermögende Eltern schicken ihre Kinder von vornherein auf private Schulen. Die öffentlichen Restschulen belasten auf diese Weise noch die Einkommen derer, die ohnehin in den unteren Bereichen der Einkommenskala rangieren. Lediglich fünfzig Prozent der Bevölkerung über 15 Jahren können Schreiben und Lesen, bei Frauen sind es bloß 30 Prozent. Englisch ist in der Breite so gut wie überhaupt nicht geläufig (Wheeler 2003: 630). Ähnlich steht es mit dem öffentlichen Gesundheitswesen. Für komplizierte Fälle empfehlen Ärzte gern die Behandlung in privaten Kliniken, wo sie einen Zweitjob wahrnehmen (Tadros 2006, siehe auch Singerman 1995: 160ff.).

Eine der wichtigsten und populärsten Reformen der Nasser-Ära war die Garantie der ländlichen Pachtverhältnisse und die Beschränkung des Landbesitzes. Diese Reformen hat das Regime seit 1992 grundlegend revidiert. Dabei gab die Regierung dem Druck der Internationalen Finanzinstitutionen nach, die auf eine stärkere Einbindung der Agrarproduktion in den Weltmarkt drängten (Bush 2007: 1608ff.). Schon in den Vorjahren (1961-1982) war das staatliche Pachtland von 40 auf 25 Prozent reduziert worden (Bush 2000: 244ff.). Seit 1997 dürfen Pachtverhältnisse gekündigt und darf vorhandener Landbesitz durch Zukäufe erweitert werden. Die Kreditvorgaben des Internationalen Währungsfonds sahen vor, mit entsprechenden Maßnahmen eine Klasse von Commercial farmers heranzuzüchten. Zunächst bremste Kairo das Tempo der Kommerzialisierung noch mit dem Hinweis auf die soziale Stabilität (Toth 1999: 202). Wo einst Bauern und Pächter Weizen für den Eigenbedarf und den lokalen Markt anbauten, wurden fortan Obst und Gemüse für den Export nach Europa produziert. Damit verschärfte sich ein anderes Problem: Die Reduzierung des ohnehin knappen Ackerlandes durch den Flächenverbrauch der wachsenden Metropolen.

Kairoer Geschäftsleute witterten hier ihre Chance. Sie kauften Land und kündigten die Pachtverträge. Fernab von den Großstädten verlieren bäuerliche Familien ihre Existenz. In vielen Dörfern wird Widerstand geleistet. Er richtet sich gegen individuelle Staatsvertreter und Grundbesitzer und vollzieht sich ohne größere Beachtung der Öffentlichkeit (Bush 2007: 1607, Brown 1990: 215ff.). Der Staat antwortet mit kompromissloser Repression. Noch mehr bäuerliche Familien verlassen die Dörfer und suchen ein Überleben in den überfüllten Metropolen. Das Gleiche gilt für ländliche Saisonarbeiter, denen die modern organisierten Agrarbetriebe keine Arbeitsmöglichkeiten mehr bieten. Die Landflüchtigen schlagen sich zumeist als Kleinhändler oder als Arbeiter im Bausektor durch (Toth 1999: 172ff., siehe auch Hopkins 1999: 369). Das Ergebnis: Findige Geschäftsleute machen mit Agrarprodukten gute Geschäfte. Aber der Mangel an Brotgetreide verschärft sich; die Zahl der Selbstversorger sinkt. Das Resultat: Mit den dörflichen Familien werden Sicherheitsnetze zerstört, die über Jahrzehnte hinweg getragen haben (Bush 2000: 247).

Auch in den Städten überzieht das Regime die Fehlverteilung. Noch in der Ära Sadat, wenige Jahre nach Beginn der Infitah-Politik, kam es in Kairo zu einem Volksaufstand, weil die Lebensmittelsubventionen gekürzt worden waren (1977). Die Polizei versagte, die Armee schlug den Aufstand nieder (Harb 2003: 283). Im Jahr 1986 gab es einen spektakulären Aufstand der Bereitschaftspolizei. Sie rekrutiert sich aus Wehrpflichtigen und wird in Kairo zum Objektschutz eingesetzt. Schikane und schlechte Unterbringung brachten die lange aufgestaute

Unzufriedenheit der bäuerlichen Rekruten zum Ausbruch. Diese hatte sich an Gerüchten über eine längere Dienstzeit entzündet (Springborg 1989: 141f.). Abermals schritt die Armee ein. Das Jahr 2008 verzeichnete Preissteigerungen bei Benzin und im Nahverkehr von 40 Prozent, Brot wurde für die Ärmeren unerschwinglich. Die Armee wurde vorübergehend angewiesen, Brot für die Bevölkerung zu backen, um die Unzufriedenheit zu dämpfen (Süddeutsche Zeitung vom 9.9.2008, S.9).

Immer wieder kommt es auch zu Arbeiterprotesten. Meist geht es um sinkende Reallöhne. Arbeiter setzen sich auch gegen die Privatisierung der Staatsbetriebe zur Wehr (Posusney 1997: 149ff., 181). Das Regime reagiert auf solche Ereignisse mit einer Mischung von Nachgeben und Repression, Letzteres durch eine für ihre Härte bekannte spezielle Polizeitruppe. Die Privatisierung eines Staatsbetriebs zieht den Verlust aller betrieblichen Versorgungsansprüche nach sich, weil die Beschäftigten ihren Status als Staatsbedienstete verlieren. Die offiziellen Gewerkschaften sind Kreationen des Staates. Beschäftigtenproteste artikulieren sich wie in allen autoritären Systemen spontan oder in inoffiziellen Organisationen (Shehata 2003: 113ff.).

3.8 Kontrollierte Nischen professionellen und sozialen Engagements: Muslimbruderschaften, Syndikate und Richterschaft

Die Versorgungsfehler des Staates werden zwar nicht flächendeckend, aber in eindrucksvoller Breite durch das Engagement islamischer Vereine ausgeglichen. Auch die islamischen Stiftungen, die von Nasser zerschlagen worden waren, lebten in den 1970er Jahren wieder auf. Sie waren als Palliativ willkommen, weil der Staat in Reaktion auf die Vorgaben der Internationalen Finanzinstitutionen die Lebensmittelsubventionen und Wohlfahrtsausgaben reduzierte (Pioppi 2007). Als Ergebnis der offiziellen Politik, islamischen Vereinen mit Blick auf die Beziehungen zu Saudi-Arabien die lange Leine zu lassen, spross ein neuer Typus des Business: das islamische Unternehmen mit seinen spezifischen Fairnesspraktiken und Bekleidungserwartungen an die Angestellten (Springborg 1989: 47f.). Einige Moscheen unterhalten Krankenhäuser. Als Alternativen zu überfüllten Bussen bietet die radikale Jamaat Frauen den Transport in Minibussen an, ihre Anhänger halten in den Hörsälen Reihen für Studentinnen frei (Sullivan 1994: 61, 69, 75).

Die wichtigste islamische Organisation sind die Muslimbruderschaften. Sie betreiben Schulen und Tageskliniken, die bei erschwinglichen Kosten behandeln bzw. kostenfrei unterrichten. Muslimbrüder betreiben ferner islamische Banken. Diese finanzieren Geschäfte, ohne die Mittel der Handwerker und kleinen Kaufleute zu überfordern. Viele Arbeitsmigranten, die in den benachbarten Ölstaaten arbeiten, überwiesen seit den 1970er Jahren ihre Ersparnisse an islamische Investitionsgesellschaften. Diese verlangten wenig Zinsen und garantierten hohe Erträge. Für die privaten und staatlichen Banken wurden die Spargeschäfte schlechter. Sie überzeugten die Regierung, ein Gesetz zu verabschieden, mit dem der islamischen Konkurrenz 1989 der Garaus gemacht wurde (Mitchell 1999: 459). Als in Kairo 1992 ein Erdbeben ganze Straßenzüge in Schutt und Asche legte, waren Rettungstrupps der Muslimbrüder mit Ärzten, Sanitätern und Bauingenieuren als erste am Ort. Die schwerfälligen staatlichen Rettungsdienste traten viel später in Erscheinung (Al-Awadi 2004: 149ff.). Für die Zukunft verbot das Regime solche Einsätze. Den Bruderschaften sollte keine weitere Gelegenheit zur Profilierung gegeben werden. Dessen ungeachtet sind die Muslimbrüder bereit, sich mit dem Regime zu arrangieren, um ihre Arbeit fortführen zu können. Schon unter Sadat hatte die Rehabilitierung der unter Nasser verbotenen Bruderschaften eingesetzt. Bereits 1969 hatten sie sich vom Radikalismus ihres Mitbruders Qutb abgewandt, 1995 bekannten sie sich darüber hinaus förmlich zur Demokratie.

Ärzte, Architekten, Zahnärzte, Lehrer, Journalisten, Ingenieure und Juristen gehören den Syndikaten an. Es handelt sich um berufsständische Kammern, die, europäischen Vorbildern folgend, noch aus der Khedivenzeit überliefert sind. Die Mitgliedschaft ist Voraussetzung für die Berufsausübung. Die Syndikate verwalten sich selbst, ihre Vorstände werden in freier Wahl durch die Mitglieder bestimmt. In einigen Syndikaten dominieren inzwischen die Muslimbrüder. Sie ernten hier die Früchte eines jahrelangen Engagements in studentischen Vereinigungen (Al-Awadi 2004: 93ff.). Die Affinität der Freiberufler, Lehrer und Professoren zum politischen Islam hat die oben erörterten Gründe (siehe oben 2.3.4).

Formell unpolitisch, bieten die Syndikate den Muslimbrüdern eine gute Plattform, um aus der Deckung gesellschaftlich notwendiger und angesehener Berufe heraus zu agieren. Dabei respektieren sie die Grenzen des Erlaubten. Sie hätten viel zu verlieren, wenn sie dort in eine Oppositionsrolle träten (El-Ghobashy 2005). Das Regime hat des Öfteren versucht, den Einfluss der Bruderschaften mit Satzungsänderungen und vorübergehender Aussetzung der Selbstverwaltung zu schwächen (Said/Medley 2006: 703ff., Rahman 2002: 29ff.).

Die Bruderschaften sind zwar nicht legal, aber sie werden von den Behörden geduldet. Einzelne Muslimbrüder kandidieren aufgrund von Absprachen auf den Listen anderer Parteien, oder sie treten als Unabhängige für die Wahlen zum Parlament und zu den Gemeindevertretungen an. Muslimbrüder, die zu diesem Zweck förmlich aus ihrer Vereinigung ausgetreten waren, gründeten 1996 die Wasat-Partei. Ihr war jedoch kein großer Erfolg beschieden. Die Bruderschaften insgesamt standen nicht hinter ihr (Stacher 2002). Parlamentarier, die den Bruderschaften angehören, gelten als fleißige, tüchtige und mutige Volksvertreter. Ihre

Tätigkeit wird öffentlich wahrgenommen. Damit geraten sie für das Regime zum Störfaktor. Dank manipulierender Vorarbeit und Abwicklung stand bei Wahlen freilich niemals die Mehrheit der Staatspartei NDP infrage. Dennoch schiebt das Regime Kandidaten mit Bruderschaftshintergrund häufig den Riegel vor. Mit parlamentarischer Kritik und mit öffentlichen Kundgebungen halten sich die Brüder in den Medien präsent (Meital 2006: 263). Sie kalkulieren den Beachtungseffekt ein, wenn anschließend die Staatsmacht, sei es in Uniform oder in Zivil, ihre Aktionen in Anwesenheit von Journalisten und Kameraleuten erstickt.

Andere islamische Gruppen, vor allem in der ärmeren Provinz, exemplarisch in Oberägypten, setzen auf Gewalt. Die Jamaat schaffte es in den 1990er Jahren, mit Attentaten auf ausländische Reisegruppen vorübergehend den Tourismus lahmzulegen (Toth 2003).

Anwälte und Richter erfreuen sich einer gewissen Autonomie. Beide treten für die Beachtung der Menschenrechte und für Fair play in der Politik ein. Die Richter pochen traditionell auf ihre Unabhängigkeit. Regelmäßig bestätigen die Verwaltungsgerichte die Legalität der Oppositionsparteien. Der Oberste Gerichtshof erklärte 1990 sogar das Wahlrecht für verfassungswidrig (Stacher 2004: 221). Zehn Jahre später urteilte er, es sei die Aufgabe der Richterschaft, den korrekten Ablauf der Wahlen zu überwachen. Die Richter nahmen diese Aufgabe ernst und nannten unkorrekte Abläufe beim Namen. Zur letzten Parlamentswahl von 2005 entzog die Regierung den Richtern die Wahlprüfung. Viele Juristen identifizieren sich heute mit den Muslimbrüdern. Aus Furcht vor einer Übernahme durch die Bruderschaften stornierte das Regime vorübergehend sogar die Neuwahlen für die Standesvertretung der Juristen.

Ein permanenter Ausnahmezustand, der in 50 Jahren nur einmal kurz aufgehoben wurde, schränkt die Möglichkeiten der ordentlichen Gerichtsbarkeit ein. Wenn die Anklagebehörde Fragen der Staatssicherheit reklamiert, werden Prozesse vor den Sicherheitstribunalen verhandelt. Die in der Verfassung garantierten Bürgerrechte gelten dort nicht. Der aktuelle Ausnahmezustand dauert seit 1981 – seit der Ermordung Sadats – an (Singerman 2002).

3.9 Fazit: Mehr als ein neopatrimoniales System

Das politische System Ägyptens ist vielschichtig. Im Kern befindet sich tatsächlich ein neopatrimonial anmutender Präsident. Doch das Militär, die wichtigste Stütze des Regimes, ist keineswegs seine Marionette. Es hat institutionelle Eigeninteressen. Auch die Infitah-Bourgeoisie fordert Mitsprache ein. Im Unterschied zum Militär besitzt sie aber kein institutionelles Sprachrohr. Hier wirken eher informelle Verknüpfungen mit Politik, Verwaltung und Militär zu ihrem

Vorteil. Solange dieselbe Person im Mittelpunkt des Systems steht, ist Stabilität zu erwarten. Nachfolgeentscheidungen kommen unter diesen Umständen einer schweren Belastungsprobe gleich (Kassem 2004: 188f.). Der Kitt eines bezahlbaren gehobenen bis luxuriösen Lebensstandards hält Business, Politiker, Offiziere und Funktionäre zusammen. Der Klassencharakter des Systems ist Conditio sine qua non für die Fortdauer des Status quo. Dies war schon unter den Khediven nicht anders. Allein in der Ära Nasser verschob sich die Verteilungsordnung vorübergehend zu Gunsten der Benachteiligten. Insofern lässt sich in der Konstellation der modernen ägyptischen Politik historische Kontinuität erkennen. Die neuen Mamelucken kommen nicht mehr vom Balkan oder aus dem Kaukasus, sondern aus den Dörfern und Städten Ägyptens. Vom übrigen Volk sind sie lebensweltlich kaum weniger weit entfernt.

4 Syrien

4.1 Historische Vorbelastungen

Syrien gelangte mit schweren Hypotheken zur Unabhängigkeit (zur Zeit vor der Unabhängigkeit siehe oben 1.5). Wie bereits das Mandatsgebiet Syrien, so war der Nachfolgestaat ein Artefakt, dies um so mehr, da von diesem Gebiet noch der Libanon als eigener Staat abgetrennt wurde. Syrien hatte nicht einmal ein akzeptiertes Zentrum. Die großen Städte Damaskus und Aleppo standen in einer traditionellen Rivalität. Ersteres war traditionell auf den Handel in Richtung Libanon und Palästina ausgelegt. Letzteres war stark von der türkischen Kultur beeinflusst. Es verdankte seine historische Prosperität dem Handel mit Anatolien. Im Westen Syriens, um Latakia, leben 75 Prozent der syrischen Alawiten, zumeist als Pächter und Kleinbauern. Ähnlich verhielt es sich mit den Drusen im Südwesten des Landes. Beide Gruppen lebten in teilweise schwer erreichbaren Bergregionen. Als Sekten von den sunnitischen Osmanen verfolgt, waren sie findig darin geworden, sich dem Zugriff des Staates zu entziehen und gegebenenfalls Widerstand zu leisten (Batatu 1999: 110).

Noch in der Mandatszeit kam es 1925 im ländlichen Syrien zu einem Drusenaufstand, der von den Franzosen mit einigem militärischen Aufwand niedergeworfen wurde. Die Bevölkerung der syrischen Städte verweigerte die Kooperation mit der Mandatsmacht. Die Idee eines gesamtarabischen Nationalstaates behielt unter den Gebildeten ihre Faszination.

Den sunnitischen, alawitischen und drusischen Landbewohnern bedeutete die arabische Nation nichts. Sie identifizierten sich mit ihren Stämmen. Drückende Pacht, Mangel an Schulen und große Schulden hielten die syrischen Bauern gleich welcher Konfession in Armut gefangen. An den Nahtstellen zur syrischen Wüste hielten sich sogar Nomaden und Beduinen, deren Lebensweise sich schlecht mit Grenzen und Ansprüchen auf Landeigentum verträgt. Noch im November 2000 kam es im Süden Syriens zu Zusammenstößen zwischen drusischen Bauern und Halbnomaden. Die Regierung setzte 5.000 Mann Militär ein, um den Konflikt in den Griff zu bekommen (George 2003: 5f.).

4.2 Das Militär und die Ära der Putsche

In den ersten drei Jahren nach der Unabhängigkeit versuchten die Parteien das Land zu regieren Alle diese Parteien vertraten – in verschiedenen Schattierungen – ein nationalistisches Programm. Die Parteienlandschaft war nach Region und Konfession stratifiziert. Hinter den Parteien standen sämtlich elitäre bürgerliche Familien, die in aller Regel großen Landbesitz ihr Eigen nannten. In Damaskus waren sie nationalistisch und republikanisch eingestellt. In Aleppo zeigten sie Sympathie für die Haschemitendynastie, die um die Herrschaft in Syrien betrogen worden war. Die Bath-Partei wurde zur Heimat der syrischen Christen, später auch der Alawiten und Drusen. Die Kurden wandten sich der Kommunistischen Partei zu (Faksh 2005: 6ff.).

Die Paria-Konfessionen der Alawiten und Drusen und die Paria-Ethnie der Kurden suchten sich also Parteien, die ihnen im sunnitisch-arabischen Hauptstrom in der syrischen Gesellschaft eine Stimme verliehen. Die im Bürgertum verwurzelten Parteien, die diesen Hauptstrom repräsentierten, kümmerten sich indes stärker um das realitätsfremde Projekte einer gesamtarabischen Nation als um die Bedürfnisse der in ihrer großen Mehrheit bäuerlichen Landsleute. Allein 1949 gab es in dichter Folge zwei Militärputsche, 1951 einen weiteren und schließlich noch einmal Putschereignisse in den Jahren 1954 und 1955. Diese Putschserie legte den Grundstein für das gegenwärtige Regime. Es putschten stets Teile des Offizierkorps. Sie waren zwar nicht für das Regieren befähigt, hatten aber die bewaffnete Macht im Rücken. Wegen ihrer fehlenden politischen Kompetenz bereiteten sie jeweils den Boden für den nächsten Putsch. Die Gründe dafür lagen in der Gesellschaft.

In der Vergangenheit hatte die Offizierslaufbahn im gehobenen Bürgertum kein großes Ansehen. Bis in die 1960er Jahre war es noch möglich, die Söhne vom Wehrdienst freizukaufen. Der Tarif war so bemessen, dass er die Mittel einer städtischen Bürgerfamilie nicht überforderte. Bauernsöhne hatten keine Wahl. In der Mandatszeit galt es in den muslimischen Patrizierfamilien darüber hinaus als anstößig, unter französischer Flagge zu dienen. Diesen Gesinnungsluxus konnten sich die Söhne armer Bauern nicht leisten. Vornehmlich Alawiten, Drusen, aber auch bäuerliche Sunniten entschieden sich für den Dienst in der Mandatstruppe, wo sie aufgrund ihrer bescheidenen Herkunft und Bildungsmöglichkeiten hauptsächlich Unteroffiziere und Mannschaften stellten. Der Militärdienst wies einen Weg aus der Armut der Heimatdörfer (van Dam 1997: 27).

Diese Truppe wurde zum Grundstock der syrischen Nationalarmee. In den ersten Jahren nach der Unabhängigkeit behielt sie ihre Eigenschaft als Aufstiegsmagnet für die ärmeren Teile der Bevölkerung (Faksh 2005: 17). Wie in der übrigen Gesellschaft, traten auch im Militär die Animositäten zwischen Stadt- und Landkindern, Alawiten, Drusen und Sunniten zutage. Die Truppe war ein Mikrokosmos der Gesellschaft – weit entfernt von korporativer Identität!

4.3 Die Vereinigung mit Ägypten

Eine Gruppe von Offizieren fasste im Jahr 1958 den Entschluss, dem ägyptischen Präsidenten Nasser die Vereinigung Syriens mit Ägypten anzutragen. Sie hatten dafür den Rückhalt der Bath-Partei, die im Offizierkorps wachsende Sympathien genoss. Nasser selbst hatte zu diesem Angebot nichts beigetragen. Er mochte die politisierenden syrischen Militärs nicht besonders. Doch Nasser sagte zu, und die syrische Militärdelegation flog zurück nach Damaskus und zwang die Regierung, dem Projekt zuzustimmen (Dawisha 2003: 195ff.).

Schon bald nach der Vereinigung zur Vereinigten Arabischen Republik (VAR) kehrte Ernüchterung ein. Nasser degradierte Syrien zu einer ägyptischen Provinz. Dies bedeutete die Übertragung des Einparteisystems, die Gleichschaltung der Presse, eine Bodenreform und die Ablösung der Marktwirtschaft durch staatliche Planung. Dissens wurde von ägyptischer Polizei und Staatssicherheit niedergehalten. Die syrischen Initiatoren des Vereinigungsprojekts hatten ein partnerschaftliches Verhältnis erwartet.

Nassers Vertreter in Syrien übertrugen ihre Erfahrungen mit der ägyptischen Gesellschaft auf Syrien. Waren es die Ägypter aber seit Tausenden Jahren gewohnt, sich einer zentralen Autorität zu fügen, waren syrische Bürger, Bauern und Sekten darin geübt, sich dem Staat zu entziehen oder sich gar zu widersetzen (Dawisha 2003: 23ff.). Das Vorgehen der ägyptischen Verwalter verprellte die Syrer vom Basar über die Intellektuellen bis hin zu den Offizieren. Eine Allianz von Bath-Politikern und Militärs fand sich zusammen, um 1961 Syriens Austritt aus der VAR zu erklären.

4.4 Die turbulente Bath-Ära: Noch einmal Putsch und Gegenputsch

Die nach der Rückkehr zur Uabhängigkeit gebildete Regierung war vollständig vom Militär abhängig. Sie stellte 1961 einfach die Verhältnisse vor der Vereinigung wieder her. Die Bodenreformen wurden zurückgenommen. Die Bath-Partei wurde von der Regierung ferngehalten. Allerdings hatte sie in Teilen des Offizierkorps festen Fuß gefasst, vor allem bei Offizieren, deren Karriere noch keineswegs saturiert war.

Schon 1963 gab es einen erneuten Militärputsch. In dessen Folge übernahm die Bath-Partei die Regierung. Das ursprünglich beherrschende sunnitische Element im Offizierkorps hatte sich inzwischen stark verbraucht. Es war schon in den Vorjahren durch Putsche, Gegenputsche und die Kaltstellung ganzer Offiziersgruppen geschwächt worden. Dieser Prozess begünstigte den Aufstieg alawitischer Offiziere (Batatu 1999: 159). Mit der instabilen Vergangenheit waren sie nicht belastet. Sunnitische Politiker und Offiziere hatten die Vereinigung mit Ägypten gewollt (van Dam 1997: 29).

Einige Wochen vor diesem Putsch war in Bagdad der nationalistische Präsident Abd al-Karim Kassem von Offizieren ermordet worden, die dem irakischen Zweig der Bath nahestanden. Kassem hatte mit den Kommunisten zusammengearbeitet. Die Kommunisten wurden jedoch von der Bath in Syrien und im Irak gleichermaßen bekämpft. Sie waren die schärfsten Konkurrenten um Zuspruch bei den in den Städten konzentrierten Gruppen der Intellektuellen, Studenten und Arbeiter.

Die Führungsriege der syrischen Bath-Partei um Michel Aflaq, einem Christen, und Salah ad-Din Bitar, einem Sunniten, bestand aus Intellektuellen. Ihre damals im arabischen Raum wie überall in der postkolonialen Welt gebräuchliche sozialistische Rhetorik spielte den islamischen Charakter der Gesellschaft herunter. Das Fernziel war ein Staat für Araber gleichwelcher Konfession. Die syrische Bath-Partei sah sich dabei in einer Führungsrolle. Auch in den arabischen Nachbarstaaten gab es Zweige der Bath-Partei.

In der Regierung verwandte die syrische Bath viel Zeit auf die Erneuerung des panarabischen Projekts. Sie appellierte damit an die bürgerlichen Schichten. Die seit Jahrzehnten vernachlässigten Probleme auf dem Lande ignorierte sie kaum weniger als die Vorgängerregierungen. Gerade dort aber hatte die Bath viele Anhänger. Den Bath-Offizieren, darunter viele Bauernsöhne, war die soziale Frage wichtiger als luftige gesamtarabische Pläne, zumal das Scheitern der VAR noch in frischer Erinnerung war.

Alawitische Bath-Offiziere putschten die Bath-Regierung 1966 aus dem Amt. Sie wurden dem linken, für soziale und wirtschaftliche Reformen aufgeschlossenen Flügel der Bath zugerechnet. Die Putschisten hatten dafür gesorgt, dass sunnitisch befehligte Einheiten fern von Damaskus standen. Bei Damaskus wiederum befanden sich Panzereinheiten, die zum Teil von Sunniten kommandiert wurden, deren Unteroffiziere und Mannschaften jedoch aus Alawiten bestanden (van Dam 1997: 36). Nach dem Putsch wurde das Offizierkorps von rechten Bath-Offizieren gesäubert. Die sunnitischen Offiziere mussten einen heftigen Schlag einstecken. Insgesamt 700 Offiziere wurden entlassen. Die Hälfte der zwischen 1963 und 1966 entlassenen Offiziere, darunter über 100 Generäle, wurde durch alawitische Offiziere, darunter auch durch Reservisten ersetzt, darunter wieder viele Lehrer (Batatu 1999: 156ff.).

Die Politik der linken Bath-Regierung nahm die sozialen Probleme in Angriff. Der Großgrundbesitz wurde zerschlagen, das Bildungssystem und die öffentliche Gesundheitsversorgung wurden verbessert. In dieser Politik wurde jetzt deutlich die Handschrift von Lehrern und Bauernkindern erkennbar (George 2003: 143). Weiterhin spalteten jedoch Stammesinteressen die Bath. Alawitische Offiziere konspirierten, um dieses linke Bath-Regime abzulösen. Die Säuberungen hatten ihnen vor Augen geführt, wie unsicher ihre Kommandoposten waren. Aus historischen Gründen waren die Alawiten mit ihrem schwachen Bildungshintergrund im Unteroffizierkorps stärker vertreten als unter den Kommandeuren. Durch den Appell an die Loyalität der Glaubensbrüder, durch Geheimhaltung und akribische Planung positionierten sich Alawiten in eine günstige Ausgangslage, um die Regierung abzulösen. Mit alawitisch kommandierten Truppen, die durch die Befehlsverweigerung alawitischer Unteroffiziere und Mannschaften in anderen Truppenteilen unterstützt wurden, gelang es 1968, die Regierung aus dem Amt zu treiben. Eine neue Säuberungswelle entfernte jetzt die Drusen aus dem Offizierkorps. Fortan dominierten im Militär die Alawiten.

Die Konspiration im Militär kam aber immer noch nicht zum Erliegen. Nunmehr brachen unter alawitischen Kommandeuren Revierkämpfe aus. Diese zogen auch den starken Mann der neuen Regierung, Verteidigungsminister Hafiz al-Assad, in Mitleidenschaft. Assad setzte sich jedoch durch und trat 1970 das Präsidentenamt an. Im Prinzip führte er die von den Vorgängern begonnene Politik fort. Er milderte sie nur hier und dort ab, um dem städtischen Bürgertum entgegenzukommen. Bald setzte ein Personenkult sowjetischen Stils um Assad ein. Der Präsident sollte nicht als Alawit wahrgenommen werden, sondern als Repräsentant aller Syrer (Wedeen 1999, Batatu 1999: 176).

Bis zu diesem Zeitpunkt konnte von der Bildung eines stabilen Regimes noch keine Rede sein. Das Geschehen wurde von Machtkämpfen bestimmt, die sich im Militär abspielten. Dabei war das Militär als Ganzes kein Akteur, sondern lediglich eine Arena.

4.5 Die stabile Bath-Ära: Das Regime Assad – Reviermarkierungen im konfessionellen Raum

Seit bald 40 Jahren ist das politische System stabil. Diese Stabilität ruht auf drei Säulen: eine Legitimität spendende Sozialpolitik, umfassende polizeiliche Kontrolle und der Vorrang der Alawiten in den Schlüsselstellungen des Regimes. Die konspirative Vergangenheit hat sich den Regierenden eingebrannt. Die Staatssicherheit späht alle Kreise der Gesellschaft nach oppositionellen Regungen aus. Auch der Umstand, dass das Regime immer noch als alawitisch wahrgenommen wird, schürt die Wachsamkeit. Tatsächlich liegen die Dinge komplizierter.

Nicht einmal im Offizierkorps stellen Alawiten die Mehrheit, ebenso wenig in den Führungspositionen der Bürokratie und der Staatswirtschaft. Sie behalten sich allerdings die Schlüsselstellen in den Streitkräften und im Sicherheitsapparat vor. Wie in Ägypten ist die illegale islamistische Opposition ein urbanes und ein Mittelschichtphänomen. Der Suq und die Moschee sind noch stark miteinander verschränkt. Für radikale Sunniten sind die Alawiten Häretiker. Ihr Platz an der Spitze des Landes verletzt aus ihrer Sicht das Postulat, dass gläubige Muslime über die Gemeinschaft herrschen sollen (siehe oben Kapitel 2, 2.1.4).

Assad präsentierte 1973 einen Verfassungsentwurf. Darin kam der Islam als Staatsreligion nicht mehr vor. Es kam zu spontanen Demonstrationen, die von den Moscheen auf die Straße übersprangen. In Hama, Homs und Aleppo wurde der Generalstreik ausgerufen. Rasch besserte Assad nach, die Wogen glätteten sich. Es ging hier aber gar nicht um den Verfassungstext. Die Proteste richteten sich vielmehr gegen die Hegemonie der Alawiten im Staat. Assad sah ein, dass sein Regime muslimischer Legitimation bedurfte.

Der im Iran als Sproß einer angesehenen Theologiedynastie geborene Schiitenführer Musa al-Sadr versuchte zur gleichen Zeit, den Status der schiitischen Gemeinde im Libanon zu verbessern. Hier setzte die syrische Führung an, um den Außenseiterstatus der Alawiten zu verbessern (dazu und zur Vorgeschichte der Anerkennungsbemühungen durch die Schiiten: Talhamy 2009: 563ff.). Sie erbat ein theologisches Gutachten zum Status der wenigen libanesischen Alawiten, die im Grenzgebiet zu Syrien lebten. Sadr erkannte die Chance, für seine schiitische Gemeinde einen starken Partner zu gewinnen. Er stieß sich nicht groß daran, dass die Alawiten auch von Anhängern der Schia als Ketzer angesehen werden. Vielmehr bemühte er sich, sie als Glieder der Zwölferschia in die große schiitische Gemeinde hineinzudefinieren. Die alawitischen Scheichs in Syrien, die auch von den libanesischen Alawiten als religiöse Führer anerkannt werden, sperrten sich zunächst. Sie taten sich schwer, das Risiko einer Relativierung des Aliglaubens zu wagen. Assad drängte auf ihr Einlenken. Eine Konferenz Sadrs mit den Scheichs brachte eine Einigung zustande. In einer theologischen Erklärung salbte Sadr die

Alawiten als Spross der großen schiitischen Familie (Kramer 1987: 246ff.). Da im sunnitischen Syrien auch die Schiiten als Außenseiter gelten, war für den Status der Alawiten in Syrien damit nicht allzu viel gewonnen. Später sollte sich das verbesserte Verhältnis zu den Schiiten im Verhältnis zum islamischen Regime des Iran auszahlen.

Die syrischen Muslimbrüder erwiesen sich in der Vergangenheit als die erbittertsten Feindes des Regimes. Alawiten auf den Kommandohöhen des Staates kommen für sie der Herrschaft von Ketzern über fromme Muslime gleich. Seitdem das Bath-Regime mit Teheran und der libanesischen Hisbollah kooperiert, setzten sie darüber hinaus Behauptungen von einer schiitischen Verschwörung gegen die sunnitische Gemeinde in die Welt (Talhamy 2009: 565ff.). In Aleppo kam es 1979, zur Zeit der Islamischen Revolution im Iran, zu einer Attacke militanter Muslimbrüder auf die Militärakademie. Sie weitete sich zu einem städtischen Guerillakrieg mit den Sicherheitskräften aus (Hinnebusch 2001: 99f.). Mit exemplarischer Härte zerschlug das Regime 1982 einen Aufstand der Muslimbrüder in der Stadt Hama (George 2003: 16). Hama war eine Hochburg des salafitischen Islam, die von den Muslimbrüdern präferierte Variante der Sunna. Die Brüder hatten die Alawiten stets als unislamisch und ungeeignet geschmäht, über Muslime zu herrschen (Nasr 2006: 134). Eine Attacke der Muslimbrüder auf eine Armeeeinheit wuchs sich zu einem Bürgerkrieg aus. Die Armee schlug mit aller Härte und allen Mitteln einschließlich der Luftwaffe zurück. Sie legte große Teile der Stadt in Schutt und Asche, Tausende kamen ums Leben. Seither hütet sich die illegale islamistische Opposition vor dem Gebrauch von Waffen.

4.6 Der Kern des Regimes: Stabilität durch Familienherrschaft

Die herausragende Position der Familie Assad im Regime deutet auf ein neopatrimoniales System. Die Assads bilden den engsten Ring dieses Systems. Darunter liegt der Ring des Alawitenklans der Kalbiya, dem die Assads angehören. Erst danach greift das Zusammengehörigkeitsempfinden der alawitischen Gemeinschaft (Zisser 2004: 240). Reibungslos funktioniert diese Konstruktion nur unter der Voraussetzung, dass diese Rangordnung nicht infrage gestellt wird. Als Assad 1983 schwer erkrankte und seine Genesung ungewiss erschien, übertrug er die Führung der Staatsgeschäfte einem Komitee enger Vertrauter. Sein Bruder Rifat, der die Truppe für die Innere Sicherheit – die Republikanischen Kompanien – befehligte, befand sich nicht darunter.

Daraufhin gründete Rifat Assad mit alawitischen Generälen einen alternativen Führungskreis. Er bereitete konspirativ die eigene Nachfolge vor. Als Hafiz Assad nach seiner Genesung im Frühjahr 1984 davon erfuhr, griff er hart durch.

Dabei kam es beinahe zu einer Konfrontation zwischen Truppen, die jeweils auf der Seite Hafiz und Rifat Assads standen. Nach einer Schonfrist verbannte der Präsident seinen Bruder ins Exil eines weit entfernten Botschafterpostens. Er löste dessen Truppe auf und organisierte an deren Stelle eine andere (George 2003: 16f.). Dieses Ereignis zeigt, dass die Konspiration als Mittel des Machterwerbs nach wie vor präsent war. Es zeigt aber auch, dass hier geschwisterliche Nachsicht waltete. Und diese war nicht von Bruderliebe motiviert. Die öffentliche Selbstzerfleischung des regierenden Klans sollte vermieden werden.

4.7 Von Assad zu Assad: Die Nagelprobe der Generationenfestigkeit

Ursprünglich hatte Assad seinen ältesten Sohn Basil als Nachfolger aufgebaut. Nach dessen Unfalltod (1994) sollte sein Bruder Baschar, der eine Arztkarriere eingeschlagen hatte, diese Rolle übernehmen. Baschar wurde 2001 nach dem Tod von Hafiz Assad tatsächlich zum Präsidenten und zum Chef der Bath-Partei gewählt. Von einem schleichenden Übergang zu einer republikanisch verkleideten Erbmonarchie zu sprechen wäre dennoch zu einfach. Sein Vater Hafiz hatte als Gründer des bisher dauerhaftesten syrischen Regimes sämtliche bedeutenderen Karrieren im Regierungsapparat und im Militär überhaupt erst ermöglicht. Etliche Funktionsträger waren ihm persönlich verpflichtet. Als Schöpfer dieses Regimes war er seit Jahrzehnten mit Personen und Vorgängen vertraut. Mit diesem Herrschaftswissen tarierte er Personen und Apparate gegeneinander aus und lenkte sie in die erwünschte Richtung (Perthes 1990: 227). Fähigkeiten solcher Art lassen sich nicht vom Vater auf den Sohn übertragen.

Die Funktionsträger des Regimes verdankten Baschar Assad bei dessen Amtsantritt nichts. Er jedoch schuldete ihnen, dass er als Nachfolger auf den Schild gehoben wurde. Folglich war er in Institutionen, Apparate, Personen und Interessen eingemauert, die sämtlich schon da waren, bevor er sein Amt antrat. Dass ein Assad überhaupt zum Nachfolger bestimmt wurde, war für alle Nutznießer des Regimes die Option mit der größten Chance, Streitigkeiten über die Nachfolge zu vermeiden. Um der Identifikation mit Region und Stamm (Perthes 1990: 225f.) etwas entgegenzusetzen, hatte bereits Hafiz Assad eine Nationideologie propagiert, eine Art Syrianismus, der sich nicht nur auf das arabische, sondern auch auf die vorislamische Vergangenheit des Syriens bezieht (Zisser 2004).

Der jüngere Assad steht vordergründig für die Kontinuität der herrschenden Familie an der Spitze des Staates. Dahinter verbirgt sich tatsächlich eine politische Klasse mit all ihren Apparaten, Privilegien und Beziehungen zur Geschäftswelt (Ghadbian 2001, Perthes 2002: 210). Letztere ist inzwischen fest in die Koalition der Interessen integriert, die das Regime tragen (Lawson 2007:

115f.) Die Belagerungsmentalität der alawitischen Elite steht gegen Experimente. Das Überspringen innerelitärer Auseinandersetzungen in die sorgsam kontrollierte Öffentlichkeit wäre zu riskant. Die von Putsch, Gegenputsch und Gewalt gezeichnete Ära vor Assad und auch die inneralawitischen Machtkämpfe der frühen Assad-Ära sind prägende Kollektiverfahrungen der Staatselite. Aus ihr erklärt sich das dichte geheimpolizeiliche Überwachungsnetz, das jegliche freie Meinungsartikulation in der Gesellschaft erstickt (George 2003: 10).

Hier liegen die Gründe, warum Baschar Assad Gesten in Richtung auf Liberalisierung, die er ganz zu Beginn seiner Amtszeit gemacht hatte, bald wieder zurücknahm. Die damit geweckten Hoffnungen hätten sich kaum einlösen lassen, ohne den Charakter des Regimes infrage zu stellen. Die von allen Regimegrößen mitgetragene Nachfolge erlaubte Baschar Assad allerdings auch Spielräume. Er nutzte sie, um das Regime in neopatrimonialer Manier stärker auf seine Person auszurichten. So zog er in den ersten Jahren seiner Amtszeit Generäle des Sicherheitsapparats mit dem bequemen Vorwand der Korruptionsbekämpfung aus dem Verkehr. Noch 2005 wurde der Chef des Militärgeheimdienstes durch einen Schwager des Präsidenten ausgetauscht. Die kollektive Alterung der Generation des älteren Assad gab dem jungen Präsidenten darüber hinaus die Gelegenheit, auf allen Ebenen jüngere Funktionsträger zu ernennen, die in erster Linie ihm zu Dank verpflichtet sind (Perthes 2004b: 8ff.).

Der für eine neopatrimoniale Diktatur charakteristische Umstand, dass sich Baschar Assad hauptsächlich mit Machtträgern seiner Generation umgibt, eröffnet ihm die Chance, eigene Akzente zu setzen (Zisser 2008). Durchaus im Einklang mit der Generalrichtung in den arabischen Regimen haben dabei die Wirtschaftsexperten an Einfluss gewonnen (Perthes 2004c: 91, 104ff., 109ff.).

4.8 Das Regime und die Gesellschaft

Die syrischen Muslimbrüder sind trotz Verbot und Verfolgung in der Untergrundopposition immer noch die wichtigste oppositionelle Kraft. Sie schlagen heute aber moderatere Töne an als in der Vergangenheit (George 2003: 93f.). In die historische Distanz der sunnitischen Eliten zu den Alawiten spielte die Verachtung des Bürgertums für die Bauern hinein. Sie traf auch die ärmere sunnitische Landbevölkerung. Alte regionale Rivalitäten sind in neuer Gewandung noch vital. Während das Damaszener Bürgertum einen Modus vivendi mit dem Bath-Regime gefunden hat und nicht schlecht daran verdient, sahen sich andere große Städte wie Hama und Aleppo zurückgesetzt. Im sunnitischen Hama nimmt man daran Anstoß, dass die armen Alawitendörfer in der Umgebung bevorzugt mit Infrastrukturleistungen bedacht werden (Hinnebusch 2001: 97). Alawitische

Minister und Beamte lassen den Dörfern der Glaubensbrüder etwas mehr Mittel angedeihen und nähren damit mancherlei Neid.

Die Ära Assad lässt bis heute die Handschrift egalitärer Politik erkennen. Selbst die überwältigende Mehrheit der Alawiten lebt heute noch – wie auch drusische und sunnitische Bauern – in bescheidenen und armen Verhältnissen. Die Landbevölkerung bringt dem Regime unverändert Loyalität entgegen. Ihre Haltung wird von der sozialen Situation, nicht von der Religion bestimmt (Zisser 2006a: 190, Zisser 2004: 241). Die Landbevölkerung wird flächendeckend beschult, nur wenige Dörfer sind nicht an das elektrische Leitungsnetz angeschlossen, die Hälfte der Landsiedlungen hat fließendes Wasser. Die ärztliche Versorgung ist flächendeckend organisiert. Die Straßen ermöglichen hohe Mobilität. Ältere Syrer erinnern sich noch der Zeiten, da es auf dem Lande überhaupt keine festen Straßen gab (Batatu 1999: 63ff.). Der Staat und die Genossenschaften stellen Kredite und Produktionsmittel bereit. Diese Errungenschaften werden – wie seinerzeit die Entmachtung der Großgrundbesitzer – positiv wahrgenommen. Auch darf nicht unterschätzt werden, dass der Blick auf den Unfrieden in den arabischen Nachbarländern den Wert stabiler Verhältnisse im eigenen Lande unterstreicht.

In den Anfangsjahren der Ära Assad machte sich die ländliche Basis des Regimes noch im Bild der großen Städte bemerkbar. In Verwaltungsbüros und Staatsbetrieben zogen Syrer mit erkennbar ländlichem Hintergrund ein, auf welche die eingesessenen Notabelnfamilien verächtlich herabblickten. In mehr als dreißig Jahren haben sich diese Unterschiede abgeschliffen (Perthes 2002: 188).

Die Bath-Herrschaft und die Schlüsselstellung der alawitischen Elite kaschieren eine Klassenhierarchie jenseits der konfessionellen Unterschiede. Die Umgebung des Präsidenten sowie hohe Offiziere und Beamte bereichern sich an illegalen Geschäften wie Schmuggel und illegalem Handel (Zigaretten u.a.). Genehmigungen werden vorenthalten, bis Geld oder andere Vorleistungen eintreffen. Auf diese Weise sind Verbindungen zwischen der staatsbezogenen alawitisch akzentuierten Staatselite und dem Damaszener Bürgertum entstanden, eine Art militärisch-merkantiler Komplex (Hinnebusch 2001: 91).

Diese Symbiose hat die Bedeutung des Suq (Basar) gestärkt. Auf islamfeindlich auslegbare Kampagnen gegen einflussreiche Ulama verzichtet das Regime. Die freiberuflichen Syndikate, die hier ähnliche Funktionen haben wie in Ägypten, hat das Regime freilich fest im Griff (Hinnebusch 2001: 104f.). Der Staat lässt es geschehen, wenn immer mehr junge Frauen verschleiert gehen, eine Art chicer Protest gegen die säkularen Fundamente des Bath-Regime.

Die nahezu dreißig Jahre währende Präsenz Syriens im benachbarten Libanon hat den Funktionsträgern, vor allem den Offizieren, zahlreiche Nebenverdienste erschlossen. Firmen vom Straßen- und Hochbau bis zum Einzelhandel, die sich im Besitz der Streitkräfte befinden, machen Geschäfte mit der Privatwirtschaft (Droz-Vincent 2007: 202). Kleine Beamte und niedrige Offiziersränge kommen nicht ohne Bestechung oder Zweitjob über die Runden (George 2003: 13f.). Die Achillesfersen des Regimes sind die ungleiche Verteilung der Einkommen und das Fehlen von Jobs für qualifizierte Schul- und Hochschulabsolventen. Dazu passt es durchaus, dass sich die alawitische Elite im Laufe der Zeit in das sunnitische Stadtbürgertum integriert hat. Der alawitische Hintergrund tritt zurück, die Gemeinsamkeiten und der Konsens einer privilegierten Klasse treten stärker hervor (Perthes 2004c: 110). Die Kinder der Generation, die mit dem älteren Assad in die Schaltstellen des politischen Systems gelangt ist, haben dieselben Schulen und Universitäten besucht wie die Sprösslinge sunnitischer Bürgerfamilien. Sie gehören denselben Klubs an und gehen beruflich und geschäftlich miteinander um. Familiäre Verbindungen qua Heirat neutralisieren alte Gegensätze und Animositäten (van Dam 1997: 142, Hinnebusch 2001: 91).

Der Status der sunnitischen Elite fußt auf dem Kommerz – eine Tätigkeit, die noch jeden Regimewechsel überstanden hat. Doch auch hier gilt: Alawiten verdanken ihre Positionen der Kontrolle über Behörden und Budgets, selbst wo sie ins Geschäftsleben wechseln. Machterhalt ist der Haupt- und Selbstzweck der syrischen Politik geworden (George 2003: 9).

Der neopatrimoniale Charakter des Systems tritt bei allen Unterschieden im Stil des älteren und des jüngeren Assad stärker hervor als in Ägypten. Wie die Lösung der Nachfolgefrage zeigt, schätzen alle Machtträger die Stabilität des Systems so ein, dass es einer Person im Mittelpunkt der Herrschaft bedarf, die Kontinuität und Konsens in der alawitischen Führungsschicht verkörpert (Perthes 2004: 63). Schon die kontrafaktische Vorstellung, dass ein anderer alawitischer oder gar ein sunnitischer Bath-Führer die Nachfolge des älteren Assad angetreten hätte, führt die Personenfixiertheit der Herrschaftsstruktur vor Augen. Alles Führungspersonal, das seine Karriere Hafiz Assad verdankt hat, wäre wohl ausgetauscht worden, um neue Vertrauenspersonen zu installieren.

Selbst vom minimalen politischen Pluralismus, der sich in einem manipulierten Vereins- und Parteiensystem am Nil entfalten kann, ist Damaskus weit entfernt. Die Fliehkräfte der Gesellschaft sind ungleich stärker als in Ägypten. Es sei nur an die zerklüftete Konfessionslandschaft erinnert. Ägypten versteht sich als Partner des Westens, es ist ein Eckstaat in der Konfliktregion um Israel und Palästina. Dazu kommt noch die Angewiesenheit auf westliche Kredite und Märkte. Syrien hat sich mit internationalen Partnern verbunden, die sich darin einig sind, seine Regimebefindlichkeit zu respektieren. Doch es muss sich seit dem Wegfall der sozialistischen Partner auf eine Wirtschaftswelt einstellen, die das Exportgeschäft und den Handel belohnt. Dies zwingt es auf den gleichen Pfad, den auch andere Länder der Region beschritten haben: auf die bereits praktizierte Allianz mit dem Kommerz und ein schmaler werdendes Budget für Infrastruktur und öffentliche Beschäftigung.

4.9 Das internationale Umfeld

Verfeindet mit dem Bath-Regime im Irak, eingezwängt zwischen das Nato-Mitglied Türkei und Israel, die führenden Militärmächte der Region, suchte Damaskus in den 1970er Jahren einen starken Partner. Die Sowjetunion und die DDR leisteten Wirtschaftshilfe, rüsteten die Armee aus und gaben Ratschläge für die Organisation der Staatssicherheit. Mit dem Zerfall der sozialistischen Staatenwelt schied der sowjetische Patron aus. Dies brachte das Land in erhebliche Schwierigkeiten, da seine Ökonomie auf die Sowjetunion und ihre Klientenstaaten ausgelegt war. Für den Weltmarkt war Syrien schlecht gerüstet.

Die Teilung des französischen Mandatsgebiets in die Staaten Syrien und Libanon wirkt in der syrischen Politik bis heute nach. Der Libanon gilt als eine geraubte Provinz (Pipes 1990). In einem anderen Mischungsverhältnis weist er einen ähnlichen Mix von Konfessionen und regionalen Rivalitäten auf wie Syrien selbst. Syrien intervenierte 1975 in den vom Bürgerkrieg geschüttelten Libanon und etablierte sich dort als Schutzmacht. Von 1990 bis 2005 wurde der Libanon wie eine Art Besatzungszone von syrischer Armee und Geheimdiensten beherrscht.

Für Syrien brachte der Zugriff auf den Libanon große Vorteile. Das Handelszentrum Libanon ermöglichte viele Geschäfte, an denen sich die syrische Elite bereichern konnte, ohne dass sie dazu auf internationale Kredite und die Entstaatlichungsforderungen der internationalen Finanzinstitutionen hätte eingehen müssen.

Das Verhältnis zum Libanon bot und bietet damit eine gewisse Alternative zur Integration in die westlichen Finanzinstitutionen. Aus diesem Grunde zögerte Damaskus mit dem Rückzug seiner Truppen, bis es im Jahr 2005 nicht mehr anders ging. Über poröse Grenzen gehen die Geschäfte freilich weiter. Eine förmliche Wiederannäherung bietet heute die Aussicht auf Kontinuität.

Anstelle der Sowjetunion fand das Bath-Regime in den 1990er Jahren im Iran einen neuen Partner. Der Iran suchte seinerseits dringend nach Partnern in der Region. Er brauchte ein „friendly environment“ für die von ihm im Libanon protegierte schiitische Hisbollah. Für diese Verbindung sollte der spätere Präsident George W. Bush den Begriff der Achse des Bösen prägen. Für Syriens Zukunft wird die Frage entscheidend sein, wie lange es sich – ohne wie der Iran eine devisenträchtige Rohstoffbasis zu besitzen – eine Situation leisten kann, die nicht zu grassierender Armut führt, ohne Kompromisse mit dem Westen einzugehen. Eben diese Kompromisse, etwa die Liberalisierung der Wirtschaft mit ihren unausweichlichen Folgen für die Verteilungsordnung, könnten die Bilanzen verbessern. Sie würden aber soziale Spannungen erzeugen, deren Folgen für die Regimestabilität kaum absehbar wären. Eines zeigt diese Überlegung: Die Außenbeziehungen sind – wie in Ägypten – eine wichtige Determinante der Regimestruktur.

5 Libanon

5.1 Ein Produkt französischen Machtkalküls

Der Libanon wurde 1944 gleichzeitig mit Syrien aus dem Völkerbundsmandat entlassen, aber erst 1946 geräumt (zur Vorgeschichte siehe oben 1.5.1). In mancher Hinsicht gleicht die libanesische Gesellschaft der syrischen, vor allem in der Vielfalt der Konfessionen und in den Stadt-Land-Gegensätzen. Teile des heutigen Libanon hatten im osmanischen Reich eine Sonderstellung. Seit vorislamischer Zeit lebten im Mont Liban, im Küstengebirge des Libanon, maronitische, d.h. katholische und orthodoxe Christen. Die Christen in diesem auch Kleinlibanon genannten Gebiet arrangierten sich im Laufe der Zeit mit den benachbarten Drusen, die im südlichen Schuf-Gebirge lebten. Beide, Christen und Drusen, bildeten religiös-kulturelle Inseln in einer beherrschenden sunnitisch-arabischen Umgebung. Das unwegsame Gebirge hatte es ihnen überhaupt ermöglicht, sich dort zu behaupten. In der Deckung ähnlich unwirtlicher geografischer Verhältnisse existierten in den Randgebieten im Osten und im Süden des Kleinlibanon starke schiitisch-arabische Gemeinschaften. Sie hielten ähnlich wie Drusen und Christen stark zusammen, um dem Assimilierungsdruck der sunnitischen Umgebung standzuhalten.

Erst im Zuge der Tanzimat-Reformen kümmerten sich die Osmanen stärker um den Libanon, um dieses Gebiet stärker an das bröckelnde Reich zu binden (siehe oben 1.1.5). Dabei kam es zu Konflikten mit Christen und Drusen. Beide waren es gewohnt, ihre Angelegenheiten im Rahmen einer überkommenen Klans- und Familienherrschaft selbst zu regeln. Der Mont Liban verband sich eng mit Frankreich, das von dort Tabak und Seide bezog. Frankreich protegierte die christlichen Kirchen.

Der Sonderstatus des Mont Liban war den Tanzimat-Reformern ein Dorn im Auge. Osmanische Beamte schürten Unzufriedenheit unter den Drusen und Sunniten und lenkten sie gegen die Christen. In den großen Städten am Fuße des Libanongebirges kam es 1860 zu Pogromen. Frankreich intervenierte und setzte die Bekräftigung des Sonderstatus durch. Fortan wurde das Gebiet von einem christlichen Statthalter verwaltet. Die katholische Kirche etablierte hochwertige Bildungseinrichtungen, an denen auch das christliche Bürgertum der syrischen Städte seine Kinder erziehen ließ (Harris 1997: 32ff.). Infolge des Sykes-Picot-Abkommens fiel der Libanon als Teil der nördlichen Provinz Groß-Syrien 1920 unter französische Mandatsverwaltung (siehe oben Kapitel 1, 1.3).

Die traditionelle Sonderbeziehung Frankreichs zu den Christen im libanesischen Teil ihres Mandatsgebiets wäre verwässert worden, wären Christen gemeinsam mit Arabern in einem einheitlichen Mandatsgebiet verwaltet worden. Die Christen waren dort lediglich eine Minderheit. Frankreich wollte ein Gebiet, in dem Christen politisch die erste Geige spielen konnten. Der abseits der Küste gelegene Kleinlibanon wäre als selbstverwaltetes Gebiet wirtschaftlich aber nicht lebensfähig gewesen. In Absprache mit den Vertretern der christlichen Gemeinschaften wurde nunmehr der Groß-Libanon als ein eigenes Mandatsgebiet gebildet. Er schloss im Osten das von schiitischen Arabern bewohnte Bekaa-Tal und das Anti-Libanon-Gebirge ein, im Norden das Gebiet um die sunnitisch geprägte Hafenstadt Tripoli, in der Mitte die ebenfalls stark sunnitisch geprägte Handelsmetropole Beirut und im Süden von schiitischen Arabern bewohnte Gebiete. Der neue Groß-Libanon hatte den Charakter einer Ansammlung von Konfessionsgemeinschaften, die zwar jede für sich eine Minderheit waren, in der Christen, Drusen und Schiiten zusammen genommen jedoch zahlreicher waren als die Sunniten.

Der Zuschnitt des Groß-Libanon bewahrte den Christen den Status einer Großkonfession. Dies war der erklärte Zweck der Konstruktion. Die Animositäten zwischen Schiiten und Sunniten trugen ein Übriges dazu bei, dass diese Operation die gewünschten Ergebnisse zeitigte. Anfänglich wehrten sich die sunnitischen Araber noch gegen die Einweisung in ein politisches Gebilde, das sie nicht gewollt hatten. Doch schon in den 1930er Jahren kam es zu einem Arrangement. Wie bei allen Konfessionen des Libanon, so gaben einige mächtige Familien und Klans bei christlichen und sunnitischen Libanesen gleichermaßen den Ton an.

Die Mehrheit der Menschen aller Konfessionen lebte in armen und abhängigen Verhältnissen und ernährte sich vom Landbau. Die Besitzverhältnisse lagen ähnlich wie im benachbarten Syrien. Einige Familien christlicher, drusischer, sunnitischer und auch schiitischer Provenienz besaßen den produktivsten Teil des Bodens und ließen Pächter darauf wirtschaften. Das Bürgertum setzte sich aus Händlerfamilien der arabischen und der christlichen Gemeinschaften zusammen. Als Kaufleute genossen die Christen keinerlei Privilegien. Hier gingen Muslime und Christen als Gleiche miteinander um, wie übrigens auch im benachbarten Syrien. Die sunnitische Oberschicht akzeptierte letztlich den neuen Libanon. Bereits 1926 erhielt das Gebiet weitreichende Selbstverwaltungsrechte.

Die Verfassung des Mandatsgebiets wurde derjenigen der III. französischen Republik nachgebildet: Ein potenziell starker Präsident mit Eingriffsrechten in die Regierungsbildung, eine parlamentarische Regierung und ein starkes Parlament. Im Vorfeld der Unabhängigkeit einigten sich die Konfessionen im Jahr 1943 auf eine koalitionspolitische Formel, die auf diese Institutionenordnung angelegt war: Ein Christ sollte stets an der Spitze des Staates stehen, ebenso an der Spitze der Armee. Ein sunnitischer Muslim sollte Regierungschef sein, die schiitische Bevölkerung wurde mit dem Amt des Parlamentspräsidenten abgefunden (Zisser 2000: 57ff.).

Weitere Volkszählungen wurden eingestellt, damit dieses Arrangement nicht mit der nachweisbaren Veränderung der konfessionellen Größenordnungen gestört werden konnte. Der Zensus von 1932 war bis heute der letzte (Harris 1997: 39ff.). Heute werden die Christen auf 30 Prozent, die Muslime auf 60 Prozent der libanesischen Bürger geschätzt, darunter mehrheitlich Schiiten. Drusen bringen es auf sieben Prozent. Die kleine alawitische Minderheit im Nordosten des Landes fällt nicht nennenswert ins Gewicht.

5.2 Bis zum Bürgerkrieg: Oligarchischer Pluralismus

Der Libanon wurde keine Demokratie, obgleich er alle Merkmale eines Verfassungsstaates besaß. Es handelte sich um eine oligarchische Veranstaltung. Die Masse der Libanesen jedweder Konfession waren von politischer Mitwirkung ausgeschlossen (Harris 1997: 120ff.). Dennoch gab es auch hier Unterschiede. Christen und Sunniten standen insgesamt besser da als die anderen Konfessionen. Durch das christliche und sunnitische Bürgertum sickerten Wohlfahrtseffekte in beide Glaubensgemeinschaften insgesamt. Drusen und Schiiten blieben insgesamt arm. Sie führten eine bäuerliche Existenz und lebten zudem konzentriert in den ökonomischen und geografischen Peripherien. Bis zum Bürgerkrieg des Jahres 1975 vertraten hauptsächlich Notabeln, darunter große Grundbesitzer, die politischen Belange der schiitischen Gemeinschaft. Die führenden schiitischen Familien machten ihren Schnitt im Elitenkartell und stellten die Verhältnisse nicht infrage. Letztlich unterminierten sie damit ihre Position. Denn arme schiitische Bauern und Pächter, vor allem in den heute an Israel grenzenden südlichen Gebieten, suchten ein besseres Leben in den großen Städten, insbesondere in Beirut. Dort entwickelten sie neue Vergesellschaftungsformen. Schiitische Geistliche wuchsen stärker in die Rolle politischer Führer hinein (Nasr 2006: 84). Armut hatte die Schiiten von jeher zur Auswanderung veranlasst. In der Mandatszeit wählten viele Libanesen die afrikanischen Kolonien Frankreichs als Emigrationsziel. In der Elfenbeinküste sind 80 bis 90 Prozent der dort lebenden, meist im Kommerz tätigen Libanesen schiitischer Konfession (Humphrey 2004: 38).

Die Hauptstadt Beirut fängt wie im Brennglas nahezu sämtliche Spannungslinien des Gesamtlibanon ein. Frankreich hatte Beirut zum gemeinsamen Verwaltungszentrum für den Libanon und Syrien bestimmt. Deshalb gelangte der Libanon mit dem Wasserkopf eines übergroßen Beiruter Verwaltungsapparats in die Unabhängigkeit. Die zahlreichen Behörden wirkten jetzt als Schmierstoff, um Christen und Muslime mit öffentlicher Beschäftigung an den Staat zu binden. Das bürgerlich-gepflegte Beirut wuchs in den 1950er und 1960er Jahren zu einer Großmetropole heran. Es liegt im Schnittpunkt der christlichen, sunnitischen und schiitischen Gemeinschaften. Neben das sunnitisch-arabische Westbeirut und das christliche Ostbeirut schob sich ein hauptsächlich von Schiiten besiedeltes Südbeirut mit dem Zuschnitt eines Armenviertels. Diese drei Beiruts sollten in den folgenden Jahrzehnten zum Hauptschauplatz des Bürgerkrieges werden.

Der Libanon behielt über die Jahrzehnte hinweg den Zuschnitt einer konfessionell parzellierten Stammesgesellschaft. Mächtige Familien stehen für die Führerschaft der Konfessionen. Die immergleichen Namen tauchen in der jüngeren Geschichte des Libanon auf, Franjieh und Gemayel für die Christen, Dschumblatt für die Drusen, neuerdings Hariri für die sunnitischen Muslime. Dementsprechend waren die Parteien lediglich Ausdrucksformen der Konfessionen. Die christlichen Libanesen waren glcich in mehreren Parteien vertreten. Die bedeutendste darunter ist die Falange. Sie repräsentiert die größte christliche Konfession: die Maroniten als Anhänger einer mit den Katholiken unierten Ostkirche. Die Sunniten identifizierten sich mit arabisch-nationalistischen Parteien. Die eine darunter bekannte sich zum libanesischen Staat, die andere hätte den Libanon gern mit Syrien vereinigt. Die sozial benachteiligte Randgruppe der Drusen unterstützte die Sozialistische Partei. Bis zum Bürgerkrieg störten die Drusenführer das politische Spiel nicht weiter. Sie wurden mit kleinen Portionen Staatspatronage ruhiggestellt. Die Schiiten hatten lange überhaupt keine eigene politische Vertretung. (El-Khazen 2003: 607ff.).

Nach dem Tode des höchsten schiitischen Geistlichen im Libanon im Jahr 1957 reifte im fernen Nadschaf der Entschluss, etwas zu unternehmen, um den Zusammenhalt der Schiitengemeinde zu festigen. Durch die Landflucht war sie der Kontrolle der Notabeln entglitten (Olmert 1987: 195). Das irakische Nadschaf ist ein Zentrum schiitischer Religiosität. Im Iran regierte noch der Schah. Angesichts der Anfeindungen durch das Schah-Regime waren renommierte iranische Theologen in den Irak ausgewandert, um an den theologischen Zentren zu lehren. Der mit dem verstorbenen Schiitenkleriker verwandte junge iranische Geistliche Musa al-Sadr wurde von einem der höchsten Kleriker in Nadschaf in den Libanon entsandt (Nasr 2006: 110f.). Er sollte die geistliche Führung der schiitischen Gemeinde übernehmen. Die libanesische Regierung hieß das Vorhaben gut und verlieh ihm die Staatsbürgerschaft (Olmert 1987: 196).

Bis an die Schwelle der 1970er Jahre galt der Libanon als ein Muster von Stabilität und friedlichem Zusammenleben in der Region. Einige Schiiten wandten sich – ähnlich den Glaubensbrüdern im Irak – der kommunistischen Partei zu. Sie bot sich als Adresse für Menschen an, die im etablierten System keine Ansprechpartner fanden. Andere Schiiten schlossen sich der Sozialistischen Partei des Drusenklans der Familie Dschumblatt an. Musa al-Sadr gründete 1974 eine Bewegung der Entrechteten, um den Schiiten eine eigene organisatorische Heimat zu geben.

Die soziale Kontrolle durch mächtige Familien, Kirche und Geistliche war noch intakt. Die Zwangsmittel des Staates mussten deshalb nicht allzu oft bemüht werden. Im libanesischen Bürgertum gibt es zahlreiche verwandtschaftliche und geschäftliche Verbindungen nach Syrien (Harris 1997: 89ff).

5.3 Der Bürgerkrieg: Palästinakonflikt, Militarisierung und Auftritt Syriens als Ordnungsmacht

Die Fliehkräfte dieser heterogenen Gesellschaft machten sich bis 1975 nur selten bemerkbar. Dies war etwa der Fall, als im Irak 1958 die Monarchie beseitigt wurde und syrische Militärs im selben Jahr die Vereinigung mit Ägypten durchsetzten. In Beirut kam es vor diesem Hintergrund zu einem Staatsstreich. Die Armee befürchtete, auch im Libanon könnte der Panarabismus die Unabhängigkeit gefährden. Die USA schickten Truppen. Schon damals war die libanesische Armee ein zweifelhaftes Instrument, um die Staatsautorität geltend zu machen. Stets galt es zu bedenken, wie weit der Gehorsam der nicht-christlichen Soldaten strapaziert werden konnte. Es handelte sich bei diesem Ereignis um eine Episode.

Aus dem israelisch-palästinensischen Konflikt hielt sich der Libanon heraus (zum Folgenden allgemein: El-Khazen 2000). Durch die Politisierung der Exil-Palästinenser wurde er wider Willen hineingezogen. Die 1970 aus Jordanien vertriebene PLO setzte sich im Libanon fest. Sie unternahm von dort aus Attacken auf israelisches Grenzgebiet. Leidtragende der israelischen Gegenangriffe waren die im Grenzgebiet lebenden Schiiten. Noch mehr Schiiten setzten sich nach Beirut ab, um in Sicherheit zu leben. Dort vergrößerten sie die bereits vorhandenen Armensiedlungen. Musa al-Sadr rief 1975 als Selbstschutzorganisation der Schiiten die Amal-Miliz ins Leben (Norton 1987: 37ff.). Erst al-Sadr, der die Konstruktion des libanesischen Staates und den Pluralismus der Konfessionen akzeptierte, der zudem sozial engagiert war und Charisma ausstrahlte, machte aus den Schiiten eine politische Kraft (Nasr 2006: 112f.). Von Attacken auf Israel hielt sich die Amal fern, was ihr in schiitischen Kreisen einige Kritik eintrug (Abu Khalil 2004a: 173f.). Umgekehrt mobilisierte das militante Auftreten der PLO Solidaritätsempfindungen bei den sunnitischen Arabern (El-Khazen 2003: 609f.). Für einige Jahre wuchs die PLO in die Rolle einer Milizorganisation der libanesischen Sunniten hinein. Das Auftreten der PLO und weiterer Milizen brachte das vertraute politische Spiel durcheinander.

Die christlichen Parteien wollten dem Treiben der PLO ein Ende machen. Sie verlangten entsprechende Schritte der Regierung. Diese zögerte aber, um dem Vorwurf zu entgehen, als Handlanger Israels dazustehen. Daraufhin nahmen die christlichen Parteien die Sache selbst in die Hand. Der Sohn des Falange-Gründers Pierre Gemayel (siehe oben 5.2), Baschir Gemayel, gründete in den Forces Libanaises eine eigene Partei. Als christliche Milizionäre im April 1975 im Südlibanon PLO-Kämpfer angriffen, begann der Bürgerkrieg. Die PLO und christliche Bewaffnete lieferten sich über Jahre hinweg einen von fragilen Waffenstillstandsabkommen unterbrochenen Kampf.

Syrien verfolgte diese Entwicklung mit Sorge. Es hatte nach dem Sechstagekrieg gemeinsam mit Ägypten 1973 noch einmal versucht, seine verlorenen Golangebiete zurückzuerobern, dabei aber eine verheerende Niederlage erlitten. Israelische Jets hatten bei den Kampfhandungen Teile von Damaskus in Schutt und Asche gelegt. Die Entfernungen zwischen Beirut, dem Südlibanon und Damaskus sind gering. Neue kriegerische Auseinandersetzungen im Libanon drohten auch das syrische Regime zu erschüttern (Harris 1997: 43ff.). Bei aller rhetorischen Radikalität gegenüber Israel wollte Syrien Frieden in seiner Nachbarschaft. Es trat deshalb – noch verdeckt – an die Seite christlicher Milizen und belieferte diese mit Waffen.

Die libanesische Regierung sah dem Geschehen tatenlos zu. Sie verlor dabei zunehmend an Autorität. Sunnitische Muslime bildeten jetzt eigene Milizen. Da der Konsens mit den christlichen Parteien an der PLO zerbrochen war, verlangten die Sunniten jetzt mehr Mitsprache in der Regierung. Zuletzt bildeten auch die Drusen eine eigene Miliz. Bei ihnen war das Motiv maßgeblich, bei der rasanten Entparlamentarisierung und Militarisierung der politischen Auseinadersetzung den eigenen Status zu verteidigen. Dies bedeutete jetzt, von den größeren Konfessionen in der Eigenschaft eines militärischen Juniorpartners gebraucht zu werden. Vor diesem Hintergrund versank das Land im Chaos sich bekämpfender Parteiarmeen, die letztlich aber auch wieder – wie zuvor die Parteien – von Familienklans gelenkt wurden (El-Khazen 2003: 610f.).

5.4 Mit der Hisbollah betritt der Iran die libanesische Bühne

Musa al-Sadr verschwand 1978 unter ungeklärten Umständen bei einem Besuch Libyens. In der mittlerweile höchst gewaltsamen Innenpolitik stieg die schiitische Amal unter ihrem neuen Führer Mustafa Berri nach 1979 zu einem der militärisch und politisch stärksten Akteure auf. Sie behielt aber ihren gegen die PLO gerichteten Kurs bei und attackierte die PLO-Stützpunkte im westlichen Beirut (Nasr 2006: 114).

Um an seiner Nordgrenze für Sicherheit zu sorgen, besetzte Israel 1982 in stillschweigender Abstimmung mit Syrien libanesisches Gebiet und vertrieb die PLO aus ihrer Hochburg im Westen Beiruts. Die PLO-Führung setzte sich nach Tunis ab. Bis 1985 zog sich Israel dann bis 1985 auf eine schmale Sicherheitszone im südlichen Libanon zurück. Die israelischen Truppen wurden von der schiitischen Bevölkerung anfänglich begrüßt. Allmählich machte sich auch der Iran, wo 1979 ein islamisches Regime entstanden war, als Mitspieler in der libanesischen Politik bemerkbar.

Iranische Revolutionsgardisten trainierten Kämpfer im Bekaa-Tal, dem zweiten Siedlungsgebiet der libanesischen Schiiten. Das Tal war zu dieser Zeit von Syrien besetzt. Syrien und der Iran hatten sich inzwischen angenähert. Der Iran stand seit 1980 im Krieg mit dem Irak. Zwischen den Bath-Regimen im Irak und in Syrien gab es von jeher Spannungen. Die Feinde des Irak waren deshalb potenzielle Partner Syriens. Die Annäherung an den Iran trug auch der Tatsache Rechnung, dass die an einer Systemkrise laborierende Sowjetunion ihren Wert als Partner verlor, weil sie zunehmend mit sich selbst beschäftigt war. Washington wiederum betrachtete Syrien und den Iran gleichermaßen als politische Gegner.

Der Amal-Führer Berri stellte für überkommene politische Struktur des Libanon nicht infrage. Er wollte sie bloß erweitern, um den Schiiten eine ihrer Zahl entsprechende Rolle zu verschaffen. Seine Bereitschaft zur Zusammenarbeit mit Baschir Gemayel, dem Führer der christlichen Milizen, führte zur Spaltung der Amal. Um die moderate Politik der Amal zu konterkarieren, gründeten schiitische Geistliche und ehemalige Amal-Aktivisten im Jahr 1982 die Hisbollah-Miliz.

An die Spitze der Hisbollah trat Abbas al-Mussawi. Er hatte seine Ausbildung als Geistlicher im irakischen Nadschaf erhalten. Ganz im Sinne des Regimes in Teheran hielt er es für klug, das Verhältnis seiner Konfessionsgemeinschaft zu den Palästinensern zu entschärfen. Er rief zum Kampf gegen Israel auf. Das zentrale Anliegen der Hisbollah war zunächst die Befreiung der von Israel besetzten Gebiete im südlichen Libanon (Goodarzi 2006, 76ff., Nasr 2006: 115, Norton 2006: 34ff.). Teheran unterstützte die Miliz mit Ausbildern und Waffen. Das noch Jahre zuvor von der Amal kontrollierte Südbeirut wurde zur Hochburg der Hisbollah (dazu und im Folgenden: Ellis 1999). Die ungeschickte Besatzungspolitik Israels im südlichen Libanon verspielte Sympathien, die dort nach der Vertreibung der PLO gereift waren.

In das militärische Vakuum, das 1985 der israelische Rückzug aus Beirut hinterließ, stieß die mittlerweile gut organisierte Hisbollah vor. Die Amal wiederum, die das Terrain ihrer früheren Hochburg an die konkurrierende Hisbollah verloren hatte, versuchte sich im westlichen Beirut festzusetzen. Dort entbrannten jetzt Revierkämpfe mit den im Libanon verbliebenen PLO-Milizen, die in ihre einstige Hochburg zurückzukehren gedachten. Die Drusen schlossen sich dem Kampf gegen die Amal an. Sie missbilligten den wachsenden syrischen Einfluss im Libanon. Die stark gerüstete Drusenmiliz vertrieb die Amal aus Westbeirut. Allein die von Israel geduldete Intervention syrischer Truppen verhinderte 1987 die vollständige Vernichtung der Amal. Fortan versuchten die Amal und Syrien gemeinsam, auch das von der Hisbollah gehaltene Südbeirut zu erobern. Dieses Unternehmen misslang. Die Schwächung der Amal hatte eine weitere Folge: Mit dem Rückzug Israels auf eine schmale Sicherheitszone im israelisch-libanesischen Grenzgebiet baute die Hisbollah den geräumten Südlibanon zu einer zweiten Hochburg aus.

Als die libanesische Armee 1989 ihre Passivität aufgab, trat der Bürgerkrieg mit seinen teils bizarren Allianzen in eine neue Phase. Der christliche Armeechef Michel Aoun wandte sich gegen die mit Syrien verbündeten Milizen (Harris 1997: 243ff.). Jetzt begann eine letzte, noch einmal sehr zerstörerische Phase des Bürgerkriegs. Im Ergebnis standen die christlichen Gruppierungen insgesamt schwächer da als je zuvor. Mit stillschweigender Billigung des Westens wies Syrien Aoun militärisch in die Schranken. Seither existiert das östliche Beirut als politisch-militärische Hochburg der Christen nicht mehr. Wie vor Jahrzehnten ist der christliche Einfluss auf den früheren Kleinlibanon geschrumpft.

5.5 Mit Saudi-Arabien stellt sich ein dritter auswärtiger Spieler ein

Unter Vermittlung des saudischen Königs kamen 1989 in der saudischen Stadt Taif die noch lebenden Mitglieder des letzten Parlaments vor dem Bürgerkrieg zusammen, um die Macht zwischen den Gemeinschaften neu zu verteilen (zum Folgenden Harris 1997: 279ff.). Saudi-Arabien hatte ein dringendes Interesse, den Libanon zu stabilisieren, um den Einfluss des Iran in der Region zu begrenzen. Nach den Einzelheiten dieses Abkommens sollte es bei einem christlichen Präsidenten und einem sunnitischen Regierungschef bleiben. Die Befugnisse des Regierungschefs wurden jedoch aufgewertet, ebenso diejenigen des von den Schiiten gestellten Parlamentspräsidenten. Mit Ausnahme des Oberbefehls über die Streitkräfte wurde das Präsidentenamt hingegen auf repräsentative Aufgaben beschnitten.

Syrien sollte den Frieden mit Stationierungstruppen garantieren. Eine der ersten Entscheidungen der neuen Koalitionsregierung verfügte die Entwaffnung der christlichen, sunnitischen und drusischen Milizen. Allein die Hisbollah durfte ihre Waffen behalten: Wegen ihrer Siedlungen im Grenzgebiet wurde den Schiiten die Selbstverteidigung gegen Israel zugebilligt. Die Begründung bemäntelte indes, dass der Hisbollah tatsächlich ein politischer Sonderstatus mit dem Potenzial militärischer Verhinderungsmacht zugebilligt wurde. Die Hisbollah konstituierte sich darüber hinaus als politische Partei (Norton 2006: 95ff.). Nachdem der Hisbollah-Führer al-Mussawi 1992 von israelischen Truppen getötet wurde, repräsentierte Hassan Nasrallah die Organisation. Auch er ist ein in Nadschaf ausgebildeter Geistlicher (Abu Khalil 2004b). Die palästinensischen Gruppen durften in ihren Lagern ebenfalls Waffen führen. Der Armee wurde sogar verboten, die Lager zu betreten.

Aufgrund weiterer Absprachen wurde ein Flüchtlingsfonds gegründet. Er wurde vom Drusenführer Walid Dschumblatt verwaltet. Das Management eines weiteren Fonds übernahm der Amal-Führer Berri. Es handelte sich um Trostpreise für Gruppen, die nicht stark genug waren, um den Frieden zu brechen, doch aber unter Umständen stark genug, um als Juniorpartner eines der Stärkeren den Taif-Konsens zu gefährden.

Die Hisbollah stellt seither einen Staat im Staate dar. Sie unterhält eigene Sozial- und Infrastruktureinrichtungen und eine Armee. Ihr großzügig vom Iran finanziertes soziales Engagement wird von den überwiegend armen Schiiten geschätzt (El-Khazen 2003: 617f.). Unabhängig davon sind Schiiten inzwischen auch in der Geschäftswelt angekommen. Der islamische Libanon zeigt auf allen Ebenen ein stärker schiitisches Gesicht (Baroudi 2002).

Mit dem Taif-Abkommen akzeptierten Saudi-Arabien und Syrien den Iran als Mitspieler in der libanesischen Politik. Zweierlei Gründe motivieren den Iran, sich im Libanon zu engagieren. Er hilft den Glaubensbrüdern fernab seiner Grenzen, und da die libanesischen Schiiten durch die Zufälle der Geschichte Nachbarn Israels sind, bekommt Teheran die Gelegenheit, tatkräftige Solidarität mit den Arabern zu demonstrieren. Libanesische Schiiten und Hisbollah schlagen eine Brücke in die arabische Welt.

Ohne den Zugang über Syrien kann der Iran für die im Libanon lebenden Schiiten wenig tun. Da Syrien mit dem Iran kooperiert, akzeptieren die libanesischen Schiiten seine – heute eher indirekte – Präsenz in der Innenpolitik des eigenen Landes. Die Sunniten hingegen misstrauen Syrien, weil es in den Auseinandersetzungen des Bürgerkrieges mit Christen und Drusen paktiert hat.

Die stark in Kommerz und Industrie verankerten sunnitischen Eliten sind wirtschaftlich liberal gesinnt. Das staatswirtschaftliche System Syriens steht konträr zu ihren Interessen. Saudisches und exil-libanesisches Kapital versprachen nach dem Schweigen der Waffen die besten Aussichten, das von den Zerstörungen stark mitgenommene Land wiederaufzubauen. An der Sanierung der libanesischen Wirtschaft war allerdings auch Syrien stark interessiert. Es profitierte von der Verschränkung beider Volkswirtschaften. Der saudischen Regierung bot sich in der Vermittlerrolle die Gelegenheit, fortan als Schutzmacht der libanesischen Sunniten aufzutreten.

Die im Taif-Abkommen zusammengeführten Interessen Syriens, Saudi-Arabiens und des Iran ziehen seither den Rahmen der libanesischen Politik. Ein Bruderschafts- und Freundschaftspakt schrieb den syrischen Einfluss in Beirut 1990 noch einmal besonders fest. Ein Hoher Rat der Regierungschefs beider Länder stimmte die Zusammenarbeit ab. Bis 2005 waren syrische Geheimdienste und syrisches Militär im Libanon direkt präsent. In dieser Zeit avancierte der christliche General Émile Lahoud, Chef der libanesischen Streitkräfte, zum „starken Mann". Er wurde systematisch als Präsidentschaftskandidat aufgebaut. Er war eng mit dem prosyrischen christlich-orthodoxen Innenminister Michel Murr verbunden. Durch die Heirat ihrer Kinder knüpften sie darüber hinaus familiäre Bande. Beide stellten Militär und Sicherheitsdienste auf die Kooperation mit den syrischen Apparaten ein. Das innenpolitische Klima wurde repressiver. Libanesische Militärs und Sicherheitsdienste beteiligten sich legal und illegal an Unternehmen und heizten die um sich greifende Korruption an. Trotz allem blieb es bei einigermaßen intakten Wahlen und parlamentarischer Praxis.

Im Jahr 1992 wurde der Sunnit Rafiq Hariri zum Premierminister gewählt. Er hatte in Saudi-Arabien ein Vermögen gemacht und genoss das Vertrauen des saudischen Königshauses. Syrien war mit dieser Wahl einverstanden. Die Vorgängerregierung war mit dem Wiederaufbau nicht im erhofften Tempo vorangekommen. Die libanesische Geschäftswelt und Damaskus erwarteten von Hariri größere Erfolge. Dessen Werben um Investoren wurde indes von Aktionen der Hisbollah gestört. Diese führte mit Duldung Syriens vom Südlibanon aus einen Krieg der Nadelstiche gegen Israel. Die Hisbollah gewährte Terroristen Unterschlupf und provozierte israelische Attacken auf libanesisches Gebiet.

Um diesen Unruheherd auszulöschen, zerstörte Israel 1996 mit Luft- und Bodenangriffen die libanesische Infrastruktur. Die Beiruter Regierung sollte unter Druck gesetzt werden, dem Treiben der Hisbollah Einhalt zu gebieten. Für einen Konflikt mit der Hisbollah war die Regierung jedoch zu schwach. Die Regierung Hariri beklagte immerhin, die Aktivitäten der Hisbollah machten alle Bemühungen um den Wiederaufbau zunichte. Dessen ungeachtet pflegte Hariri weiterhin seine Verbindungen nach Damaskus, das die Hisbollah – auch mit

Blick auf die Beziehungen zum Iran – gewähren ließ (Nizameddin 2006: 99ff., 105ff.). Auch der Amal-Führer Berri bemühte sich um die Gunst der syrischen Führung, die es begrüßte, im Lager der libanesischen Schiiten einen Partner zu haben, der nicht mit Teheran verbündet war (Baroudi 2002: 66).

5.6 Der neue Libanon: Oligarchischer Pluralismus mit starkem Vetospieler

In der zweiten Hälfte der 1990er Jahre begann Hariris Stern in der syrischen Führung zu sinken. Der Wirtschaftsboom ließ nach, Schulden häuften sich auf, Steuererhöhungen wurden erforderlich. Der schwerkranke syrische Staatschef Hafiz Assad bestellte sein Haus, zum Nachfolger war sein Sohn Baschar bestimmt. Um zu verhindern, dass der recht unabhängige Hariri die Unwägbarkeiten des absehbaren Wechsel vom älteren zum jüngeren Assad ausnutzen und den syrischen Zugriff auf den Libanon lockern könnte, erschien ein schwächerer Regierungschef geeigneter. Der prosyrische schiitische Parlamentspräsident Berri ritt heftige Attacken auf Hariri und zwang ihn, sein Kabinett umzubilden. Die neuen Minister begegneten dem Regierungschef offen feindselig.

Von langer Hand vorbereitet, wurde Armeechef Lahoud 1998 zum Präsidenten gewählt. Zu diesem Zweck war eigens die Verfassung geändert worden, die einen Militär in diesem Amt nicht erlaubte. Lahoud löste Hariri umgehend durch den Premierminister Selim al-Hoss ab. Nur die französische und saudische Protektion verhinderte, dass Hariri auch noch inhaftiert wurde (Nizameddin 2006: 98f.). Der Regierung Hoss blieb allerdings nichts anderes übrig, als denselben Kurs zu fahren wie zuvor Hariri: Verschuldung und höhere Steuern (Baroudi 2002: 68ff.). Entgegen der üblichen Arbeitsteilung griff der durch die letzten Verfassungsänderungen eigentlich geschwächte Präsident stark in die Regierungsgeschäfte ein, und zwar nach der Vorstellung, dass sich die Probleme wie in seiner militärischen Erfahrungswelt mit Befehl und Gehorsam lösen ließen. Syrien wurde abermals unzufrieden. Es besann sich deshalb wieder auf die überlegene ökonomische Kompetenz Hariris.

Nach der Parlamentswahl des Jahres 2000 kehrte Hariri auf die politische Bühne zurück. Die antisyrischen Gruppierungen hatten jetzt ihre Kräfte gebündelt und die Wahl für sich entschieden. Widerstrebend wurde Hariri erneut zum Regierungschef ernannt. Damaskus kalkulierte abermals mit dem Vertrauensbonus Hariris unter potenziellen Investoren. Weiterhin unterstützte es aber die Hisbollah, die unter den schiitischen Libanesen noch an Popularität gewonnen hatte. Der Hisbollah wurde es als Erfolg angerechnet, dass sich Israel im Jahr 2000 einseitig aus der von besetzt gehaltenen Sicherheitszone zurückzog.

Mit dem vollständigen Rückzug Israels entfiel eigentlich der Grund für die Beibehaltung der Hisbollah als bewaffnete Organisation. Als neue Begründung wurde nun die Behauptung nachgeschoben, von einer vollständigen Befreiung könne erst die Rede sein, wenn sich Israel aus dem Gebiet der Sheba-Farmen zurückziehe. Hier handelt es sich um einen kleinen Streifen der Golan-Höhen, der nach Auffassung der Vereinten Nationen zu Syrien gehört und seit 1967 unter israelischer Besatzung steht. Die Bewaffnung der Schiitenpartei stellte sich nunmehr als ein unumkehrbares Faktum der libanesischen Innenpolitik aus. Dem Iran und Syrien war dies nur recht. Für beide ist die Hisbollah ein Vehikel, um Einfluss auf die libanesischen Innenpolitik zu nehmen (Karagiannis 2009: 367f.).

In der zweiten Regierungsperiode Hariri herrschte offene Feindschaft zwischen Präsident und Regierungschef. Lahoud brach mit einer Usance des libanesischen Regierens und leitete persönlich die Sitzungen des Ministerrates, um Hariris Kompetenzen zu überspielen. Zwar hatte sich die Hoffnung auf Frieden in der Region zerschlagen, der den Libanon für Investoren hatte attraktiv machen sollen. Aber Hariri setzte jetzt darauf, dass das Land trotz allem immer noch der beste Platz im Nahen Osten war, um Geschäfte zu machen. Fortan konzentrierte er sich auf Deregulierung, Bürokratieabbau und Bekämpfung der Korruption. Großangelegte Privatisierungspläne für Telekommunikation und Stromversorger wurden vorbereitet. Sie trafen die Armee, die sich geschäftlich in diesen Branchen engagiert hatte. Die Familie Hariri selbst war im Telekommunikationssektor aktiv (Nizameddin 2006: 107ff.).

Das Parlament stimmte der syrischen Idee zu, das im Jahr 2004 regulär auslaufende Mandat Lahouds ohne Wahl um weitere drei Jahre zu verlängern. Die Amal und die Hisbollah votierten dafür, die vereinigte Opposition von Christen, Drusen und Sunniten dagegen. Der ehemalige Armeechef Aoun war inzwischen vom Gegner syrischen Einflusses zum Verbündeten Lahouds mutiert. Er zog einen Teil der maronitischen Christen ins prosyrische Lager (zum Folgenden sehr ausführlich: Zisser 2006b). Im Protest gegen die Mandatsverlängerung trat Hariri zurück. Er verabschiedete sich mit einem Budgetentwurf, der massiven Personalabbau bei Militär und Geheimdienst sowie die Auflösung der Sonderfonds für Drusen und Schiiten vorsah.

Finanzminister Fouad Siniora, ein Freund und Verbündeter Hariris, trat seine Nachfolge an. Im Februar 2005 fiel Hariri einem Attentat zum Opfer. Dieser Akt wurde gemeinhin Syrien zugeschrieben. Breite Empörung, auch in der Weltöffentlichkeit, zwang Syrien zum Rückzug seiner Truppen. Israel wiederum, das stets um seine Sicherheit besorgt war, nahm 2006 die Entführung einiger Soldaten im Grenzgebiet zum Anlass, um abermals in den südlichen Libanon einzumarschieren und mit Luftangriffen die Infrastruktur des schiitischen Südbeirut zu zerstören. Diese weitreichende Folge ihrer Aktionen hatte die Hisbollah nicht einkalkuliert. Sie wollte einfach, wie so oft zuvor, Gefangene in israelischer Haft freipressen. Israel seinerseits zerstörte zwar die libanesische Infrastruktur. Es hatte den Einsatz seiner Bodentruppen aber schlecht vorbereitet, und es gelang ihr nicht, die Hisbollah militärisch empfindlich zu treffen. Dessen ungeachtet kritisierten die arabischen Regierungen das Verhalten der Hisbollah als provozierend.

Regierungschef Siniora verlangte die Untersuchung der Hintergründe des Attentats auf Hariri, um damit Syrien zu treffen. Daraufhin zogen die Amal und Hisbollah im November 2006 ihre Minister aus der Regierung zurück. Der schiitische Parlamentspräsident Berri obstruierte auf seine Weise, indem er seit Mai 2007 keine Sitzungen mehr einberief. Jetzt standen sich zwei Lager gegenüber: Auf der einen Seite stand eine Opposition aus Amal, Hisbollah und Aouns Partei Courant Patriotique Libre. Sie nannte sich Bewegung des 18. März. Auf der anderen Seite formierte sich eine Allianz aus Sunniten um Siniora und die Familie Hariri, Maroniten um die Familie Gemayel und Drusen um die Familie Dschumblatt. Sie titulierte sich als Bewegung des 14. März. Die Hisbollah verlangte eine Regierung der nationalen Einheit (Karagiannis 2009: 368f., Knio 2008: 46). Als Ende 2007 das Mandat Lahouds ablief, war das Land auch noch ohne Präsidenten. Den Parteien gelang es nicht, sich auf einen Nachfolgekandidaten verständigen.

Die Regierung Siniora nahm den Privatisierungs- und Deregulierungskurs Hariris wieder auf. Des Weiteren testete sie auch sicherheitspolitisch ihre Autorität aus. Die Armee besetzte 2008 palästinensische Lager und nahm damit blutige Auseinandersetzungen in Kauf. Im Mai 2008 wurde der Hisbollah verboten, ein ohne Rücksprache mit den Behörden installiertes Kommunikationsnetz in Betrieb zu nehmen. Es kam zum Konflikt. Hisbollah-Führer Nasrallah behauptete, diese Maßnahme sabotiere den Kampf gegen Israel. Die Hisbollah-Truppe machte mobil. Sie eroberte Westbeirut und das Schuf-Gebirge. Den Gewalttätigkeiten fielen zahlreiche politische Gegner zum Opfer. Die Presse- und Sendegebäude im Besitz der Familie Hariri wurden niedergebrannt (Abdul-Hussein 2009: 408f.).

Bei alledem stand die Armee abseits (Fleisch 2008). Sie repräsentiert das konfessionelle Mosaik der Gesellschaft. Ihre Belastbarkeit in gewaltsamen Konflikten ist weiterhin offen (siehe auch Barkan 2006).

Unter Vermittlung des Iran, Saudi-Arabiens und Syriens wurde im Mai 2008 das Doha-Abkommen ausgehandelt. Es beteiligte die Hisbollah förmlich an der Regierung. Da die Hisbollah den Pluralismus der Konfessionen und Religionen durchaus anerkennt, veränderte sich damit lediglich die parlamentarische Szene (Schlötzer 2009, Samii 2008: 40ff.). Unter Vermittlung Saudi-Arabiens verständigten sich die verfeindeten Lager ferner auf Armeechef Michel Suleiman als Staatsoberhaupt.

Mit dem Doha-Abkommen verschoben sich die innenpolitischen Koordinaten endgültig. Auf der einen Seite standen die von Saudi-Arabien unterstützten Sunniten und ein Teil der Christen, auf der anderen die schiitischen Parteien und ein Teil der Christen unter Führung Aouns. Letzterer positionierte sich auf der Seite der stärkeren Bataillone (Süddeutsche Zeitung vom 15.10.2008: 10). In den Wahlen des Juni 2009 wurde die schiitisch-christliche Koalition dafür abgestraft, dass die Hisbollah im Jahr zuvor erstmals ihre Waffen gegen die Landsleute gerichtet hatte (Avenarius 2009a). Sie verfehlte die Mehrheit. Angesichts des Zwangs zur Allparteienkooperation änderte dies aber wenig an den Verhältnissen. Die Hisbollah blieb im politischen Spiel. Damit ist die militärisch stärkste Macht des Libanon weiterhin in die Regierung eingebunden. Letztlich hebt allein die starke Identifikation mit der Sache der Palästinenser die Hisbollah vor den übrigen Parteien heraus. Sie hat ihr Respekt in der sunnitischen Welt verschafft (Hoeigilt 2007).

Syrien ist nach wie vor ein Schlüsselfaktor der libanesischen Innenpolitik. Ohne seine Kooperation könnten weder Saudi-Arabien noch der Iran ihren Einfluss geltend machen. Aus dieser Einsicht resultierte der Entschluss, im Jahr 2008 erstmals seit Staatsgründung diplomatische Beziehungen zu Damaskus aufzunehmen. Als stummer Partner in der Regierungskoalition ist es präsent, obgleich keine syrischen Truppen mehr im Libanon stehen. Dies zeigte sich erst in jüngster Zeit wieder, als Regierungschef Saad Hariri im September 2010 den Vorwurf fallen ließ, Syrien habe hinter dem Attentat auf seinen Vater gestanden. Tatsächlich deutet einiges auf die Urheberschaft Syriens und der Hisbollah. Als einziger Akteur im komplizierten Spiel der libanesischen Politik ist Damaskus in der Lage, sein Wort bei der Hisbollah geltend zu machen (Avenarius 2010a, 2010b).

Alles in allem ist der Libanon zwar kein gescheiterter Staat. Als Staat weist er indes schwere Teilleistungsschwächen auf, namentlich mit dem Verlust des Gewaltmonopols der Regierung. Die Folgen gleichen denen in anderen Teilen der Welt, wo die staatliche Ordnungsfunktion Schaden genommen hat: das Entstehen quasi-staatlicher Strukturen in Gestalt bewaffneter Milizen und Bewegungen sowie das Hineinregieren der Nachbarstaaten in die inneren Angelegenheiten.

6 Irak

6.1 Der vorrevolutionäre Irak: ein Regime der ländlichen Oligarchie

Der Irak blieb bis 1958 so, wie ihn die Siegermächte des Ersten Weltkrieges hinterlassen hatten: Ein artifizielles Gebilde, dessen Elemente sich eher abstießen, als dass sie zusammengepasst hätten (dazu oben Teil 1, 1.5.1). Die Mehrzahl der Iraker waren Schiiten. Es handelte sich um arabische Schiiten. Das Siedlungsgebiet der Schiiten lag abseits der Handelswege zwischen Iran, Syrien und Palästina (dazu im Einzelnen: Abdul-Jabar 2002). Ähnlich wie im Libanon lebten die Schiiten überwiegend als Bauern, und zwar recht geschlossen in Stammesverbänden im Süden des Irak. Ihre Scheichs und die Mujtahids (dazu oben Teil 1, 2.1.1) waren dort die maßgeblichen Autoritäten (Tripp 2007: 30ff.). Konflikte zwischen den Konfessionen gab es noch nicht.

Die Region um Basra verzeichnete in den 1930er Jahren eine starke Zuwanderung wohlhabender Schiiten aus dem Iran. Sie brachten Kaufkraft in die Region. Es lohnte zu investieren. Der Monarchie war dieser Kapitalzufluss willkommen. Gemeinsam mit jüdischen Irakern beherrschten reiche Schiiten den Kommerz, die Banken und die Industrie. Als die Gründung Israels das Zusammenleben vergiftete, begann die Auswanderung der jüdischen Bürger. Wiederum zahlreiche schiitische Geschäftsleute traten an ihre Stelle (Chaudry 1994: 14).

Demgegenüber beherrschten die Sunniten bereits in der Monarchie den Regierungsapparat, die Verwaltung und die Armee. Die in osmanischer Zeit praktizierte Privilegierung sunnitischer Muslime setzte sich damit im neuen Staat fort (Tripp 2007: 45). Sunniten besiedeln hauptsächlich den mittleren Irak mit dem Schwerpunkt in Bagdad. Dass die „importierten" Haschemitenkönige aus dem sunnitischen Hochadel stammten, hatte nicht viel zu bedeuten. Sie kamen als Landfremde. Politik wurde von Irakern gemacht, die hinter dem Thron die Fäden zogen.

In der Ölprovinz Kirkuk lebten von jeher Kurden. Sie waren Sunniten. Die dem Iranischen verwandte Sprache und eine eigene Kultur trennten sie freilich von den sunnitischen Arabern. Die Kurden sahen sich von Bagdad ausgebeutet. Die Öleinkünfte wurden in der Hauptstadt konsumiert, die Kurden insgesamt blieben arm. Kurdenaufstände begleiteten die Geschichte des irakischen Staates von den Anfängen bis in die Gegenwart. Im gebirgigen Kurdistan war die Aufstandsbekämpfung schwierig. Es bot Idealbedingungen für den Guerillakrieg.

Einige hundert Landbesitzerfamilien, die in der Regel zur kommerziellen Oberschicht gehörten, darunter auch Schiiten, besaßen die Masse des nutzbaren Bodens. Ein Prozent der Bevölkerung nannte 58 Prozent des Grundbesitzes sein Eigen. Die Mehrheit der Schiiten, Sunniten und Kurden waren Pächter, Tagelöhner und Kleinbauern. Um den Ölverladehafen Basra wuchs eine Industriearbeiterschaft heran. Linke Parteien und Gewerkschaften fassten dort Fuß. Die kommunistische Partei genoss große Sympathie. Damit gewann sie auch den Anstrich einer schiitischen Partei. Mit ihrer Organisationserfahrung und dank der flankierenden Unterstützung durch Moskau avancierte sie zur bedeutendsten politischen Kraft neben der Armee. Die Kommunisten wurden zahlreichen Repressalien ausgesetzt. Die Landbevölkerung ließ sich nur schwer mobilisieren.

Im südlichen Irak kam es 1935 zu Aufständen schiitischer Stämme. Sie verlangten Landreform und Schuldenerlass (Fürtig 2004: 32). Die Geographie machte es aber recht einfach, diese Rebellionen niederzuschlagen, wobei britische Streitkräfte tatkräftig mithalfen. Im Übrigen wurden die Stämme sowohl von den Briten als auch von der Monarchie als konservative, stabilisierende Kräfte geschätzt. Sie waren ein willkommenes Gegengewicht zu den politisch mobilisierbaren städtischen Schichten (Batatu 2004: 94ff.). Auf dem Lande genossen die Scheichs mehr Respekt als die Staatsvertreter.

Betrachten wir nun die Binnenstruktur des Irak in dieser vorrepublikanischen Zeit: Die gesellschaftliche Basis der Monarchie war das gemeinsame Interesse der Geschäftsleute, Stammesführer, Landbesitzer, Parlamentarier und Bürokraten am Status quo. Die Monarchie selbst genoss keine große Sympathie. Sie wurde von den privilegierten Schichten lediglich akzeptiert. Die ehemalige Protektoratsmacht Großbritannien war eine weitere unentbehrliche Stütze der Monarchie. London, eine verblassende Weltmacht, wollte dort auch nach 1945 seinen Zugriff auf die Ölquellen schützen, die von britischen Konsortien ausgebeutet wurden. Nach 1952 kam noch das Bestreben hinzu, den Einfluss Ägyptens in der Region einzudämmen, dessen charismatischer Führer Nasser zum Idol der arabischen Massen geworden war.

Bis 1958 war Nuri-al Said, ein in Istanbul ausgebildeter osmanischer Offizier, der wie viele seiner arabischen Kameraden von der Turkisierungspolitik der Jungtürken vor den Kopf gestoßen worden war, die beherrschende Figur der irakischen Politik. Als Regierungschef folgte er der Maxime, dass irakische und britische Interessen eins sein müssten. In dieser Zeit gab es aber immerhin Parteienkonkurrenz und eine halbwegs freie Presse – beides freilich Strukturen, die allein in der städtischen Gesellschaft Fuß fassten. Stammesführer, nicht wenige darunter Analphabeten, stellten mehr als ein Drittel der Parlamentsabgeordneten. Diese Scheichs waren eine verlässliche Stütze des Könighauses (Dawisha 2005).

Die Armee war von jeher anti-britisch eingestellt. Seit Staatsgründung hatten Armeeoffiziere wiederholt geputscht, sich mangels eines brauchbaren Gegenentwurfs zum bestehenden Regime aber nach einiger Zeit wieder in die Kasernen zurückgezogen.

Letztlich sollten Offiziere die Monarchie zerstören. Ähnlich wie in Syrien nahmen Offiziere, die aus einfachen Verhältnissen aufgestiegen waren, Anstoß an der herrschenden Oligarchie. Hinzu trat Kritik am engen Bündnis mit Großbritannien. Einige Offiziere bewunderten Nasser und begeisterten sich für die Idee eines gesamtarabischen Staates (Farouk-Sluglett/Sluglett 1991: 48, 63). Der irakische Zweig der Bath-Partei engagierte sich von jeher für die gleiche Idee.

Seine Basis waren Intellektuelle, aber auch einfache Menschen, darunter das Proletariat der schiitischen Stadtviertel von Bagdad. Es bestand aus Landflüchtigen, die sich in der Stadt bessere Lebensverhältnisse versprachen. Die Bath hatte deshalb zunächst den Anstrich einer Anti-System-Partei (Fürtig 2004: 81).

6.2 Das Ende der Monarchie: Ein irakisches Remake der ägyptischen Revolution

Die Anfeindung Nassers durch London und Paris empörte irakische Nationalisten. Das enge Bündnis mit Großbritannien erschien vor dem Hintergrund der britisch-französischen Intervention in der ägyptischen Kanalzone (1956) als Verrat an der arabischen Sache. Jüngere Offiziere, durchweg mit ländlichem Hintergrund, gründeten nach ägyptischem Vorbild einen Bund Freier Offiziere. Durch die ägyptisch-syrische Union vom Februar 1958 erhielten ihre Umsturzpläne mächtigen Auftrieb.

Von dieser Union war die britische Regierung alarmiert. Sie fürchtete den Anschluss weiterer arabischer Staaten. Jordanien galt als besonders empfänglich für panarabische Aktivitäten. Als Folge der Teilung Palästinas waren ihm die Gebiete westlich des Jordan angegliedert worden. Die palästinensischen Jordanier empfanden jedoch keinerlei Sympathie für die jordanische Monarchie. Panarabische und linke Parteien genossen unter arabischen Palästinensern großen Zuspruch. Britische Truppen landeten 1958 in Jordanien, um die Monarchie gegen Gefährdungen zu wappnen.

Als weitere Abwehrmaßnahme wurde in Rekordzeit eine Föderation der beiden Haschemiten-Monarchien bewerkstelligt, eine irakisch-jordanische Union. Im Rahmen der vereinbarten Beistandspflichten sollten im Juli 1958 irakische Truppen nach Jordanien verlegt werden. Das Expeditionskorps wurde von den Generälen Abd as-Salam Muhammad Aref und Abd al-Karim Kassem befehligt. Sie änderten die befohlene Marschrichtung, besetzten Bagdad und stürzten die Monarchie. Der König und die wichtigsten Minister wurden ermordet.

An die Spitze der umgehend ausgerufenen Republik setzte sich General Kassem. Seine Mitverschwörer erwarteten nun die sofortige Offerte an Nasser, den Irak in die Vereinigte Arabische Republik einzugliedern. General Aref, die zweite Schlüsselfigur des Putsches, war eng mit der Bath-Partei verbunden. Er reiste nach Ägypten und stellte Kassem bei Nasser als bloß zeremoniellen Staatschef hin, der sich dem Projekt schon nicht in den Weg stellen würde. Kassem ließ sich jedoch nicht ausmanövrieren. Aref wurde vielmehr kaltgestellt und das Vereinigungsprojekt auf Eis gelegt (Dawisha 2003: 214f.).

6.3 Die Struktur des Bath-Regimes: Familie und Klan überwuchern Militär und Partei

Kassem ließ weitreichende Reformen durchführen. In ersten Schritten wurden die ländlichen Besitzverhältnisse zu Gunsten der Pächter und Bauern verändert. Das Regime gewann auf diese Weise, ähnlich wie es einige Jahre später in Syrien geschehen sollte, bei ärmeren Irakern wirkliche Popularität. Ferner ging Kassem ein Bündnis mit der Kommunistischen Partei ein, um ein Standbein in der Arbeiterschaft zu gewinnen. Dieser Schritt gab der Konspiration im Offizierkorps neuen Auftrieb. Die Kommunisten besaßen ernstzunehmende Organisationsmacht. Bereits in den 1940er Jahren hatten sie ihre Kampfkraft mit Streiks in der Ölindustrie unter Beweis gestellt. Die zu dieser Zeit noch schiitisch geprägte Bath-Partei beäugte die Kommunisten als gefährliche Konkurrenz.

Von Offizieren aus dem Stamm der Jumalya im mittleren Irak, die mit der Bath sympathisierten, darunter an führender Stelle wieder Muhammad Aref, wurde Kassem 1963 gestürzt (Hashim 2003: 16). Die Putschisten richteten ein Blutbad unter den Anhängern des gestürzten Präsidenten und den irakischen Kommunisten an. Die Bath-Partei hatte diesen Putsch zwar unterstützt. Sie wurde aber selbst zum Opfer. Die Vertreter der schiitischen Gesellschaft, insbesondere die Mujtahids, gingen mit der Verstaatlichungspolitik Arefs hart ins Gericht: Die Infrastruktur der schiitischen Geistlichkeit beruht auf privatem Vermögen und privaten Spenden (Tripp 2007: 173). Eine sunnitische Bath-Fraktion um Hassan Ahmad al-Bakr bootete 1964 die alte Führung und damit die schiitischen Funktionäre aus der Bath aus. Al-Bakr stammte aus der zentralirakischen Stadt Tikrit.

Die Bath-Partei avancierte jetzt neben dem Militär selbst zur wichtigsten Stütze des neuen Regime. Ihr Führer al-Bakr war vor Beginn seiner Militärkarriere Lehrer in einer ländlichen Schule. Als Offizier tat er sich mit politischer und konspirativer Aktivität hervor.

Präsident Aref kam 1966 bei einem Unfall ums Leben. Die Stafette übernahm nun sein jüngerer Bruder Ab dar-Rahman Aref. Diesem mangelte es an Autorität. Al-Bakr putschte ihn 1968 aus dem Amt. Bakrs Mitputschisten, darunter Saddam Hussein, stammten ebenfalls aus Tikrit. Sie hatten sich der Unterstützung von Offizieren aus Luftwaffe und Panzertruppe vergewissert. Insgesamt 2.000 am Putsch beteiligte Offiziere, die nicht der Bath angehörten, wurden umgehend entlassen und weitere liquidiert, sobald der Erfolg des Staatsstreichs feststand (Hashim 2003: 16, 19). Die neue Bath-Führung hatte aus der Vergangenheit gelernt. Putscherfahrene Offiziere im aktiven Dienst sollten ihre Kreise nicht stören.

Jetzt begann eine lange Phase der Bath-Herrschaft. Ihren Kern bildete eine Führungsriege aus dem Klan Al Bu Nasir in Tikrit. Sie beäugte mit größtem Misstrauen die geistlichen Autoritäten der irakischen Schiiten. Die enge Verbindung der Gläubigen mit ihren Geistlichen stand dem Kontrollbedürfnis des Regimes entgegen. In Kerbala und Nadschaf, den im Irak gelegenen Zentren der Schia, lehrten zahlreiche Iraner. Schiitische Ulama wurden drangsaliert. Als sie protestierten, antwortete das neue Bath-Regime mit dem Verbot von Prozessionen und der Schließung religiöser Schulen. Schiiten gerieten unter den Generalverdacht, sich als Fünfte Kolonne des benachbarten Iran einspannen zu lassen (Tripp 2007: 195).

Die vom Staat noch nicht angetasteten Reste der Wirtschaft wurden nach 1968 nationalisiert. Weiterhin floss Geld in das Bildungs- und Gesundheitssystem. Vor allem in den großen Städten lockerten sich die Bindungen an Herkunft, Stamm und traditionelle Führer. Als Quelle für Jobs und soziale Leistungen trat der Staat an ihre Stelle (Dawisha 2008: 223). Bis zum freiwilligen Rücktritt al-Bakrs im Jahr 1979 stand sein Vertrauter Saddam Hussein noch im Schatten. Bereits in der zweiten Reihe hatte er sich aber als die eigentliche Leitfigur des Regimes herauskristallisiert. Nach al-Bakrs Rückzug gelangte er auch förmlich an die Staatsspitze.

Das Bath-Regime der Präsidenten al-Bakr und Saddam Hussein verkörperte ein neopatrimoniales System in Reinkultur. Alle wichtigeren Positionen wurden an Personen aus der weiteren Familie oder an Personen mit Tikriter Hintergrund vergeben (Zeidel 2005). In einem exklusiven Wohnviertel Bagdads schottete sich diese Gruppe von der übrigen Bevölkerung ab (Baram 1997: 5). Die Armee trat als Waffenträger hinter die Prätorianertruppe der Republikanischen Garde zurück. Aus notorischem Misstrauen wurden darüber hinaus 1995 auch noch Spezialgarden aufgestellt, die bevorzugt aus der Gegend um Tikrit rekrutiert wurden. Bei Ernennungen und Beförderungen rangierten persönliche Loyalität und Verpflichtung durchweg vor Kompetenz. So sehr das Regime aber mit Bespitzelung und Terror gegen vermeintliche oder tatsächliche Konspirationen vorging, kam es doch immer wieder zu Verschwörungen in den Reihen der Armee, so 1970, 1974 und 1990 (Baram 2003: 20ff., 31f.). Stets spielten dabei Stammesloyalitäten mit. Auch hier beobachten wir eine Parallelität mit Syrien: Institutionelle Loyalität rangierte hinter Familien- und Stammesbindungen.

6.4 Gewinner und Verlierer des Bath-Regimes: Neue Ausgrenzungen

Politikinhaltlich ließ sich das Bath-Regime schwer bestimmen. Schiiten und Christen durften ganz im Sinne der Bath-Programmatik nach ihrer Religion leben.

In der Tikriter Gruppe beherrschten zwar Sunniten das Regime, und Sunniten stellten auch die Mehrheit in den Gremien der Staatspartei und des Staates. Aber Schiiten wurden von Bildung und Gesundheitsleistungen nicht ausgeschlossen. Die Grundstruktur des Regimes war und blieb säkular (Dawisha 2008: 221).

Bereits Kassem hatte sich gegen die Unternehmerklasse gewandt. Banken, Betriebe und öffentliche Versorgungsbetriebe wurden 1964 enteignet. Als Vorwand diente die Vorbereitung auf die eventuelle Vereinigung mit Ägypten, das bereits zehn Jahre vorher auf die Staatswirtschaft umgestellt hatte. So plausibel dieser Grund mit Blick auf das Scheitern der ägyptisch-syrischen Union auch sein mochte, verriet der Effekt dieser Maßnahmen doch die eigentliche Absicht. Die Schiiten sanken dadurch auf den Status von Kleinbauern und Kleinkommerziellen herab (Chaudry 1994: 15).

Die verstaatlichten Betriebe gelangten in die Hände einer neuen Wirtschaftsverwaltung. Ihr Personal wurde mit Bath-Parteigängern, durchweg Sunniten, bestückt. Das Bath-Regime führte die bauernfreundliche Politik Kassems allerdings fort. Auch das ländliche Schulsystem wurde verbessert. Neue Bewässerungstechnik und landwirtschaftliche Beratung steigerten die landwirtschaftlichen Erträge.

Saddam Hussein wurde Präsident zu einem Zeitpunkt, da schiitische Geistliche im benachbarten Iran die politische Führung eroberten (1978/79). Dieses Ereignis kann in seiner Bedeutung für das Regime nicht hoch genug veranschlagt werden. Die Kleriker, die im Iran jetzt den Ton angaben, waren eine doppelte Herausforderung. Sie stellten die Legitimität säkularer Herrschaft über die Muslime infrage, und sie waren die Glaubensbrüder der diskriminierten Mehrheitskonfession im Irak. Hatte das Regime die Tätigkeit einflussreicher schiitischer Geistlicher bis dahin noch toleriert, setzten jetzt massive Repressalien ein. Irakische Ulama emigrierten in den benachbarten Iran. Der charismatische Theologe Sayyid al-Sadr wurde bestialisch ermordet (Sakai 2002: 44ff., 47). Gleichzeitig mussten 1979 und 1980 Zehntausende Iraner und Araber mit iranischen Pässen das Land verlassen (Tripp 2007: 212ff.).

Mit dem Vorwand von Gebietsansprüchen im Schatt al-Arab eröffnete der Irak 1980 einen Angriff auf die iranische Ölprovinz Khusistan jenseits der südirakischen Grenze (Takeyh 2008). Angesichts der innenpolitischen Turbulenzen im Nachbarland versprach sich Saddam Hussein einen leichten Sieg. Saudi-Arabien und die USA standen auf seiner Seite. Grundlage der irakischen Wirtschaft war die Ölrente. Der Zugriff auf größere Ölreserven hätte das regionale Gewicht des Irak erheblich gesteigert. Saddam Hussein verstieg sich in die Vorstellung, den Iran als Regionalmacht abzulösen. Überzogenes Machtstreben kommt bei politischen Führern jeden Systemtyps vor. Das neopatrimoniale System kennt typischerweise aber keine Institutionen oder Gegenkräfte, die erkennbar unvernünftige Entscheidungen verhindern könnten. Das Kalkül des Diktators löste einen Großkonflikt aus.

Aus dem erwarteten leichten Sieg über den Iran wurde nichts. Stattdessen verschlissen beide Feindstaaten ihre Armeen und vergeudeten ihre Öleinkünfte in einem auszehrenden Stellungskrieg. Dieser fand erst nach acht Jahren ein Ende, ohne dass Bagdad nur ein einziges Kriegsziel hätte realisieren können. Die Mittel des Irak waren 1988 erschöpft, die Regimesicherheit verlangte jetzt andere Prioritäten.

Nach dem Ende des arabisch-iranischen Krieges (1988) mussten 75.000 weitere Schiiten, darunter auch hohe Geistliche aus der Pilgerstadt Kerbala, das Land verlassen. Viele gingen in den Libanon, nach Syrien und in die Golfemirate (Nasr 2006: 110).

Der Krieg kostete nicht nur viele menschliche Opfer. Er schwächte auch die Kontrolle des Regimes über Wirtschaft und Gebiet. Um zusätzliche Ausgaben zu erwirtschaften, wurde breits 1987 die Reprivatisierung des öffentlichen Agrarlandes eingeleitet. Besaß der irakische Staat im Jahr 1982 noch 50 Prozent der Anbaufläche, so waren es Ende 1987 nur mehr elf Prozent, die darüber hinaus noch an Private verpachtet wurden. Binnen eines Jahres wurden zahlreiche staatliche Betriebe verkauft, Mindestlohngarantien wurden aufgehoben und ausländischen Investoren ein Besteuerungsverzicht in Aussicht gestellt. Der Effekt dieser Maßnahmen war absehbar – die reichen Familien des Irak griffen zu (Tripp 2007: 241f., Okruhlik 2002).

Im Jahr 1991 besetzten irakische Truppen das ölreiche Kuweit mit dem Vorwand, Kuweit beute irakische Ölfelder im Grenzgebiet aus. Eine internationale Koalition unter Führung der USA vertrieb die Angreifer. Als Folge dieser Niederlage verlor die Bagdader Regierung die Kontrolle über weite Teile des Landes. Die kurdischen Provinzen machten sich selbstständig. Schiitische Stämme im Südirak erhoben sich. Das Regime schlug brutal und ohne Rücksicht auf Opfer zurück. In der Niederlage zeigte sich, dass die Stammesstrukturen unter der Oberfläche des Bath-Staates intakt geblieben waren. Nur jene Stämme beteiligten sich an den Revolten, deren Führer das Regime abschütteln wollten (Brownlee 2005: 52ff.). Um die übrigen Stämme bei der Stange zu halten, hofierte Saddam Hussein die Scheichs. Er ließ ihnen sogar schwere Waffen zukommen (Baram 1997: 9ff.).

In den 1990er Jahren verschlechterten sich die Lebensverhältnisse, auch infolge internationaler Handelssanktionen, massiv. Das Regime verschärfte die Repression. Die Regimeprofiteure waren jetzt deutlicher auszumachen als jemals zuvor. Was die Bath-Diktatur für die Masse der Bevölkerung hatte erträglich erscheinen lassen, eine nach orientalischen Maßstäben respektable Daseinsvorsorge und Agrarpolitik, wurde Stück für Stück aufgegeben, um die Kriegskosten und den Wiederaufbau zu finanzieren (Ismael 2003: 7ff.). Gestützt von einem Sicherheitsapparat, der mit den üblichen Privilegien bei Laune gehalten wurde, hielt sich der Tikriter Klan auf gewohntem Konsumniveau im Sattel.

An dieser Stelle bietet sich ein kurzer Vergleich mit Syrien an. Das frühe Bath-Regime des Irak betrieb mit Landreformen, Verstaatlichung und Bildung eine der syrischen Bath durchaus vergleichbare Politik. Auch die klientelistische Struktur der Regime war vergleichbar – hier Alawiten, dort Tikriter, ebenso der repressive Charakter beider Regime. Die Assads setzten auf Kontinuität, versuchten die Einbindung der von den Zentren der Macht ausgeschlossenen Gruppen in die Wirtschafts- und Sozialpolitik und betrieben eine vorsichtige Außenpolitik im Dienste des Regimeerhalts. Im Irak ein ganz anderes Bild: Abenteuerlust, Sprunghaftigkeit, Krieg als Mittel zu innenpolitischen Zwecken und die Kompensation nachlassender Regimeleistungen durch noch stärkere Repression. Die Erkenntnis daraus: Neopatrimoniale Politik schaufelt sich, wie das syrische Beispiel zeigt, nicht zwangsläufig ihr eigenes Grab. Augenmaß trägt nicht anders als in institutionalisierteren Systemen dazu bei, Stabilität zu produzieren.

6.5 Der nachbathistische Irak: Konfessionalisierung und Ethnisierung der politischen Landschaft

Die Okkupation des Irak im Jahr 2003 durch anglo-amerikanische Truppen hatte ihre Gründe in der amerikanischen Weltpolitik. Unter schlechten Vorwänden sollte ein freundliches irakisches Regime installiert werden, um die Ölressourcen in guten Händen zu wissen. Die US-Politik veränderte den Irak so gründlich wie kein von innen heraus erfolgter Regimewechsel. Die dünne Patina staatlicher Strukturen platzte von der Gesellschaft ab. Wie in den 1920er und 1930er Jahren müht sich heute eine Regierung, die erst seit Mitte 2010 ohne den Schutz westlicher Truppen zurechtkommen muss, den Staat zu rekonstruieren. Die neue Verfassung des Irak hat das Land föderalisiert. In den drei Regionen dominieren jeweils Schiiten, Sunniten und Kurden.

Die konfessionellen Vorzeichen irakischer Politik haben sich umgekehrt. Die schiitische Bevölkerungsmehrheit bildet sich heute im Parlament und in der Regierung ab. Die Sunniten sind die Verlierer der Entwicklung. Auch die Kurden haben gewonnen. Sie praktizieren in ihren Gebieten eine Autonomie, die ihnen schwerlich wieder genommen werden kann.

Nach der Eroberung des Irak lösten die USA Polizei, Armee und Bath-Partei auf (Galbraith 2007: 405f.). Sie beseitigten damit jene Strukturen, die den Irak zusammengehalten hatten. Als Folge kehrte die blanke Anarchie ein. Erst spät bemerkte die amerikanische Regierung diesen Fehler. In den großen Städten griffen sunnitische Milizen schiitische Gläubige und Moscheen an und umgekehrt. Auf dem Lande traten die Stammesführer wieder stärker hervor. In den zahlreichen Städten des Irak stellt die Konfession mittlerweile den wichtigsten Identitätskern dar. Zunächst zum Selbstschutz, bildeten Sunniten und Schiiten bewaffnete Milizen. Es kam zu bewaffneten Zusammenstößen der Milizen. Diese Milizen selbst glitten bald auch ins Kriminelle ab (zum Folgenden Tripp 2007: 292ff.).

Sunniten wie Schiiten hatten bis zur Okkupation in den Städten konfliktfrei nebeneinander gelebt. Schiitische Führer dürfen sich heute auf die Kraft der großen Zahl verlassen.

Beim Einmarsch der USA rief der Großayatollah Ali as-Sistani, der geistliche Führer der irakischen Schiiten, seine Glaubensbrüder dazu auf, den Vormarsch auf Bagdad nicht zu behindern. Sistani ist gebürtiger Iraner, der seine Ausbildung in Ghom erhalten hat. Die ausländische Intervention bot die Chance, die schiitische Spiritualität wieder frei zu praktizieren. Mit dem Sturz des Bath-Regime wurde der Irak nach Jahrzehnten erneut zum Anziehungspunkt des schiitischen Pilgertourismus. In der Bath-Ära waren Nadschaf und Kerbala als theologische Zentren neutralisiert gewesen.

As-Sistani ist ein weit über den Irak hinaus angesehener Geistlicher (Fischbach 2004). Er vergrößerte seine Anhängerschaft bis in den Iran und nach Pakistan. Nach schiitischem Brauch fließen ihm Spenden und religiöse Abgaben zu. Seine Vertreter nehmen diese Oboli entgegen und predigen die moderaten Ansichten des Meisters auch in politischen Fragen. Politische Ambitionen sind Sistani fremd, er ist ein Mujtahid alter schiitischer Schule. Eben dies macht seine Anziehungskraft aus, nicht zuletzt im Vergleich mit den machtaffizierten Geistlichen im benachbarten Iran. Moderate Geistliche, auch Sistani selbst, riefen nach der Invasion ihre Glaubensbrüder dazu auf, in die bewaffneten Organe eintreten, um diese nicht allein den Sunniten zu überlassen. Bewerber für Militär und Polizei, die dieser Anregung folgten, wurden häufig zum Anschlagsziel sunnitischer Militanter (Nasr 2006: 170ff., 202).

Muktada as-Sadr, ein junger Theologe aus der gleichnamigen Geistlichendynastie, nahm eine gegenteilige Haltung ein. Scharen sich um as-Sistani Geistliche und Laien im Süden des Irak mit seinen Heiligen Stätten, so vertritt as-Sadr, teils inspiriert, teils unterstützt vom iranischen Geistlichen Hossein Montaseri, hauptsächlich die im Großraum Bagdad lebenden Schiiten. Aus dem Bagdader Subproletariat bildete Sadr die Miliztruppe der Mahdi-Armee.

Diese Mahdi-Armee wurde von der irakischen Regierung, die das Bath-Regime ablöste, bekämpft. Sunnitische Führer wehrten sich mit dem gleichen Mittel der Privatarmee dagegen, sich von schiitischen Führern dirigieren zu lassen (Robinson 2007: 271). In einer Gesellschaft, die Waffen als Attribut des wirklichen Mannes schätzt, kam es fortlaufend zu bewaffneten Konflikten und Machtkämpfen. Durch Flucht und Vertreibung der jeweils anderen Seite entstanden in der Hauptstadt homogene Stadtviertel. Bagdad ist geteilt, im Westen ist es sunnitisch, im Osten schiitisch (Hashim 2007, Rosen 2007).

Die Mahdi-Armee mit ihrem Schwerpunkt in Bagdad besetzte 2006 auch Städte im südlichen Irak. Dort geriet sie mit ortsansässigen schiitischen Milizen in Konflikt. Es ging hier um die Kontrolle der Routen für den Ölschmuggel, aus dem sich Milizen beider Seiten finanzierten (Dawisha 2008: 226). Der schiitische Premierminister Nuri al-Maliki bekämpfte die Mahdi-Armee, um die Regierungskontrolle im ganzen Irak wiederherzustellen. Sadrs Milizen wurden schwer angeschlagen. Sadr selbst tritt seit 2007 nicht mehr im Irak auf und widmet sich nach eigenem Bekunden theologischen Studien im Iran, um einen theologischen Rang zu erwerben, der seiner politischen Bedeutung entspricht (Norton 2007). In Sadr City, dem 2,5 Millionen Menschen zählenden schiitischen Armenviertel Bagdads, sind die Sadristen, die sich inzwischen auch als Partei organisiert haben, die beherrschende politische Kraft (Avenarius 2010f). Erst 2008 flauten die bewaffneten Auseinandersetzungen ab.

Trotz dieser von außen verursachten Veränderungen sind die traditionellen Strukturen intakt geblieben. Die Regierung und selbst das US-Militär verhandelten mit Stammesführern, um Gebiete militärisch und polizeilich zu befrieden. Die irakische Regierung und die Besatzer mochten unbeliebt sein. Sie stellten die Autorität der traditionellen Führer aber nicht infrage. Genau dies war bei außerirakischen Freischärlern der Gruppe al-Qaida der Fall. Sie wählten den Irak in den Wirren der Besatzung vorübergehend als Operationsgebiet und versuchten, ihre Lesart der islamischen Lebensweise der sunnitischen Bevölkerung aufzuoktroyieren. Ihr radikaler Salafismus fand selbst bei sunnitischen Irakern kaum Resonanz, obgleich die konfessionelle Verschiedenheit der Gesellschaft durch Okkupation und Bürgerkrieg stärker hervortrat als je zuvor.

In den großen Städten belebte die Zerschlagung des bathistischen Staates die Primärbindung vieler Menschen an die Konfessionen. In dem von al-Sadr kontrollierten Bagdader Stadtteil Sadr City verteilen Sadristen Medikamente, bieten medizinische Behandlung an, vermitteln Arbeit und Wohnungen, unterstützen Witwen, überwachen aber auch die Einhaltung der im traditionellen Islam konservierten Bekleidungsvorschriften. Dies erinnert stark an die vielfältigen Rollen, welche die Hisbollah im Libanon und die Muslimbrüder in anderen Ländern populär gemacht haben (Avenarius 2008b). Schiitische Organisation produzieren eine gewisse Wohlfahrt, aber nicht der Staat. Wo der Staat versagt, dies zeigt auch das Beispiel des Irak, dort wächst die Legitimität nicht-staatlicher Strukturen, die äquivalente Leistungen erbringen.

Nicht anders verhält es sich in den großen kurdischen Städten, wo kurdische Organisationen und Warlords für den Staat einspringen. Auch im sunnitischen mittleren Irak nahmen Stammesführer und Lokalpolitiker die Organisation des öffentlichen Lebens in die Hand (Dawisha 2008a: 224f.). Das Bild deutet auf Strukturpfade, die den Libanon geprägt haben: die Möglichkeit, dass der Staat zu einer Suprastruktur verblasst, die Teilgesellschaften mit bissfesten quasi-staatlichen Institutionen überwölbt.

Der Nachkriegsirak gab sich eine parlamentarische und föderale Verfassung. Der Präsident hat das Format eines zeremoniellen Staatsoberhauptes. Bei der Erstbesetzung politischer Ämter entschied man sich, einen Kurden in das höchste Staatsamt zu wählen.

Auch die kurdischen Gebiete des Nachkriegsirak verwalten sich de facto selbst. Schiiten und Kurden sind die Gewinner der Veränderungen, die mit der Zäsur der amerikanischen Militärintervention eingetreten sind. Kurdische Politiker aller Richtungen, allen voran der kurdischstämmige irakische Präsident Dschalai Talabani, bestehen auf der Autonomie der von Kurden bewohnten und ölreichen Region Kirkuk, in der auch viele Araber leben (Chimelli 2009c).

In der schiitischen Mehrheitsgesellschaft treten die Gegensätze stärker hervor, seitdem sie aus dem Status des kollektiven Underdogs in einem von Sunniten beherrschten Irak herausgetreten ist. Bei einem Bevölkerungsanteil von 60 Prozent Schiiten sind die Sunniten lediglich mit einem Fünftel der Bevölkerung – ähnlich wie die Kurden – bei Koalitionsbildungen oder gar Allparteien-Arrangements auf die Rolle des Juniorpartners festgelegt (Robinson 2007: 271).

Unter den schiitischen Politikern gibt es beträchtliche Differenzen. Die Anhänger al-Sadrs mit ihrer Hochburg in Bagdad treten für eine starke Zentralgewalt ein (Avenarius 2008c). Sadr, der sich persönlich seit einiger Zeit im Hintergrund hält, stimmt im Interesse an einem starken Zentralstaat mit dem schiitischen Regierungschef Maliki überein. Beiden geht es darum, den Gesamtstaat und die Verwendung der Einkünfte aus der Ölrente zu kontrollieren.

Die SCIRI-Vereinigung (Supreme Council of Iraqi Imams) wurde 1982 von schiitischen Politiker und Geistlichen aus dem südlichen Irak gegründet. Der weit über den Irak hinaus geachtete Groß-Ayatollah as-Sistani genießt hier großes Ansehen (Buchta 2005). Der SCIRI wurde jüngst in ISCI (Islamic Supreme Council of Iraq) umbenannt. Der ISCI hat sich mit der traditionellen Schiitenpartei Dawa verbunden. An der Spitze des ISCI steht heute ein Spross der zweiten großen Geistlichendynastie des Irak neben den Sadrs, Ammar al-Hakim. Bereits sein Vater spielte eine führende Rolle in der schiitischen Gemeinde (Chimelli 2009f).

Im südlichen Irak hat die schiitische Identität einen anderen Stellenwert als unter den schiitischen Führern der Hauptstadt. Al-Sadr mit seiner geographisch isolierten Bagdader Klientel blickt auf den Gesamtirak. Er operiert über die Partei der Freien in der Wahlarena. Aus seiner Perspektive ist Mitsprache an einer durchsetzungsfähigen Zentralregierung der geeignetste Hebel, um die Dinge in die erwünschte Richtung zu lenken und sich als wichtigster Führer aller Schiiten zu positionieren (Takeyh 2008: 24ff.). Der ISCI hat demgegenüber den Südirak mit seinen historischen und geistlichen Verbindungen zum iranischen Nachbarn im Blick. Seine Rezeptur für die Zukunft des Landes sind starke Regionen.

Für die erste Parlamentswahl nach der Intervention (2005) schlossen sich schiitische Parteien in einer Irakischen Allianz zusammen. An ihrer Spitze stand der Dawa-Politiker Nuri al-Maliki, der dann zum Premierminister gewählt wurde. Im Vorfeld der nachfolgenden Wahl von 2010 trennte sich Maliki von der Dawa und bildete mit anderen Gruppen eine Rechtsstaatsliste. Die Liste repräsentiert hauptsächlich Schiiten. Sie ist allerdings im Unterschied zur älteren Dawa, die schiitische Belange in den Vordergrund stellt, säkular orientiert. Als zweite große Kraft trat in dieser Parlamentswahl die Irakische Allianz auf. Ihre Führungsriege zählt zahlreiche Kleriker sowohl aus dem Umfeld Muktada al-Sadrs als auch des ISCI. Aber nicht diese beiden Wahlbündnisse machten im März 2010 das Rennen.

Stärkste Kaft wurde die Irakiya-Liste. Auch ihr Führer, Ayad Allawi, ist Schiit. Diese Liste präsentierte sich säkular und wurde auch von Sunniten gewählt. Sie erhielt die meisten Stimmen und Allawi das Recht zur Regierungsbildung. Die Irakiya-Liste gewann 91, die Rechtstaatsliste 89, die Irakische Allianz 70 und die Allianz der Kurdenparteien 40 Sitze. Allawi erhob Anspruch auf die Regierungsbildung, konnte sich aber nicht durchsetzen. Nach zähen Sondierungen und Verhandlungen verließ al-Sadr im Mai 2010 überraschend die Irakische Allianz und bot Maliki eine Koalition an (Avenarius 2010d). Maliki blieb geschäftsführend im Amt. Anfang Oktober 2010 erneuerte Sadr sein Angebot. Nach sieben Monaten vergeblichen Sondierens und Verhandelns zwischen den Parteien rückten eine handlungsfähige Regierungsmehrheit und die Regierungsbeteiligung der Sadristenpartei in greifbare Nähe (Avenarius 2010a). Hinter Sadr, aber auch anderen Parteiführern stehen bewaffnete Milizen. Lediglich der Form nach wurden sie, ohne wirklich aufgelöst zu werden, in die Streitkräfte übernommen. Dass sie im Konfliktfall den Vorgesetzten und nicht ihren politischen Führern gehorchen, ist keine ausgemachte Sache. Breite Koalitionen sind auch deshalb eine gute Lösung, weil sie dem Gewaltverzicht der konkurrierenden Politiker Vorschub leisten. Es kommt hinzu, dass sie auch mit Blick auf Teheran die klügste Lösung sind. Alle Schiitenparteien pflegen enge Verbindungen zum Iran, mögen sie dessen politischem Modell auch wenig abgewinnen (Avenarius 2010d, Chimelli 2010a).

Eines lassen diese Vorgänge erkennen: Die schiitische Mehrheitsgesellschaft spricht politisch mit vielen Stimmen. Persönliche Rivalitäten und regionale Interessen überlagern den konfessionellen Faktor.

7 Jordanien

7.1 Die jordanisch-palästinensische Ära

Das jordanische Königreich ist ein Hauptgeschädigter des Nahostkonflikts. Bis zur Teilung Palästinas war es das größte Problem der Haschemitenherrscher, die Beduinen an Übergriffen auf Bauern und Siedlungen zu hindern (zur Vorgeschichte des unabhängigen Jordanien siehe oben 1.5.1). Aus loyalen Stämmen wurde die Arabische Legion rekrutiert. Es handelte sich um eine Truppe unter dem Befehl eines britischen Offiziers, Glubb Pascha. Sie wurde zum sicherheitspolitischen Rückgrat der Haschemitenherrscher. Den Respekt der in Jordanien lebenden Stämme erwarb König Abdallah aber nicht so sehr mit militärischer Macht als vielmehr mit einer klugen Politik. Die Monarchie beließ ihnen Autonomie, wo diese nicht mit den wenigen Verpflichtungen gegenüber der Regierung kollidierte. Das Wohlwollen der Stämme erkauften die Haschemiten unter anderem mit Steuerbefreiung. Im Laufe der Zeit wurde der König als eine Art Superstammesführer akzeptiert (Milton-Edwards/Hinchcliffe 2001: 11ff., Aruri 1972: 28f.).

Infolge der Teilung Palästinas vergrößerte sich das jordanische Staatsgebiet. Die 1948 nicht von Israel eingenommenen palästinensischen Gebiete wurden nach Jordanien eingegliedert. Die Bevölkerung verdoppelte sich damit. Flüchtlinge aus dem jetzt israelischen Teil Palästinas ließen sich im östlichen Palästina und im ursprünglichen transjordanischen Staatsgebiet nieder. Damit kamen Vertreter sehr unterschiedlicher Lebensweisen zusammen (George 2005b: 15ff.).

Im früheren Transjordanien lebten hauptsächlich Bauern und sesshaft gewordene Nomaden. Sie hielten, soweit es ging, an ihrer traditionellen Lebensart fest. Die Palästinenser hingegen waren im Durchschnitt besser ausgebildet und städtischer geprägt. Unter ihnen befanden sich viele Geschäftsleute, Lehrer, Ärzte und Handwerker. War die Bevölkerung hier weitgehend apolitisch, so waren die Palästinenser, bedingt durch das Schicksal ihres Volkes, politisch stark mobilisiert. Etliche sympathisierten im Stile der Zeit mit linken Parteien.

Die Beduinenstämme blieben die Stütze der Monarchie (Dann 1989: 11ff.). Ihre Stammesführer bilden eine Art jordanische Aristokratie (Laine 1994: 41). Gefolgsleute wurden mit Privilegien bedacht, u.a. mit der bevorzugten Einstellung im Staatsdienst. Die ökonomische Hegemonie im Gesamtstaat erlangten jedoch die Palästinenser. In den 1950er und 1960er Jahren sympathisierte die Masse der Palästinenser mit Nasser, dem Idol der gesamtarabischen Sache. Für die Monarchie war Nasser indes ein Gräuel. Immer wieder kam es zu Reibereien zwischen Amman und den unruhigen palästinensischen Gebieten. Gelegentliche Versuche, die innenpolitischen Zügel zu lockern und Wahlen und Parlament zuzulassen, wurden kassiert, sobald Parteien die Mehrheit bekamen, die dem Palast nicht genehm waren.

Nach dem Sechstagekrieg von 1967 schrumpfte Jordanien auf den Gebietsstatus des vormaligen Transjordanien zurück. Im Jahr 1988 verzichtete es auch förmlich auf die Westjordangebiete. Dieser Verzicht erleichterte der Monarchie das Regieren. Nachdem die West Bank unter israelische Besatzung geriet, kühlte sich die politische Temperatur in Amman erheblich ab.

7.2 Das neue Transjordanien und die Palästinenser

Die politischen Parteien genießen schwachen Rückhalt. Die tribalen Strukturen sind wichtiger. Sie erlauben klassische Klientelpolitik (Lust-Okar 2001). Die Hälfte der jordanischen Bevölkerung besteht heute aus Palästinensern. Sie leben ausschließlich in den Städten, viele darunter sind Christen (Milton-Edwards/Hinchcliffe 2001: 2). Palästinenser beherrschen den Kommerz und sind überproportional in den qualifizierten Berufen vertreten. Vom öffentlichen Dienst werden sie so gut wie ausgeschlossen (Reiter 2002: 139). Angehörige der transjordanischen Stämme dominieren im Staatsdienst, im Transportwesen und in den öffentlichen Betrieben (Reiter 2004: 83).

Die Palästinenserorganisation PLO versuchte nach 1967, auf der Basis der Flüchtlingsbevölkerung einen Staat im Staate zu bilden. Sie trat in aller Öffentlichkeit unter Waffen auf und ignorierte die Autorität der Behörden. Der Regierung drohte ein dauerhafter Kontrollverlust. Als sie 1970 militärisch gegen die PLO vorging, kam Syrien den Palästinensern mit regulären Militäreinheiten zu Hilfe. Die jordanische Regierung nahm US-Unterstützung in Anspruch und erlaubte sogar israelischen Flugzeugen Überflugrechte, um diesen Angriff auf seine Souveränität abzuwehren. Unter diesen Auspizien wurde die PLO in einer Aktion, für die sich der Namen Schwarzer September einbürgern sollte, vertrieben.

Im Grunde genommen waren sich sogar Syrien und Jordanien einig. Keines der beiden Länder wollte die PLO in seinen Grenzen dulden. Die Existenz einer bewaffneten Organisation im eigenen Lande, welche die wichtigen Beziehungen zum westlichen Ausland mit Terrorakten störte, rührte an die Stabilität des Regimes.

Die Reste der geschlagenen PLO suchten Zuflucht jenseits der syrischen Grenze. Sie wurden aber gleich wie eine heiße Kartoffel weitergereicht, bis sie im Libanon Fuß fassten. Die libanesische Regierung war indes schwach. Feste Flüchtlingslager, die Syrien nie geduldet hatte, gab es dort seit Jahrzehnten. Der Zustrom von PLO-Kämpfern verstärkte und politisierte die palästinensische Bevölkerung im Libanon. So wurde der Schwarze September zum Auftakt für den libanesischen Bürgerkrieg (George 2005b: 32f.). Mit der Vertreibung der PLO ersparte die politische Führung Jordaniens dem Land das Schicksal eines Failing state, wie es wenige Jahre später den Nachbarstaat ereilen sollte. In dieser Krise bewährte sich das Bündnis der Monarchie mit den Stämmen. Die Ereignisse bekräftigten die Monarchie in der Entschlossenheit, die Privilegierung der Nicht-Palästinenser fortzuführen.

7.3 Die Regimestruktur der Haschemitenmonarchie

Versuchen wir nun den Regimecharakter zu bestimmen. Wir haben es bei Jordanien mit einer der letzten Monarchien aus der Erbmasse des osmanischen Reiches zu tun. Sie gebärdet sich wie eine konstitutionelle Monarchie, weil sie es sich leisten kann. Staatspatronage entschädigt die Stämme als Hauptstütze der Monarchie für ihre schwache ökonomische Basis. Geschäfte und Privatwirtschaft versöhnen die Palästinenser damit, dass sie vom Staatsdienst ferngehalten werden. Die Monarchie herrscht im autoritären Modus, aber sie garantiert den Rechtsfrieden.

Der Palast ist der Mittelpunkt der jordanischen Politik. In undurchschaubaren Prozessen treffen der Monarch und seine Berater die Entscheidungen (George 2005b: 156ff.). Wenige Tage vor seinem Tod im Jahr 1999 bestimmte König Hussein einen seiner Söhne als Abdallah II. zum Nachfolger. Zuvor war erwartet worden, dass die Wahl auf dessen Bruder fiel. Beobachter waren überrascht. Dennoch ging der Stafettenwechsel von Hussein zum Nachfolger komplikationsfrei vonstatten (Augé 2005).

Der erfahrene Altmonarch wählte nicht den Ältesten, sondern den nach seiner Erfahrung Geeignetsten aus. Dieser Thronfolger war durch Studium, Anschauung und das Beispiel des Throninhabers für seine künftige Aufgabe angelernt worden.

Die Parteien antizipieren bei allem, was sie tun, eine imaginäre rote Linie. Bei ihrem Überschreiten müssen sie gewärtigen, dass der Königspalast das parlamentarische Spiel unterbricht. Allen politischen Akteuren ist die Machtachse von Monarchie, Armee und Stammesgesellschaft gegenwärtig. Zwar geht es in Jordanien deutlich liberaler zu als in den Nachbarländern. Die Gesamtstruktur ist dennoch autoritär. Sie lässt klar erkennen, wer den Nutzen aus der Ungleichverteilung der Macht zieht (Yom 2009: 155ff.).

Militär, Sicherheitsdienst und Polizei sind die Hauptstützen der Monarchie. Sie werden weiterhin vorzugsweise aus den transjordanischen Stämmen rekrutiert. Bei der Berufung des Regierungschefs kommen die mächtigsten Familien der jordanischen Gesellschaft zum Zuge. Für die Existenz des mit natürlichen Ressourcen karg ausgestatteten Landes sind die Wirtschaftsbeziehungen zum Ausland von existenzieller Bedeutung. Der junge König Abdallah II. rief einen Wirtschaftsbeirat ins Leben, der jüngere Vertreter der Privatwirtschaft ins Regierungsgeschehen integriert. Sie stehen für eine neue Generation von Eigentümern und Managern, die ihre Ausbildung vorzugsweise in Großbritannien und Nordamerika erhalten haben. Darin ähneln sie ihren ägyptischen Counterparts. Sie stammen aus Familien, die von jeher als Stützen der Monarchie gelten (Bank/Schlumberger 2004).

7.4 Außenpolitik und Regimestabilität

Transjordanier und palästinensische Jordanier haben sich seit langem arrangiert. Letztere akzeptierten mangels Alternative die Monarchie. Dafür dürfen sie Geld verdienen und reich werden (Lust-Okar 2007: 56). Sie müssen aber hinnehmen, dass das Regime die Wahlen stets so manipuliert, dass die monarchietreuen Landgebiete stets besser vertreten sind (Woods 2003). Sogar die jordanischen Muslimbrüder dürfen sich an den Wahlen beteiligen. In einigen Regierungen haben sie sogar konstruktiv mitgearbeitet (George 2005b: 58). Wie in Ägypten besitzen sie einen guten Ruf als Wohlfahrtsinstitution mit Kindergärten, Schulen und Kliniken (Wiktorowiecz 1999: 7ff.).

Die geringen natürlichen Ressourcen machen das Land von den Hilfen und Krediten internationaler Organisationen abhängig. Infolge einer weltweiten Rezession und des iranisch-irakischen Krieges versiegte in den 1980er Jahren der Einkommenstransfer von Jordaniern, die in den Nachbarländern arbeiteten. Jordanien musste den Internationalen Währungsfonds um Hilfe bitten. Dieser verlangte unter anderem, Preissubventionen abzubauen, Lebensmittel nicht ausgenommen.

Im irakisch-iranischen Krieg unterstützte der Palast nach 1980 den Irak. Die konservative Staatselite fand wenig Gefallen an den Ereignissen im Iran. In der Gesellschaft war diese Haltung unpopulär. Im besonders schwach entwickelten Süden des Landes kam es zu Aufständen. Sie richteten sich gegen die Verteuerung der Lebenshaltung. Das Militär schlug sie nieder (George 2005b: 38, 51, 74). Gefährlich und bedrohlich für das Regime waren sie nicht nur deshalb, weil sie die Autorität der Regierung herausforderten. Der jordanische Süden in der unmittelbaren Nachbarschaft Saudi-Arabiens steht stärker als die übrigen Landesteile unter dem Einfluss des salafitischen Islam.

Im Jahr 1987 geriet die Regierung durch die Infifada, einen Aufstand der West Bank-Palästinenser gegen die israelische Besatzungsmacht, massiv unter Druck. Dieser Druck erhielt seine Wucht aus dem Umstand, dass es jetzt in Teheran ein Regime gab, das die Palästina-Frage von der islamischen Seite her aufzog und alles unterstützte, was gegen Israel gerichtet war. Um den Druck entweichen zu lassen, liberalisierte der Palast die Innenpolitik. Die Muslimbrüder durften sich mit einigen Ministern an der Regierung beteiligen (Yom/al-Moman 2008: 45f.). Die wirtschaftlichen Schwierigkeiten hielten jedoch an.

Jordanien verzichtete darauf, sich an der von den USA geführten Koalition zu beteiligen, die den Irak im Jahr 1991 aus Kuweit vertreiben sollte. An sich lag es im Interesse der Monarchie, einen Aggressor zu strafen, der ein schwaches Nachbarland überfiel. Doch Saddam Hussein war in der West Bank und in Jordanien populär. Irakische Raketen auf Israel lösten Begeisterung aus. Hier erwies sich die Bedeutung von Symbolik und Gestik, die Übertreibung als Ingredienz der öffentlichen Stimmung. Der Palast war klug genug, diese Stimmung nicht gegen sich aufzubringen. Dies wiederum stimmte Washington unzufrieden.

Allein von dort war eine Entlastung der wirtschaftlichen Situation zu erwarten. Diese hatte sich massiv verschlechtert und verlangte Auslandshilfe. Steuererhöhungen hätten riskiert, die Geschäftswelt zu entfremden. Nachlassende öffentliche Beschäftigung drohte andererseits die Loyalität der transjordanischen Stämme zu untergraben. In dieser Situation unternahm der Palast eine Quadratur des Zirkels. Die USA und die Internationalen Finanzinstitutionen sollten einspringen, um keine der tragenden Säulen der jordanischen Gesellschaft verprellen zu müssen. Dafür entrichtete Jordanien einen Preis. Es verband sich sicherheitspolitisch eng mit den USA und machte 1994 seinen Frieden mit Israel.

In Jordanien war dieser Friedensschluss unpopulär. Nicht nur die Muslimbrüder protestierten. Washington und die internationalen Finanzinstitutionen belohnten diesen Schwenk, wie erwartet. Jordanien wurde großzügig mit Krediten bedacht, obgleich es noch nicht einmal die Auflagen der letzten Kredite vollständig erfüllt hatte. Umgehend besserten sich die Wirtschaftsdaten.

Ein Versuch des Palastes, die Abhängigkeit vom Ausland durch vorsichtige Preisanpassungen zu verringern, wurde 1996 nach abermaligen Protesten der Bevölkerung sofort wieder aufgegeben. Die Unruhen waren jetzt nicht mehr, wie noch 1980, auf den armen Süden des Landes beschränkt. Der Palast reagierte umgehend mit einer härteren innenpolitischen Gangart. Das Wahlrecht wurde revidiert, um das Gewicht der Städte im Parlament zu reduzieren und die Muslimbrüder kleinzuhalten. Die Presse wurde stärkeren Restriktionen unterworfen.

Seither operiert die Monarchie nach der Devise, notfalls auch gegen die öffentliche Stimmung Politik im Einklang mit amerikanischen Interessen zu betreiben. Im letzten Golfkrieg (2003) stellte sich Jordanien auf die Seite der Koalition, die in den Irak einmarschierte. Eine scharfe Gangart der Sicherheitsbehörden sicherte diesen Kurs gegen die unvermeidlichen Proteste ab (Yom/al-Momani 2008: 45f., 49ff.).

8 Saudi-Arabien

8.1 Das historische Bündnis der Sauds mit den Wahabiten

Bis zum heutigen Tage bestimmt der Pakt zwischen dem arabischen Stamm der Sauds und der Gemeinde des Predigers Wahab die Machtformel in Saudi-Arabien. Dieser Pakt datiert auf das Jahr 1744. Der Wahabismus hat seinen Ursprung in den isolierten Stämmen der arabischen Wüste. Sie hatten den Islam sehr früh angenommen und ihn in seiner Ursprünglichkeit bewahrt. Der Sektengründer Muhammad Ibn Abd al-Wahab, ein Theologe, hatte auf seinen Reisen die Vielfalt der arabischen Welt kennengelernt. Er lehnte die zahlreichen Varianten und Ausschmückungen ab, die sich im Laufe der Jahrhunderte mit der Botschaft des Propheten verbunden hatten. Dies galt besonders für die Heiligenverehrung und den Besuch von Schreinen, die für den sufischen Islam charakterististisch sind (siehe oben 2.1.3.4). Nach Wahabs Auffassung verwässerten sie das monotheistische Bekenntnis und den Primat des Heiligen Buches (Delong-Bas 2004: 41ff., Vassiliev 2000: 29ff., 64ff.).

Es sollte noch 200 Jahre dauern, bis aus den ersten Eroberungen der saudisch-wahabitischen Allianz das moderne Saudi-Arabien entstand. Das Schlüsselmerkmal der saudischen Gesellschaft ist ihre Stammesgliederung. Die Sauds und die mit ihnen verbündeten Stämme kommen aus aus der Oasengesellschaft der arabischen Wüste, dem Nadsch. Die Osmanen interessierten sich nicht für das Geschehen in der Einöde. Die Sauds hatten ihren Einflussbereich deshalb weit in das Gebiet benachbarter Stämme ausdehnen können.

Als die wachsende Macht der Sauds den Osmanen Anfang des 19. Jahrhunderts jedoch unbehaglich wurde, zerschlugen sie ihr Reich. Die Sauds als als Stamm jedoch und die Wahabiten als Sekte wurden aber nicht angegriffen. Die saudisch-wahabitische Allianz sammelte im Laufe der Zeit neue Kraft. Mehr als 80 Jahre später schickte sie sich zu einem Zweitversuch an, ihre Macht auszudehnen. Zunächst wurde die Region bis in den Raum des Persischen Golfes erobert. Damit gelangten auch schiitische Stämme unter ihre Herrschaft.

Die von den Sauds angeführte Stammesallianz war militärisch nicht sonderlich effizient. Ihre Krieger waren nicht nur Kämpfer, sondern auch Viehzüchter und Nomaden – also Teilzeitkrieger, die nach der gewonnenen Schlacht zu ihren Familien zurückkehrten. Deshalb gingen die Sauds dazu über, die für sie besonders wertvollen Stämme sesshaft zu machen, sie aus dem Vermögen religiöser Stiftungen zu unterhalten und ihre militärische Bereitschaft zu pflegen. Die daraus entstehende Ikhwan-Armee zeigte sich den beduinischen Kriegern überlegen.

Im Hedschas an der westlichen Küste der arabischen Halbinsel herrschte bis ins 20. Jahrhunderts noch das Haschemitengeschlecht. Es handelte sich um jene Sippe des Prophetenstammes der Kuraisch, aus welcher der Prophet selbst hervorgegangen war. Die Haschemiten maßen sich den historischen Auftrag zu, die in ihrem Herrschaftsbereich liegenden Heiligen Stätten in Mekka und Medina zu schützen. Das Hedschas war nach den Maßstäben der arabischen Halbinsel eine entwickelte Region: geografisch und wirtschaftlich von ähnlichem Zuschnitt wie die jordanischen und palästinensischen Gebiete der osmanischen Provinz Groß-Syrien. Durch die Fertigstellung der Hedschas-Bahn im Jahr 1908 wurde es verkehrstechnisch enger an die übrigen Teile des Reiches angeschlossen.

Mit Hilfe der Ikhwan gelang es den Sauds bis 1902, ihr Herrschaftsgebiet zu konsolidieren. Sie legten damit den Grundstein für das heutige Saudi-Arabien. Im Jahr 1923 fiel auch das Hedschas in ihre Hände. Zwar rückten die Sauds noch weiter nach Norden bis ins heutige Jordanien vor. Dort aber traten ihnen britische Truppen entgegen. Anschließend mussten sich die Sauds mit den Geistern auseinandersetzen, die sie gerufen hatten. Von 1928 bis 1930 führten sie einen Krieg gegen die Ikhwan. Diese hatten jahrzehntelang im Kampf und vom Kampf gelebt. Als ihre Kampfkraft nicht mehr gebraucht wurde, sahen sie ihre Existenz gefährdet. Sie erhoben sich gegen die Sauds und verbrämten dies mit religiösem Protest, etwa mit dem Einwand, die Sauds verrieten mit dem Telefon, elektrischen Anlagen und Autos das wahabitische Ideal der frühislamischen Lebensweise. Der Aufstand wurde letztlich niedergeschlagen. Die Sauds waren verständige Sieger. Sie boten den Nachfahren der Ikhwan in einer eigens aufgestellten Nationalgarde eine neue Einkommensquelle. Darüber hinaus gaben sie sich alle Mühe, die Ikhwan sesshaft zu machen (Steinberg 2004: 48ff.). Dieses Vorgehen, Befriedung und Konfliktvermeidung durch staatliche Patronage, sollte künftig zur Standardprozedur werden, um strategisch wichtige Gruppen an das Herrscherhaus zu binden.

Seine gegenwärtige Gestalt gewann das Königreich erst 1962. Bis dahin wurde es so regiert, wie die Sauds in der Vergangenheit als Chefs einer Stammeskonföderation geherrscht hatten. Abd al-Asis, unter dem Saudi-Arabien seine heutigen Grenzen erreichte, verstarb im Jahr 1953. Bei seinem Tode war der Ölreichtum des Landes eben erst richtig bewusst geworden. Sein Nachfolger

Saud stellte sich bald als unfähig heraus, einen Staat zu regieren, der so plötzlich enorme wirtschaftliche und strategische Bedeutung gewonnen hatte. Wie seine Vorgänger ernannte und entließ er Funktionsträger nach persönlicher Gunst, und er verschleuderte die munter sprudelnden Öldollars auf teuren und ausgedehnten Auslandsreisen. In völliger Unkenntnis ökonomischer Angelegenheiten schloss er Verträge mit ausländischen Firmen, und er kaufte hochtechnologische Waffensysteme, die niemand in seinem Reich bedienen konnte. Es gelang ihm schließlich, das eigentlich superreiche Land in eine Finanzkrise zu führen, die nur noch mit Hilfe des Internationalen Währungsfonds bewältigt werden konnte. Von seinen Brüdern und Verwandten wurde er 1957 entmachtet. Die wahabitischen Ulama legitimierten diesen beispiellosen Vorgang mit einer Fatwa. Die Saud-Familie verständigte sich darauf, Sauds Bruder Feisal die Regentschaft zu übertragen. Saud allerdings fand sich mit seiner Kaltstellung nicht ab. Er mischte sich erneut in die Regierungsgeschäfte ein und wurde daraufhin 1964 förmlich abgesetzt. Mit seinem Nachfolger Feisal begann die Modernisierung des Landes. Es erhielt jetzt eine Verwaltungsstruktur, wie sie auch andere Staaten besitzen.

8.2 Nadsch, Hedschas und Golfregion: Die ungleichen Teilgesellschaften Saudi-Arabiens

In den Heiligen Orten Mekka und Medina sowie in der Küstenstadt Djidda beherbergt das Hedschas eine Stadtgesellschaft. Die tragende Schicht dieser Gesellschaft sind Händler und Kaufleute. Sie verdienen am Pilgerverkehr zu den Heiligen Stätten. Die Pilger kamen hauptsächlich per Schiff, bevor das Fliegen für breitere Schichten erschwinglich wurde. Die Hedschas-Kaufleute hatten für die beduinischen neuen Herren nicht viel übrig. Doch schlechter ging es ihnen nicht. Die Sauds traten eifrig in die neue Rolle des Beschützers der Heiligen Stätten.

Die Ausbeutung des Erdöls veränderte die Verhältnisse des armen Landes grundlegend. Die Ölvorkommen befinden sich im Nordosten des Landes in einer Region, die schon lange vor dem Hedschas von den Sauds erobert worden war. Der Nordosten ist mehrheitlich schiitisch geprägt. In den Augen der Wahabiten sind Schiiten nichts anderes als Ketzer. Repressalien, die mit der Herrschaft der Sauds einsetzten, veranlassten viele dort lebende Schiiten, nach Bahrain und in den Irak auszuwandern (Steinberg 2004: 27f.).

Mit den seit den 1950er Jahren sprudelnden Öleinkünften verlor die Hedschas-Geschäftswelt ihre beherrschende Stellung in der saudischen Ökonomie (Niblock 2006: 76, Sabri 2001: 8f.). Umso prominenter traten Mitglieder der königlichen Familie in Geschäften hervor. Ein Grund lag darin, dass der Staatshaushalt vom Unterhalt der verzweigten Familie entlastet werden sollte. König Feisal hatte veranlasst, dass Mitgliedern der Herrscherfamilie Land in der Umgebung der großen Städte zugeteilt wurde, um aus dessen Erträgen ihren Lebensunterhalt zu bestreiten. Die unerwartet rasche Expansion der Städte und die Wertsteigerung der Ländereien ließen gewaltige Vermögen entstehen, die nach Investitionsmöglichkeiten verlangten (Niblock 2006: 76).

Durch die Pilger- und Besucherströme hatte das Hedschas im Laufe der Jahrhunderte eine gewisse Weltoffenheit gewonnen. Etliche Pilger aus Indien und Südostasien blieben dort hängen (Field 1984: 19f.). Hadramauten aus dem südlichen Jemen trugen maßgeblich zur Entwicklung des Hedschas bei (Hoch- und Straßenbau). Schließlich wurden im Hedschas auch Migranten aus Ägypten, Jordanien und Palästina heimisch (Sabri 2001: 5f.). Der Wahabismus hatte dort nie tiefe Wurzeln zu schlagen vermocht. Das Milieu und die Werte der Beduinen, die den saudischen Staat kontrollierten, wurden hier als fremd empfunden.

Bereits 1932 wurde die Hauptstadt von Djidda nach Riad verlegt, ins Ursprungsgebiet der Sauds. Die ursprüngliche Lebensweise ließ sich indes nicht konservieren. Die Petro-Ökonomie höhlte beduinische Werte und Traditionen mit Geld und Luxus aus. Zu einer Nivellierung der Unterschiede zwischen Hedschas und Landesinnerem kam es aber nicht. Das Verhältnis des Hedschas zum Königshaus blieb gespannt. Erst König Feisal bemühte sich um ein gutes Verhältnis zu den Hedschas-Familien.

Obgleich die Sauds und andere Stämme längst sesshaft geworden sind und sich zum großen Teil in Städten niedergelassen haben, leben sie weiterhin in Klan- und Stammesverbänden. Sozialer Rang und Hierarchie bestimmen sich nach der Stammeszugehörigkeit. Die Stämme des Nadsch rangieren an erster Stelle. Etliche Familien konstruieren Ursprünge im Nadsch, die tatsächlich in einer dunklen Vergangenheit liegen. In den elitären Familien der Städte, zumeist Geldadel, gehen Herkunft, Stamm, Einkommen und Klassenzugehörigkeit eng zusammen (Steinberg 2004: 29). Die Sauds betreiben Heiratspolitik, um die übrigen Stämme an sich zu binden. Bei der Besetzung von Stellen in den staatlichen und parastaatlichen Apparaten werden Araber aus dem Nadsch bevorzugt (Okruhlik 1999: 298ff.). Dies gilt auch für die Nationalgarde. Sie wird in Ikhwan-Tradition aus den Stämmen rekrutiert, die den Sauds in früherer Zeit ihr Reich erobert hatten. Die Nationalgarde dient als Rückversicherung gegen eine zu starke Abhängigkeit des Königshauses von der regulären Armee. An ihrer Spitze wie auch an derjenigen des Sicherheitsdienstes stehen Mitglieder der königlichen Familie (Niblock 2006: 66).

Großflughäfen, Bahnverbindungen und die Reglementierung des Pilgerverkehrs entzogen der Hedschas-Ökonomie seit Anfang der 1980er Jahre ein beträchtliches Quantum der gewohnten Geschäfte. Diese neue Infrastruktur war darauf angelegt, den Hadsch für Muslime in aller Welt erträglich und als Fernreise erschwinglich zu machen. Als weiteren Effekt versprach man sich Sympathie für die Sauds in der weltweiten Gemeinde der Muslime. Die Distanz der Hedschas-Gesellschaft zum Regime wurde dadurch nicht gerade geringer (Okruhlik 1999: 298). Ein wichtiger Gesichtspunkt bei diesen Maßnahmen war das Kontrollbedürfnis. Der Hadsch ist Muslimenpflicht. Auch Schiiten dürfen nicht davon ferngehalten werden. In der ersten, radikalen Phase der Islamischen Revolution im Iran kam es aber immer wieder zu Zwischenfällen und Demonstrationen iranischer Pilger, die, von daheim ermuntert, Khomeini-Porträts zeigten und Flugblätter verteilten. Es kam zu Konfrontationen mit anderen Pilgern. Sie forderten Hunderte Opfer (Niblock 2006: 81).

Der Reichtum des Landes wird im kargen Nordosten, und das heißt: in der Nachbarschaft des Irak, des Iran und Kuweits erwirtschaftet. Dort sprudeln, wie auch in den benachbarten Regionen dieser Staaten, die ergiebigsten Ölquellen des östlichen Orients. Der historische Zufall hat es so eingerichtet, dass in dieser Region grenzübergreifend die meisten Schiiten des Orients leben. Aus der Warte des salafitisch-sunnitischen Staatsislam befindet sich damit die wichtigste Ressource Saudi-Arabiens im konfessionellen Feindesland. Das Regime beäugt die schiitischen Stämme denn auch mit größtem Misstrauen (Al-Rasheed 1998). Die Petrorente wird in Riad kassiert. Schiiten leben in ärmeren Verhältnissen als die übrigen saudischen Untertanen. Die Versorgung mit Wasser und medizinischer Betreuung, die sich das Regime in dem von Natur aus trockenen Land sonst einiges kosten lässt, liegt im Nordosten im Argen (Doumato 2003: 232). Als vorgeblichen Häretikern wird es den Schiiten erschwert, ihre religiösen Feste zu begehen und Moscheen zu bauen. Nachdem es 1979 zu schiitischen Aufständen gekommen war, ließ sich die Regierung auf versöhnliche Gesten ein. An der Diskriminierung als solche hat sich nichts geändert (Craig Jones 2006).

8.3 Die Struktur der saudischen Familienherrschaft

Die Sauds beherrschen das Land mit einer kollektiven Führung. Die meisten Glieder der Familie Saud gehen Geschäften nach oder sie frönen dem Müßiggang. Die männlichen Nachkommen des Staatsgründers Ibn Saud werden heute auf etwa 4.000 geschätzt. Dank ihrer königlichen Abstammung führen sie den Titel eines Prinzen. Lediglich 300 darunter sind direkte Nachfahren. In dieser Gruppe werden dem politischen Führungszentrum je nach Zählweise um die 100 Prinzen zugerechnet (Knecht 2005: 92f.). Eine großzügige Schätzung geht davon aus, dass etwa 150 Prinzen die Schlüsselpositionen in Politik, Wirtschaft, Sicherheitsapparat und Militär innehaben (Raphaeli 2005: 529). Nur eine Handvoll darunter treffen nach Konsultation im Familienrat die wichtigsten Regierungsentscheidungen. Für ihre Jobs sind sie in aller Regel durch Erfahrung, Weltkenntnis und gute Ausbildung qualifiziert. Durchaus typisch für Familien, gibt es jedoch unterschiedliche Auffassungen (Steinberg 2004: 58ff.). Zwar treffen sich diese Auffassungen in der Entschlossenheit, die saudische Familienherrschaft zu sichern. Aber die Wege zu diesem Ziel sind umstritten.

Je nachdem, wer das Amt des Königs und des Innenministers innehat, schwankt der politische Kurs. Der König wird vom Familienrat bestimmt. Eine feste Erbfolge gibt es nicht. Diese Praxis hält sich an beduinische Tradition. Nicht der älteste Sohn des Scheichs, sondern das erfahrenste und fähigste unter den Familienhäuptern wird auf den Schild gehoben (zu Details: Steinberg 2004: 85ff.). Der König hat die Aufgabe, den Familienkonsens auszuloten und ihn zu repräsentieren. Er selbst und die wichtigsten Minister rücken in aller Regel recht betagt in ihre Positionen auf. Der amtierende Herrscher bestimmt den Thronfolger. Heute unterstützt ihn dabei ein Ratgebergremium. Hinter den Kulissen ringen verschiedene Linien der Saud-Familie darum, einen der Ihren zu lancieren (Chimelli 2008b).

In den gehobenen Kreisen gibt es kritische Stimmen, die davor warnen, sich nicht allzu stark gegen den Wandel der Zeiten zu stemmen. Sie mahnen, die Frauen zu gleichberechtigten Untertanen zu machen und die Schulausbildung den Bedürfnissen des wissenschaftlich-technischen Zeitalters anzupassen. Der Monarch erließ im Jahr 1992 ein Grundgesetz, das eine Schura einführte (Gause 2004, siehe auch Lacroix 2004). Aber diese Versammlung hat lediglich eine beratende Funktion. Die skizzierte Realverfassung ist in der Substanz über Jahrzehnte hinweg gleich geblieben (Dekmejian 2003, Raphaeli 2005).

8.4 Die Petroökonomie und das Geldmanagement – die Nutznießer des Regimes

Ein Viertel aller Studierenden sind in religiösen Hochschulen und Fakultäten eingeschrieben. Ihre Absolventen finden Jobs nicht nur in den 20.000 Moscheen des Landes und in anderen religiösen Einrichtungen, sondern auch in Verwaltung, Polizei und Justiz (Norton 2002: 23).

Die Sauds sind klug genug, die übrigen Stämme des Nadsch an ihrem Reichtum und ihrer Macht teilhaben zu lassen. Selten kommt es vor, dass diese Stämme Heiratsverbindungen in andere Regionen knüpfen. Die Stämme des Hedschas, von denen des schiitischen Nordostens ganz zu schweigen, genießen deutlich geringeres Ansehen (Prokop 2005: 24). Das im Übermaß vorhandene Geld hat eine Sozialstruktur hervorgebracht, in der die Qualifikation zum Geldmanagement mehr zählt als alles andere. In funktionaler Hinsicht gehen Prinzen und Stammeseliten also modernen Tätigkeiten nach. Den Maßanzug tragen sie mit der gleichen Selbstverständlichkeit wie die Galabiyya. London und New York sind ihnen so vertraut wie die Klubs der Reichen und Mächtigen in Riad.

Diese Schicht ist modern und traditionell zugleich. Modern ist sie darin, dass sie mit Finanzkapital jongliert und die Schaltstellen der saudischen Bürokratie kontrolliert. Traditionell ist sie darin, dass sich die Menschen in das Familien- und Stammeskollektiv einfügen (Chimelli 2008). Der Loyalität dieser Elite dürfen sich die Sauds gewiss sein. Die Sittenstrenge, die im eigenen Lande verlangt wird, hindert diese Familien nicht daran, ins nahe oder ferne Ausland zu jetten und dort einem Zeitvertreib zu frönen, der daheim missbilligt wird oder gar unter Strafe steht.

Industriell-technisches Know-how ist Mangelware in der saudischen Elite. In der übrigen saudischen Bevölkerung fehlt es an Handwerkern und Technikern. Einschlägige Fähigkeiten und Wissen werden mit einem Heer ausländischer Arbeitskräften aus den arabischen Nachbarländern und aus Asien importiert (Niblock 2006: 54ff., Bosbait/Wilson 2005). Die Arbeitslosigkeit im Lande liegt hoch. Aus Kosten- und aus Qualitätsgründen unterläuft die Unternehmerschaft Versuche, Saudis anstelle ausländischer Arbeiter zu beschäftigen.

Die Hedschas-Ökonomie ist schon vor langer Zeit von der Petro-Ökonomie überwuchert worden. Mit den Öleinkünften des Landes, die vier Fünftel der Gesamteinnahmen ausmachen, wirtschaftet die Unternehmerklasse aus dem Nadsch. Die Viermillionenstadt Riad mit ihren Glitzerfassaden und breiten Boulevards zeigt an, wo die Einkünfte bleiben (Chaudry 1994: 13). Auf Steuern verzichtet der saudische Staat, er kann es sich leisten. Von Beobachtern als System des „no taxation without representation“ beschrieben, entfällt bei den Betuchteren das Motiv, sich wegen ihres Geldbeutels politisch zu engagieren.

8.5 Das wahabitische Establishment: Stütze des Regimes und zugleich Schwachpunkt

In der Staatsräson steht das Bündnis mit den Ulama an erster Stelle. Die wahabitische Lesart der Scharia ist Gesetz. Die Abkömmlinge al-Wahabs beherrschen bis heute die religiösen Institutionen. Eine Religionspolizei überwacht das Einhalten der Bekleidungs- und Verhaltensvorschriften in der Öffentlichkeit. Fatwas wahabitischer Ulama legitimieren die Politik der Sauds als islamisch, und zwar sowohl vorauseilend als auch nachsorgend (Al-Atawneh 2009: 728ff.). Ohne das Bündnis mit den Herrschenden wären die Ulama lediglich Vertreter einer der zahlreichen Spielarten des sunnitischen Islam. Die heikelsten Fatwas sind eine

Sache der höchsten Ulama. Sie erlaubten in jüngster Zeit französischen Spezialisten, eine Terrorgruppe aus der Großen Moschee in Mekka zu vertreiben (1979) und sanktionierten die Stationierung US-amerikanischer Truppen auf saudischem Boden (1991) (Alianak 2007: 86f.). Die Definitionsmacht über das moralisch und politisch Erlaubte begrenzt die Spielräume der Dynastie, wenn diese aus pragmatischen Erwägungen eigentlich mehr Reformen zulassen möchte, als den Ulama recht ist.

Mit der islamischen Revolution im Iran geriet das wahabitische Establishment unter Druck. Die Sauds finanzierten eine salafitische Gegenoffensive, unter anderem mit Zuwendungen an die Muslimbruderschaften und dem Bau von Moscheen im Ausland (Niblock 2006: 84).

Die enge soziale Kontrolle wird von Subventionen und Unterstützungsleistungen für die ländliche Bevölkerung und für die Marginalisierten in den großen Städten flankiert (Niblock 2006: 84). Das Image des Rechtfertigungsdieners kann sich das wahabitische Establishment allerdings nicht leisten. Seit Jahren bereits stehen die Ulama unter Druck (Glosemeyer 2004: 152ff.). Bei den weniger privilegierten wahabitischen Gläubigen stehen sie teilweise bereits unter Verdacht, bloße Komplizen der Sauds zu sein. Prediger, die ihre Distanz zum wahabitischen Establishment herausstreichen, genießen große Popularität.

Im Einklang mit der Scharia dürfen saudische Frauen Geschäfte tätigen, erben und vererben. Viele haben eine exquisite Ausbildung. Ihre Diskriminierung greift am schärfsten im öffentlichen Raum. Die Tatsache, dass saudische Geschäftsleute und Minister mit Europa und Amerika vertraut sind, dass sie dort studiert haben und dort auch Domizile ihr eigen nennen, während sie in den Grenzen des eigenen Landes mit dem Fahrstuhl scheinbar zurück in die islamische Frühzeit sinken, zeigt, worum es eigentlich geht: Jeder Schritt in Richtung auf gesellschaftliche Mitsprache und mehr Gleichberechtigung könnte über kurz oder lang die Legitimität der saudischen Familienherrschaft infrage stellen. Der Wahabismus bietet letztlich die fromme Fassade für eine Klassenherrschaft. Wir stoßen hier auf das gleiche Phänomen, das wir bereits in anderen orientalischen Staaten beobachtet haben.

Muslime aus den Nachbarländern wissen das saudisch-wahabitische Regime zu schätzen. Zahlreiche Muslimbrüder aus Ägypten und Syrien, die in ihrer Heimat verfolgt werden, haben Aufnahme in Saudi-Arabien gefunden, wo sie als Ärzte, Ingenieure oder Lehrer arbeiten. Diese Ausländer nehmen an Scharia und Wahabismus keinerlei Anstoß.

Anstoß nehmen bisweilen aber sogar wahabitische Würdenträger an Entwicklungen in der saudischen Gesellschaft. Im Herzland der Sauds, im Nadsch, regt sich Kritik am verschwenderischen Reichtum. Der Luxus und der lockere Lebenswandel der Elite hinter verschlossenen Türen und im Ausland sind geläufig. Arbeitslosigkeit und Armut bis hin zu Drogen, Kriminalität und illegalem Waffenbesitz geben den Kritikern Auftrieb. Im Sinne Qutbs (siehe oben 2.1.4). werden diese Deformationen dem Abirren der Regierenden vom rechten Pfade zugerechnet (Norton 2002: 24, 26).

Bisweilen regen sich Bestrebungen, die Herrschaft moralisch zu reinigen und sie zu erneuern, indem das historische Bündnis Wahabs mit den Sauds gekündigt wird. Mit spektakulärer Wirkung besetzten 1979 muslimische Puristen, Nachfahren der Ikhwan, die Große Moschee in Mekka. Sie wollten der muslimischen Welt demonstrieren, dass die Sauds es nicht verdienten, als Schützer der Heiligen Stätten respektiert zu werden (Peil 2006). Nur mit Hilfe französischer Spezialkräfte konnte die Besetzung beendet werden. Besonders scharfe Kritik weckte die Stationierung von US-Truppen auf saudischem Boden im Jahr 1991. GIs traten in aller Öffentlichkeit auf. Soldatinnen steuerten Militärlastwagen, wo es einer saudischen Frau bis heute verboten ist, überhaupt einen Führerschein zu erwerben.

Nicht von ungefähr hat das Terrornetzwerk al-Qaida seine Ursprünge in saudischen Muslimen, die sich an der Doppelbödigkeit eines Regimes stoßen, das vordergründig als Bollwerk des Islam gegen die säkular-liberale westliche Lebensweise auftritt, während seine Existenz gleichzeitig davon abhängt, sich mit dem Westen zu verbünden und Geschäfte mit ihm zu machen. Die Familie Bin Laden, die mit ihrem Sprössling Osama den maßgeblichen Initiator dieses Netzwerks hervorgebracht hat, verkörpert diesen Gegensatz. Sie gehört zur Geschäftswelt des Hedschas, unterhält Geschäftskontakte in alle Welt und verdankt ihren Reichtum auch der guten Verbindung zur Herrscherfamilie. Osama Bin Laden bekämpfte zunächst die sowjetischen Okkupanten in Afghanistan als Feinde des Islam. In seiner manichäischen Weltsicht waren die Unterstützung Saudi-Arabiens für die Vertreibung des Irak aus Kuweit und die Stationierung von US-Truppen in der Nähe der Kriegsschauplätze ein gravierender Verrat am Islam. Demzufolge haben sich die herrschenden Sauds als Komplizen des gottlosen Westens diskreditiert.

8.6 Widersprüche zwischen Innen- und Außenpolitik

Die USA sind die Schutzmacht Saudi-Arabiens. Die Armee wäre kaum in der Lage, das Land wirksam zu verteidigen. Schon für die komplizierteren Waffensysteme mussten in der Vergangenheit Spezialisten, vornehmlich aus dem islamischen Ausland, angeworben werden. Indem die USA schützend ihre Hand über das Königreich halten, protegieren sie eine ihrer wichtigsten Ölquellen. Das Land ist von arabischen Nachbarn mit Überbevölkerung, grassierender Armut und schlechter Infrastruktur umgeben. Und im Osten grenzt es an den Iran, dessen Verfassung auf dem von den Wahabiten verachteten schiitischen Islam gründet.

Mit seiner Ölressource ist auch der Iran ein potenziell reiches Land. Eine bedeutende Militärmacht in der Region ist er seit langem. Bis zum ersten Golfkrieg war auch der Irak ein bedrohlicher Nachbar. Seine Bedrohlichkeit hat er zwar mit dem Sturz des Bath-Regimes verloren. Der Nachkriegsirak hat aber ein stärker schiitisches Gesicht. Mit Blick auf den schiitischen Nordosten des Landes bleibt somit Unbehagen ob des irakischen Nachbarn. Früher einmal, als der Schah noch regierte, hielt sich der Iran aus dem Palästina-Konflikt heraus. Damals hatte Saudi-Arabien die Rolle eines anti-israelischen Frontstaates. Die Islamische Republik hat ihm diesen Schneid abgekauft.

Die Preis- und Förderpolitik auf dem Ölmarkt eignet sich nicht als politisches Druckmittel im Verhältnis zu Washington, zumal hier auch zu bedenken ist, dass saudisches Geld in den USA und in den reichen EU-Staaten arbeitet. Vom Energiepreis induzierte Wachstumskrisen schlagen nicht nur auf die Energienachfrage, sondern auch auf die Konten des saudischen Staates und saudischer Geschäftsleute zurück.

Für die wahabitischen Ulama sind die USA ein Feind des Islam, der zugleich als Schutzmacht für das verhasste Israel auftritt. Dieser Attitüde kann sich die Politik der Sauds nicht ganz entziehen, genauso wenig, wie sie es sich leisten kann, den amerikanischen Verbündeten zu brüskieren.

9 Iran

9.1 Der Iran in der Ära des Kalten Krieges

Die Reformen, die Schah Reza I. in den 1930er Jahren auf den Weg gebracht hatte, kamen mit der Besetzung des Iran im Zweiten Weltkrieg zu einem jähen Stillstand (siehe oben 1.6). Für Großbritannien war der Iran in der Epoche der Russischen Revolution und des Stalinismus nicht sonderlich wichtig: Der weltpolitische Rivale in Asien war mit sich selbst beschäftigt. Der Zweite Weltkrieg brachte den Iran erneut zwischen die Mühlsteine ausländischer Interessen (Mokthari 2005). Die Militärs im benachbarten Irak brachten dem Deutschen Reich nach dem Motto „meines Feindes Feind ist mein Freund“ offene Sympathie entgegen. Der Iran wiederum hatte in den 1920er und 1930er Jahren gute Beziehungen zur deutschen Regierung. Der entscheidende Grund für die abermalige Besetzung des Iran im Zweiten Weltkrieg war der deutsche Überfall auf die Sowjetunion. Er trug den europäischen Krieg an die Grenzen Asiens und damit auch in die Nähe der iranischen Ölquellen. Schah Reza wollte sich nicht zum Büttel britischer und sowjetischer Interessen machen und wurde deshalb von den Alliierten zum Rücktritt gezwungen. Sein Sohn Reza II. trat 1941 die Nachfolge an.

Der junge Schah war eine schwache Figur. Nachdem der Krieg beendet war und auch die Sowjetunion nach langem Zögern ihre Truppen abgezogen hatte, beanspruchte Reza II. die Machtfülle seines Vaters. Er war mit allen Annehmlichkeiten eines luxuriösen westlichen Lebensstils aufgewachsen. Als Herrscher sollte er viel Zeit in Schweizer Wintersportorten und in den mediterranen Treffpunkten der europäischen Schickeria verbringen. An die Autorität seines Vaters reichte er nicht heran. Das Parlament und die Parteien bestimmten in seinen ersten Herrscherjahren die politische Szenerie. Die meisten Parteien repräsentierten die modernen und säkularen städtischen Mittelschichten sowie die reichen Grundbesitzerfamilien, deren Willen ganze Wählerkohorten zu dirigieren vermochte (Abrahamian 2008: 97ff.).

Die brachiale Missachtung der iranischen Unabhängigkeit im Krieg hatte die Stimmung im Nachkriegsiran nationalistisch aufgeladen. Insbesondere die Kontrolle britischer Unternehmen über die Ölvorkommen wurde als koloniales Relikt empfunden. Die Tudeh-Partei tat sich in der Kritik daran besonders hervor. Hinter ihr stand die in den großen Städten konzentrierte Industriearbeiterschaft. Bei ihrer Gründung im sowjetisch besetzten Nordiran hatte Moskau die Hand im Spiel gehabt. Mit derben Methoden, die mit Verfassung und Recht nicht zimperlich umgingen, wurde die Tudeh solange bekämpft, bis sie am Ende der 1940er Jahre ihre Bedeutung einbüßte.

Gleichzeitig gewann die Arbeiterpartei an Gewicht. Es handelte sich um eine urbane Sammlungsbewegung. Sie scharte sich um den angesehenen und charismatischen liberalen Politiker Mohammad Mossadegh. Ab 1951 führte Mossadgeht die Regierung. Aus bürgerlichen Verhältnissen kommend, fand Mossadegh darüber hinaus Unterstützung in der städtischen Mittelschicht und bei den Basargeschäftsleuten. Seine Anhängerschaft wurde vom Kitt eines nationalistischen Aktionsprogramms zusammengehalten. Nach der demütigenden Besatzungserfahrung stand die Ablehnung des ausländischen Einflusses stärker in Blüte als je zuvor. Vor allem Mossadeghs Initiative, die iranischen Ölquellen zu verstaatlichen, fand breiten Zuspruch (Abrahamian 2008: 115f.).

Eine von Mossadegh angeführte Koalition linker und nationalistischer Parteien beschloss 1951 die Verstaatlichung der Ölindustrie. Auch die Ulama spendeten Beifall. London rief daraufhin den Internationalen Gerichtshof an. Dieser verweigerte die Entscheidung und gab Teheran damit indirekt Recht. Auch die USA unterstützten anfänglich die iranische Position. Bald aber revidierten sie ihre Haltung.

Mossadegh verlor an Unterstützung, als er Schritte unternahm, um die politische und wirtschaftliche Macht der Großgrundbesitzer zu brechen. Große Landbesitzer kontrollierten das Geschehen auf dem Lande. Bauern und Pächter waren von ihnen abhängig. Eine Wahlreform und Steuern auf Landbesitz wurden als erste Schritte ins Auge gefasst, um diese Verhältnisse zu ändern. Beim Klerus fanden diese Pläne keinerlei Anklang. Die Landoligarchie spendete traditionell für klerikale Einrichtungen (Keddi 2006: 126).

Mossadeghs Probleme mit der Verstaatlichung der Anglo-Iranian Oil Company und die Verärgerung der konservativen Kleriker und Landbesitzer veranlassten den Schah zu einer Kraftprobe. Er sperrte sich gegen die Ernennung des Verteidigungsministers und intervenierte in die Vorbereitungen für die Parlamentswahl. Stets zog er den Kürzeren. Schließlich entließ er Mossadegh. Durch die Kontakte mit den westlichen Regierungen wähnte er sich stark genug. Mossadegh aber weigerte sich zurückzutreten, da er im Parlament noch genügend Rückhalt hatte. Die Armee stand zwischen den Fronten. Unter diesen Umständen entschied sich der Schah, das Land zu verlassen.

Die USA revidierten unterdessen ihre abwartende Haltung im Konflikt zwischen London und Teheran. Die Regierung Mossadegh wurde jetzt als potenzieller Alliierter Moskaus eingestuft. Dies geschah aufgrund einer groben Fehldeutung der nationalistischen Motive für die Verstaatlichung der Ölkonzerne. Die USA folgten inzwischen der Devise, den Einfluss der Sowjetunion in der Welt nicht nur einzudämmen, sondern ihn auch zurückzudrängen. Die iranische Regierungspolitik wurde damit in einen Deutungsrahmen gezwängt, der weiteres Zuwarten nicht erlaubte.

Washington setzte jetzt ganz auf Reza II. als „seinen Mann im Iran". Es wertete die Vorgänge in Teheran, insbesondere den Machtverlust des Schahs, als Punktsieg des Moskauer Expansionsstrebens. Das Gesamtszenario wurde als ein Remake der Abläufe wahrgenommen, mit denen Moskau nach 1945 Osteuropa unter seine Kontrolle gebracht hatte. Auch dort waren Kommunisten zunächst nur Partner in Koalitionsregierungen, auch dort wurde die Wirtschaftspolitik mit Teilverstaatlichungen umgesteuert.

Der britische Geheimdienst MI 6 und die CIA stimmten sich auf den Sturz der Regierung Mossadegh ein. Maßgeblich für dessen Sturz waren jedoch inneriranische Entwicklungen. Entschieden wurde die Machtprobe von den wichtigsten Kommandeuren der Armee. Diese kündigten der Regierung 1953 die Loyalität auf und ließen die Panzer rollen. Letztlich waren es aber auch nur vordergründig Soldaten und Agenten, die Mossadegh zu Fall brachten. Entscheidend war vielmehr die fehlende Bereitschaft des Klerus und des Basars, ihn zu unterstützen. Mossadeghs Politik, mochte ihr nationalistisches Element auch Zustimmung finden, war den einen zu säkular, den anderen zu progressiv. Deshalb waren die Opponenten letztlich bereit, sich mit dem Schah als dem vermeintlich kleineren Übel abzufinden.

Schahtreue Truppen lieferten sich kurze Gefechte mit regierungsloyalen Truppen und vertrieben die gewählte Regierung. Im kollektiven Bewusstsein der iranischen Gesellschaft, vor allem bei Intellektuellen, Studenten und Gewerkschaftern setzten sich diese Ereignisse als neokolonialistische Intervention der amerikanischen Weltmacht fest. Für die Zukunft des Landes sollte diese Deutung nicht zu überschätzende Wirkung entfalten, mochten die historischen Vorgänge auch diffiziler gewesen sein. Reza II. kehrte nach dem erfolgreichen Staatsstreich nach Teheran zurück. Mit amerikanischer Hilfe wurde 1957 die Geheimpolizei Savak aufgebaut und die Armee mit amerikanischen Waffensystemen ausgestattet. Der Regierungsmodus schlug ins Autoritäre um (Abrahamian 2008: 118ff.).

9.2 Der Schah – ein neopatrimonialer Herrscher

Das Schah-Regime entsprach in jeder Hinsicht dem neopatrimonialen Modell. Der Schah schämte sich der Rückständigkeit seines Landes. An den Treffpunkten der europäischen Haute volée fühlte er sich am wohlsten. Die Ölrente spülte genügend Mittel in die Staatskasse, vor allem seit den späten 1960er Jahren, um das Land auf den letzten Stand der US-Waffentechnik aufzurüsten. Der Schah verstand es aber nicht einmal, die säkularen Eliten für sich einzunehmen.

Sein Wunsch war Gesetz. Entscheidungen wurden maßgeblich von Familienmitgliedern und Einflüsterern in der engsten Umgebung beeinflusst. Nasr schildert in einer Fallstudie, wie das Wirtschaftsministerium mit dem klassischen Anreizprogramm für eine Importsubstitution versuchte, die iranische Industrie zu fördern, indem für bestimmte Importprodukte Zollbarrieren errichtet werden sollten. Anfänglich von der Idee überzeugt, ließ der Schah das Ruder wieder umlegen. Verwandte und Freunde, die eng mit den Importeuren verbunden waren, hatten ihn überredet, das Ministerium beschreite den falschen Weg (Nasr 2000). Eine importsubstituierende Industrialisierung hätte einiges ausrichten können, um dringend benötigte Arbeitsplätze zu schaffen.

Der Armee wurden modernste Waffensysteme übergeben, nichts war zu teuer. Doch tüchtige Kommandeure weckten das Misstrauen des Schahs. Karriere machten stattdessen mediokre Truppenführer, denen der Schah nicht zutraute, einen Putsch gegen ihn einzufädeln. Schon über die Beförderung in den Rang eines Majors entschied der Schah persönlich (Abrahamian 2008: 125).

Die grundlegende Schwäche des Regimes war die Person des Schahs. Waren anderswo Institutionen wie die Bath-Partei oder die Streitkräfte im Spiel, um die Person an der Spitze des Systems auszubrüten, gab es dort Klientelbindungen an die Armee, an die Bauern, die Stämme und die Sekten, war der Schah bloß ein Thronerbe. Er hatte es nie gelernt, Verbündete zu finden und Koalitionen herzustellen. Wann immer er in die Klemme geriet, hauten ihn die USA heraus. Unerfahren und letztlich machtfremd, summierten sich die Fehler seiner Herrschaftspraxis.

9.3 Eine missratene Landreform

Als Chef eines antikommunistischen Regimes genoss der Schah den Rückhalt der amerikanischen Weltmacht. Er gebärdete sich zunehmend als Despot. Die Abhängigkeit von den USA zwang ihn jedoch, den Paradigmenwechsel der amerikanischen Politik bei der Bekämpfung des Kommunismus mitzumachen (Summitt 2004: 564). In den 1960er Jahren lautete eine der vermeintlichen Lehren aus der Geschichte, dass der Großgrundbesitz das Sprießen kommunistischer Bewegungen in armen Ländern fördere. Verschuldete und landlose Bauern würden für radikale Ideen empfänglich. Freie Bauern, die eigenes Land bewirtschafteten und etwas zu verlieren hätten, seien gegen kommunistische Parolen immun. Nicht in den notorisch unruhigen, politisch mobilisierbaren Städten des Iran, sondern auf dem Lande, wo die Mehrheit der Bevölkerung lebte, müsse die Stabilisierung des Iran ansetzen. Der Schah war vom Drängen seiner amerikanischen Schutzmacht nicht begeistert. Die Oligarchie, die den Iran beherrschte, nannte beträchtlichen Landbesitz ihr Eigen.

Die Kennedy-Administration übte Druck auf den widerstrebenden Schah aus. Mit ersten bescheidenen Reformen gab sich Washington nicht zufrieden. Ab 1962 wurde die Umverteilung intensiviert. Große Grundbesitzer wurden zum Verkauf gezwungen. Das frei werdende Land wurde an Kleinbauern verkauft oder den bisherigen Pächtern überlassen.

Die Absicht dahinter war es, Land zu enteignen, das ortsfremden Eigentümern gehörte. Große Landbesitzer sollten Land im Umfang eines rechtlich definierten Dorfes oder des Äquivalents eines Dorfes behalten dürfen. Dies bedeutete immer noch, dass Großgrundbesitzer unter Ausnutzung aller Rechtsbestimmungen tatsächlich Besitz im Umfang bis zu sechs traditionellen Dörfern behalten durften (Keddie 2006: 149ff.). Durch Schenkungen an Verwandte wurde weiterer Besitz in der Familie gehalten. Die Verlustwirkung der Landreform traf in der Masse den ländlichen Klein- und Mittelbesitz.

Die Reform hatte unerwartete Auswirkungen. Bei den meisten Landbesitzern, die Grund und Boden verpachtet hatten, handelte sich nicht um klassische Latifundieneigner, sondern um Basaris und andere Geschäftsleute. Diese hatten ihre Gewinne und Ersparnisse, orientalischer Tradition entsprechend, nicht in

Geldvermögen angelegt, sondern in Land. Zwar brachte diese Anlageform nicht mehr ein als die angesichts einer traditionellen Bewirtschaftung bescheidenen Pachtverträge. Aber diese Einkünfte flossen regelmäßig, und Landbesitz war vor Inflationsverlusten sicher. Ein weiterer Schwachpunkt der Reform war der Umstand, dass die Entschädigung, die man früheren Eigentümern auszahlte, nach dem Besteuerungswert des Landes bemessen wurde. Wie fast überall in der Welt war Agrarland steuerlich unterbewertet. Nicht nur der Zwangsverkauf, auch die Entschädigung wurde als ungerecht empfungen. Mit diesem Progamm entfremdete sich Reza II. dem Basar (Majd 2000: 125ff.). Zwischen 1961 und 1963 kam es in allen größeren iranischen Städten zu Protesten gegen die Bodenreform.

Die Reformbetreiber hatten nicht bedacht, dass es mit der Übertragung von Eigentumstiteln nicht getan war. Für die meisten Bauern veränderte sich wegen der halbherzigen Durchführung der Reform wenig. Für die ländliche Infrastruktur, Straßen, Elektrizität, Wasserversorgung und ärztliche Betreuung wurde nichts getan. Den neuen Eigentümern fehlte es an Kapital für Betriebsmittel wie Saatgut, Maschinen und an Bewässerungspumpen. Viele der im selbständigen Wirtschaften unerfahrenen neuen Kleinbauern mussten sich verschulden. Es entstanden neue Abhängigkeiten, von denen kurioserweise auch frühere Großgrundbesitzer profitierten. Man hatte diesen zwar einen Teil ihres Landes, aber nicht ihr Kapital genommen (Ajami 2005, Summitt 2004: 569).

Das Nasser-Regime in Ägypten und die Bath-Regime im Irak und Syrien hatten ihre Bodenreformen klüger geplant. Die Folgen der iranischen Reform waren das Gegenteil des eigentlich Gewollten. Bauern gaben die Landwirtschaft auf und suchten ein Auskommen in den Städten (Majd 2000: 127). Die großen iranischen Städte waren bis dahin – vom Basar abgesehen – Horte westlicher Lebensweise, von der Erziehung, Bildung, Kleidung und Bebauung bis hin zur Berufswelt gewesen. Das Festhalten der Zuwanderer an der überkommenen Lebensweise bremste die kulturelle Urbanisierung. So entstand ein städtisches Subproletariat von ländlichem Zuschnitt. Es suchte Halt in überlieferten Bräuchen und in der Treue zu den schiitischen Geistlichen. Die Ärmsten der städtischen Armen blieben also in Reichweite der religiösen Autoritäten. Säkulare und linke Ideologien hatten dort, anders als in der städtischen Mittelschicht, keinerlei Chance.

9.4 Der Konflikt mit den Ulama

Wie sein Vater sah Reza II. die Ulama als ungebildete, rückständige Kaste an. Der Iran sollte werden wie die europäischen Länder, die der Herrscher so sehr schätzte. Anfang der 1960er Jahren wurden die unter Rezas Vater noch verbliebenen Rechte der islamischen Gerichte eingeschränkt und insbesondere die Rechtsprechung in Familiensachen den staatlichen Gerichten übertragen. Damit verloren die Ulama einen Bereich, in dem sie per Auslegung der Scharia noch eine soziale Kontrolle hatten ausüben dürfen. Auch ein Teil ihres gewohnten Einkommens stand damit auf dem Spiel.

Von schiitischen Gläubigen wird erwartet, dass sie Rat und Anleitung zum gottgefälligen Leben bei einem qualifizierten Ulama suchen, der sich durch Pietät und Gelehrsamkeit auszeichnet und ein theologisches Studium absolviert hat. Die besonders qualifizierten darunter sind Mujtahids. Sie erhalten den Titel eines Ayatollah. Allein sie sind zum Ijtihad, zur schöpferischen Auslegung des Korans befähigt. Sie erwerben ihre Qualifikation durch langes und intensives Studium. Diese Mujtahids wiederum folgen beim Ijtihad dem Beispiel und Urteil eines herausragenden Geistlichen, der den Titel eines Groß-Ayatollah führen darf und den sie als Quelle der Nachahmung (Marja-i-Taqlid) anerkennen (Algar 1969: 14ff.). Derzeit gibt es 15 Geistliche dieses Ranges im Iran (zum Vergleich: Afghanistan, Irak, Libanon, Pakistan je einer). Die Anerkennung als Quelle der Nachahmung vollzieht sich in einem Konsensbildungsprozess der führenden Geistlichen, die allein nach theologisch-fachlichen Kritierien auswählen. Für ihre Leistungen steht den Geistlichen ein Obolus zu (Munson 1988: 33).

Gläubige erwarten Wegweisung in Familien- und Alltagsangelegenheiten. Mujtahids sind ständig gefordert, den Koran und die Scharia so auszulegen, dass sie mit dem unumstößlichen Wandel der Technik, Kultur, Wirtschaft und Politik vereinbart werden können. Bevor Kleriker den Status eines Mujtahid erreichen, verlangt die Schia einen hohen theologischen Anspruch und eine langwierige Ausbildung bei erfahrenen älteren Theologen. Das Ausbildungszentrum ist die Stadt Ghom. Die schiitischen Kleriker haben zwar nicht die Geschlossenheit einer Klasse. Aber als Führer der Gemeinden haben sie – unabhängig von Rang und Status – ein existenzielles Interesse am Fortbestand ihrer kulturellen Hegemonie. Die Ulama sind – im theologischen Rang aufsteigend – vermögende Leute. Je mehr Spenden und andere Geldleistungen dem Mujtahid zugewendet werden, desto größer sein Netzwerk niederrangiger Theologen (Nasr 2006: 71). Hohe Kleriker verheiraten ihre Kinder traditionell in andere Klerikerfamilien und in die Familien frommer Basargeschäftsleute (de Groot 2007: 65ff.).

Die Landreform traf die Ulama direkt. Sie verwalten geistliche Stiftungen, in die der sozialpflichtige Teil der Geschäftserträge frommer Muslime fließt. Der Großgrundbesitz hatte einen erheblichen Teil zu diesen Stiftungen beigesteuert, ebenso die zahlreichen Landbesitzer in der Mittelschicht. Kurz: die Folgen der Landreform trafen Moschee und Basar gleichermaßen.

Seit 1962 verzichtete der Staat darauf, den Kandidaten für örtliche Wahlämter das Bekenntnis zum Islam abzuverlangen. Die Frauen sollten das Wahlrecht erhalten. Die meisten Kleriker nahmen dies alles im stummen Protest hin. Frauen sollten die Scheidung begehren dürfen. Ein Referendum sollte das Reformpaket absegnen. Gegen diese Reformen riefen unter anderen die Ulama zum Boykott auf. Wie zu erwarten, ging das von den Behörden gesteuerte Referendum dennoch erfolgreich aus. Die Ulama fassten diese Ereignisse als Generalangriff auf ihre gesellschaftliche Rolle auf (Ishtiaque 2006: 27). Als 1971 in Persepolis mit großem Pomp ein Jubiläum der altpersischen Dynastie gefeiert wurde, empfand der Klerus diese Inszenierung eines vorislamischen historischen Ereignisses als weitere Provokation.

Der einflussreiche Prediger Ayatollah Ruholla Musawi Khomeini verkündete 1963 eine Fatwa gegen die Landreform (Majd 2000: 147). Er tat öffentlich kund, der Schah habe sich den US-Amerikanern ausgeliefert. Der gleiche Impuls, der im Ägypten der 1950er Jahre die oppositonellen Muslimbruderschaften entstehen ließ, wirkte auch hier: die Befürchtung, eine Politik, die sich am Beispiel des säkularen Westens orientiere, ziehe unvermeidlich die De-Islamisierung des öffentlichen und privaten Lebens nach sich! Was die schiitische Theologie bis dahin nicht nötig hatte, war jetzt geboten: eine Basis zu finden, mit der die Politik des Staates konterkariert werden konnte – eine politische Theorie zu formulieren.

Ayatollah Khomeini erschloss sich diese Theorie in der Fortentwicklung der Schriften Qutbs (Kapitel 2, 2.1.4). Danach genügt es nicht mehr, dass der Staat den Muslimen die Ausübung ihrer Religion garantiert, wenn er sonst eine Politik verfolgt, die den von Gott gewiesenen Pfad verlässt. Vielmehr muss der Staat die Muslime dazu anhalten, in allen Lebensbereichen nach den Geboten des Islam zu leben. Darüber hinaus hat er alles zu unterlassen, was dazu beiträgt, die islamische Gemeinschaft zu schwächen. Zwar muss auch der islamische Staat mit der Zeit gehen. Dazu braucht er Ingenieure, Lehrer, Ärzte, Diplomaten und Geschäftsleute. Aber er benötigt eine Instanz, die den Staat auf Kurs hält, anders gesagt: die prüft, was in welcher Weise mit der Scharia vereinbart werden kann. Dafür aber kommen allein die Geistlichen infrage (Arjomand 2001: 301f.).

Es dauerte noch eine Weile, bis die Wendung schiitischer Theologen ins Politische Früchte trug. Die Mehrheit des schiitischen Klerus machte diese Politisierung bis zum heutigen Tage nicht mit. Doch das Wettern charismatischer Kleriker gegen die Säkularisierung blieb schon in den 1960er Jahren nicht ohne Folgen. Die Ulama gewannen, zumal als Objekt der unausgesetzten Attacken des Regimes, politisch an Glaubwürdigkeit und Einfluss (Arjomand 1988: 84ff.). Als der Ayatollah Khomeini nach aufwieglerischen Predigten 1963 des Landes verwiesen wurde, kam es zu Protesten. Sie wurden von den Ordnungskräften mit Tausenden Opfern niedergeschlagen (Summitt 2004: 571, Schweizer 2000: 280ff.).

9.5 Verwestlichung

Der Schah behielt den eingeschlagenen Kurs bis zum Ende seiner Herrschaft im Jahr 1979 bei. Steigende Einnahmen aus dem Ölverkauf kamen ihm dabei entgegen. Zunächst der Schah und seine Entourage, später die Funktionsträger des Regimes, aber auch Basaris und andere Geschäftsleute, höhere Staatsbedienstete und Militärs konsumierten all die Dinge, die in Europa und Amerika Status und Erfolg anzeigen.

Das Flair iranischer Metropolen und Einkaufsmeilen hatte sich bereits in der Epoche Rezas I. demjenigen außerorientalischer Städte angeglichen. Der Lebensstandard, der Lebensstil und die Einkommen drifteten zwischen Stadt und Land noch weiter auseinander. In den Großstädten selbst tat sich eine Kluft zwischen den verwestlichten Schichten und den Landflüchtigen auf. Der Import westlicher Konsumgüter wurde zum einträglichen Geschäft. Er ließ eine Schicht neureicher Familien entstehen, deren Geschäftsgebaren und Auftreten mit dem Basargeschehen wenig gemeinsam hatten. Hier wirkte der gleiche Zusammenhang, der einige Jahre später auch in Ägypten eine Klasse von neuen Kommerziellen entstehen ließ. Gegen Ende der Schah-Ära wurden Basarbezirke zur Räumung freigegeben, um dort moderne Einkaufsmeilen zu bauen (de Groot 2007: 79, Arjomand 1988: 110).

Aus dem Westen kamen unvermeidlich nicht nur Luxus- und Gebrauchsgüter, sondern auch Ideen. Iraner stellten eine der größten Gruppen unter den Auslandsstudenten an europäischen Universitäten. Viele darunter schlossen sich der Exilopposition an. Im Iran selbst war der Campus eine Brutstätte der intellektuellen Opposition zum Regime. Diese Opposition war um nichts weniger säkular eingestellt als die Schichten, die vom Regime profitierten. Der Generaltenor war hier freilich links gestimmt.

9.6 Die Revolution: Anfänge der Islamischen Republik

Durch den Ölverkauf strömte in den 1960er Jahren Jahren viel Geld in die iranische Wirtschaft. Ein erheblicher Teil floss in die Kassen der Pahlevi-Stiftung. Sie erwarb mit den Öldollars Firmen und Kapitalbeteiligungen in Europa und Nordamerika. Soweit die Erträge nicht reinvestiert wurden, finanzierten sie die aufwändige Lebenshaltung des Schahs, seiner Familie und seiner Günstlinge. Weil die Mittel aus dem Ölverkauf hauptsächlich konsumiert und für teure Importe ausgegeben wurden, verlor das Geld stetig an Wert. Wegen der krassen Fehlverteilung der Einkommen konzentrierte sich die Kaufkraft bei den Regimeträgern, beim Basar und bei den Neureichen. Ihnen vermochte die Inflation nicht viel anzuhaben. Der Verfall der Kaufkraft traf wie stets und überall die Armen und die Mittelschichten. Das Regime nahm dies alles durchaus wahr und erkannte die Gefahr darin. Als Ursache wurde die mangelnde Kontrolle über Basar, Bauern und Kleriker ausgemacht.

Der Schah ließ eine Einheitspartei ins Leben gerufen. Ihre Nebenorganisationen lösten die herkömmlichen Berufs- und Standesverbände ab. Ab 1975 mussten sogar die Vereine der Freien Berufe, darunter Ingenieure und Anwälte, durchweg auch im Iran hoch angesehene Berufsgruppen, Einschränkungen ihrer Autonomie hinnehmen. Die traditionellen Gilden der Basargeschäftsleute hatten sich in das Korsett staatlicher Aufsicht und Bevormundung zu fügen. Die Ulama wurden aufgefordert, über die von ihnen verwalteten Stiftungen Rechnung abzulegen (Abrahamian 2008: 150ff.).

Die Schuld für die steigenden Preise schob eine Regierungskampagne der Profitgier des Basars zu. Mit Hilfe von Aktivisten der Staatspartei wurden öffentlichkeitsträchtige Razzien durchgeführt und Händler verhaftet. Der Basar sah sein Eigentum bedroht. Noch kontrollierte der Basar etwa die Hälfte der handwerklichen Produktion und über Zweidrittel des Groß- und Einzelhandels. Die ökonomische Drangsalierung des Basars galt auch seinem politischen Status. Die eng mit der Moschee verbundenen traditionellen Kaufleute und Handwerker entzogen sich dem Regime. Sie waren eine Stimmungsmaschine. Im Kontakt untereinander, mit Kunden und Geschäftspartnern außerhalb des Basars wurden Informationen getauscht, Gerüchte produziert und reiften Schuldzuweisungen für die Krise. Das Regime zielte auf nichts weniger als die Beseitigung dieser politischen Küche. Basarviertel wurden abgerissen, andere für den Abriss vorgesehen. Moderne Einkaufsmeilen traten an ihre Stelle. Mit dem Geschäftsplatz sollte das politische Milieu des Basars ausgetrocknet werden. Mit der Umstellung der Jahreszählweise vom Beginn der islamischen Ära auf den Anfang des altpersischen Reiches setzte die Regierung 1976 die Konfrontation mit den Ulama fort (Abrahamian 2008: 138, 150ff., Nasr 2000: 115, Arjomand 1988: 110).

Ab 1978 kam es zu Massenprotesten gegen die wirtschaftliche Situation. Sie mobilisierten sowohl die linke als auch die bürgerlich-liberale Opposition. Die Oppositionsvertreter lehnten weder den Verwestlichungskurs des Schahs noch die Wirtschaftsordnung ab, bestanden aber auf demokratischen Reformen. Ayatollah Khomeini verfolgte die Ereignisse vom Exil aus und steuerte sie durch ein Netzwerk ergebener Ulama mit. Seine per Kassettenrecorder verbreiteten Botschaften erreichten den letzten Winkel des Landes. Auch eine vom Intellektuellen Ali Shariati inspirierte linksislamische Strömung trat hervor (Ishtiaque 2006: 68ff.).

Auf die ungewohnt breiten und heftigen Proteste reagierte der Schah unsicher. Zuerst demonstrierte er Härte, dann gab er wieder nach. Hier spielte auch die US-Administration Carter eine Rolle. Stärker als ihre Vorgängeradministrationen pochte sie auf die Einhaltung der Menschenrechte in den verbündeten Staaten. Die Entourage des Schahs wusste in dieser Krise keinen Rat. Es war aber nicht diese Mittelschichtenopposition, die den Ausschlag für den Fortgang der Ereignisse gab.

Die Initialzündung für den Sturz des Schah-Regimes kam von Studenten. Ihre Wucht verdankten die Ereignisse aber der Beteiligung des Subproletariats in den großen Städten, insbesondere Teherans. Es wurde von den örtlichen Ulama mobilisiert. In recht kurzer Zeit brach das Regime zusammen. Der Schah verabschiedete sich ins Exil. Das Ergebnis war zunächst eine Art revolutionäres Zwischenspiel: Bürgerliche Politiker übernahmen die Regierung. Zur revolutionären Dynamik, zur Kraft der Straße, hatten sie aber nichts beigetragen. Die Ereignisse der Jahre 1978/79 produzierten leicht erkennbare Verlierer: die Funktionäre des Regimes und die westlich orientierte Bourgeoisie.

In der Folge rangen zwei Kräfte um die Früchte der Revolution. Sie waren in der Opposition gegen den Schah noch geeint gewesen: linke und islamistische Gruppen mit ihrem Anker in den Universitäten und der politisierte Teil des Klerus (Arjomand 1988: 106, Towfigh 2004: 528). Nach kurzer Zeit wurden die bürgerlichen Politiker ausmanövriert.

Die Masse der städtischen Armen ließ sich mit westlichen Ideen und Parolen nicht bei der Stange halten. Die Ulama und der Alltagsislam waren hier die vertrauteren Phänomene. Nach langem Hin und Her, in dem linksislamistische Gruppen ausgeschaltet wurden, setzten sich Khomeinis Anhänger durch. Bis zu seinem Tode sollte der charismatische Khomeini die beherrschende Figur des islamisch-iranischen Staates sein.

9.7 Das schiitisch-islamische Herrschaftssystem

Das nach der Revolution errichtete Regime fußt auf Institutionen. An seiner Spitze steht ein Geistlicher Führer: ein Kleriker, der sich durch herausragende theologische Qualifikation auszeichnen muss. Die Logik dieser Konstruktion gründet im schiitischen Islam. Khomeini, auf den der Entwurf des islamischen Staates zurückgeht, fragte, wie die Gläubigen regiert werden sollen, da ungewiss sei, wann der entrückte zwölfte Imam wieder erscheine, um selbst seine Gemeinde anzuführen. Sollen die Gläubigen bis dahin den Verächtern des Glaubens folgen? Fragen solcher Art beschäftigten in den 1960er Jahren nicht nur den Theologen Khomeini. Dieser allerdings gab eine klare Antwort: Der Koran, die Überlieferung und die Vernunft drängen zur Schlussfolgerung, dass bis dahin die Ulama die politische Führung übernehmen müssen. Kein zur Auslegung befähigter Geistlicher soll allerdings Autorität über andere haben (Ishtiaque 2006: 60ff., 117).

Der Geistliche Führer amtiert auf Lebenszeit. Wird das Amt vakant, wählt der Expertenrat einen Nachfolger. Dies ist bisher erst einmal geschehen. Als Khomeini 1989 verstarb, rückte Ali Chamenei nach, der seit 1981 als Präsident amtiert. Der Expertenrat besteht aus 86 qualifizierten Geistlichen bzw. Rechtsgelehrten. Das Gremium darf den Geistlichen Führer gegebenenfalls abberufen. Seine Mitglieder werden vom Volk gewählt. Kandidieren dürfen allein Geistliche, die vom Wächterrat für qualifziert befunden werden.

Dieser Wächterrat ist eine weitere Schlüsselinstitution des Systems. Er besteht aus zwölf Personen. Die Hälfte wird vom Geistlichen Führer, die übrigen werden vom Parlament ausgewählt. Dabei gilt allerdings die Einschränkung, dass die Parlamentarier an eine Kandidatenliste gebunden sind, die vom Höchsten Richter der Republik, einem Geistlichen, vorlegt wird. Dieser Richter selbst wird wiederum vom Geistlichen Führer ernannt.

Das Volk wählt als Gesetzgebendes Organ ein Parlament und einen Präsidenten. Zur Wahl werden allein Kandidaten zugelassen, die das Plazet des Wächterrates finden. Der Wächterrat greift heute ohne Zurückhaltung in die Kandidatenpräsentation ein. Im Wahljahr 2004 erklärte er über 40 Prozent und 2008 gut ein Drittel aller Parlamentskandidaturen für ungültig (Arjomand 2009: Samii 2004: 410, 412, siehe auch Baktiari 1996: 235). Von 475 Bewerbungen für das Präsidentenamt ließ der Wächterrat zur Präsidentenwahl des Jahres 2009 lediglich vier zu (Chimelli 2009b).

Die Gesetze werden vom Parlament beschlossen. Jeder Beschluss wird vom Wächterrat geprüft und gegebenenfalls annulliert. Zwischen 2000 und 2004 erklärte der Wächterrat über ein Drittel der Gesetzesbeschlüsse eines recht reformfreudigen Parlaments für ungültig (Samii 2004: 412). Fassen Wächterrat und Parlament abweichende Beschlüsse, kann als Vermittlungsorgan ein Schlichterrat bemüht werden. Seine Mitglieder werden vom Geistlichen Führer berufen. Kommt keine Einigung zwischen Parlament und Wächterrat zustande, darf der Schlichterrat verbindlich entscheiden. Nach aller Erfahrung unterstützt er die Position des Wächterrates.

Wahlen und Gesetzesentscheidungen unterliegen damit der Vor- und Nachkontrolle des Wächterrates. Fassen die bereits als Kandidaten vorsortierten Parlamentarier missliebige Beschlüsse, so hat der Wächterrat immer noch die Möglichkeit, mit einem legislatorischen Veto auf die Bremse zu treten.

Der Wächterrat hat sich aus bescheidenen Anfängen zu einem politischen Superorgan entwickelt. Er entsendet ca. 2.000 Beauftragte in alle Provinzen und Regierungsbehörden. Sie geben dort Rat, berichten und melden dem Wächterrat ihre Einschätzung (Buchta 2000: 47f.).

Die Justiz ist eine Domäne des Klerus. Sie steht damit ganz in islamischer Tradition, die zwischen Religions- und Rechtswissenschaft nicht unterscheidet. Weil hier regimekonforme Richter wirken, gibt es in den Gerichten immer noch eine allerletzte Hürde, wenn Gesetze den Wächterrat zwar passiert haben, aber unliebsame Folgen zeitigen.

Die Sicherheitsstrukturen des islamischen Regimes haben doppelten Charakter. Den eigentlichen Streitkräften vertraut das Klerikerregime nicht allzu sehr. Die Revolutionswächter oder Pasdaran bilden eine Paralleltruppe für die innere Regimeverteidigung. Sie untersteht dem Geistlichen Führer und beschattet die Regierungsarmee. Ihre Kommandeure stehen den Hardlinern im Klerus nahe. Den Pasdaran sind die Basidsch hinzuzuaddieren. Es handelt sich um eine Miliz aus regimetreuen Bürgern, die als Gewaltreserve neben den Polizeiorganen bereit steht. Sie steht seit 2004 unter dem Oberbefehl der Pasdaran-Kommandeure. Basidsch agieren in der Öffentlichkeit als Sittenwächter und Religionspolizei. Als Schläger- und Einschüchterungstrupps besorgen sie die repressive Schmutzarbeit, mit der die Polizei nicht belastet werden soll. In den Reihen der Pasdaran nahm der heutige Staatspräsident Mahmut Ahmadinejad am Irak-Krieg teil. Pasdaran und Basidsch werden vorzugsweise aus dem Lumpenproletariat der städtischen Armen rekrutiert. Ressentiment gegen die Gebildeten und Bessersituierten motiviert beim Einsatz gegen demonstrierende Studenten zur Härte. In den letzten Parlamentswahlen von 2005 ließ der Wächterrat bevorzugt Kandidaten aus den Reihen der Basidsch und Pasdaran zu. Sie stellen dort eine Mehrheit, ebenso im Kabinett (Alfonch 2008).

Angesichts des Primats der von Klerikern beherrschten Institutionen stellt sich die Frage, warum das Regime nicht ganz auf Parlament und Regierung verzichtet. Die Antwort findet sich in der Bedeutungserweiterung der islamischen Urgemeinde – Umma – zur islamischen Demokratie. Politik ist demnach die Sache des Staates, nicht der Geistlichen. Aber das Volk ist nicht souverän und die Politik ist nicht autonom, wie es sich in der säkularen Demokratie verhält. Die Umma braucht repräsentative Institutionen. Hier folgt das islamische System der Logik der Willensbildung in großflächigen Gemeinwesen. Souverän ist allein Gott. Die Politik muss deshalb Parametern gehorchen, die das gottgefällige Leben der Muslime definieren. Gottes Willen können nur Menschen befolgen, die als gute Muslime über jeden Zweifel erhaben sind. Wer ein guter Muslim ist, bestimmt keine Partei, auch nicht der Wähler, sondern der Glaubensspezialist, der qualifizierte Geistliche.

Der sunnitische Islam hätte keine Schwierigkeit, das Urteil über den guten Gläubigen jedem zu überlassen, der sich als Glied der Umma versteht und seiner Glaubenspflicht gehorcht. Der schiitische Islam setzt an die Stelle des Laienurteils jedoch die Wegweisung des Klerikers. Wie der Schiit in allen Lebensbereichen einem selbstgewählten Geistlichen folgt, darf er auch bei der politischen Wahl nicht ohne Anleitung und Handreichung bleiben. Wie der Mujtahid die Schar seiner Anhänger leitet, indem er eine linke und rechte Grenze markiert, bewahren der Geistliche Führer und der Wächterrat die muslimischen Bürger vor der falschen Wahl. Wer sonst sollte in der Lage sein, den guten Muslimen von dem zu unterscheiden, der nicht würdig ist, die Umma zu repräsentieren? Dass dabei unerwünschte Personen, Meinungen und Gruppen marginalisiert werden, bevor sie überhaupt in Erscheinung treten, liegt auf der Hand.

9.8 Der enge Korridor des politischen Pluralismus im islamischen Regime

Nach der Verfassung haben kulturelle Fragen Priorität. Hier sehen sich die Geistlichen berufen, sicher zu urteilen. Doch kulturell konforme Personal- und Sachentscheidungen bieten nicht die besten Voraussetzungen für das Regieren und Verwalten. Die Essenz der kulturellen Macht, die von schiitischen Klerikern ausgeübt wird, sind Gebote und Verbote. Kulturelle Macht ohne politischen Anspruch, mit der sich die Mehrheit auch der iranischen Kleriker begnügt, manifestiert sich in der religiösen, literarischen und wissenschaftlichen Sphäre. Das iranische Regime dehnt sie auf die Politik aus. Die Folgen des kulturellen Primats in der Politik zeigen sich besonders krass im Bildungsbereich. Die Islamisierung des Universitätsbetriebs hat die Ausbildungsqualität verschlechtert. Konformität mit den Erwartungen des Klerus bringt Universitätslehrer weiter als Originalität und Rezeption der internationalen Forschung. Qualifizierte Akademiker verlassen seit vielen Jahren das Land, vorzugsweise in Richtung USA (Torbat 2002).

Unter dem nach den Maßstäben des Regimes liberalen Präsidenten Mohammed Chatami durfte die Presse nach 1998 vorübergehend freier berichten. Dabei kam es zu öffentlichen Diskussionen, ob sich der Klerus legitimerweise in der Politik betätigen dürfe – mit Blick auf die Distanz vieler Ulama zur Politik eine naheliegende Frage. Daraufhin initiierte der Geistliche Führer Chamenei mit Hilfe der Konservativen im Parlament ein restriktives Pressegesetz, das über Nacht im Eilverfahren durchgepaukt wurde (Tarock 2001).

Auch Parteien wurden in der Präsidentschaftsära Chatami erlaubt. Doch Parteien gibt es bis heute nur dem Namen nach. Als Basisorganisationen mit breiter Mitgliedschaft und pointierten Programmen sind sie nicht existent. Die Parlamentarier gliedern sich in lockere Faktionen mit fließenden Grenzen, die sich grob in Konservative und Fortschrittliche unterscheiden lassen (Razavi 2010).

Gemeinsam mit dem Wächterrat, der serienweise Parlamentsbeschlüsse kassierte, machte die von Klerikern kontrollierte Justiz die politischen Lockerungsübungen Chatamis zunichte. Geistliche, die sich für die Trennung von Moschee und Staat aussprachen und urteilten, der Islam verlangte von Frauen nicht das Tragen des Kopftuchs, wurden vor Gericht gestellt und verurteilt. Kritiker, die einwandten, solche Urteile entbehrten der gesetzlichen Grundlage und verstießen gegen die in der Verfassung garantierten Persönlichkeitsrechte, wurden vom höchsten Richter des Landes beschieden, allein Kleriker hätten das Recht, den Inhalt der Gesetze zu bestimmen. Wie die meisten seiner Richterkollegen repräsentierte er eine theologische Schule, die sogar von konservativen Klerikern als reaktionär angesehen wird (Baktiari/Vaziri 2002: 19).

Als ein Hochschullehrer 2002 vorschlug, die Reformerfraktion im Parlament sollte ihre Kooperation mit den Konservativen aufgeben, um gegen das Abwürgen aller Reformgesetze durch den Wächterrat zu protestieren, wurde ihm umgehend der Prozess gemacht. Im Protest gegen das ergangene Todesurteil solidarisierten sich Tausende Studenten. Der Geistliche Führer drohte daraufhin mit dem „Volk“, wenn der Staat mit der Situation nicht fertig würde. Das Volk war hier die unverhohlene Drohung mit Rabaukentrupps aus dem Teheraner Proletariat, die nur allzu gern gegen die privilegierten Studenten vorgehen, wenn sie einen entsprechenden Wink bekommen (Baktiari/Naziri 2003: 37).

Wie diese Beispiele zeigen, ist die Bandbreite für politische Betätigung eng gefasst. Je nachdem, wie die politisch aktiven Kleriker den kulturpolitischen Korridor abgrenzen, lassen sich unterscheiden (a) die Fundamentalisten um den höheren Klerus, Schlichterrat, Wächterrat und Justiz, (b) die Technokraten um den ehemaligen Präsidenten Ali Akbar Haschemi Rafsandschani, welche die westliche Moderne pauschal ablehnen, aber technisch-fachlicher Regierungskompetenz mehr Raum geben wollen, und (c) die Reformer, die für eine stärkere Entfaltung des gesellschaftlichen Pluralismus im politischen Prozess eintreten (Seifzadeh 2003). Für Letztere stand der ehemalige Präsident Chatami, dessen Politik allerdings am Widerstand der Konservativen auflief (Amuzegar 2006). Im politisch engagierten Teil des Klerus hat sich die ultrakonservative Fraktion durchgesetzt. Sie stellt den Geistlichen Führer und beherrscht den Staat mit Hilfe des Wächterrats in der Art eines Nomenklatursystems (Buchta 2004: 8, Towfigh 2004: 527).

Die Gemeinschaft der schiitischen Gläubigen ist pluralistisch. Die meisten Kleriker halten sich, wie erwähnt, bewusst von der Politik fern. Sie wollen Theologen und Führer ihrer Gemeinden sein und sonst nichts (Buchta 2004: 8). In einem schwer durchschaubaren Prozess verleihen die besten und angesehensten Theologen, die Mujtahids, den höchsten geistlichen Rang eines Ayatollah. Dafür zählt allein Gelehrsamkeit, aber weder Macht noch Politik (Chebabi 1993: 18). Der gegenwärtige Geistliche Führer Ali Chamenei gehört diesem engsten Kreis nicht an (Buchta 2000: 52f.).

Die Kleriker-Politiker müssen das Umfeld des theologischen Pluralismus bedenken, insbesondere das Risiko, mit ihren Entscheidungen angesehene Kleriker und ihren Anhang herauszufordern. Dabei mögen sie durchaus zum Schluss kommen, die Folgen in Kauf zu nehmen. Die freie Wahl der geistlichen Autorität durch die Gläubigen einerseits und die Einschränkung der politischen Wahl durch die Vorselektion des Wächterrates andererseits vertragen sich schlecht in einem System, das die religiöse Sphäre der politischen überordnet. Bis zur unverhohlenen Wahlfälschung in den Präsidentschaftswahlen des Jahres 2009 artikulierten Wähler ihren Protest gegen das zugelassene Kandidatenaufgebot durch Verweigerung. In den großen Städten wurden in zweistelliger Prozentzahl ungültige Stimmen abgegeben (Samii 2004: 414, 422).

Ghom mit seinen zahlreichen Theologenseminaren ist die Kaderschmiede des Regimes. Wegen der Unabhängigkeit angesehener Theologen ist es für das Regime aber auch ein gefährlicher Ort. Einer der bekanntesten Kleriker, der Ende 2009 verstorbene Groß-Ayatollah Hussein Ali Montaseri, leugnete den behaupteten Gegensatz von Islam und liberaler Demokratie. Er wurde 1989 unter Hausarrest gestellt, um ihn von der Öffentlichkeit fernzuhalten. Andere, weniger Prominente, Intellektuelle und Schriftsteller, wurden mit Terror zum Schweigen gebracht (Takeyh 2003: 45f.).

Montaseris erklärter Gegenspieler war Ayatollah Muhammad Taqi Mesbah-Yazdi, der konservativste unter den anerkannten theologischen Lehrern und zugleich eine Leitfigur der Revolutionsgarden und des amtierenden Präsidenten Ahmadinejad (Ahdiyyih 2008: 30ff., Nasr 2006: 216ff.). Yasdi unternahm wiederholt den Versuch (1992, 1994, 1997), den Geistlichen Führer Chamenei, der lediglich den niederen Rang eines Hodschatoeslam besaß, als Mujtahid zu lancieren. Eine Gelegenheit, mit den angesehensten Mujtahids gleichzuziehen, ergab sich 1994 beim Tode eines Groß-Ayatollah. Doch die theologische Elite weigerte sich standhaft, der führerlosen Gemeinde eine Quelle der Nachahmung ans Herz zu legen, die sich diesen Rang nicht durch theologische Leistung erarbeitet hatte.

Seit dem Sturz des Bath-Regimes im Irak sind jahrzehntelang unterbrochene Verbindungen zwischen den theologischen Zentren beider Länder wiederhergestellt worden. Iranische Gläubige blicken auf der Suche nach Wegweisung auch über die Grenzen. Die wachsende Anhängerschaft des irakischen Groß-Ayatollah as-Sistani erstreckt sich weit über den Irak hinaus in die Golfregion und in den Iran (Arjomand 2009: 82f., 174ff.). Der im Iran verbindlichen Vorstellung einer politischen Führerschaft der Geistlichkeit steht er, wie auch viele iranische Mujtahids, fern. Die Unabhängigkeit der führenden Geistlichen und der theologische Pluralismus sind eine Achillesferse derjenigen Kleriker, die auf der Kommandobrücke des Regimes stehen.

9.9 Kleriker, Staatsbürokratie und Business verschmelzen zur verteilungspolitischen Allianz

In der frühen Phase der Islamischen Republik waren sozialrevolutionäre und linksislamistische Strömungen noch eine bedeutsame politische Kraft. Die wichtigste darunter waren die Volksmujahedin. Sie wurden bereits zu Lebzeiten Khomeinis verfolgt, ihre wichtigsten Repräsentanten liquidiert. In diesem Punkt nicht groß verschieden von den sunnitischen Ulama, halten schiitische Kleriker wenig von Umverteilung und Verstaatlichung. Spätestens mit dem Tode Khomeinis wurden die Parameter festgelegt, in denen wirtschaftliche Macht und Vermögen verteilt werden. Das Großvermögen der Pahlevi-Stiftung wurde nach der Revolution nicht etwa privatisiert und auch nicht dem Staat übertragen, sondern vielmehr islamischen Stiftungen zugeführt, die von hochrangigen Klerikern verwaltet werden. Diese so genannten Bonyads sind von der Besteuerung ausgenommen und genießen nicht zuletzt bei Geschäften mit lukrativer Importware Vorteile im Wettbewerb mit dem Basarhandel. Die Leiter der Bonyads werden vom Geistlichen Führer ernannt (Abrahamian 2008: 178f.).

Als Präsident Rafsandschani nach einem Besuch in China, wo er Zeuge des rasant startenden Kapitalismus wurde, dem Geistlichen Führer Chamenei vorschlug, auch im Iran Staatsbetriebe zu privatisieren und die Bonyads als Firmenkonsortien aufzulösen, biss er auf Granit. Das keinerlei Regierungskontrolle unterliegende klerikale Wirtschaftsvermögen ist de facto Eigentum der Kleriker, die das Regime tragen.

Unter dem Schah-Regime war der Basar noch ein fester Verbündeter des Klerus im gemeinsamen Kampf gegen die blinde Verwestlichungswut eines Regimes, das den gewachsenen Charakter der Gesellschaft ignorierte. Im Regime der Kleriker hat der Basar kurioserweise an politischem Gewicht verloren (Arjomand 2009: 122). Sein Gegenüber ist jetzt ein Staat, der von mächtigen Klerikern gelenkt wird.

Heute haben diejenigen Kleriker, die Positionen im Staat bekleiden, mehr zu bieten als Predigten, guten Rat und gute Werke für ihre Gefolgschaft. Ihre Beziehungen zur Gesellschaft haben klientelistischen Charakter gewonnen. Einzelne Basaris ziehen aus der Bekanntschaft mit Funktionären und Klerikern konkrete Vorteile. Den Basaris, die keine Kontakte dieser Art haben, nützt die klerikale Kontrolle des Staates wenig (Keshavarzian 2009: 241). Einzelne darunter beklagen, manche ihrer Kollegen verhielten sich wie Staatsbeamte. Andere kritisieren, dass sich ohne einen Vater im Klerus oder in einer Regierungsposition keine guten Geschäfte mehr machen ließen (Keshavarzian 2007: 102, Alamdari 2005: 1290f.). Projiziert man dieses Phänomen auf die oben geschilderten Regime in den Nachbarstaaten, so werden die Ähnlichkeiten allzu deutlich. Eine neue Staatsklasse ist entstanden, in der sich Kleriker, Basar und Business miteinander verbunden haben.

Strategisches Heiraten in orientalischer Tradition stabilisiert und erweitert diese Verflechtungen. Gute Kontakte zu Klerikern in Staatsämtern lassen sich in Dollar und Cent ausdrücken. Sie ermöglichen Staatsaufträge, Importlizenzen und Vergünstigungen. Politiker in Schlüsselstellen, ob mit oder ohne Turban, werden reich, weil sie die Ölrente kontrollieren. Als der reformorientierte Präsident Rafsandschani, selbst ein erfolgreicher Unternehmer, ineffiziente Funktionsträger aus der Verwaltung entfernen wollte, stieß er auf den Widerstand des Geistlichen Führers. Parteigänger und Vertraute im Regierungsapparat waren wichtiger als funktionstüchtige Behörden (Buchta 2004: 13).

Die kulturelle Hegemonie konservativer Kleriker verlangt kaum weniger repressiven Einsatz als zuvor die Attacken des Schah-Regimes auf die traditionellen Strukturen. So gehen die Behörden des islamischen Regimes rigoros mit schwerem Räumgerät gegen städtische Neusiedler vor, die sich auf Boden eingerichtet haben, der ihnen nicht gehört. In den wohlhabenderen Vierteln der iranischen Städte sind demgegenüber westliche Konsumgüter Standard, die sie sich kein gewöhnlicher Iraner leisten könnte. Der Straßenhandel wird bekämpft, um zu verhindern, dass aus dem bunten Treiben im öffentlichen Raum unerwünschte Unterhaltsamkeiten sprießen. Seine Ursachen, vor allem die Arbeitslosigkeit, bleiben. Weil die Betroffenen von irgendetwas leben müssen, gleicht dieser Kampf einer Sisyphusaktion (Bayat 1997: 104ff., 141ff.). Auch klassische Verteilungskämpfe in der formellen Ökonomie lassen sich nicht unterdrücken. Bereits 1999 kam es zu Demonstrationen der Teheraner Busfahrer gegen ihre schlechte Bezahlung. Sie verzichteten darauf, das Fahrgeld zu kassieren. Abermals drohten sie 2006 mit Streiks. Die Organisatoren wurden polizeilich umgehend aus dem Verkehr gezogen (Maljoo 2006). Kleinere Streiks und örtliche Krawalle sind an der Tagesordnung (Chimelli 2008c).

9.10 Ein Regimewechsel im islamischen Regime: Der Sicherheitsapparat überwuchert die Kleriker

Unter dem Mantel des Einvernehmens von Staat und Religion wird eine Ordnung konserviert, die sich nur in den Äußerlichkeiten der islamischen Lebensform von den Regimen der Nachbarländer unterscheidet. Eines jedoch ist aus den oben erörterten Gründen anders: Der pluralistische Charakter des schiitischen Islam lässt trotz allem Reservate für Widerspruch, Kritik und abweichende Positionen. Solange Parteien und Kandidaten um das Wählervotum werben, bleibt es nicht aus, dass sie an Interessen appellieren.

Die Erfahrung eines störrischen Parlaments, das immer wieder von Wächterrat und Justiz korrigiert werden musste, veranlasste den Wächterrat bereits 2004, das Kandidatenaufgebot für die Parlamentswahl so zu filtern, dass von vornherein eine konservative Mehrheit gesichert war. Unter den gewählten Kandidaten kamen jetzt im großen Umfang ehemalige Pasdaran zum Zuge. Die Präsidentenwahl war nicht so einfach manipulierbar. Zur Wahl stellte sich der ehemalige Präsident Rafsandschani, zwar ein kulturpolitischer Hardliner, aber ein unabhängiger Kopf, der es als Unternehmer zu beträchtlichem Reichtum gebracht hatte.

Als wichtigster Gegenkandidat trat der Teheraner Bürgermeister Mahmut Ahmadinejad an. Er kam aus einfachen Verhältnissen und hatte eine Ingeniersausbildung durchlaufen. Seine politische Karriere war eng mit den Pasdaran verbunden. Auch nach seiner Wahl zum Bürgermeister lebte er betont und publikumswirksam in einer bescheidenen Stadtwohnung. In Kleidung, Auftreten und Reden strich er seine Herkunft aus dem einfachen Volk heraus und fand damit auch Anklang bei ländlichen Wählern. Sein Gegenkandidat Rafsandschani hingegen war einer der reichsten Männer des Iran. Ahmadinedschad machte sich diese Konstellation zunutze, um in die populistische Kerbe zu schlagen, die wohlhabenderen Iraner hätten sich auf Kosten des einfachen Volkes bereichert (Baktiari 2007: 12). Themen wie Arbeitsplatz, Inflation und Wohnraum beherrschten den Wahlkampf, also die Nöte der kleinen Leute, die Ahmadinedschad besser anzusprechen verstand als der Herausforderer (Adip-Moghaddam 2006: 668). Ahmadinejad gewann das Wohlwollen des Geistlichen Führers, mit dem er verehrungsvoll, ja geradezu unterwürftig umging (Arjomand 2009: 149f.). Für Chamenei stimmte alles an diesem Kandidaten, das Schülergebaren, der Hintergrund der Pasdaran und die ultrakonservative Gesinnung. Rafsandschani hingegen war ein Mann seiner Generation.

Ahmadinejad gewann die Präsidentenwahl von 2005 mit einer verteilungspolitischen Agenda. Der Staat sollte die Übel heilen, die dem Markt zugeschrieben wurden. Er besetzte zahlreiche Positionen mit Personen des gleichen Hintergrunds. Die bis in die entlegensten Orte verzweigte Organisation der Basidsch hatte großen Anteil an seiner Wahl (Arjomand 2009: 168f.). Geistlicher Führer und Präsident arbeiteten jetzt Hand in Hand. Mit dem Rückenwind des Wächterrats, der abermals zahlreiche Bewerber gar nicht erst zur Kandidatur zuließ, lancierte der Präsident ehemalige Revolutionswächter für die Kandidatur zur Parlamentswahl des Jahres 2008. Der Geistliche Führer flankierte diese Bemühungen mit der Empfehlung, Kandidaten zu wählen, die den Präsidenten unterstützen würden.

Mit den begünstigten Kandidaten kam eine Generation zum Zuge, die ihre maßgeblichen Erfahrungen nicht mehr in der Schah-Ära, sondern bereits in der

Islamischen Republik gesammelt hatte. Man könnte hier in Anlehnung an die Sowjetunion der 1930er Jahre vom Stalin-Aufgebot des islamischen Staates sprechen: kulturpolitisch genehme Funktionsträger, die in der Repression erprobt und existenziell vom Regime abhängig sind (Ehteshami/Zweiri 2007). Auch im äußerlichen Erscheinungsbild des Parlaments traten die Kleriker in den Hintergrund. Stellten sie in den ersten Parlamenten nach der Revolution noch über 50 Prozent, bilden sie heute nur noch eine Minderheit, die auf etwa fünf Prozent geschätzt wird (Arjomand 2009: 117f.). Stark sind Pasdaran auch in Regierungsämtern und unter den Provinzregenten vertreten (Chimelli 2008c).

Die Pasdaran haben mit den von ihnen kontrollierten Unternehmen auch in der Wirtschaft Fuß gefasst, vor allem in der Petrowirtschaft und im Transportgewerbe. Präsident Rafsandschani hatte 1992 die Idee, die Aktivität der disziplinierten Pasdaran durch Unternehmensgründungen und -beteiligungen für den Wiederaufbau des kriegsgeschädigten Landes zu nutzen (Arjomand 2009: 59f., Alfonch 2008: 8f.). Das Pasdaran-Firmenimperium wurde in der Ära Ahmadinedschad noch großzügiger mit öffentlichen Aufträgen bedacht als zuvor (Arjomand 2009: 152ff., Avenarius 2009b).

Die sozialpolitischen Erwartungen an die Wahl Ahmadinejads waren hochgespannt. Die bescheidenen Ergebnisse enttäuschten umso mehr. Zwar erweiterte der Staat seine Aktivität. Doch das ausgegebene Geld heizte die Inflation an, weil das Preisniveau von Importen bestimmt wurde. Um die Armen zu entlasten, wurden Benzin, Strom, Zucker und Reis großzügig subventioniert. Zur Finanzierung des Staatshaushalts verfiel die Regierung im Sommer 2010 auf die Idee, den Basar steuerlich stärker zu belasten. Der Steuersatz für Basargeschäfte sollte von 15 auf 70 Prozent steigen. Die Händler in Teheran und anderen großen Städte schlossen aus Protest ihre Geschäfte; sie trugen schwarze Armbinden und riefen regierungsfeindlichen Parolen. In später Einsicht, dass es in der Vergangenheit noch keinem Regime bekommen ist, sich mit dem Basar anzulegen, wurde daraufhin versichert, alles werden beim Alten bleiben (Chimelli 2010b).

Die jüngere Generation kennt nichts anderes als das islamische Regime, und sie empfindet es als beengend. Sie schätzt westliche Kulturattribute und namentlich den Lifestyle der USA, der ihnen vom schwer zu unterdrückenden TV-Empfang westlicher Sender und vom Internet vermittelt wird. Der Brain drain in die USA spricht eine deutliche Sprache.

Wie überall in der Region, rücken Verteilungsfragen und ökonomische Chancen ins Zentrum politischer Erwartungen. Als Legitimationsquelle für die Herrschenden hat sich der Islam verbraucht. Eine Liberalisierung, geschweige denn Demokratisierung des Regimes ist derzeit ausgeschlossen. Sie käme dem Ende des Kleriker-Politiker-Regime gleich. Letztlich bleiben allein Manipulation und Repression, um es über Wasser zu halten. Damit verblassen die Unterschiede zu den autoritären Regimen der arabischen Nachbarstaaten.

In den dramatischen Ereignissen um die Präsidentenwahl des Jahres 2009 setzte sich die oben skizzierte Entwicklung fort. Die Opposition bemühte sich vergeblich, im früheren Präsidenten Chatami einen Gegenkandidaten aufzustellen. Letztlich traten nur Prominente aus der Generation des Geistlichen Führers als Kandidaten an. Hier setzten viele Iraner ihre Hoffnungen auf Mir Hossein Mussawi. Er hatte unter Revolutionsführer Khomeini bis zu dessen Tod die Regierungsgeschäfte geleitet. Auch Mahdi Karrubi, vormaliger Parlamentssprecher, sowie Mosen Resai, ein früherer Kommandeur der Pasdaran, traten als Gegenkandidaten an. Mussawi wurde von Chatami und Rafsandschani unterstützt, die sich selbst nicht mehr zur Wahl stellen wollten.

Schon im Vorfeld der Wahl hatte der Geistliche Führer unverhohlen seine Sympathien für die Wiederwahl Ahmadinejads erkennen lassen. Die Wahlbeteiligung erreichte Rekordhöhen. Die Gegenkandidaten prangerten die Deformation des islamischen Regimes an. Dabei wurde vor allem Mussawi zur Projektionsfläche für die Wünsche junger Iranerinnen und Iraner, die mit der Gängelung ihrer Lebensart unzufrieden waren. Das Gleiche galt für Geschäftsleute, Arbeiter und Basaris, die das inkompetente Wirtschaftsmanagement beklagten. Mussawi sprach sich für eine stärkere Rolle der privaten Unternehmen in der Wirtschaft ein und kritisierte die parapolizeiliche Präsenz der Basidsch im öffentlichen Leben. Das Regime als solches stellte er ebenso wenig in Frage wie die übrigen Oppositionskandidaten. Aber im Wahlkampf zeigte er sich mit seiner Ehefrau, während die Staatsprominenz Politik als Männersache auch dadurch unterstreicht, dass sie ihre Frauen und Töchter aus der Öffentlichkeit heraushält. Alles in allem weckte Mussawis Kandidatur die Erwartung, sie könne das Ende einer nicht enden wollenden Misere einläuten (Chimelli 2009d).

Diese Wahl wurde massiv gefälscht. Noch bevor das amtliche Ergebnis feststand, gratulierte Chameini dem amtierenden Präsidenten. Doch beide waren sich ihrer Sache zu sicher gewesen. Sie hatten das Bedürfnis nach grundlegenden Veränderungen in den verschiedensten Milieus massiv unterschätzt. Umgehend setzten die größten Massendemonstrationen seit dem Sturz des Schahs ein. Mit dem Segen des Geistlichen Führers ließ der Präsident die Staatsmacht und die Knüppelgarden der Basidsch gegen die Demonstrierenden los. Es kam zu Massenverhaftungen. Vermeintliche Oppositionelle wurden verhaftet. Die Wahlanfechtung der Opposition wurde vom Wächterrat zurückgewiesen.

Die Repression verschonte zwar noch die Kandidaten selbst, aber ihre Mitarbeiter und Berater, teils auch Verwandte wurden teils drangsaliert, teils verhaftet. Unter den Demonstrierenden kam es zu Massenverhaftungen, inhaftierte Regimegegner wurden schwer misshandelt. Etliche Kleriker gaben ihre Zurückhaltung auf. Führende Geistliche verurteilten die Vorgänge. Pasdaran-Kommandeure ließen hingegen erkennen, dass sie ein noch schärferes Vorgehen für geraten hielten. Die im Regime bereits stark präsenten Pasdaran traten in der von Ahmadinedschad gebildeten neuen Regierung noch stärker hervor (Chimelli 2009e). In dem seit September 2009 amtierenden Kabinett stellen sie den Minister für die Ölförderindustrie und den Innenminister (Chimelli 2009g).

Großayatollah Montaseri, die größte politische Autorität unter den iranischen Klerikern, der seit zwanzig Jahren utner Hausarrest stand, rief noch im selben Monat seine Theologenkollegen auf, ihre Stimme zu erheben. Ein Enkel des Ayatollah Khomeini lehnte den Weg, den die Islamische Republik genommen hatte, in aller Öffentlichkeit ab (Avenarius 2009d). Eine andere große Leitfigur des schiitischen Islam, der irakische Groß-Ayatollah as-Sistani, dem auch viele iranische Gläubige folgen, distanzierte sich genauso deutlich. Im November 2009 wurde berichtet, regimenahe Geistliche beabsichtigten, künftig ihre eigenen Groß-Ayatollahs nominieren, also den Konsens zu sprengen, der bislang Voraussetzung für die Anerkennung als Quelle der Nachahmung ist (Chimelli 2009h). Aus den Reihen dieser konservativen Kleriker wurde im Einklang den Führern der Pasdaran der Ruf laut, die Kritiker des Geistlichen Führers und des Präsidenten drakonisch zu bestrafen.

Durch den Klerus geht weithin sichtbar ein Riss. Nicht nur gegen Oppositionspolitiker, sondern auch gegen Kleriker, die ihre Distanz zum Regime öffentlich machten, wurde Gewalt verübt (Chimelli 2009a). Bei der Trauerfeier für Groß-Ayatollah Montaseri versperrten Basidsch den Zugang zum Haus des Ende 2009 Verstorbenen (Bednarz/Follath 2010). Im Sommer 2010 wurden die Kommunalwahlen verschoben, um neuen Streit über manipulierte Wahlen zu vermeiden. Ahmadinejad versuchte zur gleichen Zeit, die größte private Hochschule des Landes unter die Kontrolle der Regierung zu bringen. Dies sollte mit einem Gesetzesbeschluss geschehen, der verboten hätte, private Universitäten in die Rechtsform religiöser Stiftungen umzuwandeln. Stiftungen dieser Art sind dem Zugriff des Staates entzogen. In diesem Fall folgte das Parlament dem Präsidenten nicht. Es räumte sogar ausdrücklich die Möglichkeit ein, Hochschulen auf Stiftungsgrundlage zu betreiben. An den staatlichen Universitäten waren zu diesem Zeitpunkt bereits etliche unbequeme Hochschullehrer aus dem Dienst entlassen worden (Chimelli 2010c).

Fazit: Eine neue Klasse um Ahmadinejad und die Sicherheitsapparate übernimmt die Regie im Iran. Zwar kommt sie am Geistlichen Führer nicht vorbei (Avenarius 2009c). Aber die Führergeneration Ahmadinejads ist anscheinend nicht mehr bereit, den bescheidenen Pluralismus der vergangenen Jahre zu akzeptieren. Es geht ihr darum, Ämter und Einkommen zu verteidigen. Eine Klasse kämpft mit Repression um ihren Verbleib auf der Kommandobrücke – ein vertrautes Bild. Die islamische Legitimation ist nur noch Fassade. Im Kern handelt es sich heute um ein autoritäres System wie viele andere in der Region.

9.11 Das internationale Umfeld

Gleich zu Beginn der Revolution nahm der Iran eine feindselige Haltung zu den USA ein. Davon abgesehen, dass sich die USA engstens mit dem Schah liiert hatten, gab es dafür auch Gründe in der kulturellen Wahrnehmung. Die amerikanische Gesellschaft verkörpert so ziemlich alles, was im Widerspruch zur islamischen Lebensführung steht: Individualismus, Libertinage, Beliebigkeit des Glaubens, Gleichstellung der Geschlechter. Die Protektion Israels trug ihr Teil zu dieser Ablehnung bei. Die Botschaft der USA wurde über ein Jahr lang – von 1979 bis 1980 – von islamischen Aktivisten besetzt. Anlass war das Exil für den vertriebenen Schah. Die Regierung unternahm nichts. Die arabischen Staaten hielten Abstand zum Iran, weil sie die eigene Stabilität von potenziellen Nachahmern der iranischen Revolution bedroht sahen. Der schiitische, an Israel grenzende Südlibanon bot Teheran die Gelegenheit, Verbündete in der arabischen Welt zu finden. Es unterstützte die schiitischen Hisbollah-Milizen mit Geld und Waffen (siehe oben 5.4). Syrien und der Iran verstehen sich als Frontstaaten im Palästinakonflikt. Die US-Politik, insbesondere die Administration George W. Bush förderte mit Drohungen gegen die so genannten Schurkenstaaten das Zusammenrücken dieser ungleichen Partner.

Die amerikanische Militärintervention und der Sturz des irakischen Bath-Regimes im Jahr 2003 kam den Interessen Teherans ungewollt entgegen. Der nach-bathistische Irak hat es der schiitischen Mehrheit erstmals seit Staatsgründung ermöglicht, sich politische Geltung zu verschaffen. Russland nutzt seine Chance, dem Iran moderne Waffen zu verkaufen, während es andererseits die UN-Bemühungen um Transparenz in der iranischen Nuklearproduktion unterstützt.

Im Identitätsempfinden der Iraner ist die Vorstellung fest verankert, von den großen Mächten nicht ernst genommen zu werden. Eine lange Vergangenheit der äußeren Einmischung in iranische Angelegenheiten nährt das Verständnis für Rüstungen, die potenzielle Angreifer effektiv auf Abstand halten. Die Irak-Invasion vor der eigenen Haustür und die High-tech-Kriegführung tragen ihren Teil dazu bei. Die Rüstung mit Kurz- und Mittelstreckenraketen, wie veraltet diese auch sein mögen, hat bereits ein beachtliches Abschreckungspotenzial. Sie nimmt das nahe Ziel Israel als Geisel, sollte der Iran angegriffen werden.

Mit anti-israelischer Rhetorik und der Unterstützung des bewaffneten Kampfes gegen Israel geriert sich der Iran radikaler als die arabischen Staaten.

Diese Radikalität findet in den arabischen Gesellschaften weithin Zustimmung. Islamische Parteien und Organisationen werfen en arabischen Regierungen eine zu weiche Haltung in der Palästinafrage vor.

Für die überwältigende Mehrheit der Iraner ist Palästina keine wichtige Angelegenheit. Schon die Differenz zur Sunna sorgt für Distanz. Der eigentliche Adressat dieser Politik ist die Gemeinschaft der Muslime in aller Welt, ob Sunniten oder Schiiten. Der Status der Schia als minoritäre Konfession im Weltislam soll in der Wahrnehmung aller Muslime hinter den Bekenntniseifer und Tatendrang des Iran als solidarisches Glied der weltumspannenden Umma zurücktreten. Gern wird in Kauf genommen, dass die arabischen Regierungen verschnupft auf diese Schmutzkonkurrenz reagieren. Umgekehrt haben diese Regierungen größte Sympathie für die Unterdrückung der iranischen Opposition. Nichts fürchten sie mehr als den Nachahmungseffekt eines gesellschaftlichen Protests, der die Regierenden in die Enge treibt.

10 Türkei

10.1 Das kemalistische Programm

Die offizielle Geschichtsschreibung stellt die moderne Türkei als das Werk Atatürks dar (zur Entstehungsgeschichte der Türkei siehe oben 1.4). Atatürk steht historisch für eine Gruppe von Reformern, vor allem Offiziere, die den türkischen Staat aufbauten. Sie knüpften an die Tradition der Jungtürkischen Bewegung im Osmanischen Reich an. Sie teilten dieselbe Vorstellung von Modernität: Staat und Gesellschaft nach westlichem Vorbild. Atatürk und seine Mitstreiter sahen die Hauptgründe für die Rückständigkeit der türkischen Gesellschaft im Islam und in der in den Islam eingebetteten Alltagskultur (Günalp 2005: 300ff.). Nach dem Unabhängigkeitskrieg und der Konsolidierung der Offiziersherrschaft wurde 1923 die türkische Republik ausgerufen. Ein Jahr zuvor war das Sultanat abgeschafft worden. Der frühere Sultan verlor 1924 mit dem Kalifentitel noch sein letztes Amt.

Die Hinwendung der Türkei zum Westen drückte sich in Äußerlichkeiten aus, die dem einfachen Volk signalisierten, dass andere Zeiten angebrochen waren. Kaftan und Fes durften in der Öffentlichkeit nicht mehr getragen werden. Als Kopfbedeckung wurden Hut oder Mütze vorgeschrieben. In kulturpolitischer Hinsicht gravierender war die Einführung des lateinischen Alphabets im Jahr 1926. Atatürk, der in der Öffentlichkeit als Symbol der neuen Zeit und im Rahmen einer Alphabetisierungs- und Latinisierungskampagne bisweilen auch im

Wortsinne als Lehrer der Nation auftrat, hatte dabei nicht nur eine Schrift im Blick, die leichter zu lernen war als das Arabische. Das Arabische sollte als Sprache des Orients und des Islam aus Amtsstuben, Schulen und Universitäten verschwinden.

Die Kemalisten entschieden sich für den autoritären Staat. Der Präsident war zur beherrschenden Figur im Regierungssystem bestimmt, eine Staatspartei bestritt die Wahlen. Eine türkische Nationalideologie sollte die Identitätslücke füllen, die der säkulare Staat seinen Bürgern aufnötigte, als er Islam und Tradition aus dem öffentlichen Leben zu verdrängen suchte. Bereits zu seinen Lebzeiten wurde ein Personenkult um Kemal Atatürk betrieben. Er bot ein säkulares Substitut für Kalif und Sultan.

Die Staatsgründer waren so klug, keinen Kulturkampf gegen den Islam zu beginnen. Der Islam wurde vom Staat toleriert. Die politischen Kosten dafür waren gering. Längst hatte sich der Islam an die anatolische Volkstradition assimiliert. Die Tatsache, dass bereits damals ein Fünftel der Bevölkerung Alawiten waren, relativierte die Bedeutung des sunnitischen Islam. In den Dörfern und Kleinstädten Anatoliens waren die Ulama keine allzu bedeutenden Figuren. Auch den Typus des vermögenden, gläubigen Basari gab es – im Unterschied zu den arabischen Nachbargesellschaften – kaum. Ganz im Gegenteil: Bis kurz vor dem Ende des osmanischen Reiches beherrschten Griechen und Armenier die Geschäftswelt (siehe oben 1.2.2).

Ein Religionsministerium übernahm die Ausbildung der Ulama. Es unterhielt die Moscheen und erließ Leitlinien für die Freitagsgebete. Der säkulare Staat tat hier nichts anderes als bereits der osmanische: Er kontrollierte das Personal und den Rahmen des Freitagsgebets. Das kemalistische Verwestlichungsprogramm schlug vor allem in der urbanen Türkei Wurzeln. Die überwältigende Mehrheit der auf dem Lande lebenden Bevölkerung wurde von alledem lediglich an der Oberfläche gestreift.

Übersetzt man diese Konstellation in Klassenbegriffe, so hatte man es hier einerseits mit einer Elite zu tun, die sich vom Orient abgrenzte und alles Orientalische verachtete, und andererseits mit einer Masse, die der Tradition folgte (Aybak 2006: 78).

Der autoritäre Regierungsmodus Atatürks war kein Selbstzweck. Er diente nicht einmal der Bereicherung der neuen Elite. Vielmehr stand er im Dienste einer raschen wirtschaftlichen Modernisierung. Diese sollte alsbald eine Mittelschicht hervorbringen, wie es sie in Europa gab – ein Ziel, das bereits die Jungtürkische Bewegung verfolgt hatte (Ahmad 1999: 45). Denn die europäische Mittelschicht, so die historisch und teils auch soziologisch gebildeten Kemalisten, war im historischen Europa der Humus gewesen, aus dem Bildung, Kapitalismus, Wohlstand, Verfassung und Liberalität gewachsen sind. Liberalismus und Demokratie wurden von den Reformern nicht etwa prinzipiell abgelehnt. Beides hatte in ihrem Programm keinen Vorrang und wurde auf später verschoben.

Die anatolischen Bauern hatten sich im Unabhängigkeitskampf weitgehend passiv verhalten. Deshalb setzten die Staatsgründer auf die Zusammenarbeit mit den ländlichen Notabeln. Es handelte sich zumeist um große Landbesitzer. Ihr Einfluss sollte die Bauern an die säkulare Staatsgewalt heranführen. Dafür tastete das neue Regime die ungleiche Landverteilung auch nicht an. Etliche Beys (Honoratioren, große Grundbesitzer) durften als Angehörige der Staatspartei in die Volksversammlung einziehen, die in der neuen Hauptstadt Ankara tagte (Ahmad 1999: 76).

Der Staat wurde zum Motor der wirtschaftlichen Modernisierung. Gleichzeitig unternahm die Regierung einiges, um das anatolische Hinterland mit Straßen, Eisenbahnen, Elektrizität und Telefonnetz mit den Gebieten der entwickelteren westlichen Türkei zu verbinden. Ganz im Sinne der Urheber dieses Programms entstand allmählich eine schmale Unternehmerschicht, zunächst wiederum in den urbanen Regionen um Istanbul und Izmir. Dieses Bürgertum war nicht antikemalistisch eingestellt. Doch wie seinesgleichen überall auf der Welt hatte es ein Ressentiment gegen Steuern und staatliche Regulierung. Beides war im staatswirtschaftlichen System im Übermaß vorhanden.

Wie wenig das wirtschaftliche Konzept des Kemalismus von linken oder sozialdemokratischen Ideen inspiriert war, zeigte sich in der Reaktion des Regimes auf soziale Proteste. Im Zweiten Weltkrieg hatte die Regierung das Industrialisierungstempo steigern müssen, um Ersatz für die ausbleibenden Importe zu produzieren. Viele Unternehmer wurden dabei reich, während die übrige Bevölkerung unter den hohen Preisen für Lebensmittel und knappe Gebrauchsgüter ächzte. Um die Volksseele zu besänftigen, erhob die Regierung 1942 von griechischen und jüdischen Gewerbetreibenden enteignungsgleiche hohe Steuern und deutete damit auf Fremde als Verursacher der Probleme.

Die ersten Wahlen mit konkurrierenden Parteien fanden 1946 statt. In der kemalistischen Elite war dieser Schritt zur Demokratie nicht unumstritten. Doch mit dem Ende des letzten Weltkrieges setzte sich die Demokratie als Attribut westlicher Modernität durch. Der internationale Kontext war hier maßgeblich. Zu Lebzeiten des 1938 verstorbenen Atatürk war die europäische Staatenwelt noch stark von autoritären Regimen gekennzeichnet. Das demokratische Europa beschränkte sich im Wesentlichen auf Frankreich, Großbritannien, Benelux und Skandinavien sowie die Tschechoslowakei. Im Orient und in Asien imponierte die Sowjetunion mit ihrer kurzfristig bewerkstelligten Industrialisierungsleistung. Ihr Egalitarismus und die Klassenideologie stießen die Kemalisten jedoch ab. Attraktiver erschienen Vorbilder wie das faschistische Italien und das illiberal regierte Japan. Beide hatten mit großer Kraftanstrengung ihre Gesellschaften aus der Rückständigkeit herausgerissen, ohne dabei die Eigentumsverhältnisse auf den Kopf zu stellen.

Nach dem Sieg der Demokratien über die Achsenmächte stiegen die USA zur neuen Referenzmacht auf. Es kam hinzu, dass der russische Nachbar in Gestalt der Sowjetunion wieder höchst bedrohlich an den östlichen Grenzen auftrat. Der Balkan war unter die Kontrolle kommunistischer Regime geraten, im Nachbarstaat Griechenland führten Kommunisten einen Bürgerkrieg. Für den erwünschten Schutz durch die USA war es damals klug, sich als Demokratie zu empfehlen. Dies kostete die Kemalisten keine allzu großen Verrenkungen. Die Türkei hatte Verfolgten aus Europa bis hin ins sozialdemokratische Spektrum hinein Asyl und sogar verantwortliche Jobs geboten, um deren Potenzial für den Aufbau des Landes zu nutzen. Das Antibild zum kemalistischen Staat war und blieb der Orient, nicht der Pluralismus westlicher Gesellschaften.

10.2 Die Ära Menderes: Autoritäre Praktiken als Nothebel zur Verhinderung des demokratischen Machtwechsels

Die ersten freien Wahlen wurden 1946 noch von der vormaligen kemalistischen Staatspartei gewonnen. Sie trat jetzt gegen Parteien an, die aus Spaltung in den eigenen Reihen hervorgegangen waren (zum Folgenden: Ahmad 1999: 102ff.). Bereits die nächsten Wahlen gewann 1951 die Demokratische Partei. Sie wurde von Politikern aus dem Milieu erfolgreicher Geschäftsleute aus der Taufe gehoben. Wohl wissend, dass der Rückhalt der kommerziellen Mittelschicht für einen Wahlerfolg nicht genügen würde, appellierte diese Partei an die traditionsgebundene anatolische Landbevölkerung. Die von Ministerpräsident Adnan Menderes geführte Regierung lockerte die Bestimmungen über den Religionsunterricht, um diesen Teil der Wählerschaft bei der Stange zu halten. Sonst betrieb sie aber weder eine bäuerliche noch eine islamische, sondern vor allem eine mittelstandsfreundliche Politik.

Die Regierung Menderes wurde 1955 und noch einmal 1959 im Amt bestätigt. Menderes war als Sohn eines reichen Landbesitzers mit der Mentalität der anatolischen Bauern vertraut. Er verstand es, volksverbunden aufzutreten. Demgegenüber waren die Staatsgründer und ihre Schüler im steifen Habitus der Machtverwalter sozialisiert. Menderes' großes Ziel war es, das Wirtschaftswachstum anzukurbeln. Als Fernziele peilte er den Rückbau der Staatswirtschaft und die Liberalisierung des Außenhandels an. Die ersten Schritte in diese Richtung brachten für die Bevölkerung unerwartete Härten. Im freieren Klima des nach-autoritären Regimes forderten die Gewerkschaften nun ihren Anteil an der Einkommensentwicklung ein. Die Regierung verweigerte sich. Um von eigenen

Fehlleistungen abzulenken, besann sie sich auch des alten Tricks der indirekten Schuldzuweisung an die Minderheiten. So zettelte sie 1955 vor dem Hintergrund eines dubiosen Brandanschlags auf das Geburtshaus Atatürks im griechischen Saloniki Plünderungen und Gewaltsamkeiten auf „Fremde" an. Die Sicherheitsorgane standen abseits. Betroffen war vor allem die griechische Minderheit, von der danach nur noch ein verschwindend kleiner Rest im Lande verblieb.

Streiks wurden mit Repression beantwortet. Die nunmehr in der Opposition stehenden Kemalisten und ihre Presse, auch die Studenten, übten heftige Kritik. Solchermaßen bedrängt und angesichts des Ausbleibens der erhofften wirtschaftspolitischen Ergebnisse schlug Menderes mit Verhaftungen, mit Zeitungsverboten und mit der Drangsalierung der Universitäten zurück. Er regierte nach Gutsherrenart. Wo hätte er die Lektionen demokratischer Politik – das Gleiche galt für die Kemalisten – auch lernen sollen? Der überflüssige und überzogene Rückgriff auf Repression ließ Befürchtungen aufkeimen, die kemalistischen Institutionen stünden auf dem Spiel. In diesem Klima putschte 1960 die Armee.

10.3 Die Armee und der Putsch von 1960: Ein wohlgemeinter Eingriff zur Neujustierung der türkischen Demokratie

Nach den heroischen Tagen der Staatsgründung waren die Privilegien der Armee verkümmert. Das Gros der Offiziere war mäßig bezahlt und die Ausrüstung der Streitkräfte veraltet. Nach dem Beitritt zur Nato (1952) verglichen sich diese Offiziere mit den Kameraden der verbündeten Armeen. Sie verlangten modernere Waffen und besseren Sold. Menderes indes kümmerte sich nicht groß um sie. Er hofierte stattdessen die Generalität, die sich um ihre Karriere nicht mehr sorgen musste. Im Vertrauen darauf, dass die Militärhierarchie funktionierte, lehnte er die Forderungen der unzufriedenen Militärfraktion mit dem Argument ab, alle öffentlichen Mittel würden für die wirtschaftliche Entwicklung gebraucht. Ein Teil dieser düpierten, zumeist jüngeren Offiziere schlug sich auf die Seite der kemalistischen Opposition (Steinbach 2007: 41). Sie organisierten 1960 den Putsch.

Die Armeeführung wurde von diesem ersten Putsch in der Geschichte der Republik überrollt. Die Putschisten hatten sich im Offizierkorps soweit vorgearbeitet, dass die meisten Generäle die Ereignisse nicht mehr anzuhalten oder zu steuern vermochten. Unter diesen Umständen machten sie aus der Not eine Tugend und setzten alles daran, das öffentliche Bild einer zerrissenen Armee zu vermeiden. Nach der Vertreibung der Regierung Menderes zerstritten sich die Putschisten allerdings selbst.

Die eine Fraktion wünschte, dass die Armee ohne zeitliche Befristung künftig selbst regierte. Dahinter schien als Modell eine Militärherrschaft auf, wie sie in Ägypten und in den arabischen Republiken praktiziert wurde. Demzufolge hatte die Demokratie im kemalistischen System nichts zu suchen. Die andere Fraktion sah sich in einer Wächterrolle. Sie gedachte die Regierungsmacht alsbald wieder in zivile Hände zu legen. Diese Gemäßigten setzten sich in einer Art Putsch im Putsch durch. Der Putsch als solcher war in der Bevölkerung populär, weil er eine unpopulär gewordene Regierung ablöste. Eine militärische Übergangsregierung ließ eine neue Verfassung ausarbeiten. Es handelte sich um einen sehr liberalen Verfassungsentwurf, der in der Öffentlichkeit begrüßt wurde. Die Putschoffiziere luden sich freilich ohne Not den Makel übertriebener Härte auf. Menderes und einige seiner Mitstreiter wurden verurteilt und hingerichtet.

10.4 Die Streitkräfte positionieren sich als verteilungspolitischer Parteigänger

Noch im Jahr 1961 gab es Wahlen unter der neuen Verfassung. Als Wahlsiegerin reüssierte die ehemalige kemalistische Staatspartei unter Führung Ismet Inönüs, eines engen Weggefährten Atatürks. Die Demokratische Partei Menderes' war verboten worden. Ehemalige Funktionäre und Aktive gründeten als Nachfolgeorganisation die Gerechtigkeitspartei. Ihr Führer Suleiman Demirel hatte bereits unter Menderes eine wichtige Rolle gespielt. Die Gerechtigkeitspartei appellierte an dasselbe Wählerspektrum wie die Vorgängerpartei: die Geschäftswelt und die Landbevölkerung. Hier wurde erstmals eine Konstante der türkischen Politik sichtbar: die Existenz einer großen Partei, die sich als Alternative zur kemalistischen Subkultur präsentiert. Anders ausgedrückt mobilisierte sie den Zuspruch aller, denen der Kemalismus weder in kultureller noch in materieller Hinsicht etwas zu bieten hatte.

Nach den Erfahrungen des Putsches von 1960 war die Armeeführung fest entschlossen, den Einfluss der Parteien aus dem Offizierkorps herauszuhalten. Nur noch die Armeeführung sollte sich zu politischen Fragen äußern dürfen. In Gestalt eines Nationalen Sicherheitsrates sicherten sich die Militärs ein Informations- und Mitspracherecht an Regierungsangelegenheiten (dazu und im Folgenden: Ahmad 1999: 129ff.).

Die in der Nachkriegszeit noch intakte kemalistische Organisationswelt zerfiel weiter. Hatten sich aus der kemalistischen Staatspartei zunächst konkurrierende Parteien entwickelt, kam es jetzt zur Pluralisierung der Gewerkschaftslandschaft. Viele Arbeiter im wachsenden industriellen Sektor schlossen sich linken Gewerkschaftsneugründungen an; es entstand sogar ein islamischer Gewerkschaftsbund (Duran/Yildirim 2005).

Demirels Gerechtigkeitspartei löste die Kemalisten 1965 als Regierungspartei ab. Um das Wirtschaftswachstum zu beschleunigen, öffnete sie die Türen für Importe und westliches Kapital,. Auf die Interessen der städtischen und Arbeiterbevölkerung nahm sie keine große Rücksicht. Vor allem mit den Gewerkschaften ging sie ruppig um. Arbeitskämpfe wurden häufig unterdrückt.

Die Wirtschaft entwickelte sich in den 1960er Jahren stürmisch. Der Abbau der Außenhandelsschranken trug wesentlich dazu bei. Die gewerbliche Mittelschicht legte zu, auch auf dem Lande kam eine bescheidene Industrialisierung in Gang. Die Gewerkschaften traten noch selbstbewusster auf. Häufig kam es zu Arbeitsniederlegungen. Marxistische Ideen erreichten, wie zur gleichen Zeit auch in Westeuropa, den Campus.

Die Arbeitslosigkeit wuchs sich zum Problem aus. Die rasch voranschreitende Mechanisierung der Landwirtschaft setzte Landarbeiter frei, und dieser Prozess fachte wiederum die Migration vom Dorf in die großen Städte an. Wie überall in der Dritten Welt legten sich um die Metropolen mit ihrem europäischen Zuschnitt größer werdende Ringe von Armenvorstädten. Dieselben Faktoren heizten die Arbeitsmigration nach Westeuropa an. Familienbesuche und Rückwanderer, die mit dem im Ausland Ersparten in der Heimat eine neue Existenz aufbauten, verbreiteten Kenntnis von den Lebensverhältnissen außerhalb der Türkei. Die Entdeckung der Küstenlandstriche für den Mittelmeertourismus zeitigte stärkere Lern- und Modernisierungseffekte, als sie in den touristisch unattraktiven Gegenden auftraten. Die neuen Eindrücke, Ideen und Ängste im Gefolge dieser Entwicklungen suchten sich politische Ventile.

Was hier in der Türkei geschah, war nicht einzigartig. Ähnliche Zäsuren, teilweise sogar ähnlich schroffe, gab es in den späten 1960er Jahren in Griechenland, im südlichen Italien, in Portugal und in Spanien. Manche Aspekte, so der Antiamerikanismus im linken Spektrum, größere Streikfreudigkeit, Politisierung der Studentenschaft etc. unterschieden die Türkei kaum von den Ereignissen selbst in den hochentwickelten europäischen Ländern. Die Türkei rückte insgesamt, auch mit ihren innergesellschaftlichen Konflikten, ein großes Stück näher an Europa heran.

Einige Probleme waren jedoch sperriger, sie waren spezifisch. Gingen die besagten Prozesse selbst im mediterranen katholischen Europa mit einer Dekonfessionalisierung der Gesellschaft einher, so spielten sie sich in der Türkei ausschließlich im säkularisierten Teil der Gesellschaft ab. Die der Tradition verhaftete Mehrheit blieb davon nahezu unberührt. Hinzu kam, dass viele wirtschaftliche Teilerfolge selbst in den entwickelteren Landesteilen durch ein rasantes Bevölkerungswachstum wieder zunichte gemacht wurden.

Die Gerechtigkeitspartei zog aus der Ära Menderes die Lehre, Konflikte mit dem kemalistischen Establishment zu vermeiden. Die Generalität ihrerseits beherzigte die Lektion, nie wieder Klagen über die Lebensqualität der Offiziere und die Ausstattung der Streitkräfte aufkeimen zu lassen.

Künftig gehörten Offiziere aller Ränge wieder zu den Privilegierten. Mit Armeesiedlungen und speziellen Geschäften sowie Betreuungseinrichtungen für Militärangehörige wurde ein komfortables, von der übrigen Gesellschaft abgeschottetes Milieu geschaffen. Offiziere brachten einen Teil ihres Gehalts in eine Armeestiftung (OYAK) ein. Es handelt sich um eine von der Steuer befreite Institution, an die ihre Mitglieder, ausschließlich Offiziere und Beamte des Verteidigungsministeriums, zehn Prozent ihres Gehalts abführen. Die OYAK arbeitet als Versicherung, sie zahlt Ruhegehaltszulagen und gewährt zinsgünstige Kredite. Sie erwarb ferner privatwirtschaftliche Firmen, darunter im gewinnträchtigen Hotel- und Tourismusbereich. Durch die Industrie- und Finanzunternehmen, an denen sie sich beteiligte, wurde der Militärkomplex eng mit der Privatwirtschaft verzahnt (Cook 2007: 21, 211). Die Streitkräfte gewannen ein unmittelbares Interesse an der Gewinnsituation der Wirtschaft.

Von der übrigen Gesellschaft ist das Offizierkorps unter anderem durch ein eigenes Schul- und Ausbildungssystem für Offizieranwärter isoliert. Eigene Militärwohnkomplexe trugen dazu bei, die Streitkräfte als eine Institution zu projizieren, die über dem billigen Populismus der Parteien und der Alltagskorruption in Polizei und Justiz steht (Aydinli 2009: 582ff., Demirel 2004: 130ff., Hale 1994: 322).

10.5 Der weiche Putsch des Jahres 1971

In den späteren 1960er Jahren differenzierte sich das nicht-kemalistische Parteienlager weiter aus. Dabei kam erstmals der konfessionelle Faktor ins Spiel. Islamische Politiker der Gerechtigkeitspartei sahen sich im Parteiensystem nicht hinreichend vertreten. Partei- und Regierungschef Demirel war ein wirtschaftsliberaler Politiker. Der Islam interessierte ihn nur als ein Attribut seiner Wählerschaft. Der Wirtschaftsverbandsfunktionär Necmettin Erbakan, ein gelernter Ingenieur, Sohn eines der letzten Richter des Osmanischen Reiches, trennte sich 1968 von der Gerechtigkeitspartei. Er gründete die Partei der Nationalen Ordnung. Wirtschaftliche Forderungen bestimmten ihr Programm. Erbakan griff die Politik des offenen Marktes an, die kleinen Produzenten das Leben schwer machte. Später wurde er an die Spitze der türkischen Industrie- und Handelskammer gewählt. Seine Wahl verdankte er den Stimmen anatolischer Geschäftsleute. Große Unternehmen mit Sitz in Istanbul und Izmir quittierten daraufhin die Mitgliedschaft (Shambayati 1994: 316f.).

Der ehemalige Oberst Alparslan Türkesch gründete Ende 1970 die Nationale Aktionspartei. Er war einer der Mitverschwörer des Putsches von 1960 und hatte von vornherein gegen die Rückkehr der Zivilisten an die Regierung plädiert. Türkesch appellierte an die unteren Mittelschichten und propagierte einen anti-westlichen, ultranationalistischen, gleichermaßen gegen Kommunismus wie Kapitalismus gerichteten Kurs (Ahmad 1999: 144).

Die vom Zugang zur Staatsmacht ausgeschlossenen Gewerkschaften und Nationalisten wählten die Straße, um sich Gehör zu verschaffen. In einer Gemengesituation von Streiks, Repression, linker Szene und nationalistischer Reaktion kam es zu einer Serie politisch motivierter Attentate mit zahlreichen Opfern. Der Eindruck kam auf, die Regierung habe die Kontrolle über die öffentliche Sicherheit verloren.

In der Parlamentswahl des Jahres 1969 büßte die Gerechtigkeitspartei ihre Mehrheit ein. Demirel blieb nichts anderes übrig, als die Nationalisten an der Regierung zu beteiligen. Mit der Militärführung hatte auch diese Regierung keine Probleme. Regierung und Militär standen zwar gleichermaßen gegen die Linke und die Gewerkschaften. Doch aus der Sicht der Militärs drohten Streiks, Attentate und Demonstrationen überhand zu nehmen. Deshalb entschloss sich die Armeeführung 1971, die Verfassung zu suspendieren. Sie übernahm jetzt aber nicht einmal vorübergehend die Regierung, sondern beauftragte vielmehr den kemalistischen Politiker Nihat Erim, die Regierungsgeschäfte zu führen. Die Arbeiterpartei sowie Organisationen und Verbände mit linker Orientierung wurden umgehend verboten. Bei aller Sorge, die in der Armeeführung um die öffentliche Sicherheit empfunden werden mochte, bezogen die Streitkräfte hier ganz offen Partei in den Verteilungskämpfen. Sie waren die Hauptursache der Unruhen (Balkan/Savran 2002: 12f.).

Auch Erbakans Partei der Nationalen Ordnung wurde verboten. Schon ein Jahr später war sie unter dem Namen der Heilspartei erneut auf der politischen Bühne zurück. Die kemalistischen Partei machte den Rechtsschwenk nicht mit. Der Journalist und Dichter Bülent Ecevit setzte dort einen sozialdemokratischen Kurs durch. Daraufhin gingen die Militärs auf Distanz zur ehemaligen Staatspartei (dazu und zum Folgenden Ahmad 1999: 148ff.).

10.6 Erneute Polarisierung der politischen Lager: der Putsch des Jahres 1980

Aus dem 1974 gewählten Parlament ging Ecevits Volkspartei als stärkste parlamentarische Kraft hervor. Sein sozialdemokratischer Kurs hatte sich ausgezahlt. Mit Erfolg hatte er Intellektuelle, Gewerkschafter und das säkulare Milieu umworben. Da seine Mehrheit für die Alleinregierung aber nicht reichte, ging er eine Koalition mit Erbakans Heilspartei und Türkeschs Nationalisten ein. Ungleichere Partner konnte es in einer Regierung kaum geben. Die Nationalisten hatten sich inzwischen zur harten Rechten entwickelt. Sie gebärdeten sich geradezu faschistisch. Eng mit ihr verbunden war die Organisation der Grauen Wölfe. Nach den Erkenntnissen der Justiz war sie die Urheberin zahlreicher Gewaltakte. Aus Gründen der Koalitionsräson unternahm Ecevit nichts, um die rechte Terrorszene von der Justiz durchleuchten zu lassen (Ahmad 1999: 160ff.).

Auch seine Regierung geriet in Konflikte mit Studenten, kritischen Intellektuellen und Gewerkschaften. Der rechte und der linke Terrorismus lebten wieder auf. Ein ungeschickter und übermäßig harter Polizeieinsatz hatte bei einer Demonstration der Linken in Istanbul am Maifeiertag 1977 Tote und Hunderte Verletzte zur Folge.

Nach vorzeitigen Wahlen ging die Regierung 1977 wieder in die Hände Demirels und seiner Gerechtigkeitspartei über. Zuvor war Ecevit als Vorsitzender der parlamentarisch stärksten Partei mit dem Versuch gescheitert, eine mehrheitsfähige Koalition zu bilden. Demirel versuchte es mit einer Koalition der Heilspartei und der Nationalisten. Sie zerbrach in kürzester Zeit. Nunmehr bildeten Ecevit und Demirel eine Koalition der großen Parteien. Bombenattentate und politisch motivierte Morde begleiteten diese kurzlebigen Regierungen.

Nach der Islamischen Revolution im Iran (1979) regten sich auch in der Türkei Gruppen, die gegen den säkularen Staat agitierten. Betrachtet man die Ereignisse im Iran vom Ausgangspunkt des säkularen Schah-Regimes, waren sie ein kulturpolitisches Rollback im größten Maßstab. Islamistische Gruppen in der Türkei, die sich von diesem Beispiel inspirieren ließen, übertrafen an Bedrohlichkeit noch die für das türkische Militär aus allein ideologischen und verteilungspolitischen Gründen ärgerliche Linke. Erneut verloren die Generäle die Geduld mit den Politikern (Ahmad 1999: 168ff.).

Das Jahr 1980 verzeichnet den dritten Putsch in der türkischen Geschichte (Tachau/ Heper 1983/84). Jetzt freilich handelte es sich wieder um einen harten Putsch. Offiziere übernahmen die Regierung. Dieser Putsch hatte in der Gesellschaft zwar nur noch ein kleines Unterstützerfeld, hauptsächlich bei Militärs und Technokraten. Er bedeutete aber einen gravierenderen Einschnitt als alle Putsche davor (Sakallioglou 1997: 155).

Wie sehr die Militärs von den Ereignissen im Iran besorgt waren, zeigte sich darin, dass für studierende Frauen ein Kopftuchverbot in den Hochschulen verhängt wurde. Die Militärregierung konterte damit die Symbolik des Kopftuchzwangs, den das iranische Klerikerregime für Frauen verordnet hatte. Im Iran traf dieses Verbot hauptsächlich moderne, städtische Frauen, die sich kleideten, wie es im Westen chic war. Gebildete türkische Frauen, die das Kopftuch bevorzugten, gelangten unter Generalverdacht, die kemalistische Orientierung in Staat und Öffentlichkeit untergraben zu wollen. In der Wirtschaftspolitik schlug die Militärregierung bereitwillig den neoliberalen Kurs ein, wie der IWF ihn wünschte. Die Türkei war auf seine Kredite angewiesen. Sämtliche Parteien wurden verboten.

Wie diese Maßnahmen zeigen, korrigierte das Militär nicht nur, wie behauptet, den „unordentlichen" Zustand der parlamentarischen Politik. Es engte auch den kultur- und wirtschaftspolitischen Rahmen weiter ein, in dem noch die vorausgehenden zivilen Regierungen agiert hatten (Öngen 2002: 65).

10.7 Die Wiederzulassung des demokratischen Spiels unter Aufsicht des Militärs

Im Jahr 1983 gaben die Militärs die Regierung an gewählte Politiker zurück. Sie hinterließen eine auf ihre Bedürfnisse zugeschneiderte Verfassung. So wurden die Befugnisse des Präsidenten erheblich ausgeweitet, ebenso die Mitspracherechte des Nationalen Sicherheitsrates. Alle Regierungsprojekte mussten künftig dort vorgelegt werden. Eine hohe Eintrittsschwelle von zehn Prozent sollte kleinere Parteien daran hindern, im Parlament vertreten zu sein.

Die Militärs hatten für diese erste Wahl nach dem förmlichen Rückzug aus der Regierung zwei ihnen nahestehende Parteien gründen lassen. Die Parteieliten hatten – wie in der Vergangenheit – Vorkehrungen getroffen, um ihre alten Parteien unter neuen Namen zu reaktivieren. Die kemalistische Partei CHP wurde zugelassen. Sie war wieder akzeptabel, nachdem ihr früherer Vorsitzender Ecevit mit den Sozialdemokraten eine eigene neue Partei gegründet hatte. Ecevit selbst aber und die Sozialdemokraten durften noch nicht für das Parlament kandidieren. Derselben Restriktion unterlag die Großtürkische Partei Demirels. Es handelte sich um die Nachfolgeorganisation der Gerechtigkeitspartei (Ahmad 1999: 188f.). Damit waren für diese erste Parlamentswahl nach der Militärherrschaft nur noch Parteien im Spiel, die unter den Bedingungen des freien politischen Wettbewerbs der Vorjahre keinen allzu großen Wählerzuspruch gefunden hatten.

Die vom Militär unterstützten Parteien fielen beim Wähler glatt durch. Wähler, die sich unter anderen Umständen für die noch nicht wieder zur Wahl zugelassenen Parteien entschieden hätten, gaben ihre Stimme nunmehr der Mutterlandspartei (ANAP). Ihr Führer war Turgut Özal. Es handelte sich um eine wirtschaftsliberale Partei, deren Chef beachtliche populistische Qualitäten besaß. Dank des 1983 von den Militärs erzwungenen Wahlsystems erreichte die ANAP mit gut einem Drittel der Wählerstimmen bereits die parlamentarische Mehrheit. Die Ergebnisse der kurz danach stattfindenden Gemeindewahlen, für die alle Parteien kandidieren durften, ließen erkennen, dass Sozialdemokraten Ecevits und die Nachfolgerin der Gerechtigkeitspartei Demirels, die Partei des Rechten Weges, weiterhin großen Rückhalt in der Wählerschaft hatten.

Als Regierungschef betrieb Özal eine rigoros liberale Wirtschaftspolitik. Mit Privatisierungsprogammen und dem Abbau der Außenhandelsregulierung knüpfte er nahtlos an den Wirtschaftskurs der Militärs an. Sie gereichte weiterhin exportorientierten Unternehmen und Investitionsfonds zum Vorteil. Das Nachsehen hatten vor allem kleine und mittlere Unternehmen sowie die bäuerliche Landwirtschaft (Waterbury 1992). Undurchsichtige Praktiken bei der Privatisierung der Staatsvermögen und bei der Finanzierung öffentlicher Projekte leisteten dem Eindruck umfassender Korruption bis in höchste Regierungskreise Vorschub.

Im Versuch, das Vakuum auszunutzen, das durch die Ausschließung der großen Parteien entstanden war, machte Özal programmatische Anleihen bei Islamisten, Kemalisten und Nationalisten gleichermaßen. In der Innenpolitik fuhr er einen illiberale Kurs. Kemalistische Staatsanwälte und Richter drangsalierten kritische Gewerkschafter und Studenten. Dieser Politikmix unterschied die Türkei nicht groß von den neoliberalen Zwangskuren, die von den Internationalen Finanzinstitutionen in den 1970er und 1980er Jahren in aller Welt verordnet wurden (Yalman 2002: 41). Die Militärs waren mit alledem zufrieden. Die Folgen der neoliberalen Politik trafen erster Linie die Arbeiterschaft. Sie wusste in späten 1980er Jahren keinen anderen Ausweg, als ihren Protest in einer Welle von Streiks zum Ausdruck zu bringen (Ahmad 1999: 190ff.).

10.8 Ein politisches Wiederholungsspiel mit gleichen Akteuren endet mit einem kalten Putsch

An der dritten Wahl nach dem Ende des Militärregimes im Jahr 1991 durften wieder alle Parteien teilnehmen. Auch das Betätigungsverbot für Politiker wurde aufgehoben. Unter dem Namen der Wohlfahrtspartei reaktivierte Erbakan seine islamische Partei. Noch vor dieser Wahl hatte sich der frühere Regierungschef Özal 1989 vom letzten Parlament, für das die etablierten politischen Richtungen nicht hatten kandidieren dürfen, zum Staatspräsidenten wählen lassen.

Seine ANAP stürzte bereits dieser Wahl ab. Demirels Partei des Rechten Weges (vorher Gerechtigkeitspartei) bildete die Regierung. Sie koalierte mit der kemalistischen CHP. Nach den nächsten Wahlen des Jahres 1996 wurde sie von einer Koalition der ANAP mit der Wohlfahrtspartei abgelöst. An der Spitze der ANAP stand nunmehr Tansu Ciller, eine liberale Politikerin aus dem Istanbuler Big Business. Das Amt des Regierungschefs übernahm Erbakan. Hier taten sich abermals zwei Parteien zusammen, die mehr trennte, als sie miteinander verband. Eine der wenigen Gemeinsamkeiten war die Tatsache, dass beide in Distanz zum kemalistischen Establishment standen. Beide Parteien appellierten an eine Mittelschichtenklientel. Doch Erbakan schlug dabei einen islambetonten Kurs ein, um das religiöse Bürgertum anzusprechen, während die ANAP das liberale, nicht-kemalistische Bürgertum ins Visier nahm.

Das ländliche und kleingewerbliche Wählermilieu war bis dahin ausschließlich von den liberalen, im urbanen Establishment verankerten Parteien umworben worden. Mit der Wohlfahrtspartei operierte in diesem Milieu nun eine erklärterweise islamische Partei. Und noch etwas war neu. Zwar kamen die Aktiven auch der Wohlfahrtspartei aus der Mittelschicht. Aber viele darunter repräsentieren kleine Städte im anatolischen Hinterland. In der Provinz trat die Wohlfahrtspartei glaubwürdiger auf als andere Parteien, weil ihre Vertreter augenscheinlich aus der Mitte der anatolischen Gesellschaft kamen. Mit dieser Basis in der anatolischen Provinz gelang es der Wohlfahrtspartei, eine brauchbare, in der Fläche wirksame Infrastruktur zu entwickeln. Alle übrigen Parteien waren kopflastig. Außerhalb der politischen und wirtschaftlichen Zentren in Ankara und Istanbul hatten sie keine nennenswerte personelle Basis.

Trotz seiner exponierten Position als Regierungschef tat Erbakan wenig, um den Eindruck zu entkräften, die aktuelle Belastbarkeit der Tabus des Kemalismus zu prüfen. Auf Versammlungen seiner Partei wurden grüne Fahnen geschwenkt. Auftreten und Parolen der Anhänger machten es den Gegnern leicht, auf Gemeinsamkeiten mit radikalen islamischen Parteien und Vereinen im arabischen Ausland hinzudeuten (Agai 2004: 20). In der südostanatolischen Stadt Sivas attackierte 1996 ein Mob, der von Aktivisten der Wohlfahrtspartei angestiftet war, eine Attacke auf ein Treffen alawitischer Kulturschaffender. Dabei kamen 37 Alawiten ums Leben. Die Polizei verhielt sich passiv. Sie schritt allerdings ein, als sich die Alawiten anschließend zu einem Protestzug formierten.

Nicht nur bei den Militärs schrillten die Alarmglocken. Sie aber zögerten nicht, auf die Bremse zu treten. Erbakan wurde 1997 zum Rücktritt gezwungen. Die Generäle legten ihm einen Forderungskatalog vor, auf den er kaum hätte eingehen können, ohne die Erwartungen seiner Anhänger zu verraten. Das Vorgehen der Militärführung kam einem weichen Putsch gleich.

Der Sozialdemokrat Ecevit bildete eine Nachfolgeregierung, die sich auf eine fragile Koalition mit den Kemalisten (CHP) und der ANAP stützte. Die Wohlfahrtspartei wurde auf Antrag der Staatsanwaltschaft 1998 verboten und ihren Führern ein Betätigungsverbot auferlegt.

Das Parteiensystem hatte inzwischen überschaubare Konturen. Das säkulare Lager umfasste die kemalistische CHP, die Sozialdemokraten und die Nationalisten. Das Gegenlager setzte sich aus der ANAP, der Partei des Rechten Weges und der Tugendpartei zusammen. Letztere war nichts anderes als die umetikettierte Wohlfahrtspartei. Vom Minimalnenner des Bekenntnisse zum säkularen Staat abgesehen, lagen CHP, Sozialdemokraten und Nationalisten denkbar weit auseinander. Im nicht-kemalistischen Spektrum war die Kluft zwischen den islamischen und den liberalen Parteien kaum geringer. Ein festes, organisatorisches Milieu besaßen allein die Kemalisten, und zwar im Militär und im Staatsapparat, sowie die islamische Partei mit ihren weit über die Türkei verstreuten Bürgermeistern und Aktiven.

10.9 Die politische Organisation des islamischen Milieus: Wohlfahrtspartei und AKP

Necmettin Erbakan steht am Anfang der politischen Organisation des Islam in der Türkei. Auf seine Initiative ging bereits Anfang der 1970er Jahre die Gründung der Bewegung Milli Görüs zurück. Die Weltanschauung dieser noch heute vitalen Bewegung ist vage. Sie zeigt nur insofern Profil, als sie den Islam aus dem privaten in den öffentlichen Raum hineinprojizieren will. Milli Görüs warb um Anhänger in der türkischen Provinz, wo der Islam noch stark in die Identität eingelassen ist, und unter den Landflüchtigen, die in erster Generation in den türkischen Metropolen lebten, und ebenfalls unter den in Deutschland lebenden Arbeitsmigranten. Ihre Zielgruppe waren also vom ländlich-muslimischen Alltagsmilieu geprägte Underdogs, Modernisierungsverlierer und Entwurzelte.

Erbakan gründete wenig später die erste islamische Partei der Türkei, die Partei der Ordnung. Sie wurde nach dem letzten Militärputsch von 1980, wie oben geschildert, umgehend verboten. Nach der Wiederzulassung politischer Parteien lebte sie, gestützt auf das Milli Görüs-Netzwerk, als Heilspartei wieder auf. Die Attitüde alteingesessener Großstadtbewohner, auf Menschen von ländlich-provinzieller Herkunft herabzublicken, tat ein Übriges, um dieser entstehenden islamischen Organisationswelt Anhänger zu verschaffen. Hier handelte es sich aber um eine Klientel, die am unteren Ende der Bildungspyramide rangierte und keine nennenswerten Eigeninteressen zu artikulieren vermochte. In der auf die Geschäftswelt ausgelegten Säule dieser Organisationswelt lagen die Dinge anders. Hier traten Unternehmer auf, die klare Ziele vor Augen hatten und die ökonomischen Chancen erkannten, die sich in der Unterstützung einer volksverwurzelten Partei boten.

Zum Hintergrund: Im politisch turbulenten, doch wirtschaftlich äußerst dynamischen letzten Viertel des 20. Jahrhunderts wuchs in der anatolischen Provinz eine Klasse kleiner und mittlerer Unternehmer auf. Sie dehnten ihre Geschäfte auf den entwickelten Westen des Landes aus. Die Ersparnisse im Ausland lebender Landsleute, die ihr Geld in örtlichen Kreditinstituten anlegten, trugen nicht unerheblich zum Erfolg dieser neuen, in der Provinz verwurzelten Unternehmerspezies bei (Adaş 2009). Im Jahr 1996 trat die Zollunion mit der Europäischen Union in Kraft. Sie beflügelte auch im anatolischen Hinterland die Geschäfte (Demiralp 2009: 326ff.). Demgegenüber war die Wirtschaftspolitik der nach 1983 vom Militär protegierten ANAP vorrangig auf die großen Firmenkonglomerate mit ihren Schwerpunkten in Istanbul und Izmir ausgelegt. Allein aufgrund ihrer Größe und internationalen Verbindungen hatten sie privilegierten Zugang zu Märkten und Kapital. Der Verband der Industriellen und Geschäftsleute vertrat von jeher ihre Interessen (TÜSIAD). Auf die Mitgliedschaft der Provinzunternehmen legte der TÜSIAD keinen großen Wert.

Der 1990 gegründete Verband Unabhängiger Industrieller und Unternehmer (MÜSIAD) mit seinem Timbre einer Veranstaltung für fromme Geschäftsleute füllte diese Repräsentationslücke aus. Auch bei dieser Organisationsgründung wirkte Erbakan mit, der früher einmal Geschäftsführer des TÜSIAD war. In Zentralanatolien war der Islam ein idealer weltanschaulicher Omnibus für geschäftliche und regionale Interessen. Seine Attraktivität für die regionale und lokale Wirtschaft lag darin begründet, dass die ältere Organisationswelt, die an Geschäftsleute appellierte, entweder stark kemalistisch oder liberal und darüber hinaus von den etablierten Mächten in Istanbul und der westlichen Türkei geprägt war (Demiralp 2009: 319ff.).

Das Vorhandensein der vielgestaltigen islamischen Organisationskultur nivellierte keineswegs die gesellschaftlichen Interessenlagen. Auch der MÜSIAD sperrt sich gegen die Aktivität islamischer Gewerkschaften in seinen Unternehmen – im Unterschied zum älteren und größeren, nicht zuletzt auch im Umgang mit Konflikten erfahrenen TÜSIAD, der sich mit islamischen wie säkularen Gewerkschaften zu arrangieren versteht (Duran/Yildirim 2005: 239).

Die Wohlfahrtspartei verschaffte sich darüber hinaus mit einer erfolgreichen Kommunalpolitik Bekanntheit und Glaubwürdigkeit. Für ihren Erfolg in den Parlamentswahlen sollte es sich von Vorteil erweisen, dass die Kommunalwahlen nach Aufhebung der Militärherrschaft keinerlei Restriktion unterworfen wurden. Ihre Bürgermeister, darunter derjenige von Istanbul, Recep Tayyib Erdogan, erwiesen sich als effiziente Verwalter. Sie waren populär, nicht korrupt und lösten manches kommunalpolitische Versprechen ein. Kleine, für das Markenzeichen einer islamischen Partei wichtige Gesten wie das Gutheißen des Kopftuchtragens und lokale Einschränkungen des Alkoholverkaufs taten ein Übriges (Goele 1997: 52f.).

Als die letzten Restriktionen für die Tätigkeit der Parteien entfielen, trennten sich die Wege prominenter islamischer Politiker wie Erbakan, Erdoghan und Gül. Sie entzweiten sich über eine unvermeidliche Richtungsentscheidung. Für Erbakan stand das muslimische Moment im Vordergrund, er appellierte nach wie vor an die zahlreichen Muslime, die auf der Schattenseite der Gesellschaft standen. Ferner plädierte er für mehr Staat, um ihre soziale Lage zu verbessern.

Hinter den Reformern um Erdoghan und Gül stand das neue, stark in der Provinz verankerte Unternehmertum. Der Islam wurde hier als Planke eines politischen Programms verstanden, das auf Wettbewerb, Privatisierung und den Abbau der staatlichen Reglementierung des Wirtschaftslebens setzt. In ihrem Umfeld wurde 2001 die AKP gegründet (Cinar 2008, White 2007: 429ff.). Die AKP baute auf das politische Kapital, das islamische Bürgermeister in der Stadtbevölkerung angehäuft hatten, und sie kalkulierte mit dem Multiplikatoreffekt des Bündnisses mit den Unternehmern im ländlichen und kleinstädtischen Elektorat. Schließlich bot sie Frauen und säkular orientierten Bürgern die Mitarbeit an. Auch für die zahlreichen alawitischen Türken, darunter viele Kurden, sollte die Partei wählbar sein. Erbakan zog es demgegenüber vor, mit der Tugendpartei, einer Nachfolgerin der Wohlfahrtspartei, dort anzuknüpfen, wo ihm die Militärs 1997 mit einer politischen Pression in den Arm gefallen waren (Gumuscu/ Sert 2009, Somer 2007: 1274).

10.10 Das unterbrochene Wiederholungsspiel wird wieder aufgenommen

AKP und Tugendpartei traten 2002 erstmals zur Wahl an. Die AKP gewann auf Anhieb eine regierungsfähige Mehrheit, Regierungschef wurde zunächst Abdullah Gül. Auf Betreiben des kemalistischen Staatspräsidenten Ahmet Necdet Sezer wurde das Politikverbot für Erdogan 2002 aufgehoben, der dann von Gül umgehend das Amt des Regierungschefs übernahm.

Die AKP mit ihren Ausläufern bis weit in die Arbeiterschaft hinein kommt einer islamischen Volkspartei recht nahe (zu den Entwicklungen der islamischen Partei einschließlich der AKP: Mecham 2004). Erbakans Tugendpartei hingegen wurde vom Wähler marginalisiert. Im 2006 gewählten Parlament sind nur noch die AKP, die kemalistische CHP und die Nationalisten vertreten.

Die AKP-Regierung forcierte die Annäherung an die Europäische Union. Damit blickte sie nicht allein auf die wirtschaftliche Zukunft der Türkei. Sie betrieb auch erfolgreiche Klientelpolitik für kleine und mittlere Unternehmen (Amnestie für Steuervergehen, Erleichterung der Kreditaufnahme, Verbesserung der Zollformalitäten an den anatolischen Grenzübergangsstellen). Auch das Big Business kommentierte diese Politik mit Wohlgefallen, weil sie auf die Stärkung der Gesamtwirtschaft zielte (Demiralp 2009: 328ff.).

Die AKP verfolgte mit ihrer europafreundlichen Politik innenpolitische Ziele. Brüssel verlangt für die Aufnahme von Beitrittsverhandlungen Fortschritte bei der Erreichung demokratischer und rechtstaatlicher Standards. Diese aber schützen die Tätigkeit einer demokratisch gewählten Regierung. Die AKP wählte das von der Militärregierung erlassene Verbotsgesetz für Kopftuchträgerinnen in öffentlichen Institutionen, um ihrer Wählerschaft Glaubwürdigkeit zu demonstrieren, ohne sich den Vorwurf einer Islamisierung des Bildungswesens zuzuziehen. Das Verbot wurde auch in der Europäischen Union missbilligt, wo die Wahl der Kopfdeckung als individuelles Recht angesehen wird.

Die AKP-Parlamentariermehrheit beschloss 2007 mit Zustimmung der Nationalisten, dass Studentinnen auch mit Kopftuch studieren dürfen. So sehr das Kopftuch wie ein Symbol für den Kulturkampf zwischen Kemalisten und islamischen Demokraten anmutet, ging es hier doch um mehr. Letztlich wurde hier eine Stellvertreterauseinandersetzung geführt, ob die Parlamentsmehrheit oder das kemalistische Establishment den Takt der Politik bestimmen darf (Duran 2008: 92).

Schließlich wurde im Jahr 2007 der ehemalige AKP-Außenminister Gül gegen alle prozeduralen Widerstände aus dem kemalistischen Lager zum Präsidenten gewählt. Jetzt verlegten sich die Kemalisten auf den Kampf mit den Mitteln der Justiz, um ihren Einfluss im Staat zu verteidigen. Im Frühjahr 2008 beschloss das Verfassungsgericht, die Aufhebung des Kopftuchverbots verstoße gegen die Verfassung. Kurze Zeit später beantragte ein Staatsanwalt, das Verfassungsgericht möge die AKP verbieten, weil sie einen islamischen Staat errichten wolle. Mit denkbar knapper Mehrheit wies das Gericht den Antrag ab.

In den Monaten nach dem gescheiterten Verbotsantrag betrieb die Regierung Erdogan teilweise Politik in kemalistischer Tradition. So ließ die Regierung die Armee über die irakische Grenze vorstoßen, um dort Basen der PKK anzugreifen. Diese hatte nach einigen Jahren geringer Aktivität erneut türkische Militärposten im Grenzgebiet attackiert.

Die Beitrittsverhandlungen mit der Europäischen Union stagnierten. Ankara war nicht bereit, Zypern als gleichberechtigtes Glied der EU anzuerkennen. Schon 1974 hatte die Türkei den östlichen, von Türken bewohnten Teil der Insel besetzt. Griechische Militärs hatten versucht, den Inselstaat an Griechenland anzuschließen. Die griechische Militärregierung kam darüber zu Fall, Zypern blieb unabhängig. Aber die durch die militärischen Fronten vollzogene Teilung der Insel blieb erhalten und durch die Gründung eines – international allerdings nicht anerkannten – türkisch-zyprischen Staates verstetigt. Seither ist alles, was Fragen des internationalen Status Zyperns betrifft, für Ankara eine Prestigefrage. Diese Vorgänge deuteten darauf, dass sich die AKP-Regierung angesichts der bedrohlichen Attacken auf ihre Legalität bemüht, Bedenken zu zerstreuen, sie vernachlässige die nationalen Interessen (Bilgic 2009: 817ff.).

Dessen ungeachtet nutzte das kemalistische Gegenlager alle verbliebenen Möglichkeiten, um der Regierung in die Parade zu fahren. Das Verfassungsgericht verbot im Dezember 2009 die im Parlament vertretene Kurdenpartei und erlegte ihren Mandatsträgern ein Politikverbot auf. Es unterlief damit gezielt die erst wenige Monate zuvor von der Regierung eingeleiteten Bemühungen, die amtlichen Restriktionen für den Gebrauch des Kurdischen in Behörden und Bildungseinrichtungen zu lockern.

Zuvor war die Regierung nicht untätig geblieben, um ihrerseits das kemalistische Establishment unter Druck zu setzen. Unter großer öffentlicher Beachtung und gedeckt von einem mutigen Staatsanwalt wurden im Herbst 2009 prominente ehemalige und aktive Offiziere verhaftet. Grundlage war ein Gesetzesbeschluss vom Juli, der das Militärgerichtsbarkeitsprivileg für Angehörige der Streitkräfte einschränkte. Den Verhafteten wurde vorgeworfen, im ultrarechten Netzwerk Ergenekon den gewaltsamen Sturz der Regierung betrieben zu haben (Strittmatter 2008).

Der Schlagabtausch mit der kemalistischen Justiz ging weiter. Im Januar 2010 urteilte das Verfassungsgericht, die Strafverfolgungsbehörden hätten diese Verhaftungen nicht vornehmen dürfen. Nicht nur aktive, auch ehemalige Militärs unterlägen bei allem Tun allein der Militärjustiz. Kurz darauf ließ die Staatsanwaltschaft in einer spektakulären Aktion weitere der Verschwörung verdächtige Offiziere verhaften (Schlötzer 2010a). Die AKP-Regierung ließ es auf eine finale Auseinandersetzung ankommen. Hätte sie befürchten müssen, dass die Armeeführung der Justiz beispringen würde, wäre sie das Risiko kaum eingegangen.

Im Mai 2010 beschloss das Parlament eine Reihe von Verfassungsänderungen, über die eine Volksabstimmung stattfinden sollte (Schlötzer 2010b). Das Verfassungsgericht verfügte zwar noch, dass einige Punkte verändert werden mussten, bevor das Volk darüber abstimmen konnte. Im Kern wurde die Reform im September 2010 mit einer Mehrheit von 58 Prozent der abgegebenen Stimmen beschlossen. Das Verfassungsgericht wird dadurch von elf auf 17 Mitglieder aufgestockt. Drei davon darf das Parlament bestimmen, einen der Präsident und die Übrigen der Präsident auf Vorschlag der höchsten Richter und anderer Staatsorgane. Parteienverbote, wie es sie in der Vergangenheit gab, sollen künftig nicht mehr möglich sein. Ferner wurde in der Verfassung verankert, dass Militärangehörige nur noch für dienstliches Fehlverhalten von der Militärjustiz zur Rechenschaft gezogen werden dürfen. Der Hohe Rat der Richter und Staatsanwälte, wie das Verfassungsgericht bislang ein Hort des kemalistischen Establishments, wird von sieben auf 22 Mitglieder erweitert. In diesem Gremium wird die Ernennung, Versetzung und Entlassung des Justizpersonals entschieden (Strittmatter 2010). Als Partei in der politischen Auseinandersetzung dürfte die Justiz damit entmachtet sein.

10.11 Nebenkonflikte: Kurden und Alawiten

Die im Südosten der Türkei lebenden Kurden erhoben sich zwischen 1925 und 1937 dreimal gegen das kemalistische Regime. Der vom Staat propagierte Säkularismus und die Erzwingung des Türkischen als Amtssprache stießen dort auf starken Widerstand. Bis heute gehören die kurdischen Gebiete zu den rückständigsten der Republik. Die Kurden stellen einen erheblichen Teil der praktizierenden Muslime.

Die Kurden empfanden sich in den Gründerjahren der Republik noch keineswegs als Nation. Die irakischen und syrischen Kurden wurden als Mitglieder anderer Stämme wahrgenommen, nicht aber als Glieder derselben politischen Gemeinschaft. Die meisten Kurden waren Analphabeten. Sie lebten, verteilt über Dörfer und Landstriche, in Stammesverbänden. Ihre Scheichs, in aller Regel auch reiche Landbesitzer, verkörperten die maßgebliche Autorität.

Erst in den 1960er und 1970er Jahren setzte die Politisierung der Kurden ein. Antriebskräfte waren Alphabetisierung und wachsende Weltkenntnis, Letztere vor allem dank der audio-visuellen Medien und der Arbeitsmigration nach Europa. Die große Armut unter den Kurden und eine immense chronische Arbeitslosigkeit sind zum erheblichen Teil durch die periphere Lage der Kurdengebiete bedingt. In Anbetracht des repressiven kemalistischen Staates, der ihre kulturelle Identität nicht respektierte, lasteten die Kurde im Laufe der Zeit auch ihre desolaten wirtschaftlichen Verhältnisse der Vernachlässigung durch den türkischen Staat an (Aziz 1991).

Die türkische Linke konzentrierte sich bei ihren Bemühungen, Anhänger und Aktive zu gewinnen, auf die Kurden. Als kulturell diskriminierte Randgruppe boten die Kurden ein dankbares Mobilisierungspotenzial. Die Mobilisierung appellierte an das kulturelle und sprachliche Moment. In dieser rückständigen Region zog es besser als sozialpolitische Argumente, deren Komplexität die wenigsten überhaupt verstanden.

Die Wege zu Bildung und Staatsdienst verlangten von den Kurden bis zur Regierungsära der AKP die Assimilierung an die türkische Kultur. In den letzten Jahrzehnten des 20. Jahrhunderts, in denen kleine Völker in den multinationalen europäischen Nachbarstaaten Autonomie verlangten und zugestanden bekamen (z.B. Waliser, Schotten, Basken, Katalanen, Südtiroler), war die Turkisierungspolitik noch unklüger als im Osmanischen Reich, als sie bereits die Araber mit gravierenden historischen Folgen dem Staat entfremdete.

Kemalistische Politiker, auch prominente Militärs und nationalistische Medien, deuteten die Forderung auf den Gebrauch des Kurdischen in den Schulen übertreibend als Vorwand zur Spaltung des Landes. Der Militärputsch von 1980 betraf mit Verhaftungen, Folter und politischen Prozessen in besonderem Maße Kurden. In der Art eines aufständischen Besatzungsgebiets wurden die kurdischen Gebiete in den 1980er und 1990er Jahren unterdrückt. Dass als Folge der militärische Widerstand gedieh, hielt dann wieder als Bestätigung für die unterstellte Gefährlichkeit der kurdischen Autonomieforderungen her.

Diese Vorgänge produzierten Andersons berühmte „imagined community" (1988) einer kurdischen Nation. Die Mischung von marxistischen Phrasen – deren Bedeutung den meisten fremd blieb – und kurdischem Nationempfinden ließ bei den Kemalisten die Alarmglocken läuten. In der kurdischen Diaspora wurde 1984 die PKK gegründet. Ihr Gründer Abdullah Öcalan propagierte einen konventionellen, in seiner Einfachheit geradezu stalinistischen Marxismus. Die PKK führte jetzt einen bewaffneten Kampf unter halbwegs einheitlichem Kommando. Jede Guerillaaktion beantwortete das Militär mit harten Repressalien (Yavuz/Gunter 2001: 34ff.). Die PKK trug die Auseinandersetzungen mit Attentaten in die Großstädte. Mit der Entführung und Inhaftierung Öcalans im Jahr 1999 gingen die bewaffneten Auseinandersetzungen zurück. Mittlerweile wählen viele Kurden die AKP, deren Regierung mit großer Vorsicht den Gebrauch des Kurdischen in den Medien und Schulen zugelassen hat.

Betrachten wir zuletzt noch die Situation der türkischen Alawiten, von denen viele auch wieder Kurden sind. Wie bei den Alawiten im benachbarten Syrien handelt es sich um eine religiöse Randgruppe, die bereits vom osmanischen Staat diskriminiert wurde. Als Außenseiter hielten sich auch die Alawiten an die türkische Linke. Der letzte und härteste Putsch des Jahres 1980 traf auch die Alawiten hart.

10.12 Der Zentralkonflikt in der türkischen Politik: Der Kampf um kulturelle Hegemonie und Demokratie

Für das Verstehen der türkischen Politik sind die durch Putsche und Verbote rasch wechselnden Parteinamen sowie die geringe Halbwertzeit der Organisationen weniger wichtig als die Konstanz der politischen Grundströmungen. Hier findet sich einmal der klassische Gegensatz zwischen Kapital und Arbeit, wie er in allen modernen Gesellschaften zutage tritt, des Weiteren der Gegensatz in Fragen der Kultur.

Heute gibt es zwei große Lager mit unterschiedlicher kulturpolitischer Disposition. Auf der einen Seite stehen die seit Jahrzehnten bekannten Anhänger des säkularen Staates, auf der anderen Seite jene Kräfte, die religiöse Lebensform und Brauchtum in den politischen Raum integrieren wollen.

Die Mittel des kemalistischen Sektors, politischen Einfluss zu nehmen und unerwünschte Entwicklungen zu verhindern, beschränkten sich bis in die jüngere Vergangenheit auf Armee, Justiz und Medien. Staatspräsident Sezer, ein kemalistischer Jurist, lehnte es nach der Wahl einer AKP-Mehrheit im Jahr 2002 rundheraus ab, der Tradition entsprechend die höchsten Beamtenpositionen in den Ministerien nach den Wünschen des Regierungschefs zu besetzen. Er erklärte ferner die seit den 1930er Jahren geübte Praxis kurzerhand für illegal, dass die Regierung Richter und Staatsanwälte vorschlägt (Yildiz 2008: 49). Die Wahl des AKP-Mitgründers und Außenministers Gül zum Staatspräsidenten nahm den Kemalisten diese letzte von der Verfassung abgesicherte Vetoposition unter den Wahlämtern der Republik.

Bereits zuvor war der Nationale Sicherheitsrat förmlich entmachtet worden. Er war 1961 gegründet worden. Mit dem Militärputsch von 1983 wurde er zum politischen Superorgan. Die Regierung hatte dem Sicherheitsrat sämtliche Projekte vorzulegen, auch zum Beispiel für die Bildungspolitik. Dennoch wurde das Instrument stumpf (Cizre 2006). Einer Regierung, die entschlossen genug war, kann der Sicherheitsrat heute nicht mehr in den Arm fallen. Die Militärs müssten schon die schwere Entscheidung für einen Putsch treffen. Die politischen Kosten eines international geächteten Putsches würde die Führungsriege der Streitkräfte heute kaum noch riskieren.

Etliche hohe Offiziere teilen den Alarmismus ihrer Kameraden nicht und erkennen den Primat der Politik an (Aydinli 2009: 587ff., Sarigil 2007). Für das Militär käme jeder Staatsstreich einer Zerreißprobe gleich (Cizre 2008: 141).

Unter den Bedingungen freier Konkurrenz hat das kemalistische Establishment derzeit keine Chance auf die politische Mehrheit. Deshalb verteidigt es angestammte und machtvolle Positionen im Staat mit allen Mitteln, die ihm noch bleiben. Mag es vorrangig auch darum gehen, dass eine verblassende Staatsklasse noch ihre letzten Positionen verteidigt, hat die vorhandene gesellschaftliche Unterstützung für den Kemalismus auch einen kulturellen Grund: eine Attitüde, die alles Orientalische als rückständig betrachtet – eine unter säkularen und urbanen „weißen" Türken weit verbreitete Haltung im Unterschied zu den stärker in islamischer Lebensweise verwurzelten, ländlich-kleinstädtischen „schwarzen Türken" (White 2007: 427ff.). Die einzige große Gemeinsamkeit, welche die Türkei mit dem so vielfältigen Orient verbindet, ist die Religion. Betende Politiker und Frauen mit Kopftuch, so sehr sie in der Sache auch die säkulare Orientierung der Türkei bejahen mögen, holen den Orient optisch mitten in den öffentlichen Raum hinein.

Die Situation erinnert an den Iran, dies allerdings unter umgekehrtem Vorzeichen. Solange Kemalisten den Staat beherrschten, gebärdeten sie sich wie eine Glaubenskongregation. Ihre Ritualdiener waren Militärs, Richter und Staatsanwälte. Sie schritten zur Exkommunikation, wo sie Kräfte ausmachten, die vom rechten Pfade abwichen. Die Palette der vom kemalistischen Establishment oktroyierten Korrekturen des demokratischen Prozesses reichte im Rückblick von der Militärregierung über das Komplizentum bürgerlich-säkularer Parteien bei der Ausschaltung der politischen Konkurrenz bis hin zu Parteienverboten und dem Verbot persönlicher politischer Betätigung. Keines der Parteienverbote hat jemals seinen Zweck erreicht. Nachfolgeparteien standen bereit, sobald die Verbote aufgehoben wurden.

Dass es trotz allem nicht zur dauerhaften Wendung gegen die Demokratie gekommen ist, liegt daran, dass die Eliten dem Vorbild des Staatsgründers folgen und sich am Westen messen. Der Westen aber steht heute für Demokratie. Die Demokratie schützt den kulturellen Pluralismus. Dies hat die AKP-Regierung erkannt. Ihr ist es als historische Leistung anzurechnen, mit viel Beharrlichkeit und Kampfesmut einen kaum noch revidierbar erscheinenden demokratischen Wandel zu bewerkstelligen (Yildiz 2008: 56f.).

Der Streit um das Kopftuch und die Verfassungspolitik lagen in diesem Prozess auf derselben Linie. Die Volkspartei AKP führte ihren Wählern in der Kopftuchangelegenheit vor Augen, dass der Anspruch auf die Vertretung der Muslime im öffentlichen Raum keine leere Floskel war. Es ging in der Sache um keine politische Lappalie, wie auf den politischen Nebenbühnen der europäischen Länder. Es handelte sich hier um einen Test, wie belastbar die demokratischen Strukturen bereits waren. Ähnlich verhielt es sich beim Streit um die Zuständigkeit der Militär- und der Ziviljustiz für Verschwörer in Uniform. Hier geht es nicht um diffizile Rechtsfragen, sondern viel grundlegender darum, wer die Grenzen des Erlaubten definiert, die legitimen Volksvertreter oder die Repräsentanten einer im Gestern erstarrten Staatsideologie. Und dahinter steht wieder der Platzerhalt der gestrigen Staatsklasse: Karrieren, Status, gleichgesinnte Freunde und Kollegen, Privilegien und die Erwartung, dies alles an die Kinder weitergeben zu können. Pluralismus bedeutet hier Konkurrenz, die am wirksamsten durch Verbote und Ausschließung, also im autoritären Modus ferngehalten wird.

Dass es keinen verteilungs- und kulturpolitischen Konsens gibt, also auf den beiden Ebenen, auf denen sich der höchst spannende demokratische Wandel in der Türkei abspielt, entspricht dem im pluralistischen System Üblichen. Zum demokratischen Pluralismus gehört aber auch ein verfassungspolitischer Konsens über die materiellen Spielregeln, nach denen politische Auseinandersetzung ausgetragen und moderiert wird. Dieser Konsens ist noch nicht ausgereift. Eine wichtige Voraussetzung dafür dürfte aber bereits erfüllt sein: Die Streitkräfte akzeptieren den Primat der Politik. Die Plänkeleien mit der Justiz muten dagegen wie Nachhutgefechte an.

Dem demokratischen Wandel kam es entgegen, dass die Türkei schon vor Jahrzehnten die staatswirtschaftlichen Strukturen abgestreift hat. Private Unternehmen aller Art und Größenordnung blühen und gedeihen. Sie produzieren, kaufen und verkaufen auf dem großen europäischen Markt, aber nicht nur dort, sondern auch im arabischen Raum und in Russland, und sie stehen insgesamt ihren westlichen Counterparts an Beweglichkeit in der globalen Wirtschaftswelt in nichts nach. Der Staat ist als Auftraggeber und politischer Schutzpatron der Geschäfte bei weitem nicht so wichtig wie in Ägypten, Syrien oder in Algerien. Dies koppelt die Geschäftswelt ein gehöriges Stück von den Machtkämpfen in der Politik ab.

Die ungebrochene Liberalisierung der Wirtschaftspolitik zeigt, wie wenig in diesem Bereich Etiketten wie islamisch oder säkular bedeuten. Dieser Kurs wurde von militärnahen Parteien eingeleitet. Die AKP-Regierung führt ihn – auch mit Blick auf die angestrebte Mitgliedschaft in der EU – fort. Sie hält sich auch an IWF-Auflagen, die ihren Anhängern unter Arbeitern und Angestellten weh tun, den islamischen Mittelstand aber erfreuen, weil sie staatliche Regulierungen abbauen (Patton 2006). Schon diese Grobskizze zeigt die fundamentalen Unterschiede zur übrigen politischen Welt des Orients auf. Like it or not – in ihrer politischen Gesamtbefindlichkeit wahrt die Türkei eine eigene kulturelle Identität, wie etwa auch die viel fernere japanische und koreanische Demokratie. Ihre Ankunft in der demokratischen Welt dürfte eine irreversible Tatsache sein.

11 Der westliche Orient und die Spätfolgen der Kolonialherrschaft

Nordafrika, der westliche Orient oder Maghreb, ist integraler Bestandteil der arabisch-islamischen Welt. Die europäische Kolonialherrschaft traf diese Region mit einer Wucht, die dem arabisch-islamischen Kernraum zwischen östlichem Mittelmeer und Persischem Golf erspart geblieben ist. Zumal die starke Präsenz europäischer Siedler und der enge Kontakt mit der französischen Zivilisation hinterließen tiefe Spuren.

Das christliche Nordafrika wurde recht früh, bereits im 8. Jahrhundert, von arabischen Kriegern erobert. Die Eroberung wurde bis weit auf die iberische

Halbinsel getragen. Die Islamisierung erfolgte im Zeichen der sunnitischen Mehrheits- und Siegerkonfession. Die Schia hat in Nordafrika keine Bedeutung. Die neue Religion wurde als nüchterne, fordernde Gesetzesreligion wahrgenommen. Das Christentum mit seinem Heiligen- und Eremitenkult und den auf die Sinne zielenden liturgischen Ritualen bot guten Nährboden für allerlei Synthesen mit dem Islam. Der Hauptstrom des in Nordafrika praktizierten Islam ist deshalb sufisch geprägt (siehe oben 2.1.2.4). Das Gleiche gilt für auch den Islam in Westafrika. Er gelangte von Nordafrika nach dort.

Die Eroberung Nordafrikas beließ die dort vorhandenen Herrschaftsstrukturen intakt. Die ansässigen Berbervölker durften ihre Lebensart beibehalten. Die Eroberer beschränkten sich darauf, strategische Punkte zu kontrollieren. Es handelte sich hauptsächlich um die Küstengebiete und Handelszentren. An flächendeckender, „tiefer" Herrschaft hatten sie, wie auch in anderen Teilen des Kalifenreiches, kein Interesse.

Im westlichen Mittelmeerraum kam es abermals im 15. Jahrhundert zu umwälzenden Veränderungen. Christliche Herrscher eroberten verlorenes Terrain zurück: die Inselwelt des westlichen Mittelmeeres, Sizilien und nordafrikanische Städte. Besonders bedeutsam war die Reconquista auf der iberischen Halbinsel. Die Osmanen, die jetzt das Kalifat innehatten, konzentrierten ihre Expansion indes auf das südöstliche Europa (Balkan). Mit der Zerschlagung des muslimischen Reiches Granada im Süden Spaniens setzte die Vertreibung der dort lebenden Muslime, der islamisierten Europäer und der Juden ein. Die Vertriebenen ließen sich im nahen Nordafrika nieder. Durch diese Ereignisse gab es nach gut 800 Jahren einen zweiten Islamisierungsschub. Im Unterschied zur ersten Islamisierungsphase fasste jetzt auch arabisches Brauchtum Fuß. Die Neusiedler ließen sich vor allem in den Städten und Küstenebenen nieder, d.h. in Umgebungen, die ihnen aus der verlorenen Heimat auf der iberischen Halbinsel vertraut waren. Dort setzten sich jetzt auch arabische Dialekte als Alltagssprache durch. Die Unterschiede zu den Berbervölkern in den nordafrikanischen Gebirgen und Hochebenen traten fortan stärker hervor. Begünstigt durch den Lebensraum der Wüsten und Gebirge, vermochten sich die Berber dem Arabisierungssog zu entziehen.

Die christliche Reconquista machte vor Afrika nicht Halt. An der Gegenküste Siziliens und Kataniens, im heutigen Tunesien und Libyen, entstanden Stützpunkte und Festungen der Eroberer.

Die bedrohten lokalen Herrscher wandten sich an den Sultan um Beistand. Zu diesem Zeitpunkt strebte das Osmanenreich dem Höhepunkt seiner Macht und Ausdehnung zu. Es hatte zwar keine Interessen am westlichen Mittelmeer, sah hier aber die Chance, die maritime Flanke für seine Balkanunternehmungen zu sichern. Diese Chance erschien umso attraktiver, weil das Unterfangen nicht viel zu kosten versprach.

Die Hohe Pforte nahm ab 1518 die im Mittelmeer operierenden Piratenflotten in ihren Dienst. Die wichtigsten Häupter dieser maritimen Marodeure waren die Brüder Barbarossa, die Stützpunkte an der algerischen Küste besaßen. Die Hohe Pforte machte sie zu Herrschern über die afrikanischen Hafenstädte. Formal erhielten sie 1535 den Status osmanischer Beamter, denen die Verwaltung der Provinzen Algier, Tunis und Tripolitanien übertragen wurde. Tatsächlich waren sie jedoch unabhängig. Ihr Verhältnis zum Sultan lässt sich am besten als suzerän beschreiben.

Wie es der historische Zufall wollte, verloren die spanischen Herrscher mit der Entdeckung der Neuen Welt das Interesse an Nordafrika. Im Norden Europas banden im 16. Jahrhundert die Reformation und der Zerfall des Habsburger Reiches ihre Kräfte. Die Eroberung der fernen amerikanischen Welt mit all ihren Reichtümern und exotischen Menschen versprach mehr Ruhm und Macht als die Präsenz in den unwegsamen Gebirgen und Ebenen des nördlichen Afrika. Die Reconquista beschränkte sich letztlich auf die iberische Halbinsel.

Die osmanischen Statthalter in Nordafrika verhielten sich nicht anders als die Regenten der historischen Berberreiche. Das Hinterland wurde Stammesherrschern überlassen, die ihrerseits lediglich eine zeremonielle Oberhoheit des Sultans anerkannten. Im Übrigen entzogen sie sich der Autorität der osmanischen Beamten. Sie zahlten keine Steuern und lebten weiterhin nach ihrer Tradition.

Die Reichweite osmanischer Herrschaft folgte einem einfachen Schema. Die in den Küstenstädten und -ebenen lebenden Araber fügten sich den osmanischen Statthaltern. Die in den Gebirgen (Atlas, Kabylei, Rif) lebenden Berberstämme entzogen sich. Dieses Schema gilt teilweise bis in die Gegenwart – nicht nur in Algerien, sondern auch im benachbarten Marokko: hier das Land der Regierung, dort das Land der Dissidenten (Penchoun 2004, 458ff., Cahen 1968a: 83f., 392ff., 398f.).

An der nordafrikanischen Atlantikküste lief die Hochseepiraterie im Laufe der Zeit ins Leere. Mit dem transatlantischen Verkehr nach Amerika wurde das Revier zu groß. Die europäischen Kriegsflotten erlangten die Überlegenheit. Im Mittelmeer hielt sich die Piraterie länger. Besondere Bedeutung kam Algier und Tunis mit ihrer Nähe zum maritimen Nadelöhr zwischen dem westlichen und dem östlichen Mittelmeer zu. Die Ladung der erbeuteten Schiffe wurde veräußert, Mannschaften und Passagiere entweder gegen Lösegeld freigelassen oder als Sklaven verkauft. Die Geschäfte waren überaus lukrativ. Privatleute und europäische Herrscher zahlten Schutzgelder, um ungestört Handel treiben zu können.

Im 19. Jahrhundert kam es in der Entwicklung Nordafrikas zu einer scharfen Zäsur. Der Maghreb geriet in den Strudel des Kolonialismus. Algerien stand im Zeitpunkt seiner Unabhängigkeit gut 130 Jahre, Tunesien gut 80 Jahre und Marokko kaum mehr als 40 Jahre unter französischer Herrschaft. Die Kolonialherrschaft wurde in unterschiedlicher Rechtsform ausgeübt. Algerien wurde eine Kolonie unter dem direkten Zugriff des französischen Staates. In Marokko und Tunesien begnügte sich Frankreich mit der Errichtung von Protektoraten. Dort gab es ein Nebeneinander von französischer und einheimischer Verwaltung. Doch überall förderte Frankreich die Zuwanderung französischer und europäischer Siedler, gründeten Franzosen kommerzielle Unternehmungen und nahmen die heimischen Eliten das Französische als Zweit- und Bildungssprache an. Und überall regten sich unter der Flagge muslimischer Identität Protest und Widerstand gegen die Kolonialmacht. Italien, das Libyen 1911 als Kolonie vereinnahmte, versuchte sich mit einer Kopie der französischen Politik in Nordafrika.

Hier wird zunächst die Situation in Algerien geschildert. Der Kolonialismus hinterließ dort seine tiefsten Spuren.

12 Algerien

12.1 Die Kolonialisierung Algeriens

Die Kolonisierung Algeriens im Jahr 1830 war ein seltsamer Fall der Kolonialgeschichte. Der Appetit auf Kolonien war zu dieser Zeit in Europa kaum entwickelt. Aus Anlass einer diplomatischen Provokation – der Dey von Algier war erbost über säumige französische Zahlungspflichten und schlug mit der Fliegenklatsche nach dem französischen Geschäftsträger – ließ der französische König Karl X. Algier besetzen. Die Popularität der Aktion war in Frankreich weniger als mäßig. In Paris entdeckte man erst allmählich die Eignung der afrikanischen Besitzung für die Getreideproduktion und den Weinanbau. Siedler nutzten die Chance, die ihnen das Erbrecht und Besitzverhältnisse in Frankreich selbst verwehrte: billig Land zu erwerben und eine bürgerliche Existenz aufzubauen.

Ein erster Aufstand gegen die Besatzung brach bereits kurz nach der Okkupation unter dem Berberführer Abdelkader aus (1833-1847). Er entzündete sich daran, dass Frankreich seine Herrschaft über Algier hinaus weit ins Hinterland ausdehnte. Die französischen Behörden verstärkten ihre Präsenz in der Fläche und stellten als spezielle Besatzungstruppe dafür die Fremdenlegion auf. Algerien blieb zunächst unter Militärverwaltung. Kaiser Napoleon III. ließ 1860 sogar Bereitschaft erkennen, stärker mit den Stammesführern zusammenzuarbeiten.

Auch die Militärs hielten das Arrangement mit den örtlichen Autoritäten für ratsam. Sie folgten ähnlichem Kalkül wie die Briten bei ihrer Politik der Indirect rule in Indien.

12.2 Die französische Algerienpolitik

Nach Auffassung der Siedler beließ die Pariser Regierung den Einheimischen zuviele Rechte. Im Schatten der Niederlage im deutsch-französischen Krieg (1870/71) kam es zu einem weiteren Aufstand der heimischen Bevölkerung. Er gab den Befürwortern einer härteren Gangart im Verhältnis zu den Einheimischen Auftrieb. Die Siedler begrüßten das Ende des zweiten Kaiserreichs, von dem sie sich schlecht behandelt sahen. Die Parteien der nachfolgenden III. Republik dankten es ihnen. Die republikanische Regierung hob die Militärverwaltung auf und stellte das Gebiet unter zivile Verwaltung. Die Folgen waren gravierend: Das Land rebellischer Stämme wurde enteignet und französischen Siedlern angeboten. Steuerforderungen an die Einheimischen wurden fortan als Geldzahlungen erhoben und diese damit gezwungen, sich zur Lohnarbeit bei französischen Siedlern zu verdingen. Wir sehen hier die gleiche Technik am Werk, mit der bald darauf auch Afrika in das koloniale Produktionssystem hineingezwungen wurde.

Die Pariser Politik legitimierte sich fortan mit dem Argument kultureller Überlegenheit. Nach den Anschauungen der Epoche galt es, der fortschrittlicheren Zivilisation in aller Welt den Weg zu bahnen. Ferner kam eine Besonderheit der französischen Geschichte ins Spiel. Die laizistischen Parteien der III. Republik führten im eigenen Lande einen Kulturkampf. Das Religiöse sollte, verbrämt als Sieg des Fortschritts über die Tradition, vollständig aus dem öffentlichen Raum verdrängt werden.

Die Algerienfranzosen waren wie die Masse ihrer Landsleute in Frankreich überwiegend kleine Leute. Etliche waren Emigranten aus Elsaß-Lothringen, die nicht unter preußischer Herrschaft leben wollten. Viele andere kamen aus dem Süden Frankreichs, wo eine Schädlingsplage ihre Existenz als Weinbauern zerstört hatte. Algerien bot ähnliche klimatische und landschaftliche Verhältnisse wie das mediterrane Frankreich. Auch viele Süditaliener, die der Armut und Übervölkerung ihrer Heimat den Rücken kehrten, aber nicht in die USA auswandern mochten, schließlich auch Spanier ließen sich in Algerien nieder. Sie alle erhielten die französische Staatsbürgerschaft. Im Jahr 1870 wurde schließlich den zahlreichen jüdischen Algeriern, die seit Jahrhunderten unter ihren muslimischen Nachbarn lebten, die Staatsbürgerschaft zuerkannt. Den Muslimen wurde sie weiterhin verweigert. Dabei wünschten viele kulturell und sprachlich assimilierte Muslime nichts sehnlicher, als Franzosen zu werden.

Gegen Ende des 19. Jahrhunderts wurde Algerien zu einer französischen „frontier“ – eine Alternative für Menschen, die in Frankreich selbst nicht zurechtkamen oder die einfach dem überkommenen Milieu den Rücken kehren wollten. 1902 wurde der Norden Algeriens zum Bestandteil französischen Staatsgebiets erklärt. Dabei erhielt Algerien allerdings einen Sonderstatus. Erstens lebten dort weiterhin Menschen zweierlei Rechts: Franzosen mit allen Rechten des französischen Bürgers sowie Einheimische, denen dieser Status vorenthalten wurde. Zweitens genossen die drei algerischen Départements (Algier, Constantin, Oran) ein hohes Maß an Autonomie. Diese stand im krassen Gegensatz zur zentralistischen Gängelung der europäischen Départements. Ein Generalgouverneur als oberster gemeinsamer Verwalter der drei Überseedépartements brachte diesen Sonderstatus besonders deutlich zum Ausdruck. Diese Verwaltungsfigur gab es sonst nur in den förmlichen Kolonien Frankreichs. De facto entstand in Algerien nichts anderes als eine Selbstregierung der Siedler (Ansprenger 1966: 95ff.).

Die Gesamtsituation glich derjenigen einer Kolonie. Siedler machten um die Wende zum 20. Jahrhundert etwa zehn Prozent der Bevölkerung aus. Der flächenmäßig größte, aber kaum besiedelte Teil Algeriens, das Wüstengebiet der Sahara, blieb – wie die subsaharischen Gebiete unter der Trikolore – auch förmlich eine Kolonie, wie andere afrikanischen Besitzungen.

Das Verhältnis von Franzosen und Algeriern glich in mancher Hinsicht der späteren südafrikanischen Apartheid. Beide Gruppen lebten in unterschiedlichen rechtlichen und gesellschaftlichen Sphären. Um 1950 befand sich der größte Teil des besten landwirtschaftlich nutzbaren Landes in den Händen einiger europäischer „Colons“, die schlecht bezahlte Algerier für sich arbeiten ließen. Gut 80 Prozent der Europäer lebten in Städten und beherrschten Industrie und Dienstleistungsgewerbe (Ruedy 2004b: 618). Zwar erwarben vereinzelt auch Algerier die französische Staatsbürgerschaft, besuchten französische Gymnasien und traten in den öffentlichen Dienst ein. Für Araber und Berber, die Angehörigen der beiden großen indigenen Völker, gab es dafür jedoch eine fundamentale Barriere. Die französische Gesetzgebung verlangte, dass sich ein Einheimischer der französischen Familiengesetzgebung unterwerfen musste, um gleiche Rechte zu erlangen. Für den frommen Muslim kam dies dem Verzicht auf seine Identität gleich.

Das Land für die Siedler wurde aus der Umnutzung kommunaler Agrarflächen bereitgestellt, die bis dahin von den heimischen Bauern bewirtschaftet wurden. Entsprechend schrumpfte die Ernährungsbasis. Gleichzeitig sank dank besserer öffentlicher Hygiene die Kindersterblichkeit. Armut und Hunger hielten auf dem Lande Einzug. Dieselben Faktoren setzten eine Landflucht in Gang.

In der Verwaltung, im modernen Kommerz und im Bildungswesen waren hauptsächlich Franzosen beschäftigt, Algerier lediglich in untergeordneten und schlecht bezahlten Positionen. Wir sehen hier eine Parallele mit den kolonialen Verhältnissen in Afrika. Wo die Verwaltung Nicht-Franzosen beschäftigte, praktizierte sie das übliche koloniale Herrschen durch Teilen.

Die algerischen Berber haben ihre eigene Sprache, das Tamazight. Die Araber sprechen den in Nordafrika üblichen arabischen Dialekt. Soweit die französischen Behörden auf algerisches Personal rekurrierten, bevorzugten sie Berber insbesondere aus der unmittelbar an Algier grenzenden Kabylei. Araber hingegen wurden diskriminiert. Das Französische wurde für Kabylen zur Sprache des sozialen Aufstiegs. Von den Arabischsprechenden wurde es als soziale Barriere wahrgenommen. Kulturelle Unterschiede zwischen Arabern und Kabylen, die es schon vor der Kolonialzeit gab, spitzten sich dadurch auf soziale Gegensätze zu. Das Kalkül mit der Spaltung der Einheimischen ging jedoch nicht auf. Die Kabylei sollte später ein Zentrum des Unabhängigkeitskampfes werden.

12.3 Triebkräfte für die algerische Unabhängigkeit

Diejenigen Algerier, die sich aus den verschiedensten Gründen an französische Sprache und Kultur assimilierten, ohne ihre Identität als Muslime aufgeben zu wollen, erwarteten Gleichbehandlung mit den Franzosen. Aber selbst die Linke, die in der Pariser Volksfrontregierung von 1936 etwas in dieser Richtung hätte bewegen können, tat nichts, um den Status der einheimischen Algerier wesentlich zu verbessern. In den beiden Weltkriegen kämpften viele Algerier als Freiwillige unter der Trikolore. Im letzten Weltkrieg gar, als Frankreich besetzt war, stellten Algerier 90 Prozent der Landstreitkräfte, die an der Vertreibung der Achsenmächte aus Nordafrika, an der Befreiung Frankreichs und bei den Kämpfen in Tunesien, in Italien und in Deutschland beteiligt waren. Die Erwartung der algerischen Soldaten, Frankreich werde ihren Beitrag honorieren, wurde enttäuscht.

Vor diesem Hintergrund bekamen zwei Kräfte Auftrieb. Sie hatten sich bereits vor dem letzten Weltkrieg geregt, mobilisierten jetzt aber den Widerstand gegen Frankreich. Auf der einen Seite stand eine Gruppe Einheimischer um Ferhat Abbas, einem gelernten Apotheker, der kaum Arabisch sprach. Sie sahen Frankreich als ihre politische Heimat an. Ihre Forderungen beschränkten sich auf die Selbstverwaltung der Algerier im Rahmen des französischen Staates. Trotz des republikanischen Ideals wurden ihnen die Rechte des Bürgers verweigert. Die Enttäuschten wandten sich dem arabischen Nationalismus als Alternative zu (Naylor 2004a: 2ff.).

Beispielhaft war Ahmed Ben Bella, einer der prominentesten Vertreter der algerischen Unabhängigkeit und erster Präsident nach dem Abzug der Franzosen. Als Berber im westlichen Algerien aufgewachsen, avancierte er vor dem Krieg zum Star des Fußballklubs Olympique Marseille. Im Krieg kämpfte er, dekoriert mit hohen Auszeichnungen, auf der Seite des Freien Frankreich. Erst in der langjährigen französischen Haft lernte er Arabisch. Andere Motive leiteten jene Algerier, die mit Frankreich und französischer Kultur nichts im Sinn hatten. Sie sahen sich vor allem in ihrer Eigenschaft als Muslime diskriminiert.

Die Linken unter den politisch mobilisierten Algeriern gingen eigene Wege. Exemplarisch war Messali al-Hadj, der in seiner westalgerischen Heimat religiöse Schulen besucht, in Frankreich studiert und in der französischen Armee gedient hatte. Aufgrund seiner hautnahen Erfahrung mit der Diskriminierung der muslimischen Algerier suchte er zunächst bei den französischen Kommunisten eine Heimat, distanzierte sich dann aber von ihnen und trat seit 1935 auf der Plattform einer von ihm gegründeten Organisation für ein unabhängiges Algerien ein. Im Unterschied zur anderen prominenten Figur der muslimischen Algerier, Ferhat Abbas und dessen Partei PPA, scheute er die Konfrontation mit der Kolonialmacht nicht (Naylor 2004d). Im April 1945 ordneten die französischen Behörden seine Deportation nach Frankreich an.

Vor diesem Hintergrund kam es im Mai 1945 bei einer Siegesfeier im Städtchen Sétif anlässlich des Kriegsendes zu schweren Zusammenstößen algerischer Demonstranten mit Siedlern. Sie wurden von der Ordnungsmacht mit großer Brutalität niedergeschlagen (zum Folgenden Ansprenger 1966: 228ff.). Die Empörung der Einheimischen entlud sich wieder in Gewalt gegen die französische Landbevölkerung, in der etwa hundert Todesopfer zu beklagen waren. Die Kolonialbehörden reagierten mit weitaus größer bemessener Gegengewalt. Schwere Waffen, darunter Schiffsartillerie, und die Luftwaffe wurden gegen algerische Ortschaften eingesetzt, Zehntausende Einheimische kamen ums Leben.

Die Siedler wollten ihren privilegierten Status um jeden Preis verteidigen. Die Nationalversammlung stand ihnen zur Seite. Zwar wurde Algeriern 1947 zivil- und strafrechtlich der Status des französischen Staatsbürgers verliehen. Aber sie durften die Pariser Nationalversammlung nicht mitwählen: Für die Wahl der Gesetzgebenden Versammlung in Algerien wurden zwei Wählerklassen gebildet. In der ersten Wählerklasse waren hauptsächlich die Algerienfranzosen eingetragen, die zu diesem Zeitpunkt bereits weniger als zehn Prozent der Gesamtbevölkerung stellten, aber lediglich 13 Prozent Muslime. In der zweiten Klasse wählten hauptsächlich Araber und Berber (Evans/Phillips 2007: 45ff.). Dank der Registrierungspolitik der Behörden und massiver Wahlfälschung kamen in der zweiten Wählerklasse sehr wenige Repräsentanten der nationalistischen Parteien zum Zuge (Ansprenger 1966: 229).

Die Unnachgiebigkeit Frankreichs warf selbst die Assimilierungswilligen auf die Gemeinsamkeit mit ihren Landsleuten zurück: auf ihre Identität als Muslime. Der politische Kompass der muslimischen Opposition war das Programm der aus dem Antikolonialismus gewachsenen Muslimbruderschaft: Hier lautete die Parole nicht nur auf die Ablehnung des Kolonialismus, sondern auch auf die Ablehnung der westlichen Lebensweise (siehe oben 3.8). Die islamische Opposition stützte sich auf die Infrastruktur der Moscheen und religiösen Schulen. Deren Rolle als Motor antikolonialer Opposition hatte die Kolonialmacht ungewollt selbst gefördert, weil sie vielen Algeriern eine reguläre Schulbildung vorenthielt. Um 1954 besuchten lediglich 13 Prozent muslimische Kinder eine staatliche Elementarschule, gut 5.000 Muslime besuchten Gymnasien und lediglich 680 muslimische Algerier studierten an der Universität von Algier (Ruedy 2004a: 124).

Damit sind die Hypotheken benannt, mit denen Algerien in die Unabhängigkeit gehen sollte: Einigkeit allein im Ziel der Unabhängigkeit, und zwar negativ definiert als das Verschwinden der Franzosen aus Algerien, gleichzeitig denkbar große Unterschiede in der Vorstellung eines unabhängigen Algerien, ob säkular oder islamisch.

Als Sammelbewegung für die Widerstandsaktivitäten wurde 1951 der FLN ins Leben gerufen. Mit koordinierten Attacken auf französische Einrichtungen und einem Guerillakrieg in den Landgebieten begann 1954 der bewaffnete Kampf für die Unabhängigkeit. Zwei Jahre später wurde er mit Sprengstoffattentaten in die von Franzosen bewohnten Viertel der Städte getragen. Der französische Sicherheitsapparat schlug mit aller Macht und einigem Erfolg zurück. Mit dem Bekanntwerden von Folter und Brutalität brachte er Frankreichs Position in Algerien jedoch weltweit in Misskredit.

Der Unabhängigkeitskampf brachte etliche französische Regierungen zu Fall. Er war eine der Ursachen für das Scheitern der IV. Republik im Jahr 1958. Die in Algerien stationierten Militäreinheiten kündigten der Pariser Regierung mit einem Putsch den Gehorsam auf. Die Militärs verlangten unisono mit den Algerienfranzosen ein klares Bekenntnis zum Verbleib Algeriens bei Frankreich. Der letzte Regierungschef der IV. und erste Präsident der V. Republik, Charles de Gaulle, gelangte mit der Erwartung ins Amt, den Putsch der Algerienarmee zu beenden. Rebellierende Militäreinheiten hatten bereits Korsika unter ihre Kontrolle gebracht und drohten mit dem Einsatz von Fallschirmtruppen in Paris. In der öffentlichen Wahrnehmung stand Frankreich am Rande eines Bürgerkrieges.

Mit nüchternem Kalkül diagnostizierte de Gaulle bereits 1958, ein weiteres Festhalten an Algerien drohe Frankreichs Zukunft in Mitleidenschaft zu ziehen. Die Trennung von Algerien sollte aber nicht in einer Niederlage vollzogen werden, sondern vielmehr zu Bedingungen erfolgen, die Frankreich die Wahrung seines Gesichts erlaubten. Der Kampf wurde deshalb weiterhin auf allen Ebenen und von allen Beteiligten mit äußerster Brutalität weitergeführt. Technisch gelang es Frankreich bis 1960, die Oberhand zu gewinnen. Doch politisch zog es den Kürzeren. Die weitere Präsenz in Algerien hätte den auch bei seinen Alliierten bereits ramponierten Ruf noch weiter geschädigt. Darüber hinaus beanspruchte Algerien ohnehin schon unvertretbar hohe ökonomische Kosten. Der Aufschwung der französischen Nachkriegswirtschaft setzte erst nach der Trennung von Algerien ein.

An der Schwelle der 1960er Jahre konnte sich keine Kolonialmacht mehr der Erwartung entziehen, die Kolonien aufzugeben oder den in Überseegebieten lebenden Menschen gleiche Rechte anzubieten. Was die Unabhängigkeit Algeriens bedeutete, lag auf der Hand: gut eine Million Algerienfranzosen drohten Heimat und Besitz zu verlieren.

Ein weiterer Putsch der in Algierien stationierten Militärs im Jahr 1961 richtete sich gegen den „Verrat" de Gaulles. Er war nur mehr eine Geste der Verzweiflung. Algerien erhielt 1962 seine Unabhängigkeit. Racheakte, Schikanen und Enteignungen, die im Siegestaumel an Algerienfranzosen verübt wurden, beschleunigten den Sog der Auswanderung. Nicht genug damit, fielen die auch so genannten Harkis einer ungeheuren Welle von Gewalt zum Opfer: Polizisten, Soldaten der Kolonialtruppe, Verwaltungshelfer, Kollaborateure, auch zahlreiche Algerier, die einfach nur erfolgreicher waren als ihre Nachbarn und der Unterstützung der Franzosen bezichtigt wurden, um sich an ihrer Habe zu bereichern.

12.4 Das Einparteiregime des unabhängigen Algerien

Mit dem Abzug der Franzosen verlor das junge Algerien Lehrer, Beamte, Ingenieure, Fabrikanten und die Betreiber des modernen Kommerzes. Hier handelte es sich um dieselbe Hypothek, die auch die Länder des subsaharischen Afrika belasten sollte, die etwa zur gleichen Zeit in größter Eile „in die Unabhängigkeit entlassen" wurden (siehe unten Teil 2, 2.6). Die Vakanzen wurden mit verdienten Kämpfern gefüllt. Die meisten waren in diesen Funktionen Autodidakten und Amateure. Noch am besten waren dafür jene Algerier qualifiziert, die sich an die französische Kultur assimiliert hatten. Aufgrund der kolonialen Politik handelte es sich hier hauptsächlich um Kabylen. Ihre Präsenz in Politik und Verwaltung erreichte ein Maß, das ihren Anteil an der Bevölkerung deutlich überstieg.

Der FLN war eine zerrissene Bewegung. Da war zum einen der politische Arm, aus dem die spätere Regimepartei hervorging. Er operierte hauptsächlich aus dem europäischen und tunesischen Exil heraus. Dieser Zweig wurde empfindlich geschwächt, als seine Führer, darunter Ben Bella, 1956 gekidnapt und in Frankreich festgesetzt wurden. Im Lande selbst gab es die Mujahedin, d.h. Untergrundkämpfer, die mit Attentaten auf französische Zivilisten und Einrichtungen operierten. Unter ihnen befanden sich viele Berber. Ihr hauptsächliches Operationsgebiet waren Algier und die nahe Kabylei.

Schließlich gab es im westlichen Grenzgebiet zu Marokko die FLN-Armee. Es handelte sich um eine Truppe mit militärähnlichen Strukturen, die französische Truppen in der Region Oran auf konventionelle Weise bekämpfte. Bedrängt von französischen Truppen, wich sie nach Marokko aus, wo sie kurz hinter der Grenze von der Stadt Oudja aus ihre Aktivität fortführte. An ihrer Spitze stand Houari Boumedienne, ein an französischen und muslimischen Sekundarschulen ausgebildeter Dorflehrer, der sich bereits als Student politisch engagiert hatte, dann nach Ägypten ins Exil gegangen und als Untergrundkämpfer nach Algerien zurückgekehrt war (Vandewalle 2004). Diese Grenzarmee, die nach der Gebietseinteilung der FLN im Welayat V operierte, war der bestorganisierte Zweig des Widerstands. Seine Führungsgestalten sollten als Oudja-Gruppe das Schicksal des unabhängigen Algerien maßgeblich bestimmen. Auch der gegenwärtige greise Staatspräsident Bouteflica ist ihr zuzurechnen (Ruedy 2004c). Die Auseinandersetzung zwischen diesen Zweigen der FLN wurde erst nach der Unabhängigkeit ausgetragen.

Mit der Unabhängigkeit avancierte der FLN zur Staatspartei. Sie kürte zunächst Ben Bella, den Kopf der politischen Organisation, zum Staatspräsidenten. Ben Bella hatte sich mit Houari Boumedienne verbündet, dem Führer der Grenzarmee, um die Ansprüche seiner Konkurrenten Ait Ahmed und Muhammad Boudiaf abzuwehren (Naylor 2004c). Die politischen Konzepte des FLN für die Zukunft des Landes waren dem Zeitgeist entsprechend von sozialistischen Vorbildern entlehnt: Einheitspartei und Verstaatlichung. Für die Leitungsfunktionen in Verwaltungen und Staatsbetrieben wurden verdiente alte Kämpfer rekrutiert. Wie oben erwähnt, hatten dabei zunächst jene einen Vorteil, die mit der Funktionssprache des Französischen zurechtkamen.

Eine Nomenklatura-Gesellschaft bildete sich heraus. Funktionsträger im Umfeld der Armee und Sicherheitsdienste praktizierten einen gehobenen Lebensstil. Die Lebensverhältnisse der Masse der Bevölkerung stagnierten und verschlechterten sich sogar. Die Arbeitsmigration nach Frankreich, wo die Wirtschaft nach dem Abschied von Algerien in Fahrt kam und dringend Arbeiter suchte, schuf für fehlende Arbeit in der Heimat einen gewissen Ausgleich.

Was nach der Unabhängigkeit geschah, weist Parallelen mit den Vorgängen im nachkolonialen Afrika auf. Der Staat wurde zur zentralen Versorgungs- und Bereicherungsquelle für eine Elite, die sich allein auf die bewaffnete Macht stützte. Diese Elite hatte den Vorteil, dass das Land über reiche Ölvorkommen verfügt. Auf dem unabhängigen Algerien lastete aber der Fluch des von den Algerienfranzosen überkommenen Rollenmodells. In der Armee dominiert eine Generation von Offizieren, die in der Kolonialarmee aufgestiegen waren. Viele darunter hatten erst kurz vor der Unabhängigkeit die Seiten gewechselt. Die Kontrolle des Staates ermöglichte einen Lebensstil mit allen Attributen der europäischen Reichen. Die soziale Kluft hingegen blieb. Algerien gewann den Zuschnitt einer sozialistischen Mängelökonomie.

Die FLN-Oligarchie war und blieb gespalten. Bis heute beherrscht die Generation des Unabhängigkeitskampfes den Staat. Vier Kräfte lassen sich unterscheiden. Die stärkste darunter sind die Kommandeure der früheren Grenzarmee, ferner die Kämpfer, die einen Guerillakrieg führten, des Weiteren die politische Organisation der FNL und die Ulama. Aber nicht nur die unterschiedlichen Erlebniswelten des Widerstands trennten die Eliten des unabhängigen Algerien. Auch ihre politischen Anschauungen unterschieden sich.

Da sich der FLN als Instrument des Widerstandes gebildet hatte, war er eine Mantelorganisation, die weniger wusste, wofür, als wogegen er stand. Algerier, die jetzt die politischen Kommandohöhen besetzten, hatten den Staat als Instrument der Siedlerherrschaft, also einer kolonialen Herrschaftsbeziehung erfahren. Das Rollenmodell der Führer des unabhängigen Algerien war ein kolonialer Staat, der ganz auf die Bedürfnisse der Herrschenden eingestellt war. Wohnungen, Häuser und Bauernland fielen für die Fußtruppen der Revolution ab. Die Kommandeure, jetzt die Politiker, Spitzenbeamten, Parteifunktionäre und Militärs des unabhängigen Algerien, verleibten sich die Filetstücke ein, teils durch Verstaatlichung, teils durch Geschäfte, die ihnen nur dank ihrer politischen Stellung möglich waren. Gleich nach der Unabhängigkeit tat sich eine wachsende Kluft auf zwischen der Masse der Menschen, für sich im Alltag wenig änderte, und den Eliten, welche die Mittel besaßen, ein luxuriöses Leben zu führen.

12.5 Arabisierung als Identitätsförderung

In der langen Zeit französischer Herrschaft war eine hybride Gesellschaft entstanden. Die Eliten, die Mittelschicht, große Teil der städtischen Bevölkerung, die Gebildeten allemal, sprachen Französisch, schrieben Französisch, besuchten französischsprachige Hochschulen und lasen französischsprachige Zeitungen. Für sie galt: Frankreich als Kolonialmacht nein, als kultureller Bezugspunkt ja. Selbst ungebildete Parvenüs aus der Unabhängigkeitsbewegung, die es zu Ämtern und hohen Einkommen brachten, ließen ihre Kinder frankophon erziehen und schickten sie zum Studium nach Frankreich. Diese französische Komponente der Alltagskultur war hier stärker, dort schwächer ausgeprägt, stärker in der städtischen Mittelschicht und bei den Gebildeten, schwächer bei frommen Muslimen, bei der Landbevölkerung, in den urbanen Unterschichten und den Massen der Landflüchtigen, die sich in den Slums der Großstädte niederließen.

Spiegelbildlich verhielt es sich mit dem muslimischen Charakter der Gesellschaft. Für die einen war die Religion eine private Angelegenheit, für die anderen gesellschaftliche Pflicht. Den Ulama genügte es nicht, dass Algerien nun von Algeriern regiert wurde, sonst aber auf den eingefahrenen Pfaden blieb. Unter dem Einfluss der Lehren Qutbs und der Muslimbrüder durfte es zwischen Islam und westlicher Lebensart keine Kompromisse geben (Kapitel 2, 2.1.4). Ulama drängten auf die Islamisierung des öffentlichen Lebens, insbesondere des Familienrechts, und auf den ausschließlichen Gebrauch des Arabischen im Alltag und im Bildungswesen.

Damit ist der Rahmen beschrieben, der die weiteren politischen Geschehnisse erklärt. In den Auseinandersetzungen um die Präsidentschaft des jungen Staates setzte sich zunächst Ben Bella durch. Bereits seit 1956 in französischer Haft, war er mit den internen Auseinandersetzungen des FNL in der Kampfzeit nicht belastet. Im Unterschied zu den Führern der Mujahedin und der früheren Grenzarmee hatte er aber auch keine Hausmacht. Präsident konnte er nur dank der Unterstützung des Armeechefs Bomedienne werden, der den Chef der Exilregierung, Jussef Ben Chedda, als Präsidenten verhindern wollte. Schon bald stellten sich jedoch Spannungen zwischen Ben Bella und dem Armeechef ein. Keiner wollte sich dem anderen unterordnen. Untermalt von einem wachsenden Personenkult, zog Ben Bella immer mehr politische Ämter an sich: Präsident, Parteichef, Regierungschef. Schließlich schickte er den Innenminister in die Wüste und übernahm auch noch dessen Amt. Mit jedem weiteren Amt platzierte er seine Vertrauten im Staatsapparat. Der Armeeführung wurde Ben Bella zu mächtig. Im Jahr 1966 putschte Boumedienne und übernahm selbst das Präsidentenamt (Laribi 2007: 31f.). Bei diesen Ereignissen ist der gesamtorientalische Kontext zu beachten. Putsch und Gegenputsch, Partei gegen Militär prägten in den 1960er Jahren das Bild auch in den Staaten des arabischen Ostens (Maschrek).

Fortan herrschte ein undurchschaubarer Machtkomplex, der vage als „pouvoir“ bezeichnet wird. Seine Ursprünge liegen in den Kommandeuren der früheren Grenzarmee (Oudja-Gruppe). Es handelte sich um Militärs aus kleinbürgerlichem und frankophonem Milieu. Professionell waren sie vom Besuch französischer und sowjetischer Militärakademien geprägt. Eine korporative Identität besaßen diese Militärs nicht. Sie bildeten eher eine Koalition verschiedener Fraktionen, die sich um die Infrastruktur der wichtigsten Militärbezirke (Welayate) rankten (Werenfels 2007: 32ff., 56).

Mit Boumedienne verlor der FLN in der Machtstruktur an Bedeutung. Unter dem Eindruck der Kraftanstrengung, mit der die sozialistischen Länder Osteuropas in überschaubarer Zeit agrarische Ökonomien industrialisiert hatten, eiferte Boumedienne ihrem Beispiel nach. Unternehmen in algerischem Besitz wurden verstaatlicht. In ähnlicher Weise sollten große Agrarbetriebe verstaatlicht werden. Ersteres gelang, Letzteres blieb im Ansatz stecken. Von größter Bedeutung war indes die Nationalisierung der Ölförderung. Sie verschaffte dem Regime jene Ressourcen, die es benötigte, um sich – auch mit Hilfe des kostspieligen Repressionsapparates – zu stabilisieren.

In der Kulturpolitik wurden neue Akzente gesetzt. Hier ging es darum, das Regime in einen größeren Einklang mit den Ulama und dem arabischen Milieu zu lavieren. Der Arabischunterricht wurde forciert und das muslimische Wochenende gegen das abendländische getauscht. Mit diesen Maßnahmen wurde das Ressentiment gegen die westlich orientierte Bildungsschicht bedient.

Algerier sprechen Berbersprachen (Kabylen das Tamazight) oder einen nordafrikanischen Dialekt des Arabischen. Im Gebirge und Hochland dominieren die Berbersprachen, in den Küstengebieten und Hafenstädten das Arabische.

Im Arabischunterricht wurde Hocharabisch gelehrt. Es ist von der Schriftsprache abgeleitet und es wird vornehmlich von Gelehrten, Religionslehrern und allgemein von Gebildeten gesprochen, wenn sie öffentlich auftreten und ihren Status unterstreichen wollen (Killean 2004: 232f.). Dieses Hocharabisch beherrschten im Algerien der frühen Unabhängigkeit Wenige. Auch das Standardarabische, das die große Schnittmenge der Dialekte zu erfassen versucht, war kaum geläufig. Die Kolonialbehörden hatten für Schulen, die von Algeriern besucht wurden, die Ausdrucksfähigkeit im Französischen vorgeschrieben. Die Gebildeten waren bilingual.

Nach der Unabhängigkeit wurde mit Priorität der Arabischunterricht gefördert. Mangels geeigneter algerischer Lehrer wurde er von Ägyptern erteilt, darunter viele Muslimbrüder. Sie vermittelten mit Schrift und Aussprache auch ihre Lesart der Botschaft des Propheten. Die Muslimbrüder entfalteten zugleich – wie in Ägypten, Jordanien und im Sudan – eine rege karitative Tätigkeit. Sehr spektakulär waren sie 1980 nach einem Erdbeben mit Hilfstrupps zur Stelle, während die Hilfsaktionen der Regierung nur schleppend in Gang kamen.

Die Regierung kontrollierte zwar die offiziellen Moscheen. Aber sie duldete die Entstehung inoffizieller Moscheegemeinden. Letztere wurden in Problemvierteln zum Zentrum sozialer Aktivität. Dort hatten radikale Prediger großen Zulauf. Sie hielten der alltäglichen Misere die attraktive islamische Gegenvision entgegen.

Mit der Arabisierungspolitik entfremdete sich das Regime von den Gebildeten, aber auch von der Bevölkerung der Kabylei, wo die Mehrheit der algerischen Berber lebt. Bereits 1963 kam es in der Kabylei zu einem Aufstand, hinter dem als lenkende Figur der FLN-Mitgründer Hocise Ait Ahmed stand. Er sollte später die FFS gründen (Naylor 2004b: 95). Von ihren Anfängen bis heute hatte der FFS den Zuschnitt einer Kabylenpartei. Der Aufstand richtete sich damals noch gegen den Eindruck, dass bei der Erstbesetzung der Positionen im jungen Staat kabylische Unabhängigkeitskämpfer übergangen wurden. In der wachsenden Oppositionshaltung zum Regime betonten die Kabylenführer ihre säkulare Haltung (Werenfels 2007: 41).

Die Ulama begrüßten die Generalrichtung der Kultur- und Sprachpolitik. Dennoch sollte es dem Regime nicht gelingen, dauerhaft ihre Unterstützung zu gewinnen. Die enge Zusammenarbeit des FLN mit der Sowjetunion und den sozialistischen Ländern, vor allem jedoch die Verstaatlichungsaktionen wurden von den Wortführer der algerischen Muslime mit Misstrauen und Ablehnung quittiert. Eigentum hat im Islam hohen Rang.

Auf den Gebieten der Beschäftigung und der Infrastruktur enttäuschten die Leistungen des Regimes. Noch mehr Algerier als in der Kolonialzeit emigrierten nach Frankreich, um dort Arbeit zu suchen. Zugleich kam es zu einer Bevölkerungsexplosion. Der Wohnungsbau, die Elektrizitätsversorgung, der Nahverkehr und das Gesundheitswesen hielten nicht Schritt mit dem Bevölkerungswachstum. Die staatliche Wirtschaftslenkung produzierte darüber hinaus eine für die Planwirtschaft typische Fehlallokation. Viel Geld wurde in industrielle Prestigeprodukte gepumpt, während Landwirtschaft und Einzelhandel vernachlässigt wurden. Die Landflucht hielt an. Die Einstellung des Weinanbaus kostete etliche Arbeitsplätze. Der Bürgerkrieg hatte ganze Dörfer und Landstriche verwüstet, deren Wiederaufbau vernachlässigt wurde.

12.6 Die Beschwichtigung der islamischen Opposition versagt

Unerwartet verstarb Boumedienne im Jahr 1979. Als Nachfolger bestimmte das „pouvoir" Chalid Benjedid. Es manövrierte damit Boumediennes Kronprinzen Abd al-Asis Bouteflica aus. Diese Entscheidung signalisierte den Abstieg des Oujda-Klans in Armee und Staatsführung (Laribi 2007: 43ff.). In Benjedids Präsidentschaftsära verschärften sich die wirtschaftlichen und sozialen Probleme der Vorjahre. Die wichtigsten Gründe seien kurz aufgezählt:

a) Der Bevölkerungsdruck konnte in den 1970er Jahren noch durch die Emigration nach Frankreich gemildert werden. Er fand jetzt kein Ventil mehr. Frankreich und die Europäische Gemeinschaft drosselten die Einwanderung.

b) Die Gloriole des Unabhängigkeitskampfes, mit dem sich das Regime immer noch legitimierte, verblasste. Den Jüngeren, die nicht in der französischen Zeit aufgewachsen waren, bedeutete sie nichts.

c) Die Sowjetunion und die sozialistischen Staaten, das Vorbild des algerischen Regimes, gerieten in den 1980er Jahren in ihre finale Krise. Die bipolare Weltordnung brach allmählich zusammen.

d) Das Öl half Algerien aus den wirtschaftlichen Schwierigkeiten nicht mehr heraus. Der Irak und der Iran befanden sich von 1980 bis 1988 im Krieg. Um ihn zu finanzieren, drehten sie den Ölhahn auf. In der Folge verfielen die Rohölpreise. Unter diesen Umständen musste sich Algerien das Wohlwollen des IWF verschaffen, um Bankenkredite einzuwerben. Zwar nahm Algerien kein Geld vom IWF. Aber die Lageeinschätzung des IWF war ein wesentlicher Gesichtspunkt für die übrigen Kreditgeber. Sie lief auf die gleiche Politikempfehlungen hinaus wie überall in der Dritten Welt, vor allem auf Entstaatlichung und Wettbewerb.

e) Islamistische Aktivisten nahmen die palästinensische Intifada und den Kampf der afghanischen Mujahedin gegen die sowjetische Besatzungsmacht zur Regievorlage für die Veränderung der Verhältnisse in eigenen Land.

Kurz: Weltpolitische Zäsuren verschärften eine innen- und wirtschaftspolitische Dauerkrise.

Unter diesen Umständen versuchte das Regime, mit selektiven Kursänderungen den Druck der Misere zu verringern. In der Wirtschaftspolitik fiel die Entscheidung, die Privatisierung staatlicher Unternehmen in Angriff zu nehmen. Der Privatisierungsprozess wurde allerdings so gesteuert, dass Regimegrößen und ihre Freunde und Verwandten zugreifen konnten (Joffe 2002: 41). Auf diese Weise wurde ein Ausgleich für den Verlust von Positionen in der öffentlichen Wirtschaft bewerkstelligt. Die bis dahin betriebene Staatswirtschaft hatte das Entstehen einer kapitalkräftigen Mittelschicht verhindert, die im Privatisierungsprozess hätten mitbieten können (Werenfels 2002: 16ff.).

Die Kluft zwischen Arm und Reich wurde nicht geringer. Darüber hinaus hatten die Privilegierten wenig Scheu, ihren Reichtum vorzuzeigen. Vor dem Hintergrund schreiender Armut, Arbeitslosigkeit und immer schlechter werdender Lebensqualität (Versorgungsmängel im Einzelhandel, Strom- und Wasserabschaltungen, mangelhafte Müll- und Abwasserentsorgung) gewannen die Islamisten mit ihren sozialen Netzwerken, unter anderem mit Billigläden und Ambulatorien, weiteres Ansehen und stärkeren Einfluss.

Um zu beschwichtigen, ließ sich das Regime auf Konzessionen ein. Straßen und Städte bekamen ausschließlich arabische Namen. Der Gebrauch des Arabischen in Schulen und Universitäten wurde weiter forciert (Ruedy/Bekkar 2004: 255). Das algerische Familienrecht, bisher an das französische angelehnt, wurde mit dem Recht auf Polygamie und Bevormundung der Frauen und Mädchen durch männliche Familienmitglieder auf eine islamische Basis gestellt. Die Maßnahmen trafen vor allem gebildetere Frauen im städtischen Umfeld. Ihr Protest wurde ignoriert und unterdrückt.

Trotz allem verfehlte diese Politik ihr Ziel, die arabische Mehrheitsgesellschaft mit dem Regime auszusöhnen. Die arabischsprachigen Universitäten produzierten Massen von Absolventen, die anschließend keine ihrer Ausbildung entsprechenden Jobs fanden. Die wertvolleren Jobs gingen weiterhin an die Inhaber französischer Diplome. Sie wurden an Institutionen erworben, an denen die Kinder der Reichen und hohen Regimefunktionäre studierten (Noyon 2003: 117). Durch die islamische Revolution im Iran gewannen die Wortführer einer radikaleren Islamisierung des öffentlichen Lebens weiteren Auftrieb. Sie deuteten die Zugeständnisse der Regierung als Zeichen der Schwäche und verlangten mehr. Die allgemeine Krise stärkte ihnen den Rücken.

Die Islamisten vermittelten den Millionen von arbeits- und perspektivlosen Jugendlichen Lebenssinn. Die palästinensische Intifada, die per Satellitenempfang in die Wohnzimmer flimmerte, zeigte, dass auch hochgerüstete Apparate in die Enge getrieben werden konnten. Die Verurteilung westlicher Lebensweise gab einen guten Vorwand, das Ressentiment gegen die Bessergestellten auszuleben, die Gymnasien und Universitäten besuchten, Französisch sprachen, chice Autos besaßen und sich nach westlicher Mode kleideten. Massenproteste gegen hohe Lebensmittelpreise und schlechte Wohnverhältnisse gaben bereits 1985 und 1986 einen Vorgeschmack auf die massive Unzufriedenheit und Gewalt, die sich wenige Jahre später Bahn brechen sollten. Das Regime reagierte wie stets mit Gegengewalt. Vor diesem Hintergrund reifte die Bereitschaft, alles zu attackieren, was von der eigenen Lebenssituation abstach. Im Guerillakampf erfahrene Rückkehrer aus Afghanistan zogen sich Ende der 1980er Jahre in die Berge zurück, um die Autorität der Regierung zunächst mit einer Politik der Nadelstiche herauszufordern (Laribi 2007: 52ff., 57ff.).

12.7 Der Bürgerkrieg

Nach dem Zusammenbruch der sozialistischen Partnerstaaten gab der FLN sein politisches Monopol auf, neue Parteien betraten die politische Bühne (dazu und im Folgenden Evans/Phillips 2007: 102ff.). Prominent unter den Oppositionsparteien war die Berberpartei FFS. Sie trat für die gleichberechtigte Anerkennung der Berbersprache ein. Die bedeutendste neue Kraft war jedoch die Muslimenpartei FIS. Ihre Wurzeln liegen in der antikolonialen Bewegung der Ulama in den 1920er Jahren. Der FIS war eine Koalition der verschiedensten Strömungen.

Darunter befanden sich islamische Politiker, die bis dahin unter dem Dach des FLN Platz gefunden hatten. Ihr Führer waren der gemäßigte Abassi Madani, ein Professor und Prediger, der sich auf intellektuellem Wege die Idee einer grundlegenden Reform der muslimischen Gesellschaft angeeignet hatte, sowie der radikalere Ali Belhadj, ein von den Ideen Qutbs inspirierter junger politischer Aktivist und Prediger in einer Moschee des Armenviertels Bab-el-Oued in Algier. Beide hatten viele Jahre in Haft verbracht.

Die Staatsführung entschied sich für die Duldung des FIS. Sie wähnte sich stark genug, um auch mit unbequemen Wahlergebnissen zurechtzukommen (Noyon 2003: 118ff.). Parteien auf religiöser Grundlage sollten zwar verboten sein, aber das Regime tat nichts, um dem FIS Steine in den Weg zu wälzen. Schon bei den kommunalen Wahlen des Jahres 1991 errang der FIS einen überwältigenden Sieg.

Die anschließenden Parlamentswahlen im selben Jahr gingen nach den Modalitäten der absoluten Mehrheitswahl vonstatten, die einen zweiten Wahlgang vorsieht, wo kein Kandidat bereits im ersten Wahlgang eine Mehrheit auf sich vereinigt. Bereits der erste Wahlgang brachte dem FIS 47 Prozent der Stimmen und 90 Prozent der Parlamentssitze ein. Nächststärkere Partei war der FLN, dritte Kraft der FFS. Seinen Erfolg verdankte der FIS der Tatsache, dass er laut und kraftvoll opponierte und auch nicht davor zurückscheute, sich als Anti-Regime-Partei zu gerieren. Die. Wurzeln der übrigen Parteien reichten in die Frühzeit der algerischen Republik zurück. Sie sprachen vornehmlich die Älteren an. Präsident Benjedid Chadli ließ seine Bereitschaft erkennen, das Wahlergebnis zu respektieren. Dies bedeutete die Aussicht auf eine vom FIS kontrollierte Regierung.

In diesem Moment schritt abermals die Armee ein. Eigentlich war sie zuvor durch eine neue Verfassung zur politischen Neutralität verpflichtet worden. Der zweite Wahlgang wurde abgesagt. Ein Hoher Rat von Honoratioren, hinter dem die Armeeführung stand, übernahm die Regierungsgeschäfte. Diese Intervention war der Auftakt für einen lange anhaltenden Bürgerkrieg. Der FIS nahm die Annullierung der Wahl nicht hin. Zwar wurden seine Führer umgehend aus dem Verkehr gezogen. Doch es gab genügend Aktivisten mit Kampferfahrung und Waffen, die den Guerillakampf aufnahmen. Zunächst in den unwegsamen Gebirgen der Kabylei nahe Algier, später auch in den Städten tobten der Terror der Islamistenarmeen AIS und GIA und der Gegenterror der Regierungskräfte. Bevorzugte Ziele des islamistischen Terrors waren Polizisten, Armeeangehörige, Justizvertreter, Professoren, Lehrer: alle, die den Staat und soziale Privilegien repräsentierten. Kriminalität und private Rache- und Neidgelüste warfen sich darüber hinaus, wie so oft in ähnlicher Situation, den Mantel des Kampfes für die gerechte Sache über.

Beide Seiten, Rebellen wie Polizei und Armee, kämpften mit äußerster Brutalität. Beide setzten auch die gleichen Mittel ein wie Jahrzehnte zuvor FLN und Franzosen im Unabhängigkeitskrieg: die Austrocknung des Unterstützerumfeldes der Gegenseite durch wahllosen und kollektiven Terror gegen Ortschaften und Nachbarschaften sowie die Gründung von Bürgerwehren. Der Bürgerkrieg hinterließ eine von Angst und Misstrauen zerrüttete Gesellschaft, in der bis heute immer wieder Grausamkeiten gegen Anderslebende aufflammen. Die Gewalt als Medium des Machtkampfes lebte mit gleicher Intensität wie im antikolonialen Krieg wieder auf.

Die Hauptleidtragenden dieses Bürgerkrieges waren nicht die Profiteure des Regimes, die sich in ihren Nobelvierteln zu schützen wussten, sondern die Erreichbaren und Schutzlosen im näheren und weiteren Umfeld. Der Krieg wurde zum wohlfeilen Vorwand für das Begleichen privater Rechnungen. Er begünstigte auch den Erwerb großer Vermögen. Findige Geschäftsleute und Funktionäre erwarben zu günstigen Konditionen beschädigte Industrieanlagen und kriegsbedingt wertverminderte Flächen und Immobilien. Wie im Nachhinein bekannt wurde, hatte das Regime die Islamistenarmee GIA infiltriert und sie zu etlichen Grausamkeiten angestiftet, mit denen sich dann anschließend das scharfe Ausmaß der staatlichen Repressalien gerechtfertigt wurde (Werenfels 2007: 48).

Mit größten Anstrengungen gelang es dem Regime, den Kampf zu gewinnen. Am Ende hatten sich das Morden und die Grausamkeiten so stark verselbständigt, dass selbst die Führer des FIS dazu aufriefen, dem Töten ein Ende zu setzen. Wir beobachten hier die Dynamik eines Bürgerkrieges, der seinen Betreibern zur Gewohnheit und zum Broterwerb geworden war. Das gleiche Phänomen plagt bis heute das subsaharische Afrika.

Um sich aus dem Blickfeld der Öffentlichkeit zu nehmen, ließ die Militärjunta 1992 Präsidentschaftswahlen veranstalten. Ein Politiker aus der Gründergeneration des FLN, Mohammed Boudiaf, kandidierte mit Erfolg für das Amt. Er war bereits kurz nach der Staatsgründung ins marokkanische Exil gegangen, weil er das Einparteisystem ablehnte. Für die Militärs war er als Exponent eines Neuanfangs brauchbarer als der Mitbewerber Ahmet Bouteflika, der bereits unter Boumedienne wichtige Funktionen im Regime innegehabt hatte. Vertreter islamischer Parteien waren von der Kandidatur ausgeschlossen.

Boudiaf gelangte mit hohem Vertrauensvorschuss ins Amt. Sein Programm lautete auf die weitere Privatisierung und die Bekämpfung der Korruption. Auf offener Bühne wurde er 1992 bei einer Veranstaltung ermordet. Sofort blühte die Spekulation, wie dies in einem Hochsicherheitsstaat möglich sein konnte. Vermutungen wurden laut, er habe sich selbst das Mordkommando bestellt, indem er die staatliche Ölgesellschaft habe privatisieren wollen. Die Ölproduktion schmiert das Klientelsystem, auf dem das Regime aufbaut. Es bindet kleine und große Funktionäre im ganzen Land an das politische Führungszentrum.

Der von den Militärs lancierte Nachfolgepräsident, Liamin Zéroual, ein pensionierter General, ließ sich noch im selben Jahr durch Wahlen zu legitimieren. Er war lediglich eine Marionette der Militärs. Eine neue Partei, das RND, diente ihm als Plattform für die Präsidentenwahl. Die übrigen Parteien boykottierten diese Wahl. Selbst die vormalige Regimepartei FLN bestand darauf, islamische Parteien zur Kandidatur zuzulassen.

Für die nächste Wahl im Jahr 1999 trat abermals Bouteflika an. Einen Gegenkandidaten gab es jetzt nicht mehr. Bouteflica war den Militärs genehm. Er durfte auf die Unterstützung des Staatsapparates zählen. Dem neuen Präsidenten gelang noch im selben Jahr, eine Einigung mit den islamistischen Kampfgruppen zustande zu bringen. Kämpfer, die sich keiner schweren Verbrechen schuldig gemacht hatten, sollten amnestiert werden. Vertreter islamischer Parteien versprachen, ihre Ziele nur mehr auf politischem Wege zu verfolgen. Bouteflika bildete eine Regierung den Reihen des RND und des moderat-islamischen MSP (Volpi 2000: 32ff.).

In den Parlamentswahlen des Jahres 2007 stürzte das RND an die Schwelle zur Bedeutungslosigkeit ab (Dris-Aït-hamadoche 2008: 88). Waren die Präsidentschaftswahlen des Jahres 2004 noch relativ frei ausgefallen, so standen die Präsidentschaftswahlen des April 2009 erneut im Zeichen massiver Einschüchterung und des propagandistischen Trommelfeuers der staatlich kontrollierten Medien. Für diese Wahl war eigens die Verfassung geändert worden, um eine dritte Kandidatur Bouteflicas zu ermöglichen.

Die säkularen Parteien, darunter der in der Kabylei starke FFS, aber auch ein Führer des verbotenen FIS, Benhadj, riefen zum Boykott dieser Wahl auf. Um der Welt die demokratische Sauberkeit des Wahlgangs vorzuspiegeln, bemühte sich das Regime jedoch, scheinbar oppositionelle Kandidaten zu finden. Den ernstzunehmenden Bewerbern wurde kaum Gelegenheit eingeräumt, öffentlich für sich zu werben. Weiterhin wurde von Kandidaten verlangt, dass sie, sofern vor 1942 geboren, ihre Beteiligung am Befreiungskrieg nachzuweisen hatten, und sofern später geboren, dass ihre Eltern nicht mit der französischen Kolonialmacht kollaboriert haben durften (Bouandel 2009).

12.8 Elitenkooptation statt Umverteilung

So undurchschaubar die Machtverhältnisse in der Zeit der FLN-Alleinherrschaft waren, so unklar blieben sie danach. Der Komplex des „pouvoir“ funktioniert nach wie vor. Seine Schwäche sind die unklaren Grenzen zwischen den Streitkräften und der Politik. Seit 1979 hat das Militär wiederholt geputscht, Präsidentschaftskandidaten lanciert und diese dann wieder aus dem Verkehr gezogen. Deutlicher hätte das Militär die in seinen Reihen ausgetragenen Fraktionskämpfe kaum demonstrieren können (Szmolka 2006: 47ff., Volpi 2000: 31f.). Dennoch hat sich der Eindruck verfestigt, dass der Präsident im Machtkomplex an Gewicht gewonnen hat (Aghrout 2008: 34ff., Werenfels 2007: 59). Wie in Ägypten ziehen es die Streitkräfte heute vor, ihre Macht in einer Kulisse ausüben, die den Aktionsradius des Präsidenten umgrenzt (Cook 2007: 42, Holm 2005: 119ff.). Dabei kommt ins Spiel, dass die USA Algerien seit den Bürgerkriegsturbulenzen als Verbündeten im Kampf gegen den internationalen Terrorismus akzeptieren. Die Zusammenarbeit mit amerikanischen Militärs hinterlässt ihre Spuren, ähnlich wie seit mehr als 30 Jahren in Ägypten. Die Armee will als professionell wahrgenommen werden und sucht Fertigkeit in der Handhabung moderner Waffensysteme.

Die Kronjuwelen der Staatsunternehmen, insbesondere die Öl- und Gasförderung, blieben auch nach der Zäsur des Bürgerkrieges im öffentlichen Besitz. Sie garantieren den Ressourcenfluss. Der Bürgerkrieg selbst ging und geht auf kleiner Flamme weiter. Eine salafitische Rebellenbewegung, die seit 2007 als al-Qaida Maghreb auftritt, verübt in Stadt und Land Terrorakte gegen staatliche Einrichtungen und Ausländer (Filiu 2009). Ihre bevorzugten Operationsgebiete sind die unwegsame Kabylei und die grenznahen Sahara-Gebiete im Süden des Landes (Joffe 2008: 223ff.). Die hoffnungslose Situation der Jüngeren lässt die Gewalt immer wieder aufflackern. Morde an Ausländern und eine prekäre innere Sicherheit schrecken ausländisches Kapital ab, ihr Geld in Algerien anzulegen.

Das Bemühen um Beschwichtigung diktiert das Festhalten des Regimes am Mehrparteiensystem. Es dient als Gegenbeweis für den Vorwurf undemokratischer Verhältnisse. Tatsächlich stehen die Basisinteressen der militärisch-ökonomischen Elite nicht zur Disposition (Cook 2007: 44ff., 60ff.). Trotz des Bürgerkriegs hat sich an der schlechten Infrastruktur und am Beschäftigungsmangel wenig geändert. In den islamistischen Hochburgen haben sich frühere Wortführer auf die Geschäfte verlegt, andere vermakeln die Stimmen ihrer Anhänger gegen Gefälligkeiten der Abgeordneten und Minister, wieder andere operieren in der Kriminalität (Perthes 2002: 342f.).

Teile des FLN und des sozialdemokratischen FFS verlangen die Rückkorrektur des im staatlichen Recht verankerten islamischen Familienrechtskodexes. Bis auf kosmetische Änderungen hat sich hier aber nichts getan. Die Scharia hat wie in allen Ländern, wo sie als Recht gilt, ihren Nutzen als brauchbarer Beleg, dass der Staat seine islamische Identität ernst nimmt.

12.9 Das Problem der Kabylei

Die Kabylei beherbergt zwei Millionen Algerier berberischer Herkunft. Schon in der Kolonialzeit suchten viele Kabylen, ein armes Bergbauernvolk, eine bessere Existenz in den großen algerischen Städten. In Frankreich leben heute weitere zwei Millionen Kabylen. Wie die Berbervölker in anderen nordafrikanischen Gebirgsregionen haben die Kabylen ihre Sprache und ihr Brauchtum zu bewahren vermocht. Als Zweitsprache neben dem heimischen Berberidiom wird das Französische höher geschätzt als das Arabische. Die engen Verbindungen zu kabylischen Diaspora in Frankreich untermauern die Orientierung auf das Französische. Frankreich ist für die Kabylei die Brücke nach Europa. Gut ausgebildete kabylische Ärzte und Unternehmer reüssieren in Algerien selbst außerhalb der Kabylei.

Ursprünglich trat der 1963 gegründete und später verbotene sozialdemokratische FFS für die Interessen der Kabylei und die berberischen Kultur ein. Aus Protest gegen die anhaltende Arabisierung und Islamisierung trennte sich ein Flügel unter Führung des Arztes Said Sai im Jahr 1989 vom FFS und konstituierte sich als eigene Partei RCD (Rassemblement pour la Culture et la Démocratie). Das RCD unterstützte im Bürgerkrieg einerseits die Regierung gegen die islamistischen Aufständischen, es verlangte aber andererseits – viel radikaler als der FFS – die Gleichberechtigung des Berberischen als Amtssprache, ferner eine entschiedenere Privatisierung, die Aufhebung der Ungleichbehandlung der Frauen und die Anerkennung Algeriens als trikulturelle Nation (arabisch, berberisch, französisch) (Massour 2004: 1905). Das RCD hält enge Verbindung zur kabylischen Diaspora in Frankreich. Mit dem FFS ist es heute genauso verfeindet wie mit den Parteien, die mit den Herrschenden kooperieren.

Die Arabisierungspolitik des Regimes stieß in der Kabylei auf heftige Ablehnung. Forderungen, neben dem Arabischen das Tamazight als Amtssprache zuzulassen, wurde abgewiesen. Die schroffe Haltung des Regimes führte 1980 zu Unruhen. Hier ging es nicht allein um Sprache, sondern um die Identität Algeriens als bikulturelle Gesellschaft und um die Kabylen als minderberechtigte Gruppe in einer arabisch definierten Gesellschaft (Laribi 2007: 49ff.). Die Kabylei erwartet kulturelle Autonomie. Das Tamazight ist heute als nationale Sprache zwar anerkannt. Behörden- und Unterrichtssprache ist aber auch in der Kabylei unverändert das Arabische (Willis 2008: 230ff.).

Die Umstellung des komplettenLehrbetriebs an den Universitäten auf das Arabische traf in besonderer Weise ebenfalls die Kabylen. Dank ihrer Beherrschung des Französischen hatten sie lange einen Vorteil in Studium und Beruf, weil die technisch-wissenschaftlichen Fächer noch lange nach der Unabhängigkeit auf Französisch gelehrt wurden. Weil kabylische Kinder heute nicht mehr selbstverständlich bilingual aufwachsen, schrumpft ihre Chance, als Arbeitsemigranten in Frankreich qualifizierte Jobs zu finden. Die soziale Situation der Kabylen nähert sich insgesamt derjenigen in der arabischen Mehrheitsgesellschaft an.

Im Jahr 2001 kam es zu einem Aufstand, als ein Student in der kabylischen Universitätsstadt Tizi-Ouzou durch Polizeibrutalität ums Leben kam. Daraufhin wurden Polizeiwachen und Regierungsgebäude attackiert. Der anschließenden Repression fielen an die hundert Menschen zum Opfer. Kabylen klagten, ihre Heimat verkomme zum Besatzungsgebiet. Im übrigen Algerien blieb es ruhig. Kabylische Parteien und Politiker boykottieren das Regime, soweit dies in den Grenzen der Repression möglich ist, vor allem an der Wahlurne (Scheele 2009: 46ff.).

Durch Besuche und verwandtschaftliche Bindungen ist Frankreich unter Kabylen auch 50 Jahre nach der Unabhängigkeit noch präsent. Kabylen, die in zweiter Generation in Frankreich leben, sehen sich bereits in einer eher franko-kabylischen als in einer arabisch-algerischen Identität. Kulturvereine halten enge Kontakte zur zur kulturellen Heimat in Nordafrika (Scheele 2009: 41).

Heute benachteiligt die geringe Ausdrucksfähigkeit im Arabischen die in Algerien lebenden Kabylen. Nicht von ungefähr plädieren die islamischen Parteien für Englisch als Fremdsprache – ein Medium, in dem sich arabische und nicht-arabische Muslime grenzüberschreitend viel besser verständigen als im Französischen. Als Nebeneffekt würde die Verbindung zum laizistischen Element der französischen Kultur weiter geschwächt.

12.10 Die Malaise eines autoritären Regimes

Das Regime versucht, sich zwischen den Konfliktlinien der algerischen Gesellschaft durchzuwursteln, ohne allzu klare Positionen zu beziehen, ohne aber auch den verteilungspolitischen Status quo aufs Spiel zu setzen. Die prekäre innere Sicherheit bietet willkommene Vorwände, um andere Themen in den Hintergrund zu drängen.

Das Ergebnis ist eine nicht enden wollende Malaise. Die Identität der algerischen Gesellschaft bleibt kontrovers. Das Regime bietet der arabischen Mehrheitsgesellschaft die symbolische Satisfaktion des Gewinners in der Konkurrenz mit Fürsprechern eines kulturellen Pluralismus. An der Fehlverteilung der Ressourcen, seit Jahrzehnten die primäre Konfliktquelle der algerischen Politik, hat sich nichts geändert.

Wir beobachten in Algerien eine Gesellschaft mit umstrittener kultureller Identität, autoritärer Herrschaft und der Einnahmenstruktur des Rentenstaates. Die Rente wird von einer Elite konsumiert, deren Kern und Rückhalt das Militär und die Sicherheitsdienste bilden (Bustos 2003: 15ff.). Doch diese Elite besitzt keine korporative Identität. Sie ist in Seilschaften und regionale Basen parzelliert, die sich nur in dem einen Punkt einig sind, durch Manipulation, und wenn es gar nicht anders geht, durch Repression den Status quo zu konservieren. Die Verfügung über die Einkünfte aus dem Verkauf des Öls schweißt das Kartell kleiner und großer patrimonialer Netzwerke zusammen.

Unter den orientalischen Ländern ist Algerien ein besonderer Fall. Stärker als alle übrigen Länder der Region laboriert es an an einer Ausgangslage, die häufig auch in den schwarzafrikanischen Ländern anzutreffen ist. Die Unabhängigkeit und damit der Exodus der Algerienfranzosen kamen einer funktionalen Enthauptung der algerischen Gesellschaft gleich. Wegen der jahrzehntelangen Privilegierung der Franzosen gab es keine hinreichend qualifizierten Eliten für die Führungsaufgaben in Staat und Wirtschaft.

Die Frage, wohin sich das unabhängige Algerien entwickeln sollte, wurde erst gestellt, als sich Frankreich zurückzog. Das Verhältnis zur französischen Zivilisation spaltet die Gesellschaft bis in die Gegenwart. Die Leitbilder einer hegemonialen arabischen Kultur und eines Nebeneinander von arabischer und berberischer Identität sind beide umstritten. Und schließlich herrscht in der arabischen Mehrheitsgesellschaft Uneinigkeit, wie stark der Islam in die arabische Identität hineingelesen werden muss. All diese Streitpunkte sind zudem verteilungspolitisch unterlegt, werfen also stets die Frage nach Gewinner und Verlierer mit Blick auf Einkommen, berufliche Chancen und Status auf.

Das Gemeinsame dieser Konfliktfelder ist eine koloniale Vergangenheit, in der westliche und orientalische Lebensart dauerhaft und gleichwohl strikt separiert nebeneinander existiert haben. Der Kolonialismus hat in Algerien tiefere und Spuren hinterlassen als in den arabischen Nachbarländern, die zumeist lediglich für die Dauer einer Generation mit dem Herrschaftsanspruch der europäischen Zivilisation konfrontiert waren.

13 Marokko

13.1 Das Protektorat

Blicken wir nun auf Marokko, das zweite große Land des Maghreb. Berber stellen mit etwa 40 Prozent eine große Minderheit. Wie in Algerien lebten die Berberstämme hauptsächlich im Gebirge. In den Küstenebenen und großen Städten an der Küste leben hingegen zahlreiche Araber. Die große Gemeinsamkeit auch der Völker des späteren Marokko war der Islam in seiner für Afrika typischen sufischen Variante.

Die Herrscherfunktion wurde im heutigen Marokko bis ins 16. Jahrhundert von der Dynastie der Saaditen, seither von der Alawitendynastie ausgeübt. Die Alawiten führen ihren Ursprung auf den Kalifen Ali zurück. Diese sunnitische Dynastie hat aber lediglich die Bezeichnung mit der Religionsgemeinschaft der Alawiten gemeinsam, die in Syrien, im Libanon und in der Türkei verbreitet ist (siehen oben 2.1.2.3) (zum Folgenden Khallouk 2008: 99ff.). Die wenigsten Berberstämme erkannten die Alawiten als Herrscher an. Sie lebten nach ihrer Tradition, die auch den kollektiven Landbesitz einschloss. Eine bedeutende Einkommensquelle der Alawiten war die Piraterie. Viel früher, als es in Algerien geschah, zwangen die europäischen Mächte den Sultan, die Piraterie einzustellen. Später wurden Handelskonzessionen erpresst, so dass dem Herrscher auch die Zolleinkünfte verloren gingen. Die entfallenden Mittel kompensierte der Sultan durch Steuern. Zu diesem Zweck wurde ein Kataster eingeführt. Stammesland wurde in das Eigentum der Stammesführer übertragen. Privates Eigentum war ein Bruch mit der berberischen Tradition. Viele Stämme begehrten dagegen auf. Das Sultanat war fortwährend in Kämpfe mit den Berbern verwickelt.

Fortschritte in der Waffentechnik eröffneten im 19. Jahrhundert die Chance, den Sultan zu stärken. Das benötigte Geld für Waffen und Soldaten wurde mit Auslandskrediten aufgebracht. Gleichzeitig ging der Hof, wie es in dieser Epoche auch im Osmanenreich und im Iran geschah, dazu über, im europäischen Stil zu leben und Luxusgüter zu akquirieren. Die ausländischen Banken und Regierungen verlangten im Gegenzug Sicherheiten wie den Zugriff auf Steuermittel und weitere Handelskonzessionen. In den 1880er Jahren ließ sich der Sultan noch das Zugeständnis abringen, dass Franzosen Land erwerben durften (Ruf 1988: 271, Ruf 1983: 143f.).

Stämme, die loyal zur Alawitendynastie standen, taten dies entweder aus freiem Entschluss oder weil ihre Führer mit Geld und Gunsterweisen bedacht wurden. Als Gegenleistung erwarteten sie Schutz und Beistand in der Auseinandersetzung mit anderen Stämmen (dazu näher Zeghal 2008: 9ff.). Andere Stämme widersetzten sich der Anerkennung des Sultans, so dass dieser stets in Kämpfe verwickelt war und das Bündnis mit loyalen Stämmen pflegen musste. Die Entwicklung einer handlungsfähigen Zentralgewalt blieb unter diesen Umständen aus.

Wo es die Machtmittel erlaubten, eignete sich der Sultan das Land besiegter Stämme an, ließ Pächter dort arbeiten und erhob Steuern. Diese Praxis verstieß gegen die überkommene Wirtschaftsweise. Sie löste Mal und Mal Erhebungen aus. Auch die Städte an den Routen des transafrikanischen Handels und des

Seehandels waren keineswegs unterwürfig. Kaufleute und Ulama trotzten dem Sultan, wo sie Grund dafür sahen.

Während sich die europäischen Mächte seit den 1880er Jahren immer mehr Stücke Afrikas als Kolonien aneigneten, hätte der Alawiten-Sultan nicht einmal genau sagen können, wie weit sein Arm überhaupt reichte. Frankreich drängte auf einen Schutzvertrag. Ein Protektorat kam der Eingliederung in das französische Kolonialimperium gleich. Im Jahr 1903 animierte Paris sogar einen Alawitenprinzen, den Sultan aus dem Amt zu drängen. Der Versuch misslang zwar. Er verdeutlichte aber die Unhaltbarkeit der Situation. Schließlich gab der Sultan nach.

London hatte ein Interesse, Frankreich aus dem östlichen Mittelmeer herauszuhalten. Es begrüßte seine Absicht, sich in Marokko zu zu etablieren. Mit den Briten einigte sich Paris, dass London seinerseits in Ägypten freie Hand haben sollte. Mit Spanien kam Frankreich bereits 1904 überein, Marokko in eine spanische und französische Zone aufzuteilen. Ein Einverständnis mit Deutschland, das sich als Kolonialmacht noch nicht saturiert sah, gestaltete sich schwierig. Die Kraftmeierei Kaiser Wilhelms II. in der Marokko-Frage brach 1911 sogar eine schwere internationale Krise vom Zaun. Im Jahr 1912 wurde schließlich das französisch-spanische Protektorat errichtet. Tanger wurde eine internationale Stadt. Der größte und wertvollste Teil des Protektorats gelangte unter französische Kontrolle.

Für den Sultan hatte das Protektorat Vorteile. Fortan hatte er die französische Militärmacht im Rücken, wenn es darum ging, Stämme zu disziplineren oder sie zu unterwerfen. Die Berberstämme begehrten allerdings weiterhin und ungeachtet der französischen Militärmacht auf. Der Befriedungsprozess sollte sich bis zum Vorabend des Zweiten Weltkrieges hinziehen. Die Franzosen handelten zwar im eigenen Interesse, aber sie bedienten auch das Interesse der Dynastie, eine im ganzen Land wirksame Staatsgewalt zu etablieren. Rebellische Stämme, die niedergekämpft wurden, verloren ihr Land. Der Boden ging in das Eigentum des Palastes über. Der Palast kaufte kommunales Land auf und veräußerte es an die Stammesführer, die dabei reich wurden. So gewann der König die Loyalität der Stammesführer. Diese avancierten fortan zu wichtigen politischen Mittlern. Die Stammesgrößen mussten ihren Stämmen etwas bieten, Jobs, Verdienstmöglichkeiten und Protektion im Staatsdienst, damit sie nicht als bloße Befehlsempfänger Frankreichs dastanden. Zum Vergleich: Diese Mittlerschicht konnte in Algerien nicht aufwachsen, weil das beste Land an französische Siedler ging und die Franzosen selbst als Befehlsgeber auftraten.

Prägend für die Protektoratspolitik war der Generalresident Hubert Lyautey, ein Aristokrat aus alter Familie. Er respektierte und schätzte die feudalen Strukturen, die er in Marokko vorfand. Die Protektoratsbehörden traten lediglich neben die überlieferten Herrschaftsstrukturen, die intakt belassen wurden

(Ansprenger 1966: 90f.). Die Sicherung des Gebiets nahm Lyautey jedoch sehr ernst. Dabei geriet er unvermeidlich, wie schon die alawitischen Scherifen, in Konflikt mit den selbstbewussten Berberstämmen. Unter Führung Abd el-Krims erhoben sich 1921 die Stämme des Rif. El-Krim war Sohn eines mächtigen Stammesführers im Zentralrif. Er hatte studiert und war als Lehrer, Übersetzer und Richter in spanischen Diensten tätig gewesen. Seine politische Haltung wurde vom Salafismus bestimmt, dem islamischen Reformdenken des späten 19. Jahrhunderts mit seiner charakteristischen antikolonialen Note (siehe oben 2.1.3). Im Ersten Weltkrieg galten el-Krims Sympathien dem mit den Osmanen verbündeten Deutschland. Spanien fügte sich nach seinem Empfinden, obgleich förmlich neutral, zu stark den französischen Interessen. Für den Tod seines Vaters im Jahr 1920, der noch im hohen Alter auf Distanz zur spanischen Protektoratsmacht gegangen war und unter ungeklärten Umständen starb, machte er Drahtzieher in Madrid verantwortlich.

Nach europäischen Methoden bildete Abd el-Krim eine kleine Armee aus, die anschließend spektakulär spanische Truppen in die Flucht schlug. Nach diesem Erfolg schlossen sich weitere Stämme des Rif der Rebellion an. Für einige Jahre entstand sogar ein Rif-Staat, der allerdings nie den Zustand einer lockeren Stammeskonföderation überwand. Dieses Gebilde war immerhin in der Lage, noch einmal 1924 den spanischen Truppen und 1925 sogar den Truppen im französischen Protektorat empfindliche Niederlagen zu bereiten. Beiden Protektoratsmächten gelang es erst in gemeinsamen Aktionen, bei denen Giftgas und Flugzeuge zum Einsatz kamen, Abdel Krim 1926 zur Kapitulation zu zwingen. Die bewaffneten Auseinandersetzungen endeten im französischen Teil des Protektorats sogar erst 1934 (Pennell 2004).

Das Protektorat verlieh dem bevormundeten Marokko kurioserweise Staatsqualität. Was Atatürk und Schah Reza I. in ihren Ländern mit harter Hand erledigen sollten, das leistete in Marokko die Protektoratsmacht. Handel und Gewerbe profitierten von den in französischer Regie erbauten Straßen, Eisenbahnen und Telegrafenverbindungen, obgleich diese hauptsächlich zu dem Zweck installiert wurden, Früchte, Weizen und Rohstoffe, hauptsächlich Phosphate, in die Hafenstädte zu transportieren. Französische Bieter kamen dank der Privatisierung des Landes zu günstigen Bedingungen an Grund und Boden. Als Nebeneffekt der Protektoratspolitik entwickelte sich in gut 40 Jahren ein wohlhabendes marokkanisches Bürgertum. Zumal in den Hafenstädten wuchs auch eine Arbeiterbewegung heran, die sich nach französischem Vorbild organisierte. Französisch wurde neben dem Arabischen zur Verkehrssprache, Gebildete und Wohlhabende ließen ihre Kinder in Frankreich studieren.

Ungeachtet dieser Modernisierungseffekte befand sich Marokko in einer kolonialen Situation. Lyauteys Nachfolger schlugen einen härteren Kurs ein. Die

Grundzüge des Protektorats wurden zwar beibehalten. Aber die französischen Behörden überspielten häufiger die marokkanischen Stellen und setzten rücksichtsloser französische Interessen durch. Dies zeigte sich vor allem in der Siedlungspolitik. Zu Beginn des Zweiten Weltkriegs gab es bereits 100.000 französische Siedler, denen es leicht gemacht wurde, staatliche, private und Stammesländereien zu erwerben. Allein 40 Prozent des Landes, das den Besitzer wechselte, bestand aus Parzellen mit jeweils mehr als 500 Hektar. Mutterlandfranzosen und Kinder französischer Siedler wurden in der Protektoratsverwaltung bevorzugt (Ansprenger 1966: 92). Die Tendenz wies in die gleiche Richtung wie in Algerien.

Die Ideale der französischen Republik vermittelten, wie in Algerien, gleichzeitig einen kritischen Maßstab, vor dem diese Diskriminierung nicht bestehen konnte. In den Städten reifte eine eine bürgerliche Opposition, während sich die Linke in der Arbeiterschaft organisierte. In krassem Gegensatz dazu stand die archaische Stammesgesellschaft der Bergvölker, die sich gegen das Eindringen der Moderne in ihren Alltag wehrten. Die Protektoratsmacht nutzte diese Unterschiede aus. Mit den so genannten Berberdekreten sanktionierte sie 1930 für die Berberhochburgen das Gewohnheitsrecht (Stammesrecht), während im übrigen Marokko das islamische Recht galt. Der Sultan wurde gezwungen zuzustimmen.

Seinem Ansehen tat dies keinerlei Abbruch. Als muslimischer Herrscher mit Wurzeln im Stamme des Propheten wurde der Sultan nicht etwa als Komplize, sondern eher als vornehmstes Opfer der kolonialen Situation gesehen. Die antikoloniale Stimmung richtete sich gegen die politische Bevormundung und die ökonomische Ausbeutung der Protektoratsmacht, aber keineswegs gegen die französische Lebensweise, die in der überaus bunten Gesellschaft Einzug gehalten hatte.

Keine dreißig Jahre nach Errichtung des Protektorats brach der Zweite Weltkrieg aus. Als Protektorat war Marokko keine Kriegspartei. Der Sultan übte Neutralität, machte aber keinen Hehl aus seinen Sympathien für die Alliierten. Während die französischen Befehlshaber in Algerien zwischen dem kollaborierenden Vichy und dem Freien Frankreich lavierten, wurde Marokko zur Ausgangsbasis für politische Manöver und militärische Planungen mit dem Zweck, die Achsenmächte aus Nordafrika zu vertreiben. Die kooperative Haltung marokkanischer Behörden fand in Washington freundliche Beachtung. Marokkanische Freiwillige kämpften an der Seite alliierter Soldaten.

Sensibel für das Geschehen in der kolonialen Welt, machte sich der König die Forderung der 1944 gegründeten Istiqlal, einer nationalen Sammlungspartei, zu Eigen. Die Istiqlal vereinigte linke und rechte Strömungen hinter der Forderung, das Protektorat zu beenden. Im Jahr 1952 stellte sich auch der Palast offen in Opposition zur Protektoratsmacht. Dies bewahrte die Monarchie davor, in den

Strudel der antikolonialen Kritik zu geraten. Sie verhielt sich so, wie es vom Haupt der marokkanischen Muslime erwartet wurde. Paris wiegelte Berber-Fürsten gegen den Sultan auf. Der Pascha von Marrakesch marschierte auf die Hauptstadt zu. Die Führer der Istiqlal wurden von der Protektoratsjustiz verhaftet und der Sultan mit seinem Sohn Hassan vorübergehend in die Verbannung geschickt.

Die Unabhängigkeitsbewegung entwickelte sich indessen so kraftvoll, dass es die Protektoratsmacht schließlich für geraten hielt, nachzugeben. Sie holte den König aus dem Zwangsexil zurück, um mit ihm das Ende des Protektorats auszuhandeln. 1956 erhielt Marokko seine volle Unabhängigkeit. Ein Jahr später erklärte sich der Sultan als Mohammed V. zum König von Marokko.

13.2 Die Monarchie als Angelpunkt des Regimes

Die französischen Beamten und Truppen gingen. Marokkaner, die sich an die französische Kultur assimiliert hatten, traten an ihre Stelle. Der Regierungsmodus, der sich bereits vor der Unabhängigkeit eingespielt hatte, blieb. Der Monarch balancierte die städtische Mittelschicht, die Arbeiterschaft, die Stammesführer und die Geistlichen geschickt gegeneinander aus. Letztere waren ihm nützlich, um die Autoritätsstrukturen der ländlichen Gesellschaft für die Stabilität des Regimes einzuspannen. Maßgeblich für den Zusammenhalt des Ganzen waren die Führungsrolle und das persönliche Geschick des Monarchen. Bei alledem war und ist Marokko bis heute von großen Stadt-Land-Gegensätzen charakterisiert – modern und teils europäisch in den großen Städten, traditionell und arm in den Landgebieten.

Mit den Franzosen zog eine Staatsgewalt ab, deren Arm bis in den letzten Winkel des Landes reichte. Mit der Unabhängigkeit lebte in den entlegenen Berbergebieten der Widerstand gegen die Zentralregierung auf. Seither musste die Loyalität der Stämme vom Monarchen, der inzwischen zum größten Landbesitzer geworden war, fortwährend mit materiellen Vergünstigungen und symbolischen Gesten erneuert werden. Die in den Städten beheimateten Parteien und Gewerkschaften würdigten zwar die Verdienste des Monarchen. Doch einige darunter hielten die Monarchie nicht mehr für zeitgemäß und setzten sich für die Republik ein.

Die wichtigste Partei war die Istiqlal. Ihr zentrales Anliegen war die Unabhängigkeit. Als dieses Ziel erreicht war, verband sie sich eng mit dem Palast. Den Linken in der Istiqlat behagte diese Nähe zum Monarchen nicht. Ganz im Mainstream der arabischen Politik dieser Zeit plädierten sie für größere staatliche Aktivität in der Wirtschaft und größere Distanz zur US-amerikanischen Politik. Mehdi Ben Barka, ein maßgeblicher Mitgründer der Istiqlal, verließ die Partei und gründete 1959 die UNFP. Als König Mohammed V. den Regierungschef entließ, der mit den Zielen dieser neuen Partei sympathisierte, ihn verhaften und den Prozess machen ließ, übte Ben Barka scharfe Kritik. Nur durch Flucht ins Ausland entging er selbst der Vollstreckung des Todesurteils, das ein willfähriges Gericht verhängt hatte. Sein Nachfolger Hassan II., der seit 1961 herrschte, setzte die harte Gangart im Umgang mit Oppositionellen fort.

Ein Grund dafür war die Nachbarschaft Algeriens, das sich nach der Unabhängigkeit in der sozialistischen Staatenwelt positionierte. Um Gefahren für die Monarchie auszuspähen, überzog der Palast das Land mit einem engmaschigen Netz geheimpolizeilicher Überwachung. Oppositionelle wurden zu langen Haftstrafen verurteilt.

Hauptstütze der Monarchie wurden die Streitkräfte. Hassan umgab sich mit Spitzenmilitärs, die in den französischen und spanischen Armeen gedient hatten. Dennoch kam es zu Putschversuchen aus den Reihen des Geheimdienstes und der Streitkräfte, wo vereinzelt der Wunsch übermächtig wurde, nicht nur als hilfreiche Juniorteilhaber am Regime zu partizipieren. Der Monarch überstand alle Umsturzversuche mit viel Glück und persönlichem Mut. Besonders gefährlich war ein Staatsstreichversuch des Innenministers Mohammed Oufkir im Jahr 1972. Oufikir war der Architekt des Sicherheitsapparats.

Mit der Besetzung der vormals von Spanien beherrschten Westsahara, die nach Marokko eingegliedert wurde, und mit einem lange währenden Kleinkrieg beschäftigte Hassan II. seit 1975 die Streitkräfte. Dieser Schritt war auf die Mobilisierung einer für die Monarchie günstigen nationalistischen Stimmung berechnet. Er brachte dem Monarchen einiges an Popularität ein. Mit dem säkularen Umbruch der Weltpolitik zu Beginn der 1990er Jahre, als auch die westlichen Partnerländer auf demokratischen Wandel drängten, ließ sich Hassan II. auf eine vorsichtige Parlamentarisierung ein. Er stimmte 1996 einer Verfassung zu. Der Monarch behält darin eine starke Position. Die Verfassung bindet die Regierung an die Zustimmung des Parlaments. Dies bedeutet freilich nicht, dass der Monarch dadurch eingeschränkt wäre. Der „makhzen", der Palast, war und ist der Mittelpunkt des politischen Systems. Vor anderen orientalischen Herrscher hat der König einen großen Vorteil: aufgrund seiner behaupteten Abstammung von der Familie des Propheten fällt es ihm leicht, sich nicht nur als Herrscher, sondern auch als religiöser Führer zu inszenieren.

Das Parlament spiegelt die hybride Struktur des Landes wider. Die Stammesgesellschaft ist mit ihren Notabeln repräsentiert, die dort im Interesse ihrer Stammesgenossen agieren. Islamische und säkulare Politiker vertreten die Mittelschicht- und Arbeiterparteien. Die Regierung wurde erstmals 1998 aus der Mitte des Parlaments rekrutiert. Damals berief Hassan II. nach der Parlamentswahl den sozialdemokratischen, lange im Exil lebenden Politiker Abderrahman

Youssoufi zum Premierminister. Youssoufi bildete ein Kabinett aus sieben Parteien, darunter zahlreiche Vertreter der bisherigen Opposition. Die Besetzung der sicherheitsrelevanten Ministerien für Inneres, Justiz, Äußeres und Religionsangelegenheiten behielt sich der Monarch selbst vor (White 2008: 90, 93).

Die Zusammensetzung der Regierung drückt stets auch die Präferenz des Monarchen aus. Eine neue Regierung wird gebildet, wenn die Krone es für ratsam hält. Diese so genannte „alternance“ spart keine größere politische Kraft aus, welche die Monarchie und die vom Palast bestimmten Spielregeln respektiert. Dazu gehört heute auch die moderat-islamische Partei für Gerechtigkeit und Entwicklung (PJD). Die radikalere Bewegung für Gerechtigkeit und Wohltätigkeit, die viel Anklang bei den Ärmeren findet, ist stark von der Persönlichkeit ihres Führers Abd al-Salam Yassin geprägt. Sie stellt die Legitimität der Monarchie infrage und diagnostiziert die Befindlichkeit einer vorislamischen Gesellschaft. Bisher hat sie nicht um Anerkennung als Partei nachgesucht (White 2008: 94f.). Der PJD als die drittgrößte politische Kraft liegt im Elektorat dicht hinter den Mitte-Links-Sozialisten (UFSP) und der Istiqlal. Durch die Teilliberalisierung des politischen Lebens gelangten auch linke Politiker in Amt und Würden, von denen einige in der Vergangenheit ihre Einstellung mit Haft hatten bezahlen müssen.

Trotz der „alternance“ ist das Regierungssystem nicht vollständig parlamentarisch. Mittelpunkt und Spielmacher der Regierungspolitik ist der Palast (Moudden 2005: 127ff.). Und der König dirigiert den Wechsel von Ministern und Koalitionen in der Weise, dass seine Interessen gewahrt bleiben. Damit verringert sich die tatsächlich Bedeutung des Parlaments (Willis 1999). Die marokkanischen Wähler quittieren diese Situation mit wachsendem Desinteresse an Wahlen überhaupt (Sater 2009).

Die Streitkräfte werden bevorzugt aus den Berberstämmen rekrutiert. Die guten Beziehungen des Monarchen zu den Stammesführern untermauern die Loyalität der Truppe.

13.3 Der Umgang mit dem kulturellen Pluralismus

Die sprachlich-kulturelle Differenz zwischen Arabern und Berbern spielt in Marokko keine allzu große Rolle. Sie verschwindet hinter den Gegensätzen zwischen Arm und Reich, Stadt und Land (Willis 2008: 233f.). Die Sprachpolitik des Regimes ist tolerant. Für eine Vorzugsbehandlung kamen schon in der französischen Protektoratsverwaltung keine Berber infrage. Im Unterschied zu den Kabylen Algeriens leben Berber fernab der großen Städten in kaum entwickelten Landstrichen. Arabisch gilt zwar als Staatssprache, und ähnlich wie in Algerien lehren die Bildungseinrichtungen das Hocharabische. Schon um seinen Status als Schützer der Muslime zu unterstreichen, war es für den Monarchen klug, die Sprache des Propheten zu privilegieren. Berber, die der Armut ihrer Dörfer entfliehen und in den Städten ein besseres Leben suchen, eignen sich, um in der neuen Umgebung zurechtzukommen, die Ausdrucksfähigkeit im vorherrschenden arabischen Dialekt an. Der Anpassungsdruck an die Unterrichtssprache des Standardarabischen, das in den Schulen gelehrt wird, drängt das Tamazight allerdings selbst in den Berbergebieten zunehmend in die Defensive (White 2008: 94).

De facto ist das Französische die dritte wichtige Landessprache. Vor allem bei aufstiegsorientierten Marokkanern stehen französischsprachige Bildungseinrichtungen hoch im Kurs. Islamistische Politiker wählen die liberale Sprachpolitik als Streitpunkt, um eine zu weit gehende Verwestlichung anzuprangern (Willis 2008: 235f.).

In den 1980er Jahren öffnete sich Marokko für die internationale Wirtschaft, um ausländische Investoren anzulocken und internationale Kreditwürdigkeit zu erlangen. Eines der Mittel dafür war das Angebot billiger Arbeit, vorzugsweise für europäische Unternehmen, ein anderes der Abbau des öffentlichen Sektors. Viele Marokkaner leben in Armut oder an der Armutsgrenze. Bereits in den 1990er Jahren kam es zu zahlreichen Arbeitskämpfen und Protesten gegen unerschwingliche Nahrungsmittelpreise. Sie wurden teils brutal niedergeschlagen, teils beschwichtigend entschärft. Viele Hochschulabsolventen finden keine Arbeit oder arbeiten unter ihrer Qualifikation. Hier wirkt das gleiche Elixier von Enttäuschung und Perspektivlosigkeit wie in den übrigen arabischen Gesellschaften. Und wie dort machen sich islamische Vereine, Parteien und die Muslimbruderschaften diese Situation zunutze, um für ihre Vision einer gerechteren Gesellschaft zu werben.

Wie alle Regime in der Region, kam auch das marokkanische nicht umhin, sich im Palästinakonflikt zu positionieren und der Islamisierung im öffentlichen Raum Platz zu geben. Dessen ungeachtet läuft der Trend im konservativen Marokko anders als in Algerien. Versuche, das Familienrecht stärker an das säkulare Europas anzupassen, wurden angesichts des Widerstands der Ulama zurückgenommen, dann aber wieder aufgegriffen. Im Jahr 2004 wurde ein modernes Familienrecht eingeführt. Unter dem Protest auch des moderat-islamischen PJD wurde das Heiratsalter angehoben, die Scheidung für Frauen erleichtert und Frauen als Elternteil mit Männern gleichgestellt (White 2008: 99). Der Palast dirigierte dieses Vorhaben dank seiner Verbindung zu den verschiedensten Lagern sehr umsichtig und ohne das islamische Establishment gegen sich aufzubringen. Er unterstrich damit noch einmal das herausragende personale Moment des Herrschaftssystems (Clark/Young 2008).

In Algerien wurde versucht, mit der Arabisierung des öffentlichen Lebens, die stellenweise in eine Islamisierung übersprang, eine Identität zu produzieren, die etwas Neues an die Stelle des gemeinsamen Kampfes gegen die französische Herrschaft setzen sollte. In Marokko hingegen wurde die plurale Identität der Gesellschaft als arabisch, berberisch, traditionell, modern und frankophil hingenommen. Bereits im Protektorat etablierten und entfalteten sich zwischen Protektoratsmacht und Palast zahlreiche marokkanische Mittler. Die Zäsur der Unabhängigkeit fiel mit Blick auf die Kontinuität der Autoritätsstrukturen relativ weich aus.

Am Beispiel Marokkos zeigt sich die Überlebensfähigkeit orientalischer Monarchen. Die marokkanischen Könige machen sich wie die jordanischen nicht einfach zum Büttel der Stammesoligarchien, sondern bemühen sich stattdessen um eine Balance zwischen den traditionellen und den moderneren Sektoren der Gesellschaft. Voraussetzung dafür ist die Anerkennung des gesellschaftlichen Pluralismus (Joffe 2009, Tozy 2008). Und dies bedeutet wiederum, wie auch das jordanische Beispiel zeigt, dass sich die Monarchen auf politische Parteien und einen Schuss Parlamentarismus einlassen müssen. Andernfalls riskieren sie, die Verbindung zu den modernen Teilen der Gesellschaft zu verlieren. Der traditionelle Sektor verlangt vom Monarchen den Habitus des Superstammesführers und Protektors der Stammesgesellschaft.

Die Monarchie muss sich stets neu positionieren. Sie kann es sich nicht leisten, dem politischen Spiel uneingeschränkt seinen Lauf zu lassen. Dafür gibt es einfach zu viele Marokkaner, die auf der Verliererseite stehen. Das Prinzip der monarchischen Herrscherfolge eröffnet die Chance, die Aspiranten auf den Thron rechtzeitig auf ihre Aufgaben vorzubereiten und sie beobachtend am Herrschergeschäft teilhaben zu lassen.

14 Tunesien

14.1 Von der osmanischen Provinz zum französischen Protektorat

Tunesien liegt an der geografischen und kulturellen Nahtstelle zwischen Europa und dem Orient. Im 7. Jahrhundert wurde dieses Stück urchristliches Afrika von den vorrückenden Muslimen erobert. Die Reconquista erreichte im 16. Jahrhundert auch diesen Teil Nordafrikas, dessen Küsten für einige Jahrzehnte wieder unter christliche Herrschaft gerieten. Die geographische Nähe zu Italien und die Lage an der Meerenge, daraus folgend Handel und Schiffsverkehr zwischen dem westlichen und dem östlichen Mittelmeer führten hier schon seit der Antike zur Fusion europäischer und orientalischer Kultur. Es kam hinzu, dass dieser Teil des Orients weit von den Zentren arabisch-islamischen Lebens entfernt ist. Dessen ungeachtet assimilierten sich die Menschen in Stadt und Land gründlicher an die arabische Kultur, als es in Algerien und Marokko geschah, obgleich die meisten Tunesier berberischen Ursprungs sind. Die Beschaffenheit der tunesischen Landschaften bot keine geschützten Rückzugsräume wie die nordafrikanischen Gebirge, wo sich das Berberische gegen die mächtige arabische Zivilisation behaupten konnte. So gut wie alle Tunesier kommunizieren auf Arabisch.

Die Osmanenherrscher mischten sich in das Treiben ihrer nordafrikanischen Statthalter nicht weiter ein. Wie im übrigen Nordafrika kamen die tunesischen Regenten gut mit der Piraterie über die Runden. Der Hafen von Tunis war dafür geradezu ideal gelegen. Wie die Osmanen selbst und der marokkanische Herrscher entschloss sich im 19. Jahrhundert auch der Bey von Tunis, sein Land nach westlichen Vorbildern zu modernisieren.

Zu den Neuerungen gehörte auch das Zubehör einer Verfassung. Sie trat 1861 in Kraft, sollte aber noch keine große Bedeutung entfalten. Wichtiger war vielmehr, dass sich in Tunesien der gleiche Vorgang wiederholte wie in anderen islamischen Reichen: die Akquisition westlicher Waffen und Konsumgüter wurden mit wachsender Verschuldung bei europäischen Banken erkauft. Schon 1869 musste der Bey die Kontrolle über die Finanzen des Landes an Frankreich, Großbritannien und Italien abtreten. Unter dem Vorwand eines bevorstehenden finanziellen Zusammenbruchs beanspruchte Frankreich im Jahr 1881 die vollständige Abtretung der Hoheitsrechte des Bey auf dem Gebiet der Finanzen, der Verteidigung und der Außenpolitik. Die förmliche Herstellung des Protektorats im Jahr 1883 war nur noch ein letzter Schritt.

Wie in Marokko blieben zwar tunesische Behörden, aber sie wurden allenthalben von den französischen Protektoratsbehörden überlagert. Der Bey wurde zur Marionette, der französische Generalresident zum eigentlichen Herrscher. Die Offenheit und Gewandtheit der tunesischen Geschäftsleute kam dem Interesse Frankreichs entgegen, das Protektorat wirtschaftlich zu seinem Vorteil zu erschließen. Banken und Unternehmen wurden gegründet, die agrarische Nutzfläche erweitert und von europäischen Siedlern, hauptsächlich Franzosen, aber auch von Italienern für den Weizen- und Olivenanbau genutzt. Schließlich wurden auch die Phospat- und Eisenerzvorkommen ausgebeutet.

Am Vorabend des Zweiten Weltkriegs lebten 90.000 Siedler in Tunesien. Französisch wurde ohne große Vorbehalte als Verkehrs- und Bildungssprache angenommen, ganz wie es einer Gesellschaft entsprach, die ihre Identität aus dem Austausch mit den europäischen und arabischen Nachbarn gewonnen hatte. In den Städten wuchs ein arabisches Bürgertum heran, das gut über die Welt informiert war. In der Transport- und Hafenwirtschaft bildeten sich, wie damals überall unter solchen Bedingungen, Gewerkschaften.

Weil das Protektorat wirtschaftlich weit entwickelt war und das Erwerbs- und Bildungsmilieu so empfänglich für europäische Lebensart, wurde die politische Bevormundung durch die Protektoratsmacht als demütigend empfunden. Das muslimische Milieu hingegen, das in den ärmeren Schichten und in den Städten des Landesinneren am stärksten verwurzelt war, opponierte nicht nur gegen die koloniale Situation, sondern auch gegen die westliche Lebensart. Aus einer von tunesischen Behörden schlecht gehandhabten Grundstückstransaktion, die das Gelände eines muslimischen Friedhofs betraf, entwickelte sich 1911 ein Massenprotest, in dessen Verlauf ein Europäer ein tunesisches Kind erschoss. Französisches Militär griff ein, um die Massenproteste unter Kontrolle zu bekommen. Sakrale Güter, so zeigte sich hier, waren imstande, auch einfache Menschen zu mobilisieren. Wie in Algerien gab es also zwei Quellen der politischen Mobilisierung, eine traditionelle und eine westlich inspirierte moderne. Beide stimmten allein in der Ablehnung der kolonialen Situation überein. Der Kampf gegen das Protektorat sollte allerdings hauptsächlich von verwestlichten Tunesiern geführt werden.

Als sich in Konstantinopel 1908 die Jungtürkische Bewegung regte, bildete sich in Tunis parallel eine Jungtunesische Bewegung. Sie verlangte die Restauration der Rechte des Beys und liberale Reformen. In den folgenden Jahren sollte das Protektorat nicht mehr zur Ruhe kommen. Vor dem Hintergrund sich häufender Streiks verhängte die Protektoratsmacht 1914 den Ausnahmezustad. Aus der Protestbewegung ging 1920 die Destur-Partei hervor. Sie verstand sich als Verfassungspartei und verlangte innere Autonomie für das Protektorat sowie die Wahl eines Parlaments. Die Partei integrierte prowestliche liberale, aber auch konservative muslimische Politiker.

Spannungen führten 1934 zur Spaltung der Destur. Jüngere bürgerliche Politiker gründeten die Neo-Destur. Ihnen schwebte ein laizistischer Staat vor, in dem die Religion Privatsache sein sollte. Außerdem rückten sie von der Restauration der traditionellen Herrschaft ab und traten für das Ziel einer vollständigen Unabhängigkeit von Frankreich ein. Die Protektoratsmacht reagierte auf die wachsende nationalistische Agitiation der Parteien mit Presse- und Versammlungsverboten und Ausweisungen. Die Seele der Neo-Destur war der Anwalt Habib Bourgiba, ein Bewunderer Frankreichs. Er sprach besser Französisch als Arabisch und war zudem mit einer Französin verheiratet. Seine schärfste Waffe war das geschriebene und gesprochene Wort. Ihm gelang es, eine Grundstimmuung gegen das Protektorat zu organisieren.

Wir beobachten hier also einen politischen Kampf, der mit politischen Mitteln geführt wurde. Anlass für Beschwerden gab es zuhauf. Die Protektoratsverwaltung kümmerte sich nicht groß um die Rechte der Stämme und Dörfer, wenn diese den Interessen europäischer Siedler im Wege standen. Die Strukturen des

Protektorats, d.h. Franzosen in Verwaltungen, Gerichten und Presse überwucherten die formal noch vorhandenen heimischen Institutionen. Gerade assimilierte Tunesier sahen sich dadurch zurückgesetzt und verlangten Korrekturen. Hier ist die Parallele mit dem spätkolonialen Algerien nicht zu übersehen.

Als sich selbst die seit 1936 in Paris regierende linke Volksfrontregierung weigerte, politische Reformen im tunesischen Protektorat in Angriff zu nehmen, eskalierte die Auseinandersetzung. Es kam zu einem von Bourgiba organisierten Generalstreik (1938). Die Auseinandersetzung schlug jetzt auch in Gewalt um. Französische Firmen, Landwirte und Beamte hatten in Tunesien viel zu verlieren. Die Ausgangssitutation war nicht viel anders als in Algerien. Das Protektorat stellte eine sehr viel direktere Regierung durch Frankreich dar, als es sie in Marokko je gegeben hatte. Die Parteien wurden verboten und Bourgiba und seine Mitstreiter wiederholt in Haft genommen.

Tunesien wurde 1943 zum Kriegsschauplatz. Deutsche und italienische Truppen besetzten das Protektorat, um dort den Vorstoß alliierter Truppen in Nordafrika abzuwehren. Bourgiba hatte bereits 1942 dazu aufgerufen, die alliierte Seite zu unterstützen. Er unterschied sich darin von anderen arabischen Führern, die für Deutschland Partei ergriffen. Diese Haltung wurde in Washington dankbar zur Kenntnis genommen.

Der Kampf gegen das Protektorat flammte nach dem alliierten Sieg wieder auf. Jetzt bekam er auch eine militärische Komponente. Tunesische Kämpfer, die sich aus den militärischen Hinterlassenschaften der Kriegsschauplätze bedienten, attackierten die Protektoratstruppen. Paris antwortete mit der vollen Bandbreite militärischer Repression. Verhandlungen über die Unabhängigkeit führten zu nichts. Erst vor dem Hintergrund des Algerienaufstands ließ man sich Paris zu Konzession bewegen. Frankreich musste in Nordafrika militärische Prioritäten setzen. Zehntausende Soldaten standen in Tunesien im Einsatz, die viel dringender in Algerien gebraucht wurden.

Zunächst wurde dem Protektorat 1955 innere Autonomie gewährt. Die französischen Siedler liefen Sturm gegen diesen Schritt. In der eigenen Partei geriet Bourgiba unter Beschuss. Gegen seine Präferenz für eine säkulare Ordnung und seine frankophile Haltung opponierte vor allem Salah Ben Youssef. Er trat für eine panarabische Politik ein und wollte die muslimische Identität des Landes stärker betont wissen. Ben Youssef hatte während Bourgibas Inhaftierung und Exil die Unabhängigkeitsbewegung geführt. Bourgiba ließ Ben Youssef 1955, gleich nach seiner Rückkehr von den Autonomieverhandlungen mit der französischen Regierung, aus der Neo-Destur ausschließen. Der Willen, ein tunesischer Atatürk zu werden, war übermächtig. Wie bei Atatürk war die politische Liberalität des Westens für Bourgiba aber kein Vorbild (Sadiki 2008: 118).

Die Kaltstellung Ben-Youssefs löste in der arabischen Welt Proteststürme aus. Besonders heftig fiel die Kritik der ägyptischen Regierung aus. Tunesien verließ daraufhin die Arabische Liga und brach die Beziehungen zu Kairo ab. Vor dem Hintergrund eines in der Popularität der arabischen Welt badenden ägyptischen Präsidenten hätte kaum eindrucksvoller demonstriert werden können, dass es Bourgiba mit einer Unabhängigkeit ohne anti-westliches Beiwerk Ernst war.

Bereits ein Jahr später, im Jahr 1956, konzedierte Frankreich die vollständige tunesische Unabhängigkeit. Es handelte lediglich die Beibehaltung seines Flottenstützpunktes Biserta aus. Ein Jahr später wurde die Monarchie abgeschafft und Bourgiba ließ sich zum Präsidenten wählen. Die letzten Überbleibsel der kolonialen Ära wurden 1963 mit der Auflösung des französischen Stützpunktes getilgt. Mit Frankreichs Rückzug aus Algerien wurde er überflüssig.

14.2 Die Ära Bourgiba

Bourgiba schwebte eine säkulare Ordnung vor, die zwar dem arabischen Charakter der Gesellschaft Rechnung tragen, aber keine anderen Religionsgemeinschaften diskrimieren sollte. Gleich zu Beginn der Unabhängigkeit wurden die Pflöcke für eine Gesellschaftspolitik eingeschlagen, mit der Tunesien auf den Pfad westlicher Gesellschaften gebracht werden sollte. Bereits 1956 wurde das Familienrecht umfassend revidiert. Die Polygamie wurde verboten und die traditionelle Verstoßung der Ehefrau durch ein modernes Scheidungsrecht ersetzt. Frauen erhielten das Wahlrecht und Zugang zum Staatsdienst. Das Mindestheiratsalter für Mädchen wurde auf 15, zehn Jahre später auf 17 Jahre heraufgesetzt. In den 1960er und 1970er Jahren stieg der Staat in die Familienberatung und -planung ein. Ein Problem der übrigen arabischen Welt, die explodierende Geburtenrate, ist Tunesien fremd. Schulbildung wurde für Jungen und Mädchen zur Pflicht. Die Kosten für Unterricht und Lehrmaterial übernahm vollständig der Staat (Sfeir 2006: 34ff.). Die Moscheen wurden wie in der Türkei unter die Aufsicht eines Religionsministeriums gestellt.

Bourgibas Ordnungsvorstellungen waren kemalistisch geprägt. Frankophil zwar und aufgeklärt, regierte er doch autoritär. Die Neo-Destur wurde zur Staatspartei, politische Konkurrenz wurde nicht geduldet und potenzielle Herausforderer in der eigenen Partei vorbeugend oder nachsorgend aus dem Verkehr gezogen. Der bedrohlichste Rivale in der Neo-Destur, Ben Youssef, wurde im Exil unter mysteriösen Umständen ermordet. Sein Tod festigte Bourgibas Führungsanspruch. Öffentliche Proteste wurden vom Sicherheitsdienst und der Polizei unterdrückt. Im Jahr 1975 ließ sich Bourgiba zum Präsidenten auf Lebenszeit wählen.

Hielt Bourgiba auch nicht viel vom Panarabismus, so ließen ihn die Politikmoden in der arabischen Welt doch nicht unberührt. Die Neo-Destur definierte sich 1964 als sozialistische Partei. Sie benannte sich in PSD um. Diesem Schritt waren 1962 die Einführung gesamtwirtschaftlicher Planung, die Verstaatlichung des Handels und die Bildung bäuerlicher Produktionsgenossenschaften vorausgegangen. Diese als progressiv hingestellten Maßnahmen boten einen wohlfeilen Vorwand, um die verbliebenen Europäer aus der Wirtschaftsleben zu drängen. Sie wurden vom Wirtschaftsminister Ahmend Ben Salah dirigiert. Als offenbar wurde, dass damit großer Schaden angerichtet wurde, weil dies Investoren abschreckte, wurde Ben Salah entlassen. Er wurde zum Bauernopfer einer falschen Richtungsentscheidung des Präsidenten.

Die Kollektivierungen wurden 1969 rückgängig gemacht. Die Folgen dieses staatswirtschaftlichen Experiments sollten noch viele Jahre spürbar sein. Die Inflation, insbesondere hohe Lebensmittelpreise, und Arbeitslosigkeit drückten den Lebensstandard. Zwischen 1976 und 1978, als die ökonomischen Zeichen weltweit auf Krise standen, kam es erneut zu Streiks und Generalstreiks. Sie wurden kompromisslos unterdrückt und waren von Verhaftungswellen begleitet. Um Druck vom Regime zu nehmen, ließ sich Bourgiba von Premierminister Mohamed Mzali 1981 dazu überreden, das politische System für andere Parteien zu öffnen (Sadiki 2008: 119). Angesichts der nachlassenden Überweisungen tunesischer Arbeitsmigranten im Ausland, verfallender Ölpreise und steigender Importkosten musste Tunesien sogar, wie so viele andere Länder in der Region, den IWF um Hilfe bitten. Dieser empfahl seine übliche Remedur (siehe unten Teil 2, 4.5). Das Ergebnis waren erneut soziale Auseinandersetzungen. Im Konflikt mit dem Gewerkschaftsbund kam es zu blutigen Zusammenstößen. Abermals kam es 1984 zu Protesten gegen die hohen Brotpreise (Sfeir 2006: 42f.).

Die Politisierung des Islam ging auch an Tunesien nicht vorbei. Die islamische Alltagskultur Tunesiens ist vor allem in den ärmeren Schichten verankert. Die Pforten für sozialen Aufstieg, Status und Wohlstand öffnen sich jedoch für gewöhnlich nach dem Besuch frankophoner Bildungseinrichtungen. Islamische Hochschulen, die Bildungsadresse für Studierende aus dem frommen Milieu, hatten das Image der Zweitklassigkeit. Ihre Diplome waren weniger gefragt. Wie in den Nachbarländern sammelte sich eine kritische Masse muslimischer Intellektueller, die dagegen aufbegehrten.

Wie überall in der Region, regte sich der salafitisch inspirierte Islamismus erst nach der Islamischen Revolution im Iran. Ins Jahr 1981 fiel die Gründung der Islamischen Tendenz. Es handelte sich um eine islamistische politische Gruppe. 1987 wurde sie in Erwachen – An-Nahda – umbenannt. Ihr Führer Rachid al-Ghannouchi gehörte zu den moderatesten Vertretern des politischen Islam in der Region. Verglichen mit den regimenahen islamischen Vereinen Tunesiens war die

An-Nahda jedoch kraftvoll und originär. In der ökonomisch bedingten Unzufriedenheit fand sie eine günstige Projektionsfläche, um für ihr Anliegen zu werben (dazu und zum Folgenden: Allani 2009: 260ff., Noyon 2003: 99ff.).

Auf die erhoffte Nachfolge des betagten Präsidenten blickend, suchte Premierminister Mohammed Mzali eine politische Startbasis für seine Ambition. Er ließ islamistische Aktivitäten an den Universitäten zu und hob das Verbot traditioneller Kleidung auf dem Campus auf. Im Jahr 1986 wurde er entlassen. Bourgiba brauchte wieder einmal ein Bauernopfer für die anhaltenden wirtschaftlichen Schwierigkeiten. Für den Präsidenten wurde die vermeintliche Bedrohung durch den Islamismus zur Obsession. Funktionäre islamistischer Vereinigungen wurden 1987 verhaftet.

Die Repression verschärfte sich weiter, als es in den Touristenzentren zu Attentaten kam und Fabriken und öffentliche Einrichtungen angezündet wurden. Bourgiba verlangte die Wiederaufnahme von Strafprozessen gegen bereits verurteilte und inhaftierte Islamisten, um sie mit dem Tode bestrafen zu lassen. Damit überreizte er die Kooperationsbereitschaft selbst seines wichtigsten Mitarbeiters, des amtierenden Premierministers. Zine el-Abidine Ben Ali war zuvor Sicherheitschef, dann Innenminister und aktuell Regierungschef, damit die Nummer Zwei des Regimes. Vor dem Hintergrund der wirtschaftlichen Probleme hielt er eine geschmeidigere Reaktion für angebracht. Er veranlasste, Bougiba medizinisch zu untersuchen und ließ ihn 1987 für amtsunfähig zu erklären. Er rettete damit den inhaftierten Islamistenführern das Leben.

14.3 Die Ära Ben Ali

Bourgiba wurde ungeachtet der Umstände seiner Absetzung in Ehren verabschiedet, Ben Ali trat an seine Stelle. Der in Frankreich ausgebildete Offizier leerte in einer Geste der Versöhnung zunächst die Gefängnisse. Eine neue Verfassung wurde verabschiedet und darin die Lebenszeitpräsidentschaft aufgehoben. Künftig sollte ein Präsident im Alter von 75 Jahren zwingend aus dem Amt scheiden. Mit der Tolerierung weiterer Parteien wurde das politische Spektrum erweitert. Seit 1994 sind auch Oppositionsparteien im Parlament vertreten. Kommunisten und islamistische Parteien blieben allerdings verboten. De facto hat die PSD des Präsidenten den Vorrang vor allen übrigen. Sie stützt sich, wie auch die Regimeparteien der Nachbarstaaten, auf die tatkräftige Assistenz der Verwaltung. Das Parlament steht im Schatten der Macht. Die Parteienpluralität ändert nichts am autoritären Regierungsmodus. In Bourgibascher Manier hielt sich Ben Ali an das Leitbild des zwar autoritär gelenkten, aber religiös toleranten

Staates. Insofern überwiegt die Kontinuität mit der Herrschaftspraxis des Vorgängers (Angrist 1999: 89ff.).

Nach anfänglich versöhnlichen Gesten wurde die Unterdrückung des Islamismus wieder verschärft (zum Folgenden: Sfeir 2006: 47ff.). Vor dem Hintergrund des algerischen Bürgerkrieges unternahmen Mitglieder der verbotenen An-Nadah Anschläge auf öffentliche Einrichtungen. Auftrieb gab ihnen die Invasion Kuweits durch den Irak. Ab 1990 kam es zu Massenverhaftungen unter den Aktiven der Bewegung. Ein Anschlag auf der Ferieninsel Djerba im Jahr 2002 bestätigte das Regime in seinem Urteil über die Gefahr, die vom politischen Islam ausgeht.

Im Vergleich mit der Ära Bourgiba agiert das Regime heute flexibler. Dies gilt vor allem im Bereich der Sozial- und Wirtschaftspolitik. Um die gesellschaftlichen Gruppen an den Parteien vorbei zu integrieren, wurde ein Wirtschafts- und Sozialrat eingerichtet. Dort sind Gewerkschaften, Unternehmer, Frauenverbände, Jugend- und Kulturgruppen repräsentiert. Der Zweck dieses Gremiums liegt darin, rechtzeitig zu erfahren, wo Probleme lauern und gegenzusteuern. Die beteiligten Organisationen sind aber sämlich regimekonform disponiert. Weil die vom politischen Islam inspirierten Vereine ausgeschlossen sind, entfaltet dieses Frühwarnsystem keine allzu große Wirkung (Angrist 1999: 99ff.).

Die Gegensätze zwischen Arm und Reich fallen bei weitem nicht so krass aus wie in Algerien und Marokko. Nach den Maßstäben der Region könnte man sogar von einer relativ egalitären Gesellschaft sprechen, in der viele bescheidenen Wohlstand erreicht haben. Deshalb ist der soziale Druck, der anderswo islamistischen Parteien und Bewegungen starken Auftrieb gibt, geringer. Auf moderatem Niveau ist er aber vorhanden.

Der seit zwei Jahrzehnten praktizierte eingeschränkte politische Pluralismus darf nicht darüber hinwegtäuschen, dass Tunesien im autoritären Modus beherrscht wird. Das Regime versteht nur eben mit Juniorpartnern zu teilen. Sein Rückgrat ist weiterhin ein Sicherheitsapparat, der das öffentliche Leben kontrolliert.

In diesem Punkt relativiert sich der Abstand zum algerischen Nachbarn. Tunesien verfolgt auf autoritärer Basis einen Kurs, der das Land erkennbar als engen Nachbarn Europas positioniert. Sein Regime findet damit nur nicht den ungeteilten Beifall der Gesellschaft. In Algerien verhält es sich genau umgekehrt.

Das tunesische Herrschaftssystem ist neopatrimonial. Es besitzt im Präsidenten ein klares Zentrum und in der um die Regimepartei PSD gruppierten Organisationswelt ein maßgeschneidertes Umfeld. Der politische Kurs ist seit Beginn der Unabhängigkeit konstant geblieben – der Westen als Leitbild, jedoch abzüglich Demokratie und Liberalität! Ebenso folgt der Repressionsapparat einem seit Jahrzehnten gleichbleibenden Feindbild: der politisch aufgeladene Islam. Wegen einer im gesamtarabischen Vergleich erfolgreichen Wirtschafts- und Sozialpolitik gibt es zwar viel mehr Mitinteressenten am Status quo als in den Nachbarländern. Die grundlegende Schwäche des Regimes ist aber die gleiche wie im ganzen Orient: Solange der politische Islam von politischer Mitarbeit und Mitregierung ausgeschlossen wird, bleibt er ein Anziehungspunkt für Unzufriedene, und für Unzufriedenheit gibt es viele Gründe, darunter nicht nur die vermeintliche Unterdrückung muslimischer Lebensart, sondern auch Armut und blockierte Aufstiegshoffnungen.

15 Libyen

15.1 Von der osmanischen Provinz zur italienischen Kolonie

Libyen war bis 1911 Teil des Osmanischen Reiches. Erst wenige Jahre zuvor hatten die Osmanen Versuche unternommen, diesen Reichsteil effektiv zu kontrollieren. Im Gebietsteil Tripolitanien gab es Städte und eine sesshafte Bevölkerung. Hier lagen die Lebensverhältnisse ähnlich wie im benachbarten Tunesien. In der Cyrenaika war das Bild von von Nomaden und Beduinen geprägt. Dort war der Senussi-Orden die beherrschende gesellschaft Kraft. Es handelte sich um eine Bruderschaft im Geiste des sufischen Islam. Die Senussis hatten sich im 19. Jahrhundert von der arabischen Halbinsel über Ägypten nach Nordafrika und in den Sudan ausgebreitet. Ihr Anliegen war die Reinigung des Sufismus von seinen bunteren und sinnlicheren Aspekten (siehe oben 2.1.3.4). Im Übrigen waren und sind die Menschen der Cyrenaika ähnlich stark auf das benachbarte Ägypten orientiert wie Tripolitanien auf den westlichen Nachbarn Tunesien.

Der Süden des beutigen Libyen, der Fessan, ist ein Wüstengebiet. Es ist lediglich spärlich von Arabern und arabisierten afrikanischen Stämmen bewohnt. Unter diesen ragen die Tubu und die Tuareg heraus. Die Tuareg, ein Volk berberischen Ursprung, leben auch in den Wüsten und Steppen des französischen Algerien, Marokkos, Malis und Nigers. Tubus siedeln auch jenseits der südöstlichen Landesgrenze im Tschad. Der Fessan ist also weniger ein Schnittpunkte zwischen Europa und Orient, wie etwa Tunesien, als vielmehr zwischen Orient und Afrika.

Der rechtliche Status des Fessan als Besitztum der Osmanen bedeutete wenig. Osmanische Beamte und Soldaten waren so gut wie nicht präsent. Tatsächlich gehörte der Fessan ungeachtet der völkerrechtlichen Besitzverhältnisse zum französischen Kolonial- und Einflussgebiet im Sahara- und Sahelgürtel. Die französische Kolonialmacht interessierte sich aber nicht einmal für die ökonomisch wertlosen Wüsten- und Steppengebiete, die zweifelsfrei unter der Hoheit der Trikolore standen. Wie weiter oben zu zeigen sein wird, verkörperte die ganze Region eine Art Niemandsland, das nichts einbrachte und geringe Beachtung fand (dazu und im Folgenden Vandewalle 1998: 41ff.).

Im Zuge des Schacherns um die Kontrolle Marokkos erlaubten die europäischen Großmächte Italien, die Provinz Libyen in Besitz zu nehmen. Der junge italienische Nationalstaat gedachte sich mit Kolonien in dieselbe Liga zu spielen wie die älteren und mächtigeren europäischen Staaten. Wirtschaftlich nutzbar war allein das an Tunesien grenzende Tripolitanien. Es schien geeignet, dort Italiener anzusiedeln.

Die tripolitanische Gesellschaft arrangierte sich mit der Kolonialmacht. Sie war durch die Hafenstädte und das nahe Tunesien mit europäischer Lebensart vertraut. Die Eroberung der Stammesgebiete im Osten der Kolonie vollzog sich viel langsamer und vor allem gewaltsamer. In der Cyrenaika endete sie erst in den 1930er Jahren nach heftigen kriegerischen Auseinandersetzungen mit den heimischen Stämmen. Anschließend wurden dort Tausende von Italienern angesiedelt. Landnahme, Vertreibung und Umsiedlung setzten der eroberten Bevölkerung stark zu.

Italien trat im Juni 1940 als Verbündeter Deutschlands in den Krieg ein. In Kämpfen mit britischen Truppen, die von Ägypten aus operierten, musste Italien schwere Rückschläge einstecken. Der Senussi-Führer Idris al-Mahdi al-Senussi stellte sich – auch mit eigenen Kämpfern – auf die Seite der Briten. Deutsche Truppen kamen Italien zu Hilfe. Sie verzögerten die Vertreibung des Verbündeten aus Afrika, vermochten sie letztlich aber nicht zu verhindern. Die Kriegshandlungen richteten schwerste Schäden an. Nach dem Rückzug der Achsenmächte hielten Briten den Norden Libyens besetzt, Frankreich den Fessan.

15.2 Von der Monarchie zur Republik

Nach dem Krieg war die Zeit für Kolonien vorbei. Libyen zum Staat zu erheben lag auf der Hand. London führte bei der Konstruktion des neuen Staates die Regie. In einer Art blassem Remake der Erfindung Jordaniens nach dem Ersten Weltkrieg wurde aus Libyen 1949 ein Königreich gebildet. Als König wurde Idris, das Oberhaupt der Senussi-Stämme, eingesetzt. Die Cyrenaika erhielt eine Vorzugsstellung im neuen Staat. Nicht nur die Tripolitaner, die sich den Beduinen haushoch überlegen empfanden, vermerkten dies übel, sondern auch jene Stämme der Cyrenaika, die nicht zu den privilegierten Senussi zählten.

London versprach sich von der Monarchie Immunität für panarabische Ideen. Diese sorgten bereits im Irak für Unruhe und zeigten auch in Nordafrika erste Wirkung. Der Fessan wurde gegen französischen Widerstand mit dem übrigen Libyen vereinigt. Bereits im Zeitpunkt der Unabhängigkeit beanspruchte Libyen einen Teil der französischen Kolonie Tschad.

Idris führte das Land als neopatrimonialer Herrscher. In der kleinen Armee dienten Libyer aller Landesteile. Die Streitkräfte wurden aber kurz gehalten. Die wichtigste bewaffnete Macht war eine allein dem König ergebene Schutztruppe. Sie wurde aus Kriegern der Cyrenaika-Stämme gebildet (Vandewalle 1998: 58). An Finanzmitteln fehlte es nicht. Die Briten unterhielten große Militärstützpunkte, für die sie Pacht entrichteten und auf denen sie zahlreiche Libyer beschäftigten. Bereits in den 1960er Jahren begannen die Einkünfte aus den Ölvorkommen zu sprudeln. Die anlaufende Petroökonomie war der Grund, warum der Monarch 1963 die Verwaltung seines Reiches zentralisierte. Die westlichen Fördergesellschaften verlangten dies, um sicher investieren und produzieren zu können.

Ein archaischer Stammesherrscher in einer Region, in der bereits der charismatische Nasser seine Triumphe als panarabischer Führer feierte und in der die algerische Nationalbewegung der viertgrößten Militärmacht der damaligen Welt trotzte, war nicht zukunftsfähig. Eine Gruppe junger Offiziere putschte im Jahr 1969. Sie schaffte die Monarchie ab (einen Überblick über die Entwicklung bietet Vandewalle 2008b).

15.3 Das neopatrimoniale System Gaddhafis

Die Putschisten kamen aus dem Kleinbürgertum der vernachlässigten Stämme des Hinterlandes. Für Libyer ihrer Herkunft gab es keinen anderen Aufstiegsweg als das Militär (Vandewalle 1998: 64). Zunächst führte eine Junta die Regierungsgeschäfte. Als Führerfigur kristallisierte sich bald der Oberst Muammar al-Gaddhafi heraus. Er entstammt dem Beduinenstamm der Gaddhafa. Dieser war ursprünglich in der Cyrenaika ansässig, dann aber im mittelibyschen Gebiet Syrte sesshaft geworden. Gaddhafis Ideen waren vom Panarabismus beeinflusst (Sammut 2009: 437, John 2008: 92). Doch bereits im Zeitpunkt des libyschen Putsches hatte das Image des ägyptischen Präsidenten Nasser als Führer der arabischen Welt Risse bekommen.

Gaddhafi steigerte sich von Anfang an in die Rolle eines gesamtarabischen Führers. Dabei war er noch nicht einmal im eigenen Lande sattelfest. Anfänglich musste er eine Reihe von Rebellionen der Cyrenaika-Stämme und Putschversuche überstehen. Nicht alle Offiziere waren bereit, sich unterzuordnen. Etliche Stammesführer in der Cyrenaika, die unter König Idris noch integraler Bestandteil einer privilegierten Staatsklasse waren, weigerten sich, Befehlen aus dem fernen Tripolis zu gehorchen.

Im Jahr 1977 wurde die Jumhurriya, der libysche Volksstaat, ausgerufen. Volkskomitees bis hinunter in die örtlichen Verwaltungen dirigierten Polizei, Staatsbetriebe und Verwaltung. Als Vorbild stand das Rätemodell der sozialistischen Länder Pate. Auch programmatisch orientierte sich Gaddhafi am sozialistischen Ausland. Ein „Grünes Buch" skizzierte die Vision einer von islamischen und sozialistischen Ideen durchwirkten Gesellschaft (Vandewalle 1998: 91ff.). Es wurde mit großem Aufwand im muslimischen Afrika vertrieben.

Hinter den Institutionen dieser Volksregierung verbarg sich ein im Kern neopatrimoniales Regime, das auf die Person Gaddhafis ausgerichtet war. Sein Herrschaftsstil geriet mit einem Personenkult, der im Orient seinesgleichen sucht, ins Groteske. Im engsten Kreis der Macht stehen die Mitglieder seiner Familie, darunter besonders die im Jet-set lebenden Söhne. Im nächsten Kreis befinden sich Mitglieder des Stammes der Gaddhafa. Beide zusammen bewerkstelligen heute eine Dominanz Tripolitaniens in Gesamtlibyen (Mattes 2008: 70ff., Martinez 2007: 34f., 97ff., 104f.).

15.4 Außenpolitische Ambitionen

Libyen hat dank seiner Eigenschaft als Ölförderland viel Geld zur Verfügung. Die Öleinkünfte erlaubten es Gaddhafi, einen kostspieligen Repressionsapparat zu organisieren. Aus Misstrauen gegen die Armee stellte er Volksmilizen als konkurrierende Waffenträgerorganisation auf. Der Form nach bewaffnete Organe der Volkskomitees, sollen sie der Armee als Prätorianertruppe gegebenenfalls Paroli bieten können. Auslesekriterium ist Regimeloyalität. Die Zusammensetzung der Armee bildet demgegenüber die Stämme und Regionen des Landes ab.

Bei der Bekämpfung von Aufständischen in der Cyrenaika griff das Regime sogar auf ausländische Söldner zurück (Martinez 2007: 71, Vandewalle 1998: 122f.). Wegen der Stammesloyalitäten drohte beim Einsatz libyscher Truppen Gehorsamsverweigerung oder aber persönliche Rache an Bewaffneten, die in der Uniform der Armee oder der Milizen Gewalt ausübten. Die Volksmilizen sichern das Regime hauptsächlich in seiner Schlüsselprovinz Tripolitanien. Sie lässt sich am besten kontrollieren. Die Tripolitanier haben eine kommerzielle, keine kriegerische Tradition.

Die regen äußeren Aktivitäten Gaddhafis wurden mit Öldollars finanziert. Nachdem er im Laufe der 1970er Jahre zur Einsicht gekommen war, dass die arabische Welt auf keinen neuen Nasser wartete, wählte er in den 1980er Jahren der Rolle des politischen Führers der Sahara- und Sahelvölker. Besonderes Augenmerk galt dem Tschad. Im labilsten Nachbarstaat mischte sich Gaddhafi massiv ein. Er schloss Bündnisse mit den arabisierten Stämmen, insbesondere

Tuareg und Tubus, und griff mit einer Söldnertruppe, der Islamischen Legion, in die inneren Auseinandersetzungen ein. Libyen unterstützte unter anderem die Tuareg-Aufstände in Mali und Niger. Auch bei diesen Versuchen, regionale Macht zu gewinnen, blieb Gaddhafi der Erfolg versagt.

Gleichzeitig wurde Libyen zum Schulungs- und Unterstützerzentrum des internationalen Terrorismus ausgebaut. Schließlich kaufte das Regime Technik, die sich für die Herstellung von Nuklearwaffen eignete. Damit provozierte es 1986 Luftangriffe der USA, die große Schäden in Tripolis und Bengasi anrichteten. Ein von Libyen eingefädeltes Attentat auf ein Panam-Großflugzeug verwüstete im Jahr 1988 am Absturzort Lockerbie in Schottland eine ganze Ortschaft. Dieses Attentat wurde mit einem Embargo beantwortet, das den Lebensstandard und die Nahrungsmittelversorgung empfindlich drückte. Im Lande lebende Ausländer, insbesondere Tuncsicr, mussten als Sündenböcke herhalten. Sie wurden in Massen ausgewiesen. Die Bewohner Tripolitaniens kamen nur noch mit Schmuggel- und Tauschgeschäften im benachbarten Tunesien über die Runden (Martinez 2007: 43ff.).

Für den Islamismus und die Iranische Revolution hatte Gaddhafi wenig übrig. Die Botschaft einer am Islam orientierten politischen Alternative zündete allerdings auch in Libyen. Der krasse, für jedermann wahrnehmbare Unterschied zwischen dem Luxus der Regimeprofiteure und dem Mangel im Alltag lieferte – wie in den Nachbarländern – Stoff für Kritik und Empörung. In der notorisch unruhigen und schwer kontrollierbaren Cyrenaika regten sich 1995 bewaffnete islamistische Gruppen. Dort entwaffneten die Volksmilizen sogar Armeeeinheiten, weil sie deren Loyalität nicht mehr trauten (Martinez 2007: 57ff., 71).

Das Attentat auf das New Yorker World Trade Center im September 2001 bot Gaddhafi die historische Gelegenheit, seinen Frieden mit einer Welt zu machen, die er Jahrzehnte lang angefeindet hatte (Martinez 2007: 43ff.). Er kam damit zur späten Einsicht, dass in der Begeisterungsfähigkeit des politischen Islam größere Gefahren für sein Regime lauern als in der Feindschaft der westlichen Welt. Heute gilt Gaddhafis Engagement eher der afrikanischen als der arabischen Welt (Sammut 2009: 441).

16 Der Kulturkonflikt als Gemeinsamkeit des französischen Maghreb

Mit dem Französischen etablierte sich im westlichen Orient eine starke Zivilisation. Sie ließ auch jene Teile der Gesellschaft nicht unberührt, die weiterhin traditionell lebten. Daraus ergab sich ein Konkurrenzverhältnis zum Arabischen und damit einer ebenfalls außerordentlich starken Kultur. Franzosen und Attribute der französischen Zivilisation waren im Alltag Algeriens, Marokkos und Tunesiens gegenwärtiger als die britische Lebensart in den Mandatsgebieten und den halbsouveränen Staaten des östlichen Orients. Nicht genug damit, traten der französische Staat und seine Beamten, bedingt durch das konfliktreiche Verhältnis von Staat und katholischer Kirche in Frankreich, nicht einfach nur als Vertreter eines säkularen Staates auf. Vielmehr waren sie laizistisch, d.h. gegen den Einfluss der Religion im öffentlichen Leben gestimmt.

Die antikoloniale Gegenbewegung hatte zwei Ursachen: Die muslimische Identität stand gegen die Staatsideologie der Kolonialmacht, und dieselbe Staatsideologie, die in Frankreich die staatsbürgerliche Gleichheit postulierte, strafte sich selbst mit der Diskrimierung der Araber und Muslime Lügen.

Zwar wollten auch die an die französische Kultur assimilierten Araber und Berber Gleichberechtigung, und als diese verweigert wurde, auch die Unabhängigkeit. Doch französische Sprache und Bildung sind nicht nur koloniale Hinterlassenschaften. Sie stellen eine Verbindung zur westlichen Welt her, die viele schätzen und beibehalten wollen. Die Arbeitsmigration nach Europa und geschäftliche Kontakte untermauern die Vorteile dieser Verbindung. Auf dieser gesellschaftlichen Ebene sind Europa und der Maghreb eng verklammert. An diesem Punkt setzt die islamistische Opposition an. Sie macht für die Übel in der Gesellschaft das Festhalten an den Institutionen und Orientierungen westlicher Lebensart verantwortlich (Parmentier 1999: 34ff.). Insoweit drückt die französische Vergangenheit drückt der Region bis heute ihren Stempel auf.

17 Fazit

Die Länderskizzen belegen autoritäre Herrschaft als gemeinsamen Grundzug der orientalischen Regime. Die Regime stützen eine Klassenherrschaft. An den Staat gebundene Funktionäre und Neureiche praktizieren ihre vom westlichen Stil bestimmte Lebensweise unverhohlen auf Kosten der Land- und Stadtbevölkerung. Militär und Polizei sind Unterpfänder dieses Herrschaftsmodus. Sie garantieren die Fähigkeit zur Gewaltanwendung. Es handelt sich durchweg um robuste und leistungsfähige Apparate (Bellin 2005: 27). Aber noch der stärkste Sicherheitsapparat hat keine Revolution verhindern können, wenn die Kommandeure und Truppen nicht schießen wollen. Die Produzenten der Regimesicherheit wissen, was sie zu verlieren haben, Status und Privilegien, wenn die Gegenseite in einer Auseinandersetzung zu gewinnen droht. Der Sturz des Schah-Regime im

Iran bietet immer noch gute Anschauung, was passieren kann, wenn die Repressionsmaschine versagt.

Im Vorfeld der Revolution im Iran hatten die Massen ihren vorerst letzten großen Auftritt, und dieser Auftritt war mit der Fahne des Propheten dekoriert. Das kemalistische Establishment in der Türkei ließ stets Panzer rollen, Parteien verbieten und Politikern die Betätigung untersagen, wenn sie die Linke als Quelle gesellschaftlicher Unruhe ausgemacht zu haben glaubte. Unter Druck geriet das kemalistische Regime aber erst, als die Wähler zum wiederholten Male eine islamische Partei in die Regierung wählten. Das ägyptische Regime beäugt unter allen Repräsentanten der Gesellschaft besonders die Vertreter islamischer Organisationen mit Argwohn. Selbst das iranische Klerikerregime reagiert empfindlich auf die Kritik schiitischer Theologen.

Genug der Beispiele: Für die Herrschenden wie für die Oppositionellen ist im Alltag wie auch bei der Beurteilung der Tagespolitik der Islam die maßgebliche Bezugsgröße. Mit unterschiedlichem Erfolg machen sich die Herrschenden diese Tatsache zunutze. Seit langem sehen sich sogar säkulare Politiker bemüßigt, in Wort und Gesten dem Islam zu huldigen. Dahinter steht das Potenzial des Islam zur Kritik an den Verhältnissen.

In den meisten Gesellschaften, Ausnahme ist hier der Iran, verpuffen die Verbeugungen der Regierenden vor der Religion, weil sie so leben und konsumieren wie die Reichen und Privilegierten in westlichen Gesellschaften (siehe auch Angrist 2005). Dies gilt sogar für Saudi-Arabien, wo die Scharia in allen Bereichen als staatliches Gesetz gilt. Die islamische Kritik am Regime setzt dort im Grunde genommen an der gleichen Stelle an wie im recht säkularen Ägypten: Verrat an der Religion durch die Lebensführung und die Politik der Herrschenden. Selbst im Iran, wo ja Geistliche die Kommandohöhen beherrschen, vollzieht sich die Debatte um den Grenzverlauf von Kleriker- und Volksherrschaft in den Bahnen der theologischen Auslegung. Der Islam ist zum weltanschaulichen Omnibus geworden, der vielen Mitreisenden Platz bietet.

Als Leitbild für eine gerechtere Gesellschaft ist der Islam höchst vital. Im Iran allerdings dürfte er sich als Leitbild für die Politik bereits verbraucht haben. Korruption, Inflation, wachsende Armut und Arbeitslosigkeit bestimmen dort die Alltagssorgen nicht weniger als im übrigen Orient. Der politische Pluralismus und die Gerechtigkeitsvision des Islam stehen einander durchaus nicht im Wege. Für viele oppositionelle Muslime ist die Demokratie ein attraktives Konzept, sunnitische Ulama und schiitische Kleriker nicht ausgenommen. In der Türkei regiert erfolgreich eine islamische Volkspartei. Auch die türkisch-islamischen Politiker akzeptieren den säkularen und pluralistischen Staat.

Der in Opposition zu den Regimen stehende politische Islam bildet ein breites Spektrum – von den stark in der Mittelschicht verankerten Muslimbrüdern bis hin zu terroristischen Gruppen. *Den* Islam als politische Kraft gibt es in der Region nicht. Seine Ausdrucksformen unterscheiden sich nicht nur nach der historischen Spaltung in Sunna und Schia. Sie sind auch ein Spiegel des Ausmaßes der Unzufriedenheit und des Arrangements der Muslime mit den bestehenden Verhältnissen.

Ideell stehen sich Islam und Demokratie nicht im Wege. Die Verbindung funktioniert auch in der Praxis, wie in vielen europäischen Ländern, wo sich etliche Muslime in die Gesellschaften integriert haben und sich politisch engagieren. Die praktischen Probleme dieser Kombination sind im Orient indes ungleich größer. Der Grund liegt in der Ubiquität des Religiösen quer durch alle Milieus. Sie erschwert die Anerkennung säkularer Ideen und Lebensformen. Die Macht der Religion schützt das Eigentum und den traditionellen Kommerz. Moschee und Basar gehen aus historischen Gründen immer noch eng zusammen.

Die Familie ist eine weitere Barriere für die Diffusion der politischen Modelle des Westens. Sie steht in einem geradezu antagonistischen Verhältnis zu individueller Lebensplanung, wie sie dort die Norm verkörpert. Hinzu kommt noch die Diskriminierung der Frauen in Familie und Öffentlichkeit. Das individuelle Ausbrechen aus Familie und Tradition gilt als unmoralisch. Toleranz und Selbstbestimmung haben es schwer, auf diesem Boden zu gedeihen. Doch es gilt das Gesamtbild im Auge zu behalten. Und hier ist festzustellen, dass die Familie in den orientalischen Gesellschaften unverzichtbare Palliativleistungen erbringt, wo eigentlich die Wohlfahrtsleistungen des Staates gefordert wären. Dieser konzentriert seine Ressourcen aber auf die Happy few im Umfeld der Apparate, die das Regime tragen, und auf eine Geschäftswelt, die von ihm profitiert.

Wo die Grenzen zwischen reich und arm, mächtig und machtlos, religiös und säkular konvergieren, kann es nicht überraschen, dass Herrschaft und Politik nicht in den Kategorien von falsch und richtig, also ethisch, sondern dass sie moralisch, als gut und böse wahrgenommen werden. Hier die Eliten in abgeschotteten Luxussiedlungen, die ihre Kinder auf ausländische Schulen und Universitäten schicken, also Ableger westlicher Lebensweise, die das Gegenteil von dem vorleben, was den guten Muslimen auszeichnet. Dort die anderen, die der von Gott verlangten Lehre und Tradition folgen, aber auf der Schattenseite ihrer Gesellschaften leben. Die Menschen der orientalischen Gesellschaft, auch die ärmeren, sind heutzutage gut informiert. Die anti-islamische Stimmung in Teilen der westlichen Welt ist bestens geläufig.

Die Regime stehen vor der Herausforderung, sich in einer immer komplexer werdenden Welt zu behaupten. Behauptung in der Staatenwelt verlangt Berechenbarkeit und Professionalität. Dem werden die meisten orientalischen Regime gerecht. Nimmt man die Türkei einmal aus, so glichen die ersten 25 Jahren politischen Geschehens nach der Unabhängigkeit einer Balgerei im Herrenhaus. Die politischen Akteure handelten an den Problemen ihrer Gesellschaften vorbei. Putsch und Gegenputsch, zumeist aus den Reihen des Militärs, sowie krasse Richtungsänderungen in der Außen- und Wirtschaftspolitik ließen die Handschrift neopatrimonialer Herrschaft erkennen. Heute so, morgen anders, heute dies, morgen das. Vorgestern egalitäre Verteilungspolitik, gestern das Wegreißen aller politischen Barrieren für Privatisierung und Bereicherung. Diese Beliebigkeit, die den despotischen oder patrimonialen Herrschaftsmodus charakterisiert, gehört seit langem der Vergangenheit an. Im Regime des Präsidenten Saddam Hussein hat sie bis vor kurzem lediglich im Irak überlebt. Das Ergebnis dort: verlorene Kriege, zerrüttete Ökonomie, Aufstände, auswärtige Intervention.

Die Eliten Ägyptens, Syriens, des Iran und Saudi-Arabiens agieren seit langem klüger, dies zum Teil aber auch erst, nachdem sie viel Lehrgeld gezahlt haben. Es gelang ihnen, ein gemeinsames Interesse der Sicherheitsapparate, der Geschäftswelt und der politischen Funktionsträger am Status quo heranzuzüchten – bis in die zweite und dritte Reihe hinein. Nachfolgeentscheidungen für die Figur an der Spitze des Regimes werden heute nicht mehr von Truppenkommandeuren und nicht von Agitatoren entschieden, die den Druck der Straße organisieren. Vielmehr werden sie sorgsam und von langer Hand vorbereitet, in aller Regel vom Vorgänger selbst. Die neopatrimoniale Herrschaft verliert damit keineswegs ihren autoritären und repressiven Charakter. Aber sie überlässt einen Teil des politischen Raumes institutionellen Mitspielern: Staatspartei, Militär, Polizei, Sicherheitsdienst und diplomatischer Apparat. Diese Akteure verwalten Ressourcen, die für die Stabilität der Regime unverzichtbar sind.

Das Spektrum der ausgrenzungsfähigen Interessen des autoritären orientalischen Regime ist begrenzt. Das religiöse Personal und der Basar stehen unter dem Schutzschirm des Islamkomplexes. Aber auch der neue, moderne Kommerz steht nicht zur Disposition der Regime. Ohne das Kaufen und Verkaufen von Gütern und Leistungen kommen die Ökonomien nicht über die Runden.

Das grundlegende Problem dieser autoritären Systeme ist der begrenzte oder gänzlich ausbleibende Trickle-down-Effekt der Wirtschaftsleistung. Oft kommt selbst in der Mittelschicht nicht mehr genug Geld an, um den nach langer Ausbildung erwarteten Lebensstandard zu realisieren oder um ihn zu halten. Und hier schließt sich dann wieder der Kreis zum Islam, der für diesen Misstand einen Deutungsrahmen bietet.

Die Institutionen der bürgerlichen Gesellschaft, Vereine, Gewerkschaften, Wahlen und Presse, stehen im Dienste der Regimestabilität. Ihre Spielräume werden nach tagesaktuellen Bedürfnissen mit restriktiven Gesetzen, Genehmigungsvorbehalten und Verbotsmöglichkeiten manipuliert (Wiktorowicz 2000: 47ff.). Selbst bei solcher eingeschränkten Art der Beteiligung reifen grobe Regeln des

Umgangs, des Erlaubten und des Tabus. Der springende Punkt für die Struktur der Regime. Auch diese Regeln erzeugen Stabilität (Alianak 2007: 209ff.).

Im Orient findet eine Institutionalisierung der Politik statt. Da die Regime jedoch den autoritären Modus nicht verlassen, ist das Resultat kein Übergang zur Demokratie, sondern die Ablösung einer ganz auf Personen fixierten Herrschaft auf eine partiell bürokratiegebundene Herrschaft, oder anders gesagt: ein Stück Wandel vom neopatrimonialen hin zum bürokratisch-autoritären System. Dieser Wandel nimmt dem charakteristischen Krisenereignis neopatrimonialer Herrschaft einiges von seiner Brisanz: das Verscheiden der Persönlichkeit im Mittelpunkt des Regimes.

An der Schwelle zum 21. Jahrhundert haben Jordanien, Marokko und Syrien den Nageltest des Wechsels an der Spitze der Herrschaftspyramide bestanden. Der Irak ist wiederholt durchgefallen. Ägypten weckt gespannte Erwartungen. Allein die Türkei, wo aus historischen Gründen allerdings die geringsten kulturellen Barrieren für politischen Pluralismus und den Primat säkularer Staatlichkeit existieren, hat den autoritären Modus wohl endgültig verlassen.

Personale Herrschaft verlangt den Initiator und Mittler. Er hält das Geflecht der Apparate und gesellschaftlichen Machtträger zusammen und tariert es neu aus, wenn es seine Balance verliert. Die Herrschaft in und mit Institutionen kann auf auf diese Figur verzichten. Dieser Unterschied wird beim Blick auf die Türkei deutlich. Wurde in der Vergangenheit eine Phase der Parteienherrschaft beendet, trat der korporative Autoritarismus des Militärs an ihre Stelle. Hinter der Institution des Militärs verblassten die Gesichter der Personen an der Staatsspitze. Die iranischen Kleriker, bei weitem keine geschlossene Institution wie das türkische Militär, doch mit einer gewissen kollektiven Identität, erzielten bis vor wenigen Jahren einen ähnlichen Effekt.

Nie war der Westen in der Türkei dermaßen negativ assoziiert wie im Iran, der bis in die 1950er Jahre die Schalen des Quasi-Kolonialismus nicht abzuschütteln vermochte. Nie hatten in der Türkei die sunnitischen Geistlichen eine auch nur annähernd große gesellschaftliche Bedeutung wie ihre schiitischen Pendants im Iran. Der neopatrimoniale Despotismus des Schah-Regime brachte zwei gegensätzliche oppositionelle Strömungen für einen historischen Augenblick in dem Missverständnis zusammen, das Gleiche zu wollen. Die politischen Führer aus den Reihen des schiitischen Klerus unterschieden nicht groß zwischen den Funktionsträgern des alten Regimes und ihren bürgerlich-säkularen Zweckalliierten in der Revolution. Unter den iranischen Intellektuellen haben sich die anti-westlichen Haltungen verflüchtigt. Doch das Klerikerregime praktiziert keinen Autoritarismus mit schlechtem Gewissen, wie das kemalistische Establishment in der Türkei, wenn es mit Putsch und Militärherrschaft die politischen Normen der westlichen Zivilisation mit den Füßen trat. Das iranische Regime legitimiert sich mit dem Blick zurück und umwirbt die am wenigsten modernen Sektoren der Gesellschaft.

Der Failing state ist in den hier betrachteten Ländern die Ausnahme. Lediglich am Libanon und auch am Irak zerren so starke zentrifugale Kräfte, dass es dem Staat in großen Gebieten und Bevölkerungsgruppen nicht gelingt, seinen Willen geltend zu machen, oder dass er dies nur um den Preis des Bürgerkriegs versuchen könnte.

Die Gemengelage der Sprachgemeinschaften, Völker und Lebensweisen ist ein gemeinsames Signum des Orients. Hier bestehen keine wesentlichen Unterschiede zum Maghreb. Die französisch geprägte Kultur hat in den Nachfolgestaaten der französischen Kolonien und Protektorate bis heute tiefe Spuren hinterlassen. Auch in der Türkei wurde mit repressivem Nachdruck eine säkulare Kultur etabliert. Sie war jedoch ein Eigengewächs zunächst der osmanischen, später der kemalistischen Gesellschaft. Keinesfalls haftete ihr das Odium eines vom Ausland erzwungenen Oktrois an.

In Nordafrika lassen sich alle drei Möglichkeiten besichtigen, sich mit der Tatsache einer an die französische Zivilisation assimilierten Teilgesellschaft auseinanderzusetzen: Ablehnung und Abgrenzung in Algerien, weitreichende Akzeptanz in Tunesien, ein pluralistisches Nebeneinander mit der traditionellen Teilgesellschaft in Marokko. Alle drei Optionen wurden autoritär bewerkstelligt.

Das autoritäre System des Maghreb ist nicht minder robust als das des übrigen Orients (Entelis 2005). Bei allen Unterschieden gleichen sie sich darin, dass sie eine Elite im Sattel halten, die in freien Wahlen kaum bestehen könnte. Der Islamismus, mag er auch in moderater Gestalt auftreten, wird bekämpft, weil er seine Kraft nicht nur aus Tradition und Alltagskultur, sondern vielmehr aus der Unterstützung der Benachteiligten und Ausgeschlossenen gewinnt. Mag der politische Islam nun demokratisch oder gewaltsam agieren. Das Ergebnis erfolgreicher Wahlen oder einer bewaffneten Rebellion würde stets gleich lauten: Machtverlust und neue Allianzen zwischen Macht und Geld.

Letztlich bleibt vorerst das Unikat einer Türkei, die den autoritären Zuschnitt überwunden hat. Sie hat sich auf dem mühsamen Wege konstitutioneller Entwicklung und politischer Auseinandersetzung – nicht viel anders, als es in Europa im 19. Jahrhundert geschah – zu einem Zustand vorgearbeitet, dem das Attribut einer sich konsolidierenden Demokratie schwerlich abgesprochen werden kann.

Teil 2: Afrika

1 Die vorkoloniale Ära

Der subsaharische Teil des afrikanischen Kontinents gehört zu den von der Natur besonders karg bedachten Lebensräumen. Die für die Gegenwart relevante Geschichte des subsaharischen Afrika beginnt beim Kontakt der Afrikaner mit den arabischen Völkern, die Nordafrika erobert hatten. Bereits im 7. Jahrhundert wurden erste Handelsbeziehungen geknüpft. Im historischen Königreich Ghana (im Raum des heutigen Senegal, Mali und Niger gelegen) kam Gold so reichlich vor, dass es sogar für Gebrauchsgegenstände verwendet wurde. Das Gold, das den Handel antrieb, wurde mit dem begehrten Salz bezahlt, das mit Karawanen über die Fernrouten geliefert wurde (Bertaux 1966: 47f.). Die Sahara war ein schwieriges, aber keinesfalls unüberwindliches Terrain für den Handel. Oasen und bewährte Karawanenrouten sorgten für den regen Tausch mit dem arabischen Norden des Kontinents. Der auf das Gold gestützte Handel verlagerte sich später ins Nigergebiet. Dort lebten afrikanische Völker, die bereits den Islam angenommen hatten. Der Islam sollte sich in Westafrika in seiner malikitischen und sufischen Variante ausbreiten, wie sie auch unter den Arabern des Maghreb (Marokko, Algerien) heimisch geworden war (siehe oben Teil 1, 2.1).

Neben dem Gold, wo es vorkam, hatten die afrikanischen Völker den Arabern als Handelsgut vor allem Menschen zu bieten. Bei den Afrikanern waren Pferde und Feuerwaffen als Tauschgüter begehrt. Beides versprach Überlegenheit in der Auseinandersetzung mit anderen Stämmen. So kam der Menschenhandel in Schwung – Pferde und Waffen gegen Gefangene, die bei Überfällen auf andere Stämme erbeutet worden waren. Sklaven wurden im arabischen Raum vor allem als Dienstboten und Hauspersonal nachgefragt. Überlegene Stämme machten Sklavenbeute bei unterlegenen Stämmen. Die Menschen wurden teils entführt, teils, sofern sie als Handelsgut zu alt oder zu krank waren, sich selbst überlassen. Arabische Händler kauften und besorgten den Transport an die Zielorte.

Im Gebiet zwischen dem Senegal- und dem Niger-Fluss existierte um die erste Jahrtausendwende das Großreich Ghana. Nach der Eroberung durch Araber assimilierte sich die herrschende Schicht an die islamische Sozialordnung. Dieser Prozess setzte sich in den Nachfolgereichen dieses Raumes – Mali (1250-1400) und Songhai (1460-1590) – in zahlreichen Synthesen mit den örtlichen

Kulturen und Religionen fort (Iliffe 2003: 69ff.). Im Raum des Tschad-Sees entstand später ferner das Reich Kama, eine Stammeskonföderation. Es trieb über die Gebiete des heutigen Sudan Handel mit der arabischen Welt. Handelsgut war auch hier die Ware Mensch: Sklaven. Das Nachfolgereich Borno sollte diesen Handel fortführen (Iliffe 2003: 71). Erst spät, im Laufe des 19. Jahrhunderts sollte die Masse der dort lebenden Völker den Islam annehmen.

Diese großräumigen Reiche hatten ihren Gravitationskern in großen Städten, wo sich Bevölkerung und Handel konzentrierten. In der Oberschicht galt die Anzahl der Sklaven als Statussymbol. Sklaven waren Arbeitsmittel, und sie stellten auch das Gros der Krieger. Die politische Kontrolle über das Gebiet schwächte sich mit wachsender Entfernung von den städtischen Zentren ab. Feste Grenzen gab es nicht. Völker, die sich einem fernen Herrscher verbunden fühlten, bestimmten die Ausdehnung dieser Imperien (Collins-Burns 2007: 92, Iliffe 2003: 96, Kir-Zerbo 1981: 170).

Im 15. und im 16. Jahrhundert entdeckten die afrikanischen Völker den Vorteil des Pferdes für die Kriegsführung. Damit veränderte sich die Struktur dieser Reiche. In der westafrikanischen Steppe wuchsen dank steigender Mobilität neue Reichsgebilde auf; das mächtigste darunter war jenes der Hausa (Iliffe 2003: 111f.). In den wenigen Städten bildete sich eine islamisierte Klasse von Händlern und Kriegern.

Bäuerliche Gemeinschaften waren Kern der vorkolonialen afrikanischen Gesellschaft. Sie gaben ihre Sesshaftigkeit auf, wenn ihre Existenz von Naturkatastrophen, Kriegen und Sklavenjägern bedroht wurde. Zumeist waren sie durch Sprache, Bräuche, die Verehrung von Naturgottheiten und die Art des Wirtschaftens miteinander verbunden. Die einzigen Ressourcen für die Subsistenz waren Boden und menschliche Arbeit. Für Last- und andere Zugtiere war das heiße Klima südlich der Sahara ungeeignet. Regenwald, Steppe und Busch boten denkbar schlechte Voraussetzungen für den Gebrauch von Karren und Wagen. Vieh diente lediglich als Milch- und Fleischquelle. Der Mensch war das wichtigste Transportmittel.

Die Basiseinheit dieser Bauern- und Hirtengemeinschaften war die Familie. Von den Ältesten wurde wegen ihres Erfahrungsschatzes Rat und Führung erwartet. Entscheidungen kamen kollektiv nach Rede und Gegenrede der Familienältesten zustande. Ein Häuptling mochte Beschlüsse aussprechen und exekutieren. Doch in aller Regel war er kein Monarch und schon gar kein Despot, vielmehr ein Führer, der nicht eigentlich anführte, sondern eher Stimmungen zu erspüren verstand. Er gewann seine Autorität aus der Tatsache, dass er den Willen der Ältesten erkannte (Nuscheler/Ziemer 1980: 14ff., 16ff.).

Die Sklavenwirtschaft betrieb im dünn besiedelten Afrika Raubbau an der menschlichen Substanz. Die von der Menschenjagd hauptsächlich betroffenen

Stämme zogen sich aus der Reichweite der Jäger zurück. Einige siedelten sich schließlich in den schwer zugänglichen Regenwaldgebieten südlich der afrikanischen Küstengebirge und im Kongobecken an. Doch im Wald brauchen Menschen für das Überleben eine größere Fläche. Die von der Sklavenwirtschaft angestoßene Migration setzte bei den Waldvölkern weitere Verdrängungsprozesse in Gang. Erst mit der Eroberung Afrikas durch die europäischen Kolonialmächte kamen diese Bewegungen vorübergehend zum Stillstand (Iliffe 2003: 102).

Das Quellgebiet des Nil und das Kongobecken bildeten jahrhundertelang eine Barriere zwischen dem westlichen und zentralen sowie dem südlichen und östlichen Afrika. Über das Rote Meer und den Indischen Ozean erschlossen arabische Händler die afrikanische Ostküste. Auch dort trieben Araber Sklavenhandel, jedoch in geringerem Ausmaß als in Westafrika. Der Handel sollte sich später auf Elfenbein und Landesprodukte konzentrieren. Sie gelangten in den Fernhandel mit China. In Ostafrika beschränkte sich die Islamisierung zunächst auf einen Küstenstreifen im heutigen Kenia und Tansania sowie auf die Steppengebiete am Horn von Afrika. Die Völker im Landesinneren vermochten ihre überkommenen Strukturen zu bewahren, bis im 19. Jahrhundert europäische Kolonisatoren dorthin vordrangen.

In Zentral- und Ostafrika sowie im Süden Afrikas gab es damals bereits ausgedehnte Territorialherrschaften, so das Königreich Buganda im Gebiet des heutigen Uganda und das Tutsi-Reich im Gebiet der Großen Seen. Das bugandische Reich besaß bereits eine Ämterordnung, die in Konkurrenz zu den Häuptlingen trat. Ebenso gab es dort Ansätze einer geordneten Verwaltung (Iliffe 2003: 146). Im Gebiet des heutigen Burundi, Ruanda und des östlichen Kongo hatten ursprünglich aus Zentralafrika zugewanderte Bauern gesiedelt, die später pauschal als Hutu bezeichnet wurden. Aus Osten zogen später die Tutsi – ein Hirtenvolk – in ihr Gebiet. Die Tutsi unterwarfen die Hutu und ließen sie für sich arbeiten. Alle diese Reiche waren militärisch gut organisiert (Iliffe 2003: 145ff.). Günstiges Klima und Wasserläufe ermöglichten ergiebigere Weidewirtschaft und Ackerbau als im westlichen Afrika.

Während die afrikanischen Ackerbauern Boden und Ernte als kommunale Güter behandelten, befand sich bei diesen Hirtenvölkern das Vieh im persönlichen Besitz. Große Herden verliehen Status. Bauern standen auf der untersten Stufe der Rangordnung. Die Gesellschaften definierten Herrscher und Beherrschte sowie Besitzrechte und bildeten ausgeprägte Hierarchien aus. Auch Konflikte um Weidegrund erzwangen besondere Strukturen. Die Häuptlinge hatten bei diesen Völkern auch eine militärische Funktion (Collins/ Burns 2007: 120, Nuscheler/Ziemer 1980: 16).

Trotz dieser Unterschiede gab es eine Gemeinsamkeit mit Westafrika: Gebiet war nicht sonderlich wichtig. Hatte sich ein Gebiet als Ressource erschöpft, stand die Wanderung in eine andere Landschaft an. Die westafrikanischen Völker führten Kriege, um Sklaven zu erbeuten oder um sich der Sklavenjagd zu erwehren. Bei den süd- und ostafrikanischen Völkern ging es vorrangig um Vieh und Weidegründe (Thomson 2004: 10).

Wie Jeffrey Herbst betont, wirkt die schwache Bindung an Gebiet, oder anders ausgedrückt: der grenzschwache Charakter der Herrschaft im vorkolonialen Afrika bis in die Gegenwart fort. Die Herrschaft war der Natur und der geringen Bevölkerungsdichte angepasst. Macht konzentrierte sich auf die wichtigste Ressource: auf das knappe Gut Mensch (Herbst 2000: 35ff.). Im dicht bevölkerten Europa war demgegenüber Raum ein knappes Gut. Auf dem Boden fußten alle übrigen Ressourcen: Bevölkerung, Bodenschätze, Lebensmittelproduktion und Vorfeld für die Verteidigung des politischen Zentrums (Tilly 1975). Selbst das früh- und hochislamische arabische Reich der Kalifen, so sehr auch dieses grenzschwache Peripherien aufwies, schätzte den Boden höher, weil es Steuererträge brauchte. Die Besteuerung setzt Ortsfestigkeit voraus.

Neben ihren Häuptlingen, der wichtigsten Autorität im überschaubaren Alltag, akzeptierten viele afrikanische Völker gemeinsame Herrscher, Könige oder Emire. Sie alle herrschten mit weichen Methoden, insbesondere durch Konsultation und Diplomatie im Kreise der Stammesführer und Notabeln. Brauchtum war die Grundlage eines Herrschens, das darauf angelegt war, einen erträglichen Status quo zu stabilisieren. Die Könige waren zudem sakrale Gestalten. Sie standen im Mittelpunkt religiöser Verehrung (Spellman 2001: 75ff.). Ihre Inthronisation war ein rituelles Fest. Ihr Handeln war durch die Erwartungen der Ältesten und Häuptlinge sowie durch die Konsultation der Religionsmittler (Heiler, Hexer, Zauberer) eingeengt. Die Herrscher repräsentierten überlieferte Welt- und Ordnungsbilder. Von den Despoten und gestaltungshungrigen Monarchen, die seit der Renaissance europäische Geschichte schreiben sollten, waren sie weit entfernt.

Die Vielfalt der Völker und ihre religiösen Welten hatte einen gemeinsamen Nenner im Glauben an das Zusammenspiel der sichtbaren und der unsichtbaren Welt: Die unsichtbare Welt ist von den Geistern der Verstorbenen bewohnt. Diese Welt, das Numinose, relativiert Entfernung und rationale Erklärung. Es gilt, den Zorn der Geister Verstorbener zu meiden, diese freundlich zu stimmen und ihre Launen zu besänftigen. Dazu trägt ein ehrendes Gedenken bei, aber auch das Wirken eines Zauberers oder Hexers, der die Gabe besitzt, mit den Geistern und mit weit entfernt lebenden Verwandten zu kommunizieren. Rituelle Gegenstände werden befragt und in Trance Botschaften aus dem Jenseits übermittelt.

2 Die Kolonialära

2.1 Die Inbesitznahme

Durch die Entdeckungsreisen der frühen Neuzeit intensivierte sich der Kontakt mit Europa. Niederländer und Portugiesen beherrschten vor 500 Jahren die Meere. Sie suchten den seewärtigen Zugang zu den Quellen exotischer Handelsgüter (Gewürze, Porzellan, Seide). Europäische Niederlassungen auf dem Weg ums Kap der Guten Hoffnung dienten zunächst bloß dem Zweck, Versorgungspunkte und Stapelplätze für diese Asienroute vorzuhalten. Als Portugal und das aufsteigende Spanien begannen, die Antillen und das tropische Südamerika zu besiedeln, erwachte das ökonomische Interesse an Afrika. Die Arbeit auf den Plantagen überforderte die Lebensweise der indigenen Bevölkerung. Deshalb verfielen die Kolonialbeamten auf die Idee, für diese Arbeit Afrikaner einzusetzen. Sie galten als geeignet, im tropischen Klima schwere körperliche Arbeit zu leisten.

Mit der Nachfrage der ibero-amerikanischen Plantagenwirtschaft nahm der Handel mit afrikanischen Sklaven ungeheuren Aufschwung. Die Zentren des transatlantischen Menschenhandels entstanden an der afrikanischen Westküste. Wie in der Vergangenheit wurde das Geschäft mit den Menschen von afrikanischen Stämmen und von Arabern betrieben. Am Seetransport verdienten vorwiegend niederländische Schiffseigner. Europäer traten als Kunden auf. Bevor die Sklavenschiffe ihre Ziele erreichten, starben viele Afrikaner an den katastrophalen Transportbedingungen.

Die stetige Nachfrage nach Sklavenarbeit erzeugte dauerhaften Druck auf die afrikanische Bevölkerung. Anpassungs- und Assimilierungsprozesse an europäische Lebensweise blieben indes aus. Das Interesse der Europäer an Afrika beschränkte sich auf die wenigen Häfen, das Landesinnere war ihnen gleichgültig. So erklärt es sich, dass die afrikanischen Völker, soweit sie nicht unmittelbar von der Sklaverei betroffen waren, bei ihrer überlieferten Lebensweise bleiben konnten.

Im Zeitalter der Aufklärung entwickelte sich in Frankreich und Großbritannien eine kritische Öffentlichkeit. Kurioserweise leistete sie einen wichtigen Beitrag zur Kolonialisierung Afrikas. Beide Nationen waren dem übrigen Europa in der Verfassungspolitik und in der politischen Mobilisierung ihrer Gesellschaften weit voraus. Die seit Anfang des 19. Jahrhunderts aufkommende Kritik an der Sklaverei gab den ersten Anstoß zur Inbesitznahme afrikanischen Gebiets durch europäische Mächte. Ihre Impulse waren die Ideale der Französischen Revolution, aber auch die Empörung der protestantischen Kirchen Großbritanniens. Die Kampagnen gegen die Sklaverei zeigten Wirkung. Sklavenhaltung und Sklavenhandel wurden in allen britischen Besitzungen verboten. Um aber einen Vorteil für andere Nationen zu verhindern, die weiterhin Sklavenarbeit erlaubten, wurde die Flotte angewiesen, den Sklavenhandel zu unterbinden. Die Gegner der Sklaverei hatten die Plantagenökonomie auf den britischen Antillen im Blick. Die Folgen des Verbots reichten aber weiter. Die Kontrolldichte der Flotte reichte nicht aus, um den Sklaventransport vollständig zu unterdrücken. Also stellte London die Verschiffungszentren an der afrikanischen Westküste unter seinen Schutz. Später dehnte es seine Kontrolle von dort ins Landesinnere aus (dazu und im Folgenden: Reid 2008: 42ff.).

Sonst beschränkte sich Londons Interesse an Afrika noch auf einige Handelspunkte, zunächst im Nigerdelta. Geschäftsleute kamen auf den Geschmack. Der Wasserweg ermöglichte einen bescheidenen Handel mit dem Landesinneren. Im Gebiet des heutigen Sierra Leone errichtete London Stützpunkte, um das Holz der Küstenwälder für den Bau seiner Flotte zu exportieren. Im Gebiet des heutigen Ghana (Goldküste) handelten Briten mit dem Volk der Ashanti um Gold und Diamanten.

In diese Zeit, in die erste Hälfte des 19. Jahrhunderts, fielen erste Versuche, die Wunden der Sklaverei zu heilen. Afrikaner, die als Sklaven auf den britischen Inseln und in britischen Kolonien lebten, wurden ermuntert, sich in Westafrika anzusiedeln. So entstand Freetown, die Hauptstadt des heutigen Sierra Leone: eine Siedlung afrikanischer Rückwanderer. In Benin wurden Rückwanderer aus Brasilien angesiedelt. Philantrophen in den USA boten Sklaven die Ansiedlung im heutigen Liberia an. In Europa und Amerika hatte die Sklaverei Afrikaner aus verschiedenen Gegenden und Völkern zusammengewürfelt. Ihre ursprüngliche Identität war dort verloren gegangen. Die Rückkehrer gelangten auf einen Kontinent, der ihnen nicht weniger fremd war als den Wohltätern, die in guter Absicht ihre Rücksiedlung betrieben. Von daher wenig erstaunlich, borgten sie ihre Identität bei den weißen Herren.

Durch das Leben im Süden der USA und in den europäischen Besitzungen waren sie – obgleich diskriminiert – mit Gesellschaften vertraut, die den afrikanischen Völkern zivilisatorisch überlegen waren. Ausgestattet mit der Kenntnis der zeitgenössischen Alltagstechnologie sowie mit rudimentären Rechts- und Verwaltungskenntnissen, etablierten die Rückkehrer in Liberia und Sierra Leone eigene Kolonialsysteme. Als Schwarze mit westlicher Zivilisation herrschten sie über die indigenen Schwarzen. Dabei traten sie genauso als Herren auf, wie sie es vom Umgang amerikanischer und britischer Plantagenbesitzer her kannten. Das patrimoniale Rollenmodell, bis heute ein Fluch der afrikanischen Politik, trat hier bereits zutage, bevor weiße Offiziere, Beamte und Abenteurer mit großer Geste die Flaggen ihrer Heimatländer in den afrikanischen Boden pflanzten.

An der Südspitze des Kontinents siedelten sich bereits in der Mitte des 17. Jahrhunderts Holländer und Niederdeutsche an. Die Buren, wie sie sich später nannten, gelangten Anfang des 19. Jahrhunderts unter britische Herrschaft. Sie lebten weiterhin in gewohnter Weise. In der Folgezeit wanderten aber immer mehr Briten in die Kapkolonie ein. Die Buren hatten in 150 Jahren eine eigene Lebensart entwickelt. Sie hielten am Niederländischen fest, als Calvinisten lehnten sie zudem den Anglikanismus ab. Mit dem Leben unter britischer Herrschaft unzufrieden, nahmen burische Siedler in blutigen Auseinandersetzungen mit den schwarzen Völkern neues Land in Besitz. Die nach 1836 gegründeten zahlreichen Burenrepubliken wurden von London zunächst geduldet.

Der große Eroberungsschub im letzten Viertel des 19. Jahrhunderts setzte mit Ereignissen ein, die mit Afrika wenig zu tun hatten. Afrikanische Produkte wie Kautschuk, Palmöl, Erdnüsse, Kakao und Kokosnüsse, aus denen sich Seife, Lampenöl, Genussmittel (Schokolade, Kaffee) und Industrrieprodukte (Reifen, Isoliermaterial, Schmiermittel) gewinnen ließen, weckten das Interesse europäischer Kaufleute und Reeder. Diese schlossen Kauf- und Nutzungsverträge mit afrikanischen Häuptlingen und Königen. Die Bedeutung der Rechtsdokumente war den afrikanischen Vertragspartnern dabei völlig fremd. Auf diese Weise verschafften sich Geschäftsleute formale Rechtstitel auf große Gebiete. Weil sie das Geschäft dort allein zu machen gedachten, ließen sie sich den Schutz des Handels durch ihre Regierungen zusichern. Aus der Integration dieser „Schutzgebiete“ in den Territorialbestand der Schutzmächte sollten später förmliche Kolonien entstehen.

In der französischen Politik drängten einflussreiche Kräfte darauf, weitere Kolonien im Süden des Kontinents zu erwerben. Sie suchten weltpolitische Kompensation für die Schmach, die Frankreich 1871 mit der Gründung des Deutschen Reiches zugefügt worden war. Bismarck bestärkte Frankreich in diesen Bestrebungen. In Deutschland selbst ging er auf die Forderungen der Kolonialbewegung kaum ein. Kleine, mit modernen Waffen ausgestattete französische Truppenkontingente eroberten in den 1880er Jahren weite Gebiete des heutigen West- und Zentralafrika. Sie besiegten mit geringem Einsatz, aber unter ungeheuren Opfern auf afrikanischer Seite große, traditionell bewaffnete Heere. Dabei zerstörten sie die letzten Reste der bereits angeschlagenen afrikanischen Imperien in der Region. Die von den Franzosen in Besitz genommenen Tropenwaldgebiete, Steppen und Wüsten versprachen zwar nach allem, was man schon damals über Afrika wusste, keinen lohnenden ökonomischen Ertrag. Die schiere Fläche indes und die Aussicht auf ein Gebiet unter der Trikolore, das sich von Nordafrika bis zum Kongo erstreckte, reizte das Prestigebedürfnis nationalistischer Kreise. Gegenstimmen in Paris warnten vergeblich vor nutzlosen Besitzungen.

Die britische Politik reagierte auf die französische Expansion. Um ihre Handelsverbindungen im Flusssystem des Niger zu schützen, stellte Großbritannien die Binnenlandgebiete rechts und links des Nigerdeltas unter seinen Schutz und erklärte sie zu britischem Besitz.

Die Entdeckungsreisen europäischer Missionare, Wissenschaftler und Abenteurer weckten unterdes weiteres Interesse am riesigen Kongogebiet. Das neue Medium der Massenpresse berichtete sensationsheischend über die Vorstöße europäischer Expeditionen ins unbekannte Afrika. Der belgische König Leopold II. spekulierte mit der Chance auf die systematische Ausbeutung Afrikas. Seine Inbesitznahme und Ausbeutung des Kongo-Gebiets löste einen Wettlauf um Besitzansprüche auf das übrige Afrika auf. Die Berliner Kongo-Konferenz von 1884/85 besiegelte die Aufteilung des Schwarzen Kontinents zwischen den interessierten Staaten. Afrika sollte keinen Anlass für Grenzkriege geben.

Afrika sollte auch nicht allzu viel kosten. Die britischen und französischen Parlamente und der Deutsche Reichstag hielten die Kolonialverwaltungen kurz. Schon die Bedingungen für die Inbesitznahme waren so definiert, dass keine komplette Beherrschung der Gebiete verlangt wurde, um von anderen Kolonialmächten anerkannt zu werden. Verträge, Flagge und diplomatische Notifizierung genügten. Deshalb blieb abseits der Eisenbahnlinien und Verbindungsstraßen und der für die Exportproduktion erschlossenen Gebiete fast alles so wie in vorkolonialer Zeit (Herbst 2000: 69ff.). Die neuen Herren übernahmen insoweit das überkommene weiche Kontrollbedürfnis afrikanischer Herrscher. Nicht so sehr Territorien, aber Ressourcen zählten: Bodenschätze, Anbaufläche und Menschen, aber keine an den Berliner Kartentischen mit dem Lineal gezogenen Grenzen durch Terra incognita.

Auch im südlichen Afrika kam die Kolonialisierung in Gang. Erste Gold- und Diamantenfunde nahe Johannesburg im Jahr 1886 weckten das britische Interesse. Britische Abenteurer, darunter vor allem Cecil Rhodes, ein skrupelloser Geschäftsmann, der die Londoner Regierung für seine Unternehmungen zu gewinnen verstand, versuchten die Burenrepubliken mit Überfällen zu destabilisieren. Sie scheiterten und besiegelten eine tief sitzende burische Aversion gegen die Briten. Stattdessen nahm Rhodes für London die ebenfalls rohstoffreichen Gebiete des heutigen Sambia und Simbabwe – die nach ihm benannte Kolonie Rhodesien – in Besitz. Die auf den Geschmack kommenden Kolonialpolitiker versprachen sich auch von Zentral- und Ostafrika einen Nutzen. Diese Gebiete eigneten sich für den Anbau von Früchten und Genussmitteln. Wegen der allmählich steigenden Kaufkraft in Europa wurden sie für breitere Konsumentenkreise erschwinglich, u.a. Tee, Kaffee, Kakao, Bananen und Pflanzenfett (Erdnüsse) – kurz: Kolonialwaren. Dort entstanden bei zunächst heftiger Gegenwehr der betroffenen afrikanischen Völker die Protektorate und späteren Kolonien Kenia und Uganda. In Kenia ließen sich im Laufe der Zeit britische Farmer nieder.

Mit Deutschland betrat sogar ein kolonialer Außenseiter die afrikanische Bühne. Bismarck hatte sich der kolonialen Lobby nicht vollständig widersetzen können. Deutsche Unternehmer griffen sich einige Stücke Afrika, die übrig geblieben waren, und sie veranlassten das Reich, diese unter seinen Schutz zustellen (Conrad 2008: 23ff.). Schon auf den ersten Blick ließen diese Gebiete die Aussicht auf ein dauerhaftes Verlustgeschäft erkennen: Togo und Kamerun in Westafrika, das heutige Namibia im Süden und das heutige Tansania (damals Tanganjika) im Osten Afrikas.

Schließlich gab es noch die alte Kolonialmacht Portugal. Es hatte bereits im 16. Jahrhundert in Afrika Fuß gefasst. Portugal als ein inzwischen armer, rückständiger europäischer Staat, der keine nennenswerten ökonomischen und militärischen Ressourcen besaß, zeigte über die Jahrhunderte hinweg lediglich in einigen Küstenstädten Präsenz. Das Hinterland stand nach den internationalen Verträgen zwar unter portugiesischer Flagge. Es war in administrativer Hinsicht aber ein Niemandsland und sollte es bis weit ins 20. Jahrhundert hinein bleiben. Lediglich das christliche Äthiopien, das sich über mehr als tausend Jahre behauptete, entging der Kolonialisierung bis in die 1930er Jahre, als Italien koloniale Ambitionen entwickelte.

2.2 Varianten der Kolonialherrschaft

Bis die um 1880 noch weitgehend weiße Landkarte Afrikas in den Farben der europäischen Kolonialmächte eingefärbt war, dauerte es noch einmal knapp 20 Jahre (zu dieser Periode: Pakenham 1994). Die Folgen zeigten sich auch erst nach Jahren. Überkommene afrikanische Herrschaftsformen und Lebensweisen lösten sich auf. Nicht überall mussten die Europäer ihre Herrschaft erkämpfen. Einige afrikanische Könige und Stammeshäuptlinge hießen die weißen Beamten und Offiziere willkommen. Vor der Inbesitznahme durch die Europäer war Afrika keine Insel der Seligen. Das Arrangement mit einer überlegenen Kolonialmacht brachte hier und dort Vorteile in alten Feindseligkeiten und bei der Rivalität um Boden und Weidegründe.

Wo sich die afrikanischen Völker den neuen Herren nicht unterwerfen wollten, dauerten die Eroberungskämpfe bis zum Vorabend des Ersten Weltkrieges an, hier und dort sogar noch länger.

Die traditionellen afrikanischen Autoritäten verschwanden mit dem Auftreten europäischer Kolonialverwaltungen keineswegs. Die flächendeckende Kontrolle der riesenhaften Gebiete war nicht gewollt, ganz davon abgesehen, dass sie mit den wenigen weißen Verwaltungsbeamten, Polizisten und Soldaten auch unmöglich war. Die Kolonialministerien und Befürworter kolonialer Expansion standen unter erheblichem Druck, die Ausgaben für die afrikanischen Kolonien zu rechtfertigen.

Die Erwartung, dass Afrika möglichst geringe Kosten verursachen sollte, hatte Konsequenzen: Es entstanden hybride Verwaltungsstrukturen, die teils die Merkmale europäischer Staatsverwaltungen aufwiesen, teils aber an die traditionellen Herrschaftsverhältnisse anknüpften. Afrikaner, die bis dahin hauptsächlich Subsistenzwirtschaft betrieben hatten, wurden zum Anbau exportfähiger Agrarprodukte und zur Arbeit auf Plantangen, im Bergbau und in der Holzwirtschaft gezwungen.

Das britische Kolonialministerium hatte aus seiner Erfahrung mit der Regierung Indiens ein Modell entwickelt, das jetzt auf Afrika übertragen wurde – die Indirect rule. Stammesführern und anderen afrikanischen Notabeln wurden ihre angestammter Status belassen. Sie wurden gleichzeitig aber in die von Weißen getragene Verwaltung eingebunden. Dort mussten sie Hilfsaufgaben übernehmen. Die Indirect rule setzte freilich voraus, dass es in der indigenen Bevölkerung überhaupt intakte Hierarchien gab. Die Fürsten des indischen Subkontinents verkörperten solche Hierarchien. Sie hatten bereits unter der Oberherrschaft der iranisch-muslimischen Moguln-Kaiser regiert, d.h. sie waren mit imperialen Strukturen vertraut.

Vergleichbare Ansprechpartner fanden die Briten in Afrika lediglich vereinzelt vor, etwa in den Hausa-Fürstentümern im Norden Nigerias, bei den Ashanti im heutigen Ghana und den Baganda im heutigen Uganda. Die Hausa-Emire wurden als legitime Fürsten und religiöse Führer anerkannt. Mit Erfolg wurden sie von den Briten umworben. Diese kamen ihnen sogar noch entgegen, indem sie die christliche Mission im muslimischen Hausa-Gebiet einschränkten (Reid 2008: 169). Die meisten afrikanischen Völker kannten jedoch keine Herrscher über ausgedehnte Gebiete.

Viele Häuptlinge hatten dem Vordringen der Briten Widerstand geleistet und kamen als Partner für die Indirect rule nicht infrage. Andere Völker waren akephal, d.h. sie regelten ihre Angelegenheiten gemeinschaftlich, ohne dabei repräsentative Rollen auszubilden, so etwa im Nigergebiet. Das in Indien funktionierende Modell vor Augen, aber mangels historisch gewachsener Ansprechpartner fabrizierte die Kolonialverwaltung daraufhin Strukturen, um formale Ansprechpartner zu gewinnen. Sie ernannte Häuptlinge, wo es vorher keine gab und wo die vorhandenen Stammesvertreter die Kooperation verweigerten.

Und selbst dort, wo dieser Zusammenarbeit nichts im Wege stand, veränderte sich die Rolle der Häuptlinge. Ihre überlieferten Aufgaben wurden auf jene Angelegenheiten zurückgestutzt, die der Kolonialmacht nicht wichtig waren. Im Übrigen degenerierten sie zu indigenen Handlangern weißer Distriktverwalter. Ihre Legitimität ging darüber verloren – hatten sie als Beauftragte doch vieles zu tun, was den Stammesgenossen verhasst war: Steuern einzutreiben, Arbeiter zu rekrutieren und Bauern zu einer fremdbestimmten Produktion anzuhalten (Nuscheler/Ziemer 1980: 60). Lediglich als Mittlern zur Kolonialmacht blieb ihnen ein Quentchen Macht (Nugent 2004: 107).

Die französische und die belgische Kolonialherrschaft waren zentralistisch angelegt, wie Belgien und Frankreich selbst damals hochzentralisierte Staaten waren. In Französisch-Afrika fiel die Verwaltungsdichte höher aus als in den britischen Besitzungen. Der tatsächliche Unterschied zur britischen Praxis war dennoch gering. Auch das französische Verwaltungspersonal war außerstande, engmaschig die afrikanischen Gebiete im Hinterland der Verwaltungszentren zu kontrollieren. Folglich bedienten sich die Franzosen ähnlicher Praktiken wie die Briten. Dies war insbesondere dort der Fall, wo sich politische und religiöse Eliten fanden, die in der Zusammenarbeit mit den Kolonialverwaltern einen Vorteil erkannten. Die Franzosen ließen die traditionellen Herrscher gewähren, wenn es dem kolonialen Frieden diente und Verwaltungskosten sparte. Ihre Verwaltungsbeamten ernannten Chefs aus den Häuptlings- und Adelsfamilien, die in der Art von Hilfsbeamten für ihre Zwecke eingespannt wurden. Entlohnt wurden sie mit Privilegien. So wurde ihnen gestattet, sich in gewissem Maße an ihren Stammesgenossen zu bereichern (Firmin-Sellers 2000). Dafür hatten sie unter anderem die verhasste Zwangsarbeit zu organisieren.

Das Herrschaftswissen der vorkolonialen Zeit, insbesondere das Management des Konsenses, der entschärfende Umgang mit Konflikten und das Aufschauen zum Beispiel der Älteren und Erfahrenen verlor in der kolonialen Periode seinen Nutzen. Was also blieb den indigenen Funktionsträgern anderes übrig, als auf die vorgesetzten Kolonialbeamten zu blicken, um zu lernen, was sie mit dem Quantum der ihnen überlassenen Macht anfangen sollten? Diese Vorbilder lehrten vor allem, dass Willkür erlaubt ist und dass sie funktioniert. Die wenigen Weißen in den großen Verwaltungsdistrikten führten sich wie kleine Könige auf und wurden in dieser Rolle dennoch respektiert. Untersuchungen belegen, dass es nur wenige Tötungsdelikte gegen Kolonialbeamte gab, die mit ihren Familien die einzigen Weißen im Umkreis von Hunderten Kilometern waren (Herbst 2000: 77f., Kirk-Greene 1980). Das Geheimnis dieses Phänomens ist denkbar einfach. In der großen Peripherie der Kolonien blieb alles beim Alten. Wohl wissend, dass die Kolonialmacht aus ihrer administrativen Schwäche heraus bei Vergehen an Weißen punktuell, aber mit aller Brutalität zurückschlagen würde, bis hin zu Vergeltung an ganzen Völkern, arrangierten sich die Afrikaner. Die Häuptlinge blieben wichtige Figuren, aber sie zollten den Kolonialbeamten den erwarteten Respekt.

Diese Anschauung sollte Früchte tragen, als die Kolonialbeamten mit der Unabhängigkeit verschwanden und afrikanische Politiker und Verwalter an ihre

Stelle traten. Es waren aber dennoch nicht so sehr die Häuptlinge, die sich an das schlechte Beispiel der Weißen halten sollten. Als fruchtbarster Boden für die Nachahmung der kolonialen Herrenattitüde erwiesen sich die wenigen großen Städte, deren es in jeder Kolonie eine gab. Diese Städte entstanden überhaupt erst als Folge der Kolonialisierung (Ansprenger 1992: 43). Sie vereinten in aller Regel die Aufgabe des Exporthafens für Landesprodukte, die des Verwaltungszentrums und die des Verkehrsknotenpunktes.

In diesen Städten wuchs die künftige Elite des unabhängigen Afrika heran: Lehrer, Anwälte, Ärzte, Journalisten und Gewerkschafter (Allen 1995: 303). Ihr Politikbild kehrte die Attribute des bürokratischen Staates heraus. Öffentliche Ämter, Rang und Befehlsgewalt transportierten Macht, Prestige und Einkommen. Die Funktions- und Würdenträger der jungen afrikanischen Staaten empfanden die traditionellen Autoritäten auf dem Lande als lästige mögliche Konkurrenz (Chabal 1994: 45). Erst afrikanische Politiker leisteten die vollständige Entmachtung der indigenen Häuptlinge und Könige. Die wenigen Ausnahmen, vor allem im Senegal und im Norden Nigerias, bestätigen die Regel.

2.3 Die koloniale Ausbeutung

Wie die Skeptiker prognostiziert hatten, brachten die meisten Kolonien weniger ein als sie kosteten. Um dies zu ändern, organisierten die Kolonialverwaltungen die Agrarproduktion neu. Der Anbau tropentauglicher Früchte und Genussmittel, Kaffee, Tee und Bananen, wurde zur Hauptdevise der Kolonialpolitik. Wo es lukrative Bodenschätze gab, etwa in den gold- und diamantenreichen westafrikanischen Kolonien, wurde der Bergbau gefördert, ebenso im südlichen Afrika, wo Erze und andere Mineralien für die britische Industrie ausgebeutet wurden. Anderswo wurde der Anbau von Baumwolle angeordnet. Bis weit ins 20. Jahrhundert war sie noch der Grundstoff für die industrielle Textilerzeugung.

Die französische Kolonialpolitik arbeitete hierbei mit direktem Zwang und zwangsähnlichen Anreizen. So verlangte Frankreich den Afrikanern Kopfsteuern ab. Diese konnten nur dann bezahlt werden, wenn exportfähige Produkte angebaut und diese an die Kolonialbehörden verkauft wurden. Die belgischen und französischen Verwaltungen arbeiteten ferner mit dem verhassten Instrument der Zwangsarbeit. Für eine bestimmte Anzahl von Tagen im Jahr mussten Afrikaner unentgeltlich für die Kolonialverwaltung arbeiten, zum Beispiel im Damm- und Wegebau.

Die Mittel der Briten waren ähnlich. Wie sie es bereits in Indien praktiziert hatten, führten sie in bestimmten Kolonien eine Hüttensteuer ein. Die Steuer war teilweise als Kopfsteuer ausgestaltet, die von männlichen Erwachsenen erhoben wurde. Es handelte sich um eine Pflichtabgabe, die jede Familie eines Dorfes zu leisten hatte. Weil die Afrikaner kein Geld besaßen, waren sie gezwungen, Dörfer und Familien zu verlassen, um im Bergbau oder als Tagelöhner Geld zu verdienen. Die Steuern waren verhasst und stießen auf Widerstand. Noch 1929 gab es einen Aufstand der Igbo-Frauen in Nigeria, als die Rede von einer neuen Steuer aufkam (Ansprenger 1992: 39).

Regionen, die für Landwirtschaft und Rohstoffförderung nicht infrage kamen, wurden für den Export von Arbeitern in die Anbauzonen der exportfähigen Produkte bestimmt, und wenn sie nicht einmal dafür taugten, wurden sie sich selbst überlassen.

Bis zur Kolonialisierung kannten Afrikaner kein individuelles Recht auf Boden. Land war Sache der Dorfgemeinschaft. Eine wichtige Aufgabe der Häuptlinge hatte darin bestanden, die Nutzung des Bodens zu managen und Konflikte zu schlichten. Die Kolonialverwaltungen überließen Teile des landwirtschaftlich nutzbaren Bodens der indigenen Bevölkerung, die sich schließlich ernähren musste. Die ertragreichsten Ländereien reklamierte die Kolonialmacht, um sie an europäische Bieter zu verkaufen. Diese bauten darauf Cash crops an oder züchteten Vieh. Förmliche Besitztitel, ein den Afrikanern fremdes Phänomen, wurden mit lächerlichen Summen erworben, nach dem Recht der Kolonialmacht registriert und mit allen polizeilichen und militärischen Mitteln durchgesetzt. Besonders heftig geschah dies dort, wo sich Weiße in größerer Anzahl als Siedler niederlassen sollten, in der britischen Kapkolonie an der Südspitze Afrikas, in den Burenrepubliken, in Rhodesien, heute Simbabwe, und in Kenia.

Um weißen Farmern Landarbeiter zuzuführen, wurden im heutigen Kenia ganze Dörfer des Kikuyu-Volkes in die von den weißen Siedlern bevorzugte Region des Rift Valley umgesiedelt. Das Volk der Kalenjin, das den Siedlern hatte weichen müssen und sich heftig dagegen gewehrt hatte, musste seine geschmälerte Lebensgrundlage nun noch mit den Kikuyu teilen. Der unvermeidliche Streit unter den Afrikanern störte die Kolonialadministratoren nur dann, wenn er die Sicherheit der ortsansässigen Europäer in Mitleidenschaft zu ziehen drohte (Tangri 1985: 10).

Erst nach dem Ersten Weltkrieg, als die meisten Kolonien befriedet waren, kam die Kolonialwirtschaft auf volle Touren. Jetzt wurde auch die Infrastruktur entwickelt. Feste Straßen, Eisenbahnen und moderne Hafenanlagen wurden gebaut – dies alles freilich in kolonialtypischer Weise in Gestalt von Stichbahnen und Stichstraßen, die von den Anbauregionen in die Exporthäfen führten. In der Verwaltung, in den Verkehrsbetrieben und in der verarbeitenden Industrie kamen jetzt auch Afrikaner zum Zuge, denen eine entsprechende Ausbildung angeboten wurde (Reid 2008: 205ff.).

Behördlich organisierte Einkaufsmonopole für die Cash crops wurden geschaffen, damit die Exportwirtschaft die erwarteten Erträge abwarf. Die Marktbehörden kauften die Ernte zu Festpreisen auf und veräußerten sie anschließend zu Weltmarktpreisen weiter. Die Differenz floss in den Etat der Kolonialmacht. Noch Jahrzehnte nach der Unabhängigkeit wurde diese Praxis von den Regierungen des unabhängigen Afrika fortgeführt. Die Leidtragenden waren dieselben: Bauern. Nur die Profiteure wechselten. Sie residierten nunmehr in den Hauptstädten der zahlreichen Neustaaten. Davon abgesehen, dass sich die jahrzehntelang betriebene Exportorientierung nicht einfach rückgängig machen ließ, manifestierte sich auch darin die Beharrungskraft der kolonialen Institutionen. Es verhielt sich ähnlich wie mit der Kopie der weißen Herrschaftspraxis: Die schwarzen Staatseliten übernahmen vertraute, anscheinend funktionierende Strukturen, an deren Spitzen bloß die landfremden Europäer verschwanden.

2.4 Die kolonialen Grenzen und ihre Folgen

Die kolonialen Grenzziehungen hatten für die afrikanischen Völker zunächst noch keine allzu gravierenden Folgen. Die britischen und französischen Kolonien bildeten großräumige Einheiten. Verwaltungsgrenzen waren im Alltag bei weitem nicht so wichtig wie anderswo die Staatsgrenzen. Diese Verwaltungsgrenzen wurden für die meisten Afrikaner erst schmerzhaft spürbar, als in den 1950er und 1960er Jahren aus den Verwaltungsgebieten unabhängige Staaten wurden (Davidson 1992). Davor hatten die Verwaltungsgrenzen hauptsächlich für die Europäer Bedeutung, insbesondere für das Verwaltungspersonal. Afrikanische Händler und Nomaden kümmerten sich nicht um Grenzen. Diese waren ohnehin fiktiv, weil es an den Mitteln fehlte, sie wirksam zu überwachen.

Rückblickend war die koloniale Epoche lediglich eine Etappe auf dem Weg zur Vielstaatlichkeit und Kleinräumigkeit der gegenwärtigen afrikanischen Staaten. Nimmt man die britische Großkolonie Nigeria einmal aus, bildeten West- und Zentralafrika ein groß dimensioniertes zusammenhängendes Wirtschafts- und Verwaltungsgebiet unter französischer Flagge. Es grenzte im Westen unmittelbar an das französisch bevormundete arabische Marokko und im Norden an das von einer wachsenden Anzahl französischer Siedler bewohnte Algerien. Aus verwaltungspraktischen Gründen hob die französische Regierung später die Kolonialverbünde AOF (Afrique Occidentale Francaise) und AEF (Afrique Équatoriale Francaise) aus der Taufe. Sie erlaubten ein besseres Eingehen auf die ökonomischen, klimatischen und kulturellen Besonderheiten der west- und zentralafrikanischen Gebiete. Innerhalb Französisch-Afrikas gab es jedoch Mobilität. Afrikanische Händler waren davon nicht ausgenommen. Sie hatten in diesem

Großraum von jeher Geschäfte gemacht. Das Gleiche galt für die Nomaden der Sahel-Zone, die mit ihren Herden auf immergleichen Routen dem Wachstumszyklus der im Vorjahr abgegrasten Weiden folgten (Chabal 1994: 102).

Die Kolonialgrenzen spielten erst recht keine große Rolle, wenn es darum ging, ökonomische Vorteile für das britische Empire zu realisieren. Schwarze Arbeiter aus dem heutigen Malawi und Botswana arbeiteten in den Bergwerken Südafrikas und Sambias. Wo sich Bodenbeschaffenheit und Klima besser für eine moderne Infrastruktur eigneten als in West- und Zentralafrika, wurden allmählich auch Eisenbahnen und ganzjährig nutzbare Straßen angelegt. Sie verbanden einzelne Kolonien untereinander und mit den Hafenstädten.

Die Unabhängigkeit der afrikanischen Staaten vollzog sich durchweg in den kolonialen Verwaltungsgrenzen. Vor allem in Westafrika wurde damit eine Ära der Kleinstaaterei eingeläutet. Auch die nunmehrigen Staatsgrenzen besaßen nie hermetische Qualität. Die Regierungen waren außerstande, Schmuggel und informellen Grenzverkehr zu unterbinden. Muslimische Händler agieren bis heute zwischen dem heutigen Mali, Burkina Faso und dem Norden Nigerias und über die Grenzen der Elfenbeinküste hinweg. Stärker als Personaldokumente sind der islamische Ehrenkodex in Geschäften und eine grenzüberschreitende Verwandtschaft. Ihre Netzwerke erstrecken sich bis nach Europa und Nordamerika – nach überall hin, wo Glaubensgenossen leben. Sie enden andererseits aber bereits in den Gebieten des Kongo und der Großen Afrikanischen Seen, die sich seit vorkolonialer Zeit weitgehend gegen den Islam verschlossen haben (MacGaffey/Bazenguissa-Gang'a 2000: 14f.).

Die neuen Staaten waren indes effizient genug, um die gewohnte Mobilität zwischen den Kolonialgebieten zu behindern. Der grenzüberschreitende Handel verlangte Papiere, Zertifikate, Genehmigungen, Zölle und Last but not least Schmiergelder für bestechliche Beamte. Die westafrikanischen Nomaden kümmerten sich auch weiterhin nicht um die Grenzen. Aber wenn sie für das Gebiet, in dem sie lebten, keine Dokumente besaßen, mussten sie mit Schikane, Ausweisung und Abschiebung rechnen. Arbeitsmigranten aus armen Staaten, die in der besser florierenden Ökonomie der Nachbarstaaten ihr Geld verdienen, laufen stets das Gefahr, von heute auf morgen ihr Bleiberecht zu verlieren, wenn sich eine Regierung entschließt, mit Schuldzuweisungen an die Fremden von hausgemachten Problemen abzulenken oder wenn der Einbruch der Exportmärkte die Nachfrage nach Arbeitsmigranten drosselt. Die Chance großer Wirtschaftsräume, in denen sich Produzentenregionen gut hätten ergänzen können, wurde mit der schematischen Umwandlung von Gebietsverwaltungen in souveräne Staaten vertan (Herbst 1990).

2.5 Der koloniale Staat und die koloniale Gesellschaft

Der koloniale Staat verkörperte eine parasitäre Form des Staates. Während selbst der Reaktionär Bismarck mit Einführung der Sozialversicherung die Schutzfunktion des Staates auf die Proletarier ausdehnte, während in Großbritannien die Kinderarbeit verboten und Sicherheitsbestimmungen für den Arbeitsplatz implementiert wurden, wurden in Afrika rechtlose schwarze Arbeiter im Bergbau, als Tagelöhner und Farmarbeiter ausgebeutet. Während in Europa Gewerkschaften Rechte erkämpften und ihre Aktivität allmählich in den Schutz des Rechtstaates integriert wurde, duldeten die kolonialen Regierungen in Afrika keinerlei Selbstorganisation der Schwarzen, ob nun mit politischen oder ökonomischen Zielsetzungen. Den kolonialen Staat erfuhren die Afrikaner durchweg als ein fremdes und zugleich repressives Phänomen (Chabal 1994: 63, 74f.). Mussten die europäischen Regierungen, lange bevor sich das zarte Pflänzchen der Demokratie regte, ihre Gesellschaften bei guter Gesundheit und Laune halten – schließlich sollten die Massen tüchtige Soldaten und technisch versierte Arbeiter stellen –, hatten derlei Kalküle in den Kolonien keine Bedeutung.

In einer Hinsicht reizte der koloniale Staat in Afrika alle Potenziale aus, die der historische Staat in Europa entwickelt hatte. Rücksichts- und schonungsloser, als es in Europa möglich gewesen wäre, machte sich der Kolonialstaat zum Komplizen merkantiler Interessen: Was gut für den britischen, deutschen und französischen Kommerz und die Staatskassen war, war auch gut für die Kolonien!

Bildung für Afrikaner war eine prekäre Angelegenheit. Sie mochte sich gegen die Kolonialmacht richten. Öffentliche Gesundheit rangierte in der Priorität der Kolonialbehörden weit unten. Dennoch konnte auf beides nicht ganz verzichtet werden. Seuchen drohten der wichtigsten Arbeitsressource Mensch zu schaden. Farmen und Grubenanlagen ließen sich schlecht betreiben, wenn es keine gemeinsame Sprache für schwarze Arbeiter gab. Schwarze Soldaten, Polizisten und bürokratische Hilfsarbeiter waren hingegen unschlagbar billig, zumal sich die wenigen Weißen, die es nur wenige Jahre im oft anstrengenden Klima aushielten, für derlei Tätigkeiten zu schade waren. Die Beherrschung des Idioms der Kolonialmacht war für die Verständigung mit weißen Amtspersonen unverzichtbar. Schließlich gab es noch die zahlreichen Kirchen, die Afrikaner für die christliche Botschaft gewinnen wollten. Die christliche Botschaft setzt aber die Kenntnis der Schrift voraus.

Die zivilisatorische Überlegenheit Europas nährte die dünkelhafte Einschätzung, die noch ganz im Dunkel primitiven Heidentums befangenen Afrikaner seien formbarer als die Menschen anderer Kulturen. Die christlichen Kirchen durften frei missionieren, sofern sie den kolonialen Frieden nicht störten. Den Briten war die Konfliktvermeidung mit den islamischen Völkern Afrikas letztlich aber wichtiger als die Verbreitung der Frohen Botschaft. Der muslimische Norden Nigerias, später auch der muslimische Norden des Sudan wurden für die christliche Missionstätigkeit gesperrt. Die Missionare waren lediglich Trittbrettfahrer des Kontrollbegehrens der Kolonialmächte.

Sprachwissenschaftler und Kirchenleute machten sich ans Werk, um die verbreitetsten afrikanischen Sprachen zu alphabetisieren. Aus ökonomischen Gründen lohnte es nicht, die kleineren Sprachen zu berücksichtigen. Ähnlich verhielt es sich beim Umgang mit den zahlreichen Völkern. Für das Administrieren der Kolonien war es einfacher, wenige kompakte Stämme zu definieren als die tatsächlich vorkommenden kleinräumigen Ethnien und Sprachgruppen in den Verwaltungsstrukturen abzubilden. So wurden kleine Völker benachbarten größeren Völkern hinzugerechnet, vor allem dann, wenn es in Religion, Sprache und Lebensweise gewisse Ähnlichkeiten gab (Posner 2003). Durch Verwaltungsakt entstand aus den zahllosen autonomen Dörfern im Nigerdelta das artifizielle Volk der Igbo. Igbo wurden wiederum in Stämme unterteilt und jedem Stamm als Verantwortlichem ein Häuptling aufgepfropft. Auf ähnliche Weise wurde im Südwesten der Kolonie Nigeria das Volk der Yoruba konstruiert. Im Norden Nigerias konnte man auf diese Maßnahmen verzichten, weil die dortige Bevölkerung bereits effektiv von muslimischen Fürsten – Emiren – beherrscht wurde. Die Briten beließen ihnen die angestammten Privilegien.

Die kolonialen Administratoren rekrutierten vorzugsweise die Angehörigen ausgewählter Völker für den Verwaltungs- und Waffendienst. Die Belgier ließen in ihren Gebieten Ruanda und Burundi ausschließlich dem Volk der Tutsi Schulbildung angedeihen. Tutsi herrschten bereits in vorkolonialer Zeit über die Bevölkerungsmehrheit vom Volk der Hutu. Um sich auch in den Gebieten orientieren zu können, wo sich beide Ethnien vermischt hatten und die Optik keine Erkennungshilfe bot, legte die Verwaltung einfach fest, als Tutsi sei zu betrachten, wer mehr als zehn Rinder besitze – eine administrative Verdrehung des Umstandes, dass der soziale Status bei den Tutsi nach der Herdengröße bemessen wird (Twagiramutawa 1998: 114). Randvölker in den Kolonien Uganda und Kenia stellten einen hohen Anteil der afrikanischen Soldaten bei den britischen Kolonialtruppen. Die größeren Völker waren ihnen fremd. Bei Einsätzen gegen andere Afrikaner gingen sie entsprechend rücksichtslos vor. Diese Völker traf nach der Unabhängigkeit vielfach der Hass der größeren Völker, deren Vertreter jetzt die Kommandohöhen des postkolonialen Staates erklommen hatten.

Neben der winzigen Schicht weißer Kolonialverwalter und Unternehmer etablierte sich eine Zwischenschicht von Orientalen und Asiaten (Nugent 2004: 64). In den britischen Besitzungen wurden Menschen aus den Kolonialgebieten des heutigen Indien und Pakistan für den Bau und die Instandhaltung der Eisenbahnen und für die Arbeit in Fabriken angeworben. Bereits mit britischer Kolonialherrschaft vertraut, brachten sie nützliche Fähigkeiten mit, für die Afrikaner erst aufwändig hätten ausgebildet werden müssen. Viele darunter entschlossen sich, nach Ablauf ihrer Arbeitskontrakte in Afrika zu bleiben. Sie heirateten endogam, betätigten sich im Einzelhandel und bildeten aufgrund ihrer Fähigkeiten und ihres Fleißes – Indien als alte Handelskultur! – Kapital. Familiäre Bindungen in die alte Heimat führten bei Bedarf frisches Geld und billige Ware heran. Die Rede von einer auskömmlichen Existenz im fernen Afrika tat ein Übriges, dass Verwandte und Bekannte aus dem übervölkerten, periodisch von Hungersnöten heimgesuchten Indien flohen. Diese Inder lebten in Afrika nicht anders, als sie es aus ihrer Heimat gewohnt waren.

Die Briten waren es zufrieden. Die Inder hielten Distanz zu den Afrikanern. Als Herrscher über den Alltagskommerz zogen sie Neid und Anfeindungen auf sich. Umso mehr schätzten sie die Protektion der Kolonialmacht, die bei der Besetzung mittlerer Verwaltungspositionen lieber auf diese Gruppe als auf Afrikaner rekurrierte.

Auch im französischen Afrika schob sich eine kleine Funktionsschicht zwischen Schwarze und Weiße. Hier handelte es sich aber um Orientalen aus den von Frankreich protegierten Küstenregionen der osmanischen Provinz Groß-Syrien. Sie werden bis heute pauschal als Libanesen bezeichnet. Als ein hochmobiles, wendiges Völkchen, das vielfältige Kontakte nach Europa und in den Orient hatte und des Französischen mächtig war, machten sich die Libanesen im Wirtschaftsleben der afrikanischen Kolonien nützlich. Viele wurden dabei reich. In einigen Gegenden Afrikas erlangten Griechen einen ähnlichen Status.

Als die Kolonien unabhängig wurden, hatten diese Zwischenschichten sehr unterschiedliche Schicksale. Die Asiaten waren mancherlei Schikane bis hin zu Vertreibung und Enteignung ausgesetzt. Zudem weckten sie Neid, weil sie vermögender waren als ihre afrikanischen Nachbarn. Erst in letzter Zeit ändern sich diese Einstellungen. Die Libanesen und Griechen hatten nie kompakte, geschlossene Gemeinschaften gebildet. Ihren Nutzen behielten sie für die Regierenden auch in den unabhängigen Staaten.

Die Existenz dieser Zwischenschichten belastete die Entwicklung Afrikas mit einer Hypothek: Als die afrikanischen Kolonien erloschen, fehlte es nahezu vollständig an Afrikanern in selbständigen Wirtschaftsberufen. Umso attraktiver wurde für gebildete und findige Afrikaner als Geldquelle der Staat selbst.

2.6 Das Ende der Kolonialära

Erst in der letzten Generation vor der Unabhängigkeit erhielten Afrikaner die Chance, sich für Aufgaben in der modernen Welt ausbilden zu lassen. Die politische Selbstorganisation der Afrikaner ging zuerst in den Hafenstädten vonstatten. Dort wurden Afrikaner als Arbeiter gebraucht. Sie organisierten sich, führten Arbeitskämpfe und bildeten Gewerkschaften. Die Entbehrungen der Weltwirtschaftskrise hinterließen in den 1930er Jahren auch dort ihre Spuren und trugen ihr Teil zur politischen Mobilisierung der afrikanischen Bevölkerung bei (Reid 2008: 191ff., Ansprenger 1992).

Die Ereignisse in der fernen Welt drangen am ehesten in den Hafenplätzen an afrikanische Ohren. Und diese Ereignisse nahmen der weißen Herrenschicht allmählich ihren Nimbus. In Indien rollte nach dem Ersten Weltkrieg eine Welle antibritischer Proteste. Die antikoloniale Rhetorik der Moskauer Komintern erreichte Afrika. Im Zweiten Weltkrieg wurden verstärkt Afrikaner in Jobs eingesetzt, die bisher Europäern vorbehalten waren. Die in Afrika lebenden Europäer wurden für die Armeen ihrer Heimatländer gebraucht. Freiwillig dienten auch etliche Afrikaner in den Streitkräften der Kolonialmächte.

Afrikaner wurden Zeugen des Bombenhagels auf London und des wechselseitigen Tötens der weißen Völker. Sie nahmen wahr, dass die Weißen, die sie nur in der Herrenrolle kannten, sich selbst in ein Oben und Unten teilten, und dass Beamte und Offiziere, in Afrika durchweg Halbgötter, in ihren Heimatländern keineswegs tun und lassen durften, was sie wollten. Die vom Krieg ausgezehrten Kolonialmächte pressten ihre Kolonien im Überlebenskampf mit den Achsenmächten noch stärker aus als sonst (Reid 2008: 234ff., Schmidt 2005: 18ff., Ansprenger 1992: 50ff.). Der Druck auf die Kolonien hielt nach Kriegsende an. Jetzt galt es, die zerstörte Wirtschaft in Europa wieder aufzubauen.

Die Trennung Londons von Indien und die französischen Kolonialkriege in Indochina und Nordafrika führten den politisch wachen und kundigen Afrikanern die Brüchigkeit des Kolonialismus vor Augen (Mizrui/Tidy 1984: 16f.). Afrikanische Intellektuelle und Gewerkschafter gründeten – noch illegale – oppositionelle Parteien und Bewegungen. Aus ihren Reihen gingen die Führer der afrikanischen Unabhängigkeit hervor.

An der Spitze dieser Bewegungen standen zumeist afrikanische Gebildete, die in Großbritannien und Frankreich studiert hatten. Bei der Entscheidung für Studium und Beruf hatten sie den Zuschnitt der weißen Kolonialelite vor Augen. Vom Studium in Frankreich und Großbritannien kehrten sie als Anwälte, Geisteswissenschaftler und Ökonomen in die Heimat zurück (Nuscheler/Ziemer 1980: 58f.).

Diese kleine afrikanische Elite stand vor der Unabhängigkeit bereit, die zu Regierungsbehörden aufgewerteten kolonialen Dienststellen zu übernehmen. Die Briten fanden sich früh damit ab, ihre Kolonien aufzugeben. Die Franzosen brauchten etwas länger. In einer Übergangsphase gaben beide Kolonialmächte qualifizierten Afrikanern die Gelegenheit, sich im Regieren zu üben. In die Ressorts Steuern und Polizei wurden sie zwar noch nicht vorgelassen. Aber sie führten schon einmal Verwaltungen, die größere Geldsummen verausgabten – für Infrastruktur, Bildung und Gesundheit.

Damit sind die wichtigsten Punkte aufgezählt, an denen die Kolonialgeschichte Afrikas in die Geschichte unabhängiger afrikanischer Staaten übergeht. Die große Klammer zwischen beiden Epochen ist der von den Kolonialmächten hinterlassene repressive und ausbeuterische Staat. Clapham nennt ihn einen Monopolstaat, der vorrangig dazu dient, die herrschende Gruppe an der Macht zu halten (Clapham 1996: 57). Seine wichtigsten Merkmale seien hier noch einmal kurz zusammengefasst:

- Die Monopolisierung der Staatsgewalt durch eine kleine Elite, die zunächst europäischen, dann afrikanischen Zuschnitt besaß.
- Die Gesellschaft als Objekt der Politik, d.h. Stämme und Völker nicht als selbstbestimmende politische Größen, sondern als Adressaten, Kreationen und Hilfsmittel einer zentralistischen Verwaltung.
- Die Staatswirtschaft in Gestalt eines dichten Netzes parastaatlicher Behörden und Vorschriften, mit denen die private Wirtschaftstätigkeit auf Export- und Steuererträge ausrichtet wurde.

3 Afrika nach der Unabhängigkeit

3.1 Der Staat

Das koloniale Staatsgerüst blieb über die Schwelle der Unabhängigkeit hinweg im Kern unverändert. Darin steckte bereits ein Problem. Der koloniale Staat war nicht darauf ausgelegt, lückenlos große Gebiete zu beherrschen, diplomatische Vertretungen zu unterhalten, Schulen und Hochschulen zu finanzieren, die öffentliche Gesundheit zu fördern sowie eine Armee zu unterhalten, um seine Grenzen zu schützen. Dies alles verlangt jedoch das europäische Staatsmodell. Die damit verbundenen Kosten sind beträchtlich. Großflächige Staaten mit reichen Ressourcen schultern sie besser als kleine. Die Masse der neuen Staaten waren indes klein, und selbst wenn der eine oder andere Staat größer war, war er doch arm. Die Infrastruktur der Kolonien, Straßen und Elektrizität, war auf die Beherrschung und Ausbeutung kleiner Gebietsenklaven in größeren Territorien berechnet. Das europäische Staatsmodell hätte verlangt, diese Infrastruktur erst einmal flächendeckend aufzubauen. Für alles dies hatten die neuen Staaten aber kein Geld.

Ein Beschluss der Organisation für Afrikanische Einheit (OAU) erklärte die kolonialen Grenzen als Staatsgrenzen für unantastbar (1964). Er perpetuierte den Frieden der kolonialen Ära. Großer Armeen bedurfte es nicht, um Grenzen zu schützen und Eroberungen vorzubereiten. Den kolonialen Staat mit allen seinen Privilegien für Beamte und Gouverneure vor Augen, mit schwacher Staatspräsenz in den Peripherien, aber mit Zugriff auf einkommensrelevante Gebiete, machten die afrikanischen Staatseliten weiter, wo die Kolonialmacht aufgehört hatte (Herbst 2000: 97ff.).

Die Mittelbeschaffung der neuen Staaten folgte recht lange dem eingefahrenen kolonialen Muster: Weiterhin wurden Cash crops für den Weltmarkt produziert. Die parastaatlichen Nachfolgebehörden der kolonialen Einkaufsmonopole schöpften weiterhin die Differenz zwischen Erzeuger- und Marktpreisen ab. In der kolonialen Ära gab es afrikanische Verlierer und europäische Gewinner, da die Kolonien ja zum Vorteil für die Kolonialmächte regiert wurden. Mit der Unabhängigkeit wandelte sich der Staat zu einem Akteur, der unter den Afrikanern selbst Gewinner und Verlierer schuf. Gewinner waren durchweg die afrikanischen Eliten und ihre zumeist ethnisch definierbaren Klientelen. Verlierer waren all jene, denen der Staat keine Vorzugsbehandlung, keine Jobs im Staatsdienst und keine Staatsaufträge zuteil werden ließ.

Entwicklungs- und Finanzhilfen der westlichen Industrieländer stärkten bis in die 1980er Jahre die Ressourcenbasis des afrikanischen Staates. Auch diese Mittel wurden freilich von der Staatselite verteilt. Dabei galt die Faustformel: Zuerst greift die Staatselite selbst zu, um einen Lebensstil zu realisieren, wie sie ihn von den Reichen und Mächtigen in Europa kennt. Dann kommt die nachgeordnete Staatsklientel an die Reihe, die bei der Vergabe von Jobs und mit Infrastrukturmaßnahmen – Straßen, Elektrizität – einen merklichen Vorteil vor anderen Gruppen erhält.

Die unabhängigen Staaten erbten die Strukturen der Indirect rule. Lange setzten sie die Personalpolitik der Kolonialmächte fort, die bestimmte Völker für Militär und Polizei, andere wieder für Verwaltung und Bildungswesen bevorzugt hatten.

Mit dem Rest administrativer Bedeutung, die den Häuptlingen in der Kolonialzeit geblieben war, wollten sich die neuen Staatseliten nicht abfinden. Auf dem Lande mochte die Institution weiterhin existieren. Ihre herkömmliche Bedeutung verlor sie jetzt vollständig. Der Primat des ungeschmälerten Zugriffs auf die Staatsverwaltung höhlte die Institution aus. Für die Kolonialverwaltung waren die Häuptlinge noch billige und bequeme Agenten. Von den Eliten der jungen Staaten wurden sie als potenzielle Konkurrenten wahrgenommen und entmachtet (Nugent 2004: 107f.).

Ähnlich verhielt es sich mit dem bescheidenen Maß an Pluralismus, der sich in der Übergangsphase zur Unabhängigkeit entwickelt hatte. Autonome Gewerkschaften und oppositionelle Parteien wurden binnen weniger Jahre ausrangiert. Sie bargen das Risiko unklarer Machtlagen. Der afrikanische Staat wurde zum Instrument kompromisslosen Kalküls mit der Ökonomie der Macht, wobei Macht als ein unteilbares Gut aufgefasst wurde (Allen 1995: 304). Bereits die Kolonialmächte hatten beim Import des in Europa gewachsenen modernen Staates einen Teil der Errungenschaften abgeworfen, die im historischen Europa einmal zum konfessionellen und bürgerlichen Frieden in friedlosen Gesellschaften beigetragen hatten: Liberalität und Rechtsbindung. Dieses Defizit sollte sich im nachkolonialen Afrika halten.

3.2 Das Regime

Als die vormals französischen Kolonien unabhängig wurden, legte sich Frankreich in der V. Republik gerade ein halb-präsidiales Regierungssystem zu. Es entwertete damit die in der Vergangenheit gewichtige politische Rolle des Parlaments und der parlamentarischen Regierung. Die Kolonialmacht sah es gern, als die afrikanischen Neustaaten die letzte Pariser Verfassungsmode kopierten. Die Entscheidung für das Präsidialregime folgte aber weniger der Begeisterung für das französische Vorbild. Das Modell überzeugte, weil es exekutive Macht bei einer Person konzentrierte. Damit kam es den Ambitionen der starken Männer in den afrikanischen Eliten entgegen.

Die Nachfolgestaaten der britischen Kolonien zerschlugen dagegen erst einmal Porzellan, um zum gleichen Ziel zu kommen. Zunächst hatten sie das Westminster-Modell kopiert. Es fußt auf einem Staatsoberhaupt mit lediglich zeremoniellen Befugnissen. Regierungsmacht konzentriert sich im Original beim Kabinett und dem Premierminister. In rascher Folge verabschiedeten sich die ehemals britischen Kolonien vom britischen Vorbild. Die Abhängigkeit von parlamentarischen Mehrheiten hinderte die Regierungschefs daran, den Staat so stark für ihre Anhängerschaft auszubeuten, wie sie es eigentlich wollten. Als Vertreter der britischen Krone blickte dem Regierungschef ein Generalgouverneur über die Schulter. Nach einer Schonfrist führten die vormaligen Kolonien Britisch-Afrikas das Einparteisystem und das Präsidialregime ein. In konstitutioneller Hinsicht unterschieden sie sich jetzt nicht mehr groß von den frankophonen Neustaaten (Jackson/Rosberg 1983: 16ff.).

Diese Präsidialregime gerieten in den 1990er Jahren in die Krise. Die internationalen Geldgeber, Staaten, Weltbank und Währungsfonds verlangten demokratische Reformen (Oyugi 2006). Viele präsidiale Diktatoren hielten es für opportun, darauf einzugehen. Nationale Versöhnungskonferenzen oder aber Wahlen, in denen sich trotz aller Manipulation eine starke Opposition zur Geltung brachte, erzwangen eine Teilung der Macht. Etliche Präsidialregime führten das Amt eines Premierministers ein oder stärkten die bereits vorhandene Position eines Regierungschefs (dazu Tordoff 2002: 197ff., Bratton/van de Walle 1997: 61ff.).

Diese Reformen schufen neue Probleme. War es im Präsidialregime klar gewesen, wo die politische Musik spielte, im Präsidentenpalast, stellte sich nun die Frage, was dem Präsidenten noch an Verfügung über Staatsverwaltung und Staatseinkünfte bleiben sollte. Entweder blieb der Regierungschef eine bedeutungslose Figur oder er gewann tatsächlich an politischer Statur. Wie in einem System kommunizierender Röhren drohte dem Präsidenten im letzteren Fall ein Machtverlust. Beide Ämter vertragen sich am besten in einer Einparteikonstellation, in der sich leicht lokalisieren lässt, wer das Sagen hat – also der Präsident (Brown/Kaiser 2007: 1142f.).

Die Schaffung eines Regierungschefs neben dem zuvor allmächtigen Präsidenten war stets eine Second-best-Lösung: Trotz ungünstig ausgehender Wahlergebnisse und Machtkämpfe behält der bisherige Alleininhaber der Exekutivmacht immer noch ein gehöriges Stück Kontrolle über den Staat.

Ähnlich steht es in den vom Bürgerkrieg geplagten Ländern. Um des inneren Friedens willen wurden dort Rebellenbewegungen mit Beteiligung an der Regierungsmacht saturiert. Das Grundmuster ist das gleiche wie bei der Parlamentarisierung vormals präsidialer Systeme. Die Friedensabkommen ändern nichts am Grundübel, das die Gesellschaften plagt: Sicherheit im Alltagsleben. Den Hauptnutzen haben ehemalige Rebellenführer. Ihre Anhänger gehen in aller Regel leer aus. Im bettelarmen Kongo wurden 2002 die vier neugeschaffenen Vizepräsidenten, darunter ehemalige Rebellenführer, mit einem Gehalt von monatlich 25.000 $ bedacht. Die sieben Minister und 118 Parlamentarier aus ihren Reihen erhielten immerhin noch zwischen 1.500 und 4.000 $. Ein Soldat erhält im Monat 22 $, ein Arzt weniger als 100 $ (Stearns 2007: 207).

3.3 Militärs und Milizen

Die Militärs des unabhängigen Afrika rückten in Kommandoposten auf, die für Afrikaner bis dahin unerreichbar waren. Sie hatten nun nicht mehr landfremden Briten und Franzosen zu gehorchen, sondern Afrikanern. Diese Landsleute wurden aber oft nicht als Mitbürger wahrgenommen, die legitime Macht erworben hatten, sondern als Vertreter eines fremden Volkes. Die Kolonialmächte hatten Soldaten meist aus kleinen Völkern rekrutiert, die keine Gemeinschaft mit den großen Völkern besaßen. Die zahlreichen Militärputsche in der ersten Dekade nach der Unabhängigkeit hatten ihre Ursache darin, dass einige Völker als waffentragend privilegiert waren, während größere Völker den Vorteil der überlegenen Zahl politisch nicht ausspielen konnten, weil die Militärs den Primat der Politik nicht anerkannten.

Die Politiker an den Schalthebeln der Regierungsapparate suchten Remedur, indem sie die Beförderungspolitik im Militär umdisponierten. Darüber hinaus stellten sie konkurrierende bewaffnete Apparate auf die Beine, Geheimdienste, Palastwachen und Sondereinheiten, die illoyalen Militärs Kontra zu bieten vermochten. Den meisten afrikanischen Militärs, die sich an die Regierung putschten, fehlte es im Rückblick an der Fähigkeit, politischen Rückhalt in der Gesellschaft zu organisieren. Wo dies gelang, wie zeitweise in Nigeria, mutierten die Offiziere zu Politikern, weil sie es lernten, sich als Interessenwahrer strategisch wichtiger Völker zu profilieren, oder anders ausgedrückt: weil sie sich erfolgreich auf die Spielregeln der ethnischen Politik einließen.

Die Disziplin der afrikanischen Soldaten ist notorisch schlecht. Die Waffe wird nicht selten als Lizenz zum Rauben, Töten und Vergewaltigen missbraucht. Soldaten gehen besonders dann zum Marodieren über, wenn sie über längere Zeit keinen Sold erhalten (Grill 2003: 220). Der Kindersoldat ist eine typische Figur der afrikanischen Bürgerkriege, die automatische Kleinwaffe sein wichtigstes Instrument (Klare 2004, Musah 2003). Aus dem Heer der Perspektiv- und Arbeitslosen leicht zu rekrutieren, häufig auch als menschliche Beute bei Überfällen auf Dörfer mitgenommen und belohnt mit sportlichen Kleidungsstücken, Ray-Ban-Sonnenbrillen und portablen Radios, außer im Gebrauch einer automatischen Kleinwaffe militärisch nicht ausgebildet, geht von diesen Kindersoldaten hohe Gefahr aus. Auch selbst sind sie stark gefährdet, weil sie nicht gelernt haben, Risiken abzuschätzen und häufig unter Alkohol- oder Drogeneinfluss stehen.

3.4 Staatsversagen

Staatseinkünfte aus dem Verkauf von Rohstoffen und Cash crops unterliegen der Preisschwankung an den Weltmärkten. Dies macht es schwierig, auf einer halbwegs verlässlichen Ressourcenbasis zu regieren. Nachdem die Eliten und ihre engere Klientel in die Staatskasse gegriffen haben, bleiben oft nicht genügend Mittel übrig, um staatliche Vergünstigungen zu streuen. Eine Zeitlang, vor allem in der Periode des Kalten Krieges, stopften Transferleistungen der westlichen Industrieländer die Lücke zwischen Eigenmitteln und Verbrauch. Die Gegenleistung beschränkte sich auf die erwartete Parteinahme in der Konkurrenz der beiden Weltmächte und auf ein opportunes Votum in den Gremien der Vereinten

Nationen. Schon vor dem Ende des Kalten Krieges flossen diese Kredite spärlicher. Sie wurden auch enger an Geberauflagen gebunden (Bratton/van de Walle 1992a: 47).

Selbst in den Ländern, die reich mit Ressourcen gesegnet sind, lässt die Unersättlichkeit verschwenderisch lebender Staatseliten zuwenig für die im Elend lebenden Massen übrig. Wie Bates betont, ist diese Situation das Ergebnis von Kurzsichtigkeit und Gier (Bates 2008: 129f.).

Im Gefolge von Verschwendung und Fehlverteilung ging die Kontrolle über Staat und Wirtschaft verloren. Bauern, die keine vernünftigen Preise erhielten, zogen sich aus der Produktion zurück, oder sie schmuggelten ihre Produkte in Staaten, wo sie einen besseren Erlös erzielten. Ganze Stämme oder Gebiete kündigten den Gehorsam auf. Sie vertrieben Polizisten und Beamte und ließen sich ggf. von Stammesbrüdern auf dem Gebiet eines angrenzenden Staates mit Waffen unterstützen, um eine Parallelverwaltung und eine Miliz aufzubauen. Bisweilen entstehen dauerhafte separatistische Bewegungen, die sogar Unterstützung aus dem Ausland erhalten (Tetzlaff 2002). Die multiethnischen und multikulturellen Strukturen der meisten subsaharischen Staaten bergen ein reichhaltiges Potenzial für separatistische Bestrebungen.

Milizenführer bzw. Warlords füllen die entstehenden Leerräume. Meist gehen sie aus der Staatselite hervor: Es handelt sich um Ex-Minister, um Offiziere und um Funktionäre der Staatspartei, die unzufrieden oder in Ungnade gefallen sind (Kapuscinski 2005: 253). Die Milizen ernähren und behaupten sich wie die Söldnertruppen des Dreißigjährigen Krieges in Europa aus dem Lande – mit Überfällen, Razzien, Wegezöllen und Zwangsabgaben. Politische Zielsetzungen sind häufig nur billiger Vorwand: Warlords betreiben ein bewaffnetes Unternehmen, das vom Plündern der Menschen lebt. In den Bürgerkriegen Liberias und Sierra Leones verlor sich die Unterscheidung zwischen dem Politischen und dem Kriminellen vollständig. Genauso verhält es sich im kongolesischen Dauerbürgerkrieg (Vinci 2007). Diese Situation spiegelt lediglich die Tatsache wider, dass auch die im formalen Sinne legal Regierenden den Staat allzu oft nicht mit politischen Motiven, sondern allein mit der Absicht zur Bereicherung beherrschen.

Dieser afrikanische Failing state hat viele Facetten (Tetzlaff/Jacobeit 2005: 142ff.). Er konzentriert seine Ressourcen auf die Hauptstadt und die ökonomisch wichtigen Kerngebiete (so bereits Jackson/Rosberg 1982: 3). Dies kann im Extremfall bedeuten, wie zeitweise in Angola und in Kongo-Brazzaville geschehen, dass dem Regime alles gleichgültig wird, was jenseits der Hauptstadtgrenzen passiert. Beide Länder profitieren von der Ölförderung. Weil diese aber Offshore erfolgt, also weit außerhalb der Reichweite rebellierender Milizen, lässt sich die politische Substanz dieser Staaten simpel als eine Achse zwischen dem Festlandsockel, wo die Ölrente eingefahren, und der Hauptstadt beschreiben, wo diese

Rente konsumiert wird (Frynas 2005, Keyle 2005). Die Bürgerkriegspartei UNITA hatte bis zum Ende des angolanischen Bürgerkrieges im Jahr 2002 im Landesinneren edelsteinreiche Gebiete unter Kontrolle. Die Ausbeutung dieser Vorkommen erlaubte es, das angolanische Hinterland wie einen eigenen Staat zu beherrschen. Clapham spricht bei diesem Phänomen von einem Quasi-Staat, der sich nur durch die fehlende internationale Anerkennung vom „offiziellen" Staat unterscheidet. Dieser allerdings kontrolliert die Hauptstadt und genießt deshalb internationale Anerkennung (Clapham 2000: 39).

Der Failing State versagt nicht nur bei der Kontrolle in der Fläche. Die Regime lassen anarchische Verhältnisse vor den Portalen der Staatsbauten zu. Die Ärmsten genießen keinerlei Schutz durch die Polizei, ja die Polizeiwillkür ist eine der Plagen ihres Alltags (Verkehrskontrollen, Marktpatrouillen zum Abkassieren bei Verkehrsteilnehmern und Marktbeschickern). Die Polizei schützt effektiv lediglich die Macht und das Geld der Eliten. Damit steht sie in kolonialer Tradition, nur die Auftraggeber haben gewechselt. Die Methode ist gleich geblieben: die Unterdrückung der Aufbegehrenden mit dem massiven Einsatz von Gewalt (Gimode 2007: 229).

Auf dem Lande und in den Slums der Hauptstadtbezirke findet das Gewalt- und Strafmonopol des Staates nicht statt. Bei den Ärmeren füllen Selbstjustiz und bei den Reichen private Sicherheitsdienste dieses Vakuum. Von Geschäftsleuten finanzierte Vigilanten, Straßenkomitees oder einfach der Mob strafen, wo der Staat bei seiner ureigenen Aufgabe versagt (Baker 2006, 2004). Es kommt sogar vor, dass Unternehmer und Händler die Gehälter lokaler Polizei- und Militäreinheiten zahlen, damit ihr Hab und Gut wirklichen Schutz genießt (Mair 2004: 105).

3.5 Die Staaten und die internationale Gemeinschaft

Die Vorläuferorganisation der heutigen Afrikanischen Union (AU) fasste 1964 den Beschluss, keine gewaltsame Änderung der Staatsgrenzen zuzulassen. Auch die Weltgemeinschaft ist entschlossen, den Anfängen zu wehren und die nachkolonialen Grenzen zu zementieren. Bürgerkriegsparteien erlangen für gewöhnlich erst dann internationale Anerkennung, wenn sie die Hauptstadt kontrollieren. Dass der Arm der Regierung hier und dort bereits an den Hauptstadtgrenzen endet, tut dabei wenig zur Sache. Insofern stabilisiert das Verhalten der Vereinten Nationen die Fiktion afrikanischer Staaten, die so beschaffen sind wie Staaten in anderen Weltgegenden auch.

Diese Fiktion bringt nicht nur Vorteile: Kredite und Projekthilfen internationaler Organisationen und reicher Staaten unterstellen den afrikanischen Regierungen die Machbarkeit von Optionen, die weit jenseits ihrer Möglichkeiten liegen. Exemplarisch sind internationale Subsidien mit der Bedingung, der Korruption Einhalt zu gebieten. Korruption geht vom Staatsbild Europas und Nordamerikas aus. Dort darf auf das Regierungshandeln nicht der geringste Schatten des privaten Vorteils fallen. Regierungshandeln solcher Art ist in Afrika schlechterdings unmöglich (Allen 1995: 18). Die Staatsbediensteten erwarten, dass sie in amtlicher Funktion ihr lächerliches Salär aufstocken können, sei es auch nur in Gestalt des verbreiteten Wegezolls, den Polizisten und Soldaten an Kontrollpunkten erheben, um sich selbst, ihre Familie und ihre Verwandten durchzubringen (Grill 2003: 48).

4 Grundlagen des afrikanischen politischen Systems

4.1 Ethnie und Stamm

Die Ethnie, von der im Folgenden gleichbedeutend auch als Volk die Rede sein wird, ist in der afrikanischen Politik allgegenwärtig. In der afrikanischen Gesellschaft ist der Einzelne kein Individuum, wie es in der westlichen Gesellschaftswelt verstanden wird. Der Einzelne steht nicht für das hedonistische Streben nach Lustgewinn und Schmerzverlust. Vielmehr ist er Glied eines familiären Ganzen, und dieses Ganze umfasst weit mehr Glieder als die klassische Kernfamilie im europäischen Kulturkreis. Der Einzelne muss seinen Erfolg auch und gerade in materieller Hinsicht mit der Familie teilen. Selbst entfernte Familienmitglieder dürfen auf Hilfe rechnen, wenn es ihnen schlecht geht. Im größeren Maßstab erfüllt die ethnische Solidarität ähnliche Zwecke. Stellen Angehörige eines bestimmten Volkes die Elite, dürfen einige Stammesgenossen damit rechnen, Vorteile zu genießen, mögen diese auch gering ausfallen.

Die Mehrheit der afrikanischen Bevölkerung lebt heute in den Städten. In den 1930er, 1940er und 1950er Jahren zeigten sich dort Ansätze einer Klassenbildung. Wie oben erwähnt, wuchsen in dieser Zeit Parteien und Gewerkschaften auf (Herbst 1990: 200). Sonst waren die Gesellschaften noch ganz ländlich geprägt. Nach der Unabhängigkeit verkümmerten diese Ansätze einer Klassenbildung. Zwar gibt es auf dem Lande bzw. in den Dörfern und Kleinstädten immer noch eine starke Kongruenz von Ethnie und Gebiet. Die rasch voranschreitende Urbanisierung hat aber nicht etwa die Bedeutung der Ethnie, wohl aber die territoriale Dimension der Ethnizität geschwächt. Afrikaner, die auf dem Lande kein Auskommen fanden, verließen ihre Dörfer und siedelten in den Städten. Dabei kam es zur Ruralisierung und Tribalisierung der Städte. Diese wuchsen zwar explosionsartig an, allerdings nur zum kleinen Teil in Gestalt moderner Wohnbauten, Fabriken und asphaltierter Straßen. Dieses Wachstum vollzog sich in illegaler Bebauung wie überall in der Dritten Welt, die Slums aus Blech-, Holz- und Pappbehausungen entstehen ließ, die weder an die Wasser- und Abwasserversorgung angeschlossen sind noch feste Straßen besitzen.

Die Segmentierung des Staatsvolkes nach Stämmen und Sprachgruppen bildet sich in den Siedlungsmustern der Städte ab. In der kenianischen Hauptstadt Nairobi haben ländliche Kikuyu vom Mount Kenya ihr eigenes Viertel, ebenso die Ethnien der Kalenjin und Luo, um nur die größten Völker dieses Landes anzuführen (Katumanga 2005: 510). Die nigerianischen Großstädte Lagos, Port Harcourt, Kano und Ibadan beherbergen in gleicher Weise landflüchtige Migranten aus den anderen Landesteilen. Die meisten Landflüchtigen arbeiten im informellen Sektor. Sie haben also keine reguläre Beschäftigung und betätigen sich in einer prekären Selbständigkeit als Straßenhändler, Gastwirte, Marktbeschicker, Gelegenheitsarbeiter und Kleinkriminelle. Für weltanschaulich oder beruflich basierte Organisationen wie Vereine, Parteien oder Gewerkschaften bilden diese Verhältnisse denkbar schlechte Voraussetzungen.

Die Politik schmiedet Klientelen und Bündnisse, indem sie an die ethnische Identität appelliert (Tangri 1985: 33f., Oyugi 2006: 56). Die Eliten fahren Politik also auf den ethnischen Nenner herunter (Chabal/Daloz 1999: 61). Der Rekurs auf Ethnizität verringert darüber hinaus, wie Tetzlaff betont, Organisationskosten. Die Ethnie ist in den Köpfen vorhanden, sie lässt sich leicht mobilisieren (Tetzlaff 1995: 5). „Darin liegt die Attraktivität ethnischer Agitation – in ihrer leichten Verständlichkeit. Den Anderen kann man sehen, jeder kann ihn anschauen und sich sein Bild einprägen. Man braucht keine Bücher zu lesen, muss nicht nachdenken: Man muss nur schauen“ (Kapuscinski 2005: 89). Dieses Schauen zeigt umso größere Wirkung, wo sich verfeindete Völker markante körperliche Unterschiede zuschreiben. Den Massakern der ruandischen Hutu an den Tutsi fielen etliche hochgewachsene, schlanke Hutu zum Opfer. Die Hutu sind nach propagandistisch unterfütterten ethnologischen Stereotypen aus kolonialer Zeit überwiegend von kleiner, die Tutsi von vorwiegend großer Gestalt.

In Westafrika bis hinauf in die Sahelzone leben Sudanvölker. Darunter befinden sich solche mit überörtlichen Herrschaftsstrukturen, viele in der Tradition örtlicher Selbstregierung, verschiedene Sprachfamilien, einige Völker mit bäuerlicher, andere mit nomadischer Wirtschaftsweise. Islam und Christentum sowie das Festhalten an traditioneller Religion haben weitere Unterschiede entstehen lassen. Die Familie der Bantu-Völker ist im zentralen und südlichen Afrika heimisch. Ihre große Gemeinsamkeit ist die Sprache des Bantu, das in unzähligen Dialekten gesprochen wird. Auch hier findet sich ein Neben- und Gegeneinander von Ackerbau und Viehzucht. Erwähnt sei schließlich noch die Gruppe der nilotischen Völker. Sie leben im südlichen Sudan, im nördlichen Uganda und im westlichen Kenia und bilden ebenfalls eine große, vielfältig differenzierte Sprachfamilie. Sprache und Ethnie gehen nicht nahtlos zusammen. Die Luo etwa, eines der großen kenianischen Völker, sprechen eine Variante des Bantu.

Diese Vielfalt ist selektiv und teilweise kleinmaßstäblich in territoriale Grenzen eingezwängt, die von europäischen Diplomaten gezogen wurden, als sie vor über 120 Jahren in Berlin den afrikanischen Kontinent anhand schlechten Kartenmaterials und bei intensivem Gebrauch des Lineals untereinander aufteilten.

Diese historische Vorgabe produziert bis zum heutigen Tage den Grundstoff für eine Politik, die sich der Manipulation von Aussehen und Sprache bedient. Das Spiel auf der ethnischen Klaviatur funktioniert. Es bietet einen probaten Verteilungsmechanismus für die afrikanische Mangelgesellschaft. Was lange funktioniert, so behauptet die sozialwissenschaftliche Institutionentheorie, lässt einen Fundus von Daumenregeln heranreifen, mit dem sich die Dinge einigermaßen in die erwünschte Richtung lenken lassen. Dieser Fundus, so sehr seine Wurzeln auch in der kolonialen Vergangenheit liegen mögen, ist aber erst in der postkolonialen Ära zum charakteristischen Merkmal der afrikanischen Politik avanciert. Die Kolonialmächte hatten es nicht nötig, gesellschaftliche Unterstützung zu mobilisieren. In Grenzfällen genügten Befehle und Anordnungen, hinter denen die Erzwingungsmacht der Polizei und der Streitkräfte standen. Ihren afrikanischen Erben geht es anders. Sie kommen um Rückhalt zumindest in Teilen der Gesellschaft nicht herum.

Ethnien sind nichts anderes, als es Anderson von Nationen behauptet: Imagined communities (Anderson 1988). Ihr Klebstoff ist der Zusammenhalt großer und großzügig definierter Familien. Menschen gleichen Ursprungs und Brauchtums rechnen sich einer vorgestellten supergroßen Familie zu, wobei dann auch Mythen greifen, die solche Gemeinsamkeiten konstruieren (Horowitz 2000: 57ff.). Landflüchtige nehmen ihre Heimatdörfer, wie oben auch für den Orient geschildert, als sozialen Lebensraum in die Stadt mit. Sie kommen zunächst bei Verwandten unter und errichten ihre Hütten und Häuser dort, wo Menschen ihrer Herkunft und ihres Dialekts leben. Sie heiraten untereinander. Gibt es einen unter ihnen, der vermögend geworden oder auf einen gut bezahlten Posten in der Staatsverwaltung gelangt ist, unternimmt er alles, um den Verwandten einen Job zu verschaffen, die Arztkosten zu übernehmen und zur Ausbildung der Kinder beizusteuern. Handelt es sich um Familien eines Volkes, das von der Machtteilhabe ausgeschlossen ist, so mögen diese Familien gemeinsam eine Selbsthilfe organisieren, um zu überleben. Durch Wahlen, Putsch oder ausländische Intervention werden immer mal wieder die Plätze getauscht.

Die Art der Ethnizität, von der hier die Rede ist, hat mit den vorkolonialen Völkern Afrikas nichts gemeinsam. Diese hatten eine lockere Struktur, sie kannten kein festes Gebiet. Sprachlich-kulturelle Identität konkurrierte mit Klansloyalität. Die Verehrung unterschiedlicher Gottheiten und verschiedene Stammesbräuche zogen weitere Trennungslinien. Grundlegend für die vorkolonialen Stämme war die Fähigkeit, der Natur mit einer geeigneten Produktionsweise eine Existenzgrundlage abzuringen, ob als Jäger, Hirten oder Bauern (Lonsdale 1986: 142f.). Herrschafts- und Eigentumsrechte bezogen sich deshalb eher auf Menschen als auf Gebiete. Das europäische Herrschaftsbild passte nicht auf diese Situation (Tarango/Stacy/Carter 2002: 1095). Die zeitgenössische afrikanische Ethnizität hat sich um die Struktur der Verwaltungsethnie entwickelt (Nnoli 1998: 24), ein Konstrukt der Kolonialmächte (siehe oben Teil 2, 2.5).

Diese Ethnien sind eine feste Größe der afrikanischen Politik. Sie erlauben es, das soziale Umfeld nach äußerlichen Merkmalen zu sortieren. Ethnizität ist eine soziale Koordinate, sie zieht Gräben zwischen Nachbarn und Geschäftspartnern und produziert fiktive Gemeinsamkeit mit Unbekannten. In friedlichen Zeiten mag sie das Zusammenleben erlauben, in schlechten Zeiten definiert sie Sündenböcke.

4.2 Der Big Man und seine Klientel

Die Staatselite gruppiert sich um eine Figur, für die sich die Bezeichnung des Big Man eingebürgert hat. Der Big Man hat für gewöhnlich das Amt des Präsidenten inne. Die Regierungsbürokratie gehorcht seinem Willen. Ihr Hauptzweck besteht darin, seiner Familie und seinem Anhang Wohlstand zu bescheren. Dies entspricht dem Bild des neopatrimonialen Herrschers (Callaghy 1987: 89). Die engste Umgebung des Big Man besteht aus Ministern, hohen Beamten, Offizieren und den Leitern der Staatsbetriebe. Das Besondere an der afrikanischen Variante dieser Konstellation ist der Zwang zum Teilen. Ihm kann sich kein Big Man entziehen (Chabal/Daloz 1999: 38).

Es handelte sich hier lange um ein Teilen von Macht und Geld mit der eigenen Klientel, aber nicht mit den Konkurrenten. Das afrikanische Präsidialsystem bietet eine gute verfassungspolitische Deckung für den vollständigen Zugriff auf den Regierungsapparat. In den letzten Jahren mussten viele Präsidenten einen Premierminister neben sich dulden, der nicht unter ihren Fittichen groß geworden ist (siehe oben Teil 2, 3.2).

Diese Konstellation hat eine neue Konfliktquelle in der afrikanischen Politik installiert. Die Gründe liegen im Abtreten von administrativer Verfügungsmacht und im Verzicht auf Ressourcen. In einigen Regimen haben die Präsidenten aus eigenem Kalkül einen Premierminister neben sich installiert, um damit andere Parteien und Ethnien ruhigzustellen oder potenzielle Neider und Konkurrenten zu neutralisieren. Anderswo geschah dies unter dem Druck störender Umstände, etwa, um dem Ausland Liberalität zu signalisieren, oder als Preis, der früheren Feinden als Gegenleistung für die Beendigung eines Bürgerkrieges gezahlt werden musste. Doch das Pendel schlägt zurück. Vielerorts lassen sich in den letzten Jahren Jahren Präsidenten beobachten, die länger amtieren wollen, als es die Verfassungen vorsehen.

Weiter unten, in den Niederungen der einfachen Staatsbediensteten, geht es nicht um hochwertigen Konsum, wenn die Staatsgewalt zum persönlichen Vorteil gebraucht wird. Die ärmeren Verwandten eines Beamten oder verwandte Familien aus dem Geburtsort erwarten, dass er einem Familienmitglied irgendeinen Job verschafft, der ein regelmäßiges Einkommen sichert (Signer 2004: 358). Dieser Beamte wird angepumpt, oder Verwandte reklamieren seine Wohnung als günstige Bleibe, wenn sie in seine Stadt kommen (Grill 2003: 140). Für den Geldhunger dieses Umfeldes genügt der Regierungsjob häufig nicht. Das Salär wird aufgestockt, indem für jede Amtshandlung ein Preis verlangt wird. Regierungsämter werden von Freund und Feind nicht anders aufgefasst denn als Pfründe oder Präbende: als Lizenz zum Geldverdienen. Das gilt für den Minister wie für den kleinen Zollbeamten, der für ein paar Geldscheine Einfuhrdokumente abstempelt, wie auch für den Polizisten, der einkauft, ohne zu bezahlen, und der Geldbußen für nie begangene Verkehrsdelikte verhängt. Ein Verwandter dieses Polizisten mag mit seiner Hilfe wiederum die Restsumme für den Erwerb eines Taxis zusammenbekommen, das ihm bessere Verdienstmöglichkeiten verschafft als sein bisheriger Job. Der Straßenverkehr ist für Uniformierte aller Art eine wichtige Einkommensquelle: Schranke und Waffe verleihen der Zahlungsaufforderung Nachdruck (exemplarisch am Beispiel Nigerias: Hills 2008).

Auf der gleichen Stufe rangieren die zahlreichen Staatsbediensteten, die nie im Büro erscheinen, obwohl sie regelmäßig ihr Gehalt beziehen (Goldsmith 1999: 521). Das Geld, das der Staatselite zufließt, erzielt auf diesen Wegen beachtliche Sickereffekte. Es dringt, wie Bayart es ausdrückt, bis in die kleinsten und feinsten Wurzeln der Klientel, die das Regime unterstützt (Bayart 2009).

Die fernsten Ausläufer dieses Wurzelwerks sind schwächer entwickelt als die Verzweigungen an der Hauptwurzel. Sie vertrocknen zuerst, wenn die Pflanze sparsamer bewässert wird. Getreu diesem Bild beherrscht das Regime am besten die Hauptstadt und ihre Umgebung. Der dort ansässige Teil der Klientel wird am besten versorgt. Mit wachsender Entfernung zur Hauptstadt lässt die Kontrolle nach, die Mittel fließen spärlicher. Damit wächst die Wahrscheinlichkeit, dass in der fernen Provinz Netzwerke entstehen, die sich vom Regime abkoppeln. Sie werden von Provinzgouverneuren oder gar von Rebellenführern kontrolliert. Im Extremfall zerbröckelt die politische Struktur, wie im Kongo geschehen, in politische Inseln, deren größte Gemeinsamkeit darin besteht, dass sie auf der Landkarte sämtlich in den Staatsgrenzen des Kongo eingezeichnet sind (Lemarchand 2002: 392f.).

Der afrikanische Staat ist überaus anpassungsfähig. Die Strukturanpassungsprogramme der internationalen Finanzinstitutionen zwangen die Regierungen in den vergangenen Jahrzehnten – meist gegen ihren Willen – zur Privatisierung der Staatsunternehmen. Dieser Prozess wurde freilich so gelenkt, dass er die klientelistische Struktur lediglich umbaute. In undurchschaubaren Vorgängen wurden Unternehmen zu Schnäppchenpreisen an Verwandte, Freunde, Minister und Parteifunktionäre veräußert. Mit dem Wechsel von Präsident Kenyatta zu seinem Nachfolger Moi wurden in Kenia die Kalenjin-Geschäftsleute aus dem Volk Mois begünstigt. Das Kikuyu-Business, das zuvor unter Kenyatta florierte, hatte das Nachsehen. Gern werden öffentliche Unternehmen auch an ausländische Investoren verkauft. Mit asiatischen oder libanesischen Bietern kommen Außenseiter zum Zuge, die keiner afrikanischen Ethnie angehören. Sie gelten bei ihren Mitbürgern als Fremde und stellen somit eine politisch neutrale Größe dar. Deshalb können sie den Regimen auch dann nicht gefährlich werden, wenn sie ihren Reichtum mehren (Tangri 1999).

4.3 Die Familie, die Klientel und die Politik des Bauches

Afrikanische Politik ist eine Politik des Bauches (Bayart 2009). Sie verlangt spürbare materielle Effekte. Das Volk, dem der Staatschef angehört, unterstützt ihn für gewöhnlich in den häufig manipulierten Wahlen. Es erwartet dann aber auch, dass es von der Politik erkennbar besser gestellt wird. Das ist, lässt man die ethnische Einfärbung dieses Spiels einmal außer Betracht, nichts anderes als das Spiel von Do ut des, als die Erwartung jeder Klientel an ihren Patron, wie wir es in aller Welt beobachten. Es kommt aber noch ein besonderer Faktor hinzu. Die erwartete Gegenleistung ist emotional und moralisch aufgeladen. Der Behördenchef mag die Einstellung eines weniger qualifizierten Verwandten in seiner Behörde mit wenig Begeisterung vornehmen. Diese Verwandtschaft mag ihm sogar lästig oder peinlich sein. Abzulehnen könnte allerdings eine Spirale in Gang setzen, die den Ruf schädigt. Wer es zu etwas gebracht hat, muss teilen (Kapuscinski 2005: 39).

Es geht für den erfolgreichen Politiker nicht darum, abstrakte Regeln zu heiligen und nebulöse politische Generalziele zu verfolgen, deren Nutznießer sich schwer bestimmen lassen. Er muss vielmehr etwas für Personen und Familien tun, die durch die unmittelbare Anschauung bezeugen, dass der Vater der Nation Brot und Arbeit zu verschaffen versteht.

Dieses Muss hat seinen Ursprung in der afrikanischen Familie und Dorfgemeinschaft (Molt 1993: 19). Die sozialwissenschaftliche Literatur belässt es nicht bei dieser Feststellung. Sie schreibt die Bindekraft familiärer Verpflichtungen dem Einfluss afrikanischer Spiritualität selbst bei den Reichen, Mächtigen und Gebildeten zu (Grill 2003: 159). Zwar würden es die Wenigsten zugeben, sich von solchem Glauben beeinflussen zu lassen. Aber Afrikaner, mächtige Politiker nicht ausgenommen, leben nicht nur in der plastischen und zeitlichen Welt der Dinge und lebenden Wesen (Moyo 2006: 326, Chabal/Daloz 1999: 66f., 68f., Ellis/ter Haar 1998: 182). Diese Welt steht in einer schwer kalkulierbaren Wechselwirkung mit einer zweiten Welt der Verstorbenen, darunter die eigenen Ahnen. Die Vorfahren sind physisch erloschen, ihre Seelen leben aber weiter (Moyo 2006: 321ff.). Sie wollen über das Grab hinaus geehrt werden. Ihr Zorn könnte sie andernfalls dazu bringen, den undankbaren Nachgeborenen eine Lektion zu erteilen.

Die Kommunikation mit den Seelen Verstorbener ist nicht jedermanns Sache. Nur ausgewählte Personen, Schamanen und Heiler, meist seit Generationen im Besitz einschlägigen Wissens, sind befähigt, mit den Geistern zu kommunizieren (Booth 1977: 6ff.). Sie vermögen Unheil selbst auf Mächtige herabzubeschwören, die sich gegenüber dem Erbe der Vorfahren und dem Schicksal der Blutsverwandten gleichgültig zeigen (Chabal/Daloz 1999: 75ff., Bayart 2009: 233).

Wo dem Übernatürlichen Realität zugeschrieben wird, ist auch wirklich, was in rationaler Wahrnehmung übertrieben und paradox erscheint. Wo sich also zwei Ebenen vermischen, von denen die eine für den rationalen Menschen überhaupt nicht existiert, entfaltet das Gerücht große Macht. Es ist die Waffe der Ohnmächtigen. Das Gerücht greift den Nimbus der Macht an. Das „radio trottoir“, das Gerede auf der Straße, verfehlt selten seine Wirkung. Es vermischt Information und Deutung. Seine Glaubwürdigkeit wurzelt in den Personen, die „radio trottoir“ betreiben. Menschen, die weit herumkommen, Fahrer von Sammeltaxis (Kleinbussen), Lkw-Lenker und Dienstboten, die als Chauffeure, Gärtner und Köche Kontakt zu den Reichen und Mächtigen haben, genießen als Multiplikatoren einen Vertrauensbonus (Ellis/ter Haar 2004: 27ff., 39). Das charakteristische Transportmittel Afrikas im innerstaatlichen wie im grenzüberschreitenden Verkehr ist der Lastwagen. Personenautos halten der Beanspruchung durch Schlaglöcher und unbefestigte Pisten nicht lange stand. Lkw-Fahrer sind Nachrichtenbörsen und Stimmungsträger in einem.

Der äußere Rahmen der afrikanischen Politik entspricht dem westlichen Staatsmodell. Die Vorgänge, die darin ablaufen, gehorchen allerdings patrimonialer Logik (Chabal/Daloz 1999: 10). In diesem Umstand liegt ein verbreitetes Missverständnis der afrikanischen Politik. Wenn Transaktionen, die im Kontext der westlichen Kultur als korrupt und kriminell wahrgenommen werden, so normalen Charakter gewinnen, dass die Beteiligten überhaupt keinen Anlass sehen, sie zu verbergen, dann ist es wenig hilfreich, von Korruption und Kriminalität zu sprechen (Ellis 2006: 204). Normal ist ein Handeln, das sich nicht an Regeln, sondern ausschließlich an Personen und Situationen orientiert. Dem ist übrigens nicht nur in Afrika so. Von daher wäre es etwa naiv zu erwarten, dass sich die Polizei in afrikanischen Gesellschaften so verhält, wie man es in Europa oder Nordamerika erwarten würde (Ellis 2006: 205f.).

Wie eine Studie über die Sprache der afrikanischen Politik demonstriert, werden Macht und Politik mit Essen assoziiert. Der Mächtige hat immer genug zu essen, und seine Macht reicht so weit, um auch andere, die sich auf ihn verlassen, ernähren zu können (Schatzberg 2001: 26ff., 40ff.). Äußerlich drückt sich dies häufig in der Korpulenz der Mächtigen, in überschweren Limousinen und in üppigem Goldschmuck aus. Ein Problem entsteht, wenn die Anvertrauten nicht mehr genug zu Essen haben. Dann ist etwas falsch gelaufen. Womöglich drückt sich darin Unzufriedenheit in der zweiten, unsichtbaren Welt der Geister aus (Signer 2004: 28f.). Hier setzt das Gerücht an. Das eigene Elend hat seine Gründe in Verhextheit und in bösen Geistern, die sich der Mächtigen als Instrument bedienen.

Der Big Man und seine Günstlinge zeigen ostentativ ihren Reichtum (Nugent 1995: 2f.). Der Mächtige ist reich, der Reiche ist mächtig. Wer es geschafft hat, an die Spitze der Machtpyramide zu kommen, muss auch zeigen, dass er es geschafft hat. Seine Anhänger wollen sinnlich wahrnehmbare Zeichen, dass der Anführer an der Quelle sitzt (Chabal/ Daloz 1999: 42f., 80). Die noble Luxuskarosse, die Sirenen der Begleitfahrzeuge, die zahlreichen Leibwächter und Diener und die schiere Länge der Fahrzeugkolonne demonstrieren bei Überlandfahrten des Präsidenten noch in der tiefsten Provinz, dass die Macht des Big Man kein leeres Gerede ist (Jourde 2005). Gleichzeitig gibt sich der Chef artig. Er schwatzt mit einfachen Menschen in ihrem Dialekt, wenn er ihn beherrscht. Er strahlt Jovialität aus. Er will den Eindruck vermitteln, dass er aus dem einfachen Volk kommt (Grill 2003: 149ff.).

4.4 Die Opposition

Macht und politischer Erfolg legitimieren sich selbst. Machtfülle und Machtmissbrauch an sich erregen bei den Wenigsten Anstoß. Opponieren hat keinen intrinsischen Wert (Chabal/Daloz 1999: 55). Nicht nur die Mitarbeiter des Big Man kopieren den patrimonialen Stil, sondern auch die Repräsentanten des Regimes in der näheren und ferneren Provinz bis hin zum kleinen Beamten (Callaghy 1987: 95ff.).

Mit emotionalisierenden Appellen mögen die Fußtruppen einer Verliererfraktion mobilisiert werden, wenn eine Wahl ansteht (Fatton 1987/88: 254). Die Initiatoren dieser Mobilisierung kommen typischerweise nicht aus den Reihen der Armen. Es handelt sich eher um Vertreter der privilegierten Schichten, um Studenten, Parteifunktionäre, Lehrer und Anwälte. Sie gehören aus verschiedenen Gründen nicht (mehr) zu der Koalition, die das Regime trägt und von ihr profitiert (Bratton/van de Walle 1992a: 49).

Die Studierenden, vor einem halben Jahrhundert noch die politische Avantgarde der jungen afrikanischen Staaten, sind auf den Status eines akademischen Proletariats zurückgefallen. Den einst großzügig aufgebauten staatlichen Universitäten, einst Stolz der jungen Staaten, haben Misswirtschaft, Geldmangel und die Sparauflagen der internationalen Finanzinstitutionen zugesetzt. Hier bestimmen überfüllte Studentenheime, marode Bauten, Stromausfall, fehlende Mittel für Labors und Literatur, dazu noch ungewisse Aussichten auf adäquate Jobs für die Absolventen das Bild. Daneben befinden sich wenige private Hochschulen, die gut ausgestattet sind, aber nur von den Kindern der Wohlhabenden besucht werden. Im Ausland erworbene Qualifikationen gelten als überlegen. Gebildeter als der Rest der Bevölkerung, aber wie diese ohne realistische Perspektive auf ein besseres Leben, schlummert in den Studierenden ein großes Potenzial für die aktive Bekämpfung der Regime, wenn diese denn ins Wanken geraten (Zeilig 2009). Andere resignieren, sie suchen ein besseres Leben in Europa und gehen hohe Risiken ein, um auch auf auf illegalen Wegen dort Fuß zu fassen.

Wenn politische Proteste Wucht entwickeln und dann nicht selten Gewalt freisetzen, dann nur, weil sie die Armen auf den Plan rufen. Neid und Enttäuschung entwickeln Brisanz, wenn sie auf das Feindbild des Anderen, d.h. auf fremde Völker und Religionen projiziert werden. In der Anonymität des Massenprotestes kommt es zu Plünderungen, oft auch zu Pogromen gegen Menschen anderer Völker (Bratton/van de Walle 1992b: 437).

Es gibt keine guten Gründe, die Macht aus der Hand zu geben. (Allen 1995: 304). Opposition ist Sache des Verlierers. Oppositionelle würden sich nach verbreiteter Auffassung kaum anders verhalten, wenn sie selbst regieren würden. An der Spitze der Opposition rangiert häufig ein früherer Würdenträger des Regimes. Er ist in Ungnade gefallen oder hat die Zeichen des schleichenden Regimeverfalls erkannt und rechtzeitig das sinkende Schiff verlassen. Oppositionelle Parteien, die Zulauf erhalten, gedeihen am besten, wenn die gesellschaftliche Basis des Regimes bereits Risse zeigt.

Der idealtypische Big Man schiebt Menschen in seiner engsten Umgebung, mit denen er jahrelang zusammengearbeitet hat, rücksichtslos beiseite, sobald sie ihren Nutzen verlieren. Wohlmeinender Widerspruch riskiert den Ruch aufkeimenden Verrats. Ehemalige Weggefährten geben sich als Saubermänner, sobald sich abzeichnet, dass die Kontrolle des Big Man nachlässt. Dann wird das Regime als korrupt gebrandmarkt. Doch sind die Oppositionsführer erst einmal im Amt, führen sie das Regime nicht selten genau so weiter wie ihre Vorgänger (Bienen 1993: 273). Nur in personeller Hinsicht gibt es Gewinner und Verlierer.

Die meisten afrikanischen Parteien sind so strukturiert, wie sie in einer Studie der kenianischen Parteien beschrieben werden: Sie sind kaum institutionalisiert und ausschließlich in den großen Städten präsent, und sie stützen sich auf ein ethnisch basiertes Elektorat. Dies bedeutet in aller Regel auch, dass sie die Interessen einer Region repräsentieren. Der Parteiführer, meist der Parteigründer, behandelt die Partei wie sein Eigentum. Er lässt sich von anderen nicht hineinreden, wie mit seinem Eigentum umzugehen ist. Kein Parteimitglied hat die Absicht, die Partei finanziell zu unterstützen. Die regierenden Parteien werden von den finanziellen Früchten der Regierungs- und Verwaltungskontrolle alimentiert. Die Oppositionsparteien sammeln jene hinter ihren Fahnen, die bei der Staatspatronage leer ausgegangen sind. Sie erhoffen sich von einem Machtwechsel den Zugang zu den Futterstellen der Staatsverwaltung (Oloo 2007: 100ff.). Beide Seiten, Regierungs- wie Oppositionsparteien, bedienen sich der ethnischen Klaviatur, um Wir-Gefühle zu mobilisieren und den politischen Feind zu markieren (Kasfir 1987: 49ff.).

Die Masse der afrikanischen Bevölkerung arbeitet im informellen Sektor, und das heißt: Sie lebt von Gelegenheitsarbeit, kennt keine reguläre Beschäftigung und Bezahlung und genießt keinerlei soziale Absicherung. Zu den Privilegierten gehören bereits – wie überall in der Dritten Welt – Arbeiter und Angestellte, die ein festes Gehalt beziehen. Traditionelle Strukturen wie die Großfamilie und der Klan fangen die Einkommens- und Beschäftigungslosigkeit ein Stückweit auf. Wo sie nicht existieren, hauptsächlich in den wuchernden Städten des Kontinents, gedeiht als Überlebensstrategie die Kriminalität.

Wenn es darum geht, mit existenziellen Bedrohungen umzugehen, hat das Ausweichen in Afrika Tradition. Sie reicht weit in die vorkoloniale Zeit zurück. Dies hat sich auch im nachkolonialen Staat nicht geändert. Wie Bates zeigt, werden Steuern überhaupt nur akzeptiert, wenn sie mit einem greifbaren Gegenwert quittiert werden (Bates 1977: 346). Der Staat wird als ausschließlich nehmende, aber nicht als gebende bzw. leistende Instanz wahrgenommen. Dahinter stehen aber nicht einfach das Unwissen und das Misstrauen parochialer Gemeinschaften gegenüber der Außenwelt, sondern handfeste Erfahrung. Wie Schatzberg aus dem ländlichen Kongo (damals noch Zaire) berichtet, pressen Polizisten und Beamte, die aus einer fremden Ethnie rekrutiert werden, Steuern aus den Bauern der örtlichen Ethnie heraus, so dass hier allein schon das Moment der Fremdheit, das die Staatsvertreter repräsentieren, Feindschaft und Verweigern provoziert (Schatzberg 1980/81). Händler und Bauern beantworten das Handeln korrupter Beamter und Polizisten mit Ausweichen und Täuschen. Sie quittieren unzureichende Preise für Agrarprodukte mit dem Rückzug aus der formellen Ökonomie und betätigen sich auf informellen „countermarkets" (Fatton 1992: 82f.). Sie schmuggeln, verkaufen unter der Hand und organisieren den ökonomischen Austausch in der Weise, dass sie mit Behörden möglichst überhaupt nicht in Berührung kommen (Clapham 1996: 72).

Für die große Zahl der Zukurzgekommenen ist die Gemeinschaft mit Ihresgleichen überlebenswichtig. Der Staat lässt sie im Stich. Aber es gibt Wege, um seine Leistungen hier und dort zu substituieren. Die afrikanischen Megastädte entpuppen sich bei näherem Hinsehen als eine Ansammlung von Slums, deren jeder eine eigene Welt darstellt. In den Städten lässt sich besser überleben als in den von Krieg und Naturkatastrophen betroffenen Landgebieten, wo dem Boden mühsam ein Ertrag abgerungen werden muss. In solchen Vierteln siedeln in der Regel Menschen der gleichen Sprache, der gleichen Ethnie und der gleichen Religionsgemeinschaft. Sie bewegen sich folglich in einer Umgebung mit geringen kommunikativen Barrieren. Nicht überall, aber vielfach funktioniert in dieser Umgebung auch eine gewisse Solidarität. Man hilft sich. Nachbarn und Wortführer sind bei der Suche nach einer Beschäftigung behilflich. Sie geben Tipps, wie man den Behörden aus dem Wege geht oder mit einem kleinen Bestechungsgeld das Gewünschte erreichen kann. Weder der Big Man noch seine Helfershelfer haben ein Interesse, diese Gemeinschaften anzugreifen. Sie stören ihre Kreise nicht.

4.5 Die Internationalen Finanzinstitutionen

Die meisten afrikanischen Länder sind hochverschuldet. Sie empfangen im großen Umfang Gelder für Armutsbekämpfung und Wirtschaftsförderung. Die wichtigsten Ursachen dieser Situation sind die Abhängigkeit von den Weltagrarpreisen und die Ausbeutung der Regierungsapparate für die Versorgung einer weit verzweigten Klientel.

Seit Beginn der Unabhängigkeit springen die Internationalen Finanzinstitutionen (IFIs), der Internationale Währungsfonds und die Weltbank, ein, um die Einnahmenlücken der Staaten zu schließen. Der Währungsfonds vergibt Kredite. Die Weltbank finanziert Entwicklungsprojekte, ihr Generalziel ist die Armutsbekämpfung. Beide Institutionen befinden sich unter dem Dach der Vereinten Nationen. Sie arbeiten nach Entscheidungsregeln (Einlagen, Stimmrechte), die den stärksten Volkswirtschaften die Kontrolle zusprechen, darunter den USA, Deutschland, Frankreich, Großbritannien und Japan.

Die IFIs sind bedeutsame, ja lange waren sie maßgebliche Akteure der afrikanischen Politik, teilweise sind sie es heute noch. Bis in die 1980er Jahre hinein wurden Entwicklungsprojekte und Kredite großzügig gehandhabt. Repression, Verschwendung und andere Formen der Misswirtschaft störten die Geber nicht weiter. Die weltpolitische Konkurrenz des Westens mit der Sowjetunion hatte Priorität. Man brauchte verbündete Staaten und ihre Stimmen in den Vereinten Nationen. Mit gelegentlichen Freundschaftsgesten in Richtung der sozialistischen Staaten erinnerten afrikanische Staatschefs daran, dass die Positionierung im Lager des Westens ihren Preis hatte. Entwicklungsprojekte und Kredite finanzierten die Klientel des Patrimonialstaates mit.

Mit dem Ende der weltpolitischen Lagerkonkurrenz schlugen die IFIs eine härtere Gangart an. Kredit- und Projektfinanzierungen wurden stärker an Konditionen gekoppelt. Im Taumel der Erwartung, mit dem Zusammenbruch des realen Sozialismus sei das maßgebliche Hindernis auf dem Weg zu einer weltumspannenden Demokratisierung beiseite geräumt, lauteten die Eckpunkte der Geberkonditionen nunmehr auf freie Wahlen, Abbau der Staatswirtschaft und Good governance bzw. Korruptionsbekämpfung. Dieser Dreiklang drückt den American creed aus: Politische Konkurrenz, Markt und politikfreie Verwaltung setzen ganz von selbst genügend Dynamik frei, um gutwillig regierte Gemeinwesen aus Verschuldung und Armut herauszuführen.

Währungsfonds und Weltbank stellten fortan auf die Politik der strukturierten Konditionalität um: Für jedes hilfsbedürftige Land wurde ein Programm mit Bedingungen vorgeschrieben, die erfüllt sein mussten, um Hilfsmaßnahmen genehmigt zu bekommen und ihre Fortführung zu sichern. Den meisten afrikanischen Regierungen blieb nichts anderes übrig, als sich darauf einzulassen. Komplizierte Pläne wurden entwickelt. In den Empfängerstaaten wurden Projektmanager installiert, um die Einhaltung der Geberauflagen zu gewährleisten. Die Ergebnisse dieses Kurswechsels waren durchwachsen. Hier und dort destabilisierten sie die Regime, weil Wahlen und Oppositionsparteien zugelassen wurden. Diese Maßnahmen täuschten zumeist aber lediglich darüber hinweg, dass sich der Primat der Regimesicherung neue Formen suchte. Die Privatisierung der Staatsvermögen veränderte lediglich die klientelistischen Praktiken (siehe oben Teil 2, 4.2).

Nicht kausal, aber zeitlich fiel dieser Kurswechsel mit einer internationalen Schuldenkrise zusammen. Selbst bedeutende Schwellenländer wie Argentinien oder Brasilien waren in den 1980er Jahren nicht mehr in der Lage, ihre Kredite zu bezahlen, von den ärmeren Ländern ganz zu schweigen. Die Führungsgremien der IFIs entwickelten deshalb eine globale Strategie für die Lösung der Schuldenkrise.

Gemeinsam verabschiedeten Währungsfond und Weltbank 1986 den Brady-Plan, der in groben Zügen eine neue Strategie absteckte. Der Washington-Konsens präzisierte die künftige Richtung der Kreditvergabe. In Washington tagte 1990 eine Ökonomenkonferenz, um die Schuldensituation in Lateinamerika zu bewerten. Länder wie Argentinien, Brasilien und Mexiko standen damals im Zentrum der Sorge um den Zusammenbruch des internationalen Kreditsystems. Im Einzelnen lief der Konsens auf ein Anreizprogramm für die folgenden Ziele hinaus: (1) Haushaltsdisziplin, (2) Steuerreformen/Steuersenkungen, (3) Konzentration der Staatsaufgaben auf Bildung, Gesundheit und Infrastruktur, (4) Zinsniveau entsprechend den Marktbedingungen, (5) Anpassung der Wechselkurse, (6) Liberalisierung des Außenhandels, (7) Öffnung für ausländische Direktinvestitionen, (8) Bürokratieabbau und Deregulierung sowie (9) Schutz des Privateigentums.

Die Weltbank formulierte 1992 ihr Augenmerk für die Bewertung der Hilfsadressaten wie folgt: a) Fragen des Regimes, demokratisch oder autoritär, b) wirtschaftspolitische Prozesse, c) Formulierung und Implementierung von Gesetzgebung und Verwaltung. In Fragen der Verfassungsgestaltung wollte sich die Weltbank nicht einmischen (Campbell 2001: 156f.).

Die IFIs vertrauten jetzt nicht mehr darauf, dass die Schuldnerländer selbst willens und in der Lage waren, verantwortlich mit Krediten und Projektgeldern umzugehen. Das erwünschte Verhalten der Empfängerländer sollte erzwungen werden. In den Folgejahren brach eine Blütezeit der Wirtschaftstechnokraten an. Mit ihrem Wissen vom Funktionieren hochkomplexer Volkswirtschaften schrieben sie Rezepte vor, wie im befreiten Osteuropa die Marktwirtschaft fabriziert und in Afrika, Asien und Lateinamerika Hunger, Missmanagement und Verschuldung abgebaut werden sollten.

Das Programm der IFIs sollte sich in Osteuropa als erfolgreich erweisen. Dort gab es jedoch einigermaßen effiziente Staatsapparate, die umgebaut und in die erwünschte Richtung gelenkt werden konnten. Mit Privatisierungsprogrammen und kompetenter Beratung entstand dort eine Klasse von Investoren. Die unmittelbare Nachbarschaft der Europäischen Union trug maßgeblich zum Gelingen dieser Operation bei. Die Eckpunkte dieses Programms wurden auch auf Afrika angewandt.

Schon auf den ersten Blick wird aber deutlich, dass Afrika kein taugliches Objekt für solche Reformen war. In Afrika gab und gibt es weder funktionierende Staatsapparate noch ließen sich der Subventionsabbau und der Verkauf von Staatsbetrieben ins Werk setzen, ohne dass die Regime am Ast gesägt hätten, der sie überhaupt trug (Makinda 1996: 567ff.).

An der Oberfläche postulierten die Forderungen der IFIs die Nicht-Intervention in die Innenpolitik der Empfänger. Sie kamen aber gar nicht umhin, genau dies zu tun. Viele Scheinblüten einer Demokratisierung im Afrika der 1990er Jahre hatten ihren Ursprung in den Unvereinbarkeiten des neopatrimonialen Regime mit den auf demokratische Reformen ziehenden Geberkonditionen der IFIs.

Die Strukturanpassungsprogramme werden von Fachökonomen ausgehandelt und überwacht. Ökonomen denken nicht anders als Banker und die Finanzvorstände großer Kapitalgesellschaften in quantifizierbaren Größen. Wie Best für den IWF zeigt, zählen weiche Argumente, d.h. Hinweise auf Kultur und Historie, nicht viel, während sie über den Erfolg oder Misserfolg von Programmen tatsächlich mehr besagen als blanke Daten (Best 2007: 481f.). Wie Hanlon am Beispiel Mosambiks illustriert, ist das örtliche Monitoring-Personal der Geberinstitutionen weder in der Lage noch willens, die Probleme und Missstände anzusprechen, denen sie im Alltag begegnen. Für die Karriere des IFI-Personals ist es wichtiger, Positives zu berichten als Unerfreuliches – ein bürokratietypisches Phänomen. Die Mitarbeiter verweilen nur wenige Jahre in den Empfängerländern und positionieren sich dort für den Aufstieg in der Institution oder für eine nächste und attraktivere Auslandsstation (Hanlon 2004: 457).

Nach bald zwei Jahrzehnten Erfahrung mit den Strukturanpassungsprogrammen ist Ernüchterung eingekehrt. Die Weltbank teilte 2005 mit, sie werde künftig auf Politikvorgaben an die Empfängerländer verzichten. Es komme vielmehr darauf an, die Armut in allen ihren örtlichen Erscheinungsformen zu bekämpfen. Dies lasse sich ohne die Mitwirkung der Betroffenen nicht leisten. An der bisherigen Praxis dürfte dies nicht viel ändern (dazu das Beispiel Tansania: Holtom 2007). In ihrem Positionspapier konzedierte die Weltbank, es gebe kein Allheilmittel, das sich für alle bedürftigen Länder als Remedur zur Armutsbekämpfung eigne. Vielmehr müsse eine auf Entwicklungsfortschritte gerichtete Politik a) stärker die jeweiligen kulturellen Gegebenheiten, berücksichtigen, b) an die historische Entwicklung anknüpfen und c) mit einem interdisziplinären Ansatz operieren.

Diese scheinbare Abkehr vom Technizismus einer makroökonomischen Beurteilung krankt daran, dass sie Geschichte und Kultur wie objektive Gegebenheiten und nicht als soziale Konstrukte behandelt. Jetzt wurden nicht nur die Ökonomie, sondern auch Kultur und Geschichtsverlauf zur Aufgabe eines Sozialingenieursvorhabens. Der IWF trug dem nachgebesserten Washington-Konsens Rechnung, indem er die Liste der Kreditvorgaben für die Empfänger verdoppelte und noch detaillierter fasste (Maseland/Peil 2008).

In den IFIs führen mittlerweile die Finanzminister der wirtschaftsstärksten Staaten die Regie. Ganz wie die operativen Manager der IFIs handeln sie nach ökonomischer Rationalität. Ihre Gegenspieler, die Entwicklungshilfeministerien der reichen Staaten, die NGOs und die Regierungen der Empfängerstaaten stehen demgegenüber in einer schwachen Position (Sumner 2006).

Betrachten wir nun die Empfängerseite. Sie ist auf das Geld der Geberinstitutionen dringend angewiesen und kann gar nicht anders, als ihnen ein gehöriges Stückweit entgegenzukommen. Die Profiteure der autoritären Systeme Afrikas werden kaum ihren sicheren Niedergang riskieren, indem sie sich so verhalten, wie es die Konzepte des Good government und die minimalistische Rolle des Staates verlangen. Das Ergebnis sind Katz-und-Maus-Spiele (Szeftel 2000b: 428). Die Empfänger richten eine neue Fassade auf, hinter der sie möglichst viel von dem konservieren, was ihr Regime stabil hält: Pfründenwirtschaft, Klientelpflege und politische Ressourcenlenkung (Bayart 2000: 259). Exemplarische Beispiele dafür bieten Kenia und Tansania (Kjaer 2004). Selbst zwei Musterschüler der IFIs wie Ghana und Uganda gehorchten Zwängen und waren bei weitem keine intrinsisch motivierten Reformer (van de Walle 2001a: 186). Vielfach wurden nicht etwa die Ausgaben für die klientelrelevante Staatsbürokratie reduziert, wie es die Grundsätze der Weltbank vorsehen, sondern vielmehr diejenigen für Bildung, Gesundheit und Infrastruktur (van de Walle 2001: 111).

Die im Zuge dieser Entwicklungen errichteten Fassadendemokratien schmücken sich inzwischen gern mit der Oberfläche einer pluralistischen Parteienlandschaft. Selbst Putschoffiziere gründen eine Partei und lassen wählen, wenn die Bedingungen der Wahl soweit eingerichtet sind, dass oppositionelle Kandidaten keine Chance auf die Mehrheit haben. Die staatlich organisierte Repression findet weiterhin statt. Einige Regime tarnen sie als private Gewalt. Scheinbar private Gangs und Milizen erledigen die schmutzige Arbeit. Polizei und Militär halten sich im Hintergrund (für Kenia und Ruanda: Roessler 2005).

Staatsbetriebe und halbstaatliche Einrichtungen werden nach den Vorgaben der Anpassungsprogramme privatisiert. Aber den Zuschlag bekommen Bieter, die bereits Stützen der Regime sind oder die es werden, sobald sie den Zuschlag erhalten (für Sambia: Larmer 2005). Für das Schaufenster werden Dienststellen zur Bekämpfung der Korruption eingerichtet. Korruption ist ein westliches Konzept. In Afrika ist sie der Klebstoff, der die Regime zusammenhält (Szeftela 2000: 298f.). Kommen die Korruptionsermittler den führenden Figuren des Regimes zu nahe, werden sie zurückgepfiffen (für Uganda und Mosambik: Tangri 2006, Hanlon 2004).

Bei der Ausbeutung ihrer Öl- und Erzvorkommen haben sich viele Länder auf Public-private partnerships eingelassen. Aber die Partner bestehen vielfach auf Steuerprivilegien, die den beabsichtigten Einkommenseffekt neutralisieren (Dansereau 2005). Programme, die auf Ertragsanreize setzen, um Bauern zur Produktion exportfähiger Güter anzuhalten, anstatt ihnen Festpreise für den Aufkauf ihrer Ernten anzubieten, bewirken häufig das Gegenteil. Die Bauern ziehen sich auf die Subsistenz zurück oder sie geben auf, weil es ihnen an Kapital für erfolgversprechende Produktionsbedingungen fehlt. In aller Regel haben sie keine Reserven, um Perioden des Preisverfalls zu überstehen (Bryceson 2004: 618ff.). So kommt es dazu, dass alte Probleme nicht gelöst und sogar neue in die Welt gesetzt werden.

Die Schulden- und Armutsbekämpfung der IFIs greift den Kern der afrikanischen Politik als Ausdruck der Eliten- und Klientelversorgung und des ungeschmälerten Machtzugriffs an (Mair 2004: 105). Vor diesem Hintergrund wurde China für afrikanische Regierungen ein attraktiverer Partner als die IFIs, die EU oder die USA. Der Rohstoffbedarf des chinesischen Marktes wird in wachsendem Maße in Afrika befriedigt. Beijing vergibt großzügig Kredite. Auf Geberauflagen wie Demokratie, Good governance und Beachtung der Menschenrechte verzichtet die chinesische Regierung. China selbst geriert sich bei Bedarf als Glied der Dritten Weltt. Es unterstützt afrikanische Regime in den Vereinten Nationen, wenn dort Kritik laut wird (Tull 2007).

China stellt nicht nur Kredite bereit, auch chinesische Firmen operieren in Afrika, doch keineswegs ausschließlich staatsnahe Konzerne, sondern auch zahlreiche Privatfirmen. Wie ihre europäischen und US-amerikanischen Konkurrenten machen sie von der Marktöffnung Gebrauch, die überhaupt erst von den Auflagen der Internationalen Finanzinstitutionen erzwungen worden ist (Kragelund 2009). Die Einfuhr chinesischer Billigprodukte für den Bedarf des täglichen Lebens bedroht zwar afrikanische Produzenten. Bei den Eliten und Profiteuren kommt die Rohstoffrente jedoch ohne große Abstriche an (Klare/ Volman 2006). Chinesische Unternehmen kaufen sich nicht nur in in die Öl- und Rohstoffförderung Afrikas ein. Sie finden auch wachsendes Interesse am landwirtschaftlichen Potenzial des Kontinents. Landkauf, Experimente mit dem Anbau in China nachgefragter Pflanzen, Verträge mit afrikanischen Produzenten und hier und dort auch chinesische Bauern, die sich in Afrika niederlassen – China, das tagtäglich seine knappe landwirtschaftliche Anbaufläche für den Bau von Industrienanlagen, Wohnungen und Straßen opfert, plant für die Ausdehnung seiner Ernährungsbasis jenseits der eigenen Grenzen (Brutigam 2010). Hier und dort zeichnet sich bereits ein kleiner Clash of cultures zwischen den unterschiedlichen Wirtschaftsmentalitäten ab. Aber das Phänomen „China in Afrika“ ist noch zu jung, um daraus bereits feste Strukturen herauszulesen.

5 Kamerun

5.1 Die Entscheidung für den schnellen Weg in die Unabhängigkeit

Die Ursprünge Kameruns gehen auf die gleichnamige deutsche Kolonie zurück. Der südliche Teil der Kolonie wurde für die Plantagenwirtschaft bestimmt. Die dort lebenden Völker wurden christlich missioniert. Wie in den benachbarten Kolonien ging die Inbesitznahme mit Zwang, Reglementierung und Vertreibung einher. Der muslimische Norden Kameruns wurde von der Kolonialmacht kaum behelligt. Die dort lebenden Fulbe-Völker, die von Weidewirtschaft lebten, blieben bei ihrer Lebensweise. (Für die Fulbe sind mehrere Namen in Gebrauch, auch Fulani und Peul.) Die deutsche Kolonialverwaltung praktizierte dort eine Art Indirect rule. Kolonialwirtschaftlich war diese Region, die weit nach Zentralafrika hineinragt, ohne Belang. Darüber hinaus sprach die große Entfernung zur Küste gegen aufwändige Investitionen in eine Infrastruktur.

Kamerun wurde 1919 als Mandatsgebiet des Völkerbundes an Frankreich und Großbritannien übertragen. London übernahm den westlich gelegenen kleineren, Paris den restlichen größeren Teil, etwa vier Fünftel der Gesamtfläche. Britisch-Kamerun wurde künftig von Nigeria aus mitverwaltet. Dieser Umstand und die rege Zuwanderung aus Nigeria rückten es nahe an den Zuschnitt der westafrikanischen britischen Kolonien heran.

Anknüpfend an die deutsche Kolonialpolitik, forcierte die französische Mandatsmacht die Plantagenwirtschaft: Kakao, Palmöl und Kolanüsse. Die verkehrliche Infrastruktur wurde verbessert und das Mandatsgebiet mit den angrenzenden französischen Kolonialgebieten verbunden. Dessen ungeachtet blieben der christianisierte Süden und Südosten das Zentrum der auf den Export gerichteten wirtschaftlichen Aktivität.

Die Trennung Kameruns von Frankreich verlief holprig. Die für die Unabhängigkeit eintretenden Afrikaner wollten eine rasche und radikale Trennung. In den 1950er Jahren kam es zu ausgedehnten Aufständen. Zwar widersetzte sich Frankreich nicht mehr, nachdem erst die Einsicht gereift war, das Kolonialimperium lasse sich nicht mehr halten. Es wollte die Unabhängigkeit aber zu seinen Bedingungen. Zunächst wurde dem Gebiet die Selbstverwaltung in inneren Angelegenheiten eingeräumt.

Als Premierminister im Übergang zur Unabhängigkeit sah Frankreich 1957 zunächst den Politiker André-Marie Mbida vor. Er wurde den Erwartungen der Kolonialmacht nicht gerecht. Noch sah er die Kolonie nicht reif für die Unabhängigkeit. Er wünschte eine längere Übergangsphase, um in dieser Zeit geeignete Landsleute gründlich auf die künftigen Regierungsaufgaben vorzubereiten. Paris wollte aber die baldige Unabhängigkeit, um eine unerfahrene Elite anzuleiten und auf profranzösischem Kurs einzusteuern. Mbida verärgerte nicht nur die Mandatsmacht. Er verärgerte auch seine Mitstreiter, denen es nicht schnell genug damit gehen konnte, die komplette Ämtergarnitur eines unabhängigen Staates zu übernehmen. Die Mandatsmacht ersetzte den unbequemen Mbida durch Innenminister Ahmadou Ahidjo. Er hatte sich bereits bei der Niederschlagung antikolonialer Aufstände als Wahrer französischer Interessen empfohlen (dazu und zum Folgenden: Tonah 2003). Unter Führung Ahidjos erlangte Kamerun 1960 die Unabhängigkeit.

5.2 Das neopatrimoniale System integriert die ethnischen Eliten

Die wichtigsten landwirtschaftlichen Ressourcen konzentrieren sich im kleinen Südwestzipfel des Landes. Dort leben zahlreiche kleine und kleinste Völker. Besondere Bedeutung besitzen die Bamiléké. Sie stellen mit zehn Prozent der kamerunischen Gesamtbevölkerung die größte einzelne Ethnie des Landes. Die Bamileké gliedern sich in etwa hundert Klans. Sie spielen eine herausragende Rolle im Geschäftsleben Kameruns. Die Fulbe-Völker im Norden des Landes besitzen, ähnlich wie Hausa und Fulbe im benachbarten Nigeria, eine hierarchische Struktur. Ihre Könige bzw. Emire genießen traditionell große Autorität.

Ahidjo war ein Muslim aus dem Norden Kameruns. Als letzter Premierminister des Mandatsgebiets und erster Präsident Kameruns konzedierte er Frankreich weitgehende Mitbestimmungsrechte in der Währungs-, Außen- und Verteidigungspolitik. Ganz im Sinne Frankreichs trat er entschieden für die Wiedervereinigung mit Britisch-Kamerun ein. Als das Mandatsgebiet unabhängig wurde, beherrschte Ahidjo die politische Szene. Freunde wie auch frühere Gegner konnten damit leben. Ahidjo erkaufte ihre Loyalität, indem er sie an der Regierung beteiligte. Er trug damit auch dem ausgeprägten ethnischen Pluralismus und dem Nebeneinander christlicher und muslimischer Völker Rechnung.

Das Wahlsystem war schon für die ersten Wahlen nach der Unabhängigkeit so präpariert worden, dass Ahidjos Partei auch im Südwesten gewinnen konnte, wo er als Muslim aus dem Norden wenig Unterstützung erwarten durfte. Die Wahlverlierer nahmen auch dies hin. Sie wurden weiterhin mit Privilegien und hohen Staatsämtern abgefunden. Ahidjo erwies sich als virtuoser Manager dieser komplizierten Gesellschaft. Dank der stark reglementierten Volkswirtschaft gab es gute Gelegenheiten, sich in staatlichen Unternehmen und Wirtschaftsbehörden zu bereichern, ins Geschäftsleben zu wechseln und politisch-kommerzielle Netzwerke zu bilden. An der Spitze dieser pyramidal strukturierten Netzwerke stand der Präsident selbst. Diejenigen Oppositionspolitiker, die sich nicht kaufen ließen, landeten unter allerlei Vorwänden im Gefängnis (LeVine 2004: 215).

In Britisch-Kamerun hatte sich der Politiker Emmanuel Endeley zunächst für das Projekt der Vereinigung mit Französisch-Kamerun stark gemacht. Als er jedoch Premierminister eines zweiten unabhängigen Kamerun wurde, rückte er davon ab. Dennoch votierte die Bevölkerung des ehemaligen Britisch-Kamerun in einer Volksabstimmung 1961 für die Vereinigung mit dem früheren französischen Mandatsgebiet.

Das nunmehr vereinte Kamerun erhielt zunächst die Gestalt einer Föderation. Ahidjo peilte als nächstes Projekt die Umwandlung in den Einparteistaat an. Dafür gewann er auch Endeley. Er stellte ihm eine machtvolle Position in der künftigen Staatspartei in Aussicht. Dieses Versprechen wurde nicht eingelöst. Endeley war zu gefährlich. Er hatte schon einmal die Macht eines Regierungschefs geschmeckt. Um aber die anglophone Elite zu gewinnen, wurden frühere Weggefährten Endeleys für ihre Unterstützung des Projekts mit Patronage belohnt.

Das 1966 eingerichtete Einparteisystem wurde damit gerechtfertigt, Parteienkonkurrenz führe nur dazu, dass sich die zahlreichen Völker des Landes im Dauerstreit ethnischer Parteien entzweiten. In einem folgerichtigen nächsten Schritt wurde die Föderation 1972 aufgelöst und von einer zentralistischen Staatsverwaltung abgelöst. Zehn Jahre später trat Ahidjo aus Alters- und Krankheitsgründen vom Amt des Staatspräsidenten zurück.

5.3 Ethnische Ausgrenzung und Repression modifizieren das Regime

Paul Biya amtierte seit 1982 als Ahidjos Nachfolger. Mit ihm gelangte ein Vertreter der christlichen Völker des südlichen Kamerun an die Staatsspitze. Ahidjo selbst hatte ihn zum Nachfolger bestimmt. Die Einsetzung des Nachfolgers sollte Ahidjo eigentlich nur vom Vorwurf entlasten, durchweg seine muslimischen Landsleute zu begünstigen. Es war keineswegs vorgesehen, Biya mit der Machtfülle des Vorgängers auszustatten. Deshalb behielt Ahidjo den Vorsitz der Einheitspartei bei. Aus dieser Position heraus gedachte er weiterhin die erste Geige im Regime zu spielen. Doch Biya ignorierte diese Regieanweisung und kopierte die Rolle seines Vorgängers. Aus dem französischen Exil übte Ahidjo 1983 heftige Kritik am Nachfolger. Offenbar gedachte er den Teilrückzug von der Spitze des Regimes zu korrigieren. Doch diese Rechnung ging nicht auf. Es kam zum Machtkampf. Ahidjo wurde nun auch als Parteichef von seinem Nachfolger abgelöst. Noch 1983 wurde Ahidjo in Abwesenheit unter Hochverratsanklage zum Tode verurteilt, anschließend aber begnadigt. Seine Anhänger im Lande wurden mit Repressalien überzogen (Bayart 2009: 44f.).

Biya löste 1984 die präsidiale Schutztruppe auf und versetzte die Bewaffneten zur Armee. Die Truppe verweigerte den Gehorsam und wandte sich gegen den Präsidenten. Sie war ein handverlesenes Instrument Ahidjos, der sie ausschließlich aus den Völkern seiner nordkamerunischen Heimat rekrutiert hatte. Der Putschversuch scheiterte, weil Biya rechtzeitig Wind bekommen hatte. Biya hegte fortan Misstrauen gegen die Völker der Fulbe. Ihre Stammesorganisation und die Privilegien ihrer Fürsten wurden zwar nicht angetastet. Doch eine neue Verwaltungsstruktur überlagerte ihren traditionellen politischen Einfluss. Biya führte sonst die Praxis seines Vorgängers fort, potenzielle Rivalen und Unzufriedene durch die großzügige Bedienung mit Staatspatronage zu neutralisieren. Stärker als Ahidjo bediente ersich aber der Repressionsklaviatur (LeVine 2004: 216).

5.4 Die innenpolitische Pazifizierung durch Elitenbeteiligung gelangt an ihre Grenzen

Das Regime geriet Anfang der 1990er Jahre in den Strudel der weltpolitischen Veränderungen. Auch Biya kam nicht länger umhin, sich auf kompetitive Wahlen einzulassen. Diesen Prozess dirigierte er in bewährter Manier, indem er den Oppositionsführern hohe Staats- und Verwaltungspositionen in Aussicht stellte (LeVine 2004: 279). Die allgemeine Unzufriedenheit mit dem Regime war inzwischen aber zu groß geworden. Da die Parteien als Alternative versagten, entlud sie sich häufig in gewaltsamen Demonstrationen. Auf diese Unruhen reagierte das Regime mit aller Härte. Wir beobachten hier also weiterhin eine Kombination beider Gangarten: Integration der oppositionellen Führungspersonen und Repression für den Massenprotest. Nachdem sich Biya noch 1990 auf halbwegs offene Wahlen eingelassen hatte, wurden die nachfolgenden Wahlen wieder massiv manipuliert. Seit 1997 werden die Präsidentschafts- und Parlamentswahlen von den Oppositionsparteien boykottiert.

Das ehemals britische Kamerun erwies sich als hartnäckigste Quelle der Opposition. Dort sah sah man sich vom frankophonen Landesteil an die Wand gespielt. Die Versiertheit im Französischen bestimmte ungeachtet der offiziellen Zweisprachigkeit Erfolg in der Geschäftswelt und beim beruflichen Aufstieg. Den Menschen im „britischen" Kamerun stehen die Verhältnisse im benachbarten Nigeria vor Augen. Dort haben sich englische Verkehrssprache, englischsprachige Schulen und andere Residuen der britischen Zeit gehalten und praktikable Synthesen mit der postkolonialen Gesellschaft gebildet. Darüber hinaus halten zahlreiche nigerianische Arbeitsmigranten und die porösen Grenzen zum Nachbarstaat die Anglophonie lebendig (Konings 2005). Biya versuchte die Wogen der Unzufriedenheit zu glätten, indem er einen anglophonen Politiker zum Premierminister ernannte. Im Jahr 2002 konzedierte er den anglophonen Parteien darüber hinaus noch sechs Ministerposten. Die Massenproteste in der Region kamen dennoch nicht zum Stillstand.

Kamerun zählt seit den 1980er Jahren zu den afrikanischen Ölproduzenten. Das Öl liegt in der geologischen Zone des Golfs von Guinea, die auch vom benachbarten Nigeria ausgebeutet wird. Im Öl verfügt Kamerun heute über eine stabile Einnahmequelle. Die Ölrente wird hauptsächlich von den Amtsträgern des Regimes konsumiert. Dank der Elitenpazifierung durch Versorgungs- und Bereicherungsangebote hat sich die Staatsverwaltung zu einem gigantischen Apparat aufgebläht.

Selbst der Ölverkauf genügt heute nicht mehr, um den Appetit der Staatsklientel zu befriedigen. Um zusätzliche Mittel zu beschaffen, gab die Regierung 80 Prozent der Waldbestände zum Abholzen frei. Wie in Nigeria ächzt die Masse der Bevölkerung unter hohen Benzinpreisen. Sie belasten vor allem das Transportgewerbe und den Nahverkehr. Das regimefromme Parlament gestand Biya 2008 eine von der Verfassung nicht vorgesehene weitere Amtszeit zu (Perras 2008). Die Aussicht auf weitere Jahre in ausweglos erscheinender Armut und mit steigenden Lebenshaltungskosten entlud sich Anfang 2008 in gewaltsamen Massenprotesten. Ihre Zerstörungskraft traf mangels anderer ungeschützter Objekte Schulen und Bildungseinrichtungen, die von den Kindern der Privilegierten besucht werden.

Das ethnische Moment ist in der kamerunischen Politik bisher nicht sonderlich stark hervorgetreten. Die jahrzehntelang praktizierte Kooptation ethnischer Eliten tut ihre Wirkung. Für die Interessen derer, die angeblich von ihnen vertreten werden, ist damit nichts gewonnen. Das politische Geschehen gleicht einem Elitenkarussel. Die Masse der kamerunischen Völker lebt weiterhin in Armut und Perspektivlosigkeit. Dem Widerspruch von unten bleibt kein anderes Ventil als der spontane und gewaltsame Massenprotest.

6 Nigeria

6.1 Nigeria als Patchwork disparater Teilgesellschaften

Die britische Kolonie Nigeria wurde 1914 aus dem Zusammenschluss dreier separater Kolonien gebildet. Für London war Nigeria ein Experimentierfeld der Indirect rule. Die koloniale Föderation Nigeria bestand aus drei großen Gebieten. Im Norden Nigerias leben die Völker der Hausa und Fulbe. Erstere sind Bauern und sesshafte Viehzüchter, Letztere ein kleines Nomadenvolk. Fulbe überschreiten im Wanderungszirkel die politischen Grenzen im Sahelraum. Hausa und Fulbe sind Muslime. Recht spät, erst im 19. Jahrhundert, nahm dort nach der Herrenschicht auch die Masse der Bauern und Nomaden den Islam an. Der Islam verbreitete sich als ein sufischer Islam, der sich mit den Ausdrucksformen afrikanischer Spiritualität verbunden hat. Das religiöse Oberhaupt dieser muslimischen Völker ist bis heute der Sardauna von Sokoto. Er schmückte sich mit dem Titel eines Kalifen. Der spirituelle Einfluss dieses Kalifats erstreckte sich auf den ganzen Sahelraum bis in den fernen Sudan. Die Hausa werden traditionell von ihren Fürsten, den Emiren regiert (Reid 2008: 98ff.).

Der Architekt des gegenwärtigen Nigeria war der Kolonialbeamte Sir Frederick Lugard. Während sich die Völker im Süden der Großkolonie teilweise noch bis in Epoche des Ersten Weltkriegs gegen die britischen Eroberer wehrten, gelang es ihm, mit den Emiren im Norden der Besitzung einen Modus vivendi auszuhandeln. Die Emire behielten ihre angestammten Rechte und erkannten dafür die britische Oberhoheit an. Dies war für beide Seiten vorteilhaft. Lugard konnte hier die gleiche Herrschaftstechnik anwenden, die er bereits in seiner Dienstzeit in Indien und bei der Gründung des Protektorats Uganda praktiziert hatte: eine Indirect rule auf der Basis eines Arrangements mit den heimischen Fürsten. Umgekehrt durften sich die Hausa-Emire darauf verlassen, dass ihnen die Briten im Kampf gegen konkurrierende muslimische Erweckungsbewegungen beistanden. Noch 1906 wurde mühsam der Aufstand eines selbsternannten Mahdi niedergeschlagen. Die Briten wussten nach der Erfahrung des Mahdi-Aufstands im Sudan den Konservatismus der traditionellen Autoritäten zu schätzen (Bayart 2009: 126, siehe dazu unten Teil 3, Kapitel 1). Sie erwiesen sich für die gedeihliche Zusammenarbeit erkenntlich. Im nördlichen Nigeria wurde die Tätigkeit christlicher Missionare unterbunden.

Für die Übertragung der Indirect rule auf den Süden und Westen der Gesamtkolonie fehlten die Voraussetzungen. Gerade diese Gebiete waren kolonialwirtschaftlich besonders wertvoll. Hier bedurfte es deshalb direkter Eingriffe in die gewachsenen Strukturen. Es gab keine Fürsten und auch keine überörtlichen religiösen Autoritäten, die sich für die Kolonialverwaltung hätten einspannen lassen. Die Kolonialverwalter wichen deshalb auf ein Social engineering aus, um die fehlenden indigenen Autoritäten zu substituieren. Christlichen Missionaren wurden in diesen Teilen der Kolonien keine Steine in den Weg gelegt. Eine öffentliche Beschulung der Afrikaner für die ganze Kolonie war nicht vorgesehen. Die Missionare pflegten ihre Kampagnen in die Beschulung afrikanischer Kinder einzubetten. Dies hatte zur Folge, dass den zahlenmäßig großen, aber kleinräumig organisierten Völker der Igbo und Yoruba Bildung zuteil wurde, den großräumig organisierten muslimischen Völkern der Hausa und Fulbe aber vorenthalten blieb.

Die Völker der Yoruba und der Igbo wurden unter diesen Voraussetzungen überwiegend christianisiert. Die Yoruba im Westen und Südwesten Nigerias sind ein typisches Artefakt der Kolonialverwaltung. Zahlreiche kleine Völker wurden in dieser Sammelethnie zusammengefasst. Auf diese Weise ließen sich die Verwaltungsvorgänge vereinfachen. Britische Wissenschaftler hatten zuvor die grammatische und phonetische Schnittmenge der zahlreichen Sprachen ermittelt. Die Igbo wurden als zweite Verwaltungsethnie herbeikonstruiert. Sie lebten im Osten Nigerias, im Niger-Delta. Auch dort wurden aus kleinen, sich traditionell selbst regierenden Gemeinschaften große Stämme gebildet. Als Ansprechpartner und Ausführungsorgan der Kolonialmacht wurde ein Häuptling an ihre Spitze gesetzt.

Die koloniale Ökonomie pulsierte hauptsächlich in den Gebieten der Yoruba und Igbo. Allein dort entstand eine nennenswerte Infrastruktur und verbreitete sich aus den geschilderten Gründen unter den Afrikanern die Lese- und Schreibfähigkeit. Die Kolonialbehörden bekamen es hier mit einer unbequemen afrikanischen Bevölkerung zu tun, die dank der Bildungserfolge politisch wache und kritische Geister hervorbrachte. Der rückständige Norden war demgegenüber pflegeleicht. Es lag auf der Hand, die unruhigen Völker im Süden durch die enge Kooperation mit den muslimischen Autoritäten im nördlichen Nigeria auszubalancieren.

Der Anteil der Hausa und Fulbe an der Gesamtbevölkerung wird heute mit 29 Prozent veranschlagt. Die Yoruba kommen auf 20 Prozent, die Igbo auf zwölf Prozent. Der Rest gehört kleineren Völkern an, darunter das größte jenes der Ijaw mit elf Prozent. Volkszugehörigkeit und Konfession gehen stark, aber nicht vollständig zusammen. Etwa 45 Prozent aller Nigerianer sind Muslime, 50 Prozent Christen verschiedener Konfession. Die Yoruba leben in den großen Städten des Landes, darunter Lagos und Ibadan. Der Südwesten, die Kernregion der Yoruba, verzeichnet seit Jahrzehnten eine wachsende Anzahl von Muslimen. Die Islamisierung geht teils auf Zuzug aus dem armen Norden, teils aber auch auf Konversion zurück. Letztere wird unter anderem mit Geld aus den arabischen Ländern unterstützt.

6.2 Konkurrenz um Staatskontrolle und Ressourcen: Der Bürgerkrieg

In den drei Verwaltungsgebieten der Großkolonie mit ihren Schwerpunktvölkern der Hausa, Igbo und Yoruba wurde den Afrikanern 1957 die Selbstverwaltung eingeräumt. Nur zögerlich, erst 1959 machte der Norden Gebrauch vom Selbstverwaltungsangebot. Seine Eliten hatten es nicht eilig, hatten sie sich doch vorteilhaft mit der Kolonialmacht arrangiert. Mit der Unabhängigkeit avancierten diese Verwaltungsgebiete im Jahr 1960 zu selbstverwalteten Gliedern eines nigerianischen Bundesstaates. Hausa, Igbo und Yoruba kontrollierten jetzt jeweils einen der drei Teilstaaten. Keines dieser Völker war aber allein groß genug, um die Institutionen des Gesamtstaates zu beherrschen. Mochten die Eliten der drei größten Völker in der kurzen Zeit vor der Unabhängigkeit durchaus Erfahrung darin gesammelt haben, ihre Völker zu regieren, so waren sie doch in keiner Weise auf die Regierung des Gesamtstaates vorbereitet.

Der Norden mit seiner schwachen Ökonomie und einer weitgehend analphabetischen Bevölkerung fürchtete, bei der Regierung des Gesamtstaates ins Hintertreffen zu geraten. Schon im Vorfeld der Unabhängigkeit waren die Hausa-Notabeln zu dem Schluss gekommen, dass sie sich im Gesamtstaat nur dann Gehör verschaffen konnten, wenn sie mit dem politischen Pfund des Islam wucherten. Wohlwollend von den Briten begleitet, gründeten sie den Nigerian Peoples' Congress (NPC). Er ist bis heute die politische Vertretung des Nordens schlechthin. Im Unterschied zur Masse der dort lebenden Menschen besaßen die Eliten des Nordens eine ausgezeichnete Bildung. Sie vertraten clever ihre Interessen und begegneten den Vertretern der übrigen Völker insoweit auf Augenhöhe. Ihr Kernanliegen war es, die Verhältnisse, denen sie ihre herausragende Stellung verdankten, im unabhängigen Nigeria zu verteidigen (Amuwo 2009: 43, Bayart 2009: 126ff.).

Die Igbo sind ein gut ausgebildetes und geschäftstüchtiges Volk, das bereits im wirtschaftlichen Geschehen des spätkolonialen Staates herausragte. Viele Igbo ließen sich in den Städten des Nordens nieder, wo sie in Handel und Gewerbe reüssierten. Dabei weckten sie allerdings den Neid ihrer muslimischen Nachbarn. Die Igbo-Eliten fürchteten, im unabhängigen Nigeria vom größeren, christlichen Volk der Yoruba majorisiert zu werden. Die Eliten der Hausa und Igbo kamen überein, die Yoruba zu schwächen. Mit den Stimmen der Igbo- und Hausa-Abgeordneten beschloss das Zentralparlament, aus dem Yoruba-Staat einen neuen, vierten Staat herauszuschneiden, den so genannten Middle Belt. Dort lebten neben den Yoruba bereits recht viele Muslime (Harnischfeger 2008: 58ff.).

Wie diese Schritte zeigen, war das politische Kalkül mit dem ethnischen Faktor bereits im Zeitpunkt der Unabhängigkeit fest etabliert. Die Koalition der Hausa und Igbo, die keine andere Basis hatte als den Vorsatz, die Yoruba zu schwächen, scheiterte bereits nach wenigen Monaten. Sie vermochte der wirtschaftlichen Probleme nicht Herr zu werden. Igbo-Offiziere waren in den Streitkräften stark vertreten. Sie putschten und bildeten 1966 eine Militärregierung. Der Sardauna von Sokoto, die zentrale Autorität der nigerianischen Muslime, damals zugleich Regierungschef Nordnigerias, wurde dabei umgebracht. Bereits wenige Monate später folgte ein Gegenputsch muslimischer Offiziere. Die darauf folgenden Säuberungen im Militärapparat trafen wenig überraschend vor allem

Igbo. An ihrer Stelle stiegen Muslime in der Militärhierarchie auf. Hausa verübten Pogrome an der im Norden lebenden Igbo-Minderheit.

Die Igbo wandten sich jetzt vom gemeinsamen Staat ab. Unter General Odumegwu Ojukwu spaltete sich der Südosten 1967 als Biafra von der nigerianischen Föderation ab. Ojukwu zählte auf die Überlebensfähigkeit des Separatstaates. Mit der Ölförderung beherbergte die Südostregion die wichtigste Einkommensquelle des Gesamtstaates. Die Staatengemeinschaft indes erkannte diese Sezession nicht an. Der anschließende Bürgerkrieg endete 1970 mit einer Niederlage der Separatisten. Biafra wurde zwangsweise in den nigerianischen Staatsverband zurückgegliedert.

Um das Spaltungspotenzial der in eigenen Teilstaaten lebenden Hauptvölker zu dämpfen, wurden aus den vier Gliedstaaten nunmehr zwölf Staaten gebildet. Jedes der drei großen Staatsvölker lebte damit in verschiedenen Staaten. Später wurde die Anzahl der Staaten noch einmal auf 19 und schließlich bis auf heute 36 gesteigert (Okafor 2006: 91ff.).

6.3 Militärherrschaft und manipuliertes Parteienspiel

Obgleich Nigeria von 1966 bis 1999 häufig von Militärs regiert wurde, lebten doch bei jeder kurzfristigen Unterbrechung der Militärherrschaft Parteien auf. Wahlen sind deshalb ein recht konstantes Merkmal der nigerianischen Politik. Die Wählerstimme ist ein Handelsgut. Für die Armen ist sie ein Mittel, um damit etwas zu kaufen. Davon leben professionelle Power brokers. Sie operieren an der Schnittstelle zwischen den politischen Eliten und der Masse der einfachen Menschen. Es handelt sich um politische Unternehmer, die Stimmen liefern und für jeden Wähler ein offenes Ohr haben. Im Gegenzug rufen sie bei den von ihnen unterstützten Kandidaten Patronage, Gefälligkeiten und Geld ab. Jeder Mittelsmann operiert in den Grenzen ethnischer und konfessioneller Gemeinschaften. Kein noch so mächtiger politischer Unternehmer wird bei muslimischen Wählern ein Votum für christliche Kandidaten bewerkstelligen können (Ombowale/Olutayo 2007).

Bis 1979 kontrollierten zunächst Militärs die Zentralregierung. Sie selbst blieben aber gespalten. So kam es 1975 zu einer Palastrevolution im Offizierkorps. Der muslimische Charakter der Militärherrschaft manifestierte sich 1975 im Beschluss, Lagos als Bundeshauptstadt aufzugeben. Die Regierung zog in eine im neo-arabischen Stil gebaute neue Hauptstadt Abuja um.

Unter General Olusegun Obasanjo kehrte Nigeria 1979 zur Zivilherrschaft zurück. Vorübergehend traten die Parteien aus dem Schatten der Offiziere heraus. Wie in der Vergangenheit stand aber jede Partei weiterhin für eines der drei großen Völker (Dibie/Uwazie 2001). In einer sich verschlechternden wirtschaftlichen Situation intervenierte das Militär 1983 erneut. Für die Bewältigung der ökonomischen Schwierigkeiten hatten aber auch die Putschgeneräle kein Rezept. Bereits 1985 putschten abermals Offiziere. Sie brachten General Ibrahim Babangida an die Staatsspitze. Das Militärregime erklärte 1986 den Beitritt Nigerias zur Weltislamkonferenz. Dieser Schritt löste heftige Proteste in der christlichen Bevölkerung aus.

In dieser Ära dieser Militärherrschaft erwiesen sich die Offiziere als kaum weniger korrupt als die zivilen Politiker, die sie abgelöst hatten. Ohne die Hilfe qualifizierter Bürokraten konnten sie ohnehin nicht regieren. Mit den Militärs blieb die zivile Bürokratie des Zentralstaates im Sattel (Dudley 1982: 86).

Babangida trat die Regierung 1993 an gewählte Politiker ab. Für die nunmehr fälligen Wahlen hatten die Militärs harte Bedingungen fixiert. Um der Korruption ein Ende zu bereiten, verlangte die von ihnen diktierte neue Verfassung, dass keine früheren Politiker und auch keine Militärangehörigen für Wahlämter kandidieren durften. Die Parteien, die sich um die Teilnahme an den Wahlen bewarben, wurden von den Militärs geprüft und für unqualifiziert befunden. Ein Teil der regierenden Offiziere war der Auffassung, dass sie mit früheren Politikern verbunden waren. Stattdessen wurden zwei Parteien nach dem Geschmack der Generäle ins Leben gerufen.

Dennoch machte in der Präsidentschaftswahl von 1993 der Kandidat Hafsat Abiola, ein Yoruba und aus Sicht der Militärs der falsche Kandidat, das Rennen. Die Militärs erklärten die Wahl kurzerhand für ungültig. Sie inhaftierten Abiola, der ein Jahr später verstarb. Diese Vorgänge lösten in Afrika und in der übrigen Welt Empörung aus. Nigeria wurde aus dem Commonwealth of Nations ausgeschlossen. Die Internationalen Finanzinstitutionen schränkten ihre Hilfen für das Land ein.

Der 1994 als Nachfolger ins Amt manipulierte Militärpräsident Sani Abacha verstarb 1999 überraschend. Die Militärs übergaben die Regierung endlich auf Dauer an gewählte Politiker. Diese Wahl gewann jetzt der ehemalige Militärpräsident Obasanjo. Fair verlief auch diese Wahl nicht. Sie wurde von nordnigerianischen Politikern manipuliert (Harnischfeger 2008: 23). Als ehemaliger Militär genoss Obasanjo jedoch das Vertrauen der Offiziere. Weil er Yoruba und Christ war, erschien er geeignet, einen Ausgleich zwischen den Völkern und Religionen herzustellen. Er kandidierte auf der Plattform der People's Democratic Party (PDP). Frühere Offiziere, die in den Militärregierungen hohe Ämter innegehabt hatten, und Repräsentanten der interimistischen Zivilregierungen, durchweg dieselben Personen, die seit der Unabhängigkeit die Geschicke des Landes bestimmt hatten, darunter Christen wie Muslime, fanden sich in dieser Partei zusammen (Njoku 2001: 94).

Die Tatsache, dass Obasanjo mit Unterstützung muslimischer Politiker gewählt worden war, trug ihm das Misstrauen der Igbo ein. Sie riefen dazu auf, ihn nicht zu wählen. Überraschend enttäuschte Obasanjo die Erwartungen seiner Förderer. Er war entschlossen, Nigeria als Gesamtstaat zu stabilisieren.

Gleich nach der Wahl traf der neue Präsident Maßnahmen, um die Korruption im Militär einzudämmen. In den langen Perioden der Militärherrschaft war bei vielen Offizieren die Professionalität in den Hintergrund getreten. Die Chance auf Geschäftsmöglichkeiten und der ökonomische Gebrauch der Verwaltungsmacht waren zum wichtigsten Karrieremotiv geworden. Der Zustand der Streitkräfte war kaum weniger desolat als derjenige der übrigen Verwaltung. Dies stand den Ambitionen des Präsidenten im Wege. Obansanjo lag daran, dass Nigeria international positiv wahrgenommen wurde. In Westafrika tritt das Land als Truppensteller bei den Interventions- und Friedenseinsätzen der Westafrikanischen Wirtschaftsgemeinschaft ECOMOG auf (Bach 2007: 311ff.).

In Absprache mit der Militärführung entließ Obasanjo 1999 zahlreiche hohe muslimische Offiziere, die sich in ihren früheren politischen Funktionen bereichert hatten (Ukwo 2003: 123f.). Christliche Yoruba-Offiziere traten an ihre Stelle. Die Presse durfte in der Ära Obasanjo einigermaßen frei berichten. Die Parteien eröffneten einen weitgehend unbehinderten Wettbewerb. Den Staaten wurde ihr verfassungsmäßiges Quantum an Eigenverantwortung zugestanden. Unverändert wurde der Wahlprozess aber manipuliert.

Muslime sahen sich von alledem betrogen. Muslimische Politiker griffen Obasanjo als prochristlichen Präsidenten an. Die Enttäuschung darüber veranlasste seine früheren Offizierskameraden, hauptsächlich Muslime, zur Gründung der All Nigeria's People's Party (ANPP), eine Nachfolgepartei der älteren NPC. Sie repräsentierte im Kern den islamisch geprägten Norden des Landes. Wie um zu demonstrieren, dass der Arm eines christlichen Präsidenten nicht allzu weit reicht, führte in der Folgezeit ein muslimischer Teilstaat nach dem anderen das islamische Recht ein.

Als Obasanjo 2003 für eine zweite Amtszeit kandidierte, rief die ANPP dazu auf, keine christlichen Kandidaten mehr zu wählen. Dieses Mal wurde Obasanjo mit den Stimmen der Yoruba und anderer christlicher Ethnien im Amt bestätigt (Jockers/Peters/Rohde 2007). Die Wahlkommission blieb wie in der Vergangenheit nicht untätig, um zum erwünschten Ergebnis beizutragen. (In ähnlicher Weise manipulieren die Wahlkommissionen in den Staaten der Föderation die von den Regierungsparteien erwarteten Ergebnisse herbei.)

Nach zwei Amtsperioden schied Obasanjo 2007 aus dem Präsidentenamt aus. Zuvor hatte er noch versucht, seine Amtszeit mit einer Verfassungsänderung zu verlängern. Proteste in der Öffentlichkeit und aus den Reihen des Militärs brachten ihn davon ab. Die Spielmacher in der Regierungspartei PDP hoben als

Nachfolger den muslimischen Gouverneur Umaru Yar'Adua aus dem Staat Katsina, einen Fulbe, auf den Schild. Yar'Adua war der handverlesene Kandidat des scheidenden Präsidenten.

Konkurrierenden Interessenten aus den Reihen der 36 Gouverneure und auch dem früheren Militärpräsidenten Babangida wurde der Verzicht auf eine Gegenkandidatur abgepresst. Man drohte mit Anklagen wegen korrupter Amtshandlungen (Harnischfeger 2008: 135). Der Weg für den handverlesenen Yar'Adua war damit frei. Seine Wahl löste eine Absprache aus dem Jahr 1999 ein, dass die wichtigsten Staatsämter zwischen Christen und Muslimen rotieren sollen. Im April 2010 verstarb Yar'Adua nach schwerer Krankheit. Vizepräsident Jonathan Goodluck, nach Konfessionsproporz ein Christ aus dem Ijaw-Volk, übernahm die Amtsgeschäfte. Sogleich setzte eine Diskussion ein, ob Goodluck umgehend den Weg für die Nachwahl eines muslimischen Kandiaten frei machen müsse oder erst nach Ablauf der Wahlperiode des verstorbenen Amtsinhabers.

Seit 1970 haben Hausa-Politiker und -Militärs einen weit über die Wirtschaftskraft und das Bevölkerungsgewicht Nordnigerias hinausreichenden Einfluss auf die gesamtstaatliche Politik (Joseph 1987b: 70). Darin kommen 27 Jahre Militärregierung und dazu noch einmal sechs Jahre verdeckter Militärherrschaft zum Ausdruck. Ausgeschiedene Militärs, die in einer früheren Regierungsfunktion den Grundstein für ein großes Vermögen gelegt haben, ziehen bis heute mit Geld und Kontakten die Fäden im Regierungsgeschehen. Zu den Profiteuren und Dirigenten der Regierungsbetriebs zählen auch Geschäftsleute, die mit hohen Beamte kooperieren und diese an ihren Geschäften beteiligen, schließlich auch politische Unternehmer, die Kandidaten finanzieren, Wahlkämpfe organisieren, Wählerkohorten lenken und dafür einen Preis fixieren (Amuwo 2009: 47f.). Allen geht es ums Geld, und dieses Geld fließt aus dem Verkauf des Erdöls.

Der Schlüsselakteur für die Lenkung der Geldströme, die durch den Verkauf des Erdöls ins Land gelangen, ist die Zentralregierung (Joseph 1983: 32f.). Aus der Ölrente werden etwa 90 Prozent der Staatseinkünfte erwirtschaftet. Doch im Fördergebiet im Südosten des Landes kommt davon wenig an.

Ein erheblicher Teil der Ölrente, den die Eliten nicht selbst konsumieren, fließt in die muslimischen Teilstaaten. Dort versorgt sie die Klientelen, mit denen sich die Hausa-Elite im Sattel hält. Das Geld fließt teils auch in die öffentliche Subventionierung der Pilgerfahrt nach Mekka (Miles 1994: 253). Obgleich Nigeria potenziell sehr reich ist, verfällt die Infrastruktur. Stromausfall gehört zum Alltag. Die Straßen sind mit Schlaglöchern übersät, die sich im Laufe der Zeit zu tiefen Senken in der Fahrbahn erweitern. Die Großstädte versinken im Müll, die Kriminalität bordet über. Produkte wie Benzin und Kochgas sind knapp. Beim Import dieser Güter bereichern sich findige Unternehmer mit guten politischen Kontakten (Omeje 2004: 427).

6.4 Religion und Konfession als Vehikel der Staats- und Ressourcenkontrolle

Nach der Wiedereingliederung des vormaligen Biafra in die nigerianische Föderation suchten viele Igbo erneut ihr Glück in der Auswanderung. Christliche Yoruba, die in ihrer Heimat kein Auskommen fanden, taten es ihnen gleich; sie ließen sich in den muslimischen Städten des Nordens nieder. Dank ihrer überlegenen Ausbildung und Erfahrung reüssierten sie weiterhin als Geschäftsleute. Immer wieder wurden sie zur Zielscheibe anti-christlicher Pogrome. Seitdem die zwölf Hausa-Staaten im Norden die Scharia als geltendes Recht eingeführt haben, hat sich die Lage dieser christlichen Minderheiten noch weiter verschlechtert.

Die Pfingstkirchen und charismatische Prediger verzeichnen unter den Christen, die als Minderheit oder schrumpfende Mehrheit unter Muslimen leben, starken Zulauf. Mit Emotionalität, Musikalität und der Offenheit für Wunderglauben kommen sie den Äußerungsformen afrikanischer Religiosität entgegen. Militanter als die etablierten christlichen Kirchen trotzen sie den Anfeindungen des muslimischen Milieus, die angesichts des starken Auftretens der jungen Kirchen nicht geringer werden.

Die Igbo im Süden und in der nördlichen Diaspora halten über große Distanz hinweg engen familiären Kontakt. Insbesondere die nordnigerianischen Großstädte Kano und Kaduna beherbergen große christliche Minderheiten (Vaughan 1991: 310). Angriffe auf Igbo im Norden werden in den Igbo-Staaten als Aggression gegen Igbo und Christen insgesamt wahrgenommen. Kommt es in den Igbo-Staaten zu Pogromen an den wenigen Muslimen, folgen Ausschreitungen der Muslime gegen die christlichen Gemeinden im Norden auf dem Fuße (Fabola 1998). Igbo reisen sogar in den Norden, um ihren Landsleuten bei Vergeltungsaktionen beizustehen.

Die historischen Emirate Nordnigerias sind als politische Einheiten längst erloschen. In den mächtigen Fürstenfamilien leben sie als gesellschaftliche Macht in den Hausa-Staaten fort. Die in Nigeria traditionelle Spielart des Islam ist sufisch geprägt (siehe oben Teil 1, 2.1.3.4). Salafitische Neuerungsbewegungen, wie sie der ganzen islamischen Welt aktiv sind, fordern auch hier die machtgewohnten traditionellen Autoritäten heraus (siehe Teil 1, 2.1.4). In Korruption und Misswirtschaft finden die islamistischen Kritiker reichlich Nahrung (Gwarzo 2003: 298ff.). Beide allerdings, Traditionalisten und Salafisten, sind sich darin einig, das politische Gewicht der Muslime im Gesamtstaat nicht nur zu verteidigen, sondern es möglichst zu steigern (Loimeier 2007: 46ff.).

Der Lebensraum dieser Hausa- und Fulbe-Staaten ist karg. Er unterscheidet sich kaum von den Gebieten der benachbarten Sahelstaaten Burkina Faso, Mali und Niger, die zu den ärmsten in Afrika gehören (Williams 1992: 100). In politischer Hinsicht ist der Norden jedoch ein Kraftpaket. Diese Stärke fußt auf seinem Bevölkerungsgewicht, etwa ein Drittel der nigerianischen Gesamtbevölkerung. Der Norden profitiert ferner von der Tatsache, dass sich etwa die Hälfte aller Nigerianer zum Islam bekennen. Die Muslime in den Großstädten Südwestnigerias sehen die Eliten des Nordens als Schutzmacht auch der muslimischen Diaspora, und diese treten nur allzu gern in dieser Rolle auf.

Die Yoruba-Staaten sind wirtschaftlich weit besser entwickelt als die übrigen Landesteile. Es gibt dort eine wohlhabende Unternehmerklasse, Industrien, eine profitable Landwirtschaft und zahlreiche Universitäten. Große Städte prägen diese Region stärker als andere Landesteile. Die Yoruba, ein Konstrukt des Colonial engineering, haben indes eine schwächere Identität als die in Hierarchien organisierten Hausa-Stämme. Die Yoruba sind mehrheitlich Christen, aber es gibt auch Muslime unter ihnen. Die Yoruba-Region als solche verzeichnet darüber hinaus einen konstanten Zustrom von Muslimen aus den Hausa-Staaten, die in ihrer Heimat kein Auskommen finden. Diese Zuwanderer suchen ihre Chance in den Metropolen. Ähnlich wie die Christen in den Igbo-Staaten werden sie dort zur Zielscheibe anti-muslimischer Pogrome, wenn in den Hausa-Städten Kirchen brennen und christliche Geschäfte geplündert werden (Ukwo 2003: 121). So zuletzt im Maßstab eines Bürgerkriegs geschehen im Februar 2006, als im nigerianischen Norden Christen attackiert wurden, weil eine dänische Zeitung Mohammed-Karikaturen veröffentlicht hatte. Die anhaltende Konjunktur der Pfingstkirchen auch in diesem Teil Nigerias verdankt sich der wachsenden Präsenz der Muslime in der Yoruba-Gesellschaft (Obadare 2006b).

Zwischen dem Armenhaus der Hausa-Staaten und dem wirtschaftlich besser entwickelten und infrastrukturell besser versorgten Yoruba-Gebiet liegt der Middle Belt. Es handelt sich hier um eine Übergangszone, wo die islamische Konfession bereits deutlich stärker hervortritt als in den südlicheren Staaten. In den Gemeinschaftskonflikten der vergangenen Jahrzehnte ging es stets auch darum, diesen Middle Belt in die informelle Hoheitszone der nigerianischen Muslime einzugemeinden (Harnischfeger 2008: 38). Die Pfingstkirchen missionieren in dieser religiösen Kampfzone besonders aggressiv (Loimeier 2007: 60).

Seit dem Ende der 1990er Jahre haben über ein Dutzend Teilstaaten das Islamische Recht (Scharia) eingeführt. Sie brachten sich damit in einen eklatanten Widerspruch zu dem in der Verfassung niedergelegten Prinzip der Trennung von Staat und Religion. Das Oberste Gericht duckt sich hier wie auch in anderen politisch heiklen Fragen weg, wenn es mit der Absicht angerufen wird, den Primat des Bundesrechts zu bestätigen (Subern 2008). Die Zentralregierung unternahm bislang auch keinerlei Schritte, um die Schariatstaaten zur Rücknahme dieses Verfassungsverstoßes zu zwingen. Durch Duldung, die zur politischen Konvention geronnen ist, hat die Geltung islamischen Rechts den Charakter einer inneren Angelegenheit der nördlichen Teilstaaten gewonnen. Die Passivität der Zentralregierung in dieser Frage vermeidet eine Kraftprobe, die den Gesamtstaat sprengen könnte. Zugleich stabilisiert sie aber die nordnigerianischen Eliten, die in ihrem Sprengel so schalten und walten, als gäbe es keinen übergreifenden nigerianischen Staatsverband. Ob das Thema Scharia dauerhaft von Missständen verteilungspolitischer Art – Jobs, Bildung, Gesundheit – wird ablenken können, bleibt abzuwarten (Loimeier 2007: 68).

Die Restriktionen des von Laienrichtern und Sittenwächtern administrierten Schariatsregimes treffen im Alltag hauptsächlich die Armen und Schwachen. Hinter den Mauern ihrer Anwesen und im Ausland führen die Notabeln und Politiker der Schariatstaaten ein Luxusleben im westlichen Stil (Harnischfeger 2008: 155f.) Um ihre Legitimität nicht aufs Spiel zu setzen, wählen sie öffentlich den Angriff als die beste Art der Verteidigung.

Die Einführung der Scharia war lediglich ein taktischer Zug. Das strategische Ziel ist Positionierung des Nordens im Gesamtstaat (Laitin 1982). Die Eliten könnten ihr Herrschaftsinteresse nicht besser tarnen als mit dem Bekenntnis zur Religion. Sie sind reich geworden, weil sie dank ihrer Kontrolle des Gesamtstaates unter den Militärregierungen in der Lage waren, die Geldströme aus der Ölförderung zu lenken. Heute bedienen sie sich der Aussicht auf den Konfessions- und Bürgerkrieg als Vetopotenzial. Bei alledem ist die Masse der Hausa arm, wie die meisten Nigerianer auch. Obgleich ein erheblicher Teil der Öleinkünfte in den nördlichen Teilstaaten konsumiert wird, hat sich die Bildungsdifferenz zwischen den von Muslimen und Christen beherrschten Teilstaaten gehalten.

In den Hausa- und Fulbe-Staaten halten Religionswächter Muslime dazu an, die Scharia zu beachten. In einer prekären Sicherheitslage dürfen Christen ihre Religion zwar praktizieren, aber sie gehen Risiken ein, wenn sie Kirchen bauen oder öffentlich ihren Glauben bekennen (Harnischfeger 2008: 94ff.). Sie lassen freilich nicht alles mit sich machen und wehren sich, und wo das Bedrohtheitsempfinden überhand nimmt, kommt der Reflex vom Angriff als beste Verteidigung ins Spiel. Einmal werden Moscheen, dann wieder Kirchen niedergebrannt. Umgekehrt werden in Lagos muslimische Straßenhändler verprügelt und vertrieben. Die Polizei ist notorisch überfordert. Immer wieder schreitet das Militär ein, um Auseinandersetzungen zwischen Christen und Muslimen zu beenden (Harnischfeger 2008: 126ff.).

6.5 Staatsversagen in der Inneren Sicherheit

Die Vervielfachung der Teilstaaten nach dem Bürgerkrieg folgte einfachem Kalkül. Kein Staat kann mehr mit dem Anspruch auftreten, eines der großen nigerianischen Völker in seiner Gesamtheit zu vertreten. Mit jedem weiteren Staat, der den ursprünglichen drei hinzugefügt wurde, entstand eine weitere politische Verwaltung und betraten weitere Mitinteressenten an der Erhaltung des Status quo die politische Bühne. Dieses Kalkül zeigte die erhoffte Wirkung. Wenige Gouverneure wollten fortan die Rolle des Ersten in einem überschaubaren Staat aufgeben, um mit ungewissem Ergebnis ihre Anwartschaft auf die Spitzenposition im Gesamtstaat anzumelden.

Die Zentralregierung behält sich im Einklang mit der Verfassung die Befehlsgewalt über die Polizei und die Verfügung über die Finanzen vor. Das öffentliche Ansehen der Polizei ist denkbar schlecht, ebenso ihre Ausbildung und Bezahlung. Versagt bei inneren Unruhen die Polizei, so tritt die Armee auf den Plan. Die Armee ist ungleich effizienter. Sie schreitet aber nur dann ein, wenn örtliche Gewalt den Bestand und das Ansehen des Gesamtstaates gefährdet und wenn sich aus lokalen Auseinandersetzungen ein bundesweiter Flächenbrand zu entwickeln droht. In den konfessionellen Streitigkeiten gelten die Streitkräfte mit Recht als neutral. Diese Eigenschaft hat eine Schattenseite. Die Streitkräfte haben keine Wurzeln in der örtlichen Gesellschaft. Für gewöhnlich gehen sie, falls sie denn eingesetzt werden, mit großer Härte vor und sind deshalb verhasst. Die Zentralregierung weigert sich aber strikt, das eher auf die örtliche Gegebenheiten einstellbare Polizeimonopol an die Staaten abzutreten.

In den Landgebieten der muslimischen Teilstaaten funktioniert noch eine soziale Kontrolle durch Geistliche, Notabeln und den islamischen Familienkodex. In den Staaten des Südens und Südwestens sind entsprechende Autoritäten rar. In den Megastädten hat die Kriminalität unkontrollierbare Ausmaße erreicht. Geschäftsleute und Anwohner organisieren Bürgerwehren, um Diebe und Gewalttäter zu bestrafen und abzuschrecken. Sogar in den Großstädten Nordnigerias lässt sich diese Art der Selbstjustiz beobachten (Gwarzo 2003: 306).

Die in der Fachliteratur eifrig studierten Bakassi Boys sind ein exemplarisches Beispiel für die gesellschaftliche Antwort auf das Versagen des Staates: Im Igbo-Staat Abia organisierten sich im Jahr 1999 die für die Qualität ihrer Produkte berühmten Schuhmacher in einer Bürgermiliz. Überfälle und andere Gewaltverbrechen verdarben ihnen das Geschäft mit der von weither anreisenden Kundschaft. Organisiert als Bakassi Boys, traten sie der Kriminalität mit drastischen Vergeltungsaktionen entgegen.

Die Gouverneure der Igbo-Staaten wurden auf die Bakassi Boys aufmerksam. Einige versuchten, sie als Ersatz für eine eigene Polizei zu nutzen. In Abia wurden sie mit Räumen und Fahrzeugen ausgestattet. Es ging den Gouverneuren hier nicht um Schutz für die Bevölkerung. Weil die Gruppe wirklich nur gegen Kriminelle vorgehen wollte, ließ der Gouverneur sie fallen. Im Nachbarstaat Aba hingegen beteiligten sich die Bakassi Boys an einem Pogrom gegen die wenigen im Staat lebenden muslimischen Hausa. Der Gouverneur wollte ein sichtbares Zeichen setzen, dass die Igbo ein kurz zuvor im Norden Nigerias begangenes Massaker an ihren Landsleuten nicht unvergolten hinzunehmen bereit waren.

Die Zentralregierung machte alledem ein Ende. Sie löste die Bakassi Boys auf und schickte mehr Polizei, um zu verhindern, dass die Kriminalität nach der Ausschaltung der Vigilanten wieder anstieg. Wie üblich versagte die Polizei. Ganz im Gegenteil brachte sie die Bevölkerung gegen sich auf, weil sie Bestechungsgelder erpresste und an illegalen Checkpoints Wegezoll eintrieb. Schließlich rückte die Armee ein, um die Situation zu beruhigen (Meagher 2007).

Unter der Militärherrschaft der 1990er Jahre bildeten sich auch ethnische Milizen. Besondere Bedeutung gewann der von Yoruba getragene Oodua People's Congress (ODC). Diese Miliz ging gegen Kriminelle und muslimische Zuwanderer vor (Reno 2003: 93ff., Akinyele 2001). Der ODC war an zahlreichen Zusammenstößen mit den im Yorubaland lebenden Hausa beteiligt. Nachdem es zu Übergriffen mit vielen Toten gekommen war, wurde er 2002 verboten.

In den südlichen Staaten entfalteten ein Volkskongress der Igbo sowie eine Gesellschaft der Völker im Niger-Delta politische Aktivität. Die Letztere versteht sich als Anwalt der Ijaws. Die Ijaws wehren sich gegen die Zerstörung ihrer Lebensgrundlagen durch Wasser- und Bodenverschmutzung aus der Ölproduktion, durch schadhafte Pipelines und Pumpstationen, während die Einnahmen aus dem Öl ihren Weg in andere Regionen finden. Seit 1999 bildete sich im Nigerdelta ein Brennpunkt innerer Gewalt (Arowosegbe 2009).

Zum Hintergrund: Die Infrastruktur im Delta verfällt seit Jahrzehnten. Aber der Gouverneur des Delta-Staates Rivers leistet sich zwei Jets zu seiner Verfügung (Perras 2007). Die MEND (Militia Movement for the Emancipation of the Niger Delta) zielt auf die ökonomische Lebensader des Landes. Aus Jugendlichen rekrutierte Guerillas kidnapen Angestellte der Ölfirmen und verüben Anschläge auf Ölleitungen und Raffinerien. Betroffen ist vor allem der Shell-Konzern, der das nigerianische Ölgeschäft beherrscht. Ein Teil dieser Milizen war von den Gouverneuren der Deltastaaten einmal vorsorglich ins Leben gerufen worden, um die Opposition einzuschüchtern. Wir treffen hier, wie auch bei den folgenden Länderbeispielen, das Phänomen einer söldnerischen Lebensweise an, die sich auch dann noch hält, wenn sich die ursprünglichen Auftraggeber zurückziehen.

6.6 Das Regime: Ein multipler Neopatrimonialismus

Für die nordnigerianischen Staaten käme ein Auseinanderfallen des Gesamtstaates dem Absturz in die Armenliga Afrikas gleich. Die Ölrente kettet sie an den Rest des Landes. Deshalb treibt die muslimische Elite den Konflikt mit den christlichen Nigerianern nicht auf die Spitze.

Kern der nigerianischen Politik ist eine stillschweigende Komplizenschaft der Eliten (Marenin 1987/88). Wie die lange andauernde Militärherrschaft und die übliche Wahlmanipulation zeigen, gibt es keine Regeln in der politischen Auseinandersetzung. Jede Teilelite pflegt ihr politisches Kapital, d.h. ihre konfessionelle und ethnische Bezugsgruppe. Ein Basisvertrauen im wechselseitigen Umgang fehlt. Als letzte Reserve hält jede Gruppe die Mobilisierung ethnisch-religiös motivierter Gewalt bereit (Harnischfeger 2008: 24f.). Lediglich darin stimmen die Eliten überein, dass sie sich nicht gegenseitig ihre Einkommen, Privilegien und Bereicherungsmöglichkeiten streitig machen (Kukah 1993: 255f.).

Das buchstäbliche Schmiermittel politischer Transaktionen ist das Öl. Die Bedrohlichkeit politischer Herausforderungen wird am ungehinderten Ressourcenfluss gemessen. Konflikte werden so „oilifiziert" (Omeje 2004: 430). Der Preis für den Gewinner im Verteilungskampf um die Petrobeute ist die Kontrolle des Zentralstaates. Hier steht die nationale Gesellschaft NNPC im Mittelpunkt. Sie ist die Kontaktstelle zu den multinationalen Ölgesellschaften, zu Joint ventures und zu den Steuer- und Genehmigungsbehörden. Mag sie auch unternehmerisch noch so schlecht geführt werden, kommt das internationale Ölgeschäft doch nicht an ihr vorbei (De Oliveira 2007b: 93f.). Die Verlierer im Verteilungskampf begnügen sich mit dem, was übrig bleibt – sei es am unteren Ende auch nur der Öldiebstahl, der im Nigerdelta ganze Tankschiffe füllt, deren Ladung in die Nachbarländer verkauft wird (Ifeka 2006, Okonta 2005: 204f.).

Nigeria stellt einen multiplen Patrimonialstaat dar – mit vielen Big Men und einer Pluralität von Staatsklientelen. Diese Konstellation bewahrt die Staatskontrolle in der Fläche. Sie ist die Voraussetzung für die gemeinsame Nutzung der Ölressource. Die Eliten haben aus der Sezession Biafras gelernt. Zum Teilen der Staatskontrolle gibt es keine Alternative. Anderswo teilen einstmals mächtige Präsidenten, indem sie notgedrungen einen ungewollten Regierungschef an ihrer Seite dulden. In Nigeria lautet die Teilungsformel auf Föderalismus. Der Bundesstaat leitet das Gerangel der Eliten um die Staatsressourcen auf eine Ebene, auf der viele zum Zuge kommen. Doch die ärmeren Schichten, die große Masse der Nigerianer gleichwelcher Konfession, hat nichts davon. Die schiedsrichterliche Bundesgewalt lässt sich von Ausbeutung, Rechtsbeugung und Korruption nicht stören, solange sich darin kein Großkonflikt zwischen den Religionsgemeinschaften, keine bürgerkriegsartigen Auseinandersetzung und keine internationale Ächtung anbahnt.

7 Senegal

7.1 Voraussetzungen für eine indirekte koloniale Herrschaft

Unter den frankophonen Staaten Afrikas hat der Senegal eine Sonderstellung. Bereits in der Zeit der Französischen Revolution wurden den Bewohnern der vier von Frankreich in Besitz genommenen Küstenorte – Dakar, Gorée, Rufisque und St. Louis – alle Rechte des französischen Bürgers verliehen. In der späteren Kolonie Senegal gab es deshalb zwei Klassen von Afrikanern, französische Citoyens afrikanischer Herkunft und rechtlose Afrikaner, die im später eroberten Hinterland lebten. Etliche Afrikaner nutzten ihre Privilegien und durchliefen das französische Bildungssystem.

Dakar, die Hauptstadt des Senegal, wurde im 20. Jahrhundert zugleich die Hauptstadt des großen westafrikanischen Kolonialverbundes Afrique Occidentale Francaise (AOF). Es avancierte zu einer afrikanischen Metropole. Afrikaner nutzten die Bildungseinrichtungen des Kolonialsystems. Mit französischen Zeugnissen erwarben sie die Rechte des französischen Bürgers und durften die Nationalversammlung in Paris mitwählen. Mit der Unabhängigkeit der französischen Kolonien ging diese Metropolfunktion verloren. Der Senegal fiel auf die einzige Ressource zurück, die ihm die Kolonialmacht zugewiesen hatte – die Landwirtschaft.

Sufi-Bruderschaften fassten im Zuge der stürmischen Islamisierung Westafrikas im späteren 19. Jahrhundert Fuß (Boone 1989/90). Dies geschah vor allem im Volk der Wolof. Es stellt bis heute die Mehrheit der Bevölkerung. Die hierarchische Struktur der Wolof-Gesellschaft (Adel, Fürsten) bot sich für die Herrschaftstechnik einer Indirect rule an. Als Frankreich die ökonomische Nutzung der Kolonie in Angriff nahm, befanden sich die traditionellen Wolof-Autoritäten bereits im Abstieg. Die spirituellen Sufi-Führer – Marabuts – lösten sie ab (Boone 2003b: 51ff.). Die bedeutendste Sufi-Bruderschaft sind die Muriden (zum Sufismus siehe oben Teil 2, Kapitel 2, 2.1.3.4). Ihre geistlichen Führer verstanden sich als Glaubenslehrer. Ihre Schüler scharten wiederum selbst Anhänger um sich und hielten sie dazu an, Wälder zu roden und Erdnüsse anzubauen. Die Fett spendende Pflanze war nicht nur Nahrungsmittel, sondern auch ein beliebtes Handelsgut. Es fand als Schmiermittel in der europäischen Industrie und der Lebensmittelproduktion Verwendung.

Die Muriden arbeiteten diszipliniert und ohne jedes Entgelt in der Überzeugung, sich damit im Jenseits einen guten Platz zu verdienen. Die anfängliche Skepsis der Kolonialbeamten wich bald der Erkenntnis, dass sie es hier mit perfekten Partnern zu tun hatten. Der Erdnussanbau nimmt viel Fläche in Anspruch. Er verdrängte im Senegal-Tal, dem Zentralgebiet des Anbaus, die Subsistenzlandwirtschaft. Die Kolonialbehörden begrüßten und unterstützten den Siedlungs- und Anbaudrang der Muriden und stellten sich bei deren Konflikten mit den Bauern auf ihre Seite. Die Marabuts erwiderten die wohlwollende Haltung der Behörden. Sie hielten ihre Gläubigen zur Gesetzestreue an. Das Siedlungsgebiet der Wolof wurde zum Rückgrat französischer Herrschaft in der Kolonie.

7.2 Die Sufis im unabhängigen Senegal: Partner des Regimes

Noch bevor der Senegal 1960 unabhängig wurde, erhielt er 1946 die innere Selbstverwaltung. Unter Führung des frankophilen Léopold Senghor bahnte sich eine Allianz der politisch engagierten Gebildeten mit den Muriden an. Dieses Bündnis sollte über die Unabhängigkeit hinweg halten. Eine dezentralisierte Verwaltung erleichterte Marabuts den Zugang zu örtlichen Verwaltungsämtern und Staatsmitteln. Die Marabuts garantierten als Gegenleistung die Stimmabgabe für die regierende Partei.

Je mehr Schüler ein Marabut um sich sammelt, desto größer sein Ansehen und seine Macht (Villalón 1994). Der Status des Marabuts ist erblich geworden. Dessen ungeachtet wird vom Marabut erwartet, dass er intensiv mit seinen Anhängern kommuniziert, sich ihrer Nöte annimmt, zuhört und Rat gibt (Villalón 2007: 164). Die Führer der Bruderschaften leben auf dem Lande und in der Nähe ihrer Anhänger. Die Marabuts sind üblicherweise reiche Leute (Cruise O'Brien 1975).

Mehr als ein Drittel aller Senegalesen bekennen sich als Muriden, von denen die meisten dem Volk der Wolof angehören. Infolge der Landflucht wurde den Muriden ein Bedeutungsschwund prognostiziert. Tatsächlich haben sie auch in den Städten Fuß gefasst. Dort arbeiten sie erfolgreich in Handel und Transportwesen. Marabuts predigen über Radio und Fernsehen und veranstalten Pilgerfahrten in die religiösen Zentren. Im fremden städtischen Milieu werden die Landflüchtigen von Solidaritätsvereinen betreut, die auch bei finanziellen Schwierigkeiten helfen (Beck 2001: 606, (Boone 2003b: 91, Guèye 2003). Als religiöses Oberhaupt der Muriden residiert in der Heiligen Stadt Touba ein Kalif. Religiöse Ereignisse kommen nationalen Feiertagen gleich. Politiker nehmen an den großen Zeremonien teil. Die Marabuts sprechen Wahlempfehlungen aus oder raten, wenn sie eine Geste des Widerspruchs für angebracht halten, davon ab, zur

Wahl zu gehen (Villalón 2007: 172ff.). Soweit zur Situation im nördlichen Senegal.

7.3 Casamance: Ausgrenzung und Repression

Ein ganz anderes Bild bietet die südliche Region Casamance. Das senegalesische Staatsgebiet wird vom Gambia-Fluss durchschnitten. Der Miniaturstaat Gambia, vormals eine britische Kolonie, trennt bis auf eine kurze Landbrücke den nördlichen vom südlichen Senegal. Gambia selbst erstreckt sich bloß wenige Kilometer links und rechts des Flusses – eines der kuriosesten Staatsgebiete im an Grenzkuriositäten nicht gerade armen Afrika! Gambia bildete 1981 eine Union mit dem Senegal. Sie scheiterte bereits acht Jahre später. Die aus kolonialer Zeit überlieferten unterschiedlichen Strukturen – Gambia als frühere britische Kolonie – und auch die Erfahrung der gambischen Eigenstaatlichkeit vertrugen sich nicht mit dem ganz anderen administrativen und religiösen Format des Gesamtsenegal.

Die Völker Casamances kennen keine nennenswerten überörtlichen Autoritäten. Sie sind zu 90 Prozent christlich, ein Teil praktiziert animistische Religionen. Wie zuvor schon die französische Kolonialmacht, so gelangten die Herrschenden des unabhängigen Senegal zur Auffassung, dass diese Region nur mit administrativem Zwang kontrolliert werden konnte.

Casamance wurde von den verschiedensten Regierungen wie ein Besatzungsgebiet behandelt. In den Verwaltungen arbeiteten Wolof aus dem Zentralsenegal. Sie ernteten die unausweichlichen Misserfolge, als sie versuchten, mit den heimischen Völkern so umzugehen, wie sie es aus ihrer Heimat gewohnt waren. Casamance kannte weder gefügige sufische Bruderschaften noch kooperative Stammesautoritäten. Ein Programm lief ab: Unterschiedliche Kulturen prallten aufeinander und provozierten Konflikte und am Ende Gewalt.

Ein Vorhaben, mit der Ansiedlung von Muslimen aus der Nordhälfte des Landes auch in Casamance den Erdnussanbau zu forcieren, scheiterte. Es wurde als Assimilierungsoffensive wahrgenommen. Es kam hinzu, dass der Erdnussanbau viel Fläche verbraucht, die für die Nahrungsmittelproduktion verloren geht (Boone 2003b: 100ff.). Nach 1980 entwickelte sich sogar ein Guerillakrieg. Wegen der Beschaffenheit des Gebiets kontrollieren die Aufständischen aber keine strategischen Ressourcen, die eine Kriegsökonomie tragen könnten. Die Nachbarn Casamances sind nicht daran interessiert, einer Sezession Vorschub zu leisten. Die Regierung führt diesen Krieg auf geringem Gewaltniveau und ließ bei allen Feindseligkeiten die Kontakte zur Gegenseite nie ganz abreißen. Mit einigen Gruppen brachte sie sogar einen Frieden zustande (Foucher 2007).

7.4 Wettbewerb zwischen Persönlichkeiten

Bereits 1946 erhielten alle Senegalesen das Bürgerrecht. Die beherrschende Figur der Kolonie war Léopold Senghor. Ausgebildet in Frankreich, war er ein Literat von hohem Rang. Als Minister gehörte er sogar der französischen Regierung an. Senghor errichtete nach der Unabhängigkeit im Jahr 1960 ein Einparteiregime seiner Sozialistischen Partei. Er pflegte ein gutes Verhältnis zu den Muriden. Im Jahr 1976 wurde ein beschränkter Parteienwettbewerb zugelassen. Die Staatspartei behielt freilich die Kontrolle. Im hohen Alter übertrug Senghor 1981 die Präsidentschaft auf seinen Mitarbeiter Abdou Diouf. Dieser führte den vom Vorgänger eingeschlagenen Kurs fort (Boone 2003a: 367, 371).

Die Verwerfungen in der Weltwirtschaft, insbesondere der Preisverfall für tropische Cash crops, lieferte in den 1980er Jahren auch den Senegal dem Diktat der Internationalen Finanzinstitutionen aus (Boone 1992: 247ff.). Die Lebensverhältnisse verschlechterten sich allgemein, vor allem in den Städten. Oppositionspolitiker erhielten dort Auftrieb. Sie erzwangen gegen Ende der 1980er Jahre Schritte in Richtung auf Demokratie. Dessen ungeachtet kamen bis heute alle aussichtsreicheren Kandidaten für das Präsidentenamt aus dem Umfeld des amtierenden Präsidenten und seiner Partei.

Die Internationalen Finanzinstitutionen zwangen dem Senegal in den 1990er Jahren schmerzliche Wirtschafts- und Staatsreformen auf. Die spürbaren Folgen lasteten die Senegalesen dem amtierenden Präsidenten an. Abdoulaye Wade, ein Anwalt, hatte 1974 die Demokratische Partei des Senegal gegründet. Sie versteht sich als liberale Partei. Für den Amtsinhaber wurde Wade unter diesen Umständen zur ernsthaften Herausforderung. Die für 1993 angesetzten Parlamentswahlen wurden daraufhin massiv manipuliert; Dioufs Partei gewann die Mehrheit. Die Marabuts hatten diesmal jedoch darauf verzichtet, eine Wahlempfehlung für Diouf auszusprechen. Sie trugen damit der Unzufriedenheit auch ihrer Anhänger Rechnung. Eingedenk der Vorteile, die ihnen die jahrzehntelange Zusammenarbeit mit der Regierung gebracht hatte, wählten sie lieber die Neutralität als den Widerspruch (Young/ Kante 1992).

Wade trat bei den Präsidentenwahlen des Jahres 1995 als Herausforderer des Amtsinhabers an. Er verlor, akzeptierte aber Dioufs Angebot, in die Regierung einzutreten (Nugent 2004: 401). Als Regierungsmitglied hatte er die Möglichkeit, ausgesuchte Anhänger mit Patronage zu versorgen (Beck 1999: 204ff.).

Bereits 1998 verließ Wade die Regierung wieder: Aus der Opposition heraus versprach er sich bessere Chancen, die Präsidentschaft zu gewinnen. Seine Zielgruppe war die große Zahl der in den Städten lebenden Jüngeren. In großen Straßendemonstrationen prangerten Jugendliche Korruption und schlechte Beschäftigungsperspektiven an.

Wade suchte ferner Unterstützung im islamischen Milieu. Er umwarb salafitische Organisationen (siehe oben Teil 1, 2.1.2.1, 2.1.4). Sie hatten inzwischen auch im Senegal Fuß gefasst. Die Alternative eines sozial- und herrschaftskritischen Islam fand Anklang vor allem bei jüngeren Muslimen, die in den Städten lebten. Wade beutete die aus den verschiedensten Motiven gespeiste, aber durchweg auf Veränderung eingestellte Stimmung geschickt aus. Tatsächlich waren die Senegalesen der jahrzehntelang regierenden Partei überdrüssig. Wade betrieb also ein erfolgreiches Constituency building (Nugent 2004: 381).

Aus der Präsidentschaftswahl des Jahres 2000 ging Wade dann als Sieger hervor. Die Marabuts hatten bei dieser Wahl darauf verzichtet, eine Empfehlung für den Amtsinhaber auszusprechen. Diouf akzeptierte die Niederlage. Wade musste sich zunächst aber noch mit dem mehrheitlich von Dioufs Sozialisten beherrschten Parlament arrangieren. Prominente Sozialisten verließen ihre Partei und schlossen sich dem Lager des neuen Präsidenten an (Beck 2001: 611).

Im Wahlkampf hatte Wade den Übergang zum parlamentarischen System versprochen. Zwar brachten die nächsten Parlamentswahlen den Sozialisten die erwartete Niederlage. Das Versprechen einer Parlamentarisierung des Regierungssystems blieb der neue Präsident jedoch schuldig. Es hatte seinen wahltaktischen Zweck erfüllt. Das Amt des Regierungschefs erhielt lediglich einige zusätzliche Befugnisse, um die Kritiker mit Gesten zu besänftigen. Zur Erweiterung seiner Basis im städtischen Milieu stärkte Wade ostentativ die Rechte der senegalesischen Frauen. Eine Frau wurde 2001 an die Spitze der Regierung berufen, weitere Frauen übernahmen Ministerämter.

7.5 Spaltung und Wiedereingliederung: Strategien der Ressourcenbeteiligung

Die autoritären Neigungen Wades behinderten eine kontinuierliche Regierungsarbeit. In kurzen Intervallen wechselte der Präsident seine Minister aus. Sobald sich starke Persönlichkeiten und potenzielle Rivalen abzeichneten, wurden sie vorsorglich kalt gestellt. Die islamische Opposition rief zum Boykott der Parlamentswahl des Jahres 2003 auf. An dieser Wahl beteiligten sich lediglich 34,8 Prozent der Wähler. Sie verlief jedoch korrekt und bestätigte die Mehrheit der Präsidentenpartei. Als möglicher Nachfolger des hochbetagten Präsidenten kam der Namen des amtierenden Ministerpräsidenten Idrissa Seck ins Spiel. Prompt wurde Seck 2004 in einem spektakulären Akt vom Präsidenten entlassen. Sein Nachfolger wurde Innenminister Macky Sall. Die Medien spürten massiven Druck, regierungsfreundlich zu berichten. Seck verließ mit einigen Gleichgesinnten die Demokratische Partei. Kurz darauf wurde er unter der Anklage verhaftet, die Staatssicherheit zu gefährden. Die Justiz sprach ihn 2006 von dieser Anklage frei. Im November desselben Jahres gründete Seck eine eigene Partei und kündigte seine Kandidatur für die Präsidentschaftswahl des folgenden Jahres an. Wade bot ihm die Rückkehr in die Demokratische Partei an. Seck aber hielt an seiner Kandidatur fest. Er gewann in dieser Wahl im Februar 2007 zwar die Stimmen vieler, vor allem junger Senegalesen. Das Wahlergebnis bestätigte aber Wade im Amt. Regierungschef Sall wechselte nach der Wahl ins Amt des Parlamentspräsidenten.

Wade erwies sich als nachtragender Sieger. Seiner autoritären Neigung folgend, bezichtigte er die Gegenkandidaten der Korruption und drohte ihnen Strafverfolgung an. Die Oppositionsparteien quittierten diese Drohkulisse, indem sie die Parlamentswahlen boykottierten. Seck hingegen betrieb die Rückkehr ins Lager des Präsidenten. Anfang 2009 kehrte er in den Schoß der Präsidentenpartei zurück.

Seit 2002 wurden Wades Sohn Karim die Leitung prestigereicher Bauprojekte übertragen, zwei Jahre später wurde er als Organisator einer internationalen Islamkonferenz eingesetzt. In dieser Funktion kam er 2007 wegen dubioser Finanzpraktiken ins Gerede. Im Parlament wurden Forderungen laut, die Angelegenheit zu untersuchen. Der Präsident sah dies als Unbotmäßigkeit an, die der Parlamentsvorsitzende hätte verhindern müssen. Als Sanktion beschloss das Parlament, seine Amtszeit von vier auf ein Jahr zu verkürzen. Parlamentspräsident Sall gab daraufhin im Jahr 2008 sein Amt auf. Er gründete eine eigene Partei. Der frühere Regierungschef und Präsidentschaftskandidat Seck folgte ihm in der Funktion des Parlamentspräsidenten nach. Unterdes machte Karim Wade weiter Karriere. Heute leitet er ein neu geschaffenes Infrastrukturministerium mit einem großen Budget. Die Deutung, er werde für die Nachfolge aufgebaut, lag auf der Hand (Mbow 2008). Wie diese Beispiele zeigen, gleitet Wades Verhalten immer stärker in den neopatrimonialen Habitus. In den Kommunalwahlen des Jahres 2009 quittierten die Wähler die Selbstherrlichkeit ihres Präsidenten mit einer empfindlichen Niederlage für seine Partei.

Die Tatsache, dass starke Figuren wie Wade, Seck und Sall im Laufe ihrer Karriere munter zwischen dem Regimeestablishment und der Oppositionsrolle wechselten, bezeichnet Beck als Ausdruck politischen Nomadentums (Beck 1999: 211): Politiker binden sich pragmatisch an eine Partei und verlassen diese, wenn ihr Stern sinkt, d.h. wenn sie ihren Wert als Vehikel für Positionen und Einkommen verliert. Die Oppositionsrolle verliert ihren Nutzen, wenn der Präsident mit der Aussicht auf Regierungsbeteiligung lockt. Bei Koalitionsbildungen geht es weniger um Mehrheitsbeschaffung als darum, die politische Konkurrenz zu neutralisieren (Thomas/Sissko 2005: 111f.). Ressourcenteilhabe geht vor.

In der Politik des Senegal spielen ethnische Unterschiede keine nennenswerte Rolle. Die muslimische Identität überlagert die Verschiedenheit der Völker. Darin wurzelt ein zweites Merkmal der sengealischen Politik: die Autorität der religiösen Führer. Durch die bloße Existenz der Bruderschaften sind dem Abgleiten in ein neopatrimoniales Regime Grenzen gezogen (Hesse 2004). Die Sufi-Oberen können es sich nicht leisten, populäre Stimmungen zu ignorieren. Die Herrschenden wiederum legen sich nicht sehenden Auges mit den religiösen Autoritäten an. Aufrufe zum Wahlboykott wirken wie Demonstrationen der politischen Truppenstärke. Die Responsivität der sufischen Gemeindeführer schlägt so auf das Verhalten der Regierenden durch (LeVine 2004: 184ff., Galvan 2001: 60f., Fatton 1992: 81).

8 Liberia

8.1 Ein Kolonialsystem unter dem Mantel formaler Unabhängigkeit

Die Gründung Liberias im Jahr 1847 ging auf die Ansiedlung freigelassener Sklaven zurück. Sie waren im 19. Jahrhundert von den USA nach Afrika zurückbefördert worden. Liberia sollte für mehr als hundert Jahre der einzige unabhängige afrikanische Staat sein. Den Amerikano-Liberianern wurde ein Gebiet zugeteilt, in dem sie lediglich eine Minderheit unter zahlreichen indigenen Völkern waren. Als Klasse, die bis heute etwa drei Prozent der Bevölkerung beträgt, beherrschten sie den Staat von der Staatsgründung bis 1980. Sie verhielten sich nicht anders, als sie es von der weißen Herrenschicht im Süden der USA kannten, nur dass hier sie an der Spitze der sozialen Pyramide standen (Gershoni 1985, Lumumba-Kasongo 2001).

Mit einer Konzession an den US-Konzern Goodyear im Jahr 1926 stieg das Land zum bedeutenden Kautschukproduzenten auf. Im Zweiten Weltkrieg bauten die USA Monrovia zum Seehafen aus und legten einen großen Flugplatz an. Im Kalten Krieg wurde das Land ferner zum Standort einer der der größten Militärfunkstationen der Welt. Die Satellitentechnik machte später Anlagen dieser Art überflüssig. Liberia wurde zum bedeutenden Förderland für Eisenerz. Mit der Nachfrage nach Tropenhölzern avancierte auch der Holzeinschlag zu einer nennenswerten Einnahmequelle. Als Billigflaggenstaat beheimatet das Land eine unüberschaubare Flotte von Hochseeschiffen. Diese Aufzählung mag genügen. Das Land gliederte sich als Rentenökonomie in die Weltwirtschaft ein.

Die Erträge flossen im Wesentlichen in die Taschen der Amerikano-Liberianer. Sie lebten konzentriert in Monrovia und Umgebung. Das Hinterland wurde vernachlässigt. Für seine Menschen blieben lediglich die Schmutzjobs und einfachere Tätigkeiten in Staat und Wirtschaft. Die Regierung wandte auch keine große Mühe auf, die ökonomisch wertlosen Gebiete des Hinterlandes zu kontrollieren. Die Amerikano-Liberianer kopierten den Konsum und die Statusattribute der US-amerikanischen Gesellschaft. Mit ihrer True Whig Party kontrollierten sie die politischen Institutionen.

8.2 Die politische Mobilisierung der indigenen Völker

Von 1944 bis 1971 regierte Präsident William Tubman. Sein Leitbild waren enge Beziehungen zur amerikanischen Politik und Geschäftswelt. Nach einigem Gerangel in der True Whig Party trat danach William R. Tolbert aus einer anderen amerikano-liberianischen Familie die Nachfolge an. Er versprach die Integration der indigenen Völker in Staat und Wirtschaft. Doch die Verhältnisse waren in Jahrzehnten so stark verkrustet, dass keine Taten folgten. Tolbert wechselte lediglich die Klientel der Tubmans im Staatsapparat gegen die seiner eigenen Familie aus. Bei einem Putsch kam er 1980 ums Leben.

Diesen Putsch inszenierte ein Armeefeldwebel namens Samuel Doe. Mit ihm ging die lange Periode amerikano-liberianischer Dominanz zu Ende. Doe gehörte dem Volk der Krahn an, ein Volk in dem von der Hauptstadt entferntesten Winkel des Hinterlandes – an der Grenze zur Elfenbeinküste. Seither bestimmen maßgeblich Auseinandersetzungen zwischen den Hinterlandvölkern die politischen Geschehnisse (Osaghae 1998).

Doe verhielt sich nicht anders, als es seine amerikano-liberianischen Vorgänger getan hatten – ein Musterbeispiel für die Wirkung schlechter Vorbilder in der Herrenschicht. Scharenweise brachte er Vertreter des Krahn-Volkes in einer immens aufgeblähten Staatsverwaltung unter.

Mitverschwörer Does sahen sich bei der Vergabe staatlicher Positionen um die Früchte ihres Einsatzes betrogen. Putschisten aus den Völkern der Gio und Mano versuchten im Jahr 1983, Doe zu stürzen. Auch diese Völker leben in vernachlässigten und hauptstadtfernen Grenzregionen. An der Spitze der Putschisten stand General Thomas Quiwonkpa. Der Putsch schlug fehl, Quiwonkpa wurde getötet. Zur Vergeltung überzogen Does Krahn die Stammesgebiete der Gio und Mano mit Strafaktionen. Die Putschisten verlegten sich jetzt auf einen Guerillakrieg. Ihre Gegenoperationen führten zeitweise bis an die Grenzen der Hauptstadt. Um seine erschütterte Position zu festigen, holte Doe Vertreter des unweit der Hauptstadt lebenden Volkes der Mandingo ins Boot. Aus Erfahrung klug geworden, versorgte Doe jetzt auch Mandingo mit öffentlichen Jobs und

Ämtern. Die Armee wurde aufgelöst. An ihre Stelle traten Milizen, die aus Does Volk der Krahn rekrutiert wurden.

Die Wirtschaft brach unter den Folgen der irrwitzigen Zusatzbelastungen für den Staatshaushalt und eines chaotischen Finanzmanagements zusammen. Doe legte sich mit der libanesischen Händlerschicht an, um den Volkszorn auf Sündeböcke abzulenken. Die USA, die Does Treiben lange zugesehen hatten, traten 1988 auf die Bremse. Sie kündigten ihre Unterstützung für das Regime auf.

8.3 Staatskollaps: Kriminelle Entrepreneure betreiben den Bürgerkrieg

Unter den zahlreichen Rebellengruppen, die gegen das Regime operierten, stand eine unter dem Befehl Charles Taylors. Taylor war ein früherer Mitstreiter des Putschisten Quiwonkpa. Sein Vater gehörte der amerikano-liberianischen Minderheit an. Er selbst hatte in den USA Wirtschaftswissenschaft studiert. Unter Doe hatte er 1984 eine Regierungsbehörde übernommen. Weil er Gelder veruntreut hatte, wurde er angeklagt, konnte sich aber in die USA absetzen. Dort wurde er festgenommen und inhaftiert, floh unter mysteriösen Umständen aus der Haft und kehrte schließlich nach Afrika zurück. In der Deckung des Nachbarstaates Elfenbeinküste organisierte er einige Bewaffnete und und griff Einrichtungen in Liberia an.

Die Regierung der Elfenbeinküste ließ den Aktivitäten im Grenzgebiet freien Lauf. Ihr ging es allein darum zu verhindern, dass die innerliberianischen Auseinandersetzungen unkontrolliert auf eigenes Staatsgebiet übersprangen (Reno 1999: 88ff.). Einer Rebellengruppe gelang es im Jahr 1989, Doe umzubringen (Osaghae 1998: 230ff.). Obgleich die Rebellen ihr ursprüngliches Ziel, den Präsidenten zu stürzen, erreicht hatten, führten sie ihren Krieg weiter. Taylors Milizen, die inzwischen großen Zulauf hatten, kontrollierten bald große Teile des Landes. Die Eroberung der Hauptstadt wurde allein durch eine Machtdemonstration der US-Flotte verhindert. Danach nahm der erste eklatante Staatskollaps in Afrika seinen Lauf.

Taylors politisches Kapital war seine Rebellentruppe. In den Gebieten, die unter ihre Kontrolle gelangten, wurde sämtliche Infrastruktur zerstört, um sie nicht anderen Gruppen in die Hände fallen zu lassen. Die Truppe rekrutierte hauptsächlich Kindersoldaten. Arbeitslose Jugendliche waren froh, wenn ihnen Waffen angeboten wurden. Sie durften nach Belieben plündern und morden. Kinder und Jugendliche gelangten erstmals an Geld und Konsumgegenstände, die sie sich sonst nie hätten leisten können. Alkohol und Drogen verhinderten, dass sie sich selbsttätig organisierten und zur Gefahr für die Auftraggeber wurden.

In territorialer Hinsicht interessierten Taylor lediglich Orte und Verbindungswege, wenn sie für die Finanzierung seiner Milizen wichtig waren. Weil Polizei und Streitkräfte nicht mehr existierten, bot Taylor ausländischen Investoren und libanesischen Händlern Sicherheitsgarantien. Auf diese Weise konnten sie weiterhin produzieren und ihre Ware auf sicheren Wegen in die Häfen transportieren. Taylor verlangte für diese Schutzleistung Gewinnbeteiligung. Er verhielt sich nicht anders als Politiker und Funktionäre korrupter Regime, die sich für ihre Amtshandlungen bezahlen lassen – nur dass hier das Kriminelle des Treibens, ganz ohne die Kamouflage einer staatlichen Fassade, unverblümt zutage trat (Boas 2001: 701). Mit dem Gewinn finanzierte Taylor weitere Unternehmungen. Schutzleistungen wurde vor allem von Diamantenfirmen und Holzunternehmen in Anspruch genommen. Große Betriebskosten fielen dabei nicht an. Das Bestreben, dauerhaft große Gebiete zu kontrollieren, hätte Taylors Kriegsführung immens verteuert (Johnston 2004).

Seine Bürgerkriegspartei war unschlagbar mobil. Staatsgrenzen wurden nicht respektiert, zumal sie – so gut wie ungesichert – als physische Barrieren nicht existierten. Taylors Kämpfer setzten sich in den Grenzgebieten Guineas und der Elfenbeinküste fest. Auf Sierra Leone startete Taylor 1990 mit der massiven Unterstützung sierra leonischer Rebellen geradezu eine Offensive. Er blickte dabei auf die Diamantenförderung im Nachbarland.

8.4 Der Bürgerkrieg weitet sich aus zum Nachbarschaftskrieg

Taylors Milizen eroberten Gebiete, aber sie übten keine Gebietskontrolle aus. In dem Vakuum, das sie hinterließen, bildeten sich konkurrierende Rebellengruppen von ähnlicher Beschaffenheit. Sie kopierten Taylors Geschäftsmodell und rivalisierten um dieselben Geldquellen. Unter Vermittlung der westafrikanischen Union kam 1995 schließlich ein Waffenstillstand zwischen der offiziellen Regierung, die eigentlich nur noch die Hauptstadt verwaltete, und den Rebellenbewegungen zustande.

Für die 1997 angesetzte Präsidentenwahl trat Taylor auf der Plattform einer eigens gegründeten Partei NPFL an. Wahlmotto in der malträtierten Bevölkerung: „He killed my ma. He killed my pa. I'll vote for him!" Gegen ihn zu stimmen wagten nur wenige. Nach der Wahl setzten Repressalien gegen oppositionelle Kandidaten und Parteien ein.

Mit der Wahl Taylors zum Staatschef änderte sich nichts an der anarchischen Grundsituation. Wie er selbst zuvor die staatlichen Strukturen zerstört hatte, machten ihm jetzt Milizen der Krahn und Mandingo zu schaffen, die seine Herrschaft ablehnten. Sie schlossen sich mit Oppositionellen 1999 zu den Liberians United for Reconciliation and Democracy (LURD) zusammen. Die Krahn wurden in der Nachbarschaft ihres Stammesgebietes von Guinea aus unterstützt. Den Mandingo wurde Unterstützung aus der benachbarten Elfenbeinküste zuteil. Politische Ziele waren diesen locker strukturierten Milizen und Bewegungen fremd. Die Kämpfer kannten nichts anderes als Kampf und Krieg, die ihre einzigen Einkommensqellen waren.

Noch als Präsident agierte Taylor über die Staatsgrenzen hinweg, indem er bewaffnete Gruppen in den Nachbarländern unterstützte (McDonough 2008: 366). In Sierra Leone schützten inzwischen afrikanische Friedenstruppen die Regierung. Dort intervenierten seine Milizen an der Seite der sierra leonischen Rebellenorganisation RUF. Dies kostete Taylor letztlich die Macht im eigenen Lande. Was zuvor als krimineller Übergriff eines liberianischen Warlord gelten mochte, war jetzt eine Aggression des Nachbarstaates. In den Mitgliedstaaten der Westafrikanischen Union bildete sich eine Koalition, die auch von den USA unterstützt wurde. Koalitionstruppen gewannen 2001 gegen Taylors Bewaffnete und die der RUF in Sierra Leone die Oberhand. Ein Jahr später schlossen sich liberianische Rebellengruppen gegen Taylor zusammen. Taylor gab 2003 vor der Übermacht seiner Gegner auf und setzte sich ins nigerianische Exil ab (Reno 2007: 71ff.). Die LURD bildete eine Übergangsregierung.

Taylor hinterließ der Nachfolgeregierung ein vollständig zerstörtes Land. Das Durchschnittseinkommen liegt bei einem Drittel des Wertes vor Ausbruch des Bürgerkriegs. Es gab kein fließendes Wasser, kein funktionierendes Abwassersystem und kein intaktes Stromnetz mehr. Doch immerhin verschwanden mit Kalaschnikows bewaffnete Jugendliche aus dem Alltag (Lloyd 2006: 232f.).

8.5 Neubeginn unter internationaler Aufsicht

In freien Wahlen wurde im Oktober 2005 die Amerikano-Liberianerin Johnson Sirleaf zur Präsidentin gewählt: eine ehemalige Finanzministerin, die anschließend in internationalen Finanzinstitutionen gearbeitet hatte. Wie sie selbst repräsentierten auch ihre Mitbewerber und weitere Kandidaten für hohe Ämter die Wohlhabenden und Gebildeten, Nicht wenige darunter besitzen akademische Grade US-amerikanischer Universitäten. In diesen Kreisen walten Konsens und Zusammenarbeit. Die Lebenswelt der Menschen im Hinterland wird indes nach wie vor von ethnischem Ressentiment und der Gewalterfahrung der Bürgerkriegsjahre bestimmt.

Die Kluft zwischen dem Milieu der Menschen, die Liberia repräsentieren und Staatsfunktionen wahrnehmen, und den Lebensbedingungen in Stadt und Land sind heute kaum geringer als vor 25 Jahren. Streitigkeiten zwischen Mano,

Krahn und Mandingo entladen sich immer wieder in gewaltsamen Vorkommnissen (Sawyer 2008). Bei der Sicherung des inneren Friedens wird die Regierung von den Vereinten Nationen unterstützt.

Liberia ist ein Failed state par excellence. Einen brüchigen Frieden gibt es nur deshalb, weil sich die afrikanischen Nachbarn und die Vereinten Nationen darauf verständigt haben, das Biotop auszutrocken, das dem Bürgerkrieg Nahrung gegeben hat. Als übergreifendes Motiv steht dahinter der Willen, die Destabilisierung der ganzen Region zu verhindern.

Im formalen Sinne ist Liberia heute eine Demokratie. Tatsächlich stellt sich aber die Frage, ob diese Etikettierung irgendeine Bedeutung hat. Das übliche Institutionenset von Präsident, Parlament, Parteien und Verwaltungen besagt wenig. Es strukturiert die Beziehungen zum Ausland und auch noch das Geschehen um die Hauptstadt. Sonst aber wursteln sich die Menschen in einer politisch strukturlosen Umgebung durch.

9 Sierra Leone

9.1 Der Kolonialismus verändert die Stammesgesellschaft

Sierra Leone war wie Liberia ein Rücksiedlungsprojekt für Sklaven, hier nur eben für afrikanische Sklaven, die in britischen Kolonien lebten. Ihre Nachfahren siedelten sich um die Hauptstadt Freetown an. Dort entstand eine Kreolengesellschaft unter britischer Flagge: Afrikaner, die von ihren Wurzeln abgeschnitten waren, kopierten die Gesellschaft, die sie in britischen Herrenhäusern und bei karibischen Plantagenbesitzern erlebt hatten. Das Hinterland wurde erst später erschlossen und dann 1896 mit Freetown zu einem gemeinsamen Protektorat vereinigt.

Die Hauptstadt Freetown beherrschte die Politik der Gesamtkolonie und auch die ersten Jahrzehnte nach der Unabhängigkeit. Die Freetowner waren besser gebildet als der Rest des Landes, sie beherrschten die Staatsverwaltung. Die wichtigsten Völker dieses Hinterlandes waren die Stämme der Mende-Sprachgruppe. Sie leben im Süden des Landes und stellen etwa 30 Prozent der Gesamtbevölkerung. Stämme der Temne-Sprachgruppe leben im Norden Sierra Leones und bringen es ebenfalls auf etwa 30 Prozent der Bevölkerung. Es kostete die Briten erhebliche Anstrengungen, diese Völker zu unterwerfen. Die Einführung einer Hüttensteuer (siehe oben Teil 2, 2.3) provozierte 1898 blutige Erhebungen.

Die Kolonialmacht konstruierte die überkommene Figur des Häuptlings für ihre Zwecke neu, um ihre Herrschaft auch in den entlegenen Gegenden zu sichern. Basierte das Amt zuvor auf Konsens und Beratung, wurde die Häuptlingsfunktion jetzt erblich gemacht und mit Sold und Amtspflichten versehen, darunter mit der Pflicht zur Steuereintreibung. Diese Häuptlinge erwarben sich bald den Ruf, die Schmutzarbeit der Fremden zu erledigen. Solange Sierra Leone noch eine Kolonie war, waren Mende und Temne in der Gegnerschaft zu den privilegierten Krios (Kreolen) in der Hauptstadt vereint (Kandeh/Larémont/Cremona 2005: 186ff.).

Die sierra leonische Ökonomie stützte sich auf zwei Säulen, Waldprodukte wie Palmöl, Holz und Kakao einerseits, und Mineralien, insbesondere die Diamantenförderung andererseits. Seit den 1930er Jahren wurde die Edelsteinförderung industriell betrieben. Um die Diamantenindustrie entstand im Hinterland ein zweites politisches Zentrum. Dort spielten die Gewerkschaften eine bedeutende Rolle. Die benachbarten Waldvölker blieben der Arbeiterschaft fremd. Auf sehr kleinem Raum entstanden in Sierra Leone somit drei Parallelgesellschaften.

9.2 Die Symptomatik autoritärer Herrschaft: Putsch, ethnische Ausgrenzung, der Staat als Ausbeutungsobjekt

Mit der Unabhängigkeit im Jahr 1961 verlor Freetown seine Vorzugsstellung. Die Vertreter der Mende bildeten eine Allianz mit Politikern in der nahe bei ihren Siedlungen gelegenen Hauptstadt. Mit Milton Margai stellte die Mende-Partei SLPP den ersten Premierminister. Als Margai 1964 verstarb, folgte ihm sein Bruder Albert nach. Mende kontrollierten Militär und Verwaltung. Der APC, die zweite große Partei, repräsentierte die Temne im Norden des Landes. Ihm gelang es, eine Allianz mit der Arbeiterschaft der Bergbauindustrie zustande zu bringen. Der APC gewann 1967 die Parlamentswahl. Sein Führer Siaka Stevens wurde Premierminister.

Das von den Mende-Offizieren beherrschte Militär putschte Stevens bereits ein Jahr später aus dem Amt. Gegen diese Offiziere wiederum putschten ein Jahr später Unteroffiziere und Mannschaften, darunter zahlreiche Angehörige der Temne. Sie setzten die legitime Regierung Stevens wieder ein. Danach wurden Armee und Verwaltung von Mende gesäubert. Die Klientel des APC trat an ihre Stelle.

Nach diesen Ereignissen misstraute Stevens der Armee. Mit der Special Security Division (SSD) baute er eine Truppe auf, die das Regime gegen Putschgelüste der Armee schützen sollte. Bevorzugt wurden Angehörige der mit dem APC verbundenen Völker rekrutiert. Im Jahr 1971 wurde die Republik ausgerufen, Stevens ließ sich zum Präsidenten wählen. Schließlich wurde der APC 1978 zur Einheitspartei erklärt. Das Absinken in autoritäre Verhältnisse verlief parallel zum Verfall der Wirtschaft.

In den 1980er Jahren versiegte die Einkommensquelle des industriell betriebenen Bergbaus. Die Erzvorkommen waren weitgehend erschöpft, auch die industriell betriebene Diamantenproduktion lohnte sich immer weniger. Diamanten wurden jetzt stärker manuell von verarmten Arbeitern und von Bauern abgebaut. Durch illegales Schürfen und Schmuggel gingen der Regierung die Verkaufserlöse verloren. Die Abholzung der Waldbestände erschloss eine neue Einnahmenquelle. Sie ging als Raubbau vonstatten, verwüstete die Landschaft und nahm den Waldvölkern die Lebensgrundlage. Sierra Leone geriet in die Obhut der Internationalen Finanzinstitutionen. Diese verlangten drastische Einschnitte bei den Staatsausgaben, und diese kosteten wiederum Jobs und schürten die Unzufriedenheit in der verarmten Bevölkerung. In seiner eigenen Klientel geriet der APC unter Druck (Keen 2005: 8ff.).

Stevens gab 1985 das Präsidentenamt auf und setzte seinen Armeechef Joseph Saidu Momoh als Nachfolger ein. Armee und SSD, die Stützen des Regimes, bemächtigten sich in den folgenden Jahren Schritt für Schritt des Restbergbaus. Sie vertrieben im Jahr 1990 100.000 Arbeiter, um damit die Eigentümer der Minen und die libanesischen Diamantenhändler zu ruinieren. Ausländische Interessenten standen bereit, Vertriebsnetze und Betriebe zu übernehmen. Vertreter der Sicherheitsapparate wurden an den Erträgen beteiligt (Keen 2005: 33).

9.3 Der liberianische Bürgerkrieg greift auf Sierra Leone über

Im Jahr 1991 bildete sich im Grenzgebiet zu Liberia nach dem Vorbild der Taylor-Rebellen die Rebellenorganisation der RUF. Die RUF hatte ihre Wurzeln in den Problemen Sierra Leones. Aber sie behauptete sich im Wesentlichen dank der Unterstützung und Lenkung durch die liberianischen Taylor-Milizen. Taylor hatte in der Verbindung mit der RUF das Geschäft mit den sierra leonischen Diamanten im Auge.

Die RUF wurde von einem früheren Unteroffizier, Foday Sankoh, geführt. Neben ehemaligen Soldaten hatten auch Landlehrer eine tragende Rolle in dieser Bewegung. Sie sahen sich um ihre Karriere betrogen, weil sie vom erhofften Hauptstadtleben ausgeschlossen waren. Das Gros ihrer Anhänger sammelte die RUF unter den arbeits- und perspektivlosen Jugendlichen des Hinterlandes. Mit dem Schnellfeuergewehr erhielten sie die Pauschalerlaubnis zum Töten und Plündern. Für ihre Taten wurden sie mit Drogen und Rambo-Videos präpariert.

Die RUF verfolgte das Ziel, Infrastruktur zu vernichten, um dem Regime die Grundlage zu entziehen. Provinzbeamte und Häuptlinge wurden umgebracht, mit medial inszenierten Entführungen der Staat diskreditiert und die Bauern mit grausamen Methoden – Amputation der Hände – von Aussaat und Ernte abgehalten. Wie Taylors Rebellenarmee finanzierte sich die RUF aus Deals mit Firmen und Geschäftsleuten, denen erlaubt wurde, die Landesprodukte auszubeuten.

Unter Führung des 26jährigen Hauptmanns Valentin Strasser und mit dem Rückhalt Nigerias und Guineas putschte die Armee 1992 Präsident Momoh aus dem Amt. Die Putschoffiziere übernahmen ein am Boden liegendes Land, dem ein hartes Strukturanpassungsprogramm des Internationalen Währungsfonds verordnet wurde. Der IWF verlangte, noch einmal 40 Prozent der staatlichen Beschäftigten zu entlassen. Um unter diesen Umständen überhaupt Handlungsfähigkeit zu gewinnen, wählte das Militärregime eine unkonventionelle Methode. Es kaufte die Dienste ausländischer Firmen ein, um Aufgaben zu organisieren, die keine staatliche Verwaltung mehr leisten konnte. Die südafrikanische Sicherheitsfirma Executive Outcomes stellte Söldnertruppen. Einer weiteren Firma wurde das Management der Zölle und Häfen übertragen. Der Diamantenkonzern De Beer's schloss ein Abkommen über die Ausbeutung der Diamanten. Den Konzessionsnehmern wurde erlaubt, ihre Geschäfte mit eigenem Sicherheitspersonal zu flankieren.

Allmählich gelang es, die RUF militärisch in die Enge zu treiben. Dafür bedurfte es allerdings erst des Eingreifens der westafrikanischen Schutztruppe ECOMOG. Der Bürgerkrieg ging dennoch weiter.

Auf Druck des Auslands, von dem die Regierung in Freetown jetzt vollständig abhängig war, fanden 1996 Wahlen statt. Gewinner war der Kandidat Ahmad Tejan Kabbah von der Mende-Partei SLPP. Militärs vertrieben ihn bereits ein Jahr später aus dem Amt. Der Putschführer Ernest Koroma wiederum wurde 1998 in einer Militäraktion von der Regionalmacht Nigeria vertrieben, Kabbah kehrte in sein Amt zurück. Mit der RUF wurde 1999 ein Frieden ausgehandelt. Er sollte sich als brüchig erweisen.

Die RUF nahm erneut den Kampf auf und wandte sich jetzt auch gegen Soldaten der Friedenstruppe. Rasch rückte sie bis an die Grenzen der Hauptstadt heran. Schließlich griff britisches Militär ein und schlug die RUF-Soldateska zurück. Der RUF-Führer Sankoh wurde gefangen genommen. Im Jahr 2002 war der Bürgerkrieg beendet. Grundlegende Reformen ließen weiterhin auf sich warten. Die SLPP-Regierung restaurierte die verhasste Institution des Häuptlings, um das Hinterland zu verwalten (Fanthorpe 2006).

9.4 Politischer Neuanfang unter internationaler Aufsicht

Kabbah wurde 2002 als Präsident im Amt bestätigt. 18.000 Mann Friedenstruppen sicherten den Wahlgang und überwachten die Einhaltung des Burgfriedens. Im Jahr 2005 zogen sie ab. Der Bürgerkrieg lebte aber nicht mehr auf. In den Wahlen des Jahres 2007 gewann der Kandidat des APC, Ernest Bai Koroma, die Präsidentschaft, sein APC die Parlamentsmehrheit. Die SLPP ging mit einem Handikap in diese Wahl. Ein Sohn des früheren Premierministers Margai scheiterte mit dem Versuch, auf der Plattform der SLPP für die Präsidentschaft zu kandidieren. Weil er seine Niederlage nicht akzeptierte, gründete er seine eigene Partei.

Wie schon in der Vergangenheit und trotz des desaströsen Bürgerkriegs blieben die Bindungen der sierra leonischen Völker an eine der großen Parteien stabil. Im Siedlungsgebiet der Mende dominierte weiterhin – trotz massiver Fluchtbewegungen und Bevölkerungsverschiebungen im Bürgerkrieg – die SLPP. In den nördlichen Regionen wählten Temne den APC. Die regierende SLPP ließ wenig unversucht, um die Wahlen des Jahres 2007 zu ihren Gunsten zu manipulieren. Doch sie traute sich nicht, die Opposition gänzlich zu ersticken. Die Abhängigkeit von ausländischen Geldgebern und Sicherheitsleistern ließ ihr keine andere Wahl, als die Niederlage zu akzeptieren (Kandeh 2008). Ein Beobachter spricht denn auch von einem „Baby sitting approach to state reconstruction“ (Jalloh 2008: 320). Sierra Leone ist ein gescheiterter Staat. Unter der Oberfläche lauern bis heute dieselben zerstörerischen Kräfte, die den Bürgerkrieg ausgelöst haben.

Auch hier ist es schwierig, das Regime näher zu bestimmen. Die ethnische Landschaft ist überschaubarer als in Liberia, weil dualistisch von zwei großen Völkern geprägt. Aus demselben Grund gibt es auch Parteien mit bemerkenswerter Tradition und Stabilität. Der Verpflichtungswert der Verfassungsregeln ist jedoch schwach. Der Zweck des Machterhalts heiligt den Verstoß. Die in der Kulisse ausgeübte Vormundschaft der Vereinten Nationen und der Westafrikanischen Union hindert daran, es dabei zu weit zu treiben. Ähnlich verhält es sich mit der Staatlichkeit, die letztlich von außen verbürgt wird, solange dort noch der Willen dafür vorhanden ist.

10 Ghana

10.1 Die Formierung politischer Lager in der Kolonialzeit

Der Reichtum Ghanas basiert auf Edelmetallen. Das Gold gab der früheren Kolonie Goldküste ihren Namen. Das zweite ökonomische Standbein ist der Kakao. Das Zentrum des Kakao-Anbaus ist die Ashanti-Region im Süden des Landes. Sie wurde 1874 als eine der ersten afrikanischen Kolonien ins britische Empire eingegliedert. Die Ashanti, ein kriegerisches Volk, wurden in vorkolonialer Zeit als Stammesföderation von Königs- und Adelsfamilien regiert. Bis ins 20. Jahrhundert widersetzten sie sich der britischen Herrschaft. Ihre Organisation imponierte den Briten. Sie bot gute Voraussetzungen für die Indirect rule. Die Ashanti-Oberschicht, Herren über ein Volk tüchtiger Bauern und Händler, ließ sich von den Vorteilen des Anbaus der Kakaopflanze überzeugen. Die Kooperation mit den Briten gedieh umso besser, da Ashanti das Privileg erhielten, ihre Produkte direkt nach Großbritannien zu verkaufen.

Im Zuge dieser Entwicklungen veränderte sich die Ashanti-Gesellschaft, sie blieb aber eine Klassengesellschaft: Der Boden gehörte der Ashanti-Elite. Die Häuptlinge gaben den Bauern Kredit, kassierten Pacht und sorgten für Transport und Vermarktung (Boone 2003b: 146ff.). An der Unabhängigkeit der Kolonie zeigten sie wenig Interesse. Sie konnten sich viel leisten, investierten in andere Wirtschaftszweige, wurden reich und ließen ihre Kinder in Großbritannien oder in britischen Schulen im Lande selbst ausbilden.

Die Ashanti gehören zu den Akanvölkern, die etwa die Hälfte der Bevölkerung Ghanas umfassen. Die übrigen Akan im Süden der Kolonie kannten lediglich kleinräumige Herrschaftsstrukturen. Wie die Ashanti waren sie weitgehend christianisiert. Die Briten konstruierten auch dort Ansprechpartner für eine Indirect rule, indem sie die Häuptlinge aufwerteten. Die britische Herrschaft wurde dort aber direkter empfunden und ausgeübt. Im Norden der Kolonie herrschte – vergleichbar mit den Verhältnissen im größeren Nigeria – die Viehzucht vor. Die Bauern wurden zum Anbau von Baumwolle angehalten. Die dort lebenden Nomadenvölker, darunter die überall in Westafrikas heimischen Fulbe, folgten ihren Emiren. Ihre Traditionen wurden von den Briten akzeptiert. Weil sie für die exportfähige Produktion nichts zu bieten hatten, war das Interesse an ihnen gering.

Während die Ashanti-Oberschicht eine anglisierte und gleichwohl selbstbewusste Elite hervorbrachte, konzentrierte sich die politische Aktivität in der städtischen Bevölkerung (Handley 2008: 140, 149ff.). Ihr Sprecher und Idol wurde Kwame Nkrumah. Der Sozialist Nkrumah war ein Panafrikanist. Im Stile der Zeit hatte er das Modell der Industriegesellschaft als Ausdruck von Modernität vor Augen. Seine engere Klientel waren gewerkschaftlich organisierte Arbeiter, Lehrer, Studenten und kleine Beschäftigte in der Kolonialverwaltung (Boone 2003b: 160).

Aus der Schicht afrikanischer Kaufleute, Rechtsanwälte, Ärzte und Lehrer ging 1946 die erste und älteste Partei Ghanas hervor. Unter wechselnden Namen bildet die heutige NPP eine der beiden großen Parteien des Landes. Sie hat die liberale Tradition ihrer Gründergestalten Joseph Boakye Danquah und Kofi Abrefa Busia bewahrt. Nkrumahs marxistische CPP bildete den Gegenpol. Die Domestizierung des ghanaischen Bürgertums wurde nach der Unabhängigkeit eines der Hauptanliegen der CPP (Boone 2003a: 368, 372).

10.2 Das Nkrumah-Regime: Ein sozialistisches Experiment

Die Goldküste erhielt bereits 1951 das Recht auf innere Selbstverwaltung. Zum Premierminister wurde ein Jahr später Kwame Nkrumah ernannt. Im Zeitpunkt der Unabhängigkeit war Ghana der weltweit größte Kakaoproduzent. Darüber hinaus war und ist das Land reich an Mineralien, darunter Gold, Diamanten und Bauxit.

Nkrumah war stark vom Studium in den USA geprägt. Dort hatte er hautnah den Rassismus in den Südstaaten erfahren. Seine Nationalistische Partei hat sich in der wechselvollen Geschichte des Landes zwar nicht als Organisation, wohl aber als politische Tradition gehalten. Heute berufen sich allein drei Parteien auf ihr Erbe. Ihre Aktiven sind seit Nkrumahs Zeiten im Staatsdienst und im Bildungssektor verankert (Morrison 2004).

Gleich zu Beginn der Unabhängigkeit im Jahr 1957 stellte Nkrumah klar, den staatlichen Strukturen gebühre der Vorrang vor den traditionellen Autoritäten. Er entließ demonstrativ einige Häuptlinge. Dann setzte er sie wieder in ihre Ämter ein. Damit signalisierte er seinen Respekt vor der Tradition. Die traditionellen Strukturen sollten sich mit der Bürokratie arrangieren, aber nicht zerstört werden. Die Häuptlinge genießen bis heute Ansehen. Als Streitschlichter und Landbesitzer üben sie in der ländlichen Gesellschaft wichtige, allerdings keine politischen Funktionen mehr aus.

Nkrumahs politisches Vorbild waren die sozialistischen Systeme der Sowjetunion und Osteuropas. Aufgrund seiner marxistischen Überzeugung erschien ihm der reale Sozialismus als geeignetstes Modell für die Überwindung der afrikanischen Unterentwicklung. Die CPP wurde zur Einheitspartei erklärt. Bis Mitte der 1960er Jahre flossen in großem Umfang Gelder und Investitionen aus Osteuropa nach Ghana. Sowjetische Berater halfen bei der Umstellung der Wirtschaft auf sozialistische Methoden. Nkrumah verfolgte das große Ziel, sein Land möglichst rasch zu industrialisieren. Die liberale Kakaowirtschaft war ihm dabei im Wege. Die Kakaoproduktion sollte zwar weiterhin steuerlich abgeschöpft werden, nunmehr aber zu dem Zweck, den Staat und Industrieprojekte zu finanzieren. Auch in Ghana wurde jetzt ein System der staatlichen Einkaufsmonopole eingeführt.

Die wirtschaftlichen Prioritäten wurden fortan auf den Kopf gestellt. Eine Aluminiumindustrie produzierte weit über den weltweit üblichen Kosten. Die Verluste wurden teils mit osteuropäischen Subventionen, teils auch mit der Abschöpfung der Gewinne aus dem Verkauf der Kakaoernte gedeckt. Auf dem Lande wurden Staatsfarmen nach sowjetischem Vorbild eingerichtet. Großflächiges Wirtschaften mit dem Einsatz schwerer Traktoren und Landmaschinen, wie es sowjetischen Praktiken entsprach, passte nicht zu den Gegebenheiten der westafrikanischen Agrarwirtschaft.

Die Marktbehörden für Kakao und andere Agrarprodukte zahlten den bäuerlichen Produzenten immer schlechtere Preise, um mit dem Geldbedarf des Regimes Schritt zu halten. Etliche Bauern stiegen aus der offiziellen Wirtschaft aus. Sie stellten die Neupflanzung von Kakaobäumen ein oder schmuggelten die Ernte über die Grenze in die benachbarte Elfenbeinküste, wo bessere Preise gezahlt wurden. Keine zehn Jahre nach der Unabhängigkeit lag die ghanaische Wirtschaft am Boden. Auch Nkrumahs städtische Klientel wurde unzufrieden. Nkrumah antwortete mit Repression. Ein Militärputsch fegte das Regime 1966 beiseite.

10.3 Wirtschaftspolitische Neuorientierung unter autoritärem Vorzeichen: Das Rawlings-Regime

Die auf die Militärs folgende Zivilregierung Busia (1969-1972) wurde von der bürgerlichen Traditionspartei National Peoples's Party (NPP) gestellt. Sie regierte erfolglos. Armut und Inflation, eine Erbschaft Nkrumahs, überforderten auch sie. Militärs putschten diese Regierung 1972 aus dem Amt. Die dann regierende Offiziersclique betrieb unverhohlen Kleptokratie.

Der Luftwaffenoffizier Jerry Rawlings stürzte 1979 die regierende Militärfraktion, legte die Regierungsgewalt bald aber in die Hände gewählter Politiker zurück. Als auch unter den bürgerlichen Parteien keine Verbesserung der wirtschaftlichen Lage eintrat, putschte Rawlings Ende 1981 erneut, jetzt aber, um selbst zu regieren.

Zu diesem Zeitpunkt gab es über 235 parastaatliche Marktbehörden, die Zahl der Staatsbediensteten war in den Vorjahren stetig gewachsen. Um die Lage der bedürftigen Bevölkerung zu verbessern, wählte Rawlings dirigistische Methoden. Ein Netz von Volkskomitees überzog das Land. Sie waren das Äquivalent für eine staatsparteiliche Organisation in einem Regime, das als Ursache aller Übel Parteien schlechthin ansah. Zunächst wurde versucht, aus der Abhängigkeit vom Weltmarkt auszusteigen. Die Lebenshaltungspreise wurden administrativ herabgesetzt, um die Situation der städtischen Verbraucher zu lindern. Gleichzeitig wurden die Aufkaufpreise für Kakao um die Hälfte reduziert. Die Folgen ließen nicht lange auf sich warten. Die Bauern verkauften ihre Ernte abermals auf schwarzen Märkten oder schmuggelten sie über die Grenze. Darüber hinaus lähmte seit 1983 eine Dürre das Land. Große Teile der Bevölkerung hungerten, viele starben an den Folgen. Das Militär selbst wurde erneut unruhig. Es unternahm Putschversuche gegen Rawlings. Sie schlugen sämtlich fehl. Durch die Hungersnot rutschte Ghana noch tiefer in die Abhängigkeit internationaler Geldgeber (Handley 2008: 166ff.).

Um überhaupt wieder Handlungsfähigkeit zu gewinnen, entschloss sich Rawlings zu einem radikalen Kurswechsel. In enger Abstimmung mit den Internationalen Finanzinstitutionen schaltete er die Wirtschaftspolitik auf die Gegebenheiten des Weltmarktes um. Zunächst wurden die Produzentenpreise für Kakaobauern angehoben, ferner Anreize für die Pflanzung neuer Kakaobäume geschaffen und Pestizide bereit gestellt. Die Preiskontrollen wurden zurückgefahren. Der Apparat der Marktbehörden wurde verschlankt. Viele Staatsbedienstete verloren ihre Jobs.

Bis 1995 wurden nahezu 200 Marktbehörden aufgelöst. Die neoliberale Politik zeigte Erfolge. Die Kakaoproduktion stieg nach kurzer Zeit um 70 Prozent. Bauern wurden zu einer relevanten politischen Größe.

Die internationalen Finanzinstitutionen honorierten diesen Kurs. Ghana gewann internationale Kreditwürdigkeit. Bei den Bauern wurde die Regierung populär. In der städtischen Bevölkerung verlor sie jedoch massiv an Zustimmung (Haynes 1995: 94). Sicher geglaubte Jobs gingen verloren. Das Erziehungswesen und die öffentlichen Gesundheitseinrichtungen mussten ihre Leistungen einschränken. Lebensmittelsubventionen wurden abgebaut, der Telekommunikations- und IT-Sektor dereguliert. Die Wasserkraft wurde intelligent genutzt, um die Abhängigkeit von Ölimporten zu verringern. Diese Politik stärkte der bürgerlich-liberalen Schicht den Rücken. Davon profitierte besonders die Ashanti-Region. Die Ashanti insgesamt blieben aber in Opposition zum Regime.

10.4 Der Übergang zum demokratischen Regime

Im Kontext dieser Politik häuften sich Proteste der Gewerkschaften und Studenten. Rawlings ließ sich überzeugen, dass er sich nur noch durch Wahlen legitimieren und die Gunst des Auslandes bewahren konnte (Haynes 1995: 96). Er zog 1993 die Uniform aus. Die politischen Lager in der Tradition der NPP und der

CPP formierten sich erneut zu Parteien. Sie hatten in politischen Klubs überlebt, die das Regime hatte gewähren lassen (Nugent 1995: 220ff.). Auch die ghanaische Geschäftswelt hatte in der Diktatur ihre Verbände aufrecht erhalten dürfen (Handley 2008: 174ff.). Die Gewerkschaften sind über die Phasen autoritärer Herrschaft hinweg ebenfalls intakt geblieben (Konings 2003).

Rawlings kandidierte 1992 mit einer eigenen Partei, dem National Democratic Congress (NDC). Er wurde als nunmehr gewählter Präsident im Amt bestätigt. In der ländlichen Bevölkerung hatte er inzwischen stabilen Rückhalt. Allein die Ashanti-Region lehnte ihn mehrheitlich ab und unterstützte die NPP. Rawlings fuhr den Wahlsieg mit dem Rückenwind eines manipulierenden Staats- und Medienapparates ein. Die Opposition musste mit bescheidenen Mitteln operieren (Rothschild 1995: 61f.).

Wie von den Internationalen Finanzinstitutionen erwartet, privatisierte Rawlings weiterhin die verbliebenen Staatsbetriebe. Filetstücke gingen an Ausländer. Ghanaer kamen lediglich beim Verkauf kleiner und mittlerer Einheiten zum Zuge (Handley 2008: 197). Auf kommunaler Ebene tolerierte das demokratische Regime die Selbstverwaltung (Morrison/Hong 2006, McLean 2004). Die Ashanti mit all ihren Verbindungen zum liberalen Establishment der Anwälte, Geschäftsleute und Politiker in der Hauptstadt blieben eine politische Größe von beträchtlichem Gewicht (Boone 2003a: 339ff.).

Rawlings wurde 1996 noch einmal im Amt bestätigt. Im Jahr 2000 zog er sich aus der Politik zurück. Er folgte damit der von ihm selbst gutgeheißenen Verfassung, die lediglich die einmalige Wiederwahl des amtierenden Präsidenten erlaubt. Die bisherige liberale Opposition in Gestalt der New Patriotic Party (NPP) gewann mit ihrem Kandidaten John Kuofor die Präsidentschaftswahlen und dann auch noch die Parlamentswahl. Kuofor wurde 2004 im Amt bestätigt. Im Jahr 2008 ging die Präsidentschaft dann an Atta Mills über. Mills, ein enger ehemaliger Mitarbeiter von Rawlings, kandidierte für den NDC. Mills bestritt seinen Wahlkampf mit Kritik an der verbreiteten Armut und Korruption.

Diese letzten Wahlen standen bereits im Schatten der erwarteten Einkünfte aus Ölvorkommen, die im Offshore-Bereich entdeckt worden waren. Eine Petrowirtschaft könnte die Politik Ghanas nachhaltig verändern (McCaskie 2008). Die Regierung bekäme eine Ressource in die Hand, die allein von ihr kontrolliert würde.

10.5 Die Erfolgsformel des friedlichen Machtwechsels: Regeltreue und Respektierung des ethnischen Pluralismus

Blicken wir auf die 50jährige Geschichte Ghanas seit der Unabhängigkeit zurück, so treffen wir fast alle Phänomene an, die auch jene Nachbarländer charakterisieren, die sich noch im Griff autoritärer Regime befinden: Putsche, Plünderung der Bauern, der Staat als Versorgungsanstalt für Klientelen.

In zwei Punkten weicht Ghana indes ab: Weder die Linke um Nkrumah noch die Militärs noch die Liberalen haben jemals die Karte der ethnischen oder religiösen Ausgrenzung ausgespielt (Agyeman 1998: 202f.). Die NPP hat einen deutlich erkennbaren Schwerpunkt im Volk der Ashanti. Sie ist gleichzeitig die politische Adresse einer bürgerlichen Schicht, die keineswegs nur Ashanti einschließt. Die bürgerliche Elite braucht die Versorgungsapparatur des Staates nicht, sie verdient ihr Geld im Kommerz und in selbständigen Berufen.

Umgekehrt pflegt die NDC die Klientel der ärmeren städtischen Bevölkerung. Sie erreicht auch Ashanti in dieser Zielgruppe. Die politischen Lagerbindungen überlappen ethnische Zugehörigkeit und Region. Das gleiche Phänomen zeigt eine Studie über die Fangemeinden der beiden populärsten Fußballklubs des Landes. Sie werden jeweils von einer der beiden Parteien gesponsert (Fridy 2009: 25ff.). Die Parallele ist weniger kurios, als es zunächst scheinen mag. Die Lagerbindungen reichen in beiden Fällen tief in die Gesellschaft hinein. Jede Partei würde sich einem Teil ihrer Anhänger und Wähler entfremden, wenn sie sich auf ethnische Ausgrenzung einließe.

Ghana ist eine der wenigen Erfolgsstories demokratischen Wandels in Afrika. Es verzeichnet die dritte freie Präsidentschaftswahl in Folge. Die Opposition akzeptiert ihre Verliererrolle, die Militärs halten still. Maßgeblich für alles dies ist das Verhalten der politischen Eliten. An erster Stelle rangiert die Entscheidung der Machtträger, Ethnizität aus der politischen Auseinandersetzung herauszuhalten. Diese Entscheidung hat es nach den zahlreichen Episoden autoritärer Herrschaft erleichtert, schließlich die Ergebnisse eines vom Wähler gewollten Machtwechsels zu akzeptieren. Die Opposition darf darauf vertrauen, dass sie bei nächster Gelegenheit abermals ihre Chance bekommt. Auch der Respekt vor der Amtszeitbegrenzung des Präsidenten hat sein Teil dazu beigetragen. Regeltreue produziert politisches Vertrauen. Das ghanaische Beispiel lässt erkennen, was dort im Sinne eines Wandels zur Demokratie in den letzten 20 Jahren richtig, bei den meisten afrikanischen Nachbarn aber schief gelaufen ist.

11 Elfenbeinküste

11.1 Kolonialpolitik im Zeichen der Kakaoproduktion

Die Landesstruktur der Elfenbeinküste ist der des benachbarten Ghana ähnlich. Beide Länder sind von der Kakaowirtschaft geprägt. Das Kakaoanbaugebiet reicht über die Staatsgrenze hinweg vom südwestlichen Ghana bis in den Südosten der Elfenbeinküste.

Die Elfenbeinküste kennt kein den ghanaischen Ashanti vergleichbares größeres Volk. Das größte unter den zahlreichen kleineren Völkern sind die Baoulé (Baule). Sie gehören wie die übrigen Völker der südlichen Elfenbeinküste der Sprachgruppe der Akan an und stellen ein knappes Viertel der Gesamtbevölkerung.

Die Eroberung der Elfenbeinküste durch Frankreich war ein schwieriges Unterfangen. Sie vollzog sich in einem zähen Guerillakrieg. Er wurde brutal geführt und zog zahlreiche unbeteiligte Afrikaner in Mitleidenschaft. Nach der Eroberung im Jahr 1893 wurde mit den üblichen Mitteln der Kopfsteuer und der Zwangsarbeit der Kakaoanbau forciert (Teil 2, Kapitel 2, 2.3). Afrikaner wurden zu Gunsten französischer Plantagenbesitzer enteignet. Gegen diese Zwangsmaßnahmen erhoben sich die betroffenen Völker. Bis zum Jahr 1908 verlor Frankreich seine Kontrolle über große Teile des mühsam eroberten Gebiets. Erst 1915 erlangte es sie nach heftigen Kämpfen zurück.

Die Elfenbeinküste war eine ungewöhnlich lukrative Kolonie. Dort ließen sich auch – ungewöhnlich für Westafrika – viele Weiße als Pflanzer nieder. Die koloniale Politik wurde von der Kakaowirtschaft diktiert. Auf afrikanischer Seite gab es keine für eine Indirect rule brauchbaren Ansprechpartner. Darüber hinaus misstraute die Kolonialmacht den Völkern, die erbittert gegen sie gekämpft hatten. Sie stellte den Kakaogürtel deshalb unter eine Art Besatzungsregime. Örtliche Aufgaben, für die Afrikaner gebraucht wurden, wurden den Angehörigen ortsfremder Völker, darunter insbesondere Baoulé übertragen. Fremde Afrikaner trieben somit im wirtschaftlich wertvollsten Teil der Kolonie Steuern ein und zogen Ortsansässige zur Zwangsarbeit heran. Daraus erwuchs ein Fremdenhass, der sich noch Jahrzehnte später Bahn brechen sollte.

Dem muslimischen Norden der Kolonie wurde die Aufgabe zugewiesen, Arbeitskräfte für die Kakaowirtschaft zu stellen. Auch die übrigen Kolonien der Sahelzone, Obervolta (heute Burkina Faso), Niger und Mali wurden als Reservoir für Dauer- und Saisonarbeitskräfte ausgeschöpft. Die Arbeitsmigranten arbeiteten in Lohn- und Pachtverhältnissen. Später erlaubte man ihnen, Land, das sie rodeten und bepflanzten, wie ihr Eigentum zu bewirtschaften. Libanesen besorgten Handel und Transport im Kakaogeschäft (siehe oben Teil, 2, 2.5).

In den Anbaugebieten kamen auf diese Weise Menschen zusammen, die sich nach Sprache, Herkommen und Religion stark voneinander unterschieden. Bei den Einheimischen nährte die Zuwanderung Verdrängungsängste. Diese steigerten noch das Fremdenressentiment, das bereits mit den afrikanischen Agenten der Kolonialmacht aufgekommen war. Hinzu kam die Nachbarschaft französischer Pflanzer, die schließlich bis zu einem Drittel der Produktion beherrschten (Boone 2003b: 184ff.). Bereits in den 1930er Jahren gründeten Afrikaner eine Vereinigung der Autochthonen, die das Unbehagen an den vielen Fremden im Kakaogürtel zum Thema machte (Banégas/Marschall-Fratani 2007: 86).

Mit dem Ende des Zweiten Weltkrieges und der Verabschiedung einer neuen französischen Verfassung verbesserte sich der Status der afrikanischen Kolonien. Die verhasste Zwangsarbeit wurde 1946 aufgehoben. Eine prominente Rolle unter den afrikanischen Führern der Kolonie spielte bereits damals Felix Houphouet-Boigny, ein Baoulé, dem auf französischen Schulen die höchsten Weihen erlesener Bildung zuteil geworden waren. Seine ersten politischen Aktivitäten galten der Abschaffung der Zwangsarbeit und dem Versuch, die afrikanischen Kakaobauern zu organisieren.

Die französischen Pflanzer sträubten sich gegen jegliche Veränderungen des Status quo. Als die Kolonialpolitik unmittelbar nach Kriegsende die Zügel lockerte, wurden bei den Afrikanern zunächst Hoffnungen geweckt. Später wurden diese Erwartungen von der harten Hand eines Gouverneurs konterkariert, der sich mit den Interessen der Pflanzer identifizierte. Von 1949 bis 1951 kam es zu schweren Unruhen.

Houphouet-Boigny hatte bereits 1946 für die damals noch gesamtafrikanische Sammlungspartei RDA einen Sitz in der Pariser Nationalversammlung gewonnen und sich dort auf der äußersten Linken positioniert. Seit Mitte der 1950er Jahre moderierte er seine Position und näherte sich dem Lager der Sozialisten an. Unterdessen galt er in Paris als ein bedeutender Vertreter Afrikas. Er arbeitete an der Verfassung der V. Republik mit und wurde sogar Minister in der ersten Regierung de Gaulle.

11.2 Die Fortsetzung der kolonialen Wirtschaftspolitik im neopatrimonialen Regime Houphouet-Boignys

Die Elfenbeinküste wurde 1960 unabhängig. Ihr erster Präsident wurde Houphouet-Boigny. Er bekleidete dieses Amt bis zu seinem Tode im Jahr 1993. Ein Bewunderer Frankreichs, regierte er weitestgehend im Einklang mit den Interessen der vormaligen Kolonialmacht. Noch lange nach der Unabhängigkeit arbeiteten in der Verwaltung der Elfenbeinküste Franzosen. Oppositionelle wurden ruhig gestellt oder verfolgt. Sonst aber verkörperte Houphouet-Boigny exemplarisch den afrikanischen Big Man. In seinem Geburtsort Yamassoukro wurde ein Nachbau des Petersdoms errichtet, der noch größer dimensioniert ist als das Original. Der Provinzort wurde 1983 zur Hauptstadt deklariert. Dessen ungeachtet blieb die Metropole Abidjan die wichtigste Stadt des Landes.

Der Präsident beherrschte Politik und Verwaltung in seiner Doppeleigenschaft als Chef der Staatspartei PDCI. Ein maßgeschneidertes Wahlrecht sorgte dafür, dass andere Parteien im Parlament nicht einmal repräsentiert waren. Wer in öffentliche Positionen gelangen oder zu Geld kommen wollte, brauchte das Wohlwollen des Präsidenten und seiner Entourage. Der Präsident bereicherte sich an jeder größeren wirtschaftlichen Transaktion. An der Staatspatronage ließ er freilich nicht nur das eigene Volk der Baoulé, sondern auch Vertreter aller übrigen Völker teilhaben.

Mit nahezu der Hälfte der Gesamtbevölkerung bilden Muslime die größte Religionsgemeinschaft, während Christen knapp ein Viertel der Bevölkerung ausmachen. Muslime sind in Regierung und Verwaltung der Elfenbeinküste kaum vertreten. Angehörige der christlichen Religionen beherrschen Politik und Wirtschaft.

Der Kakaoanbau ist der exportwirtschaftlicher Motor des Landes geblieben. Die Elfenbeinküste erreichte in der Vergangenheit zeitweise über 40 Prozent der Weltkakaoproduktion und den dritten Platz als Weltproduzent für Kaffee. Das Regime zog alle Register, um mit dem Export Gewinn zu erwirtschaften. Zur zentralen Geldquelle des Regimes avancierte die Einkaufsbehörde CAISTAB (Caisse de stabilisation). Um die Produktion zu steigern, zahlte die CAISTAB Bauern und Plantageneignern gute Preise.

Das Land galt lange als mustergültig für eine erfolgreiche Wirtschaftspolitik. Das Regime genoss die Gunst des Westens und insbesondere Frankreichs. Houphouet-Boigny räumte französischen Firmen beste Geschäftsbedingungen ein. Zeitweise wurde das Land zur größten Basis für französische Truppen in Afrika. Der eigenen Armee misstraute Houphouet-Boigny. Das im Lande stationierte französische Militär schützte die Grenzen der Elfenbeinküste gleich mit. Auf dem Höhepunkt der Ära Houphouet-Boigny zählte die französische Gemeinde 60.000 Menschen (1980). Bis vor kurzem waren es immer noch rund 25.000.

Der Wohlstand und die politische Stabilität des Landes hingen einzig und allein von den Weltkakaopreisen ab. Beim Kakao handelt es sich um eine arbeitsintensive Pflanze. Produziert wurde ohne Rücksicht auf die natürlichen Gegebenheiten. Wald wurde gerodet, um Platz für neue Kakaobäume zu schaffen. Ohne den Schutz des Waldes gediehen die Pflanzen schlecht. Alte Bäume wurden hingegen nicht gerodet, dem Boden die gebotene Erholung damit verweigert.

Solange der Jahrzehnte währende Boom anhielt, gab die Regierung in der Tradition der Kolonialwirtschaft die Devise aus, neues Land gehöre denen, die es zum Produzieren bringen. Der Staat garantierte feste Absatzpreise. Wie bereits in der Kolonialzeit strömten Migranten aus dem bettelarmen benachbarten Bukina Faso, aber auch aus Ghana, Mali und Guinea als Arbeiter und Siedler in die Anbauregion. Auf dem Höhepunkt des Kakaobooms gab es zwei Millionen Bauern und Landarbeiter aus anderen Staaten. Ein Teil von ihnen erwarb Boden, ohne dass groß nach der Staatsangehörigkeit gefragt wurde (Woods 2003). In den Dörfern des Kakaogebiets sank die Quote der Einheimischen auf die Hälfte, zeitweise sogar auf ein Drittel (Banégas/Marschall-Fratani 2007: 86).

Der Handel mit Cash crops wurde wie in der Kolonialzeit vor allem von Libanesen kontrolliert. Im Einzelhandel hingegen gab es zahlreiche afrikanische Händler. Die meisten darunter waren aber Burkinesen, Ghanaer, Guinesen und Mauretanier: aus ivoirischer Sicht also Fremde (Boone 1993: 70ff.).

11.3 Die Neuaufstellung des Regimes: Ausgrenzung der Ausländer und Muslime

Als in den 1980er Jahren die Weltmarktpreise für Kakao und Kaffee einbrachen, ließen die Einkünfte aus den Cash crops drastisch nach. Gleichzeitig stiegen die Produktionskosten – eine späte Quittung für den Raubbau früherer Jahre. Die Elfenbeinküste wurde zum Klienten des Internationalen Währungsfonds. Die vom IWF verlangten Liberalisierungsmaßnahmen dünnten die Ressourcen aus, mit denen die große Staatsklientel in Behörden und parastaatlichen Einrichtungen hatte finanziert werden können. Im Zuge der verlangten Liberalisierung wurde unter anderem die CAISTAB aufgelöst. Ihr Ausfall als Geldversorgungsmaschine traf das Regime besonders hart. Mit einer weiteren Konzession an die Kreditbedingungen der internationalen Geldgeber legalisierte Houphouet-Boigny 1990 andere Parteien. Auf der Plattform der bisherigen Staatspartei PDCI-RDA wurde er 1990 noch einmal gewählt, starb aber hochbetagt drei Jahre später.

Gemäß der Verfassung übernahm Vizepräsident Henri Bédié, auch er ein Baoulé, die Regierungsgeschäfte. Zunächst hatte er versprochen, lediglich interimistisch zu amtieren. Dann besann er sich eines anderen und kandidierte 1995 für die nächste reguläre Präsidentschaftswahl. Die Wahlen wurden zu seinen Gunsten manipuliert. Angesichts sinkender Einkommen und Beschäftigung hatte sich die Unzufriedenheit inzwischen noch stärker zugespitzt. Nachdem sich die Friedensformel der Ära Houphouet-Boigny, der Kakaoboom, erschöpft hatte, suchte der Präsident eine neue Legitimationsbasis.

Bédié schürte die Stimmung gegen die Fremden. Den Vorwand bot die große Zahl der Arbeitsmigranten. Als Houphouet-Boigny verstarb, zählte das Land schätzungsweise 30 Prozent Einwohner ohne ivoirische Staatsbürgerschaft. Die jetzt von der Regimepropaganda fabrizierte Animosität gegen Migranten, bei denen es sich überwiegend um Muslime handelte, traf diejenigen Muslime, die zweifelsfrei Bürger der Elfenbeinküste waren, gleich mit (Werthmann 2005: 230ff.). Die muslimischen Ivoirer leben überwiegend im Norden des Landes. Sie sind eng mit den Völkern der Nachbarländer, vor allem Bukina Fasos, verwandt.

Die Staats- und Wirtschaftskrise erreichte 1999 einen Höhepunkt. Nach den Vorgaben der Internationalen Finanzinstitutionen hatte Bédié die Staatsausgaben um 40 Prozent kürzen müssen. Für die im Jahr 2000 anstehenden Präsidentschaftswahlen kündigte er seine zweite Kandidatur an. Das Wahlgesetz schrieb vor, dass sich allein Kandidaten für politische Ämter bewerben durften, die für beide Elternteile die ivoirische Staatsbürgerschaft nachweisen konnten.

Diese Bestimmung war auf den Hauptkonkurrenten Bédiés, den ehemaligen Ministerpräsidenten Alassane Quattara gemünzt. Der Muslim Quattara hatte zuvor eine hohe Funktion beim Internationalen Währungsfonds innegehabt. Die Wahlbehörde sprach Quattara die Staatsbürgerschaft ab. Aus den Reihen der Opposition erhob sich Protest. Dieser sprang bald in offenen Streit zwischen den christlichen und den muslimischen Bürgern um.

Zum ersten Mal in der Geschichte der Elfenbeinküste putschten 1999 die Militärs. Die Streitkräfte waren vom Regime vernachlässigt worden. Die äußere Sicherheit hatten in der Vergangenheit hauptsächlich französische Truppen garantiert. Für die innere Sicherheit war die gut organisierte Gendarmerie verantwortlich. Die Armee sah sich als fünftes Rad am Wagen des Staatsapparats. Ohne richtige Aufgabe und angesichts des schrumpfenden Staatshaushalts von stockenden Karrieren bedroht, war sie in Fraktionen gespalten. Diese Gruppierungen faserten an den Rändern in Bürgermilizen und Gangs aus, die sich Politikern und Parteien als Gewaltdienstleister anboten (Banégas/Marschall-Fratani 2007: 88ff.).

Den Putsch des Jahres 1999 inszenierten Offiziere niederen Ranges und Unteroffiziere. General Robert Guei erklärte sich bereit, als Aushängeschild der Putschisten aufzutreten. Den Vorwand für die Aktion lieferte die Bekämpfung der allgegenwärtigen Korruption. Die Putschisten verabschiedeten eine neue Verfassung. Das Wahlgesetz mit der Ausschließungsklausel für Ivoirer ohne Staatsbürgerschaftsnachweis wurde beibehalten. Zur Überraschung des In- und Auslandes kündigte Guei, der zunächst nur ein Übergangspräsident zu sein versprach, für die bevorstehende Präsidentschaftswahl die eigene Kandidatur an. Damit löste er in Abidjan einen Volkskaufstand aus. Sogar Teile der Armee schlossen sich an. Dessen ungeachtet erhielt Guei seine Kandidatur aufrecht.

Zwischenzeitlich hatte das Oberste Gericht des Landes die Ausschließung des Hauptkonkurrenten Quattara von der Kandidatur bestätigt.

11.4 Die Militarisierung der politischen Auseinandersetzung

Zur Präsidentschaftswahl im Jahr 2000 traten der illegitime Militärpräsident Guei und Laurent Gbagbo an. Gbagbo, ein gelernter Gymnasiallehrer, war Führer der sozialistischen Partei FPI. Er kommt aus dem Volk der Bete (mit 18 Prozent zweitgrößtes Volk der Elfenbeinküste). Er war als Oppositioneller ins Exil gegangen und von dort zurückgekehrt, als sich Houphouet-Boigny 1988 auf die Öffnung des politischen Systems einlassen musste. Hier konkurrierten Bewerber, die beide den Süden des Landes repräsentierten. Beide überboten sich in der Agitation gegen Fremde und Muslime (Boone 2009: 193). Gbagbo gewann über 50 Prozent der Stimmen. Auf den Gegenkandidaten entfielen 40 Prozent. Guei akzeptierte das Wahlergebnis jedoch nicht und erklärte sich mit einer herbeimanipulierten Stimmenzahl zum Sieger. Die Mitglieder der Wahlkommission ließ er verhaften. Daraufhin kam es zu heftigen Unruhen. Den Demonstranten in Abidjan schlossen sich Teile der Streitkräfte und die Gbagbo nahestehende paramilitärische Gendarmerie an. Beide lieferten sich Schießereien mit regierungstreuen Militäreinheiten. Das Ausland protestierte und drohte Sanktionen an. Guei zog es vor, das Land zu verlassen. Gbagbo trat daraufhin das Präsidentenamt an.

Für die breite Unzufriedenheit in der verarmten Bevölkerung machte der neue Präsident auf der Linie der von ihm selbst mitgeschürten Stimmung die im Lande lebenden Arbeitsmigranten verantwortlich. In der südlichen Elfenbeinküste wurden regelrechte Pogrome organisiert. Bei einer nationalen Versöhnungskonferenz, welche die Wogen glätten sollte, akzeptierte Quattara schließlich das Wahlergebnis. Umgekehrt stellte Gbagbo die Staatsbürgerschaft Quattaras nicht mehr infrage. Der davon erhoffte Beitrag zur Entschärfung der Konflikte blieb indes aus. Weiterhin spielte Gbagbo die ethnische Karte, um Rückhalt zu gewinnen. Unter dem Mantel einer Teilreduzierung der Streitkräfte wurden vorzugsweise muslimische Soldaten entlassen.

Der Zustand der Streitkräfte war weiterhin desolat. Dies hatte Folgen, als die Kämpfe im benachbarten Liberia auf die ivorische Grenzregion übergriffen. Als Gegenmaßnahmen stellte die ivoirische Regierung Ortsmilizen auf und engagierte südafrikanische und europäische Söldner. Bei alledem kam es zur unkontrollierten Verbreitung von Kleinwaffen, mit der auch in der Elfenbeinküste die Militarisierung der politischen Auseinandersetzung angeheizt wurde (Banégas/Marschall-Fratani 2007: 92ff.).

11.5 Die Ausgrenzung schlägt in den Bürgerkrieg um

Gbagbos Ausgrenzungspolitik erreichte ihren Höhepunkt, als der Innenminister im Dezember 2002 verfügte, die Bürger sollten unter Vorweis ihrer Personalpapiere den Geburtsort nachweisen. In Anbetracht der Tatsache, dass es in den Landgebieten der Elfenbeinküste so gut wie keine Personenstandsverwaltung gab, waren damit der Entrechtung unliebsamer Ivoirer Tür und Tor geöffnet. In Scharen wurden Menschen von Land vertrieben, das sie jahrelang bewirtschaftet hatten (Banégas/Marschall-Fratani 2007: 87ff.). Ehemalige muslimische Soldaten organisierten sich in Bukina Faso mit Unterstützung der dortigen Regierung als Widerstandsbewegung (Mouvement Patriotique de Côte d'Ivoire). Im Herbst 2002 nahm sie den Kampf gegen Regierungstruppen auf. In der muslimischen Bevölkerung der Nordgebiete fand sie breiten Rückhalt. Ein Jahr später war die Elfenbeinküste geteilt. Die Rebellen beherrschten den Norden des Landes. Die Westafrikanische Union und Frankreich schalteten sich 2003 mit Friedenstruppen ein, um einen fragilen Waffenstillstand zwischen Regierung und Rebellen abzusichern.

Die französische Regierung, bis dahin engster ausländischer Verbündeter der ivoirischen Regime, vollzog einen Kurswechsel. Sie missbilligte in aller Schärfe das Schüren des Fremdenhasses. Prompt kam es zu Feindseligkeiten gegen die im Lande lebenden Franzosen. Die starke Präsenz der Franzosen in Abidjan, insbesondere das von reichen Ivoirern geschätzte Ambiente frankophoner Restaurants, Geschäfte und Hotels machte es leicht, das Ressentiment anzuheizen. Die Masse der Menschen in der Metropole ist bettelarm. Propagandistisch präparierte Jugendmilizen, die in der Umgebung des Präsidenten organisiert wurden, überfielen und verfolgten Mitglieder der französischen Gemeinde (Banégas 2006). Sie griffen auch französische Truppenkontingente an. Ende 2003 eskalierten die Ereignisse weiter. Im Herbst 2004 kam es zu Schusswechseln französischer Truppen mit Demonstranten. In der Folge gab es Hetzjagden auf französische Staatsbürger, von denen die meisten das Land verließen.

11.6 Die afrikanischen Nachbarn verhelfen zu einem prekären Frieden

Erst eine Friedenskonferenz beendete im Jahr 2005 den Bürgerkrieg. UN-Blauhelme und französische Soldaten überwachten die Waffenruhe. Gbagbo verpflichtete sich, die politischen Führer der Nordgebiete an der Regierung zu beteiligen. Die schwierigen und langwierigen Verhandlungen wurden von den Regierungen der Nachbarstaaten moderiert. Entsprechend dem Friedensabkommen trat 2007 der politische Führer des Nordens, Guillaume Soro, ein früherer

Studentenfunktionär, als Regierungschef an die Seite des Präsidenten. Seine Partei PDCI, die den Nordteil des Landes repräsentiert, stellt neben Gbagbos Sozialisten die Hälfte der Minister. Ein international garantierter Vertrag (Vertrag von Ouagadougou) regelte die Beziehungen zwischen den Landesteilen. Die Nachbarstaaten, darunter prominent Bukina Faso, hinterließen ihre Handschrift in diesem Vertrag. In diesem Punkt wird eine gewisse Ähnlichkeit mit den international überwachten fragilen Burgfrieden in Liberia und Sierra Leone deutlich.

Gbagbo ist immer noch Präsident, obgleich die Wahl eines Nachfolgers längst überfällig ist. Ein Wahltermin wurde sechsmal, zuletzt im März 2010 verschoben. Der Koalitionspartner und die Oppositionsparteien werfen dem Präsidenten vor, die Abstimmung aus Furcht vor der Niederlage hinauszuzögern.

Die Wurzel all dieser Ereignisse ist das Ringen einer bedrohten Staatselite um den Positionserhalt. Am Beispiel der Elfenbeinküste wird exemplarisch deutlich, dass hinter den vermeintlich ethnischen Konflikten Herrschafts- und Verteilungsinteressen stehen, nicht etwa originäre Feindschaften zwischen den beteiligten Völkern. Ist der Ungeist des Fremdenressentiments erst aus der Flasche, entwickelt er eine unkontrollierbare Eigendynamik.

12 Angola

12.1 Unterentwickeltes Rohstoffdorado

Angola besteht aus den früheren portugiesischen Kolonien Angola und Cabinda. Letzteres ist ein Kleingebiet, das durch die Kongomündung vom Rest Angolas getrennt ist. Angola ist reich an Bodenschätzen. Das Öl ist die wichtigste Einkommensquelle. In Cabinda mit lediglich einem Prozent der Gesamtbevölkerung werden 80 Prozent der angolanischen Öleinkünfte erwirtschaftet. Der Festlandsockel im Golf von Guinea birgt dieselben Vorkommen, an denen auch das benachbarte Kongo-Brazzaville partizipiert. Im Jahr 2008 stieg Angola zum größten Ölproduzenten in Afrika auf – allerdings hauptsächlich deshalb, weil es als Lieferland stabiler eingeschätzt wird als Nigeria, dessen Ölquellen im Bürgerkriegsgebiet liegen. Im Landesinneren weist Angola Diamantenvorkommen auf. Die Infrastruktur des Hinterlandes ist aber kaum entwickelt.

Die politischen und wirtschaftlichen Zentren des Landes sind die Küstenstädte Luanda und Benguela. Schon die portugiesische Kolonialmacht beschränkte sich ganz auf die Entwicklung des schmalen Küstenstreifens. Die Hauptstadt Luanda führt ein Eigenleben. Mit dem übrigen Angola hat sie wenig gemeinsam. Teils aus der Vermischung von Europäern und Afrikanern, teils aus der Assimilierung von Afrikanern an die portugiesische Zivilisation entstand dort in der Kolonialzeit eine kreolische Gesellschaft. Sie ist urban geprägt und im Vergleich mit dem Rest des Landes gut ausgebildet. Die zahlreichen Staatsbehörden und Firmenhauptquartiere verschaffen Arbeit. Das Hinterland ist eine andere Welt. Sie interessierte schon die portugiesische Kolonialmacht lediglich dort, wo Rohstoffe ausgebeutet und exportfähige Agrarprodukte angebaut werden konnten (Frynas 2001).

12.2 Die Verfügung über Ressourcen heizt den Bürgerkrieg an

An seinen afrikanischen Kolonialbesitzungen hielt Portugal extrem lange fest. Als Angola 1975 unabhängig wurde, operierten auf dem Gebiet des neuen Staates drei Unabhängigkeitsbewegungen, davon die FELC in der Enklave Cabinda, eine weitere, die MPLA, im Küstengebiet der Kolonie Angola, und schließlich die UNITA im Landesinneren Angolas. Die MPLA wurde von Agostina Neto angeführt, einem gelernten Arzt, der sich bereits als junger Mensch dem Kampf für die Unabhängigkeit verschrieben hatte. Die MPLA hatte leninistischen Zuschnitt. Ihre Köpfe waren Intellektuelle, ihre gesellschaftliche Basis waren die Kreolen in den Küstenstädten der Kolonie. Die UNITA rekrutierte sich demgegenüber aus dem im Landesinneren lebenden Volk der Ovimbundu. Es macht etwa 30 Prozent der angolanischen Bevölkerung aus. Die UNITA entstand aus einer Spaltung der MPLA (1966). Die MPLA lehnte sich weiterhin an die sozialistischen Staaten an. An der Spitze der UNITA stand Jonas Savimbi. Er hatte protestantische Missionsschulen besucht und war während seines Studiums im Ausland politisch aktiv geworden. Ab 1970 kollaborierte die UNITA mit der portugiesischen Kolonialmacht. Sie wurde zur Bürgerkriegspartei des Westens. Beide Lager des Kalten Krieges belieferten ihre Bürgerkriegspartei mit Waffen.

Der Konflikt zwischen MPLA und UNITA hatte lediglich vordergründig ideologische Gründe. Er hatte seinen Ursprung in den Gegensätzen zwischen dem Landesinneren und der Küstenregion, aber auch in der Rivalität Netos und Savimbis um die Kontrolle eines künftigen unabhängigen Angola.

Ein Putsch gegen das in Lissabon herrschende autoritäre Regime läutete 1974 umgehend Portugals Abschied von seinen Kolonien ein. Linke Militärs und Politiker hatten in Lissabon den Putsch bewerkstelligt. Sie standen der MPLA näher als der UNITA. Bei den Verhandlungen, die 1975 in die Unabhängigkeit führten, wurde die MPLA als legitime Vertretung des angolanischen Volkes anerkannt. Die UNITA sprach ihr dieses Mandat ab und führte fortan einen Bürgerkrieg gegen das Regime der MPLA. Sie wurde dabei vom benachbarten Zaire (heute Demokratische Republik Kongo) und Südafrika unterstützt. Der südafrikanische Edelsteinkonzern De Beer's arbeitete mit der UNITA-Führung zusammen. Gleich zu Beginn des Bürgerkriegs, der ganze drei Jahrzehnte dauern sollte, nahm die MPLA-Regierung die Hilfe kubanischer Truppen in Anspruch. Sie agierten hier als Stellvertreter Moskaus, das sich in dieser Region nicht unmittelbar engagieren mochte (Keyle 2005).

12.3 Die Verfügung über die Öleinkünfte

Schon zur Kolonialzeit war die Exklave Cabinda ein wichtiger Ölexporteur. Die Unabhängigkeitsverhandlungen Portugals endeten damit, dass Cabinda mit Angola vereinigt wurde. Noch heute kämpft die FELC dort für die Trennung von Angola.

Die Ölförderanlagen Angolas befinden sich Offshore. Für die Cabinda-Rebellen sind sie nicht erreichbar. Mit harter Hand sichert Luanda seine Präsenz in der Exklave. Cabinda ist die Geldbeschaffungsmaschine des MPLA-Regimes. In Cabinda selbst kommt von der Ölrente so gut wie nichts an, sie wird im fernen Luanda verbraucht. Dort finanzieren Öldollars einen aufgeblähten Regierungsapparat und Geschäftemacher, die am Import westlicher Konsumgüter verdienen.

Das kontinuierlich in die Regierungskassen fließende Geld hatte den gleichen Effekt wie in den übrigen afrikanischen Ölstaaten. Es erlaubte einer Hauptstadtelite alle Annehmlichkeiten eines hohen Konsums im westlichen Stil, sichere Konten auf ausländischen Banken und die Ausbildung der Kinder im Ausland. Gut 85 Prozent aller Ärzte arbeiten in der Hauptstadt. Die Entwicklung einer tragfähigen ökonomischen Basis im Land selbst blieb aus. Die Ölrente wird so konsumiert, wie sie fließt. Die UNITA finanzierte ihre Operationen aus dem illegal organisierten Diamantenexport. Sie errichtete im angolanischen Hinterland eine Art Parallelstaat.

Der Zusammenbruch der sozialistischen Welt traf die MPLA kaum. Dank der Ölrente hatten westliche Staaten und Internationale Finanzinstitutionen kein Druckmittel zur Verfügung, um das Regime von außen her zu verändern. Auch Preisschwankungen trafen das Regime nicht sonderlich hart. Für Infrastruktur, Bildung und öffentliche Gesundheit fließen ohnehin keine nennenswerten Mittel.

Mit dem Ende des Apartheid-Regimes in Südafrika, der Unabhängigkeit Namibias und schließlich mit dem Sturz Mobutus im benachbarten Zaire-Kongo (1997) verlor die UNITA ihre Operationsbasen. Die Ernährungsgrundlage im Hinterland schrumpfte, weil die Menschen aus den Dörfern vertrieben waren. Schließlich kam bei Kämpfen noch der UNITA-Führer Savimbi ums Leben. Der Bürgerkrieg gelangte an sein Ende. Unter internationaler Vermittlung vereinbarten die Bürgerkriegsparteien 2002 ein Friedensabkommen. Ein Teil der UNITA-

Truppen wurde mit der regulären Armee, de facto eine Parteiarmee der MPLA, verschmolzen.

Die innenpolitische Befriedung erlaubt es einigen Reichen, sich ohne Rücksicht auf Recht und Gesetz die besten Stücke landwirtschaftlicher Nutzfläche im ehemaligen UNITA-Gebiet anzueignen. Nicht einmal Finanzengpässe setzen das Regime unter Reformdruck. Dies erfuhr der Internationale Währungsfonds 2005, als er mit der angolanischen Regierung über einen Kredit verhandelte. Sein Kreditangebot war so klein bemessen und die Bedingungen waren so unbequem, dass die Regierung es vorzog, einen großzügigeren und unkonditionierten Kredit der chinesischen Regierung in Anspruch zu nehmen (Kibble 2006).

12.4 Regimestruktur

Der MPLA-Führer Neto, der erste Präsident Angolas, starb bereits nach vier Jahren im Amt. Seine Nachfolge trat José Eduardo dos Santos an. Er amtiert seither ohne Unterbrechung und hat sich noch keiner Wahl gestellt. Das angolanische Regime ist untrennbar mit seiner Person verknüpt, es weist alle Merkmale neopatrimonialer Herrschaft auf. Dos Santos erklärte sich mit dem Ende des Bürgerkriegs bereit, seine bisherige Machtfülle aufzugeben und einen Regierungschef neben sich zu akzeptieren. Diese Geste erleichterte es den internationalen Finanz- und Entwicklungsinstitutionen, Geld und Projekte für den Wiederaufbau des vom Krieg zerstörten Landes zu bewilligen.

Die UNITA operiert heute als legale politische Partei. Ihre militärische Organisation wurde aufgelöst und Funktionäre und ehemalige Kommandeure in das Patronagesystem der MPLA integriert. Sie erhielten Positionen in der Verwaltung, Häuser und prestigeträchtige Autos, also allerlei Einkommensquellen und Privilegien, die sie mit dem Regime der Sieger versöhnten (International Crisis Group 2003: 211).

Dos Santos kontrolliert das Land, obgleich die UNITA formell an der Regierung beteiligt ist. Vordergründig ist das Regieren Sache des Premierministers. Indirekt steuert aber weiterhin der Präsident die Regierungsarbeit. Er ist der Mittelpunkt des Regimes (Rocque 2009: 140ff.). Mit finanziellen Zuwendungen, die aus der Beteiligung an privaten Geschäften fließen, dirigiert der Präsident die Presse und selbst Funktionäre der Oppositionsparteien. Das Kabinett und die Minister muten wie Statisten an. Im Mittelpunkt des Netzwerks von Politikern und Geschäftsleuten steht die staatliche Ölgesellschaft Sonangol. Es handelt sich um die einzige moderne und ökonomisch erfolgreiche Struktur Angolas (De Olivera 2007a: 606).

Im September 2008 wurden erstmals Parlamentswahlen abgehalten. Die MPLA gewann erwartungsgemäß die Mehrheit. Die Wahlen galten zwar als korrekt und transparent. Das Regime nutzte die Verwaltung und die vom Staat kontrollierten Medien freilich zu seinem Vorteil. Den Oppositionsparteien blieb wenig mehr, als die Wähler persönlich und im lokalen Umfeld anzusprechen. Auf die MPLA entfielen über 80 Prozent der Stimmen. Die UNITA kam auf lediglich zehn Prozent. Im Vorfeld dieser Wahl zahlte sich die Integration vormaliger UNITA-Funktionäre in das Regime aus. Besorgt um ihre Jobs, traten etliche hohe Beamte rechtzeitig zur MPLA über. Die Opposition akzeptierte das Ergebnis (Vines/Weimer 2009, Angolans Vote for Peace 2008).

13 Kongo-Brazzaville

13.1 Die Kolonialära hinterlässt einen übergroßen Verwaltungsapparat

Zwei afrikanische Staaten tragen den Namen Kongo, der von den Völkern der Bakongo hergeleitet ist. Die ehemalige französische Kolonie, die heutige Republik Kongo, wird zur Unterscheidung von der größeren, vormals zum belgischen Kolonialbesitz gehörenden Demokratischen Republik Kongo auch als Kongo-Brazzaville bezeichnet. Pierre Savorgnon de Brazza (1853-1905) hatte für Frankreich weite Teile West- und Zentralafrikas in Besitz genommen, darunter auch den späteren französischen Kongo. In der nach ihm benannten Hauptstadt der Kongokolonie siedelte Frankreich die Hauptverwaltung seines zweiten großen Kolonialverbundes Äquatorialafrika (AEF) an. Er erstreckte sich von Zentralafrika bis an die Grenzen des Sudan.

Die Verwaltungsfunktion Brazzavilles hatte für die örtlichen Afrikaner positive Beschäftigungs- und Ausbildungseffekte. Frankreich beutete die Kolonie sonst in einer sehr harten Gangart aus (Clark 2008: 56ff., 95ff.). Noch in den 1930er Jahren wurden Afrikaner zur Zwangsarbeit rekrutiert, um in einem technischen Gewaltakt eine Eisenbahn zwischen Brazzaville und der Hafenstadt Pointe Noire zu bauen. Viele Afrikaner kamen dabei zu Tode.

13.2 Die Ethnie als Mittel im Machtkampf

Die Kolonie wurde 1960 unabhängig. Die politische Elite des jungen Staates war links gestimmt. Der Antikolonialismus der sowjetischen Staatenwelt fand starke Resonanz. Die Masse der gebildeten Afrikaner in der ehemaligen Verwaltungshauptstadt war beträchtlich. Ihre Zahl war auf die Bedürfnisse aller äquatorialafrikanischen Kolonien ausgelegt. Der junge Staat war zu klein, als dass er die zahlreichen Bewerber für den Staatsdienst hätte beschäftigen können. Trotzdem ließ sich die Regierung auf einen zu großen Verwaltungsapparat ein. Kurz vor dem Ende der Kolonialzeit waren vor der Küste Ölfelder entdeckt worden. Seit Ende der 1960er Jahre werden sie vom französischen Elf-Konsortium ausgebeutet. Landflucht setzte ein. Junge Dorfbewohner versprachen sich Jobs und ein besseres Leben in der Hauptstadt. Die hohen Einnahmen aus der Ölförderung ermöglichten es eine Zeitlang, das überdimensionierte Heer der Staatsbediensteten zu finanzieren (Clark 2008: 98f.).

Die Kolonialmacht hatte bei der Rekrutierung von Afrikanern für ihre Verwaltung jene Völker bevorzugt, die in der Nähe Brazzavilles lebten. Das Parteiensystem des jungen Staates bildete seine drei Hauptvölker ab. Je eine Partei repräsentierte die Mbochi im Norden, die Lari, ein Glied der großen Völkerfamilie der Bakongo im Gebiet der großen Städte Brazzaville und Pointe Noire im Süden, sowie die östlich der Hauptstadt am Kongofluss lebenden Téké. Zwischen Lari und Mbochi klafften erhebliche Bildungs- und Wohlstandsunterschiede. Lari beherrschten das Offizierkorps, unter Mannschaften und Unteroffizieren waren eher Mbochi vertreten.

Der erste gewählte Präsident Fulbert Youlou, ein Lari, wurde 1963 in einem Putsch gestürzt. Diesem Staatsstreich ging ein Generalstreik voraus, bei dem linke Intellektuelle Regie führten. Youlous Nachfolger Alphonse Massemba-Débat führte 1964 für seine Revolutionäre Sozialistische Partei das Einparteisystem ein. Er verkündete den Übergang zum Sozialismus. Der Mbochi-Offizier Marien Ngouabi putschte ihn 1968 aus dem Amt und trat an seine Stelle. Die Staatspartei rückte in den Schatten der Armee. Ngouabi entließ nach und nach Lari aus ihren Führungspositionen in Verwaltung und Offizierkorps und ersetzte sie durch Mbochi.

Ngouabi wurde 1977 ermordet. Ein konservativer Militär namens Joachim Yombhi-Opango, auch er ein Mbochi, trat die Nachfolge an. Bereits 1979 putschte ihn wiederum der Mbochi-Offizier Dénis Sassou aus dem Amt. Er ließ auch Lari und Téké an Staatspersonal und Staatsmitteln teilhaben. Dank des Öls standen genügend Mittel zur Verfügung, um eine große Staatsklientel zu finanzieren. In Anbetracht der Ölreserven gaben die Internationalen Finanzinstitutionen grünes Licht für Kredite, als diese gebraucht wurden. Die gesamte Ökonomie funktionierte im Modus des Rentenverbrauchs, wie aus anderen Petro-Staaten geläufig. Investitionen in landwirtschaftliche und industrielle Aktivitäten blieben aus (Clark 2002: 32f.).

Als Mitte der 1980er Jahre der Ölpreis nachgab, gerieten zuerst die Petrobranche und dann die gesamte Volkswirtschaft in Schwierigkeiten. Für Zinszahlungen und den aufgeblähten Staatsdienst reichten jetzt selbst die Öleinkünfte nicht mehr aus. Die Regierung musste sich einem Strukturanpassungsprogramm des Internationalen Währungsfonds beugen. Es folgten die unvermeidlichen Entlassungen im öffentlichen Dienst und Leistungskürzungen. Diese Maßnahmen produzierten Massen von Enttäuschten, die schon einmal besser gelebt hatten (Clark 2002: 34).

13.3 Staatszerfall: Die Parteien bewaffnen sich

Sassou vermochte sich so wenig wie andere afrikanische Führer Anfang der 1990er Jahre den internationalen Erwartungen auf demokratischen Gesten zu verschließen. Für die 1992 anberaumten Präsidentenwahlen kandidierten erstmals seit Beginn der Unabhängigkeit wieder mehrere Kandidaten. Die neu auflebenden Parteien repräsentierten abermals je eines der drei großen Völker. Sassou steckte in dieser offenen Wahl eine Niederlage ein. Der Rückhalt der Mbochi im rückständigen Norden des Landes reichte für eine gesamtstaatliche Stimmenmehrheit bei weitem nicht aus. Das Wahlergebnis war die eine Seite der Medaille. Die andere Seite waren die in 20 Jahren gewachsenen Machtverhältnisse. Um Sassou war in mehr als zehn Jahren in Verwaltung und Militär ein mächtiges Netzwerk entstanden. Der Sieger in der Präsidentschaftswahl, der Lari Pascal Lissouba, nahm Sassou, um ihn unter Kontrolle zu behalten, vorbeugend in seine Regierung auf. Doch als Sassou alte Vertraute in sein Ministerium holen wollte, legte sich Lissouba quer. Sassou verzichtete daraufhin auf sein Ministeramt.

Während sich Lissouba ungeschickt bemühte, seine Macht zu konsolidieren, sann Sassou auf die Rückeroberung der Präsidentschaft. Der mit Mbochi und anderen Völkern der Nordregion bemannten Armee traute der Präsident nicht. Aus Angehörigen seines Lari-Volkes bildete Lissouba eine persönliche Miliz, die Zulus (Clark 2008: 145). Sassou konterte mit der Gründung einer eigenen Miliz, den Cobras, in die allein Mbochi aufgenommen wurden. Um aus der Armee ein ihm ergebenes Instrument zu formen, entließ Präsident Lissouba darüber hinaus Mbochi aus dem Militärdienst. Wie in einem System kommunizierender Röhren füllten sich die Reihen der Cobras entsprechend mit geschulten Waffenträgern. Um nicht wehrlos zwischen die Fronten zu geraten, stellte der Bürgermeister von Brazzaville in den Njinjas eine weitere Miliz auf.

Erst die Bewaffnung der Ethnien zerstörte die Friedfertigkeit, in der die Völker trotz mancherlei Neids und vieler Klagen miteinander ausgekommen waren (Clark 2008: 138). Seit 1993 führten die Regierung und die ethnischen Milizen einen Bürgerkrieg. Jede Kriegspartei konzentrierte ihre Anstrengungen auf die Eroberung der Hauptstadt: Die Vereinten Nationen und die Afrikanische

Union bestehen darauf, eine politische Kraft als rechtmäßig anzuerkennen, welche die Hauptstadt kontrolliert.

Dieser Punkt ist für die Politik in Kongo-Brazzaville besonders wichtig. Das Land fährt seit 20 Jahren eine ansehnliche Ölrente ein. Aber Dreiviertel der Bürger leben unter der Armutsgrenze. Wie es auch in Nigeria geschieht, fließen die Öleinnahmen auf die Konten der Regierenden und ihrer Klientel. Die Ölförderanlagen befinden sich vor der Küste. Für eine Rebellentruppe sind sie unerreichbar. Auch deshalb ist die Kontrolle der Hauptstadt so wichtig. Nur einer international anerkannten Partei wird die Kontrolle über die Förderpunkte mit allen Konsequenzen für Verträge, Lieferung und Bezahlung zugesprochen.

13.4 Ein Regime zur Kontrolle der Rohstoffrente

Der Bürgerkrieg drehte sich um die Verfügung über die Ölquellen. Der ethnische Faktor wurde lediglich manipuliert, um Kämpfer für die Auseinandersetzung um die Regierungsmacht zu mobilisieren. Die Folgen waren katastrophal: Im ethnisch bislang konfliktarmen Kongo-Brazzaville schlugen die ethnischen Milizen, auch hier zumeist Kindersoldaten, aufeinander ein und verwüsteten ganze Dörfer und Landstriche. Am Ende der Auseinandersetzungen hatte über ein Drittel der Gesamtbevölkerung ihre Heimat als Kriegsflüchtlinge verlassen.

Ein Waffenstillstand beendete 1995 die Auseinandersetzungen. Sassou setzte sich ins Exil ab. Den Plan zur Rückkehr an die Staatsspitze gab er dennoch nicht auf. Als 1997 erneut Präsidentschaftswahlen anstanden, trat auch er wieder als Kandidat an. Auch dieses Mal gewann Lissouba. Und abermals wählte Sassou den Bürgerkrieg, um das Ergebnis zu korrigieren. Seine Miliz war noch intakt. Als Präsident hatte er soviel Geld in Sicherheit gebracht, um aus dem Heer der kongolesischen Arbeitslosen Milizionäre rekrutieren zu können. Frankreich unterstützte sein Comeback. Seine Regierung war erbost, weil Lissouba Kontakt zu angelsächsischen Ölkonzernen aufgenommen hatte. Bisher hatte die französische Elf-Congo die Ölvorkommen ausbeuten dürfen. Im Pariser Exil hatte Sassou Kontakte zu einflussreichen französischen Politikern gepflegt (Clark 2002: 36f.). In diesem zweiten Bürgerkrieg hatte Lissouba inzwischen eine loyale, von Mbochi gesäuberte Armee auf seiner Seite. Auch die Milizen der Lari und Téké unterstützten ihn.

Die Kräfteverhältnisse deuteten auf einen Sieg des amtierenden Präsidenten. Auch die bewaffneten Auseinandersetzungen nahmen für die Präsidentenkoalition einen Erfolg versprechenden Verlauf. Sassous Miliz war bereits so gut wie geschlagen, als ihm im Oktober 1997 der Präsident des benachbarten Angola zu

Hilfe kam. Im angolanischen Bürgerkrieg erprobte Truppen, die von Cabinda aus die Grenzen überschritten, zwangen Lissouba zur Flucht ins Exil.

Mit seiner Intervention gehorchte Angola der Logik der Rentenökonomie. Ein von Angola in den Sattel gehobener Präsident bot bessere Aussicht auf Kooperation als Lissouba, der mit dem Sieg über seinen Erzrivalen fester im Sattel gesessen hätte als je zuvor. Sassou hingegen, mochte er auch Präsident sein, war als Mbochi ein Fremder unter den Völkern der Hauptstadt und des südlichen Kongo. Hätte der kongolesische Staat nicht bereits an den Symptomen eines Failing state gekrankt, wäre die angolanische Intervention viel riskanter, weil mit der Aussicht auf einen ausgewachsenen internationalen Krieg behaftet gewesen.

Der Bürgerkrieg ebbte nach Sassous Wiedereinzug ins Präsidentenamt im Jahr 1997 ab. Die Führer der gegnerischen Bürgerkriegsparteien gaben den Kampf auf. Vom Zugriff auf die Ölquellen abgeschnitten, fehlten ihnen die Mittel, um ihre Milizionäre bei der Stange zu halten. Sie kooperierten mit Sassou und versprachen, die Milizen aufzulösen. Nach und nach wurden sie mit Ämtern und Funktionen in den Staat integriert (Englebert/Ron 2004). Für die Masse der Bürger änderte sich wenig zum Besseren.

Auch dieses ölreiche Land leidet, ähnlich wie Nigeria und Kamerun, mangels industrieller Kapazität an kurioser Benzinknappheit und hohen Energiepreisen. Sassou führt ein Regime, wie es oben mehrfach vorgestellt wurde. Es bewerkstelligt die Teilhabe der verschiedensten Elitenfraktionen an Geld und Macht, verweigert aber die Umverteilung nach unten.

14 Ruanda und Burundi

14.1 Hutu und Tutsi: Historische Vorbelastungen

Im Gebiet der heutigen Kleinstaaten Burundi und Ruanda bildete sich vor gut 500 Jahren die heutige ethnische Struktur. Ursprünglich lebten dort die Vorfahren des heutigen Hutu-Volkes. Die Hutu waren Bauern. Dann wanderte von Norden das Hirtenvolk der Tutsi (Watussi) zu. Die Hutu wurden von ihnen unterworfen. Im Laufe der Zeit glichen sich die Lebensweisen beider Völker in vieler Hinsicht an. Beide Völker sprechen heute dieselbe Sprache. Die Tutsi herrschten aber als privilegierte Feudalschicht und ließen Hutu-Bauern für sich arbeiten.

Bei der Aufteilung Afrikas zwischen den Kolonialmächten fielen die von den Tutsi-Königen beherrschten Gebiete an das Deutsche Reich. Dieses gab den Kolonien die Namen Ruanda und Burundi. Während die ruandische Tutsi-Aristokratie Distanz zur Kolonialmacht hielt, hieß man die Kolonialisten in Burundi, wo die Tutsi-Herrscher untereinander zerstritten waren, willkommen. Belgien übernahm 1918 beide Kolonien als Mandatsgebiete des Völkerbundes.

Bereits das Deutsche Reich beherrschte die Kleinkolonien mit Hilfe der Tutsi in einer Art Indirect rule. Die hochgewachsenen und athletischen Tutsi entsprachen eher dem europäischen Körperideal als Hutu. Rassistische Theorien europäischer Volkskundler untermauerten den privilegierten Status der Tutsi. Erst die koloniale Praxis gab dieser Privilegierung ihre bis heute fortwirkende soziale Schärfe. Wo zuvor Herr-Knecht-Beziehungen anzutreffen waren, schlug das Verhältnis jetzt in Attitüden ethnischer Höherwertigkeit und Überlegenheit um. Der europäische Rassismus wurde als innerafrikanischer Rassismus kopiert.

Tutsi erhielten Schulbildung, Hutu blieb sie verwehrt. Die belgischen Kolonialbehörden forcierten die Kaffeeproduktion. Tutsi-Häuptlinge wurden 1931 ermächtigt, die Hutu-Bauern zum Anbau der Kaffeepflanze zu zwingen. Erst 1949 wurde dieser Zwang abgeschafft (Kamola 2007: 578f.). Ferner führte die belgische Verwaltung im Jahr 1935 ein Passsystem ein. Es wies alle Afrikaner als Tutsi oder Hutu aus. Die unabhängigen Staaten Ruanda und Burundi behielten es bei. Beide Kleinstaaten gehören zu den am dichtesten bevölkerten in Afrika. Nennenswerte Erwerbsquellen außer der Landwirtschaft gibt es nicht.

14.2 Ruanda

14.2.1 Die Ausgrenzung der Tutsi im Vorfeld der Unabhängigkeit

Die ruandischen Tutsi erkannten einen gemeinsamen König an. In den 1950er Jahren zeichnete sich die Unabhängigkeit ab. Die UN erwarteten die Freigabe der Mandatsgebiete. Allmählich wurden auch Hutu in das Schulsystem einbezogen. Aufgrund ihrer überkommenen sozialen Stellung beanspruchten Tutsi die gewohnte Elitenrolle in einem unabhängigen Ruanda. Bei den Hutu hingegen weckten die Kunde vom bevorstehenden Rückzug der Kolonialmacht Hoffnungen auf die Abschüttelung der afrikanischen Herrenschicht, die in ihrem Alltag viel spürbarer Macht ausübte als die wenigen Belgier.

Die Tutsi sahen ihre Felle davonschwimmen. Ihre Führer propagierten die möglichst baldige Unabhängigkeit, um ihre überkommene Vorherrschaft in ein unabhängiges Ruanda hinüberzuretten. Die belgische Mandatsmacht behielt jedoch ihren Kurs bei. Auch Hutu durften in der Mandatsverwaltung aufsteigen.

Das Ressentiment gegen die Tutsi schlug erstmals 1959 in Gewalt um, als einer der wenigen von den Belgiern eingesetzten Hutu-Häuptlinge von Tutsi ermordet wurde. Daraufhin kam es zu einer Revolte der örtlichen Hutu-Bauern.

Propagandistisch gesteuert von Évolués aus den Reihen der Hutu, wuchs sie sich zu einem Massenmord aus. Im Verlauf der Ereignisse kamen an die 10.000 Tutsi ums Leben. Ein Massenexodus ruandischer Tutsi in die Nachbarstaaten setzte ein. Diesem Gewaltausbruch war die Kolonialmacht nicht gewachsen. Sie schritt erst ein, als die Stellung der Tutsi irreversibel erschüttert war (Rink/Schreiber 1998: 40ff.). Forderungen der Hutu, die Tutsi-Monarchie zu beseitigen, gab sie noch vor der Unabhängigkeit nach (1961). Die Hunderttausende Tutsi-Flüchtlinge ließen sich im benachbarten Kongo, in Burundi und in Uganda nieder.

Das Mandatsgebiet Ruanda wurde 1962 unabhängig. Erwartungsgemäß bildete die Wahl die ethnischen Mehrheitsverhältnisse ab, Hutu übernahmen die Regierung. Das Pogrom von 1959 noch in frischer Erinnerung, verließen weitere Tutsi ihre Heimat. Viele flohen abermals nach Burundi. Andere setzten sich nach Uganda ab. Einige tausend Tutsi probten 1963 – unterstützt von Tutsi im Exil – einen Aufstand gegen die Hutu-Regierung. Er schlug fehl und löste weitere Progrome gegen die Tutsi aus.

Im ruandischen Staatsdienst wurden zwar Quoten für die Tutsi vorgesehen, sie wurden jedoch vernachlässigt. Dank der historisch gewachsenen Vermögensverhältnisse blieben die im Lande verbliebenen Tutsi insgesamt freilich materiell besser gestellt als ihre Hutu-Landsleute.

Die bäuerlichen Kaffeegenossenschaften der Kolonialzeit wurden schon gleich nach der Unabhängigkeit in eine staatliche Einkaufsbehörde eingegliedert. Sie schöpfte nach kolonialwirtschaftlich bewährtem Muster die Differenz zwischen Einkaufs- und Weltmarktpreisen ab. Die erwirtschafteten Mittel flossen in die wenigen größeren Städte und besonders in die Hauptstadt Kigali (Kamola 2007: 581f.). Der starke Flächenverbrauch der Kaffeepflanze und ein rasches Bevölkerungswachstum strapazierten die von jeher schmale Ernährungsbasis.

14.2.2 Die Hutu-Opposition und die Exil-Tutsi

Je länger Hutu den Staat kontrollierten, desto sichtbarer wuchs eine privilegierte Hutu-Klasse heran. Einige Hutu wurden reich, die Masse der Hutu blieb indes arm. Selbst die Hutu-Oberschicht war aber uneins. Seit 1962 beherrschten Hutu-Politiker um Präsident Grégoire Kayibanda den Staatsapparat und die Staatswirtschaft. Sie waren aus der Hutu-Bildungselite hervorgegangen, die in der späten Mandatszeit entstanden war, und sie repräsentierten das südliche und mittlere Ruanda. Hutu aus dem Norden des Landes beklagten die Vernachlässigung ihrer Region durch die in der Hauptstadt regierende Clique. Von Offizieren, die in dieser Region verwurzelt waren, wurde Kayibanda 1973 gestürzt.

Der Putsch brachte Präsident Juvénal Habyarimana an die Staatsspitze. Wirtschaftlich ging es mit dem Land in den 1970er und 1980er Jahren bergab, weil die Weltmarktpreise für Kaffee und Tee verfielen. Die Hutu-Bauern wurden unzufrieden (Ullrich 1998: 72f., Wissbar 1998: 128ff., Makinda 1996: 561f.). Mit dem Zusammenbruch der bipolaren Weltordnung an der Wende zu den 1990er Jahren wuchs darüber hinaus der internationale Druck auf demokratische Reformen. Freie Wahlen drohten die Spaltung der Hutu offenzulegen, hier eine saturierte Staatsklasse von Militärs, Beamten und Parteifunktionären, dort Bauern und Stadtbewohner mit schrumpfenden Realeinkommen. Die in Kigali regierenden Offiziere drohten die Macht zu verlieren. In Erwartung freier Wahlen hielten oppositionelle Hutu nach Verbündeten Ausschau. Sie streckten ihre Fühler auch zu Exil-Tutsi in Uganda aus.

Lange hatte Frankreich schützend seine Hand über diese Bastion der Frankophonie an der Nahtstelle zum anglophonen Afrika gehalten. Auch seine Regierung verlangte 1990 Reformen, darunter freien Parteienwettbewerb. Für die Tutsi-Minderheit eröffnete sich erstmals die Aussicht, eine Partei wählen zu können, die ihre Interessen vertrat. Bedrohlicher für das Regime war jedoch die Aussicht, die ärmere Hutu-Bevölkerung könnte die regierende Hutu-Clique an der Wahlurne abstrafen. Auch von jenseits der Grenzen baute sich Druck auf.

Die im Nachbarstaat Ugandas lebenden Exil-Tutsi hatten im jahrzehntelangen ugandischen Bürgerkrieg an der Seite des späteren ugandischen Staatspräsidenten Yoveri Museveni zunächst gegen das Regime Idi Amins, später gegen das seines Vorgängers und Nachfolgers Milton Obote gekämpft. Nahezu ein Fünftel der Museveni-Truppe, darunter viele Kommandeure und darunter wieder der Offizier Paul Kagame, waren Tutsi mit ruandischen Wurzeln. Viele waren wie Kagame mit ihren Eltern als Kleinkinder ins Land gekommen.

Wider Erwarten bot Museveni seinen Tutsi-Waffenbrüdern nicht die Einbürgerung an, als der ugandische Bürgerkrieg beendet war. Vielmehr wurde er in den eigenen Reihen kritisiert, zu eng mit den Tutsi-Exilanten zusammenzuarbeiten, ja selbst ein verkappter Tutsi zu sein. Mit der Perspektive, als rechtlose Fremde in Uganda zu leben, wuchs der Druck auf die Exil-Tutsi, doch lieber eine Zukunft in der ruandischen Heimat zu erzwingen.

Exilpolitiker gründeten 1987 die Befreiungsfront RPF. Mit einer präzise vorbereiteten Massendesertation von Ruandern, die in der ugandischen Armee dienten, verschaffte sich das RPF 1990 eine kampferfahrene und gut gerüstete Truppe. Sie operierte mit Duldung der Regierung in Kampala im ruandischen Grenzgebiet (Nugent 2004: 451ff.). Der im ugandischen Bürgerkrieg gesammelten Kampferfahrung der RPF-Truppe hatte die Staatsgewalt in Kigali wenig entgegenzusetzen.

Um von der eigenen Verantwortung für Armut und Fehlverteilung abzulenken und unter dem doppelten Druck der Demokratisierung und Grenzverteidigung initiierten die regierenden Hutu eine Hasskampagne gegen die Tutsi (Twagiramutawa 1998: 118ff.). Mit französischer Unterstützung wurde die Präsidialgarde verstärkt. Sie galt als zuverlässiger als die Armee. Die Präsidialtruppe wiederum schulte Hutu-Milizen – Interharamwe – im Gebrauch von Waffen. Nach 1990 ereigneten sich immer wieder kleinere Pogrome an den Tutsi.

14.2.3 Der Massenmord an den Tutsi

Unter dem Druck des Auslands, insbesondere der internationalen Geldgeber bildete die Regierung 1992 eine breite Koalition mit den jetzt legalisierten Parteien. Im tansanischen Arusha tagte darüber hinaus seit 1993 eine Friedenskonferenz, um die militärischen Auseinandersetzungen mit den Exil-Tutsi zu beenden. Die ruandische Regierung zögerte die Implementierung dieses Friedensabkommens hinaus.

Im Jahr 1994 stürzte ein Flugzeug ab, in dem der ruandische und der burundische Präsident bei der Rückkehr von einer Konferenz gemeinsam Ruandas Hauptstadt Kigali anflogen. Das Regime in Kigali nahm diesen nie geklärten Vorfall zum Anlass, ein seit langem minuziös vorbereitetes Massaker an den Tutsi auszulösen. Innerhalb von drei Wochen ermordeten Hutu-Milizen, Armee und Präsidialgarde mindestens 800.000 Tutsi, zwischen 80 und 90 Prozent der in Ruanda lebenden Gesamtzahl. Opfer der organisierten Gewalt wurden auch zahlreiche Hutu, die in Opposition zum Regime standen. Die Weltöffentlichkeit erfuhr von diesem Morden erst durch Ausländer und flüchtende Tutsi. Der Massenmord war so geplant, dass die Weltöffentlichkeit mit vollendeten Tatsachen konfrontiert werden sollte. Zu diesem Zweck waren zuvor Ausländer, Hilfsorganisationen und UN-Vertreter des Landes verwiesen worden (Uvin 1999: 260f.). Frankreich, das großen Einfluss in Kigali hatte, deckte die Entwicklung mit Schweigen und Treibenlassen. Ihm ging es vorrangig um die Bestandssicherung der Frankophonie an der Nahtstelle zum anglophonen Afrika (dazu umfassend: Adelman/Suhrke 1999).

Das Morden fand ein Ende, als das RPF seine Angriffe verstärkte. Die ruandischen Streitkräfte waren gegen die kampferfahrene Rebellentruppe unterlegen. Bevor die Tutsi-Exilarmee die Hauptstadt erreichte, leisteten französische Truppen noch aktive Hilfe bei der Evakuierung der Täter. Mit Erlaubnis des damals herrschenden kongolesischen Präsidenten Mobutu durften Hutu-Flüchtlinge feste Lager im östlichen Kongo beziehen.

14.2.4 Das Tutsi-Regime sortiert Gewinner und Verlierer

Seit 1994 amtierte Paul Kagame, von vornherein der eigentliche Kopf der jetzt gebildeten Tuts-Regierung, als Verteidigungsminister, seit 2000 als Präsident. Viele exilierte Tutsi kehrten nach Ruanda zurück. Unter ihrem Einfluss hat sich der ruandische Alltag stark anglisiert. In manipulierten Wahlen wurde Kagame 2003 und 2008 als Präsident bestätigt. Das RPF stellt die Herrschaft der Tutsi in Ruanda sicher. Der Präsident beteiligt allerdings auch Hutu an der Regierung, und er unterließ jegliche Maßnahmen, die als ethische Repression der Hutu hätten ausgelegt werden können (McDonough 2008: 368). Dessen ungeachtet wird das Regime von den Hutu als Tutsi-Regime wahrgenommen, nicht anders, als sich Tutsi bis 1994 von einem Hutu-Regime übervorteilt sahen. Die örtlichen Wahlämter werden hauptsächlich von Hutu ausgeübt. Die damit verbundenen Befugnisse sind indes gering. Die von der Regierung ernannten Funktionsträger, darunter häufig ortsfremde Tutsi, beherrschen die mit Verwaltungsmacht ausgestatteten Positionen. Ihre Inhaber werden ernannt, nicht gewählt (Schmidt 2010: 280, 286ff.).

Im Ruanda Kagames sind die Tutsi durchaus keine homogene Gruppe mehr (Reyntjens 2006b: 19). An der Spitze der Staatspartei RPF stehen Rückkehrer aus dem ugandischen Exil, insbesondere die Nachkommen der 1959 vertriebenen Tutsi. Sie nahmen die besseren Stücke der Staatsbeute an sich. Jene Tutsi, die den Völkermord überlebt hatten, empfanden sich zunehmend als Tutsi zweiter Klasse. Viele von ihnen gingen ins Exil. Kritiker aus ihren Reihen wurden mundtot gemacht (Reyntjens 2006b: 19ff.).

Etliche Tutsi, die Regierungs- und Verwaltungsämter übernahmen, waren jung und nicht einmal in Ruanda geboren. Die neue Elite war wie jede andere vor ihr mit den Problemen der Bodenknappheit und der Übervölkerung des bäuerlichen Landes konfrontiert. Hauptsächlich urban geprägt, leben die regierenden Tutsi und ihre Hutu-Verbündeten in den wenigen größeren Städten. Prägend ist das aus dem ugandischen Exil mitgebrachte anglophone Milieu. In den Schulen wird Englisch unterrichtet, von Lehrern, die viel besser im Französischen beschlagen sind. Kigali legte sich mit Hochhäusern eine Skyline zu. Ratgeber aus der älteren frankophonen Tutsi-Elite, die mit der Situation der Bauern vertraut sind, finden wenig Gehör (Ansoms 2008a: 295). Stets mit schlechtem Gewissen wegen der Massaker an den Tutsi, sorgen die internationalen Finanzinstitutionen für den Geldzufluss.

Den Regimelenkern schweben moderne Commercial farmers vor, nicht die auf traditionellen Kleinparzellen wirtschaftenden Bauern. Dabei bietet den meisten Ruandern allein eine tragfähige Subsistenzökonomie die Chance auf ein Auskommen. Für beides, Selbstversorgung und Exportlandwirtschaft, ist die die

Bevölkerung zu groß und das Land zu knapp. Wegen der Fixierung auf eine Modernität, die wenig Rücksicht auf die tatsächlichen Gegegebenheiten nimmt, ist eine für die Masse der armen Bauern geeignete Agrarpolitik ausgeblieben (Ansoms 2008b: 25).

Das ruandische Regime betreibt eine hochaktive Politik im Verhältnis zu den Nachbarstaaten. Dies gilt insbesondere für den Kongo, wo Hutu-Milizen immer wieder gegen Tutsi vorgehen. Illegale Geschäfte im rohstoffreichen östlichen Kongo erlauben es der Staatsklasse in Kigali, weit über die Verhältnisse eines bettelarmen Landes zu leben. Die meisten Ruander, auch die meisten Tutsi haben nichts von alledem (Reyntjens 2005: 598ff.). Wegen der inneren Schwäche des Kongo ist es dem kleinen Uganda überhaupt möglich, sich wie eine afrikanische Großmacht aufzuführen. Dabei gerät es zunehmend in Konflikte mit dem Nachbarn Uganda, der in der labilen Region eigene Interessen verfolgt. Seit 2008 fährt Kigali seine Aktivitäten im Kongo herunter und verbessert es die Beziehungen zu Uganda. Kagame hat eingesehen, dass sich sein kleines Land nur dann behaupten kann, wenn es das Wohlwollen der Staatengemeinschaft nicht aufs Spiel setzt. Doch wie es scheint, handelt sich der Präsident damit innenpolitische Schwierigkeiten ein. Hohe Militärangehörige flohen in den letzten Jahren ins Ausland, der ehemalige Geheimdienstchef rief zum Sturz des Präsidenten auf. Einiges deutet darauf hin, dass diese Unruhe unter den Trägern des Regimes darauf zurückgeht, dass die neue, zurückhaltende Politik gegenüber dem Kongo fest einkalkulierte Quellen illegaler Bereicherung im Nachbarland hat versiegen lassen (Raupp 2010b, 2010c).

14.3 Burundi

14.3.1 Die Tutsi reklamieren die Staatskontrolle

In Burundi blieben die Tutsi über die Schwelle zur Unabhängigkeit hinweg dominant. Im Unterschied zu Ruanda waren die Tutsi dort aber stets untereinander gespalten. In der Nordhälfte des Landes leben Tutsi-Banyaruguru. Ihre Adelsklans (Ganwa) hatten das Recht, den König (Kwami) zu stellen. In der Frage, welche Familie das Königsprivileg ausüben sollte, waren diese Klans notorisch zerstritten. Im Süden Burundis leben die Tutsi-Hima. In der sozialen Hierarchie des historischen Burundi rangierten sie unter den Banyaruguru. In ihrer Stammregion waren sie jedoch deutlich über den Hutu angesiedelt. Der Bevölkerungsanteil der Hutu liegt bei 85 Prozent.

Burundi ging 1962 als parlamentarische Demokratie in die Unabhängigkeit. Die Tutsi-Monarchie wurde beibehalten. Der größten Partei UPRONA gehörten

Hutu wie auch Tutsi an. An ihrer Spitze stand ein Spross des Königshauses. Die ersten Jahre nach der Unabhängigkeit verliefen äußerst turbulent. In der UPRONA tobte ein Machtkampf. Radikale Tutsi drängten Hutu aus der Partei heraus, der Parteiführer wurde ermordet. Vor diesem Hintergrund wurde die Partei FRODEBU zur ersten Adresse politisch aktiver Hutu. Die erste Parlamentswahl nach der Unabhängigkeit brachte ihr 1965 die erwartete Mehrheit. Die UPRONA weigerte sich aber, das Ergebnis anzuerkennen. Auch der seit 1915 regierende König Mwambutsa IV. lehnte es ab, einen Hutu zum Regierungschef zu ernennen. Stattdessen rief er den Staatsnotstand aus und berief einen Prinzen zum Regierungschef. Weder Hutu noch Tutsi sollten in seinem Reich regieren dürfen, sondern allein er selbst.

Erst jetzt kamen die Tutsi-Hima ins Spiel. Ihre Vertreter sollten in den folgenden Jahrzehnten die Schlüsselrolle in der burundischen Politik einnehmen (Ngaruko/Nkurunziza 2005: 36ff.). Unter den Tutsi-Hima traten besonders Tutsi aus der südlichen Region Bururi in der Nähe der Hauptstadt Bujumbura hervor (Holtz 1973: 32ff.). Für das afrikanische Personal in Militär und Polizei hatte die belgische Mandatsmacht vorzugsweise Tutsi-Hima rekrutiert. Entsprechend stark waren diese in den Streitkräften des unabhängigen Burundi vertreten.

Die Tutsi-Hima dachten nicht daran, einem König den politischen Vortritt zu lassen, der sie von Staat und Macht fernzuhalten gedachte. Der Tutsi-Hima-Armeehauptmann Michel Micombero stürzte den König und rief 1966 die Republik aus. Er trat als Präsident an die Staatsspitze. Die Tutsi-Aristokratie spielte in der Politik des Landes fortan keine Rolle mehr.

14.3.2 Putsche, Pogrome und Gegengewalt: Der Bürgerkrieg

Die Tutsi-Hima-Militärs herrschten mit harter Hand. Wegen ihrer Bestimmung für die bewaffneten Apparate war ihnen europäische Bildung zuteil geworden. Vor der Masse weniger gebildeter und bäuerlich lebender Tutsi kehrten sie die Pose zivilisatorischer Überlegenheit heraus (Bayart 2009: 121).

Im Norden Burundis leben die Tutsi weniger konzentriert als in der südlichen Region. Dort kam es 1972 zu Massakern an der Tutsi-Bevölkerung. Das Tutsi-Regime schlug zurück. Mit Beteiligung der Armee wurden gezielt zwischen 100.000 und 300.000 Hutu ermordet. Hutu, die vor den Ereignissen nach Ruanda flohen, übten dort Rache an den örtlichen Tutsi. Dies wiederum bestärkte die regierenden Tutsi Burundis in der Entschlossenheit, die Hutu im eigenen Lande niederzuhalten. Die Geschehnisse in beiden Ländern sollten sich auch weiterhin beeinflussen.

Bei aller spontanen Gewalt, die im Spiel sein mochte, folgten die regierenden Tutsi-Hima, die auch als Bururi-Gruppe bezeichnet wurde, einem Plan. Das zahlenmäßige Übergewicht der Hutu sollte durch eine Art Enthauptung ihrer Elite neutralisiert werden. Den Massenmorden des Jahres 1972 fielen sehr viele gebildete Hutu zum Opfer. Tutsi eigneten sich Land und Eigentum der ermordeten und geflohenen Hutu an (Lemarchand 2006: 44f., Uvin 1999). Die zahlreichen Flüchtlinge ließen sich in den Nachbarländern nieder, vornehmlich in Ruanda und Tansania. Dort organisierten sie den bewaffneten Widerstand. Eine 1983 gegründete Befreiungsbewegung FNL sickerte in die Waldgebiete des südlichen Burundi ein. Dort eröffnete sie einen bis in die Umgebung der Hauptstadt Bujumbura reichenden und jahrzehntelangen Guerillakrieg (Lemarchand 2006: 7).

Die in Bujumbura regierende Gruppe wurde 1976 vom Tutsi- Offizier Jean-Baptiste Bagaza gestürzt. Bagaza wiederum wich als Präsident 1987 ebenfalls nach einem Putsch dem Tutsi-Hima-Offizier Pierre Buyoya.

Buyoya praktizierte eine versöhnliche Politik im Verhältnis zu den Hutu. Sein Versuch, das Verhältnis zwischen den Völkern zu entspannen, wurde im Verwaltungsalltag von Tutsi-Hima in den Garnisonen und Polizeistationen unterlaufen. Hutu wurden unverändert als Menschen zweiter Klasse behandelt. Exil-Hutu, die Buyoyas Aufforderung zur Rückkehr gefolgt waren, sahen sich mit der Weigerung konfrontiert, ihren Besitz zurückzuerstatten. Enttäuschte Hutu erhoben sich 1988 in einem Aufstand. Die Sicherheitskräfte schlugen ihn mit Zehntausenden Opfern nieder.

Jetzt griffen die internationalen Geldgeber ein. Sie verlangten Fortschritte in Richtung auf Demokratie. Buyoya ordnete den Übergang zur Mehrheitsherrschaft an. In der ersten wirklich freien Wahl des Landes gewann 1993 der Hutu-Führer Melchior Ndayaye die Präsidentschaft. Er war Chef der Hutu-Partei FRODEBU. Noch im selben Jahr wurde er zusammen mit der Führungsriege seiner Partei bei einem Putsch der von Tutsi geführten Armee ermordet. Die Gegengewalt der Hutu kostete 50.000 Tutsi das Leben, 70.000 Hutu flohen vor den Repressalien ins Ausland. Die Tutsi-Hima-Clique nahm jetzt aber davon Abstand, wieder selbst zu regieren. Die Geduld des Auslands war am Ende. Dessen ungeachtet verschärfte sich der bis dahin auf kleiner Flamme schwelende Bürgerkrieg (Ngaruko/Nkurunziza 2005: 42ff.). Die Ereignissen leiteten Wasser auf die Mühlen der Hasspropaganda gegen die Tutsi im benachbarten Ruanda.

Die FRODEBU-Politiker waren sich uneinig, wie sie sich verhalten sollten. Während ein Zweig weiterhin die Kooperation mit der Tutsi-Partei suchte, entschloss sich ein anderer Zweig zum bewaffneten Widerstand und organisierte sich in der Partei CNDD. Kern dieser Organisation war die Rebellenarmee FDD, die schon länger erfolgreich gegen die Streitkräfte operierte.

Mit Cyprien Ntaryamira trat ein weiterer Hutu die Nachfolge des ermordeten Präsidenten an. Er starb 1994 bei dem Flugzeugabsturz, bei dem auch der ruandische Hutu-Präsident ums Leben kam. Das ruandische Regime nahm das Ereignis zum Auftakt für den Massenmord an den Tutsi. Mit diesem Pogrom geriet auch Burundi wieder in den Mittelpunkt internationaler Beachtung. Vertreter der Hutu und der Tutsi verständigten sich auf eine Koalitionsregierung. Der Hutu Sylvestre Ntibantunganya wurde Präsident (Lemarchand 2006: 42ff.).

14.3.3 Suche nach einer Friedenslösung

Zahlreiche ruandische Hutu setzten sich 1994 vor den anrückenden Tutsi-Truppen des RPF nach Burundi ab. Zwei Jahre später wandte sich der kongolesische Präsident Mobutu gegen die in seinem Lande lebenden Tutsi. Nun suchten auch kongolesische Tutsi Schutz in Burundi. Die Flüchtlingsströme heizten erneut das Bedrohungsempfinden der burundischen Tutsi an. Die Tutsi-Politiker waren aber unseins, wie sie mit der Situation umgehen sollten. Wiederholt putschten Teile des Militärs, aber stets ohne Erfolg.

Schließlich gelang es im Jahr 1996 Tutsi-Offizieren, den Hutu-Präsidenten aus dem Amt zu werfen. Der frühere Militärpräsident Buyoya aus den Reihen der Tutsi-Hima rückte erneut an die Staatsspitze. Der Druck der Hutu-Guerilla in Südburundi wuchs unterdes dermaßen, dass die in der Bürgerkriegsregion lebenden Bauern 1999 gezwungen wurden, ihre Dörfer zu verlassen und in geschlossenen Lagern zu siedeln. Auf diese Weise sollte das vermeintliche Unterstützerumfeld ausgetrocknet werden (Lemarchand 2006: 49).

Bei einigen Konfliktparteien reifte allmählich die Einsicht, dass sich mit Gewalt keine dauerhafte Lösung erreichen ließ. Die UPRONA und der FRODEBU schlossen 1999 einen Pakt. Buyoya sollte sein Amt nach 18 Monaten an einen Hutu-Präsidenten übergeben. Das CNDD/FDD (siehe dieses Kapitel oben, 14.3.2) führte den Krieg jedoch weiter (Lemarchand 2006: 7, Ngaruko/Nkurunziza 2005: 48ff.). Die Präsidentschaft ging 2001 verabredungsgemäß an einen Hutu über. Im Jahr 2003 entschloss sich auch das CNDD/FDD, den militärischen Kampf aufzugeben und sich an Wahlen zu beteiligen.

In den Parlamentswahlen des Jahres 2005 wurde das CNDD/FDD doppelt so stark wie die Hutu-Traditionspartei FRODEBU. Unter internationaler Vermittlung vereinbarten die UPRONA und die beiden Hutu-Parteien eine neue Verfassung. Künftig sollten 60 Prozent der Parlamentssitze für Hutu und 40 Prozent für Tutsi sowie bei den Sicherheitskräften eine Quote von 50 Prozent für Hutu reserviert werden. Die früheren FDD-Guerillas sollten in Streitkräfte und Polizei aufgenommen werden. Dessen ungeachtet ging der Krieg auf kleiner

Flamme weiter. Die älteste Widerstandsbewegung FLN sah sich an den Burgfrieden nicht gebunden. Fehlende Beschäftigungsperspektiven und gebrochene Versprechen an die Guerillas, die ihre Waffen niedergelegt hatten, sorgten weiterhin für Instabilität. (dazu Lemarchand 2006: 12ff., Reyntjens 2006a).

Das Misstrauen der UPRONA gegen ihre Hutu-Koalitionspartner ist groß. In den Sicherheitsapparaten haben die Tutsi noch eine starke Stellung. Sie könnte allerdings durch die in Aussicht genommene Steigerung des Hutu-Anteils im Offizierkorps infrage gestellt werden. Nach wie vor geht die Armee mit aller Härte gegen den bewaffneten Widerstand vor. Sie zieht dabei wie gewohnt Unbeteiligte in Mitleidenschaft. Die Konkurrenz der Hutu-Parteien untereinander kompliziert die Situation zusätzlich. Der FRODEBU zog sich bereits 2006 aus der Koalition zurück. Ihre Minister aber weigerten sich, ihre Posten zu räumen.

14.3.4 Unterschiede zum Nachbarn Ruanda

Das Gewaltniveau liegt in Burundi deutlich höher als in Ruanda. Schon vor der Unabhängigkeit waren die ruandischen Tutsi entmachtet. Erst das große Massaker schuf 1994 die Voraussetzungen für ihr Comeback als Minderheit, die den Staat kontrolliert. Die Grausamkeiten, zu denen es gekommen war, sicherten dem RPF-Regime das Verständnis des Auslandes. Die regierenden Tutsi begnügen sich mit der Kontrolle der politischen und militärischen Kommandostellen. Gegenüber der Hutu-Mehrheit geben sie sich versöhnlich.

Die Tutsi-Minderheit in Burundi hat die Regierungsmacht des Öfteren mit Vertretern der Hutu-Mehrheit teilen müssen. Immer wieder jedoch griff die von Tutsi kontrollierte Armee in die Politik ein, um ein politisches Spiel zu unterbrechen, in dem sich unvermeidlich die zahlenmäßige Überlegenheit der Hutu abbilden musste. Die ruandischen Tutsi besitzen im östlichen Kongo ein Vorfeld, das sie als Sicherheitspuffer gegen die Exil-Hutu und deren Verbündete im Kongo manipulieren. Demgegenüber stehen die burundischen Tutsi mit dem Rücken zur Wand. In Ruanda gab es stets es einen effektiven Staat, ob er nun von Hutu oder Tutsi gelenkt wurde. Die Effektivität des burundischen Staates ist deutlich geringer.

15 Kongo/Zaire

15.1 Die belgische Kongokolonie

Das Kongogebiet bekam noch vor der Kolonialisierung seinen Namen von einem Volk an der Kongomündung. Über 200 Völker leben im Staatsgebiet des heutigen Kongo. Vier Fünftel dieser Völker sprechen Bantu-Dialekte. In der Osthälfte der Kolonie ist mit dem Suaheli eine der großen Verkehrssprachen Afrikas geläufig.

Um das „herrenlose" Kongogebiet drohten Konflikte, als sich die europäischen Großmächte ein Wettrennen um die Aneignung möglichst großer Stücke Afrikas lieferten. Afrika sollte kein Zankapfel werden, um den ein Krieg geführt wurde. Deshalb wurde 1884 die Berliner Konferenz einberufen (Kongokonferenz), auf der sich die Kolonialmächte auf Grenzen verständigten. Mit Billigung der Konferenzteilnehmer nahm sich der belgische König Leopold II. 1885 das riesenhafte und unerforschte Kongogebiet als Privateigentum. Als Gegenleistung räumte er den Kolonialmächten Handelsfreiheit ein. Der private Charakter des Besitztums und das kleine Belgien als politische Basis Leopolds waren eine Idealkombination, um den Kongo wirtschaftlich zu erschließen und gleichwohl eine Rivalität der großen Kolonialächte um die politische Kontrolle des Gebiets zu verhindern.

Der Kongo erwies sich für den belgischen König als Goldgrube. Doch die Ausbeutung ging so rücksichtslos und grausam vonstatten und die Empörung der in dieser Epoche keineswegs zimperlichen europäischen Öffentlichkeit erreichte solche Ausmaße, dass darüber die Reputation des belgischen Staates Schaden zu nehmen drohte. Die Privatkolonie wurde 1908 verstaatlicht. Für die Afrikaner änderte sich mit der Verstaatlichung der Kolonie wenig. Allein die übelsten Brutalitäten ließen nach.

Der Kongo entpuppte sich als ein Dorado mineralischer Schätze: Diamanten, Kobalt, Kupfer und Zinn. Der Abbau wurde von belgischen Gesellschaften betrieben. Unter den landwirtschaftlichen Exportprodukten ragte der Kaffeeanbau heraus. Die Erfindung des Schlauchreifens und die Massenproduktion des Fahrrads, ferner die anlaufende Autoproduktion und die Nachfrage nach Isoliermaterialien für elektrische Geräte und Leitungen beflügelten die Kauschukgewinnung. Im Jahr 1891 wurden die Afrikaner verpflichtet, Kautschuk zu zapfen. Sie mussten auch Elefanten jagen, damit aus ihren Stoßzähnen Klaviertasten für das Statussymbol des europäischen Bürgertums gearbeitet werden konnten.

Die Kolonialverwaltung griff im großen Maßstab auf Zwangsarbeit zurück und nahm bei der Schwerstarbeit im tropischen Klima und auf den wochenlangen Märschen zum Arbeitseinsatz bedenkenlos den Tod zahlreicher Afrikaner in

Kauf. Häuptlinge wurden auch hier als Handlanger eingesetzt und ihre traditionelle Autorität damit beschädigt (dazu und im Folgenden: Nzongola-Ntalalja 2002: 26ff.).

Das Juwel des belgischen Besitztums war die Provinz Katanga (heute Shaba) im Süden der Kolonie. Ihre Hauptprodukte waren zunächst Kupfererz, später auch Uran. Dort wuchs eine große, in den Städten konzentrierte Arbeiterbevölkerung heran. Sie war ausschließlich im Tagebergbau und in Tätigkeiten beschäftigt, die keiner Ausbildung bedurften. Im Kalten Krieg lieferte die Provinz das Material für die US-amerikanische Atomrüstung. Für weiße Techniker und Manager, die in großtechnischen Anlagen die qualifiziertere Tätigkeit versahen, hatte das in einer recht moderaten Klimazone gelegene Katanga die Vorzüge eines erträglichen Alltags. Bergbauspezialisten, darunter viele weiße Südafrikaner, brachten den eingefleischten Rassismsus ihrer Heimat mit. Aufenthaltsverbote für Afrikaner stellten sicher, dass die Weißen in ihren Wohnbezirken unter sich blieben (Nzongola-Ntalalja 2002: 52ff.).

Eine Truppe unter dem Befehl belgischer Offiziere, die Force Publique, stand der kleinen Zivilverwaltung als Gewaltreserve zur Verfügung. Die Verwaltung übte exemplarische Vergeltung für gewaltsame Zwischenfälle, um Afrikaner vor Angriffen auf das Leben und Eigentum der Weißen abzuschrecken. Kam es zu Vorfällen dieser Art, wurde die Bevölkerung ganzer Gebiete der Willkür und Gewalt der Kolonialtruppe preisgegeben. Lax, wenn überhaupt wurden Übergriffe von Weißen auf Afrikaner geahndet. Wo es der Nutzbarkeit der Ressourcen diente, investierte die belgische Kolonialverwaltung in die Infrastruktur (Bahn, feste Straßen, Brücken, Baggerarbeiten zur Schiffbarkeit des Kongo).

15.2 Ein holpriger Start in die Unabhängigkeit

Die Kolonie ging 1960 mit einer schweren Hypothek in die Unabhängigkeit. Die Afrikaner waren von den Belgiern in keiner Weise auf die Selbstregierung vorbereitet worden (Reno 2006). Geeignete Ansprechpartner, mit denen ein Übergang zur Unabhängigkeit hätte verhandelt werden können, standen nicht zur Verfügung. Es gab kaum kongolesische Ärzte und nur wenige Lehrer. Belgien ließ die Kolonie überstürzt fallen, als das benachbarte Französisch-Kongo – Kongo-Brazzaville – 1959 unabhängig wurde. Lange aufgestaute Ressentiments entluden sich. In Lépoldville (heute Kinshasa) kam es zu Demonstrationen. Verwaltung und Polizei antworteten hilflos und wie üblich mit überzogener Gewalt. Weitere Proteste in Kisangani, einer Arbeiterhochburg, schlossen sich an. Afrikaner in der Force Publique meuterten; es gab Übergriffe gegen Weiße.

Die Führungspositionen des unabhängigen Kongo fielen in die Hände von Politik- und Verwaltungsamateuren (Nzongola-Ntalalja 2002: 66f.). Es handelte sich zumeist um Évolués, Afrikaner mit bescheidener Bildung, die sich vom Antikolonialismus der marxistischen Weltanschauung in den Bann schlagen ließen.

Der Start des unabhängigen Kongo verlief mehr als holprig. Dem Westen, allen voran den USA, ging es darum, dass sich der Kongo nicht – dem Beispiel Nkrumahs in Ghana folgend – im sozialistischen Lager positionierte. Der junge Premierminister Patrice Lumumba, ein ehemaliger Postangestellter, machte keinen Hehl aus seiner Begeisterung für den Sozialismus.

Die Destabilisierung des jungen Staates begann mit dem Tag der Unabhängigkeit. Zunächst bekräftigte die noch von Belgiern gestellte Armeeführung, mit der Unabhängigkeit würde sich für die Untergebenen nichts ändern. Weil die Truppe mit großer Verachtung für die schwarzen Mannschaften geführt wurde, kam es an verschiedenen Standorten sogleich zu Meutereien und auch zu Übergriffen an der verbliebenen weißen Bevölkerung. Belgische Fallschirmtruppen besetzten Ortschaften, um dort die Evakuierung der verbliebenen Belgier zu decken. Überstürzt riss der junge Premierminister das Ruder herum und nahm die Afrikanisierung der Kommandostellen in Angriff. Mangels Bildung und Ausbildung blieb die Kompetenz auf der Strecke.

Die Belgier zogen wider Willen aus dem Kongo ab. Noch waren sie nicht bereit, den Verlust des wertvollen Katanga hinzunehmen. Ein früherer Unteroffizier der belgischen Kolonialtruppen, Moise Tschombé, erklärte Katanga zum souveränen Staat und setzte sich selbst als Regierungschef ein (Nzongola-Ntalalja 2002: 66f.). Lumumba erbat den Beistand der Vereinten Nationen, um Katanga in den kongolesischen Staatsverband zurückzuzwingen. Die US-Administration verfolgte die Entwicklung mit Sorge. Die kongolesischen Ressourcen waren fester Bestandteil der amerikanischen Verteidigungsplanung.

Die belgische und die amerikanische Regierung gaben Lumumbas Ermordung in Auftrag. Jetzt wurde der Präsident des Kongo, Joseph Kasavubu, zum beherrschenden Politiker des Landes. Ein anscheinend fabrizierter Aufstand in der kleinen Zentralprovinz Kasai im Juli 1960, nur wenige Wochen nach der Unabhängigkeit, diente als Vorwand, den unbequemen Lumumba zu entlassen. Lumumba wiederum erklärte Kasavubu für abgesetzt. Er hatte indes keine Machtmittel und trat die Flucht an, um sein Leben zu retten. Mit Hilfe belgischer Militärs und amerikanischer Agenten wurde er aufgespürt und anschließend ermordet. Mit dem militärischen Beistand der Vereinten Nationen wurde Katanga gewaltsam in den Staatsverband reintegriert. Da nun Lumumba ausgeschaltet war, verloren Belgien und die USA ihr Interesse an einem Separatstaat (Nzongola-Ntalalja 2002: 97ff.).

Kasavubus Partei verlor im Jahr 1965 die Parlamentsmehrheit. Soweit die kongolesischen Parteien überhaupt relevant waren, hatten sie ihre Basis jeweils in einem der größeren Völker des Landes. Das Parlament verlangte nun die Parlamentarisierung der Verfassung: Die Regierungsmacht sollte ganz auf den Premierminister übertragen werden. Kasavubu war indes nicht bereit, seine Macht mit einem Premierminister zu teilen. In diesem Konflikt putschte 1965 der frühere Kolonialfeldwebel Joseph Désirée Mobutu. Er war in Rekordzeit zum stellvertretenden Kommandeur der Streitkräfte aufgestiegen. Teile der kongolesischen Opposition und der Westen begrüßten diesen Staatsstreich, weil von Mobutu keine Avancen in Richtung Moskau zu erwarten standen.,

15.3 Das neopatrimoniale System Mobutus

Mobutu amtierte nach dem Putsch als Präsident. Er nahm Vertreter aller größeren Völker des Kongo in seine Regierung auf. Die Kupferpreise standen damals hoch, die Regierung durfte mit guten Einnahmen kalkulieren. Mobutus Bekenntnisse zum Westen wurden in Washington gern vernommen. Der Kongo galt jetzt als ein afrikanisches Bollwerk gegen den Kommunismus. Im eigenen Land gewann Mobutu Popularität, als er 1967 die belgische Union Minière, das Juwel belgischen Kapitals in der ehemaligen Kolonie, verstaatlichte und in das Eigentum der eigens gegründeten staatlichen Gesellschaft Gecamines überführte. Fortan trug der Bergbau zur Bereicherung Mobutus und seiner Gefolgsleute bei. Die Infrastruktur verfiel, die Menschen lebten weiterhin in Armut. Um bescheidenen Ersatz für schwindende Legitimität zu konstruieren, rief Mobutu 1970 eine Authentizitätskampagne aus. Der Staat wurde in Zaire umbenannt. Menschen mit christlichen Vornamen mussten afrikanische Namen annehmen. Griechische, libanesische und asiatische Händler wurden gezwungen, ihre Geschäfte Afrikanern zu überlassen.

Mobutu verkörperte den typischen Big Man. Die Führer und Repräsentanten der zahlreichen Ethnien bekamen sämtlich ihr Stück vom Kuchen ab. Der Geldverbrauch indes war immens, er zehrte die ökonomische Substanz auf. Die Plünderung der Ressourcen forderte ihren Preis. Bereits gegen Mitte der 1970er Jahre war das das Land hoffnungslos heruntergewirtschaftet. Der Ressourcenexport war außerstande, den Geldbedarf des gefräßigen Pfründenregimes zu befriedigen. Darüber hinaus schmälerte der Verfall der internationalen Kupferpreise den Ertrag der wichtigsten Einkommensquelle. Weil der Geldhunger Mobutus und seiner Klientel die Einnahmen verprasste, blieb für die Infrastruktur nichts mehr übrig (zum Folgenden: Callaghy 1984: 145ff.). Die Marktbehörden zahlten den Bauern Preise weit unterhalb des Produktionsaufwands. Daraufhin stellten die

Bauern entweder die Produktion ein, oder sie schalteten auf Subsistenzwirtschaft um. Teile der Ernte landeten auf dem Schwarzen Markt. Ein immer geringerer Teil der ökonomischen Aktivität vollzog sich im staatlich beaufsichtigten Bereich.

Die Armee ließ Mobutu bewusst verkümmern. Als Gegenmacht baute er eine loyale Präsidentengarde und Sicherheitsdienste auf (Reno 1999: 157ff.). Die Armeeeinheiten, auch die Polizei, wurden über längere Zeiträume hinweg nicht besoldet. Waren die Staatsfinanzen besonders knapp, wurden mit Hilfe von Polizei und Militär Razzien organisiert, um in einem Bezirk alles zu beschlagnahmen, was sich für Geld veräußern ließ. Vor allem auf dem Lande wurde der Staat als eine fremde, bedrohliche Macht wahrgenommen. Die Menschen entzogen sich, wo es möglich war, durch Flucht in die Wälder. Die Verkehrsinfrastruktur verkümmerte. Heute sind nur mehr 15 Prozent der von der Kolonialverwaltung angelegten Straßen intakt. Noch 1960 waren alle Landesteile durch befahrbare Straßen miteinander verbunden.

Zwischen 1973 und 1977 gab das Regime die Kontrolle der Landgebiete auf. Der Failed state war jetzt komplett. Nur noch an wenigen strategischen Punkten zeigte der Staat Präsenz, hauptsächlich in den Großstädten und den Industriezonen. Allein aus geostrategischen Gründen stützte der Westen weiterhin Mobutu. Das Vakuum, das der kongolesische Zentralstaat hinterließ, füllten Provinzgouverneure, später auch regionale Milizenführer aus, die in ähnlicher Weise, wie es Mobutu im größeren Maßstab tat, die örtliche Bevölkerung ausbeuteten. Der Kongo zerfiel.

Die Verschuldung erreichte 1976 ein solches Ausmaß, dass der Internationale Währungsfonds der Regierung das Management der Staatsfinanzen entzog. In verschiedenen Teilen des Landes kam es zu Rebellionen. Wiederholt kam es zu Putschversuchen aus den Reihen des Militärs. Bereits 1978 überforderten die Unruhen die Kräfte des Regimes. Mobutu wandte sich an Frankreich, Belgien und Marokko. Sie schlugen die Meutereien und Aufstände mit einigen Truppenkontingenten nieder. Amerikanische Militärtransporter übernahmen die Logistik.

15.4 Regimezerfall und Staatskollaps

Das Ende des Kalten Krieges zog auch im Kongo Veränderungen nach sich. In der Ära der Blockkonfrontation war Mobutu eine nützliche Figur. Als er nicht mehr gebraucht wurde, bestanden Geldgeber und Unterstützer auf demokratischen Reformen. Mobutu blieb nichts anderes übrig, als sich auf Zugeständnisse einzulassen. Die Staatspartei gab ihr Monopol auf. In den Jahren 1991/92 tagte eine Nationalkonferenz. Mobutu duldete fortan einen Premierminister neben sich: der in Afrika üblich werdende Behelf wankender neopatrimonialer Führer,

Machtverzicht zu signalisieren, ohne die politische Bühne wirklich verlassen zu müssen.

Durch Taktieren und Verzögern nahm Mobutu der Opposition den Schwung. Zudem nutzte er die Hunger- und Elendsaufstände in den großen Städten aus, um Fremden die Schuld für die Missstände zuzuschieben. Frankreich und Belgien evakuierten ihre Staatsangehörigen (Weiss 1995: 161ff.). Um die Inflation unter Kontrolle zu bringen, wurde die kongolesische Währung 1993 an den US-Dollar gekoppelt. Dies provozierte wiederum den Protest der kongolesischen Händler. Durch die Geltung einer Hartwährung erlitten sie Verluste. Immer schneller verflüchtigten sich die letzten Reste von Autorität. In den Städten kam es zu offenem Aufbegehren.

Der Völkermord in Ruanda im Jahr 1994 gab schließlich den Anstoß zum Sturz Mobutus. Die Hutu-Bevölkerungsmehrheit in Ruanda hatte 1994 ein Massaker an der Tutsi-Minderheit verübt. Binnen weniger Tage wurden Hunderttausende Tutsi ermordet. Kampferprobte Tutsi-Milizen, die im Grenzgebiet zu Uganda operiert hatten, vertrieben kurz darauf die Hutu-Regierung in Kigali. Die für die Morde verantwortlichen Hutu wiederum flohen mit Zustimmung Mobutus in die Kivu-Provinzen des östlichen Kongo.

Diese Ereignisse verschmolzen mit innerkongolesischen Entwicklungen. In den Grenzprovinzen bekämpften sich in Milizen organisierte Exil-Hutu und Exil-Tutsi. Was sie brauchten, nahmen sie mit Raub und Gewalt. Sie wurden zur Plage für die heimische Bevölkerung. Die schwachen staatlichen Strukturen des Kongo waren außerstande, dem Einhalt zu gebieten.

Die betroffenen Kivu-Gebiete waren in vorkolonialer Zeit Bestandteile großer Tutsi-Reiche gewesen. Von 1937 bis 1960 wurden in Nord-Kivu Ruander, und zwar sowohl Hutu als auch Tutsi, angesiedelt, um auf Plantagen und in Viehzuchtbetrieben belgischer Kolonialisten zu arbeiten. Von der kongolesischen Bevölkerung wurden sie nicht als Hutu oder Tutsi, sondern einfach als Ruandischsprachige (Banyaruanda) wahrgenommen.

Mit den ersten Progromen an den ruandischen Tutsi ergoss sich zwischen 1959 und 1964 eine Welle von Tutsi-Flüchtlingen in die Provinz. Sie waren durchweg vermögender und qualifizierter als die in der Kolonialzeit zugewanderten Stammesverwandten. In ihrer Heimat hatten sie schließlich einer privilegierten Bevölkerungsgruppe angehört. Im Laufe der Jahre fassten diese Tutsi auch in der Provinzpolitik Fuß. Als Mobutu 1970 seine Afrikanisierungskampagne startete, nutzten nach Nord-Kivu zugewanderte Tutsi die Gelegenheit, zum Zwangsverkauf ausgeschriebene Plantagen zu erwerben. Die Neidempfindungen der kongolesischen Nachbarn blieben nicht aus. Die Gesamtzahl der Tutsi in Nord-Kivu belief sich 1990 auf etwa eine halbe Million (etwa ein Zehntel der Provinzbevölkerung).

Von jeher lebten zu dieser Zeit in der Nachbarprovinz Südkivu etwa eine halbe Million Banyamulenge. Sie sehen sich als eigenständiges kongolesisches Volk. Sprache und Bräuche weisen indes starke Verwandtschaft mit den ruandischen Tutsi auf.

Durch das Massaker an den ruandische Tutsi strömten 1994 noch mehr Ruander in die Kivu-Provinzen, zunächst Tutsi, die vor den Mördern ihrer Familien und Verwandten flohen, dann Hutu, insbesondere Soldaten und Regierungsmilizionäre, die sich vor der anrückenden RPF-Rebellentruppe absetzten.

Die Hutu-Flüchtlinge waren gut bewaffnet. In grenznahen Flüchtlingslagern und Städten lebten sie auf Tuchfühlung mit Tutsi, deren Verwandte kurz zuvor in Massen umgebracht worden waren. Im östlichen Kongo lebten 1996 etwa zwei Millionen ruandische Flüchtlinge. Allein diese große Anzahl sorgte für Spannungen mit der örtlichen Bevölkerung. Mobutu, dessen Regime wankte, weil das Ausland seine Unterstützung entzog, empfand die Präsenz dieser Tutsi-Flüchtlinge als bedrohlich. Bis 1994 hatte er das in Ruanda herrschende Hutu-Regime unterstützt. Mit dem RPF hatte im Nachbarland aus seiner Perspektive die falsche Seite gewonnen. Die Sorge trieb ihn um, die im eigenen Lande lebenden Tutsi könnten als Fünfte Kolonne Ruandas aktiv werden und Sezession der Grenzprovinzen betreiben.

Die starke Präsenz der Ruander wurde auch von den alteingesessenen Völkern mit Unbehagen registriert. Dieses schlug in Ressentiment um, als das Mobutu-Regime den Hass gegen die Fremden schürte (Stearns 2009: 202ff.).

Gegen die Tutsi-Flüchtlinge vorzugehen, kam nicht infrage. Noch steckte den westlichen Regierungen, deren Brüskierung Mobutu nicht wagen konnte, der Massenmord in Ruanda in den Knochen. Mobutu schlug stattdessen den Sack der kongolesischen Banyamulenge, um damit den eigentlich gemeinten Esel der ruandischen Tutsi-Flüchtlinge zu treffen. Allen Banyamulenge wurde 1996 die kongolesische Staatsangehörigkeit aberkannt. Sie gelangten damit auf dieselbe Stufe wie die Flüchtlinge. Das Regime verfügte ihre Ausweisung (Nzongola-Ntalalja 2002: 76ff.). Die Banyamulenge weigerten sich jedoch, das Land zu verlassen. Durch den Verfall der Infrastruktur und die Verlotterung der Armee, so zeigte sich jetzt, besaß die Regierung in Kinshasa keine wirksamen Instrumente mehr, um die Vertreibung durchzusetzen (Baregu 2006: 60ff.). Mobutu erlaubte, dass Hutu-Flüchtlingsmilizen und die Kongo-Armee gegen die Banyamulenge vorgingen.

Diese Feindseligkeiten schweißten Banyamulenge und Tutsi-Flüchtlinge zusammen. Beide baten um den Schutz der nunmehr von Tutsi geführten ruandischen Regierung. Und dort fasste man die Vorgänge verständlicherweise als Fortsetzung der Vernichtungskampagne gegen die Tutsi auf. Jetzt wurde der Keim für die Internationalisierung der innerkongolesischen Konflikte gelegt.

15.5 Das neopatrimoniale System Laurent Kabilas

Die Präsidenten Ruandas und Ugandas kamen in dieser Situation auf die Idee, Laurent Kabila als Führer einer kongolesischen Befreiungsbewegung aufzubauen. Der aus Katanga gebürtige Kabila hatte in den Vorjahren eine der zahlreichen kleinen Rebellenbewegungen angeführt, die gegen das Mobutu-Regime kämpften. In der Regie beider Regierungen wurde im Oktober 1996 die AFDL (Alliance des Forces Démocratiques pour la Libération du Congo) aus der Taufe gehoben. Eine bunt gemischte Truppe der AFDL setzte sich in Marsch, um Mobutu aus der Hauptstadt zu vertreiben. Im Kern bestand sie aus ruandischen Soldaten sowie aus Banyamulenge, die in Ruanda und Uganda eine militärische Ausbildung erhalten hatten.

Die Truppe durchquerte in kurzer Zeit das riesige Kongogebiet. Sie traf kaum auf Widerstand und eroberte zunächst die Kupferprovinz Shaba (das frühere Katanga). Damit schnitt sie Mobutu von seiner letzten wichtigen Geldquelle ab. Im Mai 1997 standen die Aufständischen vor der Hauptstadt Kinshasa. Jetzt ließen die USA Mobutu endgültig fallen. Er setzte sich ins Exil ab. Zuvor hatte er noch vergeblich versucht, der Öffentlichkeit mit der Entlassung seines als Tutsi geschmähten Ministerpräsidenten Sacré Kenga wa Dondo ein Bauernopfer zu bringen (Nzangola-Ntalalja 2002: 225ff.). Nach der Vertreibung Mobutus wurde Zaire in Demokratische Republik Kongo umbenannt. Kabila erklärte sich zum Präsidenten.

Die kongolesische Altopposition gegen Mobutu misstraute Kabila. Sie hatte ihre Basis in der hauptstädtischen Bevölkerung und tat sich schwer, Kabila als Präsidenten zu akzeptieren. Allzu offensichtlich war er ein Werkzeug des ruandischen Präsidenten Kagame. In Kabilas Regierung waren zahlreich seine Landsleute aus Shaba und auch Banyamulenge vertreten, also durchweg Repräsentanten der südlichen und östlichen Peripherie. Die in Kinshasa beheimatete Altopposition hatte erwartet, nach dem Weggang Mobutus nunmehr selbst zum Zuge zu kommen.

Kabila machte es seinen Kritikern leicht. In seiner kurzen Amtszeit ging er äußerst hart gegen die Opposition vor. Die Plünderung der Volkswirtschaft hielt an, die Beute floss jetzt nur auf andere Konten. Das Rollenmodell des Big Man zeigte Wirkung. Kabila ordnete an, alle Gold- und Diamantenverkäufe von einer staatlichen Gesellschaft tätigen zu lassen, die Kontrakte wiederum ausschließlich mit angelsächsischen Firmen schließen durfte (Taylor 2003: 48). Belgische und französische Interessenten hatten das Nachsehen. Kabila war wie seine Förderer in Ruanda und Uganda anglophil gestimmt. Neben dem Staatskonzern Gécamines durften im rohstoffreichen Shaba (Katanga) nun auch private Gesellschaften tätig werden, darunter auch solche im Besitz kongolesischer Minister (Kippin 2008: 483).

15.6 Schauplatz eines afrikanischen Krieges

Die Bevölkerung der Kivu-Provinzen litt unterdes weiterhin unter der starken Präsenz ruandischer Hutu und Tutsi, die ihre Auseinandersetzungen in ihrer Mitte austrugen. Die ruandische Regierung war verhasst, weil sie als Schutzmacht der Tutsi auftrat. Dabei gelang es den Tutsi-Milizen und der AFDL-Truppe tatsächlich nicht einmal, die Hutu-Milizen zu entwaffnen. Bis ins Jahr 2000 unternahmen diese Milizen Vorstöße ins nördliche Ruanda. In Kigali entstand der Eindruck, Kabila unternehme zu wenig, um die Aktivität der Hutu in den ostkongolesischen Grenzprovinzen zu unterdrücken.

Im Dilemma, entweder seine Förderer in Ruanda zu verprellen oder aber den Kritikern der Zusammenarbeit mit Ruanda nachzugeben, entschied sich Kibaki gegen Ruanda. Im Juli 1998 entließ er seinen ruandischen Stabschef. Er löste ferner Truppenteile auf, in denen Banyamulenge dienten, und schließlich befahl er den ruandischen Einheiten, die in seine Armee eingegliedert waren, das Land zu verlassen.

Wie nach einem Drehbuch wiederholte sich jetzt der gleiche Vorgang wie bei der Gründung des AFDL wenige Jahre zuvor. Die ruandische und die ugandische Regierung taten sich 1999 zusammen, um ihren Einfluss im Kongo zu wahren. Noch im selben Jahr wurde im RCD eine als Befreiungsbewegung aufgezogene Stellvertretertruppe auf die Beine gestellt. Die politisch Aktiven und Kämpfer waren alte Bekannte, darunter frühere AFDL-Funktionäre und Banyamulenge-Soldaten der Kabila-Armee (Tull 2007: 117). Auf der Führungsebene der AFDL wurden zahlreiche frühere Funktionäre des Mobutu-Regime und auch des noch jungen Kabila-Regimes installiert. Erstere hatten durch Kabila ihren Job verloren, Letztere waren mit Kabila unzufrieden oder von ihm bereits abserviert worden. Beide Gruppen einte das Motiv, mit dem Sturz Kabilas an die Fleischtöpfe des Regierungsapparats zurückzukehren (Tull 2007: 119).

Kabila besann sich auf das Mittel, das bereits Mobutu gewählt hatte, um sich in den Kivu-Provinzen im Sattel zu halten. Er erbat die Unterstützung der Hutu-Milizen. Diese operierten im lockeren Mantel der ruandischen Befreiungsfront FDLR und gingen weiterhin gegen die im Kongo lebenden Tutsi vor. In Gestalt der Maji-Maji-Milizen wurde auch die örtliche Bevölkerung des Ostkongo gegen Banyamulenge und Exil-Tutsi mobilisiert. Ursprünglich waren sie einmal als Selbstschutzorganisationen ins Leben gerufen worden, um einen Ausgleich für das Versagen des Staates als Sicherheitsleister zu schaffen. Die Rekrutierung unter den zahlreichen arbeits- und perspektivlosen Jugendlichen bereitete keine Mühe. Die Maji-Maji waren aber genausowenig lenkbar wie die Hutu-Milizen.

Das verbreitete Ressentiment gegen die Flüchtlinge ließ sich unschwer in Gewalttätigkeiten gegen die Tutsi ummünzen. Dies fiel umso leichter, da die örtliche Bevölkerung all die Unruhe und Gewalt, die über sie gekommen war, der Verantwortung Ruandas zuschrieb. Der Nachbarstaat wurde mit den Tutsi gleichgesetzt und das RCD als verlängerter Arm der ruandischen Regierung wahrgenommen (van Leeuwen 2008: 394f., Tull 2007: 124, Ndikumana/Kisangani 2005, Nugent 2004: 462).

Die ruandische Regierung stand noch unter dem Trauma des Genozids. Schon deshalb musste sie auf die Angriffe gegen Tutsi und Banyamulenge reagieren. Strategisches Kalkül kam hinzu. Solange es noch bewaffnete Tutsi und ruandische Soldaten im Kongo gab, drohte Ruanda selbst keine Gefahr. Die in den Nachbarstaaten lebenden Tutsi besaßen für diesen Zweck unschätzbaren Wert. Vor dem Hintergrund des Genozids würde die Weltöffentlichkeit verstehen, dass Ruanda eine Verpflichtung hatte, die Geschädigten des Völkermords und ihre Nachkommen auch jenseits der Grenzen zu schützen. Wirtschaftliche Motive kamen hinzu. Die ruandische Regierung profitierte inzwischen direkt oder über Mittelsmänner von der illegalen Ausbeutung der kongolesischen Ressourcen.

Das RCD blieb ein Instrument ruandischer Politik, auch wenn es zunächst noch von Uganda unterstützt wurde. Auch die ugandische Regierung hatte mehrere Motive, sich im Kongo zu engagieren. Die im Norden Ugandas operierende Lord's Resistance Army unter Führung des Warlord Joseph Kony nutzte den Kongo als Rückzugs- und Versorgungsraum (siehe nächstes Kapitel). Es lag auf der Hand, ihm auch dort entgegenzutreten. Ferner verdienten Beamte und Militärs des ugandischen Regimes an illegalen Geschäften im Kongo. Ugandas Vertrauensmann im RCD war Jean-Pierre Bemba. Er stammt aus einer vermögenden Familie in der Provinz Equatoria, der Heimatprovinz Mobutus. Entfernt ist er sogar mit der mit der Familie Mobutu verwandt. Zeitweise hatte er sich mit großem Erfolg als Unternehmer in der Telekommunikationsbranche betätigt. Nutznießer des Mobutu-Regimes, wählte auch er mit dessen Sturz das Exil. Ab 1998 bekämpfte er mit einer kleinen, im Norden des Kongo operierenden kleinen Rebellenbewegung MLC die von Kabila kontrollierte Zentralregierung. Es gelang dem MLC, Teile des kongolesischen Nordens unter seine Kontrolle zu bringen.

Die ruandische und die ugandische Regierung entsandten Vertreter in den Führungsstab des RCD. Uganda hatte starkes Interesse, die Vorteile einer handfesten Präsenz im Kongo nicht allein Ruanda zu überlassen. Bemba ging es um die Vertreibung Kabilas aus der Hauptstadt, nicht so sehr darum, die nördliche Peripherie des Kongo zu beherrschen.

Das RCD bündelte für einen tragfähigen gemeinsamen Nenner zu viele divergierende Interessen. Das weiterhin von Ruanda unterstützte Rumpf-RCD, jetzt als RCD-Goma, und das MLC Bembas gingen fortan ihrer eigenen Wege. Bemba rief sich im nördlichen Kongo als Chef eines befreiten Gebietes aus. Ruandische Offiziere übernahmen die Finanzverwaltung des RCD-Goma. Unter dem Vorwand, ihr Land vor den Exil-Hutu im Nachbarland zu schützen, richtete sich reguläres ruandisches Militär auf Dauer im östlichen Kongo ein. Uganda folgte seinem Beispiel und stationierte seinerseits Soldaten im Kongo. Die Parteien des zweiten Kongokrieges bezogen Position.

Kabila hatte nicht bloß im östlichen Kongo ein Kontrollproblem. Die kongolesische Staatsgewalt versagte flächendeckend. Dies zeigten Ereignisse in anderen Regionen. In der Provinz Shaba (Katanga) nutzten Provinzpolitiker die Gunst der Stunde und vertrieben die Vertreter der Zentralregierung. Dieser Vorgang war für Kabila noch bedrohlicher als die Schwierigkeiten in den östlichen Provinzen. Im kongolesischen Teil des afrikanischen Kupfergürtels liegen geschätzte zehn Prozent der Weltvorräte und darüber hinaus 34 Prozent der für die Nuklearindustrie wichtigen Kobaltvorkommen – eine sichere Bank für die Geldbedürfnisse der zahlreichen Profiteure des Regimes. Mangels brauchbarer eigener Truppen suchte Kabila bei den Regierungen Angolas, Simbabwes und Namibias um militärischen Beistand nach. Geschäftsleute aus Simbabwe, die gute Verbindungen zum dortigen Präsidenten Rober Mugabe hatten, wurden mit Lizenzen am Kupfer- und Kobaltgeschäft der staatlichen Bergbaugesellschaft beteiligt (Kippin 2008: 483).

Der Kongo wurde 1999 zum Schauplatz eines afrikanischen Großkrieges. Die Kriegsparteien, bestehend aus regulärem Militär, Milizen und Gelegenheitskämpfern, rannten sich irgendwann in der östlichen Hälfte des Kongo fest und betrieben den Kampf nur noch als Nebensache: Ruandische und ugandische Militärs, die im Kongo standen, beteiligten sich am Handel mit Diamanten und Coltan. Im Zeichen der stürmischen Verbreitung des Mobiltelefons erzielte das Coltan auf dem Weltmarkt Spitzenpreise. Ruanda, das selbst keine Mineralienvorkommen besitzt, stieg zeitweise zum Diamantenexportland auf. In dem bis 2002 dauernden Krieg kämpften zeitweise sogar ruandische und ugandische Soldaten um die Kontrolle des Diamantenzentrums Kisangani (Jackson 2002). Es liegt an die 500 km von den Grenzen beider Länder entfernt. Die Offiziere der Beistandsarmeen, die Kabila gerufen hatte, um den Verlust der Provinz Shaba (Katanga) zu verhindern, waren auch keine Unschuldslämmer. Sie bereicherten sich an allem, was diese Provinz zu bieten hatte.

Am Ressourcenreichtum des Kongo profitierten hinter den Fassaden der Bürgerkriegsparteien ferner Geschäftsleute und kriminelle Netzwerke. Am unteren Ende dieser Netzwerke standen Gelegenheitsarbeiter, die mit einfachsten

Mitteln Mineralien ausgruben oder aufsammelten, und Jugendliche, die sich mangels alternativen Broterwerbs als Milizionäre verdingten (Kaul 2007).

Ab 1999 türmte sich auf diese Misere noch ein Sonderkonflikt in der an Uganda grenzenden Provinz Ituri. Dort brachen Gewalttätigkeiten zwischen den Völkern der Hema und Lendu aus. Die Hema, Angehörige eines Hirtenvolkes, werden dort mit den kongolesischen Tutsi und ihrer Schutzmacht Ruanda gleichgesetzt. Die bäuerlichen Lendu wiederum stehen auf der sozialen Rangleiter in ähnlicher Weise unter den Hema wie die Hutu unter den ruandischen Tutsi. Der Siedlungsraum der Lendu erstreckt sich auf den Nachbarstaat Uganda. Der größere Wohlstand der Hema gründet sich auf ihren Status als Viehzüchter und Besitzer großer Ländereien. Im vordergründigen Streit um Landrechte attackierten Hema mit Tausenden Opfern ihre Lendu-Landsleute. Tatsächlich ging es auch hier um politischen Einfluss und Geschäfte. Die Region ist reich an Bodenschätzen, die noch der Erschließung harren. Die Hema haben den Rückhalt des rohstoffarmen Ruanda, die Lendu genießen Unterstützung aus Uganda (Lemarchand 2002: 393, Weiss/Carayannis 2005: 168, 174). Die starke Rolle Ruandas im Kongo behagte der ugandischen Regierung kaum weniger als der kongolesischen. Bei Zusammenstößen zwischen Hema und Lendu ergriff Uganda bereits 2002/2003 für Letztere Partei. Im August 2008 lebten die Auseinandersetzungen wieder auf (Perras 2008c, 2008d).

Die große Gemeinsamkeit all dieser Konfliktfelder ist das Versagen des Staates in seiner Grundfunktion, den gesellschaftlichen Frieden zu sichern, oder um es in der Sprache des staatstheoretischen Klassikers Hobbes auszudrücken: der Rückfall der Gesellschaft in den Krieg aller gegen alle (Autesserre 2007, Vlassenroot 2002).

15.7 Der Krieg schrumpft auf einen innerkongolesischen Krieg zurück

Kabila wurde im Januar 2001 ermordet. Sein Sohn Desirée Kabila trat die Nachfolge als Präsident an. Radio trottoir deutete auf Ruanda als Drahtzieher des Attentats. In Kigali hätten Kabilas Versuche missfallen, die Kontrolle über den östlichen Kongo wiederherzustellen. Im Jahr 2002 unterzeichneten die am Konflikt beteiligten Staaten ein Friedensabkommen. Angola, Namibia, Ruanda, Simbabwe und Uganda zogen offiziell ihre Truppen ab. Danach unterzeichnete die kongolesische Regierung weitere Friedensabkommen mit der RCD-Goma und dem MLC Bembas. In einer Geste nationaler Versöhnung wurden beide Bewegungen an der Regierung beteiligt. Kabila Jr. behielt sich die Kontrolle über die zentralen Staatsbehörden und die Finanzen vor (Stearns 2007: 202f.).

Mit dem Abzug der relativ disziplinierten und effektiven fremden Soldaten verloren RCD und MLC an Kraft. Für Milizionäre aller Seiten wurde das Leben schwieriger. Einige Rebellenführer, die jahrelang allein von der Waffe gelebt hatten, kapitulierten vor dem Konkurrenzdruck. Die Milizen des RCD und des MLC wurden in die kongolesische Nationalarmee integriert, um ihnen eine Alternative zum Marodieren zu bieten. Die Integration erschöpfte sich freilich darin, dass sie der Form halber zu Einheiten der Regierungsarmee erklärt und von der Regierung bezahlt wurden. Für mehr fehlten das Geld und das Knowhow. Entsprechend desolat steht es mit der Disziplin und der Leistung der Truppe, die für die Zivilbevölkerung in trauriger Fortsetzung der Zustände zu Mobutus Zeiten eine Plage darstellt (Raupp 2009: 7). Im Übrigen funktionierten die von Ruanda zwischen 1996 und 2002 geknüpften geschäftlichen Netzwerke auch nach dem Abzug der fremden Truppen (Reyntjens/Bøas 2004: 291ff.).

Die Maji-Maji (siehe dieses Kapitel oben, 15.6) und die Hutu-Milizen des FDLR blieben weiterhin im östlichen Kongo aktiv. Das FDLR legitimierte sich zwar aus der Feindschaft zu den im Kongo lebenden Tutsi. Es verfolgte inzwischen aber auch wirtschaftliche Interessen und verdiente wie andere Milizen an der illegalen Ausbeutung der Bodenschätze des östlichen Kongo, vor allem des ohne industriellen Aufwand abbaubaren und auch leicht transportierbaren Coltan, das in Mobiltelefonen verwendet wird (Perras/Bitala 2010). In Nord-Kivu spaltete sich eine Truppe um Laurent Nkunda vom RCD-Goma ab und führte den Krieg als CNDP auf eigene Rechnung weiter. Sie blieb aber unter ruandischem Einfluss.

Der Abzug ausländischer Soldaten und das Arrangement zwischen den Bürgerkriegsparteien trugen nicht allzu viel zum Ende der Gewaltsamkeit bei. Ein Grund für die Fortdauer der Gewalt lag im Krieg. Er hatte 15 Jahre gedauert und war für viele zur einzigen Art des Broterwerbs geworden. Der Unterschied der Milizen zur Armee ist gering. Geschäftemacherei und Disziplinlosigkeit finden sich auch in der regulären Truppe. Korrupte Offiziere enthalten ihren einfachen Soldaten den Sold vor. Diese wiederum holen sich, was sie brauchen, bei der übrigen Bevölkerung. Die Soldaten lassen ihre Perspektivlosigkeit in Grausamkeiten aus, die den Gräueltaten marodierender Milizen nicht nachstehen (Baaz/Stern 2008). Bis 2005 war es der Regierung immer noch nicht gelungen, die unruhige Ostregion in den Griff zu bekommen (Autesserre 2007: 427). Sie bot sechs Milizenführern die förmliche Aufnahme als Generäle in die Armee an. Weitere 32 Milizenführer wurden zu Obersten befördert. Neue Milizen schossen aus dem Boden, um für ähnliche Gegenleistungen in Friedensverhandlungen einzutreten (Stearns 2007). Krieg und Kriminalität sind zu Handelsgütern geworden.

Als die Bürgerkriegsparteien 2002 in die Regierung aufgenommen wurden, die fremden Truppen abzogen und die Milizen in die kongolesische Armee eingegliedert wurden, riet man dem Tutsi-Warlord Nkunda (CNDP) davon ab, die Waffen niederzulegen oder sich in den Dienst Kinshasas zu stellen. Seine Miliz sollte eine militärische Reserve bereithalten, damit Kigali über einen Stellvertreter eingreifen konnte, falls die Dinge im im Nachbarland in eine unerwünschte Richtung liefen. Kigali leistete verdeckte Hilfe bei der Rekrutierung und Logistik des CNDP. Die Sorge um das Schicksal der kongolesischen Tutsi war durchaus ernst zu nehmen. Aber der CNDP war auch an der Ausbeutung der kongolesischen Ressourcen interessiert. Die fortwährende Aktivität der Hutu-Miliz FDLR mit ihren Gewalttätigkeiten gegen die Tutsi lieferte Nkunda zudem einen international brauchbaren Vorwand, um seine Bewegung unter Waffen zu halten. Seine Truppe bestand im Übrigen keineswegs nur aus Tutsi. Ein beträchtlicher Teil der Milizionäre waren Hutu, die ihre Haut an den Meistbietenden verkauften (Stearns 2009: 204).

Mit seiner disziplinierten Truppe besetzte Nkunda bis Mitte 2006 große Teile der Provinz Nord-Kivu. Truppen der im Kongo stationierten UN-Mission MONUC und die Regierungsarmee attackierten zurück. Für die ruandische Regierung wurde die Situation prekär. Das Regime in Kigali war existentiell auf die Wirtschafts- und Finanzhilfe der internationalen Gemeinschaft angewiesen. Die UN und die Geberländer aber schrieben Nkundas Aktionen der ruandischen Regierung zu. Kigali versuchte, Nkunda zurückzupfeifen. Nkundas Behauptung, die kongolesische Armee gehe nicht wirksam gegen den FDLR vor und sein Treiben diene allein dem Zweck, die in Nord-Kivu lebenden Tutsi zu schützen, war keineswegs aus der Luft gegriffen.

Wichtiger als diese Fakten waren die Wahrnehmungen. Nkunda wirbelte viel Staub auf. Um den Eindruck zu dementieren, Ruanda benutze Nkunda lediglich als Stellvertreter, entschloss sich die ruandische Führung, das Gegenteil zu demonstrieren. Als Stellvertreter Ruandas hatte er sich selbst demontiert, weil er eigene Interessen über die ruandische Staatsräson stellte. Kigali ging Ende 2008 auf Distanz (Perras 2008b, Raupp 2008). Dieser Entschluss wurde durch die auf internationalen Druck gegebene Zusage der kongolesischen Regierung erleichtert, entschiedener gegen den FDLR vorzugehen. Jetzt zeigte sich, dass es Nkunda im Kern nur darum ging, seine Stellung als mächtiger Warlord zu verteidigen. Er lehnte die Entwaffnung ab. Kigali ließ ihn daraufhin fallen (Süddeutsche Zeitung vom 24./25.01.2009: 4). In einer gemeinsamen Aktion kongolesischer und ruandischer Truppen wurde Nkunda Anfang 2009 als militärischer Faktor im östlichen Kongo ausgeschaltet.

Ruanda erzielte damit einen politischen Erfolg. Es demonstrierte den afrikanischen Nachbarn und der Welt, dass ohne sein Zutun im Nachbarland nichts läuft. In der Verworrenheit dieser Ereignisse lässt sich als Konstante allein Ruandas politische Präsenz im östlichen Kongo erkennen. Nur dank seiner staatlichen Effizienz und seiner disziplinierten Armee agiert der bettelarme Staat seit mehr als 15 Jahren wie eine regionale Großmacht. Die maßgebliche Voraussetzung dafür ist der Kollaps der kongolesischen Staatsgewalt.

15.8 Das neopatrimoniale Regime Désirée Kabilas

Im Jahr 2007 fanden zum ersten Mal seit Jahrzehnten faire Präsidentschafts- und Parlamentswahlen statt. Die Ergebnisse belegten die Zerrissenheit des Landes in Sprachgruppen und Völker. Die Partei von Kabilas gewann im rohstoffreichen, zugleich aber auch von Bürgerkrieg und ausländischer Intervention gezeichneten Süden und Osten. Sein Gegenkandidat Bemba kassierte eine Mehrheit in seiner Stammregion in der Landesmitte und im Norden. Der wie alle Menschen des östlichen Kongo Suaheli sprechende Kabila gilt in der Hauptstadt, wo das regional verbreitete Lingala gesprochen wird, als Fremdling. Kinshasa ist ein frankophoner Ort. Kabila ist im Exil des anglophonen Tansania aufgewachsen.

Im Westen des Kongo schnitt mit Antoine Gizenga ein dritter Kandidat gut ab. Vor dem erforderlich werdenden zweiten Wahlgang rief er seine Anhänger auf, für Kabila zu votieren. Als Kabila im zweiten Wahlgang gewann, löste er sein Versprechen ein, das Amt eines Ministerpräsidenten einzuführen. In diese Position wurde Gizenga berufen. Wir begegnen auch hier wieder dem Versuch, ein schwaches Patrimonialsystem durch das Teilen mit Juniorpartnern zu stabilisieren. Die Geldmaschine der Mineralienausbeute blieb in der Verfügung des Präsidenten. An der Spitze der einschlägigen Ministerien standen weiterhin handverlesene Parteigänger. Woher das Geld kommt, mit dem das Regime arbeitet, lässt sich einigermaßen genau bestimmen. Wofür es ausgegeben wird, lässt sich nur erahnen. Ein Drittel des Staatshaushalts wird für Zwecke aufgewendet, die nirgendwo dokumentiert sind (Stearns 2007: 205). Allein die Ausgaben für die Präsidialbehörde überschreiten die des Gesundheitsressorts um das Zwanzigfache (Knaup 2008: 144ff.).

Im kongolesischen Failed state beobachten wir auch den für diesen Typus charakteristischen Primat der Hauptstadtkontrolle. Im Wahljahr 2007 war Kinshasa eine Bemba-Hochburg. Bereits im Vorfeld der Wahl kam es dort zu bewaffneten Zwischenfällen zwischen Kabilas und Bembas Milizen. Sobald Kabila als Wahlsieger feststand, ordnete er die Entwaffnung der Bemba-Miliz an. Dem widersetzte sich Bemba, heftige Kämpfe in der Hauptstadt folgten. Mit den Milizen im östlichen Kongo, deren Arm nicht bis zur Hauptstadt reicht, arrangierte sich der Präsident auf friedlichem Wege.

Auch im Kongo bahnt sich ein Rohstoffpakt mit China an, der Veränderungsdruck vom Regime nimmt (Marysse/Geenen 2009). Der IWF stoppte im

Jahr 2006 seine Auszahlungen an Kishasa. Die kongolesische Regierung hatte die Vergabekonditionen missachtet. China investiert heute massiv in Shaba (Katanga). Chinesische Firmen erhalten Zusagen für die Förderung von Kupfer, Gold und Diamanten. Ferner steht eine chinesische Anleihe im Raum, die – wie vergleichbare Anleihen an Angola und den Sudan – keine politisch unbequemen Konditionen enthält (Kippin 2008: 485). In Katanga existiert 50 Jahre nach der Unabhängigkeit immer noch eine neo-koloniale Situation. Die dortige Ausländergemeinde ist seit 1960 zwar von damals noch 30.000 auf heute 1.500 geschrumpft. Doch in der Provinzmetropole Lubumbashi (Elisabethville) kontrollieren unverändert Geschäftsleute und Techniker belgischer, griechischer, indischer und inzwischen auch chinesischer Nationalität die Rohstoffwirtschaft (Rubbers 2009: 270f.).

Fazit: Wir beobachten im Kongo alles, was den gescheiterten Staat auszeichnet: Verlust der Territorialkontrolle, Warlords, Intervention benachbarter Staaten,Versuche zur Schadenbegrenzung mit Hilfe der internationalen Gemeinschaft und Fremdsteuerung der Ökonomie.

16 Uganda

16.1 Koloniale Erblasten und die erste Ära Obote

Das Königreich Buganda stellte sich 1894 unter britischen Schutz. Es hatte dem Vordringen der Briten lange standgehalten. Buganda gab es zu dieser Zeit an die 500 Jahre. An der Spitze dieses Reiches stand der Kabaka: die gleichermaßen weltliche wie sakrale Figur eines Königs. Die Briten beließen dieses historische Reich intakt. Es bot sich geradezu an, um es nach dem Motto der Indirect rule zu beherrschen. Neben Buganda gab es noch die Bantu-Reiche Toro, Ankole und Bunyoro. Sie waren kleiner, hatten aber eine ähnliche Struktur. Auch ihre Menschen sprechen Bantu, und sie wurden von London zunächst als Schutzgebiete vereinnahmt. Später kamen Gebiete im Grenzraum zum Sudan hinzu.

Mit diesen übrigen Gebieten wurde Buganda 1902 zur Kolonie Uganda vereinigt. Handelte es sich bei Buganda um eine gewachsene politische Einheit, so war die Gesamtkolonie Uganda ein heterogenes Gebilde. Die Baganda, d.h. die Bewohner Bugandas, stellten darin zwar das stärkste Volk. Unter den Völkern der Kolonie insgesamt waren sie selbst eine Minderheit. Die Baganda stellen heute 18 Prozent der Gesamtbevölkerung. Das zweitgrößte Volk der Basoga bringt es auf immerhin elf Prozent.

Der Süden Ugandas ist die wirtschaftlich ergiebigste Region des Landes. Seine Böden und sein Klima erlaubten Weidewirtschaft und den Tee- und Kaffeeanbau. Eine Bahnlinie, die Nairobi berührt, verband die Kolonie mit der kenianischen Hafenstadt Mombasa (Jackson/Rosberg 1986: 203ff.).

Die im Norden Ugandas lebenden Völker der Acholi und Langi zählen zu den nilotischen Völkern. Kolonialwirtschaftlich war dieses Gebiet von geringem Nutzen. Ihre Menschen dienten als Arbeiterreservoir für die zentralugandische Wirtschaft. Polizisten und Soldaten wurden bevorzugt aus den Reihen der Acholi rekrutiert. Acholi kämpften unter britischer Flagge an den Fronten des Zweiten Weltkrieges. Aus diesen Gründen verband die Acholi-Gesellschaft ihren Status mit dem Militär. In der Vergangenheit waren auch die Baganda ein kriegerisches Volk gewesen. Weil sie darüber hinaus das größte Volk der Kolonie und dazu gut organisiert waren, wurden sie aber von den Gewaltapparaten des kolonialen Staates ferngehalten.

Bildung wurde bevorzugt den Baganda zuteil. Sie rückten in die Verwaltungsstellen auf, die auch Afrikanern zugänglich waren. Im Norden Ugandas setzten die Briten Baganda und die Angehörigen der verwandten zentralugandischen Völker als Verwalter, Steuereinnehmer und Arbeitsbeschaffer ein. Diese Bantus wurden dafür von Völkern des Nordens gehasst (Kasozi 1994: 23f., 50f.). Umgekehrt verachteten die Bantus die nilotischen Völker als primitiv und fürchteten sie wegen ihrer Verbindung mit den Gewaltapparaten.

Als sich die Kolonialmacht auf die Trennung von ihrem Kolonialbesitz vorbereitete, stellte sich die Frage, in welcher Gestalt Uganda unabhängig werden sollte. Die Briten machten sich für eine Föderation der anglophonen Kolonien Ostafrikas stark. In einem Bundesstaat hätte Buganda nicht annähernd so viel Gewicht besessen wie in einem Staatsgebilde in den Grenzen der Kolonie Uganda. Der bugandische Kabaka Mutesa II., machte sich für die zweite Option stark. In der Hoffnung, damit das größte Hindernis für die beabsichtigte Großföderation zu beseitigen, zog die britische Regierung Mutesa mit der Verbannung ins Exil aus dem Verkehr.

Zur Vorbereitung auf die Unabhängigkeit ließ die Kolonialmacht 1961 eine verfassungsgebende Versammlung wählen. Dem Aufruf Mutesas, die Wahlen zu boykottieren, folgten 90 Prozent der Baganda. Dies überzeugte die Briten, den Kabaka doch besser in die Verfassung eines unabhängigen Staates einzubinden.

Der König war freilich im eigenen Volk umstritten. Mutesa beherrschte sein Reich mit Hilfe der Häuptlinge. Weil diese Häuptlinge für die Briten und den Kabaka die Schmutzarbeit erledigten, waren sie im Volk unpopulär. Bei der Besetzung der Regierungs- und Verwaltungsämter gab der König protestantischen Baganda den Vorzug. Während sich Mutesa noch im Exil befand, bildeten sich in seinem Reich Parteien. Sie verlangten Mitsprache an den Regierungsgeschäften Bugandas, fanden beim Herrscher aber kein Gehör.

Um aus den Verhandlungen über die Unabhängigkeit für sich das Maximum herauszuholen, brauchte Mutesa Verbündete. Er wandte sich dazu an Milton Obote. Dieser führte eine Koalition der kleineren Völker Ugandas an, den United Peoples' Congress (UPC). Er selbst gehörte dem nilotischen Volk der Langi an. Durch geschicktes Manövrieren hatte er sich an die Spitze des UPC gebracht, blieb aber stets von starken Rivalen umgeben (Rubongoya 2007: 34ff.). Bereits vor der Unabhängigkeit war der UPC notorisch zerstritten.

Nach Obotes Vorstellung vom künftigen Uganda sollten die historischen Königreiche als politisch-administrative Einheiten verschwinden. Dabei hatte er vor allem Buganda und dessen Herrscher im Auge (Kasozi 1994: 59ff.). Am Kabaka kam er jedoch nicht vorbei. Um den Übergang zur Unabhängigkeit nicht zu blockieren, stimmte er einer Verfassungslösung zu, die erst einmal das Nahziel der baldigen Unabhängigkeit in den Vordergrund stellte. Der Verfassungsentwurf war ein kurioses Konstrukt, das sich weder in der klassischen Form des Bundesstaates noch in derjenigen des Einheitsstaates beschreiben ließ. Die historischen Königreiche sollten beibehalten werden. Ferner wurde bestimmt, dass der Kabaka unter Wahrung seines Herrscherstatus in Buganda das Amt eines ugandischen Präsidenten bekleiden sollte. Die übrigen Landesteile sollten von der Zentralregierung direkt regiert werden. Schließlich war vorgesehen, dass die gesamtugandische Regierungsgewalt von einem parlamentarisch verantwortlichen Regierungschef ausgeübt wurde.

Zum ersten Premierminister des seit 1962 unabhängigen Uganda wurde Obote gewählt. Gleich nach der Unabhängigkeit nahm er den Machtkampf mit Mutesa auf. Für den Kabaka rächte es sich jetzt, dass er sich als Herrscher über Buganda viele Feinde gemacht hatte. Obote gelang es, ein Teil Abgeordneten Bagandas im Zentralparlament, die Mutesas autoritäres Gebaren kritisierten, auf seine Seite zu ziehen. Um auf die Regierungspolitik einzuwirken, war Mutesa aber auf die Geschlossenheit der bagandischen Parlamentsdelegation angewiesen. Sein Präsidentenamt war auf repräsentative Aufgaben beschränkt.

Um den Sonderstatus der Königreiche im Gesamtstaat zu beseitigen, nahm Obote 1964 eine Verwaltungsreform in Angriff. Der Kabaka nahm diese Herausforderung an. Er brachte Gerüchte in Umlauf, Obote und sein Militärchef Idi Amin hätten sich im Kongo an illegalen Geschäften bereichert. Die Behauptungen wirbelten viel Staub auf und brachten Obote in parlamentarische Schwierigkeiten. Noch bevor das Parlament unliebsame Beschlüsses fassen konnte, wurde es von Obote kurzerhand suspendiert. Der Regierungschef setzte ferner gleich noch die Verfassung außer Kraft und befahl der Armee, die Staatsreform mit Hilfe des Militärs durchzusetzen. Die Armee marschierte auf den Palast des

Kabaka zu, um Mutesa festzunehmen. Der kurze Bürgerkrieg endete mit der Niederlage und Flucht des Kabaka. Ein Jahr später, im Jahr 1967, wurde Uganda zunächst in einen Einheitsstaat und dann in einen Einparteistaat umgewandelt. Obote ließ sich zum Präsidenten wählen.

16.2 Der Bürgerkrieg und die zweite Ära Obote

Durch diese Ereignisse wurde die Armee zur wichtigsten Stütze Obotes. Die wenigen Baganda in der Truppe wurden ausgebootet. An ihre Stelle traten Vertreter der nordugandischen Völker, insbesondere weitere Acholi und Langi. Den Umbau der Truppe bewerkstelligte Armeechef Idi Amin (Kasozi 1994: 88ff., 104ff.).

Der Staatsstreich verschaffte Obote alle Macht im Staat. Allein der Armeechef, der aus einem kleinen nilotischen Volk im Norden Ugandas stammte, blieb als Gefährdungsfaktor. Um vorsorglich Gegenmacht zu organisieren, stellte Obote eine allein auf sein Kommando verpflichtete Spezialtruppe auf. Als er ferner einen Mordfall untersuchen ließ, in den Amin verwickelt sein sollte, verdichteten sich die Anzeichen für die bevorstehende Ausbootung des Militärchefs. Amin kam Obote jedoch zuvor. Er putschte sich 1971 ins Präsidentenamt, während sich Obote auf einer Auslandsreise befand. Den weiteren Verlauf der Ereignisse wartete Obote mit einigen Anhängern und einer ergebenen Truppe im tansanischen Exil ab.

Amin genoss anfänglich Popularität. Er kam aus dem Volk, wusste sich volksnah zu geben und beherrschte alle wichtigen Sprachen des Landes. Politische Ziele waren ihm fremd. Er erfreute sich schlicht seiner Macht über andere: er befahl, und sein Willen geschah. In der Kolonialarmee hatte er es zum Sergeanten gebracht. Für die Führung selbst einer kleinen Armee war er charakterlich und intellektuell ungeeignet. Von Verwaltung verstand er nichts, wirtschaftliche Zusammenhänge überstiegen sein intellektuelles Fassungsvermögen. Sein Politikverständnis erschöpfte sich darin, wirkliche oder eingebildete Feinde auszuspähen und sie zu vernichten. Mit den christlichen Kirchen ging er hart ins Gericht. Er nahm ihnen die Kritik an seiner brutal ausgeübten Herrschaft übel. Amin posierte fortan als bekennender Muslim und ließ sich von den arabischen Regierungen hofieren. Die Armee wurde brutal von Langi und vor allem von Acholi gesäubert. Sie standen unter Generalverdacht, auf Obotes Seite zu stehen (Kasozi 1994: 88ff.).

In kürzester Zeit schlitterte das Land in eine wirtschaftliche Katastrophe. Die um sich greifende Unzufriedenheit versuchte Amin mit einem Trick zu kontern, den er seinem kongolesischen Kollegen Mobutu abgeschaut hatte. In einer

Afrikanisierungskampagne wurden 1972 Inder und Pakistani vertrieben, die von jeher den ugandischen Handel kontrollierten. Ihre Geschäfte wurden enteignet und Amins Anhängern übergeben. Produktion und Handel kamen in der Folgezeit zum Erliegen (Kasozi 1994: 117ff.).

Nach 1973 regierte Amin nur noch mit blanker Willkür. Statt regelmäßigem Sold erhielten seine Truppen die Erlaubnis zum Plündern. Bereits 1974 kam es zu einem ersten, erfolglosen Putschversuch. Amin quittierte diesen Anschlag mit einem Blutbad unter den vermeintlichen Gegnern. Krankhaftes Misstrauen bewog ihn, bevorzugt ausländische Afrikaner für die Armee zu rekrutieren. Dort dienten schließlich bis zu 75 Prozent Nicht-Ugander.

Im Jahr 1978 überspannte Amin den Bogen. Um von den inneren Problemen abzulenken, ließ er unter dem Vorwand historischer Ansprüche ein Grenzgebiet des Nachbarstaates Tansania besetzen. Die tansanische Regierung gab zuerst den Exil-Ugandern auf ihrem Boden grünes Licht für militärische Operationen und schlug dann auch, diplomatisch gedeckt von den übrigen afrikanischen Staaten, mit eigenem regulärem Militär zurück. Tansanische Truppen marschierten bis Kampala und vertrieben Amin.

Obote kehrte 1980 aus dem Exil zurück. Nachdem eine Übergangsregierung ihre Arbeit erledigt hatte, stellte er sich für das Präsidentenamt zur Wahl. Obotes ehemalige Führungsmannschaft war intakt geblieben. In der verwüsteten und demoralisierten Gesellschaft hatte er damit einen beträchtlichen Startvorteil. Allein der Guerillaführer Yoweri Museveni war noch in der Lage, ihm Paroli zu bieten. Von einer Basis im tansanischen Grenzgebiet aus hatte er in den Vorjahren aktiven Widerstand gegen Amin geleistet. Museveni und die meisten Kämpfer seiner Truppe waren Bantus. Museveni selbst stammt aus einer bäuerlichen Familie und gehört dem Volk der Hema an. Dieses Hirtenvolk zählt lediglich zwei Prozent der ugandischen Bevölkerung. Hema leben auch in der benachbarten kongolesischen Provinz Ituri; sie sind kulturell eng mit den ruandischen Tutsi verwandt (siehe oben Teil 2, 15.5).

Als Präsident kehrte Obote zu derselben Politik zurück, mit der er vor bereits gut zehn Jahren gescheitert war. Baganda und Katholiken wurden bei der Regierungsbildung und Reorganisation der Bürokratie übergangen. Die Armee wurde abermals, wie zu Beginn seiner ersten Präsidentschaft, mit Langi und Acholi neu aufgestellt. Doch die Verhältnisse hatten sich durch den Bürgerkrieg zu stark verändert, um an die alten Zeiten anzuknüpfen. Im Widerstand gegen Amin waren zahlreiche bewaffnete Gruppen entstanden. Sie setzten sich gegen die Restauration des autoritären Obote-Regimes zur Wehr. Das Land kam nicht zur Ruhe. Sicherheitsorgane quittierten Überfälle auf Armee- und Regierungseinrichtungen mit Repressalien gegen ganze Landstriche. Sie trieben damit noch mehr Menschen in den bewaffneten Widerstand (Kasozi 1994: 145ff.).

Schon die Wahl, die Obote 1980 ins Amt brachte, war manipuliert. Sein einziger starker Konkurrent Museveni erkannte das Ergebnis nicht an. Er zog sich erneut in den Untergrund zurück. Seine Guerillaarmee war eine disziplinierte, militärisch gut ausgebildete, aber auch politisch erzogene Truppe, in der zwar Bantus aus dem südlichen Uganda dominierten, in der die ethnische Zugehörigkeit aber heruntergespielt wurde (McDonough 2008: 362, Rubongoya 2007: 60ff., 62ff.).

Obotes Armee setzte sich 1985 zu zwei Dritteln aus Acholi zusammen. Acholi-Offiziere beklagten bald, dass Obote bei Beförderungen und Verwendungen zunehmend Langi bevorzugte. Sie fürchteten um die Früchte ihrer Parteinahme. Im Norden Ugandas stationierte Regierungseinheiten unter Führung des Acholi-Offizers Bazilio Okello meuterten und marschierten auf die Hauptstadt zu. Bevor sie Kampala erreichten, ergriff Obote die Flucht. Die Bevölkerung hatte nichts davon, im Gegenteil: Okellos disziplinlose Truppe wurde zur Plage für die Bevölkerung. Für Museveni, der jetzt mit seiner erprobten Parteiarmee aus der Deckung kam, war sie ein leichter Gegner (Behrend 1999: 23ff.).

16.3 Das Regime Museveni

Museveni ließ sich 1985 zum Präsidenten wählen. Auch Parlamentswahlen wurden durchgeführt. Parteien durften jetzt nicht mehr zur Wahl antreten. Museveni war der Auffassung, Parteienkonkurrenz würde die Streitigkeiten zwischen den ugandischen Völkern neu entfachen. Der Präsident ließ sich den Parteienbann in mehreren Volksabstimmungen bestätigen. Museveni und seine Entourage trugen Sorge, dass Vertreter aller größeren Völker an den Personalressourcen des Staates beteiligt wurden (Mcdonough 2008: 367). Allein Acholi und Langi wurden ausgenommen. Wegen ihrer Verbindung mit Obote waren sie als unzuverlässig abgestempelt.

In den mehr als 20 Jahren des Bürgerkrieges war jede relevante Wirtschaftstätigkeit zum Erliegen gekommen. Die einzige Chance, das Land wieder auf die Beine zu bringen, bot die Zusammenarbeit mit den internationalen Finanzinstitutionen.

Mit Blick auf die liberalen Standardauflagen des IWF verhielt sich Uganda geradezu mustergültig. Bereits 1998 waren 70 Prozent aller früheren Staatsunternehmen privatisiert und die Marktbehörden weitgehend aufgelöst. Im Einklang mit den Erwartungen der Geldgeber wurde die Wirtschaftspolitik in Richtung auf die Agrarproduktion und die Verarbeitung agrarischer Produkte eingesteuert (Joireman 2007).

Die von Amin vertriebenen Asiaten wurden zur Rückkehr eingeladen und Entschädigung in Aussicht gestellt. Etliche folgten dem Ruf. Auch südafrikanische Investoren engagierten sich. Zusammen mit ugandischen Geschäftsleuten, die sich guter politischer Verbindungen erfreuen, waren Ausländer und asiatische Ugander die Primärgewinner der wirtschaftlichen Reformen (Rubongoya 2007: 154).

Museveni führte hier ein neues Modell der Legitimitätsbeschaffung vor. Er verzichtete durchaus nicht auf die Klientelpflege. Im Unterschied zur klassischen Staatsklientel stützt er sich aber weniger auf eine personalstarke öffentliche Verwaltung. Die internationalen Geldgeber ließen ihm hier keine Möglichkeiten. Der Privatisierungsprozess wurde vielmehr in der Weise gelenkt, dass politische Freunde und Günstlinge den Zuschlag erhielten. Bieter aus dem Lager der politischen Gegner gingen bei der Privatisierung des Staatsvermögens leer aus. Das Kapital ausländischer Käufer, die mehr als einen guten Schnitt machten, war für innerugandische Machtspiele ohne Belang. Ein dicht gewirktes System von Genehmigungen erlaubt es dem Regime, wirtschaftliche Transaktionen zu steuern und Gegenleistungen einzufahren (Pitcher 2004). Die gesellschaftliche Basis der Museveni-Herrschaft sind mehr oder minder erfolgreiche Geschäftsleute.

Anfang der 1990er Jahre verfügte die Regierung Massentlassungen in Verwaltungsapparat und Armee. Sie ließen sich den Internationalen Finanzinstitutionen als vorbildliche Politik verkaufen. Gleichzeitig boten sie eine gute Gelegenheit, missliebig gewordene Personen aus dem Staatsdienst zu entfernen. Durch die Einrichtung zusätzlicher Verwaltungsbezirke entstand auf der anderen Seite eine Fülle neuer Positionen, die es erlaubten, Vertreter der örtlichen Bevölkerung in das Regime zu integrieren. Die Kontrolle von Budget und Polizei behielt sich die Zentralregierung vor (Rubongoya 2007: 112ff.).

Wie bereits Obote vor ihm, ist Museveni vom Wohlverhalten der Armee abhängig. Mit der früheren Armee hat die gegenwärtige nichts gemeinsam. Es handelt sich um eine gut organisierte Truppe. Die Armee beteiligte sich an der Ausbeutung des benachbarten Kongo. Ugandische Offiziere schmuggelten Edelmetalle und bereicherten sich an der Lieferung von Versorgungsgütern für die im Kongo stationierten Armeeeinheiten. Im Kongokrieg kam es 2002 sogar zu bewaffneten Auseinandersetzungen zwischen ruandischem und ugandischem Militär um die Kontrolle wirtschaftlich lukrativer Orte (Tangri/Mwenda 2003).

Uganda besitzt ein Präsidialregime. Mit der Schaffung eines Ministerpräsidentenamtes wurde es leicht modifiziert. Diese Reform trug der Kritik der Internationalen Finanzinstitutionen an der massiven Korruption Rechnung. Mit einem für die unmittelbare Regierungstätigkeit verantwortlichen zweiten Exekutivamt nahm sich Museveni als Ziel verbreiteter Kritik stärker aus der Schusslinie.

Alles in allem entspricht das Regime dem neopatrimonialen Typ. Museveni wehrte sich lange gegen die Pluralisierung der politischen Landschaft. Verhindern konnte er sie nicht. Insofern wurde er ein Opfer des eigenen Erfolgs. In dem Maße, wie das Regime einen tragfähigen sozialen Frieden erzwang, wuchs das Verlangen nach gesellschaftlicher Teilhabe (Khadiagala 1995: 39f.). Dieses aber löste, wie die Folgenden geschilderten Vorgänge zeigen, die typischen Verdachts- und Abwehrreflexe eines Big Man aus, der sich seiner Position nicht mehr sicher glaubt.

Noch im Jahr 2000 bekräftigte eine Volksabstimmung das Parteienverbot. Fünf Jahre später sprach sich die Mehrheit der Ugander in einer weiteren Volksabstimmung für Mehrparteienkandidaturen aus. Dies veranlasste das Regime zu einer repressiveren Gangart. Freie Wahlen bargen das Risiko, Ämter, Prestige und Einkommen zu verlieren (Rubongoya 2007: 101). In der Präsidentenwahl des Jahres 2005 kandidierte Kizza Besgye, ein früherer Kampfgefährte und Leibarzt des Präsidenten. Als er Günstlingswirtschaft und Korruption zum Wahlkampfthema machte, wurde er schikaniert und schließlich unter fingierten Vorwänden in Haft genommen. Sein Wahlkampf wurde massiv behindert. Unter diesen Auspizien ließ sich Museveni ein weiteres Mal im Amt bestätigen.

Nach 1985 blieb das Land zwar in Verwaltungsbezirke eingeteilt. Aber Museveni ließ in einer Art Aussöhnungsgeste die historischen Königreiche Buganda, Ankola, Banyoro und Toro wieder aufleben. Verwaltungsmacht wurde ihnen nicht mehr zugeteilt. Den Herrschern wurden gerade so viele Ressourcen belassen, dass sie zwar prunkvoll repräsentieren, aber keine Klientel bilden konnten, die dem regierenden Museveni-Netzwerk hätte gefährlich werden können (Englebert 2002). Das Aufkommen von kritischer Öffentlichkeit und Opposition hinterließ auch hier seine Spuren. Das Regime reagierte in jüngster Zeit nervös auf Streitigkeiten mit Kabaka Mutebi II. Sie bezogen sich lediglich auf die Rechte des Kabaka als Landeigentümer, wurden aber mit der Verdächtigung politischer Absichten verknüpft. Die Reisefreiheit Mutebis in seinem Reich wurde 2009 eingeschränkt. Was diese Maßnahme verhindern sollte, die befürchtete Aufwertung des Königs, trat prompt ein. Viele Baganda fanden sich zu Massendemonstrationen zusammen, um gegen den demütigenden Umgang mit ihrem symbolischen Herrscher zu protestieren (Perras 2009a, 2009b). Dies wiederum bekräftigte Musevenis Anfangsverdacht, Mutebi habe von vornherein eine Machtprobe gesucht. Die Ordnungskräfte unterdrückten die Proteste mit aller Härte.

16.4 Bürgerkrieg in der nördlichen Peripherie

Als Obote 1985 das Land verließ, flohen viele seiner Acholi-Soldaten in ihre Heimat. Dort wurden sie zum Problem. Des bäuerlichen Lebens entfremdet, des soldatischen Status und Einkommens verlustig, vom Marodieren in einer undisziplinierten Truppe an einen gewissen Lebensstandard gewöhnt und als Machos gefürchtet, lebten sie dort als ländliches Lumpenproletariat, das Kriminalität und Gewalt in die Gemeinden trug (Behrend 1999: 24). Inspiriert von der Heilerin Alice Lakwena, entstanden die Holy Spirit Mobile Forces. Ihre Ideologie war eine Mischung aus traditionellen und christlichen Glaubenselementen. Akwenas Truppe bot der geplagten Bevölkerung den Schutz, den ihr die Regierung nicht geben konnte. Die Ambitionen ihrer Führer gingen über das Schutzmotiv hinaus. In einer Kette von Scharmützeln mit den Regierungstruppen rückte die bunte Truppe auf die Hauptstadt zu, wo sie 1987 besiegt wurde.

Die Reste der Truppe zogen sich in ihre Acholi-Heimat zurück. Dort bildeten sie den Grundstock für die Nachfolgebewegung der Lord's Resistance Army (LRA). Ihr Führer Joseph Kony lässt sich als Prophet verehren. Seine Armee wurde für die Landsleute zur Plage. Sie rekrutierte Kindersoldaten, raubte Frauen und Mädchen und tötete wahllos (Dunn 2007). Der benachbarte Sudan ließ der LRA logistische Hilfe zuteil werden. Ihm ging es darum, mit Hilfe der marodierenden LRA den südsudanesischen Rebellengruppen Aufstellungs- und Rückzugsräume zu verschließen (Bøas 2004: 288ff.).

Die gegen die LRA gerichteten Operationen der ugandischen Streitkräfte griffen ins Leere. Die LRA zog sich nach Zentralafrika und in den östlichen Kongo zurück, um sich den ugandischen Regierungstruppen zu entziehen und sich zu regenerieren. Die Regierung in Kampala klagte die Nachbarregierungen vor dem Internationalen Gerichtshof an, sie unternähmen zu wenig.

Aus den von der LRA mit Überfällen überzogenen Gebieten ergossen sich Flüchtlingsströme in die sicheren Gegenden des Landes. Das Elend überforderte die Infrastruktur und drohte das ganze Land zu destabilisieren. Nachdem sich die sudanesischen Bürgerkriegsparteien 2005 auf einen vorläufigen Frieden verständigt hatten, wurde die Situation für die LRA schwieriger. Khartum hatte jetzt keinen Grund mehr, sie zu unterstützten. Versuche, einen Waffenstillstand auszuhandeln, waren erfolglos. Als die LRA-Kämpfer auch auf kongolesischem Gebiet ihre Grausamkeit auslebten, gerieten sie ernsthaft unter Druck. Kongolesische und ugandische Truppen gingen 2009 gemeinsam gegen sie vor. Der erwünschte Erfolg blieb allerdings aus. Die LRA terrorisiert den nordöstlichen Kongo in ähnlicher Weise wie zuvor ihr Operationsgebiet in Uganda (Perras 2010b).

Das Beispiel der LRA bestätigt einmal mehr, dass dort, wo Völker und Gebiete vernachlässigt werden, Warlords keimen. Es zeigt aber auch, dass Uganda letztlich kein Failing state ist. Wo der kongolesischen Regierung angesichts des Abdriftens ihrer Peripherien wenig mehr blieb, als die Dinge treiben zu lassen und das Schlimmste mit Hilfe des Auslandes zu verhindern, ist die Acholi-Region untypisch für den Rest Ugandas.

Der neopatrimoniale Herrschaftsmodus ist über 50 Jahre wechselhafter und gewaltsamer Geschichte hinweg die Konstante der ugandischen Politik. Die Durchsetzungsfähigkeit des Staatsapparates jedoch war und ist – sieht man von den Acholi-Rebellen ab – beachtlich.

17 Kenia

17.1 Koloniale Vorgeschichte

Die britische Kolonie Kenia gelangte 1963 zur Unabhängigkeit. Etwa 65 Prozent der Kenianer gehören zum bantusprachigen Volk der Kikuyu, 27 Prozent gehören den nilotischen Völkern der Kalenjin und Luo an. Die Kikuyu leben im Osten des Landes um den Mount Kenya, die Kalenjin westlich davon im Hochland um das Rift Valley. Die Luo, drittgrößte Ethnie, leben in der westlich davon gelegenen Region bis zum Ostufer des Victoria-Sees. Der äußerste Norden und Westen Kenias ist Lebensraum des Hirtenvolkes der Massai. Noch vor der Kolonialisierung kam es zu Konflikten zwischen diesen Völkern. Sie betrieben sämtlich Viehzucht und waren auf weiträumige Wirtschaftsfläche angewiesen. Teils durch Expansion, teils durch periodische Dürren bedingt, stießen die Völker des Hoch- und des Tieflandes in vorkolonialer Zeit aufeinander. Ihre Wehrhaftigkeit machte auch den Briten zu schaffen.

Die Inbesitznahme des späteren Kenia wurde 1902 abgeschlossen. Das Gebiet erhielt 1920 den Status einer Kolonie. Der größte Teil des Landes besteht aus Steppen und Wüsten. Nutzbar sind lediglich ein schmaler Küstenstreifen am Indischen Ozean, die Mount Kenya-Region und die Hochebene des Rift Valley. Das gemäßigte Klima und die Eignung für Weide- und Milchwirtschaft machte das Rift Valley für britische Siedler attraktiv.

Erst der Bau einer Eisenbahnlinie schuf die Grundlage für die Ansiedlung weißer Farmer. Für die Trasse und später für Farmland wurden die Nandi, ein zum Volk der Kalenjin zählender Stamm, enteignet. Vormals Bauern, arbeiteten Nandi nun als Landarbeiter für europäische Farmer. Um die arbeitsintensiven Farmen mit Arbeitern zu versorgen, wurden darüber hinaus Kikuyu angesiedelt. In ihrer Heimat, der Mount Kenya-Region, waren auch die Kikuyu von Enteignungsmaßnahmen betroffen. Die Zwangsumsiedlungen würfelten im Rift Valley Afrikaner unterschiedlicher Kulturen zusammen.

Die Nandi/Kalenjin nahmen die Kikuyu als Konkurrenten um das wenige Land wahr, das ihnen die Briten gelassen hatten. Kikuyu hatten von jeher große Familien. Dank eines Landüberschusses waren sie in ihrer Heimat gut über die

Runden gekommen. Mit dieser Lebensweise gerieten sie in den dicht besiedelten Farmgebieten des Rift Valley in die Klemme. Die Landknappheit sorgte für dauerhaften Streit unter den Afrikanern. Vor allem mobilisierte sie jedoch das Kikuyu-Landproletariat. Schon in den 1920er Jahren kam es zu ersten Aufständen (Odhiambo 2004: 38).

Unter den afrikanischen Besitztümern Großbritanniens galt Kenia als Musterkolonie. Es ermöglichte britischen Siedlern ein Leben mit allen Annehmlichkeiten, die ein wohlbetuchter britischer Untertan erwartete. Kirchen und Missionsgesellschaften betrieben Schulen und Lehrerseminare für Afrikaner. Der koloniale Staat aber kümmerte sich allein um die öffentliche Sicherheit. Die Situation der Landbevölkerung war ihm gleichgültig (Nasong'o 2007: 27). Um die Agrarwirtschaft und Lebensmittelverarbeitung entstand eine bescheidene Industrie, die Kenia bis heute vor den übrigen afrikanischen Ländern auszeichnet.

Der Zweite Weltkrieg veränderte das Leben in den britischen Kolonien. Sie wurden jetzt eingespannt, um die Produktionsleistung der in Asien verlorenen Kolonien zu substituieren. Kenia musste seine Lebensmittelproduktion diversifizieren. Die Siedler hatten bis dahin vor allem Fleisch produziert. Dabei ließen die Farmer lediglich Teile ihres Landes von eigenen Arbeitern bewirtschafteten. Auf dem übrigen Land weideten afrikanische Bauern ihre Tiere. Als Gegenleistung hatten sie Farmarbeit zu leisten und der Farm ihr Schlachtvieh zur Vermarktung überlassen.

Für die Kriegswirtschaft wurde die Milchwirtschaft angekurbelt. Das aus Europa importierte Milchvieh war indes anfällig für allerlei Krankheiten, gegen die afrikanische Rinder resistent waren. Veterinäre empfahlen, das Vieh der Afrikaner von den Weiden abzuziehen, um das Ansteckungsrisiko für Importvieh zu verringern. Kikuyu, die im Unterschied zu den eingesessenen Nandi so gut wie kein eigenes Weideland besaßen, mussten die Viehzucht einschränken oder sich ganz als Lohnarbeiter verdingen (Bates 2005: 15ff.).

Kenianische Intellektuelle hatten in London schon vor dem Krieg um Verständnis für die Probleme ihrer Landsleute geworben. Jomo Kenyatta, der bekannteste Sprecher der Kikuyu, ein ausgebildeter Anwalt, stieß mit der Forderung auf die Neuordnung des Landbesitzes auf taube Ohren. In den Reihen der Kikuyu stieg die Bereitschaft, selbst für Abhilfe zu sorgen. Nach 1945 erhielt diese antikoloniale Opposition Auftrieb durch die Anschauung der ersten mächtigen Dekolonisierungswelle in Asien.

Kenyatta und seine Mitstreiter entschlossen sich zur Gewalt. Ein nach der Parole der Aufständischen Mau-mau benannter Aufstand sollte den Siedlern die Illusion einer sicheren Existenz nehmen. Zigtausende schlecht bewaffnete Kikuyu überfielen 1952 im Rift Valley Polizeistationen und Farmen. Hauptzielscheibe der Aktionen waren Afrikaner, die für Europäer arbeiteten. Die meisten

Opfer des Aufstands waren Afrikaner. Hundert Weiße und 2.000 Schwarze, zumeist Arbeiter und Polizisten, aber 11.000 Aufständische wurden im Verlauf des Aufstands getötet. Auf dem Höhepunkt der Auseinandersetzungen waren 20.000 britische Soldaten eingesetzt, 80.000 Kikuyu wurden in Lagern sistiert. Die Kikuyu-Führer, allen voran Kenyatta, wurden in andere britische Kolonien deportiert. Zwar gelang es bis 1956, den Aufstand zu beenden. Die Kosten waren allerdings immens für ein Großbritannien, das noch an den Schäden des Krieges laborierte. Die Briten leiteten danach ihren Rückzug aus Kenia ein.

Die Kolonialmacht hatte ein unabhängiges Kenia im Auge, das britische Besitzstände so wenig wie möglich antasten würde. Dennoch war den Briten klar, dass die Tage weißer Großfarmen gezählt waren. Mit den künftigen Repräsentanten Kenias handelte die Londoner Regierung aus, dass weiße Farmer, die Kenia verlassen wollten, für den Verkauf ihrer Farmen einen fairen Preis bekommen sollten. Wer bleiben wollte, sollte auch bleiben dürfen. Von den verkauften Flächen sollte lediglich ein Teil als High density areas ausgewiesen werden, d.h. Großparzellen würden in kleine Bauernstellen aufgeteilt, die anschließend von schwarzen Farmern bewirtschaftet werden sollten. In den Low density areas sollten die Großfarmen bei einem Verkauf durch die weißen Eigner erhalten bleiben (Branch 2006: 25).

17.2 Das Regime Kenyatta

Kenyattas Partei, die KANU, war im Kern eine Kikuyupartei. Sie ging aus der bereits vor dem Krieg aktiven Kikuyubewegung hervor. Bei den Wahlen zum ersten Parlament des unabhängigen Kenia errang die KANU 1963 eine Mehrheit. Zweitstärkste politische Kraft wurde die KADU. Sie vertrat die kleineren Völker, darunter auch die nächstgrößeren der Luo und Kalenjin. Kenyatta taktierte zunächst sehr umsichtig. Statt die Staatspfründe nach der Unabhängigkeit restlos seinem eigenen Volk zuzuschanzen, bedachte er auch Angehörige der übrigen Völker. Den KADU-Führer Daniel Arap Moi, einen Kalenjin, fütterte er solange mit Patronage an, bis dieser der Vereinigung beider Parteien zustimmte (Barkan 1992: 171).

Die für das Regierungssystem gewählte Kopie des Westminster-Modells wurde umgehend, kein Jahr nach der Unabhängigkeit, beseitigt. Der Posten des Premierministers wurde abgeschafft. Kenyatta ließ sich zum Präsidenten wählen. Prominente Opponenten seiner Politik in der eigenen und in anderen Parteien wurden mundtot gemacht oder umgebracht (Nasong'o 2007: 31). Kenia wurde 1964 offiziell zum Einparteistaat erklärt.

Begünstigt von den Behörden, erwarben Kikuyu-Bieter die von den Weißen verkauften Großfarmen. Nach der Vereinigung von KADU und KANU erhielten aber auch prominente Kalenjin die Gelegenheit, Farmen zu erwerben. Die Masse der armen Kikuyu ging leer aus. Lediglich ein kleiner Teil des Bodens im Rift Valley wurde Kleinbauern zugeteilt. Dabei wurden allerdings Kikuyu bevorzugt. Nandi, die auf die Zuteilung ehemaligen Stammlandes gehofft hatten, sahen sich getäuscht.

Afrikanische Großfarmer und Geschäftsleute, die an die Stelle der vermögenden Weißen traten, bewirtschafteten die Farmen fortan nicht weniger kompetent als die Vorbesitzer. Die junge kenianische Elite kopierte eine europäische Gentry. Farmen wurden zum Statussymbol derer, die es zu etwas gebracht haben. Die von den Briten übernommene engmaschige Wirtschaftsverwaltung blieb erhalten. Sie wurde von Kenyatta dazu genutzt, Parteifreunde mit Lizenzen reich werden zu lassen. Auf diese Weise entstand ein schwarzes Bürgertum, das zum großen Teil aus Kikuyu bestand. Die KANU-Politiker Tom Mboya und Odinga Odinga setzten sich frühzeitig für die Interessen der ärmeren Bauern ein. In der KANU fanden sie kein Gehör. Deshalb gründeten sie 1966 in der KPU eine Oppositionspartei. Diese Partei wurde umgehend verboten.

Das Rift Valley wurde zum maßgeblichen Schauplatz der kenianischen Politik. Für die enttäuschten Hoffnungen der armen Bevölkerung gab es eine symbolische Kompensation: Weniger krass als in Uganda oder im Kongo, wurde Anfang der 1970er Jahre die asiatische Geschäftswelt drangsaliert. Lizenzen wurden widerrufen, Druck zum Verkauf der Geschäfte an Afrikaner ausgeübt.

17.3 Das Regime Moi

Als Kenyatta 1978 verstarb, ging es der Masse der Kenianer nicht besser als zum Zeitpunkt der Unabhängigkeit. Der Kalenjin Daniel Arap Moi, gebürtig aus dem Rift Valley, trat seine Nachfolge als Präsident an. In der Personal- und Auftragspolitik der Regierung kamen jetzt Kalenjin zum Zuge. Moi teilte allerdings mit den sprachverwandten Luo. Kikuyu hatten häufiger, als sie es gewohnt waren, das Nachsehen (Hulterström 2004: 117ff., Odhiambo 2004). Zuvor ein privilegiertes Volk, sahen sich jetzt viele darunter als Opfer (Nasong'o 2007: 32ff.).

Moi machte sich das in der Ära Kenyatta aufgestaute Ressentiment gegen die Kikuyu zunutze. Um seiner Politik dennoch den Anstrich ethnischer Ausgewogenheit zu geben, holte er einige Kikuyu-Politiker, darunter den späteren Präsidenten Kibaki, ins Boot. Die Eigentumsrechte der Kikuyu wurden nicht angetastet. Allein bei der Staatspatronage fand ein Schichtwechsel statt. An der bereits unter Kenyatta grassierenden Korruption und der Ineffizienz des überdehnten Staatsapparates änderte sich nichts. Moi herrschte wie sein Vorgänger im neopatrimonialen Modus.

Die Exportwirtschaft, die Kenyatta noch den Rücken gestärkt hatte, entwickelte sich unter seinem Nachfolger – bedingt durch den Weltagrarmarkt – ungünstig. Kenia sank ökonomisch auf afrikanisches Mittelmaß herab. Der Einnahmenausfall sollte durch die massive Ausdehnung der Anbaufläche für Cash crops wie Kaffee und Tee aufgefangen werden. Diese Maßnahme ließ sich nur auf Kosten der Fläche für die Lebensmittelproduktion realisieren. Mit Anreizen, aber auch mit Schikane wurden Kleinbauern angehalten, Kakao anzubauen und keine Bananen. Kenianische Bananen taugen zwar nicht für den Export. Aber sie erwirtschaften auf den örtlichen Märkten Einkommen, die es bäuerlichen Familien ermöglichen, die Ausbildung ihrer Kinder zu finanzieren (Heyer 2006). Noch in den ersten Jahren der Unabhängigkeit hatte Kenia landwirtschaftliche Produkte exportiert. Jetzt wurde es zum Nettoimporteur für Lebensmittel.

Die großen weltpolitischen Veränderungen an der Schwelle der 1990er Jahre hinterließen wie überall in Afrika auch in Kenia ihre Spuren. Das Moi-Regime war zuvor noch als Bollwerk gegen den sowjetischen Einfluss in Ostafrika gehätschelt worden. In dieser Eigenschaft wurde es jetzt nicht mehr gebraucht. Moi galt als Musterbeispiel für afrikanische Willkürherrschaft. Das veränderte internationale Klima gab der Opposition Auftrieb. Als das Regime 1990 in gewohnter Manier Oppositionelle verhaften ließ, schalteten die internationalen Geldgeber die Ampel auf gelb. Sie verlangten Reformen, darunter die Zulassung eines Mehrparteiensystems. Mois Kritiker nutzten die Gunst der Stunde. Die Kikuyu um Mwai Kibaki hatten Moi bis dahin ein ethnisches Unbedenklichkeitszeugnis ausgestellt. In fester Erwartung auf andere Zeiten schieden sie aus der KANU aus und gründeten 1991 ihre eigene, die Demokratische Partei.

Im Vorfeld der für 1992 anstehenden Präsidentenwahl machte sich die Unzufriedenheit in Straßendemonstrationen Luft. Die Regierung antwortete mit Repression. Auch Mois eigene Klientel wurde unruhig. Der Volkszorn brauchte ein Ventil. Das Regime lenkte ihn propagandistisch auf die Kikuyu, indem es an Neid und historisches Ressentiment appellierte. Um das Ausland und die internationalen Geldgeber nicht zu verärgern, tarnte das Regime Übergriffe auf die Kikuyu als private Gewalt. Im Rift Valley kam es zu Landnahmen durch Kalenjin-Bauern und Banden, die einen spontanen Volkszorn auf die Kikuyu vortäuschten. Polizei und Armee wurden zurückgehalten (Roessler 2005: 212ff.). Mehr als 300.000 Menschen wurden von ihrem Land vertrieben und kehrten nie mehr zurück (Kiai 2008: 140). Sie versickerten im Subproletariat der Slums von Nairobi.

Im Alltagsleben der Ära Moi fassten Milizen und kriminelle Gangs Fuß. Dies war vor allem in der Hauptstadt der Fall. Sie besteht zu zwei Dritteln aus Armensiedlungen, in denen der Staat praktisch nicht mehr auftritt. Ganze Durchgangsstraßen und Gewerbezweige werden von wegelagernden Gangs kontrolliert. Lukrative Objekte für Wegezölle sind Matatus, d.h. Minibus-Sammeltaxis – für viele Kenianer das wichtigste Verkehrsmittel (Katumanga 2005: 512ff.). Einige dieser Banden, so die Mungiki, wurden vom Regime regelmäßig für politische Gewaltakte in Anspruch genommen. Sie ließen sich leicht als kriminell hinstellen und erlaubten es der Regierung, sich offiziell zu distanzieren (Gecaga 2007).

Mit Wahlmanipulation großen Stils gewann Moi noch einmal die Präsidentschaftswahl des Jahres 1997. Die Aussichten auf eine weitere Bestätigung im Jahr 2003 standen schlecht. Mit Blick auf die absehbare Niederlage verzichtete er aus Altersgründen auf eine weitere Kandidatur. Die KANU hatte sich unter seiner Präsidentschaft das Image einer Kalenjin-Partei erworben. Indem er die Kandidatur des Sohnes seines Vorgängers, Uhuru Kenyatta, lancierte, versuchte Moi die Kikuyu für die KANU zurückzugewinnen. Auf der Gegenseite formierte sich die National Alliance Rainbow Coalition (NARC). Es handelte sich um eine Sammlung disparater Oppositionsparteien und -persönlichkeiten. Ihr Spitzenkandidat war der ehemalige KANU-Politiker und Minister Mwai Kibaki, ein Kikuyu. Er gewann die Wahl und beerbte Moi als Präsidenten (zur Struktur der kenianischen Parteien: Oloo 2007).

17.4 More of the same: Das Regime Kibaki

Kibaki gelangte mit großen Hoffnungen ins Amt. Er war jedoch im System Kenyatta/Moi groß geworden und außerstande, sich von dieser Prägung zu lösen (zum Folgenden Nasong'o 2007: 38ff., Holmquist 2005). An den Missständen, welche die NARC noch im Wahlkampf angeprangert hatte, änderte sich nichts. Die Korruption übertraf sogar noch das Ausmaß der Vorjahre. Minister bedachten eigene Firmen mit Staatsaufträgen. Für Amtshandlungen wurden weiterhin Preise festgesetzt und für staatliche Aufträge ein Gewinnanteil verlangt (Bitala 2008). Unter Kibaki wurde wieder Politik für Kikuyu gemacht, Kalenjin und Luo hingegen vernachlässigt. Im notorisch umstrittenen Rift Valley attackierten jetzt in Umkehrung der Ereignisse am Ende der Ära Moi Kikuyu-Gruppen ihre Kalenjin-Nachbarn, um sie zu vertreiben und an ihr Land zu kommen (Murunga/Nasong'o 2006).

Noch vor der Wahl hatte Kibaki den Partnern in der NARC eine Verfassungsreform versprochen und zugesagt, er werde das Amt eines parlamentarisch legitimierten Premierministers einführen. Diese Zusage wurde auch eingelöst. Kibakis Verbündete beklagten jedoch, der Präsident lasse dem Regierungschef keine Gestaltungsfreiheit. Alles in allem veränderten sich in der Ära Kibaki lediglich die ethnischen Vorzeichen des Regimes. Die Grundstruktur blieb unverändert (Brown/Kaiser 2007: 1138).

Die Parteienkoalition der NARC, die ihren Zweck erfüllt hatte, Kibaki ins Amt zu bringen, zerfiel nach einiger Zeit. Als Regimepartei des neuen Präsidenten wurde die PNU aus der Taufe gehoben. Im ODM wiederum wurde im Vorfeld der für 2008 anstehenden Präsidentschaftswahl eine neue Oppositionspartei gegründet. Sie paktierte mit der älteren KANU.

Bereits in den Parlamentswahlen des Jahres 2007 erzielte das ODM einen beachtlichen Erfolg. Doch dieser Erfolg wirkte als Spaltpilz. Kein Oppositionsführer mochte sich dazu durchringen, zu Gunsten eines gemeinsamen Kandidaten auf die eigene Kandidatur für die baldige Präsidentschaftswahl zu verzichten. Zunächst stieg Uhuru Kenyatta mit der KANU aus dem Oppositionsbündnis aus. Das ODM seinerseits spaltete sich, weil ein Teil der Partei mit der Kandidatur Raile Odingas nicht einverstanden war. Deshalb traten gegen Kibaki gleich zwei ODM-Kandidaten an. Diese Vorgänge unterstreichen die Parteien als bloßes Anhängsel ambitionierter Persönlichkeiten.

Dem Amtsinhaber Kibaki wurden für die Präsidentschaftswahl 2008 schlechte Prognosen gestellt. Vorsorglich wurden die üblichen Register gezogen, um ein zufriedenstellendes Ergebnis herbeizuführen. Gangs und Kikuyu-Milizen attackierten Dörfer im Luo-Gebiet des westlichen Kenia, um von der Wahl des Luo Odinga abzuschrecken (Perras 2007). Ein Aufruf des früheren Präsidenten Moi an seine Kalenjin, für Kibaki zu stimmen, verhallte ungehört. Die Stimmung gegen Kibaki richtete sich nicht so sehr gegen die Person als gegen die „Mount Kenya Mafia“ um den Präsidenten, die sich an der Staatskontrolle bereicherte (Lynch 2008). Die Präsidentschaftswahl selbst wurde von den Behörden massiv manipuliert.

Kibaki gewann mit hauchdünnem Vorsprung. Umgehend kam es im Westen Kenias zu Übergriffen enttäuschter Luo auf ihre Kikuyu-Nachbarn. Dabei und bei Gegenattacken der Kikuyu, die auch Kalenjin nicht verschonten und schließlich auf die Hauptstadt übergriffen, kamen allein im Januar 2008 1.000 Menschen ums Leben. Häuser und Geschäfte wurden angezündet oder geplündert. Im Zuge der Unruhen wurden abermals 300.000 Menschen vertrieben. Der Westen Kenias glich danach einem Kriegsgebiet. Wo Milizen der Regierungspartei PNU aktiv waren, verhielt sich die Polizei überwiegend passiv. Sie ging allerdings mit massiver Gewalt vor, wo Anhänger Odingas auftraten (Kiai 2008: 141ff.). Von den Unruhen war nicht nur das kenianische Hinterland, sondern die ganze Region bis in den östlichen Kongo und den südlichen Sudan betroffen. Diese Nachbarstaaten hängen an dem durch Kenia führenden Eisenbahnstrang, der sie mit dem ostafrikanischen Zentralhafen Mombasa verbindet (Klein 2008).

Erst mühsame internationale Vermittlungsbemühungen brachten Kibaki und Odinga an einen Tisch. Der Präsident sollte seine Macht künftig mit einem parlamentsgestützten Regierungschef teilen. Es ging um Essentials: die Abtretung und den Gewinn von Staatspfründen (Perras 2008e). Wegen der schleppenden Koalitionsverhandlungen kam es wiederholt zu Unruhen in der Hauptstadt und abermals im Luo-Gebiet (Perras 2008f.). Am Ende wurde Odinga vom Parlament in das aufgewertete Amt eines Regierungschefs gewählt, während Kibaki Präsident blieb. Kenia führt hier das weitere Beispiel eines neopatrimonialen Systems vor, das sich wegen seiner Abhängigkeit von internationalen Geldgebern auf Ressourcenteilung einlassen muss.

Damit allerdings war das letzte Wort nicht gesprochen. Mit einer Mehrheit von 70 Prozent der Stimmberechtigten votierten im August 2010 die Kenianer für eine neue Verfassung. Diese wird mit der nächsten regulären Präsidentenwahl in Kraft treten und dann das Amt des Regierungschefs wieder abschaffen. Im Gegenzug werden die Rechte des Parlaments gestärkt. Eine Kammer tritt neben das Parlament, in dem jeder der 47 Verwaltungsbezirke mit einem Senator vertreten sein wird. Künftigen Streit verheißt die Ankündigung einer Landreform im Rift Valley, die nach Lage der Dinge die Land besitzende Oligarchie treffen würde. Dort wurden die meisten Stimmen gegen die Verfassung abgegeben (Raupp 2010a). Sollte das Vorhaben ernsthaft betrieben werden, sind die nächsten Großkonflikte vorgezeichnet.

Werfen wir zuletzt einen Blick auf die Territorialität Kenias. Sie beantwortet die Frage nach der Staatswirksamkeit des autoritären Systems. Die Steppen und Wüstengebiete des westlichen Kenia machen etwa 70 Prozent des Staatsgebiets aus. Schon unter Kibakis Vorgängern waren diese Gebiete politisch abgeschrieben. Die Region ist ökonomisch uninteressant. Sie ist von wenigen Nomaden und Bauern besiedelt. Staat und Polizei sind kaum präsent, obgleich die Bevölkerung in den grenznahen Gebieten den Überfällen äthiopischer und somalischer Banditen ausgesetzt ist (Mwangi 2006). Die Bürger interessieren den kenianischen Staat allein als Produzenten, Wähler und Störenfriede. Treten sie in diesen Eigenschaften nicht in Erscheinung, verliert das Regime sein Interesse.

Die Geographie bestimmt in starkem Maße nicht nur den Ort, sondern auch die Art und Intensität der politischen Auseinandersetzung. Der schmale und dicht besiedelte, auf die Hafenstadt Mombasa konzentrierte Küstenstreifen ist durch karge Landstriche von den agrarischen und städtischen Bevölkerungszentren entfernt. Die dort ausgetragenen gewaltsamen Konflikte erreichen die Küstenregion selten. Mit ihren touristischen Angeboten ist diese Region für die Deviseneinnahmen höchst bedeutsam.

Das kenianische Regime ist neopatrimonial strukturiert, und es basiert auf einem durchsetzungsfähigen Staat. Es behauptet sich problemlos im Staatenumfeld. Die Nachbarn respektieren seine territoriale Integrität. Wie die meisten autoritären Staaten hat es ein Legitimitätsproblem. Die grundlegende Staatsfunktion aber, die Gewalt zu monopolisieren, ist intakt. Andere Staatsfunktionen wie Infrastruktur, Bildung und öffentliche Gesundheit liegen jedoch im Argen. Die Ursachen liegen in der neopatrimonialen Deformation der Staatsgewalt. Sie unterscheidet sich nur darin von anderen afrikanischen Ländern, dass die Profiteure der Staatskontrolle hin und wieder abtreten. Es findet aber lediglich ein Mannschaftswechsel statt, das neue Team spielt genauso wie sein Vorgänger.

18 Südafrika

18.1 Die Ära der Rassentrennung

Als das übrige Afrika unter britischer, deutscher und französischer Flagge kolonisiert wurde, gab es in den Burenrepubliken bereits unabhängige Staaten weißer Siedler. Die Buren trieben, wie sie es aus ihrer niederländischen Heimat kannten, Landwirtschaft. Sie arbeiteten hart, ließen aber auch Afrikaner für sich arbeiten, die zu einer Sklavenexistenz gezwungen wurden. Die calvinistische Prädestinationslehre wurde zum moralischen Überbau für die Gottgefälligkeit der Sozialordnung hingebogen. Die Buren schwammen damit im Strom der zeitgenössischen Anschauungen. Ursprünglich niederländische Untertanen, lebten die Buren nach der Eroberung der Kolonie durch Großbritannien unter britischer Flagge.

Die im 19. Jahrhundert zutage tretende Gegnerschaft zur Sklaverei traf die Buren in doppelter Hinsicht, im religiös unterlegten Rassismus und in ihrer Eigenschaft als Agrarproduzenten, die es gewohnt waren, Menschen als Arbeitstiere einzusetzen. Die britischen Anti-Sklavereigesetze wurden auch für die Buren in der britischen Kapkolonie spürbar (siehe oben Teil 2, 2.1). Nicht bereit, ihre Anschauungen und Lebensweise zu ändern, wanderten die Buren aus der Kapkolonie aus und eroberten zumeist gegen den heftigen Widerstand der ansässigen afrikanischen Völker neues Land. Sie gründeten eigene Staaten mit dem Zuschnitt einfacher Bauernrepubliken. Die meisten dieser kleinen Burenstaaten fusionierten im Laufe der Zeit mit einer der beiden größeren Republiken Transvaal und Oranje-Freistaat. Mit der Entdeckung von Gold- und Diamantenvorkommen begann in den 1880er Jahren ein industrieller Boom. Britische Kolonialpolitiker unternahmen Vorstöße, den Buren diese wertvollen Gebiete zu entreißen. Um zum Ziel zu gelangen, bedurfte es letztlich eines ausgewachsenen Krieges, in dem die britische Weltmacht ihre Überlegenheit ausspielen konnte (1899-1902). Transvaal und der Oranje-Freistaat wurden dem britischen Empire einverleibt und 1910 mit der weitaus größeren Kapkolonie sowie der Kolonie Natal zu einer Föderation vereinigt. Dieses Gebilde erhielt als Südafrikanische Union den Status eines Dominions und damit internationale Rechtspersönlichkeit. Damit gelangte es auf die gleiche Stufe wie die übrigen Dominien Australien, Kanada und Neuseeland.

Für die in Südafrika lebenden Weißen war Afrika kein bloßes Ausbeutungs- und Geldbeschaffungsobjekt, sondern Heimat. Bereits im frühen 20. Jahrhundert war Südafrika das Unikat einer afrikanischen Industriegesellschaft. Die weißen Südafrikaner waren sich darin einig, die schwarze Bevölkerung auf manuelle Arbeit und einfache Dienstleistungen zu beschränken. In anderen Fragen waren sie tief gespalten. Die britisch-stämmigen Weißen, die den Zuschnitt der Kapkolonie prägen sollten, sprachen im privaten und geschäftlichen Bereich Englisch. Ähnlich wie die Australier oder Kanadier empfanden sie sich bis weit ins 20. Jahrhundert als Überseebriten. Die niederländisch-niederdeutschen Weißen in den ehemaligen Burenrepubliken definierten sich hingegen als Afrikaner. Sie pflegten ihre dem Niederländischen entlehnte Sprache, ihren calvinistischen Glauben und den rassistisch unterlegten Moralkodex. Der Burenkrieg hinterließ eine dauerhafte Animosität der burischen gegen die britische Gemeinschaft.

Bis zur Mitte des 20. Jahrhunderts verschoben sich die Gewichte unter den weißen Südafrikanern zu Gunsten der Buren. Johannesburg mit seiner Bergbauindustrie entwickelte sich zum Kraftzentrum der südafrikanischen Wirtschaft. Andere Industrien siedelten sich daneben an, ebenso Banken und andere Dienstleistungsbranchen. Die weiße Bevölkerung Südafrikas wurde von der Schule über die Krankenversorgung bis hin zur Rentenversicherung auf dem gleichen Lebensstandard versorgt, wie ihn die europäischen Mittelschichten kannten. Das Zentrum der staatlichen Aktivität lag in Pretoria, unweit der industriellen Metropole Johannesburg. Politische und wirtschaftliche Aktivität konzentrierten sich somit im burischen Herzland. Mit Blick auf die Eigentumsverhältnisse freilich dominierte britisch-südafrikanisches Industrie- und Finanzkapital. Die Parteienlandschaft bildete die Gegensätze in der weißen Teilgesellschaft ab. Die Liberale Partei vertrat das anglophone, die Nationalistische Partei das burische weiße Südafrika.

Der Wohlstand der weißen Südafrikaner basierte auf der Ausbeutung schwarzer Arbeit, sei es in der Industrie, in minderwertigen Bürojobs und im Verkehrswesen, beim Hauspersonal und in der Landwirtschaft. Die anspruchsvolleren und besser bezahlten Jobs waren Weißen vorbehalten. Im Laufe der Zeit standen aber nicht mehr genügend Weiße für gehobene Tätigkeiten zur Verfügung. Allmählich durften sich auch Schwarze qualifizieren. Schwarze und Weiße begegneten sich unablässig im beruflichen Alltag.

Die Nationalistische Partei trat dafür ein, die Kontakte zwischen Schwarzen und Weißen strikt auf die ökonomische Sphäre zu beschränken. Sie gewann

1948 die Parlamentsmehrheit. Bis in die 1960er Jahre installierten die Nationalisten mit zunehmend radikaleren Schritten das Apartheid-System: Schwarze und Weiße sollten getrennt voneinander leben, die Weißen indes ihren Vorrang als Herrenvolk behalten. Die Zwischenschicht der Asiaten – wie im übrigen Afrika im Kleinhandel und Handwerk tätig – bekam ihre eigene Sphäre zugewiesen. Weitere Maßnahmen zielten darauf ab, den Gebrauch des Burischen im Alltag zu stabilisieren. Neben dem Englischen galt es als Amtssprache.

Schwarze Siedlungen in der Nähe weißer Städte und Ortschaften wurden geräumt. Den Schwarzen wurden eigene Wohngebiete zugewiesen. Nach Feierabend waren die weißen Wohnstädte für Schwarze tabu. Schwarze mussten eigene, schlecht ausgestattete Schulen besuchen. Für Schwarze, die in qualifizierte Berufe wollten, wurden eigene weiterführende Bildungseinrichtungen geschaffen. Schwarze Bauern wurden enteignet, wo sie gute Böden bewirtschafteten, und bekamen anderswo neue Parzellen zugewiesen. Streubesitz von Schwarzen und Weißen sollte ganz verschwinden. Für Schwarze, die ihr Land verlassen mussten, wurden so genannte Bantustans ausgewiesen: Gebiete, die sich selbst regieren durften und von Südafrika als förmliche Staaten deklariert wurden. Faktisch standen sie unter der Kontrolle Pretorias. In der Nähe großer Industriestädte wurden für die schwarze Bevölkerung Townships bestimmt – Ortschaften, wo Schwarze auf engstem Raum und häufig bar jeder Infrastruktur leben mussten, um tagsüber, sofern sie einen Job hatten, in die weißen Ortschaften zu pendeln.

Diese Politik fand Kritik auch in Teilen der weißen Gesellschaft. Aber sie wurde von der Mehrheit der weißen Wähler Mal für Mal bestätigt. Oppositionsregungen in der schwarzen Gesellschaft wurden mit massiver Polizeigewalt unterdrückt und Oppositionelle mit drastischen Haftstrafen belegt. Viele schwarze Lehrer, Ärzte und Anwälte lehnten die Rolle des Hilfspersonals im Rahmen der Apartheid ab. Die mit Disziplin und Solidarität am Arbeitsplatz vertrauten schwarzen Arbeiter schlossen sich in illegalen Gewerkschaften zusammen. Der ebenfalls illegale African National Congress (ANC) und die Kommunistische Partei wuchsen in die Rolle politischer Vertretungen der Schwarzen.

Die wichtigsten Führer und Sprecher der schwarzen Mehrheit lehnten aber nicht etwa die Art der Gesellschaft ab, in der sie Lohn und Brot fanden, wohl aber die Verteilung der Ergebnisse ihrer Arbeit nach der Hautfarbe. Hinter den weißen Arbeitgebern, die Schwarzen attraktive Jobs vorenthielten, stand der Staat der Weißen. Nicht die Zwänge und Unsicherheiten der kapitalistischen Arbeitswelt waren das Problem, sondern die rassistische Politik des Staates.

Dieser Staat aber, so erkannten die Führer der schwarzen Gesellschaft, war trotz des Anscheins verletzlich. Die Weltöffentlichkeit setzte das Apartheid-Regime unter Druck. Nicht einmal die antikommunistische Rhetorik der Apartheid verhinderte die Ablehnung der USA, wo über ein Zehntel schwarze Bürger leben. Nachrichten über die weltweite Verurteilung des Regimes ließen sich vom südlichen Afrika nicht fernhalten. Selbst in Teilen des weißen Establishments wuchs die Skepsis. Es war ökonomisch unvernünftig, auf das Potenzial der schwarzen Gesellschaft zu verzichten. Zudem war die internationale Ächtung Südafrikas schlecht für die Geschäfte. In den 1970er Jahren häuften sich Demonstrationen der Schwarzen in den Townships. Sie zeigten ebenso Wirkung wie die blutigen Gegenschläge des Sicherheitsapparats. Jedes Drehen an der Eskalationsschraube produzierte ein internationales Echo, das die Isoliertheit des Regimes vor Augen führte.

18.2 Das Kräfteparallelogramm des demokratischen Südafrika

Den Ausschlag für das Ende der Apartheid gab die Aussichtslosigkeit eines Weitermachens. Nach mehrjährigem Interregnum, das zwischen Nationalisten und ANC ausgehandelt worden war, ging die Regierung 1994 an die schwarze Mehrheit über. Dieser Prozess verlief vor dem Hintergrund der gewaltreichen Vergangenheit erstaunlich friedlich. Großen Anteil daran hatte der charismatische ANC-Führer Nelson Mandela. Er war in jahrzehntelanger Haft für die Weltöffentlichkeit zum Symbol des Freiheitskampfes der schwarzen Südafrikaner geworden. Die weißen Beamten, auch jene im Sicherheitsapparat, erwiesen sich im Großen und Ganzen als loyal. Schwarze rückten in großer Zahl in die Amtsstuben ein. Südafrika hat sich ein Präsidialsystem gegeben, es praktiziert eine bundesstaatliche Ordnung, die Gerichte sind unabhängig. In allen diesen Punkten entspricht Südafrika heute den Kriterien einer Demokratie (Kaußen 2005: 34).

Der ANC ist die überragende politische Kraft. Debatten in seinen Reihen zählen richtungspolitisch stärker als der parlamentarische Rollenstreit zwischen Regierung und Opposition. Die Demokratische Partei hat den Anstrich einer liberalen Partei der Weißen bewahrt. Die Inkatha Freedom Party gilt als Partei der Zulus. Sie hat ihren regionalen Schwerpunkt im früheren Natal (heute Kwa-Zulu). Sie kommt als einzige einer ethnischen Partei recht nahe.

Der greise Mandela zog sich 1999 nach einer Amtsperiode von der Präsidentschaft zurück. Er blieb bis in die Gegenwart allerdings eine moralische Autorität, deren Wort in Südafrika und in der Welt zählt. Unter seinem Nachfolger Tako Mbeki, einem politischen Weggefährten Mandelas, rückte die Wirtschaftspolitik in den Vordergrund. Der ANC betrieb zunächst eine Politik des Black Economic Empowerment (BEE). Es ging ihm darum, die Ergebnisse der jahrzehntelangen Ausschließung und Behinderung Schwarzer im Staatsdienst und im privaten Wirtschaftssektor zu korrigieren. Der Nachholbedarf ist gewaltig. Dass dabei Hautfarbe vor Qualifikation geht, ist, wie bei allen politisch gewollten nachholenden Förderprogrammen, gewollt. Der regierende ANC folgt vorerst der Devise, an der Wirtschaftsordnung und den Besitzverhältnissen nicht zu rütteln. Die BEE-Politik greift vor allem im parastaatlichen Sektor (Freund 2007: 667ff., Makgetha 2004: 277f.).

Die Mitglieder des ANC sind durchweg arm und steuern nicht viel zur Parteikasse bei. Seine Kritiker werfen ihm vor, dass er vom Big Business Spenden entgegennimmt und sich an diversen Unternehmen beteiligt (Southall 2008).

Unverändert beherrschen einige Superreiche und weiße Kapitalgesellschaften die Ökonomie. In die Vorstandsetagen sind allerdings auch Schwarze eingezogen. Ein schwarzer Mittelstand wächst heran, schwarze Leistungsträger, darunter Consultants, Ärzte und Anwälte haben sich in Mittelschicht und Eliten integriert. Sie wohnen in den besseren Gegenden und pflegen die gleichen Wohlstandsattribute wie ihre weißen Counterparts und Berufsgenossen (Southall 2004). Die Wirtschaft gibt tüchtigen Schwarzen ihre Chance. Die Beseitigung der Rassenschranken im Bildungssystem und auf dem Arbeitsmarkt hat wesentlich dazu beigetragen. Die Spaltung der Gesellschaft in Arm und Reich verläuft heute durch die schwarze Bevölkerung.

Die schwarze Elite und die schwarze Mittelschicht sind die ökonomischen Gewinner des Wandels. Heute lassen sich drei Bevölkerungsklassen in Südafrika unterscheiden – die nahezu ausschließlich armen Afrikaner, die hauptsächlich afrikanischen Arbeiter in regulärer Beschäftigung und die rassisch gemischten Mittelklassen und Eliten. Die soziale Frage stand bislang nicht im Vordergrund der Politik des ANC. Sie aber bestimmt zunehmend das politische Klima (Seekings 2008: 7).

Die Kontakte mit der internationalen Geschäftswelt haben schwarze Südafrikaner kaum weniger sozialisiert als die Beachtung der Erfolgsregeln des Marktes. Die Erwartung jedoch, dass durch das Wachstum einer schwarzen Mittelschicht Mitzieheffekte weiter unten entstünden, wurde enttäuscht. Das gleiche Phänomen ist aus den USA geläufig.

18.3 Verteilungspolitische Herausforderungen

Das Ende der Apartheid bedeutete einen Bruch in Verfassung, Recht und Politik. In der Wirtschaft blieb es bei Kontinuität. Von sozialer Chancengleichheit ist das Land Welten entfernt. Nach wie vor leben die meisten Schwarzen in den Townships um die Industriezentren. Werden diese auch allmählich an die öffentlichen Versorgungsnetze (Wasser, Strom, Müllentsorgung) angeschlossen und werden dort Schulen und Gesundheitszentren gebaut, erreichen dort Armut, Arbeitslosigkeit und Kriminalität immer noch extreme Ausmaße (Naidoo 2007).

Hier liegt eine der großen Konfliktquellen im ANC und im politischen System insgesamt. Dem ersten Präsidenten Mandela ging es um friedlichen Machtwechsel und Aussöhnung mit den Weißen. Die Präsidentschaft des Nachfolgers Mbeki stand im Zeichen der Entschlossenheit, das Wirtschaftssystem intakt zu halten und die BEE-Politik so zu handhaben, dass die wirtschaftliche Leistungsfähigkeit keinen Schaden nimmt (Handley 2004). Südafrika wird nach den Maßgaben neoliberaler Politik regiert. Dies bedeutet, dass viele Menschen nicht nur nach wie vor keine reguläre Arbeit haben, sondern dass sie aus regulärer Arbeit herausfallen und in irreguläre Arbeit gedrängt werden. Damit greifen auch die sozialen Sicherungssysteme nicht, die an ein reguläres Arbeitsverhältnis geknüpft sind.

Der einflussreiche Gewerkschaftsbund COSATU und der linke Flügel des ANC verlangen durchgreifende Maßnahmen zur Beseitigung der Armut und Arbeitslosigkeit. Tut sich hier nichts, riskiert der ANC Mitgliederverluste und die Stärkung der mit dem Armutsthema werbenden kommunistischen Partei. Die Kommunisten haben sich bis jetzt damit begnügt, ihre Kandidaten auf den Listen des ANC kandidieren zu lassen. Mbeki hatte wiederholt mit dem Versprechen einer sozialeren Politik um die Unterstützung des COSATU geworben. Der wirtschaftspolitische Kurs blieb dann jedoch unverändert.

Ein Skandal bot Mbekis Gegnern die Gelegenheit, den ungeliebten Präsidenten loszuwerden. Gegen Mbekis Vize Jacob Zuma wurde 2006 Anklage wegen Korruption und Vergewaltigung erhoben. Daraufhin wurde er von Mbeki entlassen. Zuma aber kandidierte im Dezember 2007 für die ANC-Präsidentschaft und wurde dabei vom linken Flügel des ANC und den Repräsentanten des COSATU sowie den ANC-Frauen gewählt – sämtlich Gruppen, die in besonderem Maße die Armen vertreten. Jeder Kandidat, selbst der dubiose Zuma, war als Alternative zu Mbeki recht (Bassett 2008).

Der populistische Zuma, ein redebegabter Zulu, sprach Menschen an, bei denen der distanziert-rationale Mbeki wenig Zuspruch zu wecken vermochte (Meldrum 2006: 210). Er gibt sich links und volksnah und spricht die Sprache der einfachen Leute. Mit der Ablösung Mbekis verloren landesweit Hunderte seiner Anhänger ihre Jobs in der Verwaltung und aussichtsreiche Plätze auf den Kandidatenlisten des ANC (Knaup 2008a). Wer vom Staat etwas will, kommt schwer an ANC-Funktionären vorbei, zum Beispiel beim Bau eines Häuschens. Die ANC-Führung regiert neuerdings auch in den halbstaatlichen Sender hinein (Knaup 2008b).

Demokratische Verfahren produzieren in einer armen, von gewaltiger Ungleichheit gezeichneten Gesellschaft Entscheidungen, die volkswirtschaftlich nicht vernünftig sein mögen, politisch aber vernünftig sind, weil sie den Nerv eines tiefsitzenden Ungerechtigkeitsempfindens treffen. Soviel Armut, wie sie in

Südafrika vorhanden ist und die zudem fast ausschließlich die überwältigend große Bevölkerungsmehrheit betrifft, ist unter den Demokratien beispiellos. Als es in Europa noch so viele Arme gab, herrschten dort autokratische oder allenfalls oligarchische Verhältnisse. Insofern dürfte die politische Entwicklung in Südafrika größere Überraschungen vorhalten, als man sie aus etablierten Demokratien kennt.

Neben diesem Kardinalproblem für die politische Zukunft Südafrikas treffen wir dort aber Auseinandersetzungen an, die aus den übrigen Industriegesellschaften gut vertraut sind (Iheduru 2004). Der Gewerkschaftsbund tritt für Maßnahmen zur Linderung der Armut ein. Er ist dafür, dass Sozialleistungen nicht mehr nur für jene gelten, die eine förmliche Beschäftigung haben. Sie sollen vielmehr als Bürgerrecht definiert werden. Er besteht aber auf der Koppelung des Umfangs der Sozialleistungen an das durchschnittliche Einkommensniveau in der Lebenserwerbszeit. Damit würden Gewerkschafter und regulär Beschäftigte weiterhin privilegiert. Sie dürfen bereits als privilegiert angesehen werden, weil sie bei einer geschätzten Arbeitslosigkeit von 40 Prozent überhaupt einer regulären Beschäftigung nachgehen. In den Townships ballen sich Menschen, die überhaupt keine Arbeit haben oder dauerhaft und gelegentlich im informellen Sektor arbeiten.

Ein weiteres Beispiel: Die im ANC sehr mächtige Lehrergewerkschaft tritt dafür ein, die Schulen in Armutsgebieten schwerpunktmäßig zu fördern und gleichzeitig die Klassengrößen zu reduzieren. Der Nettoeffekt dieser Forderung läuft auf die vermehrte Einstellung von Lehrern hinaus: im Prinzip eine gute Sache. Sie würde aber den hohen Personalkostenanteil an den Bildungsausgaben noch weiter steigern, während gleichzeitig dringender Investitionsbedarf bei Gebäuden und Lernmitteln besteht.

Konflikte dieser Art bilden den Stoff, der auch anderswo die Politik bewegt (Seekings 2004). Der Punkt ist nur, dass sich diese Auseinandersetzungen hier in jenem Teil der Gesellschaft abspielen, der von den Armutsproblemen kaum betroffen ist. Die Interessengegensätze verlaufen nicht mehr an der Trennlinie zwischen weißen und schwarzen Südafrikanern, sondern zwischen Armen und weniger Armen. Unter den Letzteren finden sich heute auch weiße Südafrikaner. Die Armen aber gehören so gut wie ausschließlich und in Kontinuität mit der Vergangenheit der schwarzen Mehrheit an.

Eine besondere Situation besteht auf dem Lande. Zwar gibt es inzwischen eine gut organisierte Schicht schwarzer Farmer. Ihre Interessen unterscheiden sich kaum von denjenigen ihrer weißen Berufskollegen. Aber die in der kolonialen und Apartheid-Vergangenheit gewachsene Landverteilung benachteiligt unverändert die Masse der schwarzen Bauern. Sie wirtschaften auf kleinen und wenig ergiebigen Parzellen. In der verbreiteten Forderung auf Enteignung und administrative Korrektur der Besitzverhältnisse drückt sich die Unzufriedenheit mit dem Status quo aus. Auch nach Einschätzung schwarzer Politiker, Geschäftsleute und Wirtschaftswissenschaftler bergen radikale Einschnitte in die Agrarwirtschaft das Risiko, die hohe Produktivität und ihre Exportleistung zu beeinträchtigen. In diesem Zusammenhang wird auf das Nachbarland Simbabwe verwiesen, wo solche Einschnitte sogar die Eigenversorgung mit Lebensmittel haben zusammenbrechen lassen. Das Gerechtigkeitsproblem indes bleibt. Verschärfend kommt hinzu, dass die burischen Farmer, die nach wie vor die produktivsten Betriebe ihr Eigen nennen, das konservativste Element in der weißen Gesellschaft darstellen. Bei massiven Eingriffen in die Eigentumsverhältnisse droht Gewalt auf allen Seiten.

Genauso wenig, wie in der übrigen Welt noch keine demokratische Gesellschaft mit so gigantischen Armuts- und Verteilungsproblemen konfrontiert gewesen ist, wie sie im urbanen Raum Südafrikas auftreten, gibt es auch kein Beispiel dafür, dass jemals eine krasse Neuordnung der ländlichen Eigentumsverhältnisse auf friedlichem Wege vonstatten gegangen wäre. Die Herausforderungen an die südafrikanische Demokratie lassen alles verblassen, was die historischen Demokratien des Westens haben verkraften müssen.

Im subsaharischen Afrika treffen wir allein in Südafrika ein politisches System an, das im Sinne Bayarts nicht „afrikanisch" ist, sondern vielmehr ein demokratisches Regime, das den gängigen Maßstäben genügt: Personen handeln im Kontext der Institutionen. Erdrückende neopatrimoniale Strukturen, wie sie so viele afrikanische Staaten charakterisieren, gibt es in Südafrika nicht. Ein Patrimonialsystem ließe sich mit dem Funktionieren einer komplexen Industriegesellschaft kaum vereinbaren. Ein zweites Merkmal des „afrikanischen" Staates, das Staatsversagen, fehlt ebenso. Schließlich gibt es auch keine Anzeichen für die Manipulation des Ethnischen in den politischen Auseinandersetzungen.

Bei all diesen Feststellungen liegt die Frage „noch?" auf der Zunge. Die Versuchung, bei einer so stark verbreiteten und drückenden Armut mit einfachen Verteilungsparolen Wähler zu gewinnen und die Regierungsmacht zu erobern, liegt auf der Hand. Hinter ausweglos erscheinender Armut lauert stets die Bereitschaft zur Gewalt. In den von Armen und Arbeitslosen berstenden Johannesburger Townships ereigneten sich im Frühjahr 2008 Pogrome an ausländischen Afrikanern aus Simbabwe und Mosambik. Sie entzündeten sich an der Parole, die Fremden nähmen Südafrikanern die Arbeit weg (Landau 2010).

Der wohl wichtigste Unterschied zwischen den afrikanischen Nachbarländern und Südafrika ist der folgende: Das Erbe des rassistischen Regimes für das demokratische Südafrika waren keine kolonialen, sondern moderne Rollenmodelle im Wirtschaftsleben und im Verwaltungsalltag. Bedingt durch das schlechte Beispiel des Kolonialismus, haben die Herrschenden im übrigen Afrika die falsche historische Lektion gelernt. Nach dieser Lektion praktizieren sie ein politisches Spiel, das sie kennen und beherrschen und an die nächste Generation weitergeben. Ob die Dinge in Südafrika dauerhaft besser laufen werden, bleibt abzuwarten.

19 Simbabwe

19.1 Langwieriger Abschied von der weißen Vorherrschaft

Das frühere Südrhodesien und heutige Simbabwe war neben Südafrika, Namibia und Kenia eine der vier großen Siedlerkolonien Afrikas. Klima und Böden begünstigten den kommerziellen Anbau von Weizen, Mais und Tabak. Der südafrikanische Politiker und Geschäftsmann Cecil Rhodes erhielt von der britischen Regierung 1889 die Erlaubnis, im Auftrag der Krone Gebiete in Besitz zu nehmen, die als Südrhodesien und Nordrhodesein in das Empire eingegliedert wurden. Rhodes erhielt das Privileg, das eroberte Land zu veräußern. Viele weiße Interessenten griffen beim wertvollsten Land zu, insbesondere im Gebiet des heutigen Simbabwe. Afrikanern wurde wertloses Land überlassen. Im Jahr 1922 erlangte die Kolonie Südrhodesien den Status einer Siedlungskolonie, d.h. die Einwanderung aus dem Mutterland wurde gefördert. Die gegebene Landverteilung wurde 1930 per Gesetz noch einmal bestätigt.

Bis in die Mitte der 1960er Jahre war vom britischen Kolonialimperium nur noch Rhodesien übrig geblieben. Zwischen 1953 und 1963 war Südrhodesien in eine koloniale Föderation mit Nordrhodesien und Njassaland eingebunden. Nordrhodesien erstreckte sich bis an den zentralafrikanischen Kupfergürtel, der in den Kongo hineinreicht. Es war eine industriell bedeutsame Kolonie (Gann 1986). Die Idee hinter der Föderation war die Schaffung eines einheitlichen Wirtschaftsraumes.

Am Widerstand der weißen Rhodesier zerschlugen sich Pläne, die Föderation als Bundesstaat in die Unabhängigkeit zu führen. Nordrhodesien und Njassaland gingen daraufhin eigene Wege. Sie wurden 1964 als Sambia und Malawi separat unabhängig. Die südrhodesischen Siedler weigerten sich, Unabhängigkeit unter einer schwarzen Mehrheit zu akzeptieren. Stattdessen riefen sie 1965 gegen den Willen Londons die Unabhängigkeit zu ihren eigenen Bedingungen aus. Internationale Anerkennung blieb ihnen versagt.

Südrhodesien kopierte zwar nicht das Apartheid-System Südafrikas. Doch die Eigentumsverhältnisse setzten die Weißen als Herren über die Mehrheit der Afrikaner. Die Nachbarschaft Südafrikas spielte bei alledem eine zentrale Rolle.

Der Apartheid-Staat war zu diesem Zeitpunkt bereits international isoliert. Auch die westlichen Länder verurteilten ihn als unmoralisch. Das hinderte den Westen nicht daran, mit Südafrika weiterhin Geschäfte zu machen. Unausgesprochen schätzte man es als strategisches Bollwerk gegen das Vordringen des sowjetischen Einflusses ins südliche Afrika. Südafrika war die einzige bedeutende Militärmacht südlich der Sahara. Im Windschatten des großen südafrikanischen Nachbarn behaupteten die weißen Südrhodesier ihre Unabhängigkeit.

Pretoria hieß die südrhodesische Unabhängigkeit willkommen, Es gewann einen Verbündeten und zugleich ein strategisches Vorfeld. Gleich zwei Bewegungen kämpften gegen das südrhodesische Regime. Von Sambia aus operierte die ZAPU unter Führung Joshua Nkomos. Sie wurde von den sozialistischen Ländern unterstützt. Rückhalt fand sie vor allem im Volk der Ndebele in der Region Matabeleland. Die ZANU operierte von Mosambik aus. Sie stützte sich auf die mehrheitlich Shona sprechende Bevölkerung. Ihr politischer Führer war Robert Mugabe. Beide Bewegungen operierten getrennt voneinander.

Veränderungen der politischen Großwetterlage machten es für die weißen Rhodesier schwieriger, sich zu behaupten. Gab es im Südafrika der 1970er Jahren immerhin einen weißen Bevölkerungsanteil von 18 Prozent, entsprechend ca. vier Millionen, so gab es in Südrhodesien lediglich 200.000 bis 300.000 Weiße. Als Basis für ein Staatsgebilde, das internationalen Sanktionen ausgesetzt war, war die weiße Bevölkerung schlicht zu klein. Dazu ein kurzer Blick auf die benachbarte portugiesische Kolonie Mosambik.

Portugal hatte in Afrika auf einer Wellenlänge mit den Ländern operiert, die weiße Vorherrschaft praktizierten. Es gab 1975 sein Kolonialimperium auf, nachdem ein Militärputsch das in Lissabon herrschende autoritäre System beseitigt hatte. Mosambik wurde jetzt zum Frontstaat. Es unterstützte offen die ZANU. Südafrika konzentrierte seine Ressourcen fortan auf die eigenen Grenzen.

ZANU und ZAPU bündelten ihre Kräfte und stimmten sich im Kampf gegen das südrhodesische Regime ab. Unter diesen Umständen gab es unter den weißen Rhodesiern schließlich ein Einsehen, dass sie aufgeben mussten. In Verhandlungen mit London und den Bürgerkriegsparteien wurde 1977 die Unabhängigkeit vereinbart. Der Besitz der Weißen sollte nicht angetastet werden. Im Jahr 1980 wurde aus Südrhodesien Simbabwe.

19.2 Nachholende Entwicklung: Mugabe installiert ein neopatrimoniales Regime

Simbabwe hatte einen schlechten Start in die Unabhängigkeit. Der erste und bislang einzige Präsident des Landes, Robert Mugabe, witterte fortwährend Verschwörer und Neider, die ihn um die Früchte seines Lebenswerks bringen wollten. Frühzeitig traten die Merkmale des neopatrimonialen Big Man zutage.

Mit den weißen Farmern kam Mugabe zunächst gut aus (Bratton 1986/87). Als 1982 in der Heimat des Rivalen Nkomo im Matabeleland Waffenlager entdeckt wurden, nahm Mugabe dies zum Anlass, die ZAPU zu zerschlagen. Bis 1987 wurde im vernachlässigten Nordwesten des Landes ein heftiger Bürgerkrieg geführt. Ihm fielen 20.000 ZAPU-Anhänger zum Opfer (Meyns 1999: 33f.). Neben den Kriegszerstörungen trafen in den 1980er Jahren unerwartete Dürren das Land. Die Regierung führte Preiskontrollen und Subventionen ein. Die Bürgerkriegsparteien schlossen 1987 einen Burgfrieden, ZANU und ZAPU vereinigten sich zur Staatspartei ZANU-PF mit Mugabe an der Spitze.

Das Mugabe-Regime verhielt sich nicht anders als andere neopatrimoniale Regime. Der Präsident und seine Klientel schöpften Einkommen ab, wo sie nur konnten. Die Masse der Simbabwer ging leer aus. Mugabe wurde es zum Problem, die Unzufriedenheit seiner Anhänger zu dämpfen. Viele alte Kämpfer sahen sich um die Früchte der Unabhängigkeit betrogen. Der Ruf nach Umverteilung des Bodens, der Weißen gehörte, wurde laut.

Trotz der massiven Manipulation, die alle Wahlen in Simbabwe begleitet hat, erhielten Oppositionelle Mandate bei den Parlamentswahlen und eindrucksvolle Stimmenanteile bei den Präsidentschaftswahlen.

Die schlechte wirtschaftliche Situation verschlimmerte sich noch zusätzlich, als Simbabwe mit eigenen Truppen 1998 in den Kongo einmarschierte, um Präsident Kabila Jr. zu stützen. Vertraute Mugabes erwarben dort lukrative Bergbau- und Holzlizenzen. Die hohen Ausgaben für Armee und Sicherheitsdienste überforderten die Leistungsfähigkeit der simbabwischen Wirtschaft.

19.3 Ökonomischer und politischer Liberalisierungsdruck verschärfen die Repression

Simbabwe musste sich bereits 1990 den Vorgaben der Internationalen Finanzinstitutionen fügen. Diese verlangten, die Staatskontrollen in der Wirtschaft zu beseitigen und die öffentlichen Ausgaben zu reduzieren. Die Maßnahmen trafen die Ärmsten der Armen. Die allgemeine Unzufriedenheit spitzte sich weiter zu. Es kam zu Hungeraufständen. Bei den Präsidentschaftswahlen des Jahres 1996 gingen keine 20 Prozent Simbabwer mehr zur Wahl. Die Oppositionskandidaten nahmen sich aus Protest gegen behördliche Schikanen selbst aus dem Rennen.

Seit 1997 befindet sich Simbabwe in einer wirtschaftlichen und politischen Dauerkrise. Seit dem Jahr 2000 lenkte Mugabe den Zorn der afrikanischen Bauern auf den weißen Landbesitz. Die Aktionen hatten die Züge einer späten Rache

Mugabes an der kolonialen Privilegierung der weißen Farmer (Ndlovu-Gatsheni 2009: 1144ff.). Weiße Farmen wurden im Zusammenspiel staatlicher Funktionäre mit den Verbänden der Bürgerkriegsveteranen einfach besetzt oder enteignet. Ein Teil dieses Landes wurde an Landlose und Kleinbauern verteilt (Burgess 1999: 137ff.). Shona aus dem Volk Mugabes wurden bevorzugt. So gelangte im bisher ethnisch konfliktfreien Simbabwe die Ethnizität in den Dienst des Regimeerhalts (Maltz 2006: 215). Auf die besten Farmen griff das Führungspersonal der Staatspartei und der Sicherheitsapparate zu (Sadikonye 2003: 139).

Die Enteignungen gingen planlos vonstatten. Die wenigsten afrikanischen Bauern, die jetzt Land erhielten, ebensowenig die Regimegrößen, die sich Farmen aneigneten, verstanden sich darauf, profitable und großflächige Betriebe zu bewirtschaften. Der Beitrag dieser Farmen zur Nahrungsmittelerzeugung und zum Export fiel schlicht aus. Auf den großen Besitzungen verloren Farmarbeiter ihre Existenz und auch ihre Wohnungen. Diese neuen Arbeitslosen wussten keinen anderen Ausweg, als in den ohnehin übervölkerten größeren Städten Harare und Bulawayo eine Bleibe zu suchen (Hartnack 2005).

Die ZANU-PF kassierte bei den Parlaments- und Präsidentschaftswahlen in den Slums bereits 2002 – ungeachtet einer vom Regime errichteten Drohkulisse – erhebliche Stimmenverluste. Um diese Opposition zu ersticken, wurden die Slums niedergerissen und ihre Bewohner in die Heimatregionen zurückgeschickt. 20.000 Einzelhändler wurden aus den Städten vertrieben und ihre Geschäfte Parteimitgliedern der ZANU-PF übertragen (Bracking 2005). Später führte das Regime auch eine Kampagne gegen asiatische Geschäftsleute.

Als der 84jährige Mugabe im Frühjahr 2008 ein weiteres Mal für die Präsidentschaft kandidierte, war er sich seiner Sache sicher. Er glaubte die Partei seines Herausforderers vom MDC, Morgan Tsvangirai, schon seit der letzten Parlamentswahl hinreichend eingeschüchtert. Die Wahlen verliefen einigermaßen fair und erbrachten ein Kopf-an-Kopf-Ergebnis. Nach langer Weigerung, das Ergebnis zu veröffentlichen, wurde ein zweiter Wahlgang angesetzt, in dessen Vorfeld es dann zu massivster Einschüchterung kam. In einem Hagel internationaler Proteste ließ sich Mugabe zum Sieger erklären und für eine weitere Amtszeit vereidigen. Bestärken mochte ihn die Zurückhaltung der afrikanischen Staatschefs, darunter auch des für Zimbabwe besonders wichtigen südafrikanischen Präsidenten Mbeki. Dieser weigerte sich, die Legitimität der Vorgänge in Zweifel zu ziehen. Dennoch bequemte sich Mugabe nach längerem Zögern überraschend zu einer Machtteilung mit dem MDC. Das MDC benannte Tsvangirai als Ministerpräsidenten. Nach einem Jahr schwieriger Verhandlungen kam eine Koalitionsregierung zustande. Mugabe behielt sich die Kontrolle über Polizei und Militär vor. Simbabwe ging hier den gleichen Weg wie so viele andere afrikanische Staaten – ein amputierter Neopatrimonialismus. Der Obstruktion des größeren Partners müde, der etliche Übereinkünfte ignorierte, drohte Tsvangirai mit dem Rückzug aus der Koalition, blieb mit den MDC-Ministern aber letztlich im Amt (Perras 2009d).

Simbabwe ist in hohem Maße von seiner politischen Umwelt abhängig. Südafrika hat es bislang vermieden, die Vorgänge in Simbabwe offiziell zu verurteilen. Das Thema der Landverteilung und Enteignung ist dort selbst zu heikel, um am Beispiel Simbabwes öffentliche Empörung zu artikulieren. So findet sich Südafrika eher mit einem Strom von Armutsflüchtlingen aus dem Nachbarland ab. Die übrigen Nachbarländer, Sambia, Mosambik und Malawi gehen mit der Opposition im eigenen Lande kaum besser um. Das ressourcenreiche Simbabwe genießt den Rückhalt Chinas. Es ist ein wichtiger Handelspartner und Rüstungslieferant (Maltz 2006: 217).

Auch Simbabwe bietet also das Bild einer Synthese von neopatrimonialem System und durchsetzungsfähigem Staat, so verwerflich die Zwecke auch sein mögen, denen dieser Staat dienstbar gemacht wird. Die staatlichen Fehlfunktionen zeigen sich darin, dass der Staat die von ihm erwarteten Wohlfahrtsleistungen schuldig bleibt und seine eigenen Rechtsgrundlagen mit den Füßen tritt.

20 Sahelstaaten

Mali, Niger und Tschad gehören zu Afrika und zum arabischen Raum. Ihre südliche Peripherie ist kulturell, ethnisch und nach der Wirtschaftsweise afrikanisch. Die nördlichen Gebiete erstrecken sich auf Steppe und Wüste. Sie bilden den größten Teil des Staatsgebiets, sind aber nahezu menschenleer. Die wenigen Menschen, die der Wüste eine Existenz abringen, benötigen Raum. Sofern die Stämme in diesen Gebieten nicht selbst arabischen Ursprungs sind, haben sie sich, mögen sie nun Afrikaner sein oder wie die Tuareg den Berbervölkern angehören, einer mobilen Lebensweise angepasst, die alle Völker der nordafrikanischen Wüsten- und Steppengebiete auszeichnet. Die afrikanischen Stämme dieser Staaten pflegen als Bauern und Viehzüchter eine stationäre Lebensweise, wie sie in den anderen Gebieten des subsaharischen Afrika üblich ist. Das Hauptproblem dieser durchweg landgebundenen Staaten ist das schwer vereinbare Nebeneinander von Bauern, Hirten, Nomaden und Beduinen.

Drei Faktoren setzten das darin enthaltene Konfliktpotenzial frei. Es handelt sich erstens um die Naturveränderung, insbesondere um das stetige Vorrücken der Wüste, die den Lebensraum der Nomaden einengt. Zweitens entstehen Konflikte, weil in den dünn besiedelten Landschaften Lagerstätten für Erdöl und andere Mineralien entdeckt worden sind: die industrielle Nutzung des nomadischen Lebensraumes schränkt die Mobilität und den freien Zugang zu Wasser ein. Schließlich gibt es drittens einen kulturellen Konflikt. Er hat seine Ursache in der Tatsache, dass sich die afrikanischen Völker dieser Staaten ungern von arabischen Völkern beherrschen lassen und umgekehrt.

20.1 Mali

20.1.1 Koloniale Vorgeschichte

Mali ist aus der früheren Kolonie Französisch-Sahara hervorgegangen. Die Kolonie trug damals die Bezeichnung Sudan – nicht zu verwechseln mit dem heutigen Staat gleichen Namens – und wurde von der Kolonialmacht seit 1899 gemeinsam mit dem benachbarten Senegal verwaltet. Erst 1910 gelangten beide Gebiete unter getrennte Verwaltung. Frankreich unternahm noch einmal Jahr 1959, im Vorfeld der absehbaren Unabhängigkeit seiner Kolonien, den Versuch, die westafrikanischen Kolonien zu bündeln. Die Elfenbeinküste, Obervolta (heute Burkina Faso), der Senegal und Mali sollten einen gemeinsamen Staat bilden. Die Idee folgte der ökonomischen Verflechtung dieser getrennt verwalteten Gebiete. Doch Obervolta und die Elfenbeinküste lehnten das Projekt ab. Lediglich zwei westafrikanische Besitzungen, der Senegal und der französische Sudan, gingen 1960 als Mali-Föderation in die Unabhängigkeit. Wenige Monate danach trennten sie sich schon wieder. Der Sudan-Staat gab sich nach einem historischen Reich in der Region den Namen Mali.

Über vier Fünftel der Bevölkerung Malis arbeiten noch heute in der Landwirtschaft. Das bäuerliche Volk der Bambara stellt allein etwa 40 Prozent der Gesamtbevölkerung. Es lebt hauptsächlich im christlichen Süden des Landes. Dort wird vor allem Baumwolle produziert. Der Norden Malis ist Lebensraum der Tuareg. Sie gehören zur Familie der Berbervölker, haben ihre eigene Sprache und verkörpern einen hellhäutigeren Typus als die Afrikaner. Sie leben als Viehzüchter und Beduinen und ließen traditionell – teilweise bis heute – Afrikaner als Sklaven für sich arbeiten. Ihre Lebensweise unterscheidet sich kaum von jener der arabisierten afrikanischen Völker in Steppe und Wüste. Turareg stellen zwar lediglich fünf Prozent der Bevölkerung. In der weitläufigen, kaum besiedelten Wüsten- und Oasenlandschaft, die den größten Teil des Staatsgebiets ausmacht, bilden sie jedoch eine bedeutsame Bevölkerungsgruppe.

Die Wüstenregionen des französischen Imperiums wurden nie komplett befriedet. In der Kolonialzeit standen sie meist unter Kriegsrecht. Aufstände der Tuareg begleiteten die gesamte Kolonialzeit. Sie flammten bereits kurz nach der Unabhängigkeit im Jahr 1962 wieder auf. Ihre Ursache lag traditionell darin, dass staatliche Instanzen der freien Lebensweise der Tuareg mit Ge- und Verboten in die Quere kamen. Jetzt kam als weiterer Grund hinzu, dass Afrikaner seit der Unabhängigkeit die Geschicke des Landes bestimmten. Die Tuareg blickten von jeher auf die afrikanischen Völker herab.

In der Kolonialzeit wuchs in den Afrikanern, die in den kolonialwirtschaftlich nutzbaren Gebieten lebten, eine kleine Elite heran. Afrikaner wurden beschult, einigen darunter wurde auch eine hochwertige Ausbildung zuteil, weil sie einen administrativen und kolonialwirtschaftlichen Nutzen versprach. Die Tuareg waren demgegenüber zu stolz und selbstbewusst, um sich auf die westliche Zivilisation einzulassen. Die Kolonialmacht hatte im Übrigen auch kein Interesse, unter den zur Rebellion neigenden Stämmen Bildung und zivilisatorische Fertigkeiten zu verbreiten. Aus diesen Gründen starteten die afrikanischen Völker Malis mit einem Bildungs- und Fertigkeitsvorsprung in die Unabhängigkeit. Bis heute dominieren sie in Politik, Verwaltung und Armee.

20.1.2 Mikroräumliche Politik im Großraum

Das politische Leben Malis konzentriert sich auf die Hauptstadt Bamako. Die ganz große Mehrheit der Malier lebt traditionell und gehorcht den überkommenen Stammesautoritäten. Dies erklärt, warum fast ausschließlich Militärs, Lehrer, Studenten und Parteifunktionäre in der Hauptstadt den politischen Takt bestimmen. Der erste Präsident Malis, Salif Keita, empfand sich als Sozialist. Begeistert von den Ideen der europäischen Linken und den Heroen des Antikolonialismus, zog er eine Staatswirtschaft auf. Sie trieb das bettelarme Land in kürzester Zeit in den Ruin. Keita wurde 1968 in einem Militärputsch beseitigt. Der nachfolgende Militärpräsident Armand Traoré versuchte, die Wirtschaft mit harten Korrekturen zu sanieren. Eine Tuareg-Rebellion im Norden des Landes und verheerende Dürreperioden machten diese Bemühungen zunichte. Wiederholt kam es zu Putschversuchen.

Dürren bewogen viele Tuareg, entweder ins benachbarte Libyen zu emigrieren oder sich im Süden des Landes anzusiedeln. Vormals ein stolzes Herrenvolk, das afrikanische Sklaven für sich arbeiten ließ, sanken sie zum Subproletariat herab, auf das ihre afrikanischen Landsleute herabblickten. In Libyen fanden Tuareg vorübergehend Arbeit in der boomenden Erdölindustrie. Einige wurden militärisch ausgebildet und kämpften in den Reihen einer von Libyens Präsident Gaddhafi gegründeten Islamischen Legion im tschadischen Bürgerkrieg mit. Der libysche Staatschef verfolgte damals seine Idee eines gemeinsamen politischen Raumes der Tuareg und der arabischen Wüstenbewohner. Als der Ölpreis in den 1980er Jahren sank und der Beschäftigungseffekt der Ölindustrie nachließ, als sich Gaddhafi schließlich auch von seinen großen Plänen für den saharischen Raum verabschiedete, kehrten viele Tuareg in ihre Heimatländer Mali und Niger zurück (Humphreys/Mohamed 2005: 276f.). Sie fanden freilich dieselbe desolate Lage vor, die sie früher zur Emigration gedrängt hatte. In beiden Staaten kam es 1990 zu weiteren großen Aufständen der Tuareg.

Auch in der Hauptstadt geriet das Regime unter Druck. Als der Armee 1991 befohlen wurde, Demonstrationen gegen die sich weiter verschlechternden Lebensverhältnisse gewaltsam niederzuschlagen, putschte die Garnison Traoré aus dem Amt. Der Putschführer, ein Armeeoffizier namens Amadou Toumani Touré, ließ eine Verfassungsgebende Versammlung einberufen. Eine Präsidentschaftswahl wurde angesetzt (Vengroff/Kone 1995: 45ff.). Der 1992 gewählte Präsident Alpha Omar Konaré, ein Historiker und Oppositionsführer, wurde einmal im Amt bestätigt. Da die Verfassung keine dritte Amtszeit vorsah, stellte sich 2002 der frühere Putschoffizier Touré zur Wahl. Auch er wurde 2007 im Amt bestätigt. Heute gilt Mali als eines der stabileren Länder in der Region. Eine Wahlbeteiligung von unter 30 Prozent und präsidiale Wiederwahlquoten von 70 Prozent untermauern freilich das Bild von der malinesischen Politik als Sache der wenigen Gebildeten, der Militärs und der Stammesautoritäten ((Hanke 2001, Smith 2001: 76f.).

20.2 Niger

20.2.1 Koloniale Vorgeschichte

In Niger kämpfte Frankreich besonders lange um die Kontrolle eines riesenhaften Gebietes, das wie Mali zum größeren Teil aus Wüste und Steppe besteht. Erst 1922 wurde Niger aus der Militärverwaltung entlassen und zur Kolonie erklärt. Eine vollständige Kontrolle des Gebiets gelang bis zur Unabhängigkeit nicht. Der Norden Nigers ist die Heimat der Tuareg. Bevölkerung und wirtschaftliche Aktivität konzentrieren sich im schmalen, von Afrikaner bewohnten Südrand des Staatsgebiets. Mit etwa 50 Prozent stellen afrikanische Hausa das größte Volk Nigers. Sie leben im mittleren Landesteil. Das Volk der Zarma oder Dyerma (oder auch Songhai-Dyerma) mit über 20 Prozent der Bevölkerung lebt im Südwesten der Republik in der Nähe der Hauptstadt Niamey. Es ist stark in Verwaltung und Armee vertreten. Auf der anderen Seite der Grenze, in Mali, stellen Zarma etwa sieben Prozent der Bevölkerung. Heute wie schon in kolonialer Zeit erwirtschaften viele Nigrer ihren Lebensunterhalt als Wanderarbeiter in den westafrikanischen Nachbarstaaten.

Die Tuareg stellen heute acht Prozent der Bevölkerung. Im menschenleeren Norden prägen sie aber immer noch das Bild. In dem Maße, wie die vormaligen Nomadenvölker sesshaft wurden und zur bäuerlichen Lebensweise übergingen, kam es zu Konflikten mit den Tuareg, die an der mobilen Lebensweise festhielten.

Als exportfähiges Wirtschaftsgut war für Frankreich lediglich der Baumwollanbau von Interesse. Die betreffenden Gebiete waren die Heimat afrikanischer Völker. Deshalb gab es am Vorabend der Unabhängigkeit allein unter den Afrikanern, und zwar aus denselben Gründen wie in Mali, Menschen mit den Mindestqualifikationen, um Positionen in Staat und Verwaltung einzunehmen. Mit der Unabhängigkeit im Jahr 1960 übernahmen die afrikanischen Politiker sämtliche Positionen des jungen Staates.

20.2.2 Mikroräumliche Politik im Großraum

Bis 1974 lehnte sich Niger eng an Frankreich an. Die vormalige Kolonialmacht war aus militärischen und wirtschaftlichen Gründen an den Uranvorkommen interessiert. Sie wurden von einer französischen Gesellschaft ausgebeutet. Die Uraneinkünfte wurden für Niger umso wichtiger, da die Weltnachfrage nach Baumwolle wegen der Verbreitung synthetischer Stoffe nachließ und die Böden darüber hinaus wegen Überwirtschaftung mit der strapaziösen Baumwollpflanze erschöpft waren. Wie die Nachbarstaaten hängt das Land am Tropf der Internationalen Finanzinstitutionen.

Was oben zur Hauptstadtzentriertheit des politischen Lebens in Mali ausgeführt wurde, gilt auch für Niger (Davis/Kossomi 2001: 83ff.). Von 1960 bis 1974 wurde das Land im Rahmen eines Einparteistaates autoritär von Hamani Diuri regiert. Dürren führten Anfang der 1970er Jahre zu Hungersnöten und dramatischer Verschlechterung der Lebensverhältnisse. Diouri wurde 1974 vom Armeeoffizier Seyni Kountsché aus dem Amt geputscht. Bis 1987 stand Kountsché an der Spitze eines Militärregimes. Sein Nachfolger Ali Saibou kam ebenfalls aus den Reihen der Putschisten von 1974. Er machte im autoritären Stil weiter. Im Jahr 1991 beugte sich Saibou dem Druck der internationalen Gemeinschaft, den sich auch die heimische Opposition zunutze machte, und berief eine Verfassungskonferenz ein. Das Einparteisystem wurde aufgehoben und ein parlamentarisches Regierungssystem eingeführt.

Aus den freien Wahlen des Jahres 1993 ging Präsident Mahamane Ousmane von der – von ihm selbst ins Leben gerufenen – sozialdemokratischen Partei als Sieger hervor. Er hatte in Frankreich Wirtschaftswissenschaften studiert und war erst 1980 nach Niger zurückgekehrt. Ousmane brachte 1995 einen Frieden mit den aufständischen Tuareg zustande. Die schlechte Wirtschaftslage kostete ihn seine Popularität. In den Parlamentswahlen desselben Jahres gewann die Partei MNSD-Nassara des Oppositionspolitikers Hama Amadou die Parlamentswahl. Auch Amadou gehörte 1974 zur Gruppe der Offiziere, die den ersten Putsch im unabhängigen Niger inszeniert hatten. Ousmane blieb nichts anderes übrig, als Amadou zum Regierungschef zu berufen. Das Parlament hätte keinen anderen Kandidaten akzeptiert. Der Präsident zog anschließend alle Register, um der von ihm nicht gewollten Regierung in den Arm zu fallen. Der Regierungschef zahlte mit gleicher Münze zurück. Das Land wurde entscheidungsunfähig.

Der Armeeoffizier Ibrahim Mainassara, ein enger Mitarbeiter des früheren Militärpräsidenten Kountsché, putschte 1996 Präsident und Regierung aus dem Amt. Noch im selben Jahr manipulierte er sich in einer gefälschten Wahl selbst zum Präsidenten. Mainassara wiederum wurde 1999 von Major Daouda Malam Wanké gestürzt. Bei diesem Putsch kam Mainassara ums Leben. Noch im selben Jahr übergab Wanké die Regierungsgewalt gewählten Amtsträgern. Als Staatspräsident wurde jetzt Amadous Parteifreund Mamadou Tandja gewählt. Tandjas MNSD-Nassara gewann auch die Parlamentsmehrheit. Amadou wurde erneut als Regierungschef berufen. Seit dem letzten Putsch hatte er sich von der Politik ferngehalten und im Ausland diplomatische und Verwaltungserfahrung gesammelt.

Im Jahr 2004 wurde Tandja regulär im Amt bestätigt. In seiner Amtszeit kam es wieder zu vereinzelten Putschversuchen. Das Parlament entfernte Amadou 2007 mit einem Misstrauensvotum aus dem Amt. Es warf ihm den Missbrauch von Haushaltsmitteln vor. Ein Jahr später wurde er verurteilt und inhaftiert. Sein Parteikollege Seyni Oumarou trat an seine Stelle. In seiner Regie wurde 2009 eine neue Verfassung verabschiedet, welche die Rechte des Präsidenten erheblich stärkte.

Präsident Tandja hätte nach Ablauf seiner zweiten Amtszeit 2009 regulär aus dem Amt scheiden müssen. Er setzte aber ein Referendum an, das eine dritte Kandidatur legitimieren sollte. Auf Antrag der Opposition erklärte das Verfassungsgericht dieses Vorhaben für ungültig. Im Gegenzug löste Tandja sowohl das Parlament, das sich ebenfalls widersetzte, als auch das Verfassungsgericht auf und organisierte anschließend eine Volksabstimmung, welche die Verfassung wunschgemäß änderte. Die Afrikanische Union bemühte sich um Vermittlung, allerdings vergeblich. Dem Land drohte der Ausschluss aus der AU. Die verärgerten westlichen Geberländer froren ihre Entwicklungshilfe ein. Im Februar 2010 vertrieb eine Offiziersjunta den Präsidenten aus dem Amt (Raupp 2010d).

20.2.3 Konflikt mit den Tuareg

Weit stärker noch als im Nachbarstaat Mali tritt der Konflikt zwischen Regierung und Tuareg hervor. Im Jahr 1991 kam es in beiden Ländern zu einem großen Tuareg-Aufstand. Er brachte das nigrische Regime ins Wanken. Die Tuareg wurden von den Tubu unterstützt, einem arabisierten Saharavolk. Es pflegt eine ähnliche Lebensweise. Die in zahlreiche Klans gespaltenen Tubu leben auch im Nachbarstaat Tschad und im Süden Libyens. Erst 1995 vereinbarten die Bürgerkriegsparteien, die Waffen ruhen zu lassen. Der Kampf gegen die Wüstenvölker wurde unter anderem mit der Zerstörung ihres Lebensraumes geführt (Zerstörung von Weiden und Brunnen). Frankreich unterstützte tatkräftig die Streitkräfte der Regierung. Es hatte dafür einen handfesten Grund: Die reichen Uranvorkommen liegen im Tuareg-Gebiet.

Seit 2006 vergibt die Regierung Schürfrechte für auch an chinesische Unternehmen. Jeder finanzkräftige Bieter ist willkommen, der dem bettelarmen Land Einkünfte beschafft. Die mit dem Abbau verbundenen Einzäunungen und Sperren stören den Wanderzyklus der Nomaden und verringern den Zugang zu den Wasserquellen (Keenan 2008). Erst 2008 erhoben sich die Tuareg erneut. Neben den sich verschärfenden Existenzproblemen – abermals Dürren und Desertifizierung – spielten jetzt auch die Aktivitäten der US-amerikanischen Außenpolitik eine Rolle. Die Regierungstruppen werden in den bewaffneten Auseinandersetzungen von Ausbildern und Logistik der US-amerikanischen Armee unterstützt. Washington betrachtet die Aufständischen im schwer zugänglichen Wüstengebiet als potenzielle Verbündete dees weltweiten Terrornetzwerk al-Qaida. Algerien und Libyen sind hinreichend durchsetzungsfähig, um ihre saharische Peripherie zu kontrollieren. Die malischen und nigrischen Regierungen sind dafür zu schwach.

20.3 Tschad

20.3.1 Koloniale Vorgeschichte

Auch der Tschad wurde erst spät, im Jahr 1920 zur Kolonie erklärt. Bis dahin stand er unter militärischer Verwaltung. Der Tschad hatte für Frankreich geringen ökonomischen Wert. Seine territoriale Gestalt geht auf das Jahr 1912 zurück. Damals wurde deutsches Kolonialgebiet im beiderseitigen Einverständnis an Frankreich übertragen. Es hatte vorher zur Kolonie Kamerun gehört. Deshalb liegt der Tschad heute im äußersten Südosten an einem der größten Süßwasserreservoirs Afrikas. Er besteht etwa zu drei Vierteln aus Wüsten und Steppengebieten. Der Südwesten ist, ähnlich wie in Mali und Niger, der Lebensraum bäuerlicher afrikanischer Völker. Es handelt sich zumeist um Christen und Anhänger afrikanischer Religionen. Allein dort ließen sich bereits in der Kolonialzeit für den Export taugliche Güter wie Reis und Baumwolle produzieren. Die systematische Nutzung des Bodens für die Exportwirtschaft setzte in den 1930er Jahren ein. Erst jetzt lohnte sich der Aufbau einer Infrastruktur. Afrikaner bilden im Tschad eine Minderheit. Sie leben konzentriert im Südosten des Landes, d.h. in der Nähe der Hauptstadt und des Nachbarstaates Kamerun.

Der Norden und der Osten Tschads waren für die französische Kolonialmacht allein unter dem Aspekt der Grenzsicherung von Interesse. Die dort lebenden Völker sind durchweg Muslime. Besondere Bedeutung kommt dem Stamm der Tubu zu. Sie leben auch in Niger und in Libyen. Wie die Tuareg besitzen sie eine kämpferische Tradition. Sie bilden eine Art Stammeskonföderation verschiedener Klans. Die Stämme der tschadischen Wüste und Steppe kultivieren ihre Rivalitäten und Feindschaften. Waffen sind Statussymbole erwachsener Männer.

Der erste Präsident Tschads, François Tombalbaye, repräsentierte die christliche und afrikanische Minderheit. Ähnlich wie Mali und Niger war auch der Tschad schlechter auf die Unabhängigkeit (1960) vorbereitet als andere Kolonien. Die französische Regierung legte ein Crash-Programm auf, um in Erwartung der unvermeidlichen Unabhängigkeit eine regierungsfähige Elite heranzubilden. Davon profitierten hauptsächlich Afrikaner, damit zugleich auch das christliche Bevölkerungselement.

Die Vorbereitung auf das Regieren geschah zu flüchtig. Der kleinen, des Französischen mächtigen gebildeten afrikanischen Elite fehlte es an Regierungs- und Verwaltungskompetenz. Araber und Muslime wurden bei der Zuweisung staatlicher und staatswirtschaftlicher Positionen übergangen. Sogar in den islamisch-arabischen Gebieten wurden Afrikaner als Verwaltungschefs eingesetzt. Die arabischen Stämme wehrten sich dagegen, von Afrikanern regiert zu werden, auf die sie von jeher herabgeblickt hatten.

20.3.2 Aufstieg und Fall des afrikanischen Regimes

Diese Unzufriedenheit nutzte Libyen aus. Es beanspruchte von jeher ein Gebiet im Norden Tschads, in dem Tubu leben. Die Völker des nördlichen Tschad sammelten sich unter Führung des Militärs Hissène Habré 1966 in der Befreiungsbewegung FROLINAT. Habré stammte aus einem Tubu-Klan. Es entspann sich ein langjähriger Bürgerkrieg. Es ging hier nicht um Separatismus, sondern um die Kontrolle des Staates. Die Völker der trockeneren und ärmeren Landesteile sollten an die Ressourcen des von der Natur begünstigten Südens angeschlossen werden. Der militärischen Kapazität des FROLINAT waren die Regierungstruppen nicht gewachsen. Allein Frankreichs militärisches Eingreifen rettete das Regime 1968 vor dem Zusammenbruch. Im Jahr 1971 war die Rebellion beendet.

Die französische Regierung erwartete jetzt eine versöhnliche Regierungspolitik, darunter die Beteiligung der arabischen Völker an Regierung und Verwaltung. Tombalbaye indes verschärfte die Repression. Prompt lebten die Aufstände wieder auf. Die französische Patronatsmacht ließ Tombalbaye fallen. Mit Beteiligung des französischen Geheimdienstes wurde er 1975 vom eigenen Militär gestürzt und dabei ermordet. Auch das nachfolgende Militärregime des afrikanischen Generals Félix Malloum erwies sich als unfähig, den Norden zu versöhnen oder ihn zu besiegen (zum Folgenden Nugent 2004: 99f.).

Der Bürgerkrieg ging weiter. Neue Fronten bildeten sich heraus. Inzwischen war im benachbarten Libyen die Monarchie gestürzt worden. Der Putschführer und Präsident Gaddhafi verfolgte panarabische Ambitionen, die er zunächst auf den schwachen Nachbarstaat im Süden konzentrierte. Der FROLINAT spaltete sich, als der Druck stärker wurde, sich vor den Karren libyischer Interessen spannen zu lassen. Habré hatte die libysche Unterstützung zunächst gern in Anspruch genommen, weil sie ihm nützlich war. Libysche Pläne zur Bevormundung Tschads lehnte er jedoch ab. Auf Betreiben aus Tripolis wurde er daraufhin als Führer des FROLINAT kaltgestellt. Goukouni Weddeye aus einem konkurrierenden Tubu-Klan trat an seine Stelle. Habré verließ den FROLINAT im Protest. Mit den FAN, die um seinen Klan herum organisiert wurden, bildete er eine eigene Rebellenarmee.

20.3.3 Jeder gegen jeden: Arabische Führer und ausländische Regierungen bestimmen das Spiel

Habré kam 1979 mit dem christlich-afrikanischen Präsidenten Malloum überein, eine Koalition (GUNT) zu bilden. Habré avancierte zum Regierungschef und rangierte formal als die Nummer Zwei hinter dem Präsidenten. Tatsächlich war aber nicht der Präsident, sondern Habré die bestimmende Figur in dieser Konstallation. Die Koalition dieser ungleichen Partner hielt nicht lange. Malloum verteidigte die Interessen der tschadischen Afrikaner, Habré posierte als Fürsprecher des Nordens und der Muslime. Die Partner zerstritten sich. Um die Kontrolle der Hauptstadt entbrannten Kämpfe.

Die französische Regierung favorisierte in dieser Auseinandersetzung Habrés FAN. Auch der FROLINAT-Führer Goukouni wurde wieder aktiv. Inzwischen war auch er auf Distanz zu seinen libyschen Verbündeten gegangen.

Auch er gedachte lieber die Nummer Eins in einem unabhängigen Tschad zu sein als lediglich Juniorpartner im Bündnis mit dem libyschen Präsidenten. Goukuni ließ seine Armee auf N'Djamena marschieren. Nachdem jetzt Frankreich seine Hand vom Präsidenten abgezogen hatte, ging es darum, welcher Tubu-Klan künftig in N'Djamena regieren würde. Wir beobachten hier eine archaisch anmutende Stammesrivalität und den für labile afrikanische Staaten charakteristischen Kampf um die Kontrolle der Hauptstadt.

Goukouni, der die stärkeren Bataillone und das Glück auf seiner Seite hatte, nahm 1980 N'Djamena ein. Habré zog sich über die Grenze in das sichere sudanesische Darfur zurück. Um seine Herrschaft zu konsolidieren, machte Goukouni dem libyschen Staatschef Avancen in Richtung auf eine libysch-tschadische Union. Man erkennt in diesen scharfen Kehrtwendungen Goukounis, in denen alte Positionen rasch über Bord geworfen werden, den Primat des taktischen Kalküls: Gestern noch Streit, heute ein Bündnis, morgen vielleicht der Kampf – ganz so, wie die mobilen Völker der Wüste und Steppe seit altersher agierten, um sich mit raschen Tagesvorteilen das Überleben in einem entbehrungs- und gefahrenreichen Lebensraum zu sichern.

Die Avancen in Richtung Libyen brachten die afrikanischen Staatschefs gegen Goukouni auf. Das Tabu der bestehenden Grenzen stand auf dem Spiel. Auch Frankreich wandte sich empört dagegen. Mit dieser Ablehnungsfront konfrontiert, zog sich Libyen aus dem größten Teil des von ihm gehaltenen tschadischen Gebiets zurück. Es behielt lediglich ein kleines Gebiet, auf das es historische Ansprüche erhob.

Von Basen im sudanesischen Darfur aus vertrieben Habrés FAN 1982 Goukouni aus der tschadischen Hauptstadt. Diese Armee war inzwischen ein Sammelsurium der verschiedensten Stammesmilizen. Im sudanesischen Exil hatten sich den FAN zahlreiche Zaghawa angeschlossen. Es handelt sich hier um ein arabisiertes afrikanisches Hirtenvolk, das grenzüberschreitend sowohl im Tschad als auch im Sudan lebt. Nunmehr Staatspräsident in N'Djamena, vertrieb Habré 1987 die letzten libyschen Truppen im Norden Tschads (Buijtenhuijs 1995).

Habré installierte ein neopatrimoniales Regime. Als persönliche Schutztruppe stellte er eine aus Angehörigen seines Tubu-Klans rekrutierte Präsidialgarde auf. Zusätzlich überwachte eine spezielle Staatspolizei den Regierungsapparat und die Regierungspartei. Kaum dass sich Libyen 1988 vollständig aus Tschad zurückgezogen hatte, geriet Habré in Streitigkeiten mit seinen früheren Zaghawa-Mitkämpfern.

Der Konflikt entzündete sich an der Verfügung und dem Verkauf wertvollen militärischen Beutegeräts aus dem Kampf mit libyschen Truppen. Es lockte Schwärme von Waffenhändlern in den Tschad. Zum Hintergrund: Im Süden des benachbarten Sudan tobte seit Jahrzehnten ein Bürgerkrieg, der stetigen Nachschub mit Waffen und Munition verlangte. Die Tuareg sammelten Waffen für ihren Aufstand in Mali und Niger. In Liberia braute sich ein Bürgerkrieg zusammen.

Habrés Präsidialclique gedachte das Waffengeschäft allein zu machen und erklärte die Bestände zu Regierungseigentum. Nach gängigem Rechtsverständnis war dies korrekt. Waffen und Waffenbeute gehören der legitimen Regierung. Doch Habré war im Wesentlichen mit Hilfe der Zaghawa an die Macht gelangt. Als Sprecher der tschadischen Zaghawa trat inzwischen Iris Déby, ein Armeeoffizier, auf. Er unterstellte Habré, die Zaghawa um ihren Beuteanteil zu betrügen. Die Zaghawa verkauften die Waffenbestände auf ihrem Stammesgebiet auf eigene Rechnung. Wir beobachten hier also abermals den Primat tradierten Verhaltens, Beute, Beuteteilung und Stammeskalkül vor dem Denken in Staatlichkeit. Habré ließ diese Eigenmächtigkeit nicht durchgehen. Er ging militärisch gegen die früheren Verbündeten vor.

Déby setzte sich 1989 vor den überlegenen Kräften Habrés in den Sudan ab. Im grenznahen Darfur, dort wieder im sudanesischen Siedlungsraum der Zaghawa, wurde ihm gestattet, eine Rebellenarmee aufzubauen. Khartum votierte damit unter der Hand für einen Präsidentenwechsel im Tschad. Ein tschadischer Zaghawa versprach vertrauenswürdiger zu sein als ein Tubu-Präsident, der schon mit dem libyschen Präsidenten geflirtet hatte.

Den Ausschlag für den gewaltsamen Machtwechsel in N'Djamena gab Paris. Gerüchte kamen auf, Habré verhandle mit US-amerikanischen Konzernen über die Ausbeutung der im Tschad entdeckten Ölvorkommen. Frankreichs Diplomatie und Geheimdienste wurden aktiv. Immer noch ging es Paris darum, seine wirtschaftlichen Interessen im ehemaligen Imperium zu verteidigen. Die französische Regierung gewährte Déby verdeckte Unterstützung. Mit zwei mächtigen Verbündeten im Rücken, Frankreich und dem Sudan, überquerten Débys Milizen die Grenze und eroberten in kürzester Zeit die tschadische Hauptstadt. Habré und seine Mitstreiter ergriffen die Flucht, vergaßen aber nicht, die Bargeldbestände der Regierungsbehörden mitzunehmen (Foltz 1995). Déby richtete sich in den verlassenen Amtsräumen des Präsidenten als Nachfolger ein.

Débys Personal- und Patronagepolitik ließ seine Zaghawa-Klansgenossen großzügig zum Zuge kommen. Déby posiert zwar als Vertreter der muslimischen Völker Tschads. Die Tubu aber und rivalisierende Zaghawa-Klans gingen so gut wie leer aus. Wir sehen also auch hier wieder, wie bereits beim Vorgänger, eher die Begünstigung des erweiterten Familienverbandes (Klans) als die verbandsübergreifende ethnische Solidarität oder gar die Solidarität der Muslime.

Die Penetration Tschads durch die Nachbarstaaten wird in der Verknüpfung der Machtspiele in Tschad und Sudan deutlich. Als Folge eines Machtkampfes in Khartum wurde 1999 Hassan Turabi, starker Mann des sudanesischen Regimes und Chef der islamistichen Partei NIF, entlassen (siehe unten Teil 3). Damit zerschlugen sich die Hoffnungen ehrgeiziger sudanesischer Zaghawa-Politiker und ihrer Klientel, die ganz auf die Karte Turabis gesetzt hatten, um selbst Karriere zu machen. Sie gründeten im Grenzgebiet Darfur eine auf die Zaghawa gestützte Rebellenbewegung. Vor dem Hintergrund rebellierender Zaghawa im eigenen Land erschien ein Zaghawa-Präsident im Tschad aus der Perspektive sudanesischen Regimes in neuem Licht. Die sudanesische Regierung unterstützte fortan Zaghawa-Rebellen im Tschad, die Déby verübelten, dass er ausschließlich seinen eigenen Klan mit Staatspatronage bedacht hatte. Der tschadische Präsident schlug prompt zurück, indem er die regierungsfeindlichen Zaghawa-Rebellen im sudanesischen Darfur unterstützte.

Der tschadische Staat ist schwach wie seit je, zu flächendeckender Präsenz ist er außerstande. Putschversuche bekräftigten in den Jahren 2006 und 2008 die Labilität des Regimes. Bisweilen versucht das Regime, wie auch in anderen schwachen afrikanischen Staaten üblich, den Druck zu mindern, indem es Rebellen die Übernahme in die Streitkräfte und ihren Führern wohldotierte Generalsränge in Aussicht stellt (van Dijk 2007). Der letzte für Déby bedrohliche Putsch (2008) ging von einem konkurrierenden Zaghawa-Klan aus. Die Aufständischen konnten erst vor den Toren des Präsidentenpalastes abgewehrt werden.

Seit 25 Jahren regieren in N'Djamena muslimische Politiker und Verwalter. Sie verkörpern eine andere Lebenswelt als die Afrikaner. Dürren und Naturzerstörung setzen den Nomaden Tschads genauso zu wie denen in Darfur und in Niger. Die Regierung Tschads erlaubt den Hirtenvölkern das Vorrücken nach Süden. Damit nimmt sie die unvermeidlichen Konflikte mit afrikanischen Bauern in Kauf. Die tschadischen Afrikaner in ihrer Gesamtheit sehen sich als Opfer eines arabischen Regimes. Deshalb regt sich im Süden des Landes Widerstand (Nugent 2004: 400). Auch wenn die tschadischen Afrikaner Christen sind und die Araber Muslime, haben diese Konflikte keine religiöse Dimension. Es geht um Lebensart und Wirtschaftsweise.

An der Oberfläche respektiert das gegenwärtige Regime die Verfassung. Aber die Wahlen sind manipuliert. Von der Opposition wurden sie boykottiert. Gegen die Verfassungsregeln ließ sich Déby 2005 eine dritte Amtszeit genehmigen.

Seit 2003 wird im Tschad Erdöl gefördert. Die Pipelines verlaufen durch den südlichen Tschad bis an die kamerunische Küste. Die Kontrolle des südlichen Tschad hat für das Regime noch an Bedeutung gewonnen. Trotz der Einnahmen aus dem Ölverkauf ist Tschad von internationaler Hilfe abhängig. Die westlichen Geldgeber verlangen im Gegenzug Reformen, sie verbieten auch, die Gelder für Militär und Polizei auszugeben. Diese Konditionen werden trickreich umgangen und nachverhandelt. Mit China, dem langfristige Optionen für die Lieferung von Erdöl in Aussicht gestellt werden, gibt es inzwischen einen potenten alternativen Kreditgeber. Beijing stößt sich nicht an der politischen Qualität des tschadischen Vertragspartners (Pegg 2009).

20.4 Von der kolonialen zur nachkolonialen Peripherie

Mali, Niger und der Tschad waren im französischen Kolonialimperium sämtlich Peripherie. Die Gebiete brachten nichts ein, sie umschlossen Steppe und Wüste und stellten lediglich als Sicherheitsproblem eine bescheidene Herausforderung dar. Die exportwirtschaftlich überwiegend nicht nutzbaren Territorien wurden den dort lebenden Menschen überlassen. Sie störten nicht, sofern sie den kolonialen Frieden nicht infrage stellten. An Bildung und zivilisatorischen Fertigkeiten mochten die Afrikaner dieser Gebiete den Tuareg und arabisierten Völkern überlegen sein. In der Kolonialzeit zählte dies nicht viel. Über beide waren weiße Beamte, Offiziere und Geschäftsleute gesetzt. Erst die Unabhängigkeit setzte Spannungen frei, die dem Nebeneinander so ungleicher Stammesgesellschaften innewohnen. Allenthalben setzte sich die gößere Zahl durch. In Mali und Niger sind Tuareg und Araber marginalisiert, in Tschad die christlichen Völker. Das politische Spiel wird dort, wo die afrikanischen Völker dominieren, zwischen Afrikanern ausgetragen, vornehmlich in den Hauptstädten Malis und Nigers, wo sich Gebildete und Technokraten, insbesondere Lehrer, Offiziere, Studenten und politische Unternehmer (Parteigründer, Gewerkschafter) konzentrieren. Im Tschad läuft das Spiel zwischen den Führern arabischer Völker und Klans in teils bizarren Manövern und Allianzen. Stets geht es um dasselbe Ziel: die Kontrolle über die Hauptstadt und damit über die Kasse und die internationalen Kontakte zu gewinnen. Die Sicherung der rohstoffreichen Gebiete ist in allen drei Ländern prekär. Dem Staat fehlt es an Durchsetzungsfähigkeit und Präsenz in der Fläche. Diese Schwäche, ein Merkmal des Failing state, führt die großen Nachbarn, Libyen und den Sudan, immer wieder in Versuchung, über Stellvertreter Einfluss zu nehmen. Letztlich leisten die staatlichen Apparate kaum mehr, als dass sie die politischen Eliten und eine sehr überschaubare Schicht von bürokratischen Funktionsträgern eine Zeitlang über Wasser halten.

21 Fazit

Neopatrimonalismus und Staatsversagen gehen bei den meisten der hier näher betrachteten Beispiele eng zusammen. Hinter beiden Phänomenen steht eine Sicht auf den Staat, die dem Blick eines Unternehmers auf ein Sammelsurium von Firmen und Betriebsplätzen gleicht. Einige davon werfen Gewinn ab, andere werkeln so la la vor sich hin, ohne die Bilanz groß zu belasten. Wieder andere bringen nur Verluste. Sie ließen sich vielleicht sanieren oder zumindest aus der Verlustzone navigieren. Dafür müsste aber investiert werden. Und für diese Investitionen wäre es vonnöten, den privaten Konsum einzuschränken. Ein Unternehmer, dem seine gesellschaftliche Reputation etwas bedeutet, der sich der Firmentradition und den Beschäftigten verpflichtet fühlt, würde entsprechende Prioritäten setzen. Er wird die verlustbringenden Teile seines Imperiums verkaufen und wenn er keinen Käufer findet, für sie die Insolvenz wählen müssen.

Hier endet der Vergleich des neopatrimonialen Herrschers mit dem Inhaber des disparaten Firmenkonglomerats. Der Staat ist kein Unternehmen. Das Interesse an persönlichem Saus und Braus einmal unterstellt, für das es an Belegen ja nicht mangelt, kümmert sich auch der Big Man eines autoritär regierten afrikanischen Staates durchaus um seine Ressourcenbasis. Er wird dies nicht nachhaltig tun – nach ihm die Sintflut! Aber die Staatsverwaltung, die Diplomaten, Polizisten und Armeekommandeure müssen schon dafür sorgen, dass der Verkauf ins Ausland klappt, damit all die schönen Dinge gekauft werden können, bis hin zur Villa an mediterranen Gestaden, die ihn, seine Familie und seinen Anhang erfreuen. Das kostet einiges, bis hin zu Auslandsstipendien für die Kinder der Staatselite, Polizistengehältern und Bewachungspersonal für das Botschaftsviertel und intakten Hafenanlagen. Aber diese Kosten müssen sein.

Doch alles das, was sonst wie bleierne Gewichte den Haushalt belasten würde, die entlegene Provinz, in der es keine Ölquellen gibt, wo kein Kaffee oder Tee angebaut wird und auch keine Edelmetalle gefördert werden, Polizeiposten, die keine Regierungsgebäude und besseren Wohnquartiere bewachen, Abwassersysteme und Krankenbehandlung, die allein den Armen in den Slums der Hauptstadt nützten – dies alles kostet nur Geld. Es hat keinerlei Relevanz für Export und Import und für die Einkommen der Elite. Im Unterschied zum oben erfundenen Unternehmer gibt es für den neopatrimonialen Präsidenten nicht den Gang zum Amtsgericht, um lästig gewordene Firmen durch Löschung im Handelsregister abzustoßen.

Die UN sind kein Amtsgericht. Wohl aber werden sie zum internationalen Arbeits- und Versorgungsamt, weil sie für die Folgen aufkommen, wenn sich ein Regime dazu entschließt, die Gebiete und Bürger, die nichts einbringen, von staatlicher Aktivität und Fürsorge auszuschließen. Die Grenzpfähle bleiben stecken, auch eine Zollhütte mit Staatsfahne bleibt stehen, desgleichen ein Zollbeamter, der, wenn er Glück hat, alle paar Monate sein Gehalt bekommt. Der Staat als Rechtsfiktion bleibt, für die Menschen verliert er seine Bedeutung.

Zahlreiche Bürger von Nairobi, Kinshasa oder Abdijan werden, blicken sie auf die politische Landkarte, feststellen, dass sie in Kenia, im Kongo oder in der

Elfenbeinküste leben. Da sie keine Arbeit haben, in illegalen Siedlungen leben und eventuell schutzlos der Willkür krimineller Banden ausgeliefert sind, ist es aber belanglos, ob sie in einem Staat und in welchem sie leben. Mit dem Staat kommen sie nur in Berührung, wenn seine Diener die Hand aufhalten oder aber den Knüppel schwingen, um sie als Unruhestifter zum Schweigen zu bringen.

Die räumliche Nähe zum Regierungsviertel, zu den Wohngebieten der besser Situierten und zu den Ausländerkolonien zwingt dazu, die Ordnungskräfte immerhin dort zu konzentrieren. Anders verhält es sich in den Peripheriegebieten fern der Hauptstadt und fern auch der Devisen bringenden Zonen. Jahrelange Vernachlässigung bereitet dort häufig den Boden nicht nur für strafloses kriminelles Treiben, sondern auch für politisch ambitionierte Gestalten, die dort – man mag sie Warlords oder anders nennen – einen Staat im Staate errichten, sei es, um sich zu bereichern oder von dort aus den Präsidenten und seinen Anhang aus der Hauptstadt zu vertreiben. Auch laden vernachlässigte Gebiete solcher Art, die häufig auch Grenzgebiete sind, die Regierungen der Nachbarstaaten ein, sich einzumischen und Rebellenbewegungen zu unterstützen. Auch für diese Regierungen sind die besagten Gebiete ökonomisch wertlos. Aber sie bieten eventuell einen Hebel, um ein missliebiges Regime im Nachbarland auf Umwegen unter Druck zu setzen oder es zu beseitigen.

Im Unterschied zum Bild des kurzfristig denkenden, allein auf die Vermögensentnahme fixierten Unternehmers fallen für die Regierenden des afrikanischen Staates hohe Nebenkosten an, wenn sie ihr schönes Leben weiterhin genießen wollen. Es reicht ja nicht, einfach die Rosinen aus der Nährmasse herauszupicken und engste Verwandte und politische Freunde daran teilhaben zu lassen. Ohne einen gewissen Rückhalt in der Gesellschaft hätten die Regime tagtäglich zu gewärtigen, von der blinden Wut verelendeter Massen hinweggefegt zu werden. Hier kommt ein zweites Charakteristikum der afrikanischen Politik ins Spiel: das Kalkül mit Ethnie und Religion.

Ob sich ein Regime nun auf die freie Wahl berufen kann oder ob es durch Wahlfälschung und Einschüchterung oder auf andere Weise an die Fleischtöpfe der Macht gekommen ist, spielt bei der Manipulation der Volks- und Religionszugehörigkeit keine Rolle. Weil die Identifikation als Christ, Muslim, Mandingo, Kikuyu, Luo, Tutsi oder Hutu nun einmal vorhanden ist und weil die Politik diese Identität jahrzehntelang benutzt hat, ist es zur Grundregel der Regimesicherung geworden, dass sich die Herrschenden mit einer Ethnie identifizieren. Das geht freilich nicht kostenfrei vonstatten. Für die Ärmsten auch des eigenen Volkes wird sich zwar nichts ändern. Soviel Geld kann und will auch kein großzügiger Präsident in die Hand nehmen. Aber einige, insbesondere strategisch platzierte Personen, Meinungsmacher, Unternehmer, Häuptlinge, Verwaltungsbeamte, Universitätsabsolventen und Offiziere genießen spürbare materielle Vorteile, wenn einer der Ihren im Präsidentenpalast residiert. Sie hätten einiges zu verlieren, wenn dort der Vertreter eines anderen Volkes das Zepter führte.

Dieses Wissen schweißt sie mit denen zusammen, die an der Spitze der sozialen Pyramide stehen. Und aus genau diesem Grunde ist es keine spontane Volkswut, die sich nach ungünstigen Wahlergebnissen Bahn bricht, sondern der Abwehrkampf der vielen Begünstigten, die allein deshalb begünstigt sind, weil sie zum bisher privilegierten Volk gehören. Mag noch der Platzhalter an der Staatsspitze letztlich den Platz räumen. Das schmerzt sein Ego und seine Brieftasche. Doch in aller Regel ist in der Amtszeit genug an Nebeneinkünften zusammengekommen, um daheim oder im Exil weiterhin ein auskömmliches Leben zu führen.

Selbst dies verschafft heute aber schon keine rechte Sicherheit mehr. Die gewählten Nachfolger werden vielleicht Nachforschungen anstellen, Korruptionsvorwürfe erheben und Prozesse anstrengen. Amerikanische und europäische Banken mögen die Konten sperren, wenn der Inhaber nur noch eine Macht von gestern ist. Für die zahlreichen Trittbrettfahrer auf den hinteren Plätzen geht es unter Umständen um die schlichte Existenz. Nicht von ungefähr entwickeln sich um einen durch Wahlen drohenden Machtwechsel nicht selten bürgerkriegsartige Auseinandersetzungen.

Wenn sich die Milchkühe der Exportwirtschaft in Gebieten befinden, in denen keine an der Staatskontrolle beteiligte Völker leben, was recht häufig der Fall ist, dann steigen die Kosten der staatlichen und politischen Kontrolle. Der heimischen Bevölkerung wird nicht vertraut. Deshalb werden dort Funktionsträger mit Herkunft aus der im Staat herrschenden Ethnie eingesetzt, nicht zuletzt bei den Sicherheitskräften. Dies wiederum verschärft die ohnehin vorhandenen Animositäten zwischen den Völkern, die vom Regime profitieren, und den übrigen, die davon ausgeschlossen sind.

Die Mehrheitsproportionen sind nicht sonderlich wichtig. Die Kleinstethnien haben ohnehin keine Chance, einen der Ihren in höchste Staatsämter aufsteigen zu sehen. In der Regel handelt es sich um Vertreter der größeren Ethnien. Ob sie das Spiel allein machen oder ob sie mit anderen teilen müssen, hängt von verschiedenen Überlegungen ab. Zählt die „regierende Ethnie" zwar viele Menschen, konzentriert sie sich aber dicht auf einem kleinen Gebiet, dann droht der Verlust der Gebietskontrolle, wenn andere Völker von den Vorteilen der Staatskontrolle ausgeschlossen werden. Also wäre es hier klüger, andere Völker als Koalitionspartner ins Boot zu holen. Das Gleiche gilt, wenn ein Volk zwar einigermaßen über das gesamte Staatsgebiet verteilt lebt, wenn es aber insgesamt von anderen majorisiert wird. Nur große Ethnien ermöglichen es ihren Vertretern an der Spitze des Regimes, die übrigen Ethnien zu vernachlässigen und die renitenteren aktiv zu unterdrücken.

Das Teilen ist Conditio sine qua non für den Weg zur Macht und für den Machterhalt. Selbst dann, wenn die Macht zu entgleiten droht, zeigt das Teilen noch eine letzte Verteidigungslinie auf. Wie die Länderbeispiele zeigen, sind die Verhältnisse in den letzten Jahren nicht demokratischer geworden und gewaltärmer schon gar nicht. Aber zumindest der teilweise Verzicht auf Ressourcen, die an Regierungsämter gebunden sind, ist schon keine Ausnahmeerscheinung mehr. Wenn selbst manipulierte Wahlen nicht mehr die erwünschten Ergebnisse brachten, mussten sich die Präsidenten fast überall dazu bequemen, einen Regierungschef aus den Reihen der bisherigen Opposition an ihrer Seite zu dulden. Ob man derlei als Machtteilung bezeichnen will, ist Geschmacksache. Eine Ressourcenteilung ist es allemal. Sie ist notorisch umstritten, denn Ressourcen und Regierungsmacht sind eins.

Betrachten wir jetzt auch noch die Verteilungsrichtung. Umverteilt wird hauptsächlich zwischen rotierenden Eliten. Die Masse selbst der regierenden oder mitregierenden Völker hat nichts von den Veränderungen. Wie die Beispiele zeigen, ändern sich die Gesichter in den Führungspositionen, der Stil aber, der Missbrauch und die Korruption gehen weiter. Dies gilt auch für Bürgerkriegsstaaten, in denen die Streitparteien übereinkommen, die Waffen niederzulegen und sich an breiten Regierungsbündnissen zu beteiligen (Mehler 2009).

Ein Regierungschef des einen Volkes an der Seite eines Präsidenten des anderen Volkes wird seine eigene Klientel aufbauen wollen und damit im Großen wie im Kleinen den bisherigen Regimeprofiteuren in die Quere kommen. Die Ethnie als Baustein der Politik wird damit eigentlich noch einmal ein Stück aufgewertet. Wer profitiert, lässt sich einigermaßen absehen: Es handelt sich um ein Nullsummenspiel. Für die Verstetigung einer friedvollen Politik wäre es wichtig, dass sich um dieses Geben und Nehmen ein Regelkonsens entwickelt. Es gibt einige Fälle, wo dies der Fall zu sein scheint, etwa in Ghana und im Senegal. Überwiegend scheint es aber so zu sein, dass in jeglicher Machtteilung der Wunsch zur Revanche lauert.

Als Grundlage für eine dauerhafte Balance der Ethnien in der Politik scheinen föderale Lösungen besser geeignet. Nigeria hat so viele teilstaatliche Einheiten geschaffen, dass Vertreter jedes Volkes irgendwo und irgendwie an den Segnungen der Staatskontrolle und -ressourcen teilhaben. Dieser Elitenföderalismus nützt selbst denen, die überhaupt keinen Bissen vom Ressourcenkuchen abbekommen – es gibt wenigstens keinen Bürgerkrieg mehr um die Kontrolle des Gesamtstaates. Der Preis, der dafür gezahlt wird, ist allerdings hoch. Ethnische Minderheiten geraten unter die Räder, wenn sie im falschen Staat leben, zum Beispiel die Christen in den nigerianischen Schariatsstaaten. Außerdem stellt sich die Frage, ob dieser Föderalismus mit seinen 37 Futterstellen für ethnische

Eliten überhaupt bezahlbar wäre, wenn Nigeria keine Ölrente zur Verfügung hätte. Damit kommt eine weitere Überlegung ins Spiel.

Je mehr Staaten Westafrikas vor ihren Küsten grünes Licht für die Ölförderung geben, desto mehr Geld spült in die Kassen. Um zum alten Bild zurückzukehren: Unser maroder Unternehmer hat Glück, er gerät unvermutet an eine Geldquelle, die ohne sein Zutun absehbar kräftig sprudeln wird. Er wandelt sich jetzt aber nicht zum Wohltäter, er modernisiert jetzt keineswegs mit viel Aufwand seine schlapperen Firmen, um die Zukunft seiner Mitarbeiter und das Wohlergehen der Firmenstandorte zu sichern. Er wird wohl weiterhin den gewohnt kräftigen Schluck aus der Flasche nehmen und sonst seine Security verstärken, um elende Gestalten, die an sein Hab und Gut wollen, von seinem Anwesen fernzuhalten.

Genauso verhalten sich auch die Regenten der neuen Petrostaaten. Wozu all das schöne Geld investieren, wozu Bildung, Krankenhäuser und Infrastruktur, die sich erst in vielen Jahren auszahlen mögen, wenn das, was nicht unmittelbar konsumiert wird, als Sicherheit fürs Alter oder für unvermutet schlechtere Zeiten auf einem Schweizer Nummernkonto deponiert werden kann? Und sollte es Schwierigkeiten mit den Habenichtsen geben, bleibt noch genug übrig, um Militär und Polizei besser auszustatten. Das Problem sind jetzt nicht mehr Ressourcen, sondern Mentalitäten. Sie haben ihre Wurzeln in der kolonialen, aber auch in einer postkolonialen Vergangenheit, die den Eliten fatale Botschaften vom Zweck der Politik vermittelt hat.

Teil 3: Zwischen Orient und Afrika: Der Sudan

Im Sudan treffen drei Kulturen zusammen. Der nordöstliche Sudan gehört zum arabischen Kulturkreis. Seine Vertreter beherrschen seit der Unabhängigkeit Politik und Wirtschaft. Der westliche Sudan, das Darfur-Gebiet, weist große Ähnlichkeit mit den Spannungsfeldern der Sahelstaaten, insbesondere Tschads auf. Der südliche Sudan zählt ethnisch und landschaftlich zu Zentralafrika. Der Sudan insgesamt gehört nicht einfach sowohl zur arabischen und zur afrikanischen Welt. Er verkörpert gleichzeitig auch Randzonen dieser beiden Welten (Assal 2009: 182). Damit sind bereits die wichtigsten Ursachen für den gewaltsamen Konflikt als Dauerzustand benannt.

1 Koloniale Vorgeschichte

Der Sudan ist ein überwiegend islamisches Land. Die sudanesischen Muslime rechnen sich darüber hinaus zur arabischen Welt. Obgleich ein dunklerer Typus als die Ägypter und Araber des Mittelmeerraumes, ist das Arabische fester Bestandteil der kollektiven Identität, mögen die „eigentlichen“ Araber auch auf sie herabblicken (Deng 2005: 44ff.). Die Identifikation mit der arabischen Welt vollzieht sich über die arabische Kultur. In ethnischer Hinsicht sind die arabischen Sudanesen Afrikaner (Iyob/Khadiagala 2006: 20). Die im südlichen Sudan lebenden afrikanischen Völker halten bis heute an ihren traditionellen Religionen fest. Die Verwandtschaft der Sudanesen mit afrikanischen Völkern zeigt sich vor allem in der Hautfarbe. Die Sudanesen in ihrer Gesamtheit sind ein schwarzes Volk. Desto schärfer werden Brauchtum und Religion betont, um die Unterschiede hervorzukehren. Hauptsächlich daraus resultiert die Abgrenzung der Muslime von Landsleuten, die zu ihren afrikanischen Wurzeln stehen, die sich als Christen verstehen oder überlieferte animistische Religionen praktizieren.

Bei den sudanesischen Muslimen handelt es sich durchweg um Sunniten. Die meisten gehören einer von zwei großen sufischen Tarikas (Religionsgemeinschaften) an. Beide haben ihre Ursprünge in islamischen Reformbewegungen, die im Hedschas des 18. Jahrhunderts aufkamen. Der Wahabismus war eine betont nüchterne Ausdrucksform der religiösen Erneuerung, die den Islam von allem Beiwerk entschlacken wollte, das sich im Laufe der Jahrhunderte an die originäre Glaubensbotschaft angehaftet hatte (siehe oben Teil 2, 8.1). Die Sufis hingegen wandten sich gegen die Auffassung, mit der Ära der Religionsgründung sei den Gläubigen bereits alles zuteil geworden, was sie zum rechten Leben bräuchten. Sie predigten vielmehr, die Botschaft des Propheten verlange die Anleitung der Gläubigen durch fromme Männer und sinnliche Gotterfahrung. Diese Frommen sind für ihre Aufgabe prädestiniert. Sie sind Heilige, ihren Söhnen gebührt die gleiche Verehrung wie ihnen selbst (siehe oben Teil 1, 2.1.3.4). Es waren hauptsächlich sufische Missionare, die im 18. und im 19. Jahrhundert den Islam von Ägypten aus in den Sudan tragen sollten.

Die größere der beiden Tarikas ist die Khatmiyya. Ihre erblichen Führer kommen aus der Familie al-Mirghani. Sie gehört bis heute zu den mächtigen Familien des Sudan. Daneben ragt die Tarika der Sammaniyya heraus. In ihrer Lehre kommt der Erlöserfigur des Mahdi, des Weltretters, besondere Bedeutung zu. Aus ihrer Mitte ging später die Mahdi-Bewegung hervor. Der Sektengründer Muhammad Ahmad initiierte 1881 den antikolonialen Aufstand. Er gab sich den Namen al-Mahdi. Seine Schüler bezeichneten sich fortan als Ansar (Jünger) und gaben dieser mächtigen Tarika ihren gegenwärtigen Namen. Bis heute stellt die Familie al-Mahdi die politischen und religiösen Führer dieser Gemeinschaft (Lesch 2004).

Auf der Suche nach Sklavenbeute eroberten Muhammad Alis Truppen im frühen 19. Jahrhundert den nördlichen Teil des heutigen Sudan. Von dort aus stießen arabische Sklavenjäger regelmäßig in das von Afrikanern besiedelte Quellgebiet des Nil vor. Sufische Missionare folgten ihnen auf dem Fuß. Wer kein Muslim war, galt als legitime Beute. Diese Praxis beschleunigte in weiten Teilen des Gebiets die Konversion zur Botschaft des Propheten (Beck 2004: 610).

Die osmanisch-ägyptischen Staatsreformen konfrontierten die arabischen Völker des Sudan mit unliebsamen Neuerungen. Zum ersten Mal machten Sudanesen ihre Erfahrung mit einer fremden und fernen Autorität (siehe oben Teil 1, 1.1.4, 1.1.5). Das Verbot des Sklavenhandels, mochte es in der Praxis auch wenig bedeuten, weil die ägyptische Verwaltung unfähig und korrupt war, nagte an einer von der Tradition bestimmten Lebensweise und stellte die Legitimität eines wichtigen Handelsgutes infrage. Auch die Ausländer, die per Schiff im Sudan ankamen, um Geschäfte zu machen, waren nicht willkommen. Vor allem die Forderung, Steuern zu zahlen, schürte den Widerstand.

Muhammad Ahmad, der im Schoße der Sammaniyya aufgewachsen war, organisierte 1881 eine Rebellion gegen die koloniale Bevormundung. Ihm schlossen sich vor allem die Stämme in den entlegenen und ärmeren Regionen an. Die großen, am Nil siedelnden sesshaften Stämme seiner Heimat hielten sich vom Aufstand fern. Ahmad rief sich zum Mahdi, zum Künder des nahenden

Gottesgerichts aus. Unter seiner Fahne erhob sich zunächst die südwestliche Provinz Kordofan. Dann schlossen sich die Stämme des Darfur-Gebiets an. Ahmad war nicht der erste Mahdi im islamischen Afrika. Als sich bei den Muslimen im Norden des heutigen Nigeria der Biss des kolonialen Staates bemerkbar machte, waren auch dort bereits Mahdis aufgetreten, die zur Vertreibung der Ungläubigen aufriefen (Waal 2005: 190).

Der Aufstand verlief so erfolgreich, dass der Mahdi bald kurz davor stand, den gesamten Sudan und das Nilgebiet zu erobern. Damit wurde er für Ägypten bedrohlich, das die Briten erst 1882 in ein Protektorat verwandelt hatten. Eine britisch-ägyptische Truppe stellte sich dem Mahdi entgegen. Sie wurde überrollt. Im Jahr 1885 fiel die sudanesische Hauptstadt Khartum. Wenig später starb der Mahdi. Sein engster Mitarbeiter Abdallahi ibn-Muhammad trat die Nachfolge an und setzte das Eroberungswerk fort. Wie die weltlichen Nachfolger des Propheten in der Frühzeit des Islam begnügte er sich mit dem Titel eines Kalifen.

Das Mahdi-Reich stützte sich auf ein Sammelsurium von Stammesführern und Sektenvorstehern. Es hatte zwar unklare Grenzen, besaß in Ansätzen aber doch eine zentrale politische Führung. Die Nilstämme freilich blieben auf Distanz. Dieses Reichsgebilde scheiterte nicht an seiner lockeren Struktur. Es löste sich unter dem Ansturm der ägyptisch-britischen Rückeroberung auf. Sie begann 1896 und war 1899 abgeschlossen. Im Jahr 1904 wurde der Sudan zum Kondominium erklärt, zum gemeinsamen Besitztum Ägyptens und Großbritanniens.

Den maßgeblichen Part in dieser Doppelherrschaft hatten die Briten. Priorität hatte die Aufgabe, den Sudan zu befrieden. Zu diesem Zweck kooperierten die Briten mit den Stämmen, die sich von der Rebellion ferngehalten hatten. Hier handelte es sich um Stämme, die sich zur Khatmiyya bekannten. Die Familie al-Mirghani hatte sich sogar am Kampf gegen den Mahdi beteiligt. Dessen ungeachtet wurde auch das Haupt der Ansar-Sekte umworben, um seine Gefolgschaft ruhig zu stellen. Die Familie al-Mahdi wurde durch Privilegien und Landschenkungen schwerreich.

Mit wohlwollender Unterstützung der Kolonialbehörden durften sich sunnitische Ulama frei betätigen, die für Sufismus und Mahdi-Kult nichts übrig hatten. Die Kolonialregierung beteiligte sich ferner am Bau von Moscheen und an der Gründung religiöser Stiftungen, und sie förderte den Hadsch. Die Stammesführer wurden umgarnt, indem man den Stämmen ihre Autonomie beließ.

Der Sudan sollte nicht mehr Kosten verursachen als unbedingt nötig. Die Beschaffenheit des Sudangebiets bot sich für eine doppelte Strategie an. Im südlichen, afrikanischen Sudan, der in mancher Hinsicht ähnlichen Zuschnitt hatte wie die benachbarten Kolonien Kenia und Uganda, wurde die Missionstätigkeit christlicher Kirchen erlaubt. Im arabischen Norden wurde ihr ein Riegel vorgeschoben (Warburg 1999: 118). Weil der Mahdi-Aufstand vor allem in den Westgebieten des Sudan Unterstützung gefunden hatte, wurde das Personal für Polizei, Armee und Verwaltungen vorzugsweise aus den als verlässlich geltenden Nilanrainerstämmen rekrutiert (Kasfir 2005: 198).

Der afrikanische Teil des Sudan war vor Errichtung des Kondominiums das Hauptrevier arabischer Sklavenjäger. Die dort lebenden Völker misstrauten allen Fremden. Gegen die Einführung des ägyptisch-britischen Kolonialregimes leisteten sie heftigen und lange anhaltenden Widerstand. Um die Verwaltungsgrenze zwischen arabischer und afrikanischer Sphäre undurchlässiger zu machen, wurde 1922 ein Pass- und Meldesystem installiert. Erst 1930 war dieser Teil des Sudan überhaupt vollständig befriedet (Sidahmed/Sidahmed 2005: 21). Das Gebiet wurde vom Kolonialministerium direkt verwaltet. Für Hilfsfunktionen in der Kolonialverwaltung, auch für die Polizei- und Ordnungsfunktion, wurden dort Sudan-Araber eingesetzt (Johnson 2003: 15).

Am 1902 gegründeten Gordon College in Khartum ließen die Briten Sudanesen für einen Sudan Public Service (SPS) ausbilden. Der SPS ersetzte allmählich die verbliebenen ägyptischen Verwalter (Sidahmed/Sidahmed 2005: 21).

Die Folgen dieser Versuche, eine britenfreundliche heimische Elite heranzuziehen, fielen anders aus als erwartet. Die wenigen westlich ausgebildeten Sudanaraber blickten nach Kairo, nicht nach London. Aufmerksam registrierten sie, dass sich Ägypten in der Zeit zwischen den Weltkriegen ein Stück von den Briten freischwamm; 1936 rangierte es bereits dicht an der Unabhängigkeit.

Die Absolventen des Gordon College schlossen sich in einem Verband zusammen, dem Kongress der Graduierten. Er war als politisches Forum konzipiert. Hier meldete sich ein neuer „Stamm“ zu Wort: an die europäische Kultur assimilierte arabische Intellektuelle. Die traditionelle Sozialstruktur bot diesen Sudanesen allerdings keinen Platz.

Die Briten akzeptierten den Kongress zunächst als weiteren Ansprechpartner für die heimische Bevölkerung. Wie es häufig bei den intellektuellen Eliten traditionsgebundener Gesellschaften der Fall ist, positionierten sich die Graduierten radikal gegen den Status quo. Anfänglich waren sie nationalistisch gesinnt. Später rückten sie nach links. Als die Graduierten 1943 die Unabhängigkeit verlangten, wandten sich die Briten von ihnen ab. Die Graduierten bemühten sich daraufhin um ein Bündnis mit den traditionellen Mächten. Diese wurden von den Briten ernster genommen.

Ein Teil dieser Graduierte paktierte mit der Familie Al-Mirghani. Aus dem Bündnis ging später die Demokratische Volkspartei PDP hervor. Sie wurde zum politischen Arm der Khatmiyya-Sekte. Andere Graduierte suchten Verbündete in der Familie al-Mahdi. Aus dieser Allianz ging 1945 die Umma-Partei hervor (Sidahmed/Sidahmed 2005: 24f.). Wieder andere Graduierte gründeten in der National Unity Party (NUP) eine eigene Partei.

2 Unabhängigkeit

Mit dem Sturz der ägyptischen Monarchie (1952) zeichnete sich die baldige Unabhängigkeit des Sudan ab. Der Ausstieg Ägyptens aus dem Kondominium entzog der Präsenz der Briten die Grundlage. Seit 1956 ist der Sudan ein unabhängiger Staat.

Bis 1958 änderte sich nicht allzu viel an den Strukturen im Zeitpunkt der Unabhängigkeit: Hier die beiden Sekten Khatmiyya und Ansar mit ihren Parteien PDP und Umma. Dort die NUP, die mit den Gewerkschaften in der Hauptstadt und im Hafenort Port Sudan paktierte. Sie streckte ihre Fühler auch zur kleinen kommunistischen Partei aus. Die Armee ging aus der alten Kolonialtruppe hervor, Sudanaraber lösten die britischen Offiziere ab.

Gleich nach der Unabhängigkeit bildeten PDP und Umma eine Koalition. Einer ihrer ersten Beschlüsse änderte das Wahlrecht, um die Wahlchancen der NUP zu schmälern. Ein Militärputsch setzte dieser Regierung bereits 1958 ein Ende. Der Putsch ging undramatisch und ohne große militärische Kulisse vonstatten. Die Parteien wehrten sich nicht, ihre Unfähigkeit zum Regieren war offenkundig geworden. Sie entzweiten sich jedoch in der Frage, wie es danach weitergehen sollte. Die Umma verlangte 1961 freie Wahlen, die PDP sprach sich für die Fortdauer der Militärregierung aus.

Die Militärs regierten genauso inkompetent wie ihre zivilen Vorgänger. Breite Unzufriedenheit und Proteste, insbesondere Streiks und ziviler Ungehorsam, brachten die Militärregierung 1964 zu Fall. Dirigiert wurden diese Ereignisse von der westlich gebildeten, städtischen Elite im nördlichen Landesteil. Die PDP boykottierte die anschließenden Neuwahlen. Sie präferierte weiterhin ein autoritäres Regime. Ab 1965 regierte die Umma zusammen mit der NUP. Die Kommunisten blieben in der Opposition. Auch diese Regierungsparteien waren ihrer Aufgabe nicht gewachsen. Die Umma zerstritt sich und faserte in Faktionen aus. Die NUP trat aus der Regierung aus und fusionierte mit der PDP zur DUP. Mit einem abermals weichen Putsch machten die Militärs 1969 auch diesem Parteienregime ein Ende. Dies alles spielte sich im beherrschenden nördlichen Teil des Sudan ab.

Blicken wir nun auf den sudanesischen Süden. Alle wichtigen Positionen in Armee und Verwaltung wurden dort auch nach der Unabhängigkeit mit Arabern besetzt. Die Afrikaner revoltierten gegen ihre Situation. Gleich nach der Unabhängigkeit kam es unter afrikanischen Soldaten zu Meutereien. Nach der Unabhängigkeit setzte ferner eine Islamisierungs- und Arabisierungskampagne ein. Die Khartumer Regierung ließ diese Brüskierung der christlichen Afrikaner geschehen. Selbst die britische Kolonialmacht hatte die Identität der südsudanesischen Völker respektiert.

Die Spannungen wuchsen sich 1965 zum offenen Bürgerkrieg aus. Er sollte mit Unterbrechungen bis 2003 dauern. Zunächst erhoben sich die kleinen Völker in der Region Äquatoria in der Nachbarschaft der Zentralafrikanischen Republik und Ugandas. Sieben Jahre später kam der Krieg vorübergehend zum Erliegen. Dem Süden wurden 1972 bescheidene Selbstverwaltungsrechte zugestanden. Während die Führer des Widerstands einlenkten, akzeptierte die Masse der Widerstandskämpfer den Frieden nicht (Johnson 2003: 40f.). Der Bürgerkrieg schwelte weiter.

3 Wendungen in der Khartumer Politik: Die arabische Bühne

Durch den Putsch des Jahres 1969 gelangte General Dschaffad Muhammad an-Numairi an die Spitze des Staates. Die Bevölkerung hatte kaum Anteil an diesem Staatsstreich genommen. In den folgenden Jahren wurde der Militärpräsident vorübergehend von der einen oder anderen Traditionspartei unterstützt. Bald war Numairi so unpopulär wie seine Vorgänger. Er verfolgte ehrgeizige Ziele. Ein groß angelegtes Kanalbauprojekt sollte Wasser vom Oberlauf des Nil in den trockenen Nordsudan leiten. An der Nahtstelle zwischen dem nördlichen und dem südlichen Landesteil waren mittlerweile Ölfelder entdeckt worden. Die von der Ölförderung erwarteten Einkünfte sollten das Projekt finanzieren. Numairis Politik war säkular gestimmt und entfremdete die muslimischen Autoritäten (Tetzlaff 1993: 17). Dem Militärpräsidenten stand das Beispiel Nassers vor Augen: der Staat als Motor einer umfassenden gesellschaftlichen Modernisierung. Ein operettenhafter Putsch brachte 1971 vorübergehend die Kommunisten an die Regierung. Schon ein Jahr später befand sich Numairi wieder im Amt. Noch im selben Jahr vereinbarte er mit Vertretern des sudanesischen Südens die Föderalisierung des Landes.

Als säkularer Politiker hatte Numairi das gleiche Problem wie zuvor die NUP. Ihm fehlte die gesellschaftliche Basis. Die großen sufischen Sekten waren zu konservativ, um sich für die Veränderungen zu erwärmen. Um wenigstens einen Teil der Muslime ins Boot zu holen, wandte sich der Präsident an eine Kraft, die in der Politik des Sudan bisher noch nicht aufgetreten war: die Muslimbrüder. Prominente Mitglieder der Bruderschaft wurden 1977 an der Regierung beteiligt. Zur Erinnerung: Die Brüder stehen für die salafitische Praxis der Sunna (siehe oben Teil 1, 2.1.2, 2.1.4). Die Leitfigur der Bruderschaft war der Jurist Hasan at-Turabi. Er übernahm 1979 das Justizministerium. Mit großem Eifer betrieb er die Islamisierung des noch stark an ägyptischen und britischen

Vorbildern haftenden Rechts. Die Scharia wurde in Staatsgesetz transformiert und die Strafgesetze entsprechend drastisch verschärft.

Turabis Ambitionen gingen über die eines Numairischen Juniorpartners weit hinaus. Mit Hilfe der Infrastruktur der Muslimbruderschaft stellte er in der Nationalen Islamischen Front (NIF) eine weitere islamische Partei auf die Beine. Ihr salafitisches Programm provozierte die großen sufischen Tarikas, die gleichzeitig für die den Staat tragenden Stämme der Nilaraber stehen. Solange Numairi Turabis NIF freie Hand ließ, standen Khatmiyya und Ansar im politischen Aus (Warburg 2009). Nicht nur im Ausland, auch im Sudan selbst regte sich allerdings Kritik am Eifer Turabis, das islamische Gesicht des Landes zu verändern.

Die Islamische Revolution im Iran ließ schließlich im Militär die Furcht aufkeimen, nach dem gleichen Drehbuch drohe auch ein Regime der Geistlichen im eigenen Land. Kleinere Putschversuche ließen erkennen, dass Numairis Rückhalt in den Streitkräften nachließ. Numeiri gab schließlich dem Druck aus den Reihen seiner Offizierkameraden nach und bootete Turabi 1985 aus. Viel helfen sollte ihm dieser Schritt nicht mehr. Ein Putsch entfernte ihn bald darauf aus dem Amt.

Aus den anschließenden Wahlen ging 1986 die Umma-Partei als Siegerin hervor. Ein Mitglied der Familie al-Mahdi übernahm die Regierung. Nun allerdings zeigte sich, dass Turabis NIF über beträchtliche Kraftreserven verfügte. Im großen Städtekomplex Khartum/Omdurman entscheidet sich das Schicksal der Regierungen und Präsidenten, sei es in den Bündnisspielen der Parteien, sei es in der Positionierung der Militäreinheiten im Regierungsviertel.

Durch die anhaltende Landflucht lebten in Khartum und Umgebung mehr Menschen als je zuvor. Im Umfeld der Staatsbetriebe war eine kleine Schicht von Angestellten, Arbeitern, aber auch Geschäftsleuten aufgewachsen. Unterlagen die Menschen in den Dörfern noch der sozialen Kontrolle der Stämme und Sekten, gerieten sie hier unter den Einfluss von Parteifunktionären, islamischen Vereinen, salafitischen Predigern, erlebten sie Ungerechtigkeit und unerreichbaren Luxus. Kurz: Es existierte ein Sozialbiotop, das Anstoß an Ineffizienz, Korruption und Armut nahm und dem die Muslimbruderschaften eine politische Heimat bot.

Ein Ärztestreik – hier tat die Affinität der freien Berufe zu den Muslimbrüdern ihre Wirkung (siehe oben Teil 1, 2.3.6) – trieb die Regierung 1989 in die Enge. Der Ausstand bereitete ein erneutes Eingreifen der Militärs vor. Der Putsch ließ sich nicht lange auf sich warten und bootete noch im selben Jahr die Regierung al-Mahdi aus. Bemerkenswert war der geringe militärische Aufwand, mit dem die Regierung aus dem Sattel gehoben wurde. Lediglich ein kleiner Teil der Streitkräfte war beteiligt. Nicht einmal schwer bewaffnete Einheiten waren darunter.

Dieser vorerst letzte Putsch demonstrierte, dass es der NIF gelungen war, das Offizierkorps zu infiltrieren. Ohne den Einstieg über das Militär hätten Turabis Muslimbrüder und die NIF in der sudanesischen Politik keine zweite Chance gehabt (Sidahmed/Sidahmed 2005: 46ff.).

Der Putsch brachte General Omar Hassan Ahmad al-Baschir ins Präsidentenamt. Dieser Staatsstreich brachte einen tiefen Einschnitt. Zahlreiche Offiziere, deren Loyalität infrage stand, wurden exekutiert. Auch die Beamtenschaft wurde gesäubert. Die vakant werdenden Positionen wurden mit Sympathisanten der NIF besetzt. Verhaftungen und Bespitzelung hielten die Opposition in Schach. Sämtliche Parteien bis auf die NIF wurden verboten, die Kandidatur ihrer Anhänger jedoch toleriert. Die Häupter der Familien al-Mahdi und al-Mirghani setzten sich ins Ausland ab. Turabi trat in die Rolle des starken Mannes hinter dem Präsidenten. NIF-Minister nahmen die Islamisierung des Rechts wieder auf. Religiöse Stiftungen erhielten Steuer- und Zollprivilegien. Beim Verkauf der Staatsbetrieben an Private, mit dem 1992 begonnen wurde, wurden Geschäftsleute begünstigt, die den Bruderschaften und der NIF nahestanden (Ronen 2007: 7ff., Sidahmed/Sidahmed 2005: 123f.). Bei alledem begnügte sich Turabi selbst mit dem Amt des Parlamentssprechers.

Unter dem Einfluss der NIF-Minister erlaubte die Regierung 1994 den Aufenthalt islamistischer Terrorgruppen. Damit freilich überspannte sie den Bogen. Bei einem Staatsbesuch im benachbarten Äthiopien wurde 1995 ein Attentat auf den ägyptischen Präsidenten Husni Mubarak verübt. Es hagelte Kritik aus der arabischen Welt. Die Vorbereitung der Tat wurde den im Sudan geduldeten Terroristen zugeschrieben. Der Sudan drohte die Unterstützung der internationalen Kreditgeber zu verlieren. Diesem Druck nachgebend, wurden die Terrorgruppen gezwungen, den Sudan zu verlassen. Im Umfeld der Parlamentswahl von 1996 kam es zur Spaltung der NIF. Anlass war Streit über das Bemühen des Präsidenten, zu einem auskömmlichen Verhältnis zu den westlichen Regierungen zu finden und mit einer Mäßigung der Islamisierungspolitik dem christlichen Südsudan entgegenzukommen. Ein Flügel des NIF, der sich zum Präsidenten bekannte, verselbständigte sich als NPC. Turabis Anhänger organisierten sich in der PCP, um Druck auf die Fortführung der Islamisierung des öffentlichen Lebens zu machen. Baschir ließ 1998 eine neue Verfassung verabschieden, die Bürgerrechte postulierte und eine freiere Aktvität der politischen Parteien versprach.

Turabi ließ es auf ein Kräftemessen ankommen. Im Herbst 1999 schwor er seine Partei auf weitere Verfassungsreformen ein. Das Parlament erörterte die Einführung eines Amtsenthebungsverfahrens für den Präsidenten, die Parlamentarisierung der Regierungsbildung und die Wahl der Gebietsgouverneure. Dieses Programm zielte in den Einzelheiten wie im Ganzen auf die Machtschmälerung des Präsidenten, der nach aktueller Verfassungslage Minister und Governeure ernennen und sie auch entlassen durfte.

Baschir verstand diese Pläne als Kampfansage. Er verhängte den Ausnahmezustand, löste das Parlament auf und ließ Turabi verhaften (Sidahmed/Sidahmed 2005: 53ff., Fluer-Lobban/Lobban 2001). In der parlamentarischen Kulisse brauchte der Präsident jetzt neue Verbündete. Eine Gruppe von Umma-Politikern um al-Mahdi schied aus der Front oppositioneller Parteien aus, die seinem Regime bis dahin die Mitarbeit verweigert hatten. Mirghanis DUP hielt jedoch am Boykott der Institutionen fest. Dessen ungeachtet setzt das Regime seither auf das Unterstützermilieu der Nilstämme.

Obgleich das Regime seinen autoritären Charakter behielt, ließ sich Baschir unter formal-demokratischen Bedingungen als Präsident mehrfach im Amt bestätigen. Der Wahlprozess wurde wie stets in der Vergangenheit zu Gunsten der Regierungspartei manipuliert. Angelpunkte der Wählermobilisierung sind die Familien- und Stammesbindungen zwischen Kandidaten und Wählern. Das städtische Subproletariat votierte für die Regierung. Andernfalls hatte es zu gewärtigen, dass ihm Polizei und Verwaltung das Leben noch schwerer machte, als es ohnehin der Fall war (Willis/Battahani 2010: 196ff.). Die Oppositionsparteien hielten am Wahlboykott fest (Said/Medley 2006: 697ff.). An den Präsidentschaftswahlen des Jahres 2010, die Baschir im Amt bestätigten, beteiligte sich allein die PCP.

Als roter Faden lässt sich in diesen Geschehnissen erkennen, dass im Sudan zwar ein autoritäres Regime existiert, aber durchaus kein starkes. Die Militärs bestimmen zwar das Spiel. Haben sie die Karten neu gemischt, suchen sie stets Verbündete, die in der Gesellschaft verankert sind. Wer diese Verbündeten sind, erscheint zweitrangig, sofern sie nicht, wie es bei der islamistischen NIF der Fall war, über die Rolle eines Juniorpartners hinauszuwachsen drohen. Jede der bedeutenderen Kräfte ist in der Vergangenheit, zum Teil wiederholt, zum Zuge gekommen: die Muslimbrüder (NIF, PCP) oder eine der großen Sufi-Gemeinschaften (DUP, Umma).

4 Die südsudanesische Politik: Die afrikanische Bühne

Die Islamisierungspolitik des Regimes machte vor dem christlichen und animistischen Südsudan nicht halt. Die seit elf Jahren bestehende Autonomie der Südregion wurde 1983 aufgehoben, um administrative Hindernisse für die landesweite Einführung der Scharia zu beseitigen. Es kam zu Protesten. Um eine Meuterei zu beenden, wurde 1983 der Offizier John Garang in die Region entsandt. Garang gehörte dem nilotischen Volk der Dinka an. An seinem Bestimmungsort angekommen, wechselte er die Seiten und beteiligte sich maßgeblich an der Gründung der Befreiuungsbewegung SPLA. Kern der SPLA-Kämpfer und -Funktionäre waren ebenfalls Dinka. Diese stellen mit etwa 40 Prozent das größte Volk des südlichen Sudan und zwölf Prozent der Gesamtbevölkerung. Im südlichen Landesteil wurden sie zur tragenden Säule des Widerstands.

Nach dem Ende des ugandischen Bürgerkrieges (1987) verbesserte sich die Logistik der SPLA. Die sudanesische Regierung unterstützte die Rebellenarmee LRA im Norden Ugandas, um der SPLA Rückzugsgebiete zu verschließen (siehe oben Teil 2, 16.4). Damit provozierte sie die Regierung in Kampala, der die Rebellion im eigenen Lande schwer zu schaffen machte. Ferner wurde die SPLA von Israel mit Waffen beliefert. Israel ging es darum, im Sudan ein Regime zu schwächen, das sich unter dem Einfluss Turabis dem Lager der israelfeindlichen Scharfmacher angeschlossen hatte.

Gegen die gut geführte SPLA-Guerilla, die in den Savannen- und Sumpfgebieten der Nilzuflüsse ideale Operationsbedingungen vorfand, vermochte die sudanesische Armee militärisch wenig auszurichten. Wo es die geografischen Verhältnisse erlaubten, vor allem im Nuba-Gebiet an der Grenze zwischen dem nördlichen und dem südlichen Sudan, aktivierte das Khartumer Regime seit kolonialer Zeit bewährte irreguläre Reitermilizen. Um das Umfeld der Guerilla zu demoralisieren, wüteten sie mit Mord und Brandschatzung unter der Landbevölkerung. Auch die Praxis, die gefangengenommene Männer zu töten und Frauen und Kinder als Sklaven zu nehmen, lebte wieder auf (Lobban 2001). Die SPLA antwortete mit Gegenterror. Beobachter sprachen damals von Völkermord am Volk der Dinka. Die rassistischen Züge des Bürgerkriegs waren unverkennbar. Die Botschaften aus der Zeit der Sklavenwirtschaft waren noch wirksam (Young 2003: 423).

Die SPLA bot kein einheitliches Bild. Zum einen erhob sich unter den Afrikanern selbst Kritik an der Dominanz der Dinka in der Bewegung. Zum anderen war es mit Blick auf den Gegner und die Landschaft schwierig, die Bewegung zentral und straff zu führen. In der Führungsriege kam es zu Streitigkeiten über die Ziele des Kampfes. Zeitweise kämpften Gruppen des südsudanesischen Widerstands sogar gegeneinander. Tatsächlich tat SPLA wenig, um kleinere Völker ins Boot zu holen, geschweige denn Allianzen mit ihnen zu bilden (Young 2003: 425f., Johnson 2003: 70ff., 82ff.). Die Dinka blicken auf die afrikanischen Nachbarvölker ihres Landesteils als rückständig herab.

In den Auseinandersetzungen ging ein Machtkampf vonstatten, der teilweise die Züge eines vorgezogenen Kampfes um die Beute eines späteren südsudanesischen Teilstaates trug. Er brachte das tiefsitzende gegenseitige Misstrauen in der südsudanesischen Elite zum Ausdruck.

Der Bürgerkrieg zwischen Nord- und Südsudan endete 2005 mit einer Abmachung über die abermalige Föderalisierung des Landes und einer vorläufigen Einigung auf die Verwendung der erwarteten Öleinkünfte. Die SPLA wurde mit eigenen Ministern förmlich an der Khartumer Regierung beteiligt. Die SPLA handelte dieses Abkommen stellvertretend für die südsudanesischen Völker aus, Baschirs NPC stellvertretend für den nördlichen Landesteil. Die SPLA akzeptierte die Geltung der Scharia für muslimische Bürger. Der südliche Sudan bekam im Gegenzug einen eigenen Präsidenten, ein eigenes Parlament und eigene Streitkräfte. SPLA-Kämpfer wurden formell in die Armee übernommen. Sie besteht heute de facto aus einer arabisch-nordsudanesischen und einer afrikanisch-südsudanischen Teilarmee. Letztere wurde ausschließlich im Süden und im Grenzgebiet zum Nordsudan stationiert, ein symbolisches Kontingent auch in Khartum (Young 2005: 105, 107ff.).

Der Frieden erwies sich als brüchig. Obgleich er formal bis heute trägt, kommt es in den Grenzregionen immer wieder zu Scharmützeln zwischen Streitkräften beider Landesteile. Betroffen sind zum einen Gebiete mit Ölvorkommen, auf deren Nutzung beide, die zentrale und die südsudanische Regierung Anspruch erheben, zum anderen Gebieten an der Nahstelle zum westlichen Sudan, wo die Zentralregierung eine befürchtete und gleichwohl unwahrscheinliche Zusammenarbeit der SPLA mit den Rebellengruppen in Darfur verhindern will.

Im Januar 2011 wird der südliche Sudan in einer Volksabstimmung entscheiden, ob er sich als unabhängiger Staat vom Rest des Sudan trennen will. Die Prognosen sagen ein Votum für die Trennung voraus (Perras 2010a). Ob Khartum einer Sezession tatenlos zusehen wird, bleibt abzuwarten. Allein der Verlust der Einnahmen aus den im Südsudan gelegenen Ölvorkommen würde den Restsudan empfindlich treffen (Prendergast/Thomas-Jensen 2009: 211f.).

5 Der Darfur-Konflikt

Der Bürgerkrieg in Darfur entwickelte sich unabhängig vom Bürgerkrieg im südlichen Sudan. Die meisten Darfurer sind Muslime. In der Hautfarbe unterscheiden sie sich kaum von den Afrikanern. Es handelt sich zum beträchtlichen Teil um Afrikaner, die vor langer Zeit aus den islamischen Reichen Westafrikas zugewandert sind (Iyob/Khadiagala 2006: 55). Die ortsansässigen Stämme konstruieren Unterschiede, um sich selbst auf- und ihre Nachbarn abzuwerten. Da die Araber Ihresgleichen als die wertvolleren Menschen betrachten, wird Fremden der Status des Arabers abgesprochen. Sie sind Afrikaner. Angesichts der Unbrauchbarkeit ethnischer Merkmale wie Hautfarbe und Körperbau ist die

Sprache das brauchbarste Unterscheidungskriterium. Muttersprachenaraber dunklen Typus schauen auf hellhäutigere Landsleute herab, die das Arabische als Autodidakten oder in der Schule gelernt haben oder die es überhaupt nicht beherrschen (Streck 2007: 142, Prunier 2006: 195). Die Nilstämme wiederum, die arabischsten unter den Sudanstämmen, haben für die arabischen Bruderstämme in Darfur nicht viel übrig (Khalafalla 2005: 40ff.). Die Unterschiede zwischen den ungleichen Glaubensbrüdern kamen bereits in der Vergangenheit, wie oben geschildert, darin zum Ausdruck, dass die Mahdi-Bewegung des späten 19. Jahrhunderts in Darfur breite Unterstützung fand, während die Nilaraber passiv blieben (Waal 2005: 190ff.).

Die Wüsten- und Steppenregion Darfur grenzt an den Tschad. Dort lebt immer wieder der Bürgerkrieg auf (siehe oben Teil 2, 20.3.3). Die lange Grenze bildet kein Hindernis für die Mobilität von Menschen, Fahrzeugen, Waren und Waffen. Gelegentlich greifen die tschadischen Konflikte auf den westlichen Sudan über. Die sudanesische Regierung hat ihrerseits selten gezögert, offen oder verdeckt in innertschadischen Angelegenheiten Partei zu ergreifen und die Aufstellung tschadischer Rebellentruppen auf sudanesischem Boden zu erlauben (Marchal 2006).

Durch die bewaffneten Auseinandersetzungen im Tschad gelangten Unmengen von Kleinwaffen nach Darfur. Polizei war in Darfur so gut wie überhaupt nicht präsent. Lokale Konflikte gehören von jeher zum Alltag. In der Nähe von Steppe und Wüste bleiben Reibungen zwischen der Lebensweise der Nomaden Bauern nicht aus. Wurden sie früher handgreiflich, allenfalls mit Speeren und traditionellen Waffen ausgetragen, arteten sie mit der Verbreitung automatischer KLeinwaffen bald in Blutbäder aus, die weit über den lokalen Rahmen hinaus breite politische Wirkung entfalteten (Kasfir 2005: 197).

Drei Konfliktparteien lassen sich in Darfur unterscheiden. Die politisch wie militärisch dominante Gruppe sind arabisierte Hirtenstämme. Sie liegen mit bäuerlichen Stämmen im klassischen Konflikt um Weide- und Wasserrechte. Das anhaltende Bevölkerungswachstum und das Vorrücken der Wüste verschärfen diesen Konflikt (Streck 2007: 65, 71f.). Die von den Nilarabern geringschätzig betrachteten Darfur-Araber sehen ihrerseits auf die unter ihnen lebenden Nicht-Muslime als minderwertig herab (de Waal 2005: 182ff.). Diejenigen Stämme, die sich zu ihren afrikanischen Wurzeln und Religionen bekennen, nehmen den sudanesischen Staat als eine Macht wahr, die sie vertreibt und vernichtet (Kasfir 2005: 198).

Kleine Rebellengruppen attackierten 2003 vereinzelt Militärstützpunkte im Darfur-Gebiet. Die wichtigsten waren die die SLA (Sudan Liberation Army) und das Justice and Equality Movement (JEM). Beide nahmen sich die südsudanesischen SPLA zum Vorbild. Diese führte seit Jahrzehnten vor, dass Khartum mit einer dauerhaften Rebellion Konzessionen abgetrotzt werden können. Die geographischen Voraussetzungen für den Guerillakrieg sind in Darfur ungleich schlechter als im unwegsamen Südsudan. Dessen ungeachtet erregte dieser neue Unruheherd in Khartum nicht weniger Besorgnis als der Südsudan. Auch in den westsudanesischen Gebieten waren inzwischen Ölvorkommen entdeckt worden.

Das JEM hat seine Basis Volk der Zaghawa. Verwandte Zaghawa-Stämme leben auch jenseits der Grenze im Tschad. Die Geburtsstunde des JEM lässt sich auf die Entmachtung Turabis im Jahr 1999 datieren. Mit der Kaltstellung Turabis zerschlugen sich die Karrierehoffnungen eines Mitstreiters namens Khalil Ibrahim. Er hatte auf ein Ministeramt in Khartum gehofft, nachdem er verschiedene wichtige Positionen in der Regionalverwaltung innegehabt hatte. Fortan hatte er mit Präsident Baschir eine Rechnung offen. Nach dem Motto „meines Feindes Feind ist mein Freund" genießt das JEM die Unterstützung des benachbarten Tschad. Die SLA vertrat demgegenüber afrikanische Darfurer, die gegen ihre Diskriminierung als Afrikaner in einem von Muslimen kontrollierten politischen Umfeld aufbegehrten.

Um die Rebellion zu bekämpfen, nutzte die Khartumer Regierung die traditionellen Gegensätze aus. Aus den Reihen der Hirten- und Nomadenstämme organisierte sie auch hier bewaffnete Reitermilizen, die als Janaweed traurige Berühmheit erlangten: eine seit altersher bewährte militärische Billiglösung (Streck 2007: 75ff., Waal 2005: 190ff.). Die Milizen lenken von der Verantwortung der Regierung ab, die stets darauf hinweist, dass die Armee mit den Gräueln in der Region nichts zu tun habe. Die Janaweed zur Disziplin anzuhalten, wäre für das Khartumer Regime riskant. Sie könnten sich gegen sie wenden. Auch dies deutet auf die Schwäche des sudanesischen Staates (Rolandsen 2007: 163ff.). Diese Schwäche wurde erst vor wenigen Jahren von einer Episode unterstrichen, die für das Regime allerdings ohne größere Folgen blieb: Eine Truppe des JEM rückte 2008 überraschend bis Omdurman vor, die Zwillingsstadt der Hauptstadt. Nach dieser eklatanten Blamage für die Sicherheitskräfte zog sie sich ebenso rasch wieder zurück (Süddeutsche Zeitung vom 14. 5. 2008: 4).

Kaum weniger überraschend schloss das JEM im Jahr 2010 ein Waffenstillstandsabkommen mit der Khartumer Regierung. Dem ging eine Einigung der sudanesischen und tschadischen Staatschefs voraus, keine regierungsfeindlichen Milizen im jeweils anderen Land mehr zu unterstützen. Andere Gruppen wurden eingeladen, dem Waffenstillstand beizutreten (Perras 2010c). Über dieser Wendung liegt der Schatten der möglichen Verselbständigung des südlichen Sudan nach der für 2011 vorgesehenen Volksabstimmung. Das Regime ist bestrebt, sich in Darfur den Rücken freizuhalten, falls der Krieg mit dem südlichen Landesteil nach einem Sezessionsvotum wieder aufleben sollte.

Die Staatengemeinschaft hat gegen die Gräueltaten keine Mittel. Khartum lässt sich von China mit Krediten und Waffen unterstützen. Die staatliche chinesische Ölgesellschaft investiert und kooperiert mit sudanesischen Partnern. Westliche Mineralölgesellschaften haben auf Druck ihrer Regierungen die Aktivitäten reduziert oder ganz eingestellt, um den Vorwurf zu entkräften, sie unterstützten ein Regime, das die Menschenrechte mit Füßen tritt (Patey 2007).

6 Three in One: Rentenstaat, rebellische Peripherien und labiler Neopatrimonialismus

Im Vergleich mit den orientalischen Nachbarstaaten nimmt sich der sudanesische Staat schwach aus. Das Militär ist außerstande, Rebellionen in den Peripherien zu verhindern und wenn sie sich ereignen, diese dauerhaft unter Kontrolle zu bringen. Weil es den Militärpräsidenten nicht gelang, eine tragfähige Basis in der Gesellschaft zu organisieren, paktierten sie mit den traditionsverwurzelten Kräften in der arabischen Mehrheitsgesellschaft (Stämme, sufische Gemeinschaften), vorübergehend sogar mit Repräsentanten des salafitischen Islam. In der arabischen Mehrheitsgesellschaft, welche die mehr oder weniger Begünstigten des Regimes beheimatet, funktioniert der Repressionsapparat. Beim Nageltest der Staatskapazität, d.h. der territorialen Kontrolle des Gesamtstaates, versagt der Apparat. Die Spannungen zwischen den Kulturen, Völkern und Landesteilen sind zu groß, um sie einfach mit Unterdrückung in den Griff zu bekommen.

Derlei ist im subsaharischen Afrika die traurige Regel, in den orientalischen politischen Systemen aber die Ausnahme. Die Finanzierung des in der arabischen Teilgesellschaft verankerten Regimes steht und fällt mit der Ölrente. Auch die Vertreter des afrikanischen Landesteils blicken auf diese Rohstoffquelle, nicht zuletzt mit der Aussicht auf einen eigenen Staat. Die Herausforderungen an das sudanesische Herrschaftssystem haben insgesamt größere Ähnlichkeit mit dem Konflikthaushalt der meisten afrikanischen Länder als mit denen des Orients. Wie dort liegen die tieferen Ursachen in der Historie: im Political engineering des Kolonialsystems.

Der Orient und Afrika im Vergleich

Die kulturellen Unterschiede zwischen dem Orient und Afrika sind offensichtlich. Das Überwiegen autoritärer Herrschaft zeigt jedoch eine typologische Gemeinsamkeit an. Hinter ihr verbirgt sich die traurige Tatsache der massiven Ungleichverteilung von Macht und Wohlstand, die mit Manipulation und Repression verteidigt wird. Hinter dieser grundlegenden Tatsache verblassen alle säuberlich differenzierenden Feinunterscheidungen, mit denen die vergleichende Betrachtung politischer Regime operiert. Aus der Sicht der Betroffenen dürfte es gleichgültig sein, ob sie unter einem neopatrimonialen, einem zivilbürokratischen oder einem militärisch-bürokratischen Regime leben.

Neopatrimoniale Herrschaft ist im Orient dennoch eine andere Sache als in Afrika. Halbwegs freie Wahlen haben in Afrika größere Chancen als im Orient. Wenn sie denn stattfinden, bewirken sie allerdings allzu häufig nicht viel mehr als den Wechsel der Regierenden. Hier wie dort sind Staat und Regime Mittel zum Zweck. Wichtiger als die formalen Merkmale der Regime sind ihre politischen Inhalte. Sie lassen nur aus den historischen Pfaden und der Alltagskultur verstehen.

Nehmen wir den Staat als Basis des Herrschaftssystems, so verkörpert das Regime den politischen Überbau. Die Beschaffenheit des Staates erlaubt Rückschlüsse auf die Art des Regimes. Der Failed state ist ein Mängelexemplar des per definitionem bürokratischen Staates. Unter diesem Gesichtspunkt treffen wir unter den hier betrachteten orientalischen Staaten überwiegend effiziente Staaten an. Diese Effizienz bezieht sich vor allem auf die Kontrolle der Sicherheitsapparate. Lässt diese nach, droht ein Gerangel um die Kontrolle auf der Kommandobrücke. Entgleitet hier die Staatskontrolle, dann in der Vertikalen, in der Gehorsamsverweigerung, der Verschwörung und im Putsch. Die Staatsgewalt gelangt in andere Hände, aber sie bleibt omnipräsent.

In Afrika beobachten wir typischerweise den Kontrollverlust in der Horizontalen. Das bekannteste und deutlichste Indiz sind Warlords, die sich der Staatsgewalt entziehen und ihr trotzen. Dazu ein Blick auf das Militär. Die orientalischen Militärs sind enge Verwandte der Militärkaste des spätosmanischen Reiches. Diese verstand sich als Speerspitze der Umwandlung des antiquierten Reiches in einen modernen Staat. Als Vorbild verinnerlichten sie das europäische Militär. Das europäische Militär ist auf die Verteidigung des Staatsgebiets spezialisiert. Die Unterscheidung nach verteidigungswürdigen Gebieten, die

Devisen bringen, und weniger verteidigungswürdigen Gebieten, die nur Geld kosten, ist ihm fremd. Mag das Nationbewusstsein der multireligiösen und multinationalen Staaten des Orients hier und dort auch nicht sonderlich ausgeprägt sein, setzt ihr Militär die Nation doch allemal mit den bestehenden Staatsgrenzen gleich.

In Afrika treffen wir eine gegenteilige Situation an. Hier ist der Staat nicht sonderlich effizient. Dies zeigt sich vor allem in der horizontalen Staatskontrolle. Häufig haben die Regierungen ihre Peripherien nicht im Griff und sie scheuen darüber hinaus die Kosten, die mit Abhilfe verbunden wären. Diese Kosten dürften in pekuniärer und militärischer Hinsicht nicht gering ausfallen. Die Fragmentierung der Staatsgebiete in die Siedlungsräume ethnisch und sprachlich separater Völker begünstigt Kontrollverluste in der Peripherie. Das Durchsetzungspotenzial des Staates wird auf die Hauptstadt und auf die weltwirtschaftlich wertvollen Agrar- und Bergbauregionen konzentriert.

Die Macht auch der afrikanischen Regime stützt sich auf die Waffen. Aber das afrikanische Militär ist kein Staatsmilitär wie das des Orients. Der klassische Militärauftrag der Landes- und Grenzverteidigung gilt nicht viel. Noch trägt der Konsens der afrikanischen Regierungen über die Integrität der postkolonialen Grenzen. Zwar an den Staat gebunden, der sie letztlich finanziert, ist die Militärstruktur so weich wie die Zivilverwaltung. Die Grenzen zum kommerziellen Sektor sind porös, die zur Politik genauso. Offiziere machen Geschäfte, sei es auch mit dem vorenthaltenen Sold ihrer Mannschaften.

Betrachten wir nun die Essenz des autoritären Regimes, seine ausschließende Wirkung. Das Regime ist ein inhaltsleerer Begriff, solange es nicht mit Informationen über die Gesellschaft angereichert wird. Hier teilen die orientalischen Regime die grundlegende Gemeinsamkeit, dass sie in islamischen Gesellschaften operieren und mit dem Feuer spielen, wenn sie die Parameter der islamischen Alltagskultur ignorieren. Zwar ist der Islam wie jede Weltreligion ein politisches Omnibusphänomen. Die Opposition beruft sich auf ihn, um soziale Gerechtigkeit einzufordern und die Korruptheit der Regierenden anzuprangern. Islamische Politiker deuten den Palästina-Konflikt in einen religiös-kulturellen Konflikt um. Konservative deuten die Religion im Rahmen eines für sie vorteilhaften Status quo. Wegen dieser Ambivalenz ziehen sich Regime, die eine vom Islam inspirierte Opposition drangsalieren, leicht den Vorwurf zu, das Geschäft der Feinde des Islam zu besorgen.

Die autoritären Strukturen der orientalischen Länder schützen den Sozialstatus und Konsum einer überschaubaren Schicht von Privilegierten, welche die Reichen und Superreichen in Europa und Nordamerika kopieren. Jegliche Umverteilungspolitik, ob sie nun materiell auf die Ärmeren zielt oder kulturell auf die Restauration einer in der Vergangenheit liegenden, vermeintlich authentischeren Wertewelt, stört diesen Bewahrungsauftrag. Demokratische Reformen kämen der Preisgabe des Regimezwecks gleich, das politische Geschäft auf einen ausgewählten Teilnehmerkreis zu beschränken. Hier liegt das Dilemma der autoritären Regime. Die Repression des in den Alltag und in das Geschichtsbild eingelassenen Islam scheidet als praktikable Option aus. Selbst das härteste Regime muss sich diesem Kontext beugen.

Die Folge: Autoritäre Politik ist unter dieser Voraussetzung eine Gratwanderung, ein unablässiges Ausloten und Markieren der roten Linie, bei deren Überschreiten schwer absehbare Konsequenzen drohen. Je nach Einschätzung der Situation mag daraus ein knallharter Autoritarismus resultieren, wie in Syrien, oder aber ein flexibler Autoritarismus wie in Ägypten, dessen Regime einen gewissen Pluralismus zulässt, aber nicht zögert, ihn abzuwürgen, wo er zu stark wird. Die rote Linie wird allemal erreicht, wenn es um den Klassenerhalt geht. Der Habenichtse und Verlierer gibt es viele, auf der Sonnenseite leben Wenige. Wirkliche Wahlen bergen unkalkulierbare Risiken. In den oppositionellen Eliten stehen genügend Engagierte bereit, die den Anforderungen des Regierens fachlich und intellektuell gewachsen sind. Mit großer Raffinesse werden Wahlen fingiert, um eine veritable Auswahl von Personen und Programmen zu unterlaufen.

Hier bietet Afrika ein anderes Bild. Wahlen finden statt. Parlamente und Oppositionsparteien dürfen sich, wenn auch häufig unter unzumutbaren Behinderungen betätigen. Trotz der Hürden, die viele Regime aufbauen, kommt es vor, dass amtierende Präsidenten Wahlen verlieren, dass sie knapp gewinnen und dass die Mehrheiten in den Parlamenten wechseln. Die wichtigsten Gründe, sich darauf einzulassen, liegen in aller Regel in der Abhängigkeit von externen Akteuren (internationale Geldgeber, westliche Regierungen). Aus demselben Grunde lassen sich autoritäre Präsidenten zähneknirschend auf Machtteilung ein und treten einen Teil ihrer Kontrolle an einen Regierungschef und an Minister anderer Parteien ab oder sie räumen gar ihre Residenz. Das Problem bei alledem: Parteien und Minister wechseln, auch die Klientelen, die jetzt zum Zuge kommen. Aber es findet lediglich ein Schichtwechsel statt. Die ausschließende Politik wird mit anderen Teilnehmern und Nutznießern fortgeführt.

Die Herausforderer kommen nicht selten aus den Reihen früherer Funktionäre. Dies zeigt, dass hier lediglich eine Rotation und Kooptation der Eliten stattfindet. Hier geht es – anders als im Orient – um kein unteilbares Gut wie eine säkulare oder religiös begründete Lebensweise, um kein Entweder-oder, sondern um ein Sowohl-als auch. Die neuen Teilhaber in einer Notkoalition sind bloß das kleinere Übel. Die Platzhirsche müssen teilen und enger zusammenrücken. Aber die neuen Herren oder Partner wollen eigentlich genauso leben wie sie selbst. Für die meisten, von denen sie gewählt worden sind, ändert sich wenig. Bereitschaft zur horizontalen Verteilung ist vorhanden, mag sie auch brachial mit Hilfe des Auslandes und von einer empörten Weltöffentlichkeit erzwungen werden. Vertikal findet keine Verteilung statt.

So bleibt zu resümieren, dass es in allen hier betrachteten Systemen eine absolute Grenze gibt, die kein Regime überschreiten kann, ohne seine Substanz aufzugeben. In den orientalischen Ländern geht es um Macht und Geld versus Moralität und Gerechtigkeit, in Afrika eher darum, wer in den Genuss von Macht und Geld gelangt. Lebensweisen stehen dort – außer in rhetorischer Hinsicht – meist nicht zur Debatte. Sie werden auch von Oppositionellen nicht auf die Tagesordnung gesetzt. Afrika mit seiner kulturellen Vielfalt ist von jeher offen für allerlei Synthesen. In der moralgetränkten orientalischen Gesellschaft sieht es anders aus. Das Potenzial des Islam für die Sozial- und Herrschaftskritik ist und bleibt gewaltig.

Abkürzungen

AEF	Afrique Équatoriale Française
AFDL	Alliances des Forces Démocratiques pour la Libération du Congo
AIS	Armée Islamique du Salut
AKP	Adalet ve Kalkinma Partisi (Partei für Gerechtigkeit und Aufschwung)
ANAP	Anavatan Partisi (Mutterlandspartei)
ANC	African National Congress
ANPP	All Nigerian People's Party
AOF	Afrique Occidentale Française
APC	All People's Congress
ASU	Arabische Sozialistische Union
AU	African Union
BEE	Black Economic Empowerment
CAISTAB	Caisse de Stabilisation
CIA	Central Intelligence Agency
CNDD	Conseil National pour la Défense de la Démocratie
CNDD-FDD	Conseil National pour la Défense de la Démocratie – Forces pour la Défense de la Démocratie
CNDP	Congrès National pour la Défense du Peuple
COSATU	Congress of South African Trade Unions
CPL	Courant Patriotique Libre
DUP	Democratic Unionist Party
CPP	Convention People's Party
ECOWAS	Economic Community of West African States
ECOMOG	ECOWAS Monitoring Group
FAN	Forces Armées Nationales du Tchad
FDD	Forces pour la Défense de la Démocratie
FDLR	Forces Démocratiques de la Libération de Ruanda
FELC	Frente para a Libertação do Enclave de Cabinda
FFS	Front des Forces Socialistes
FIS	Front Islamique du Salut
FLN	Front de Libération Nationale
FRODEBU	Front pour la Démocratie au Burundi

FROLINAT	Front pour la Libération Nationale du Tchad
GIA	Groupement Islamique Armée
GUNT	Gouvernement pour l'Unité Nationale du Tchad
ISCI	Islamic Supreme Council of Iraq
IWF	Internationaler Währungsfonds
JEM	Justice and Equality Movement
KADU	Kenya African Democratic Union
KANU	Kenya African National Union
KPU	Kenya's Peoples Union
LRA	Lord's Resistance Army
LURD	Liberians United for Reconciliation and Democracy
MDC	Movement for Democratic Change
MEND	Militia Movement for the Emancipation of the Niger Delta
MI 6	Military Intelligence, Section 6
MLC	Mouvement de Libération du Congo
MNSD	Mouvement National pour la Société du Dévéloppement
MONUC	United Nation's Mission in DR Congo
MPLA	Movimiento Popular de Libertação de Angola
MSP	Mouvement de la Société pour la Paix
MÜSIAD	Verein Unabhängiger Industrieller und Unternehmer
NARC	National Alliance Rainbow Union
NCP	National Congress Party
NDC	National Democratic Congress
NDP	Nationaldemokratische Partei
NIF	National Islamic Front
NNPC	Nigerian National Petroleum Company
NPC	Nigerian People's Congress
NPFL	National Patriotic Front of Nigeria
NPP	National Patriotic Party
NPP	National People's Party
NUP	National Unity Party
OAU	Organisation of African Unity
ODC	Oodua Peoples' Congress
ODM	Orange Democratic Movement
OYAK	Ordu Yardimlaşma Kurumu
PCP	Popular Congress Party
PDCI-RDA	Parti Démocratique de Côte d'Ivoire-Rassemblement Democratique Africain
PDP	People's Democratic Party
PJD	Parti de la Justice et du Dévéloppement

PKK	Partiya Karkeren Kurdistan
PLO	Palestine Liberation Organisation
PNU	Party of National Unity
PPA	Parti du Peuple Algérien
PSD	Parti Socialiste Destourien
RCD	Rassemblement Congolais pour la Démocratie
RCD	Rassemblement pour la Culture et la Démocratie (Algerien)
RDA	Rassemblement Démocratique Africain
RND	Rassemblement National Démocratique
RPF	Rwandan Patriotic Front
RUF	Revolutionary United Front
SCIRI	Supreme Council of Iraqui Imams
SLA	Sudan Liberation Army
SLPP	Sierra Leone Peoples Party
SPLA	Sudan People's Liberation Army
TÜSIAD	Vereinigung türkischer Industrieller und Geschäftsleute
UNITA	União Nacional para a Independência Total de Angola
UPC	United People's Congress
UPRONA	Union pour le Progrès National
VAR	Vereinigte Arabische Republik
ZANU	Zimbabwe African National Union
ZANU-PF	Zimbabwe African National Union – Patriotic Front
ZAPU	Zimbabwe African People's Union

Literatur

Abdelnasser, Gamal 2004: Egypt: Succession Politics, in: Volker Perthes (Hrsg.): Arab Elites: Negotiating the Politics of Change, Boulder und London, S.117-139.

Abdul-Hussein, Hussain 2009: A Quest for Democracy in a World of Realism: The Cases of Lebanon and Iraq, in: Mediterranean Politics, 14. Jg., S. 407-412.

Abdul-Jabar, Faleh (Hrsg.) 2002: Ayatollahs, Sufis and Ideologues: State, Religion and Social Movements in Iraq, London.

Abrahamian, Ervand 2008: A History of Modern Iran, Cambridge und New York.

Abu Khalil, Asad 2004a: Amal, in: Philip Mattar (Hrsg.), Encyclopaedia of Modern Middle East & North Africa, 2. Aufl., Detroit, S. 173-174.

Abu Khalil, Asad 2004b: Nasrallah, Hasan, in: Philip Mattar (Hrsg.), Encyclopaedia of Modern Middle East & North Africa, 2. Aufl., Detroit, S. 1647.

Adaş, Emin Baki 2009: Production of Trust and Distrust: Transnational Networks, Islamic Holding Companies and the State in Turkey, in: Middle Eastern Studies, 45. Jg., S. 625-636.

Adelman, Howard, und Astri Suhrke (Hrsg.) 1999: The Path of a Genocide: The Rwanda Crisis from Uganda to Zaire, New Brunswick and London.

Adip-Moghaddam, Arshin 2006: The Pluralistic Momentum in Iran and the Future of the Reform Movement, in: Third World Quarterly, 27. Jg., S. 665-674.

Agai, Bekim 2004: Islam und Kemalismus in der Türkei, in: Aus Politik und Zeitgeschichte, B 33/34, S.18-24.

Aghrout, Ahmed 2008: Policy Reforms in Algeria: Genuine Change or Adjustments?, in: Yahia A. Zoubir und Haizam Amirah-Fernandéz (Hrsg.), North Africa: Politics, Region, and the Limits of Transformation, London und New York, S. 31-52.

Agyeman, Dominic Kofi 1998: Ethnic Conflicts and Politics in Ghana, in: Nnoli Okwudiba (Hrsg.), Ethnic Conflicts in Africa, Nottingham, S.183-204.

Ahdiyyih, Mohebat 2008: Ahmadinejad and the Mahdi, in: Middle East Quarterly, 15. Jg., Nr. 4, S. 27-36.

Ahmad, Feroz 1999: The Making of Modern Turkey, London und New York.

Ajami, Amir Ismail 2005: From Peasant to Farmer: A Study of Agrarian Transformation in an Iran Village, 1967-2002, in: International Journal of Middle East Studies, 37. Jg.,, S.327-349.

Akhvari, Sharough 2003a: Islam and the West in World History, in: Third World Quarterly, 24. Jg., S.545-562.

Akhvari, Sharough 2003b: Sunni Modernist Theories of Social Contract in Contemporary Egypt, in: International Journal of Middle East Studies, 35. Jg., S.23.-50.

Akinyele, R. T. 2001: Ethnic Militancy and National Stability in Nigeria: A Case Study of the Oodua People's Congress, in: African Affairs, 100. Jg., 623-640.

Alamdari, Kazem 2005: The Power Structure of the Islamic Republic of Iran: Transition from Populism to Clientelism, and Militarization of the Government, in: Third World Quarterly, 26. Jg., S. 1285-1301.
Al-Atawneh, Muhammad 2009: Is Saudi-Arabia a Theocracy? Religion and Governance in Contemporary Saudi-Arabia, in: Middle Eastern Studies, 45. Jg., S. 721-737.
Albrecht, Holger 2007: Authoritarian Opposition and the Politics of Challenge in Egypt, in: Oliver Schlumberger (Hrsg.), Debating Authoritarianism: Dynamics and Durability in Nondemocratic Regimes, Stanford, S. 59-74.
Alfonch, Ali 2008: The Revolutionary Guards' Role in Iranian Politics, in: Middle East Quarterly, 15. Jg., Nr. 4, S. 3-14.
Algar, Hamid 1969: Religion and State in Iran; 1785-1906: The Role of the Ulama in the Quajar Period, Berkeley, Los Angeles und London.
Alianak, Sonia 2007: Middle Eastern Leaders and Islam: A Precarious Equilibrum, New York.
Allani, Alaya 2009: The Islamists in Tunisia between Confrontation and Participation, 1980-2008, in: Journal of North African Studies, 14. Jg., S. 257-272.
Allen Chris 1995: Understanding African Politics, in: Review of African Political Economy, Nr. 65, S.301-350.
Al-Rasheed, Madawi 1998: The Shi'a of Saudi-Arabia: A Minority in Search of Cultural Authenticity, in: British Journal of Middle Eastern Studies, 25. Jg., S.121-138.
Amin, Galal 2000: What Happened to the Egyptians? Changes in Egyptian Society from 1950 to the Present, Cairo und New York.
Amuwo, Adekunle 2009: The Political Economy of Nigeria's Post-Military Elections, 1999-2007, in: Review of African Political Economy, Nr. 119, S. 37-62.
Amuzegar, Jahangir 2006: Khatami's Legacy: Dashed Hopes, in: The Middle East Journal, 60. Jg., S. 57-74.
Anderson, Benedict 1988: Die Erfindung der Nation. Zur Karriere eines erfolgreichen Konzepts, Frankfurt/M. und New York.
Angolans Vote for Peace, in: Review of African Political Economy, Nr. 118, S. 674-675.
Angrist, Michele Penner 2005: The Outlook for Authoritarians, in: Martha Pripstein Posusney und Michele Renner Angrist (Hrsg.), Authoritarianism in the Middle East: Regime and Resistance, Boulder und London, S. 221-232.
Angrist, Michele Penner 1999: Parties, Parliament and Political Dissent in Tunisia, in: Journal of North African Studies, 4. Jg., S. 89-104.
Ansoms, An 2008a: Re-Engineering Rural Society: The Visions and Ambitions of the Rwanda Elite, in: African Affairs, 108. Jg., S 389-310.
Ansoms, An 2008b: Striving for Growth, Bypassing the Poor? A Critical Review of Rwanda's Rural Sector Policy, in: Journal of Modern African Studies, 46. Jg., S.1-32.
Ansprenger, Franz 1992: Politische Geschichte Afrikas im 20. Jahrhundert, München.
Ansprenger, Franz 1966: Die Auflösung der Kolonialreiche, dtv-Weltgeschichte des 20. Jahrhunderts, Bd. 13, München.
Arjomand, Said Amir 2009: After Khomeini: Iran Under His Successors, Oxford und New York.

Arjomand, Said Amir 2001: Authority in Shiism and Constitutional Developments in the Islamic Republic of Iran, in: Rainer Brunner und Werner Ende (Hrsg.), The Twelver Shia in Modern Times. Religious Culture & Political History, Leiden, Boston und Köln, S.301-332.

Arjomand, Said-Amir 1989: History, Structure, and Revolution in the Shi'ite Tradition in Contemporary Iran, in: International Political Science Review, 10. Jg., S.111-119.

Arjomand, Said Amir 1988: The Turban for the Crown: The Islamic Revolujtion in Iran, London und Oxford.

Arowosegbe, Jeremiah 2009: Violence and National Development in Nigeria: The Political Economy of Youth Restiveness in the Niger Delta, in: Review of African Political Eocnomy, Nr. 125, S. 575-594.

Aruri, Naseer H. 1972: Jordan: A Study in Political Development (1921-1965), Den Haag.

Assal, Munzoul 2009: The Question of Identity in Sudan: New Dimensions for an Old Problem, in: The Maghreb Review, 34. Jg., S. 181-195.

Augé, Jean-Christophe 2005: Von Hussein zu Abdallah. Haschemitische Könige oder jordanische Monarchien?, in: Hartmut Fähndrich (Hrsg.), Vererbte Macht. Monarchien und Dynastien in der arabischen Welt, Frankfurt/M. und New York, S.59-80.

Autessere, Séverine 2007: D.R. Congo: Explaining Peace Building Failures. 2003-2006, in: Review of African Political Economy, Nr.113, S. 423-441.

Avenarius, Thomas 2010a: Staat in der Pubertät, in: Süddeutsche Zeitung vom 4.10.2010, S. 1.

Avenarius, Thomas 2010b: Seltsame Entschuldigung, in: Süddeutsche Zeitung vom 11./12.9.2010, S. 8.

Avenarius, Thomas 2010c: Gewalt im Vakuum, in: Süddeutsche Zeitung vom 28./29.8.2010, S. 9.

Avenarius, Thomas 2010d: Eine, zwei, viele Armeen, in: Süddeutsche Zeitung vom 28./29.8.2010, S. 9.

Avenarius, Thomas 2010d: Maliki spekuliert auf neue Amtszeit, in: Süddeutsche Zeitung vom 17.5.2010, S. 8.

Avenarius, Thomas 2010e: Scharfe Warnung vom kranken Pharao, in: Süddeutsche Zeitung vom 8./9.5.2010, S. 9.

Avenarius, Thomas 2010f: Bagdads Furcht vor der Armee der Armen, in: Süddeutsche Zeitung vom 6./7. 3.2010, S. 10.

Avenarius, Thomas 2009a: Der Sieg der Hisbollah steht schon fest, in: Süddeutsche Zeitung vom 6./7.6.2009, S. 10.

Avenarius, Thomas 2009b: Schlagkräftige Stütze des Regimes, in: Süddeutsche Zeitung vom 19. Juni 2009, S. 8.

Avenarius, Thomas 2009c: Ahmadineschad schwächt seine Gegner, in: Süddeutsche Zeitung vom 10.9.2009, S. 8.

Avenarius, Thomas 2009d: Klerus in Iran kritisiert Führung, in: Süddeutsche Zeitung vom 16.9.2009, S. 10.

Avenarius, Thomas 2008a: Der unsichtbare Partner, in: Süddeutsche Zeitung vom 14.1.12008, S.10.

Avenarius, Thomas 2008b: Sadr gewinnt, Irak verliert, in: Süddeutsche Zeitung vom 1.4.2008, S.8.

Avenarius, Thomas 2008c: Irakische Kräftespiele, in: Süddeutsche Zeitung vom 1.4.2008, S.4.

Awadi, Hesham 2004: In Pursuit of Legitimacy: The Muslim Brothers and Mubarak, 1982-2000, London und New York.

Aybak, Tunç 2006: From "Turkic Century" to the Rise of Eurasianism, in: Gerald McLean (Hrsg.) 2006: Writing Turkey: Explorations in Turkish History, Politics, and Cultural Identity, London, S.69-84.

Aydinli, Ersel 2009: A Paradigmatic Shift for the Turkish Generals and an End to the Coup Era in Turkey, in: Middle East Journal, 63. Jg., S. 581-596.

Ayubi, Nazih H. 1995: Over-Stating the Arab State: Politics and Society in the Middle East, London und New York.

Aziz, Namo 1991: Die Kurden. Ein Volk auf der Suche nach seiner Identität, in. Aus Politik und Zeitgeschehen, B 30/31, S.21-29.

Baaz, Maria Eriksson, und Maria Stern 2008: Making Sense of Violence: Voices of Soldiers of the Congo (DRC), in: Journal of Modern African Studies, 46. Jg., S.57-86.

Bach, Daniel C. 2007: Nigeria's Manifest Destiny in West Africa: Dominance without Power, in: Africa Spectrum, 42. Jg., S. 301-321.

Baégas, Richard, und Ruth Marschall-Fratani 2007: Côte d'Ivoire: Negotiating Identity and Citieznship, in: Morten Bøas und Kevin C. Dunn (Hrsg.), African Guerillas: Raging against the Machine, Boulder und London, S. 81-111.

Baker, Bruce 2000: Beyond the State Police in Urban Uganda and Sierra Leone, in: Africa Spectrum, 41. Jg., S. 55-76.

Baker, Bruce 2004: Protection from Crime: What Is on Offer for Africans?, in: Journal of Contemporary African Studies, 22. Jg., S.165-188.

Baker, Bruce 2006: Beyond the State Police in Urban Uganda and Sierra Leone, in: Africa Spectrum 41, S. 55-76.

Baker, Raymond William 1978: Egypt's Uncertain Revolution under Nasser and Sadat, Cambridge und London.

Baker, Raymond William 1999: Egypt in the Time and Space of Globalism, in: Arab Studies Quarterly, 21. Jg., Nr. 3, S. 1-12.

Baktiari, Bahman 1996: Parliamentary Politics in Revolutionary Iran: The Institutionalization of Factional Politics, Gainesville.

Baktiari, Bahman 2007: Iran's Conservative Revival, in: Current History, 106. Jg., S.11-16.

Baktiari, Bahman, und Haleh Vaziri 2003: Iran: Doubting Reform, in: Current History, 102. Jg., S.36-39.

Baktiari, Bahman, und Haleh Vaziri 2002: Iran's Liberal Revolution, in: Current History, 101. Jg., S.17-21.

Balkan, Nesecan, und Sungur Savran (Hrsg.) 2002: The Politics of Permanent Crisis, Huntington.

Banégas, Richard 2006: Côte d'Ivoire: Patriotism, Ethnonationalims and other African Modes of Self-Writing, in: African Affairs, 105. Jg., S. 535-552.

Bank, André, und Oliver Schlumberger 2004: Jordan: Between Regime Survival and Economic Reform, in: Volker Perthes (Hrsg.), Arab Elites: Negotiating the Politics of Change, Boulder und London, S.35-60.

Bantulianu, Sara 2006: Comprehensive Peace? An Analysis of the Evolving Tension in Eastern Sudan, in: Review of African Political Economy, Nr. 100, S. 709-720.

Barak, Oren 2006: Towards a Representative Military? The Transformation of the Lebanese Officer Corps since 1945, in: Middle East Journal, 60. Jg., S. 75-94.

Baram, Amatzia 1997: Neo-Tribalism in Iraq: Saddam Hussein's Tribal Policies 1991-1996, in: International Journal of Middle East Studies, 29 Jg., S. 1-31.

Baregu, Mweriga 2006: Congo in the Great Lakes Conflict, in: Gilbert M. Khadiagala (Hrsg.), Security Dynamics in Africa's Great Lakes Region, London, S. 59-80.

Barkan, Joel D. 1992: The Rise and Fall of a Governance Realm in Kenya, in: Goran Hyden and Michael Bratton (Hrsg.), Governance and Politics in Africa, Boulder und London, S.167-192.

Barkey, Karen 2008: Empire of Difference: The Ottomans in Comparative Perspective, Cambridge.

Baron, Beth 2006: Women, Honour, and the State: Evidence from Egypt, in: Middle East Studies, 42. Jg. , S. 1-20.

Baroudi, Sami E. 2002: Continuity in Economic Policy in Postwar Lebanon: The Record of the Hariri and Hoss Governments Examined, in: Arab Studies Quarterly, 24. Jg., Nr. 1, S.63-90.

Barthel, Günter, und Kristina Stock 1994: Lexikon der arabischen Welt, Wiesbaden.

Bassett, Carolyn 2008: The Zuma Affair, Labour and the Future of Democracy in South Africa, in: Third World Quarterly, 29. Jg., S. 787-804.

Batatu, Hanna 2004: The Old Social Classes and the Revolutionary Movements of Iraq's Old Landed and Commercial Classes and Its Communists, Ba'thists and Free Officers, London.

Batatu, Hanna 1999: Syria's Peasantry, the Descendants of Its Lesser Notables and Their Politics, Princeton.

Bates, Robert H. 2008: When Things Fell Apart: State Failure in Late-Century Africa, Cambridge.

Bates, Robert H. 2005: Beyond the Miracle of the Market: The Political Economy of Agrarian Development in Kenya, Cambridge.

Bates, Robert H. 1977: The Issue Basis of Rural Politics in Africa, in: Comparative Politics, 10. jg., S. 345-360.

Bayart, Jean-Francois 2009: The State in Africa: The Politics of the Belly, 2. Aufl., London und Malden.

Bayart, Jean-Francois 2000: Africa in the World: A History of Extraversion, in: African Affairs, 99. Jg., S. 217-267.

Bayat, Asef 1997: Poor People's Movement in Iran, New York.

Bayat, Asef 2005: Islamism and Social Movement Theory, in: Third World Quarterly, 26. Jg., S. 891-908.

Bayat, Asef 2002: Acitivism and Social Development in the Middle East, in; International Journal of Middle East Studies, 34. Jg., S. 1-28.

Bayat, Assef 1997: Street Politics: Poor Peoples' Movements in Iran, New York.
Beattie, Kirk J. 2000: Egypt During the Sadat Years, Houndmills.
Beattie, Kirk J. 1994: Egypt during the Nasser Years: Ideology, Politics, and Civil Society, San Francisco und Oxford.
Beck, Kurt 2004: Sudan, in: Jacob E. Nabe (Hrsg.): Das Afrika-Lexikon. Ein Kontinent in 1000 Stichwörtern, Stuttgar, S. 608-611.
Beck, Linda J. 2001: Reining In the Marabuts? Democratization and Local Governance in Senegal, in: African Affairs, 100. Jg., S. 601-622.
Beck, Linda J. 1999: Senegal's Enlarged Presidential Majority, in: Richard Joseph (Hrsg.), State, Conflict, and Democracy in Africa, Boulder, S. 197-216.
Beck, Louis 1990: Tribes and the State in Nineteenth- and Twentieth-Century Iran, in: Philip S. Khoury und Joseph Kostiner (Hrsg.), Tribes and State Formation in the Middle East, Berkeley, Los Angeles und Oxford, S.185-225.
Bednarz, Dieter, und Erich Follath 2010: Der Anfang vom Ende, in: Der Spiegel vom 4.1.2010, S. 80-84.
Behrend, Heike 1999: Alice Lakwena & the Holy Spirits: War in Northern Uganda, 1986-1997, Oxford, Kampala, Athens.
Bellin, Eva 2005: Coercive Institutions and Coercive Leaders, in: Martha Pripstein Posusney und Michele Renner Angrist (Hrsg.), Authoritarianism in the Middle East: Regime and Resistance, Bulder und London, S. 25-41.
Bellin, Eva 2004: The Robustness of Authoritarianism in the Middle East: Exceptionalism in Comparative Perspective, in: Comparative Politics, 36. Jg., S. 139-157.
Bertaux, Pierre 1993 (Erstausg. 1966): Afrika. Von der Vorgeschichte zu den Staaten der Gegenwart, Fischer-Weltgeschichte, Bd. 32, Frankfurt/M.
Best, Jacqueline 2007: Legitimacy Dilemmas: The IMF's Pursuit of Country Ownership, in: Third World Quarterly, 28. Jg., S.469-488.
Bienen, Henry 1993: Leaders, Violence, and the Absence of Change in Africa, in: Political Science Quarterly, 108. Jg., S. 271-282.
Bieringer, Jutta 1998: Zögerliche Richtung Demokratie. Gewalt und Repression seit 1990, in: Leonhard Harding (Hrsg.), Ruanda – der Weg zum Völkermord. Vorgeschichte–Verlauf–Deutung, Hamburg, S. 83-98.
Bilgic, Tuba Unlu 2009: The Military and Europeanization Reforms in Turkey, in: Middle Eastern Studies, 45. Jg., S. 803-824.
Bill, James A., und Robert Springborg 2000: Politics in the Middle East, 5. Aufl., New York.
Bitala, Michael 2008: Aufstand der Armen, in: Süddeutsche Zeitung vom 3.1.2008, S.2.
Bøas, Morten 2001: Liberia and Sierra Leone – Dead Ringers? The Logic of Neopatrimonial Rule, in: Third World Quarterly, 22. Jg., S. 679-723.
Bøas, Morten 2004: Uganda in the Regional War Zone: Meta-Narratives, Pasts and Presents, in: Journal of Contemporary African Studies, 22. Jg., S.283-304.
Boone, Catherine 2009: Electoral Populism Where Property Rights Are Weak: Land Politics in Contemporary Sub-Saharan Africa, in: Comparative Politics, 42. Jg., S. 201.

Boone, Catherine 2003a: Decentralization as Political Strategy in West Africa, in: Comparative Political Studies, 36. Jg., S. 355-380.
Boone, Catherine 2003b: Political Topographies of the African State: Territorial Authority and Institutional Choice, Cambridge.
Boone, Catherin 1993: Commerce in Côte d'Ivoire, in: Journal of Modern African Studies, 31. Jg., S. 67-92.
Boone, Catherine 1992: Merchant Capital and the Roots of State Power in Senegal 1930-1985, Cambridge.
Boone, Catherine 1989/90: State Power and Economic Crisis in Senegal, in: Comparative Politics, 22. Jg., S. 341-357
Booth, Newell 1977: An Approach to African Religion, in: Newell Booth (Hrsg.), African Religions, New York, London und Lagos, S.1-11.
Bosbait, Mohammed, und Rodney Wilson 2005: Education, School to Work Transitions and Unemployment in Saudi Arabia, in: Middle Eastern Studies, 41. Jg., S. 533-545.
Bouandel, Youcef 2009: Algeria's Presidential Election of April 2009, in: Mediterranean Politics, 14. Jg., S. 247-254.
Bracking, Sarah 2005: Development Denied: Autocratic Militarism in Post-Election Zimbabwe, in: Review of African Political Economy, Nr. 104, S.341-357.
Branch, Davi, und Nicholas Cheeseman 2006: The Politics of Control in Kenya: Understanding the Bureaucratic-Executive State, 1952-1978, in: Review of African Political Economy, Nr. 107, S.11-31.
Bratton, Michael, und Nicolas van de Walle (Hrsg.) 1997: Democratic Experiments in Africa: Regime Transitions in Comparative Perspective, Cambridge und New York.
Bratton, Michael, und Nicolas van de Walle 1992a: Toward Governance in Africa: Popular Demands and State Responses, in: Goran Hyden und Michael Bratton (Hrsg.), Governance and Politics in Africa, Boulder und London, S.27-55.
Bratton, Michael, und Nicolas van de Walle 1992b: Popular Protest and Political Reform in Africa, in: Comparative Politics, 24. Jg., S. 419-442.
Bratton, Michael 1986/87: The Comrades and the Countryside: The Politics of Agricultural Policy in Zimbabwe, in: World Politics, 39. Jg., S. 174-202.
Brenner, Michael 2005: Geschichte des Zionismus, 2. Aufl., München.
Brown, Nathan J. 1990: Peasant Politics in Modern Egypt: The Struggle against the State, New Haven und London.
Brown, Stephen, und Paul Kaiser 2007: Democratisations in Africa: Attempts, Hindrances and Prospects, in: Third World Quarterly, 28. Jg., S.1131-1149.
Brownlee, Jason 2005: Political Crisis and Restabilization, Iraq, Libya, Syria, and Tunisia, in: Martha Pripstein Posusney und Michele Renner Angrist (Hrsg.), Authoritarianism in the Middle East: Regime and Resistance, Boulder und London, S. 43-62.
Brutigam, Deborah A. 2009: China's Engagement in African Agriculture: Down to the Countryside, in: China Quarterly, Nr. 199, S. 686-706.
Bryceson, Deborah Fahy 2004: Agrarian Vista or Vortex: African Rural Livehood Policies, in: Review of African Political Economy, Nr. 102, S. 617-629.

Buchta, Wilfried 2005: Machtansprüche schiitischer Klerikerfamilien im Irak nach Saddam Hussein, in: Hartmut Fähndrich (Hrsg.), Vererbte Macht. Monarchien und Dynastien in der arabischen Welt, Frankfurt/M. und New York, S. 133-156.
Buchta, Wilfried 2004: Ein Vierteljahrhundert Islamische Republik, in: Aus Politik und Zeitgeschichte, B 9, S. 6-17.
Buchta, Wilfried 2000: Who Rules Iran? The Structure of Power in the Islamic Republic, Washington, D.C.
Buijtenhuijs, Robert 1995: Chad: The Narrow Escape of an African State, in: Donal B. Cruise O'Brien, John Dunn und Richard Rathbone (Hrsg.), Contemporary West African States, Cambridge, S. 49-58.
Burgesse, Stephen F. 1999: Smallholder Voice and Rural Transformation: Zimbabwe and Kenya Compared, in: Comparative Politics, 31. Jg., S. 127-149.
Bush, Ray 2007: Politics, Power, and Poverty: Twenty Years of Agricultural Reform and Market Liberalization in Egypt, in: Third World Quarterly, 28. Jg., 1599-1615.
Bush, Ray 2000: An Agricultural Strategy without Farmers: Egypt's Countryside in the New Millenium, in: Review of African Political Economy, Nr. 84, S. 235-249.
Busse, Heribert 1987: Grundzüge der islamischen Theologie und der Geschichte des islamischen Raumes, in: Werner Ende und Udo Steinbach (Hrsg.), Der Islam in der Gegenwart, 2. Aufl., München, S.17-53.
Bustos, Raffael 2003: Economic Liberalization and Political Change in Algeria – Theory and Practice, in: in: Mediterranean Politics, 8. Jg., S. 1-26.
Cahen, Claude 1968: Der Islam I: Vom Ursprung bis zu den Anfängen des Osmanenreiches, Fischer Weltgeschichte, Bd. 14, Frankfurt/M.
Call, Charles T. 2008: The Fallacy of the "Failed State", in: Third World Quarterly, 29. Jg., S. 1491-1507.
Callaghy, Thomas M. 1987: The State as Lame Leviathan: The Patrimonial Administrative State in Africa, in: Zaki Ergas (Hrsg.), The African State in Transition, New York, S.87-116.
Callaghy, Thomas M. 1984: The State-Society Struggle: Zaire in Comparative Perspective, New York.
Campbell, Bonnie 2001: Governance, Institutional Reform & the State: International Financial Institutions & Political Transition in Africa, in: Review of African Political Economy, Nr.88, S.155-176.
Chabal, Patrick 1994: Power in Africa: An Essay in Interpretation, New York.
Chabal, Patrick, und Jean-Pascal Daloz 1999: Africa Works: Disorder as Political Instrument, Oxford, Bloomington und Indianapolis.
Chatty, Dawn 2010: The Bedouin in Contemporary Syria: The Presence of Tribal Authority, in: Middle East Journal, 64. Jg., S. 29-49.
Chaudry, Kiren Aziz 1994: Economic Liberalization and the Lineages of the Rentier State, in: Comparative Politics, 27. Jg., S.1-25.
Chebabi, Houchang E. 1993: Klerus und Staat in der Islamischen Republik Iran, in: Aus Politik und Zeitgeschichte, B 33, S.17-23.
Chimelli, Thomas 2010a: Der heimliche Sieger, in: Süddeutsche Zeitung vom 20.8.2010, S. 6.

Chimelli, Rudolph 2010b: Der Basar macht Politik, in: Süddeutsche Zeitung vom 12.7.2010, S. 8.

Chimelli, Rudolph 2010c: Hochschule der Opposition, in: Süddeutsch Zeitungvom 29.6.2010, S. 7.

Chimelli, Rudoloph 2009a: Groß-Ayatollah Jussuf Sanei. Iranischer Reformkritiker auf Seiten der Opposition, in: Süddeutsche Zeitung vom 24./25./26.12.2009, S. 4.

Chimelli, Rudolph 2009b: Kampf um Kirkuk, in: Süddeutsche Zeitung vom 7.5.2009, S. 8.

Chimelli, Rudolph 2009c: Abfuhr für 471 Bewerber, in: Süddeutsche Zeitung vom 22.5.2009, S. 9.

Chimelli, Rudolph 2009d: Reformer ohne Referenzen, in: Süddeutsche Zeitung vom 19. Juni2009, S. 3.

Chimelli, Rudolph 2009e: Die Macht im Hintergrund, in: Süddeutsche Zeitung vom 23.7.2009, S. 7.

Chimelli, Rudolph 2009f: Ammar al-Hakim. Irakischer Schiitenführer mit geerbter Macht, in: Süddeutsche Zeitung vom 27.8.2009, S. 4.

Chimelli, Rudolph 2009g: Breite Zustimmung für Ahmadinedschads Minister, in: Süddeutsche Zeitung vom .4.9.2009, S.8.

Chimelli, Rudolph 2009h: Iran verschärft Überwachung, in: Süddeutsche Zeitung vom 25.11.2009, S. 7.

Chimelli, Rudolph 2008a: In Geborgenheit gefangen, in: Süddeutsche Zeitung vom 18.8.2008, S.8.

Chimelli, Rudolph 2008b: Thronrücken im saudischen Palast, in: Süddeutsche Zeitung vom 16.2.2008, S.8.

Chimelli, Rudolph 2008c: Die graue Normalität der Revolution, in: Süddeutsche Zeitung vom 31.1./1.2.2009, S. 10.

Cinar, Menderes 2008: The Justice and Development Party and the Kemalist Establishment, in: Umit Cizre (Hrsg.), Secular and Islamic Politics in Turkey: The Making of the Justice and Development Party, London, S.109-131.

Cizre, Ümet (Hrsg.) 2008: Secular and Islamic Politics in Turkey: The Making of the Justice and Development Party, London und New York.

Cizre, Ümet 2008: The Justice and Development Party and the Military: Recreating the Past after Reforming It?, in: Ümet Cizre (Hrsg.), Secular and Islamic Politics in Turkey: The Making of the Justice and Development Party, London und New York, S.132-172.

Cizre, Ümit 2006: The National Security Concept: The Case of Turkey, in: Middle East Journal, 60. Jg., S. 213-229.

Clapham, Christopher 2003: The Challenge to the State in a Globalized World, in: Jennifer Milliken (Hrsg.), State Failure, Collapse and Reconstruction, Malden, Oxford und Berlin, S.25-44.

Clapham, Christopher 2000: Degrees of Statehood, in: Sarah Owen Vandersluis (Hrsg.), The State and Identity Construction in International Relations, Houndmills und New York, S.31-48.

Clapham, Christopher 1998: Degrees of Statehood, in: Review of International Studies, 24. Jg., 143-157.

Clapham, Christopher 1996: Africa and the International System, Cambridge und New York.

Clark, Janine A., und Amy E. Young 2008: Islamism and Family Law Reform in Morocco and Jordan, in: Mediterranean Politics, 13. Jg., S. 333-352.

Clark, John F. 2008: The Failure of Democracy in the Republic of Congo, Boulder und London.

Clark, John F. 2002: Resource Revenues and Political Development in Sub-Saharan Africa: Congo Republic in Comparative Perspective, in: Africa Spectrum, 37. Jg., S. 25-41.

Collins, Robert O., und James M. Burns 2007: A History of Sub-Saharan Africa, Cambridge.

Collombier, Virginie 2007: The Internal Stakes of the 2005 Elections: The Struggle for Influence in Egypt's National Democratic Party, in: Middle East Journal, 61. Jg., S. 95-112.

Conrad, Sebastian 2008: Deutsche Kolonialgeschichte, München.

Cook, Steven A. 2007: Ruling But Not Governing: The Military and Political Development in Egypt, Algeria, and Turkey, Baltimore.

Craig Jones, Toby 2006: Rebellion on the Saudi Periphery: Modernity, Marginalization and the Shi'a Uprising of 1979, in: International Journal of Middle East Studies, 38. Jg., S. 213-233.

Cruise O'Brien, Donal 1975: Saints & Politicians: Essays in the Organization of a Senegalese Peasant Society, London.

Dahl, Robert A. 1971: Polyarchy. Participation and Opposition, New Haven.

Dann, Uriel 1989: King Hussein and the Challenge of Arab Radicalism: Jordan 1955-1967, New York und Oxford.

Dansereau, Suzanne 2005: Win-Win or New Imperialism? Private-Public Partnerships in Africa Mining, in: Review of African Political Economy, Nr. 103, S. 47-62.

Davidson, Basil 1992: Africa and the Curse of the Nation State, Oxford, Nairobi und Kampala.

Davis, John Uniack, und Aboubacar B. Kossomi 2001: Niger Gets Back on Track, in: Journal of Democracy, 12. Jg., S. 80-87.

Dawisha, Adeed 2008: The Unravelling of Iraq: Ethnosectarian Preferences and State Performance in Historical Perspective, in: Middle East Journal, 62. Jg., S. 219-231.

Dawisha, Adeed 2005: Democratic Attitudes and Practices in Iraq, 1921-1958, in: Middle East Journal, 59. Jg., S. 11-30.

Dawisha, Adeed 2003: Arab Nationalism in the Twentieth Century: From Triumph to Despair, Princeton und Oxford.

De Groot, Joanna 2007: Religion, Culture & Politics in Iran: From the Quajars to Khomeini, New York.

De Oliveria, Ricardo Soares 2007a: Business Success, Angola-Style: Postcolonial Politics and the Rise and Rise of Sonangol, in: Journal of Modern African Studies, 45. Jg., S. 595-619.

De Oliveira, Ricardo Soares 2007b: Oil and Politics in the Gulf of Guinea, New York 2007.
Dekmejian, Richard 2003: The Liberal Impulse in Saudi Arabia, in: Middle East Journal, 57. Jg., S. 400-413.
Delong-Bas, Natana J. 2004: Wahhabi Islam: From Revival and Reform to Global Jihad, Oxford und New York.
Demiralp, Seda 2009: The Rise of Islamic Capital and the Decline of Radical Islamism in Turkey, in; Comparative Politics, 42. Jg., S. 315-335.
Demirel, Tanel 2004: Soldiers and Civilians: The Dilemma of Turkish Democracy, in: Middle East Studies, 40. Jg., S.127-150.
Deng, Francis M. 2005: Sudan's Turbulent Road to Nationhood, in. Ricardo René Laré-mont (Hrsg.), Borders, Nationalism and the African State, Boulder und London, S. 33-85.
Dessouki, Ali E. Hillal 1994: Ideology and Legitimacy in Egypt: The Search for a Hybrid Formula, in: Ayse Öncü, Caglar Keyder und Saad Eddin Ibrahim (Hrsg.), Developmentalism and Beyond: Society and Politics in Egypt and Turkey, Cairo, S.75-93.
Dibie, Robert, und Ernest Uwazie 2001: Political Parties and National Integration in Nigeria, in: Robert Dibie (Hrsg.), The Politics and Policies of Sub-Saharan Africa, Lanham, New York und Oxford, S.41-60.
Diebie, Robert (Hrsg.) 2001: The Politics and Policies of Sub-Saharan Africa, Lanham, Lanham, New York und Oxford.
Doumato, Eleanor Abdella 2003: Manning the Barricades: Islam According to Saui Arabia's School Texts, in: Middle East Journal, 57. Jg., S. 230-247.
Dris-Aït-hamadoche, Louisa 2008: The 2007 Legislative Elections in Algeria: Political Reckoning, in: Mediterranean Politics, 13. Jg., S. 87-94.
Droz-Vincent, Philippe 2007: From Political to Economic Actors: The Changing Role of Middle Eastern Armies, in: Oliver Schlumberger (Hrsg.), Debating Authoritarianism: Dynamics and Durability in Nondemocratic Regimes, Stanford, S.195-211.
Dudley, Billy J. 1982: An Introduction to Nigerian Government and Politics, London und Basingstoke.
Dunn, Kevin C. 2007: Uganda: The Lord's Resistance Army, in: Morten Boas und Kevin C. Dunn (Hrsg.), African Guerillas: Raging against the Machine, Boulder und London, S. 131-150.
Duran, Burhanettin 2008: The Justice and Development Party's "New Politics": Steering toward Conservative Democracy, a Revised Islamic Agenda or Management of New Crises?, in: Ümet Cizre (Hrsg.), Secular and Islamic Politics in Turkey: The Making of the Justice and Development Party, London und New York, S. 80-106.
Duran, Burhanettin, und Engin Yildirim 2005: Islamism, Trade Unionism and Civil Society: The Case of Hak-Is Labour Confederation in Turkey, in: Middle Eastern Studies, 41. Jg., S. 227-247.
Ehteshami, Anoushiravan, und Mahjoob Zweiri 2007: Iran and the Rise of Its Neoconservatives: The Politics of the Tehran's Silent Revolution, London und New York.
Eickelmann, Dale F. 2002: The Middle East and Central Asia: An Anthropological Approach, Upper Saddle River.

Eisenstadt, S. N. 1987: Die Transformation der israelischen Gesellschaft, 2. Aufl., Frankfurt/M.

Eisenstadt, S. N. 1973: Traditional Patrimonalism and Modern Patrimonialism, Beverley Hills und London.

El Khazen, Farid 2003: Political Parties in Lebanon: Parties in Search of Partisans, in: Middle East Journal, 57. Jg., S. 605-626.

El Khazen, Farid 2000: The Breakdown of the State in Lebanon, London und New York.

El-Fadl, Khaled 2004: Islam and the Challenge of Democray, Princeton und Oxford.

El-Ghobashy, Mona 2005: The Metamorphosis of the Egyptian Muslim Brothers, in: International Journal of Middle East Studies, 37. Jg., S. 373-395.

Ellis, Kail C. 1999: Lebanon: The Struggle of a Small Country in a Regional Context, in: Arab Studies Quarterly, 21. Jg., Nr. 1, S. 5-25.

Ellis, Stephen 2006: The Roots of African Corruption, in: Current History, 105. Jg., S. 203-208.

Ellis, Stephen, und Gerrie ter Haar 2004: Worlds of Power: Religious Thought and Political Practice in Africa, London.

Ellis, Stephen, und Gerrie ter Haar 1998: Religion and Politics in Sub-Saharan Africa, in: Journal of Modern African Studies, 36. Jg., S.175-201.

El-Mahdi, Rabab 2009: Enough! Egypt's Quest for Democracy, in: Comparative Political Studies, 42. Jg., S. 1011-1039.

El-Said, Hamed, und Jane Harrigan 2006: Globalization, International Finance, and Political Islam in the Arab World, in: Middle East Journal, 60. Jg., S.444-466.

Ende, Werner 1987: Der schiitische Islam, in: Werner Ende und Udo Steinbach (Hrsg.), Der Islam in der Gegenwart, 2. Aufl., München, S. 70-90.

Englebert, Pierre 2002: Born-Again Buganda on the Limits of Traditional Resurgence in Africa, in: Journal of Modern African Studies, 40. Jg., S. 343-368.

Englebert, Pierre, und James Ron 2004: Primary Commodities and War: Congo-Brazzaville's Ambivalent Resource Curse, in: Comparative Politics, 37. Jg., S. 61-81.

Entelis, John P. 2005: The Democratic Imperative vs. the Authoritarian Impulse: The Maghrib State Between Transition and Terrorism, in: Middle East Journal, 59. Jg., S. 537-558.

Evans, Martin, und John Phillips: Algeria: Anger of the Dispossessed, New Haven und London 2007.

Fabola, Toyin, und Matthew M. Heaton 1998: Violence in Nigeria: The Crisis of Religious Politics and Secular Ideology, Rochester und Wollbridge.

Fahmy, Ninette 2004: Informal Settlements and the Debate over the State-Society Relationship, in: Middle East Journal, 58. Jg., S. 597-611.

Faksh, Mahmud 2005: The Roots of Praetoranism in Syria: Indigenous Determinants of Military Intervention in Politics, in: Journal of South Asian and Middle Eastern Studies, 28. Jg., S. 1-19.

Falola, Toyin, und Matthew M. Heaton 2008: A History of Nigeria, Cambridge und New York.

Fanthorpe, Richard 2006: On the Limits of Liberal Peace: Chiefs and Democratic Decentralization in Post-War Sierra Leone, in: African Affairs, 105. Jg., S. 27-49.

Farouk-Sluglett, Marion, und Peter Sluglett 1991: Von der Revolution zur Diktatur, Frankfurt/M.

Fatton, Robert 1992: Predatory Rule: State and Civil Society in Africa, Boulder und London.

Fatton, Robert 1987/88: Bringing the Ruling Class In: Class, State, and Hegemony in Africa, in: Comparative Politics, 20. Jg., S. 253-264.

Ferdowski, Mir A. (Hrsg.) 2004: Afrika – ein verlorener Kontinent, Paderborn.

Field, Michael 1984: The Big Business Families of Saudi Arabia, London.

Filiu, Jean-Pierre 2009: The Local and Global Jihad in the Islamic Maghrib, in: Middle East Journal, 63. Jg., S. 213-226.

Firmin-Sellers, Kathryn 2000: Institutions, Context, and Outcomes: Explaining French and British Rule in West Africa, in: Comparative Politics, 32. Jg., S.253-294.

Fischbach, Fred H. 2004: Sistani, Ali al-, in: Philip Mattar (Hrsg.), Encyclopaedia of Modern Middle East & North Africa, 2. Aufl., Detroit, S.2071.

Fishman, Robert M., 1990: Rethinking State and Regime: Southern Europe's Transition to Democracy, in: World Politics, 42. Jg., S. 422-440.

Fleisch, Maximilian 2008: Nach dem Krieg ist vor dem Krieg? Im Libanon sind die Parallelen zur Lage vor 1975 deutlich zu erkennen, in: Internationale Politik, Juni, S. 94-100.

Fluer-Lobban, Carolyn, und Richard Lobban 2001: The Sudan since 1989: National Islamic Front Rule, in: Arab Studies Quarterly, 23. Jg., Nr., S. 1-10.

Foltz, William J. 1995: Reconstructing the State of Chad, in: I. William Zartman (Hrsg.), Collapsed State: The Disintegration and Restoration of Legitimate Authority, Boulder und London, S. 15-31.

Forrest, Joshua B. 1987/88: The Quest for State "Hardness" in Africa, in: Comparative Politics, 20. Jg., S. 423-442.

Foucher, Vincent 2007: Senegal: The Resilient Weakness of Casamancais Separatists, in: Morten Boas und Kevin C. Dunn (Hrsg.), African Guerillas: Raging against the Machine, Boulder und London, S. 171-197.

Freund, Bill 2007: South Africa: The End of Apartheid & the Emergence of the "BEE Elite", in: Review of African Political Economy, Nr.114, S.661-678.

Fridy, Kevin S. 2009: Win the Match and Vote for Me: The Politicisation of Ghana's Accra Hearts of Oak and Kumasi Asante Kotoko Football Clubs, in: Journal of Modern African Studies, 47. Jg., S. 19-40.

Friedrich, Carl J., und Zbigniew Brzezinski 1956: Totalitarian Dictatorship and Autocracy, Cambrigde, Mass.

Frynas, Jedrzej George 2001: Oil and War in Angola, in: Review of African Political Economy, Nr. 90, S. 587-606.

Fürtig, Henner 2004: Kleine Geschichte des Irak. Von der Gründung 1921 bis zur Gegenwart, 2. Aufl., München.

Galbraith, Peter W. 2007: After Iraq: Picking Up the Pieces, in: Current History, 106. Jg., S. 403-408.

Galvan, Dennis 2001: Political Turnover and Social Change in Senegal, in: Journal of Democracy, 12. Jg., S. 51-62.

Gann, L.H. 1986: Malawi, Zambia, and Zimbabwe, in: Peter Duignan und Robert H. Jackson (Hrsg.), Politics & Government in African State, 1960-1985, Stanford, S. 162-201.

Gause, F. Gregory 2004: Saudi Arabia Challenged, in: Current History, 103. Jg., S. 21-24.

Gecaga, Margaret Gathoni 2007: Religious Movements and Democratisation in Kenya: Between the Sacred and the Profane, in: Godwin R. Murunga und Shadrack Wanjala Nasong'o (Hrsg.) 2007: Kenya: The Struggle for Democracy, Dakar, London und New York, S.58-89.

Gellner, Ernest 1990: Tribalism and State in the Middle East, in: Philip S. Khoury und Joseph Kostiner (Hrsg.), Tribes and State Formation in the Middle East, Berkeley, Los Angeles und Oxford, S. 109-126.

George, Alan 2003: Syria: Neither Bread nor Freedom, London und New York.

George, Alan 2005a: Fortschritt oder Lähmung: Baschar-al-Assads Syrien, in: Hartmut Fähndrich (Hrsg.), Vererbte Macht. Monarchien und Dynastien in der arabischen Welt, Frankfurt/M. und New York, S.45-58.

George, Alan 2005b: Jordan: Living in the Crossfire, London und New York.

Gershoni, Yekutiel 1985: Black Colonialism: The Americano-Liberian Scramble for the Hinterland, Boulder und London.

Ghadbian, Najib 2001: The New Assad: Dynamics of Continuity and Change in Syria, in; Middle East Journal, 55. Jg., S. 634-641.

Gillespie, Kate 2006: The Middle East's Corruption Conodrum, in: Current History, 105. Jg., S. 40-46.

Gimode, Ewin A. 2007: The Role of the Police in Kenya's Democratisation Process, in: Godwin R. Murunga und Shadrack Wanjala Nasong'o (Hrsg.) 2007: Kenya: The Struggle for Democracy, Dakar, London und New York, S.227-260.

Glosemeyer, Iris 2004: Saudi-Arabia: Dynamism Uncovered, in: Volker Perthes (Hrsg.), Arab Elites: Negotiating the Politics of Change, Boulder und London, S.141-169.

Goele, Nilufer 1997: Secularism and Islamism in Turkey: The Making of Elites and Counter-.Elites, in: Middle East Journal, 51. Jg., S. 46-58.

Goldsmith, Arthur A. 1999: Africa's Overgrown State Reconsidered, in: World Politics, 51. Jg., S. 520-546.

Goodarz, Jubin M. 2006: Syria and Iran: Diplomatic Alliance and Power Politics in the Middle East, London und New York.

Greenwood, Scott 2003: Jordan's "New Bargain": The Political Economy of Regime Security, in: Middle East Journal, 57. Jg., S. 248-268.

Grill, Bartholomäus 2003: Ach, Afrika. Berichte aus dem Inneren eines Kontinents, Berlin.

Gronke, Monika 2006: Geschichte Irans. Von der Islamisierung bis zur Gegenwart, 2. Aufl., München.

Grunebaum, G.E. von 1971: Der Islam II. Die islamischen Reiche nach dem Fall von Konstantinopel, Fischer-Weltgeschichte, Bd. 15, Frankfurt/M.

Guèye, Cheik 2003: New Information & Communication Technology Use by Muslim Mourides in Senegal, in: Review of African Political Economy, Nr. 98, S.609-625.

Gumusku, Sebnem, und Deniz Sert 2009: The Power of the Devout Bourgeoisie: The Case of the Justice and Development Party in Turkey, in: Middle Eastern Studies, 45. Jg., S. 953-968.

Gunter, Michael M. 2006: Deep State: The Arcane Parallel State in Turkey, in: Orient, 47. Jg., S. 334-348.

Günalp, Haldun 2005: Enligthenment by Fiat: Secularization and Democray in Turkey, in: Middle East Studies, 41. Jg., S. 351-372.

Gwarzo, Tahir Haliru 2003: Activities of Islamic Civic Association in Northwest Nigeria with Particular Reference to Kano State, in: Africa Spectrum, 38. Jg., S. 289-318.

Halawi, Majed, und Zouhair Ghazzal 2004: Alawi, in: Philip Mattar (Hrsg.), Encyclopaedia of Modern Middle East & North Africa, 2. Aufl., Detroit, S. 104f.

Hale, William 1994: Turkish Politics and the Military, London und New York.

Handley, Antoinette 2004: Business, Government and Economic Policymaking in the New South Africa, 1990-2000, in: Journal of Modern African Studies, 43. Jg., S. 211-239.

Handley, Antoinette 2008: Business and the State in Africa: Economic Policy-Making in the Liberal Era, Cambridge und New York.

Hanke, Stefanie 2001: Systemwechsel in Mali. Bedingungen und Perspektiven der Demokratisierung eines neopatrimonialen Systems, Hamburg.

Hanlon, Joseph 2004: Do Donors Promote Corruption? The Case of Mozambique, in: Third World Quarterly, 25. Jg., S. 747-764.

Harb, Imad 2003: The Egyptian Military in Politics: Disengagement or Accommodation, in: Middle East Journal, 57. Jg., S. 269-291.

Harnischfeger, Johannes 2008: Democratization and Islamic Law: The Sharia Conflict in Nigeria, Frankfurt/M. und New York.

Harris, David 2006: Liberia 2005: An Unsusual African Post-Conflict Election, in: Journal of Modern African Studies, 44. Jg., S. 375-396.

Harris, William W. 1997: Faces of Lebanon: Sects, Wars, and Global Extensions, Princeton.

Hartnack, Andrew 2005: “My Life Got Lost”: Farm Workers and Displacements in Zimbabwe, in: Journal of Contemporary African Studies, 23. Jg., S. 173-192.

Hashim, Ahmed 2003: Saddam Husseyn and Civil-Military Relations in Iraq, in: Middle East Journal, 57. Jg., S. 9-41.

Hashim, Ahmed S. 2007: Iraq’s Civil War, in: Current History, 106. Jg., S. 3-10.

Haynes, Jeff 1995: Ghana: From Personal to Democratic Rule, in: John A. Wiseman (Hrsg.), Democracy and Political Change in Sub-Saharan Africa, London und New York, S. 92-115.

Herbst, Jeffrey 2000: States and Power in Africa: Comparative Lessons in Authority and Control, Princeton.

Herbst, Jeffrey 1990: Migration, the Politics of Protest, and State Consolidation, in: African Affairs, Nr.89, S. 183-203.

Hesse, Brian J. 2004: The Peugeot and the Baobab: Islam, Structural Adjustment and Liberalism, in: Journal of Contemporary African Studies, 22. Jg., S. 3-12.
Heyer, Amrik 2006: The Gender of Wealth: Markets and Power in Central Kenya, in: Review of African Political Economy, Nr. 107, S. 67-80.
Hills, Alice 2008: The Dialectic of Police Reform in Nigeria, in: Journal of Modern African Studies, 46. Jg., S. 215-234.
Hinnebusch, Raymond 2001: Syria: Revolution from Above, London und New York.
Hoeigilt, Jacob 2007: Islamism, Pluralism and the Palestine Question: The Case of Hizbullah, in: British Journal of Middle Eastern Studies, 34. Jg., S. 123-146.
Holm, Ulla 2005: Algeria: President Bouteflica's Second Term, in: Mediterranean Politics, 10. Jg., S. 117-122.
Holmquist, Frank 2005: Kenya's Antipolitics, in: Current History, 104. Jg., S. 209-215.
Holtom, Duncan 2005: Reconsidering the Power of the IFIs: Tanzania & the World Bank, 1978-1985, in: Review of African Political Economy, Nr.106, S. 549-567.
Holtom, Duncan 2007: The Challenge of Consensus Building: Tanzania's PRSP 1998-2001, in: Journal of Modern African Studies, 45. Jg., S. 233-251.
Holtz, Bruno 1973: Burundi. Völkermord oder Selbstmord?, Freiburg.
Hopkins, Nicholas 1999: Irrigation in Contemporary Egypt, in: Alan K. Bowman und Eugene Rogan (Hrsg.), Agriculture in Egypt: From Pharaonic to Modern Times, S. 367-386.
Horowitz, Donald C. 2000: Ethnic Groups in Conflict, 2. Aufl., Berkeley, Los Angeles und London.
Hourani, Albert 1991: Die Geschichte der arabischen Völker, Frankfurt/M.
Hulterström, Karolina 2004: In Pursuit of Ethnic Politics: Voters, Parties and Policies in Kenya and Zimbabwe, Uppsala.
Humphrey, Michael 2004: Lebanese Identities: Between Cities, Nations and Trans-Nations, in: Arab Studies Quarterly, 26. Jg., Nr. 1, S. 31-50.
Humphreys, MacArtan, und Habaye Ag Mohamed 2005: Senegal and Mali, in: Paul Collier und Nicholas Sambanis (Hrsg.), Understanding Civil War: Evidence and Analysis, Washington, D.C., S. 247-302.
Ibn Chaldoun 1951 (1377): Ausgewählte Abschnitte aus der muqadima, aus dem Arabischen von Annemarie Schimmel, Tübingen.
Ibn Ishaq 1999 (1419): Das Leben des Propheten, übers. und bearb. von Gernot Rotter, Kandern.
Ibrahim, Saad Eddin 1994: Egypt's Landed Bourgeoisie, in: Ayse Öncü, Caglar Keyder und Saad Eddin Ibrahim (Hrsg.), Developmentalism and Beyond: Society and Politics in Egypt and Turkey, Cairo, S.19-43.
Ifeka, Caroline 2006: Youth Culture & the Fetishization of Violence in Nigeria, in: Review of African Political Economy, Nr. 110, S. 721-736.
Iheduru, Okechukwu 2004: Black Economic Power and Nation-Building in Post-Apartheid South Africa, in: Journal of Modern African Studies, 42. Jg., S. 1-30.
Ililffe, John 2003: Geschichte Afrikas, 2. Aufl., München.
International Crisis Group 2003: Angola: Exorcising Savimbi's Ghost, in: Current History, 102. Jg. S. 206-214.

Ishtiaque, Sk. Ahmed 2006: Iranian Politics: Intellectuals & Ulama, Delhi.
Ismael, Shereen T. 2003: Social Policy in the Arab World: Iraq as a Case Study, Arab Studies Quarterly, 25. Jg., S. 1-15.
Ismail, Salwa 2006: Political Life in Cairo's New Quarters: Encountering the Everyday State, Minneapolis.
Iyob, Ruth, und Gilbert Khadiagala 2006: Sudan: The Elusive Quest for Peace, Boulder.
Jackson, Robert H., und Carl G. Rosberg 1982/83: Why Africa's Weak States Persist?, in World Politics, 35. Jg., S. 1-24.
Jackson, Robert H., und Carl G. Rosberg 1982: Personal Rule in Black Africa: Prince, Autocrat, Prophet, Tyrant, Berkeley, Los Angeles und London.
Jackson, Robert H., und Carl G. Rosberg 1986: The States of East Africa: Tanzania, Uganda and Kenya, in: Peter Duignan und Robert H. Jackson (Hrsg.), Politics & Government in African States, 1960-1985, Stanford, S. 202-252.
Jackson, Stephen 2002: Making a Killing: Criminality & Coping in the Kivu War Economy, in: Review of African Political Economy, Nr.93/94, S. 517-536.
Jalloh, Mohamed Judith 2008: Sierra Leone: Beyond Change & Continuity, in: Review of African Political Economy, Nr. 118, S. 315-342.
Jansen, Hans 2007: Mohammed. Eine Biographie, München.
Jockers, Heinz, Ralph-Michael Peters und Eckart Rohde 2007: Demokratie in Nigeria? Kein Fortschritt nirgends, in: Africa Spectrum, 42. Jg., S. 335-350.
John, Ronald Bruce 2008: Redefining the Libyan Revolution: The Changing Ideology of Muammar al-Qaddafi, in: Journal of North African Studies, 13. Jg., S. 91-106.
Joffe, George 2009: Morocco's Reform Process: Wider Implications, in: Mediterranean Politics, 14. Jg., S. 151-164.
Joffe, George 2008: National Reconciliation and General Amnesty in Algeria, in: Mediterranean Politics, 13. Jg., S. 213-228.
Joffe, George 2002: The Role of Violence within the Algerian Economy, in: Journal of North African Studies, 7. Jg., S. 29-52.
Johnson, Douglas H., 2003: The Root Causes of Sudan's Civil War, Bloomington.
Johnston, Patrick 2004: Timber Booms, State Busts: The Political Economy of Liberian Timber, in: Review of African Political Economy, Nr.101, S. 441-456.
Joireman, Sandra F. 2007: Enforcing New Property Rights in Sub-Saharan Africa: The Ugandan Constitution and the 1998 Land Act, in: Comparative Politics, 39. Jg., S. 463-480.
Jordan, Pallo 2004: The African National Congress: From Illegality to the Corridors of Power, in: Review of African Political Economy, Nr. 100, S. 203-212.
Joseph Kir-Zerbo 1981: Die Geschichte Schwarzafrikas, München.
Joseph, Richard A. 1987a: Democracy and Prebendal Politics in Nigeria: The Rise and Fall of the Second Republic, Cambridge, New York, La Rochelle, Melbourne und Sydney.
Joseph, Richard A. 1987b: Principles and Practices of Nigerian Military Government, in: John W. Harbeson (Hrsg.), The Military in West African Politics, New York, Westport und London, S. 67-91.

Joseph, Richard A. 1983: Class, State, and Prebendal Politics in Nigeria, in: Journal of Commonwealth and Comparative Politics, 21. Jg., S. 21-38.

Jourde, Cédric 2005: „The President Is Coming to Visit!" Dramas and the Hijack of Democratization in the Islamic Republic of Mauretania, in: Comparative Politics, 37. Jg., S. 421-440.

Kamali, Masoud 2006: Multiple Modernities, Civil Society and Islam: The Case of Iran and Turkey, Liverpool.

Kamola, Isaac 2007: The Global Coffee Economy and the Production of Genocide in Ruanda, in: Third World Quarterly, 28. Jg., S. 571-592.

Kandeh, Jimmy D. 2008: Rogue Incumbents, Donor Assistance and Sierra Leone's Second Post-Conflict Elections of 2007, in: Journal of Modern African Studies, 46. Jg., S. 603-636.

Kandeh, Jimmy D., Ricardo René Larémont und Rachel Cremona 2005: Ethnicity and National Identity in Sierra Leone, in: Ricardo René Larémont (Hrsg.), Borders, Nationalism, and the African State, Boulder und London, S. 179-229.

Kapuscinski, Ryszard 2005: Afrikanisches Fieber. Erfahrungen aus vierzig Jahren, 7. Aufl., München.

Karagiannis, Emmanuel 2009: Hizballah as a Social Movement Organization: A Framing Approach, in: Mediterranean Politics, 14. Jg., S. 365-384.

Kasaba, Reşat 2004: Do States Always Favor Stasis? The Changing Status of Tribes in the Ottoman Empire, in: Joes S. Migdal (Hrsg.), Boundaries and Belonging. States and Societies in the Struggle to Shape Identities and Local Practices, Cambridge, S. 27-48.

Kasancigil, Ali 1991: Democracy in Muslim Land: Turkey in Comparative Perspective, in: International Social Science Journal, 63. Jg., S. 348-360.

Kasfir, Nelson 1987: Political Domination and the African State, in: Zaki Ergas (Hrsg.), The African State in Transition, New York, S. 45-60.

Kasfir, Nelson 2005: Sudan's Darfur: Is It Genocide?, in: Current History, 104. Jg., S. 195-202.

Kasozi, A.B.K. 1994: The Social Origins of Violence in Uganda, 1964-1985, Montreal, London und Buffalo.

Kassem, Maye 2004: Egyptian Politics: The Dynamics of Authoritarian Rule, Boulder.

Katumanga, Musambayi 2005: A City under Siege: Banditry & Modes of Accumulation in in Nairobi, 1991-2004, in: Review of African Political Economy, Nr. 106, S. 505-520.

Kaul, Volker 2007: The Diamond Trade and the War in Congo-Zaire, in: Africa Spectrum, 42. Jg., S. 49-71.

Kaußen, Stephan 2005: Südafrikas gelungener Wandel, in: Aus Politik und Zeitgeschichte, B 4, S.42-39.

Keddie, Nikki R. 2006: Modern Iran: Roots and Results of the Revolution, New Haven und London.

Kedourie, Elie 1994: Democracy and Arab Political Culture, London.

Keen, David 2005: Conflict & Collusion in Sierra Leone, Oxford und New York.

Keenan, Jeremy 2008: Uranium Goes Critical in Niger: Tuareg Rebellions Threaten Sahelian Conference, in: Review of African Political Economy, Nr. 117, S. 449-466.

Kelsall, Tim 2002: Shop Windows and Smoke-Filled Rooms: Governance and the Re-Politicization of Tanzania, in: Journal of Modern African Studies, 40. Jg., S. 597-615.

Kerr, Malcolm H. 1966: Islamic Reform: The Political and Legal Theories of Muhammad Abduh and Rashid Rida, Berkeley und Los Angeles.

Keshavarzian, Arang 2009: Regime Loyalty and Bazari Representation und the Islamic Republic of Iran: Dilemmas of the Society of Islamic Coalition, in: International Journal of Middle East Studies, 41. Jg., S. 225-246.

Keshavarzian, Arang 2007: Bazaar and the State in Iran: The Politics of the Tehran Market Place, Cambridge.

Keyder, Caglar 1994: The Agrarian Background and the Origins of the Turkish Bourgeoisie, in: Ayse Öncü, Caglar Keyder und Saad Eddin Ibrahim (Hrsg.), Developmentalism and Beyond: Society and Politics in Egypt and Turkey, Cairo, S. 44-72.

Keyle, Steven 2005: The Regional Structure of Angolan Growth, in: Review of African Political Economy, Nr. 104/105, S. 269-294.

Khadiagala, Gilbert M. (Hrsg.) 2006: Security Dynamics in Africa's Great Lakes Region, London.

Khadiagala, Gilbert M. 1995: State Collapse and Reconstruction in Uganda, in: I. William Zartman (Hrsg.), Collapsed States: The Disintegration and Restoration of Legitimate Authority, Boulder und London, S. 33-47.

Khalafalla, Khalid Y. 2005: Der Konflikt in Darfur, in: Aus Politik und Zeitgeschichte, B 4, S. 40-46.

Khallouk, Mohammed 2008: Islamischer Fundamentalismus vor den Toren Europas. Marokko zwischen Rückfall ins Mittelalter und westlicher Modernität, Wiesbaden.

Khatab, Sayed 2002: Hakimiyya und Jahiliyya in the Thought of Sayyid Qutb, in: Middle East Studies, 38. Jg., S. 145-170.

Khoury, Philip S., und Joseph Kostiner 1990: Introduction: Tribes and the Complexities of State Formation in the Middle East, in: Philip S. Khoury and Joseph Kostiner (Hrsg.), Tribes and State Formation in the Middle East, Berkeley, Los Angeles und Oxford, S. 1-22.

Kiai, Maina 2008: The Political Crisis in Kenya: A Call for Justice & Peaceful Resolution, in: Review of African Political Economy, Nr. 115, S. 140-143.

Kibble, Steve 2006: Angola: Can the Politics of Disorder Become the Politics of Democratisation & Development, in: Review of African Political Economy, Nr. 109, S. 525-542.

Killean, Carolyn 2004: Arabic, in: Philip Mattar (Hrsg.), Encyclopaedia of Modern Middle East & North Africa, 2. Aufl., Detroit, S. 232-234.

Kippin, Henry 2008: Copper and Controversy in the DR Congo, in: Review of African Political Economy, Nr. 117, S. 482-485.

Kirk-Greene 1980: The Thin White Line: The Size of the British Colonial Service in Africa, in: African Affairs, Nr.79, S. 25-44.

Kjaer, Anne Mette 2004: "Old Brooms Can Sweep too!" An Overview of Rulers and Public Sector Reform in Uganda, Tanzania and Kenya, in: Journal of Modern African Studies, S. 389-413.

Klare, Michael T. 2004: The Deadly Connection: Paramilitary Bands, Small Arms Diffusion and State Failure, in: Robert I. Rotberg (Hrsg.), When States Fail: Causes and Consequences, Princeton und Oxford, S. 116-134.

Klein, Stefan 2008: Mit Feuer gegen Feuer, in: Süddeutsche Zeitung vom 7.1.2008, S.3.

Klemp, Ludgera 1997: Ein Volk bricht auf. Entwicklungspolitische Überlegungen zur Zivilgesellschaft in Tansania, in: Aus Politik und Zeitgeschichte, B 9, S. 19-29.

Knaup, Horand 2008a: Kabale und Hiebe, in: Der Spiegel, Nr. 45, vom 29.9.2008, S.108f.

Knaup, Horand 2008b: Ein Land als Beute, in: Der Spiegel, Nr. 51, vom 29.12.2008, S. 96ff.

Knecht, Elham Manea 2005: Überleben und Übergeben: Familienherrschaften auf der Arabischen Halbinsel, in: Hartmut Fähndrich (Hrsg.), Vererbte Macht. Monarchien und Dynastien in der arabischen Welt, Frankfurt/M. und New York, S. 81-101.

Knio, Karim 2008: Is Political Stability Sustainable in Post-„Cedar Revolution" Lebanon, in: Mediterranean Politics, 13. Jg., S. 445-451.

Konings, Piet 2005: The Anglophone Cameroon-Nigeria Boundary: Opportunities and Conflicts, in: African Affairs, 104. Jg., Nr. 415, S. 275-302.

Konings, Piet 2003: Organised Labor and Neo-Liberal Economic and Political Reforms in West and Central Africa, in: Journal of Contemporary African Studies, 21. Jg., S. 447-472.

Kragelund, Peter 2009: Knocking on a Door Wide Open: Chinese Investments in Africa, in: Review of African Political Economy, Nr. 122, S. 479-497.

Kramer, Martin (Hrsg.) 1987: Shi'ism, Resistance, and Revolution, London.

Kramer, Martin 1987: Syria's Alawis and Shi'ism, in: Martin Kramer (Hrsg.), Shi'ism, Resistance, and Revolution, London, S. 237-254.

Kreile, Renate 1997: Politisierung von Ethnizität in Afrika, in: Aus Politik und Zeitgeschichte, B 9, S. 12-18.

Kreiser, Klaus 2008: Der Osmanische Staat 1300-1922, 2. Aufl., München.

Kukah, M.H. 1993: Religion, Politics and Power in Nigeria, Ibadan, Owerri, Kaduna und Lagos.

Kurzman, Charles 2005: Weaving Iran into the Tree of Nations, in: International Journal of Middle East Studies, 37. Jg., S. 137-166.

Lacroix, Stéphane 2004: Between Islamists and Liberals: Saudi-Arabia's New "Islamo-Liberal" Reformists, in: Middle East Journal, 58. Jg., S. 345-366.

Laitin, David 1982: The Sharia Debate and the Origins of Nigeria's Second Republic, in: Journal of Modern African Studies, 20. Jg., S. 411-430.

Lamb, David 1994: Afrika, Afrika, 3. Aufl., München

Lancaster, William 1997: The Rwala Bedouin Today, 2. Aufl., Long Grove.

Landau, Loren B. 2010: Loving the Alien? Citizenship, Law, and the Future in South Africa's Demonic Society, in: African Affairs, 109. Jg., S. 213-230.

Larémont, Ricardo René (Hrsg.) 2005: Borders, Nationalism, and the African State, Boulder und London.

Laribi, Lyes 2007: L'Algérie des Généraux, Paris.
Larmer, Miles 2005: Reaction & Resistance to Neo-Liberalism in Zambia, in: Review of African Political Economy, Nr.103, S. 29-45.
Lawson, Fred H. 2007: Intraregime Dynamics. Uncertainty, and the Persistance of Authoritarianism in the Contemporary Arab World, in: Oliver Schlumberger (Hrsg.), Debating Authoritarianism: Dynamics and Durability in Nondemocratic Regimes, Stanford, S. 109-127.
Layne, Linda L. 1994: Home and Homeland: The Dialogics of Tribal and National Identities in Jordan, Princeton.
Lemarchand, René 2006: Burundi's Endangered Transition. FAST Country Risk Profile Burundi, Schweizerische Friedensstiftung, Nr. 3/2006, Bern.
Lemarchand, René 2002: The Tunnel at the End of the Light, in: Review of African Political Economy, Nr.93, S. 389-398.
Lemarchand, René 2006: Burundi at the Crossroads, in: Gilbert M. Khadiagala (Hrsg.), Security Dynamics in Africa's Great Lakes Region, London, S. 41-58.
Lesch, Ann M. 2004: Ansar, Al-, in: Philip Mattar (Hrsg.), Encyclopaedia of Modern Middle East & North Africa, 2. Aufl., Detroit, S. 209-210.
LeVine, Victor T. 2004: Politics in Francophone Africa, Boulder.
Lewis, Bernard 2002: Die Araber, München.
Lia, Brynjar 1998: The Society of the Muslim Brothers in Egypt: The Rise of an Islamic Mass Movement, 1928-1942, Reading.
Liebl, Vernie 2009: The Caliphate, in: Middle Eastern Studies, 45. Jg., S. 373-391.
Linz, Juan J. 2000: Totalitarian and Authoritarian Regimes, Boulder und London.
Linz, Juan J. 1973: Opposition in and Under an Authoritarian Regime, in: Robert A. Dahl (Hrsg.), Regimes and Oppositions, New Haven, S. 171-259.
Lloyd, Robert 2006: Rebuilding the Liberian State, in: Current History, 105. Jg., S.229-233.
Lloyd, Robert B. 2002: Zimbabwe: The Making of an Autocratic "Democracy", in: Comparative Politics, 101. Jg., S. 219-224.
Lobban, Richard 2001: Slavery in the Sudan since 1989, in: Arab Studies Quarterly, 23. Jg., Nr. 2, S. 31-40.
Loimeier, Roman 2007: Nigeria: The Quest for a Viable Religious Option, in: William F. S. Miles (Hrsg.), Political Islam in West Africa: State-Society Relations Transformed, Boulder und London, S.43-72.
Lonsdale, John 1986: Political Accountability in African History, in: Patrick Chabal (Hrsg.), Political Domination in Africa: Reflections on the Limits of Power, Cambridge, London und New York, S. 126-157.
Lumumba-Kasongo, Tukumbi 2001: United States' Legacy in Liberia, in: Robert Dibie (Hrsg.), The Politics and Policies of Sub-Saharan Africa, Lanham, S. 83-116.
Lustick, Ian S. 1997: The Absence of Middle Eastern Great Powers: Political "Backwardness" in Historical Perspective, in: International Organization, 51. Jg., S. 653-683.
Lust-Oskar, Ellen 2007: The Management Opposition: Formal Structures of Contestation and Informal Political Manipulation in Egypt, Jordan, and Morocco, in: Oliver

Schlumberger (Hrsg.), Debating Authoritarianism: Dynamics and Durability in Nondemocratic Regimes, Stanford, S. 39-58.

Lust-Okar, Ellen 2001: The Decline of Jordanian Political Parties: Myth or Reality?, in: International Journal of Middle East Studies, 33. Jg., S. 545-569.

Lynch, Gabrielle 2008: Courting the Kalenjin: The Failure of Dynasticism and the Strength of the ODM Wave in Kenya's Rift Valley Province, in: African Affairs, 107. Jg., S. 541-568.

MacGaffey, Janet, und Rémy Bazenguissa-Ganga 2000: Congo-Paris: International Traders at the Margins of Law, Oxford, Bloomington und Indianapolis.

MacLean, Laureen Morris 2004: Mediating Ethnic Conflict at the Grassroots: The Role of Local Associational Life in Shaping Political Values in Cote d'Ivoire and Ghana, in: Journal of Modern African Studies, 42. Jg., S. 589-617.

Maghen, Ze'ev 2008: Occultation in Perpetuum: Shiite Messianism and the Policies of the Islamic Republic, in: Middle East Journal, Nr. 62, S. 232-258.

Mahdavi, Shireen 2005: Shahs, Doctors, Diplomats and Missionaries in 19th Century Iran, in: British Journal of Middle East Studies, 32. Jg., S. 169-191.

Mair, Stefan 2004: Auflösung des staatlichen Gewaltmonopols und Staatszerfall, in: Mir A. Ferdowski (Hrsg.), Afrika – ein verlorener Kontinent, Paderborn, S. 100-125,

Majd, Mohammad Gholi 2000: Small Landowners and Land Distribution in Iran, 1962-1971, in: International Journal of Middle East Studies, 32. Jg., S. 123-153.

Makgetla, Neva Seidman 2004: The Post-Apartheid Economy, in: Review of African Political Economy, Nr. 100, S. 263-281.

Makinda, Samuel M. 1996: Democracy and Multi-Party Politics in Africa, in: Journal of Modern African Studies, 34. Jg., S. 555-573.

Maljoo, Mohammad 2006: Worker Protest in the Age of Ahmadinejad, in: Middle East Report, Nr. 241, S. 30-33.

Maltz, Gideon 2006: Zimbabwe after Mugabe, in: Current History, 105. Jg., S. 214-218.

March, Andrew F. 2010: Taking People as They Are: Islam as a "Realistic Utopia" in the Political Theory of Sayyid Qutb, in: American Political Science Review, 104. Jg., S. 189-208.

Marchal, Roland 2006: Chad/Darfur: How Two Crises Merge, in: Review of African Political Economy, Nr.109, S. 467-482.

Marenin, Otwin 1987/88: The Nigerian State as Process and Manager: A Conceptualization, in: Comparative Politics, 20. Jg., S. 215-232.

Martinez, Luis 2007: The Libyan Paradox, New York.

Marysse, Stefaan, und Sara Geenen 2009: Win-Win or Unequal Change? The Case of Sino-Congolese Cooperation Agreements, in: Journal of Modern African Studies, 47. Jg., S. 371-396.

Maseland, Robbert, und Jan Peil 2008: Assessing the New Washington Pluralism from the Perspective of the Malaysian Model, in: Third World Quarterly, 29. Jg., S. 1175-1188.

Massour, Azzedine G. 2004: Rassemblement pour la Culture et la Démocratie, in: Philip Mattar (Hrsg.), Encyclopaedia of the Modern Middle East & North Africa, Bd. 3, 2. Aufl., Detroit, New York, San Francisco, S. 1905.

Matin, Kamran 2007: Uneven and Combined Development in World History: The International Relations of State Formation in Premodern Iran, in: Third World Quarterly, 13. Jg., S. 419-448

Mattes, Peter 2008: Formal and Informal Authority in Libya since 1969, in: Dirk Vandewalle (Hrsg.), Libya since 1969: QadHafiz's Revolution Revisited, New York und Basingstoke, S. 55-82.

Mbow, Penda 2008: Senegal: The Return of Personalism, in: Journal of Democracy, 19. Jg., S. 156-169.

McCaskie, Tom 2008: The United States, Ghana and Oil: Global and Local Perspectives, in: African Affairs, 107. Jg., S. 313-332.

McDonough, David 2008: From Guerillas to Government: Governing Post-Conflict Stability in Liberia, Uganda and Rwanda, in: Third World Quarterly, 29. Jg., S. 357-374.

McLean, Gerald (Hrsg.) 2006: Writing Turkey: Explorations in Turkish History, Politics, and Cultural Identity, London.

Meagher, Kate 2007: Hijacking Civil Society: The Inside Story of the Bakassi Boy Vigilante Group of South-Eastern Nigeria, in: Journal of Modern African Studies, 45. Jg., S. 89-115.

Mecham, R. Quinn 2004: From the Ashes of the Virtue, a Promise of Light: The Transformation of Political Islam in Turkey, in: Third World Quarterly, 25. Jg., S. 339-358.

Mehler, Andreas 2009: Peace and Power Sharing in Africa: A Not So Obvious Relationship, in: African Affairs, 108. Jg., S. 453-474.

Meital, Yoram 2006: The Struggle over Political Order in Egypt: The 2005 Elections, in: Middle East Journal, 60. Jg., S. 257-280.

Meldrum, Stephen 2006: South Africa on Trial, in: Current History, 105. Jg., S. 209-213.

Meyns, Peter 1999: Simbabwe am Ende der Ära Mugabe. Nationale Probleme und regionale Konflikte, in: Aus Politik und Zeitgeschichte, B 27, S. 30-39.

Miles, Willliam F. S. (Hrsg.) 2007: Political Islam in West Africa, Boulder und London.

Miles, William F. S. 1994: Hausaland Divided: Colonialism and Independence in Nigeria and Niger, Ithaca und London.

Milliken, Jennifer (Hrsg.) 2003: State Failure, Collapse and Reconstruction, Malden, Oxford und Berlin.

Milton-Edwards, Beverley, und Peter Hinchcliffe 2001: Jordan: A Hashemite Legacy, London und New York.

Mitchell, Timothy 1999: No Factories, No Problems: The Logic of Neo-Liberalism in Egypt, in: Review of African Political Economy, Nr. 82, S. 455-468.

Mokthari, Fariborz 2005: No One Will Scratch My Back: Iranian Security Perceptions in Historical Context, in: Middle East Journal, 59. Jg., S. 202-219.

Molt, Peter 1993: Chancen und Voraussetzungen der Demokratisierung Afrikas, in: Aus Politik und Zeitgeschichte, B 12/13, S. 12-21.

Morrison, Minion K.C. 2004: Political Parties in Ghana through Four Republics, in: Comparative Politics, 36. Jg., S. 421-442.

Morrison, Minion K.G., und Jan Woo Hong 2006: Ghana's Political Parties: The Ethno-Regional Variations Sustain the National Two-Party System, in: Journal of Modern African Studies, 44. Jg., S. 623-647.

Moudden, Abdelbay 2005: Marokkos Mohammed IV: Der 17. Alawite, in. Hartmut Fähndrich (Hrsg.), Vererbte Macht. Monarchien und Dynastien in der arabischen Welt, Frankfurt/M. und New York, S. 123-132.

Moyo, Ambrose 2007: Religion in Africa, in: April A. Gordon und Donald A. Gordon (Hrsg.), Understanding Contemporary Africa, Boulder, S.317-350.

Mozaffari, Mehdi 1993: Changes in the Iranian Political System after Chomeini's Death, in: Political Studies, 41. Jg., S. 611-617.

Mpangala, Gaudens 1998: Inter-Ethnic Relations in Tanzania, in: Nnoli Okwudiba (Hrsg.), Ethnic Conflicts in Africa, Nottingham, S. 311-325.

Munson, Henry 1988: Islam and the Revolution in the Middle East, New Haven und London.

Murunga, Godwin R., und Shadrack W. Nasong'o 2006: Bent on Self-Destruction: The Kibaki Regime in Kenya, in: Journal of Contemporary African Studies, 24. Jg., S. 1-28.

Murunga, Godwin R., und Shadrack Wanjala Nasong'o (Hrsg.) 2007: Kenya: The Struggle for Democracy, Dakar, London und New York.

Mwangi, Oscar Gakuo 2006: Kenya: Conflict in the 'Badlands': The Turbi Massacre in Marsabit District, in: Review of African Political Economy, Nr. 107, S. 81-91.

Naidoo, Prishani 2007: Struggles around the Codification of Daily Life in South Africa, in: Review of African Political Economy, Nr. 111, S. 57-66.

Nasong'o, Shadrack Wanjala 2007: Negotiating New Rules of the Game: Social Movements, Civil Society and the Kenyan Transition, in:, Godwin R. Murunga und Shadrack Wanjala Nasong'o (Hrsg.) 2007: Kenya: The Struggle for Democracy, Dakar, London und New York, S. 19-57.

Nasr, Vali 2006: The Shia Revival: How Conflicts within Islam Will Shape the Future, New York.

Nasr, Vali 2000: Politics within the Late-Pahlavi State: The Ministry of Economy and Industrial Policy, 1963-69, in: International Journal of Middle East Studies, 32. Jg., S. 97-122.

Naylor, Philip C. 2004a: Abbas, Ferhat, in: Philip Mattar (Hrsg.), Encyclopaedia of Modern Middle East & North Africa, 2. Aufl., Detroit, S. 2-4.

Naylor, Philip C. 2004b: Ait Ahmed, Hocine, in: Philip Mattar (Hrsg.), Encyclopaedia of Modern Middle East & North Africa, 2. Aufl., Detroit, S. 95-96.

Naylor, Philip C. 2004c: Ben Bella, Ahmed, in: Philip Mattar (Hrsg.), Encyclopaedia of Modern Middle East & North Africa, 2. Aufl., Detroit, S. 441-443.

Naylor, Philip C. 2004c: Hadj, Messali-al, in: Philip Mattar (Hrsg.), Encyclopaedia of Modern Middle East & North Africa, 2. Aufl., Detroit, S. 968-969.

Ndikumana, Léonce, und Kisangani E. Emizet 2005: The Economics of Civil War: The Case of the Democratic Republic of Congo, in: Peter Collier und Nicholas Sambanis (Hrsg.), Understandig Civil War, Washington, D.C., S. 63-87.

Ndlovu-Gatsheni, Sabelo 2009: Making Sense of Mugabeism in Local and Global Politics: "So Blair, Keep Your England and Let Me Keep My Zimbabwe", in: Third World Quarterly, 30. Jg., S. 1139-1158.

Ngaruko, Floribert, und Janvier D. Nkrumziza 2005: Civil War and Its Duration in Burundi, in: Peter Collier und Nicholas Sambanis (Hrsg.), Understandig Civil War, Washington, D.C., S. 35-62.

Niblock, Tim 2006: Saudi-Arabia: Power, Legitimacy and Survival, London und New York.

Nizameddin, Talal 2006: The Political Economy of Lebanon under Rafiq Hariri: An Interpretation, in: Middle East Journal, 60. Jg., S. 95-114.

Njoku, Raphael Chijoke 2001: Deconstructing Abacha: Demilitarization and Democratic Consolidation in Nigeria after the Abacha Era, in: Government and Opposition, 36. Jg., S. 71-96.

Nnoli, Okwudiba (Hrsg.) 1998a: Ethnic Conflict in Africa, Nottingham.

Noli, Okwudiba 1998b: Ethnic Conflicts in Africa: A Comparative Analysis, in: Nnoli Okwudiba (Hrsg.), Ethnic Conflicts in Africa, Nottingham, S. 1-25.

Norton, Augustus Richard 2007: The Shiite "Threat" Revisited, in: Current History, 106. Jg., S. 434-439.

Norton, Augustus Richard 2006: Hezbollah: A Short History, Princeton und Oxford.

Norton, Augustus Richard 2002: Activism and Reform in Islam, in: Current History, 101. Jg., S. 377-381.

Norton, Augustus Richard 1987: Amal and the Shi'a: Struggle for the Soul of Lebanon, Austin.

Noth, Albrecht 1987: Früher Islam, in: Ulrich Haarmann (Hrsg.), Geschichte der arabischen Welt, München 1987, S. 11-100.

Noyon, Jennifer 2003: Islam, Politics, and Pluralism: Theory and Practice in Turkey, Jordan, Tunisia and Algeria, Washington, D.C.

Nugent, Paul 2004: Africa since Independence: A Comparative History, Houndmills und New York.

Nugent, Paul 1995: Big Men, Small Boys and Politics in Ghana: Power, Ideology and the Burden of History, 1982-1994, London und New York.

Nuscheler, Franz, und Klaus Ziemer 1980: Politische Herrschaft in Schwarzafrika. Geschichte und Gegenwart, München.

Nzogola-Ntalaja, Georges 2002: The Congo from Leopold to Kabila: A People's History, London und New York.

O'Donnell, Guillermo 1973: Modernization and Bureaucratic Authoritarianism: Studies in South African Politics, Berkeley.

Obadare, Ebenezer 2006a: Playing Politics with Mobile Phone in Nigeria: Civil Society, Big Business & the State, in: Review of African Political Economy, Nr.107, S. 93-111.

Obadare, Ebenezer 2006b: Pentecoastal Presidency? The Lagos-Ibadan "Theocratic Class" & the "Muslim Other", in: Review of African Political Economy, Nr. 110, S.665-678.

Odhiambo, E.S. Atieno 2004: Ethnic Cleansing and Civil Society in Kenya, in: Journal of Contemporary African Studies, 22. Jg., S. 29-42.

Okafor, Victor Oguejiofor 2006: A Roadmap for Understanding African Politics: Leadership and Political Integration in Nigeria, New York und Oxford.

Okonta, Ike 2005: Nigeria: Chronicle of a Dying State, in: Current History, 104. Jg., S. 203-208.

Okruhlik, Gwenn 2002: Networks of Dissent: Islamism and Reform in Saudi Arabia, in: Current History, 101. Jg., S. 22-28.

Okruhlik, Gwenn 1999: Rentier Wealth, Unruly Law, and the Rise of Opposition, in: Comparative Politics, 51. Jg., S. 295-315.

Olmert, Joseph 1987: The Shi'is and the Lebanese State, in: Martin Kramer (Hrsg.), Shi'ism, Resistance and Revolution, London, S. 189-201.

Oloo, Adams G. R. 2007: The Contemporary Opposition in Kenya: Between Internal Traits and State Manipulation, in: Godwin R. Murunga und Shadrack Wanjala Nasong'o (Hrsg.) 2007: Kenya: The Struggle for Democracy, Dakar, London und New York, S. 90-125.

Ombowale, Ayokunle, und Akinpelu Olanreaywo Olutayu 2007: Chief Lamidi Adedibu and Patronage Politics in Nigeria, in: Journal of Modern African Studies, 45. Jg., S. 425-446.

Omeje, Kenneth 2004: The State, Conflict & Evolving Politics in the Niger Delta, Nigeria, in: Review of African Political Economy, Nr. 101, S. 425-440.

Öngen, Tülin 2002: Political Crisis and Strategies for Crisis Management: From "Low Intensity Conflict" to "Low Intensity Instability", in: Nesecan Balkan und Sungur Savran (Hrsg.) 2002: The Politics of Permanent Crisis, Huntington, S. 55-84.

Osaghae, Eghosa E. 1998: The Ethnic and Class Character of Political Conflicts in Liberia, in: Nnoli Okwudiba (Hrsg.), Ethnic Conflicts in Africa, Nottingham, S. 131-158.

Oyugi, Walter O. 2006: Coalition Politics and Coalition Governments in Africa, in: Journal of Contemporary African Studies, 24. Jg., S. 53-80.

Pakenham, Thomas 1994: Der kauernde Löwe. Die Kolonialisierung Afrikcas, 2. Aufl. Düsseldorf.

Parmentier, Mary Jane C. 1999: Secularisation and Islamisation in Morocco and Algeria, in: Journal of North African Studies, 4. Jg., Nr. 4, S. 27-50.

Patai, Raphael 2002: The Arab Mind, rev. edn., New York.

Patey, Luke Anthony 2007: State Rules: Oil Companies and Armed Conflict in Sudan, in: Third World Quarterly, 28. Jg., S. 997-1016.

Patton, Marcie J. 2006: The Economic Policies of Turkey's AKP Government: Rabbits from a Hat?, in: The Middle East Journal, 60.Jg., S. 513-536.

Pegg, Scott 2009: Briefing: Chronicle of a Death Foretold: The Collapse of the Chad-Cameroon Pipeline Project, in: African Affairs, 108. Jg., S. 311-320.

Peil, Florian 2006: Die Besetzung der Großen Moschee von Mekka 1979, in: Orient, 47. Jg., S. 387-408.

Penchoun, Thomas G. 2004: Berber, in: Philip Mattar (Hrsg.), Encyclopaedia of Modern Middle East & North Africa, 2. Aufl., Detroit, S. 457-463.

Pennell, C. R. 2004: Khattabi, Muhammad Ibn Abd al-Karim al-, in: Philip Mattar (Hrsg.), Encyclopaedia of Modern Middle East & North Africa, 2. Aufl., Detroit, S. 1394-1396.
Perras, Arne 2010a: Staatsgeburt unter schweren Wehen, in: Süddeutsche Zeitung vom 24.9.2010, S. 8.
Perras, Arne 2010b: Das Ziel: Plündern, entführen, töten, in: Süddeutsche Zeitung vom 29.3.2010, S. 8.
Perras, Arne 2010c: Waffenstillstand im Sudan, in: Süddeutsche Zeitung vom 22.2.2010, S. 7.
Perras, Arne 2009a: Ronald Mutwend Mutebi II. König des Baganda-Volkes im im Kampf mit Ugandas Präsidenten, in: Süddeutsche Zeitung vom 12./13. September 2009., S. 4.
Perras, Arne 2009b: Spuren des Zorns. Nach den Straßenkämpfen herrscht wieder Ruhe, aber die Konflikte bleiben, in: Süddeutsche Zeitung vom 14.9.2009, S. 9.
Perras, Arne 2009c: Machtlos gegen Mugabes Schikanen, in: Süddeutsche Zeitung vom 17./18.10.2009, S. 9.
Perras, Arne 2008a: Kampf den Privilegien, in: Süddeutsche Zeitung vom 1./2.3.2008, S.8.
Perras, Arne 2008b: Eine Hölle mit vielen Herrschern, in: Süddeutsche Zeitung vom 12.11.2008, S. 3.
Perras, Arne 2008c: Unüberbrückbare Feindschaften, in: Süddeutsche Zeitung vom 30./31.12.2008, S.10
Perras, Arne 2008d: Kongos mörderisches Muster, in: Süddeutsche Zeitung vom 13.10.2008, S. 8.
Perras, Arne 2008e: Vorboten eines neuen Sturms, in: Süddeutsche Zeitung vom 10.4.2008, S. 8.
Perras, Arne 2008f.: Koalition unter Feinden, in: Süddeutsche Zeitung vom 14.4.2008, S. 8.
Perras, Arne 2007: Die Wahl der Waffen, in: Süddeutsche Zeitung vom 18.12.2007, S. 3.
Perras, Arne 2007: Im Delta der Diebe, in: Süddeutsche Zeitung vom 20.4.2007, S. 3.
Perras, Arne, und Michael Bitala 2010: Das Blut an meinem Handy, in: Süddeutsche Zeitung vom 14.4.2010, S. 3.
Perthes, Volker 2006: Orientalische Promenaden. Der Nahe und Mittlere Osten im Umbruch, Berlin.
Perthes, Volker 2004a: Arab Elites: The Politics of Change, Boulder und London.
Perthes, Volker 2004b: Syria under Baschar al-Asad: Modernisation and the Limits of Change, New York.
Perthes, Volker 2004c: Syria: Difficult Inheritance, in: Volker Perthes (Hrsg.), Arab Elites: The Politics of Change, Boulder und London, S. 87-114.
Perthes Volker 2002: Orientalische Promenaden. Die neue arabische Welt, Berlin.
Perthes, Volker 1990: Staat und Gesellschaft in Syrien 1970-1989, Hamburg.
Pioppi, Daniela 2007: Privatization of Social Services as a Regime Strategy: The Revival of Islamic Endowments (Awqf) in Egypt, in: Oliver Schlumberger (Hrsg.), Debating

Authoritarianism: Dynamics and Durability in Nondemocratic Regimes, Stanford, S. 129-142.
Pipes, Daniel 1990: Greater Syria: The History of an Ambition, New York und Oxford.
Pitcher, M. Anne 2004: Conditions, Commitments, and the Politics of Restructuring in Africa, in: Comparative Politics, 36. Jg., S. 379-398.
Posner, David N. 2003: The Colonial Origins of Ethnic Cleavages: The Case of Linguistic Division in Zambia, in: Comparative Politics, 36. Jg., S. 127-170.
Posusney, Martha Pripstein 1997: Labor and the State in Egypt: Workers, Unions, and Economic Restructuring, New York.
Posusney, Marsha Pripstein 1993: Irrational Workers: The Moral Economy of Labor Protest in Egypt, in: World Politics, 45. Jg., S. 83-120.
Posusney, Marsha Pripstein, und Michele Renner Angrist (Hrsg.) 2005: Authoritarianism in the Middle East: Regime and Resistance, Boulder und London.
Prendergast, John, und Colin Thomas Jensen 2009: Sudan: A State on the Brink?, in: Current History, 108. Jg., S. 208-213.
Prokop, Michaela 2005: Saudi-Arabien, Kreuzlingen und München.
Prunier, Gérard 2006: The Politics of Death in Darfur, in: Current History, 105. Jg., S. 195-202.
Qureshi, Saleem 1981: Military in the Polity of Islam: Religion as a Basis for Civil-Military Interaction, in: Internationale Political Science Review, 2. Jg., S. 271-282.
Rahman, Maha Abdel 2002: The Politics of "unCivil" Society in Egypt, in: Review of African Political Economy, Nr. 91, S .21-36.
Raphaeli, Nimord 2005: Demands for Reform in Saudi Arabia, in: Middle Eastern Studies, 41. Jg., S. 517-532.
Ratherford, Bruce K. 2006: What Do Egypt's Islamists Want? Modern Islam and the Rise of Islamic Constitutionalism, in: Middle East Journal, 60. Jg., S.707-731.
Raupp, Judith 2010a: Kenias Bürger beschneiden die Macht des Präsidenten, in: Süddeutsche Zeitung vom 6.8.2010, S. 8.
Raupp, Judith 2010b: Paul Kagame. Präsident mit Allüren eines Entwicklungsdiktators, in: Süddeutsche Zeitung vom 11.8.2010, S. 4.
Raupp, Judith 2010c: Ein weltweit geschätzter Despot, in: Süddeutsche Zeitung vom 7./8.8.2010, S. 7.
Raupp, Judith 2010d: Zuversicht nach dem Putsch, in: Süddeutsche Zeitung vom 20./21.2.2010, S. 9.
Raupp, Judith 2009: Kabilas Gewaltakt, in: Süddeutsche Zeitung vom 18.1.2009, S. 7.
Raupp, Judith 2008: Neuer Anlauf für Frieden im Ostkongo, in: Süddeutsche Zeitung vom 3.11.2008, S. 7.
Razavi, Reza 2010: The Road to Party Politics in Iran (1979-2009), in: Middle Eastern Studies, 46. Jg., S. 79-97.
Reid, Richard J. 2008: A Modern History of Africa: 1800 to the Present, Malden und Oxford.
Reiter, Yitzhak 2004: Economic and Political Power in Jordan: The Palestinian-Transjordanian Rift: Economic Might and Political Power in Jordan, in: Middle East Journal, 58. Jg., S. 72-92.

Reiter, Yitzhak 2002: Higher Education and Sociopolitical Transformation in Journal, in: British Journal of Middle Eastern Studies, 29. Jg., S. 137-164.
Reno, William 2007: Liberia: The LURDs of the New Church, in: Morten Bøas und Kevin C. Dunn (Hrsg.), African Guerillas: Raging against the Machine, Boulder und London, S. 69-80.
Reno, William 2006: Congo: From State Collapse to „Absolutism", to State Failure, in: Third World Quarterly, 27. Jg., S. 43-56.
Reno, Willliam 1999: Warlord Politics and African States, Boulder.
Reyntjens, Filip 2006a: Briefing: Burundi: A Peaceful Transition after a Decade of War?, in: Afriacn Affairs, 105. Jg, S. 117-136.
Reyntjens, Filip 2006b: Governance and Security in Ruanda, in: Gilbert M. Khadiagala (Hrsg.), Security Dynamics in Africa's Great Lakes Region, London, S. 15-40.
Reyntjens, Filip 2005: The Privatisation and Criminalisation of Public Space in the Geopolitics of the Great Lakes Region, in: Journal of Modern African Studies, 43. Jg., S. 587-607.
Rink, Eva, und Wolfgang Schreiber 1998: Die Entdeckung von Ethnizität und die Bildung politischer Parteien, in: Leonhard Harding (Hrsg.), Ruanda – der Weg zum Völkermord. Vorgeschichte–Verlauf–Deutung, Hamburg, S. 37-70.
Richards, Allen, und John Waterbury 1998: A Political Economy of the Middle East, 2. Aufl., Boulder.
Richards, Paul 1998: Fighting for the Rain Forest: War, Youth & Resources in Sierra Leone, Oxford und Portsmouth.
Richter, Thomas 2007: Linking the Political Economy of Regime Maintainance in Egypt, in: Oliver Schlumberger (Hrsg.), Debating Authoritarianism: Dynamics and Durability in Nondemocratic Regimes, Stanford, S. 177-193.
Riddell, Barry 2005: Sierra Leone: Urban-Elite Bias, Atrocity & Debt, in: Review of African Political Economy, Nr. 103, S.115-133.
Rocque, Paula Christina 2009: Angola's Façade Democracy, in: Journal of Democracy, 20. Jg., S. 137-150.
Robinson, Glenn 2007: The Battle for Iraq: Islamic Insurgencies in Comparative Perspective, in: Third World Quarterly, 28. Jg., S. 261-274.
Rodinson, Maxime 1981: Die Araber, Frankfurt/M.
Roessler, Philip G. 2005: Donor-Induced Democratization and the Privatization of State Violence in Kenya and Ruanda, in: Comparative Politics, 38. Jg., S. 207-227.
Rolandsen, Øystein 2007: The Janawid and Government Militias, in: Morten Boas und Kevin C. Dunn (Hrsg.), African Guerillas: Raging against the Machine, Boulder und London, S. 151-170.
Ronen, Yehudit 2007: Between the Mahdiya und the Muslim Brotherhood: Continuity and Change, in: Journal of North African Studies, 12. Jg., S. 1-18.
Rosen, Nir 2007: The Death of Iraq, in: Current History, 106. Jg., S. 409-413.
Rotberg, Robert I. 2004a: The Failure and Collapse of Nation-States, in: Robert I. Rotberg (Hrsg.), When States Fail: Causes and Consequences, Princeton und Oxford, S. 1-45.

Rotberg, Robert I. (Hrsg.) 2004b: When States Fail: Causes and Consequences, Princeton und Oxford.
Rothchild, Donald 1995: Rawlings and the Engineering of Legitimacy in Ghana, in: I. William Zartman (Hrsg.), Collapsed States: The Disintegration and Restoration of Legitimate Authority, Boulder und London, S.49-65.
Rubbers, Benjamin 2009: The Story of a Tragedy: How People in Haut-Katanga Interpret the Post-Colonial History of Congon, in: Journal of Modern African Studies, 47. Jg., S. 267-289.
Rubin, Barry 1990: Islamic Fundamentalism in Egyptian Politics, London.
Rubongoya, Joshua B. 2007: Regime Hegemony in Museveni's Uganda: Pax Musevenica, Houndmills.
Ruedy, John 2004a: Algeria, in: Philip Mattar (Hrsg.), Encyclopaedia of Modern Middle East & North Africa, 2. Aufl., Detroit, S. 120-128.
Ruedy, John 2004b: Colons, in: Philip Mattar (Hrsg.), Encyclopaedia of Modern Middle East & North Africa, 2. Aufl., Detroit, S. 617-618.
Ruedy, John 2004c: Oujda Group, in: Philip Mattar (Hrsg.), Encyclopaedia of Modern Middle East & North Africa, 2. Aufl., Detroit, S. 1743-1744.
Ruedy, John, und Rabia Bekkar 2004: Arabization Politics, in: Philip Mattar (Hrsg.), Encyclopaedia of Modern Middle East & North Africa, 2. Aufl., Detroit, S. 254-257.
Ruf, Werner 1988: Marokko, in: Udo Steinbach und Rüdiger Robert (Hrsg.), Der Nahe und Mittlere Osten, Bd. 2, Opladen, S. 269-284.
Ruf, Werner 1983: Marokko, in: Dieter Nohlen und Franz Nuscheler (Hrsg.); Handbuch der Dritten Welt, Bd. 6, Hamburg, S. 142-160,
Sabri, Sharaf 2001: The House of Saud in Commerce, New Delhi.
Sachikonye, Lloyd M. 2003: From "Growth with Equity" to "Fast Track" Reform: Zimbabwe's Land Question, in: Review of African Political Economy, Nr. 96, S. 227-240.
Sachikonye, Lloyd M. 2002: Whither Zimbabwe? Crisis & Democratization, in: Review of African Political Economy, Nr. 91, S. 13-20.
Sadiki, Larbi 2008: Engendering Citizenship in Tunisia: Prioritizing Unity over Democray, in. Yahia A. Zoubir und Haizam Amirah-Fernandéz (Hrsg.), North Africa: Politics, Region, and the Limits of Transformation, London und New York, S. 109-132.
Said, Mohammed, und Michael Medley 2006: Muslim Brotherhood in Egypt & Sudan, in: Review of African Political Economy, Nr. 110, S. 693-708.
Sakai, Keiko 2001: Modernity and Tradition in the Islamic Movements in Iraq: Continuity and Discontinuity in the Role of the Ulama, in: Arab Studies Quarterly 23. Jg., S. 37-53.
Sakallioglu, Umit Cizre 1997: The Anatomy of the Turkish Military's Political Autonomy, in: Comparative Politics, 30. Jg., S. 151-166.
Samii, Abbas Williams 2008: A Stable Structure on Shifting Sands: Assessing the Hisbullah-Iran-Syria Relationship, in: Middle East Journal, 62. Jg., S. 32-54.
Samii, Abbas Williams 2004: Dissent in Iranian Elections: Reasons and Implications, in: Middle East Journal, 58. Jg., S. 403-423.

Sammut, Dennis 2009: At Forty, the Libyan Revolution Finally Matures, in: Mediterranean Politics, 14. Jg., S. 437-442.
Sarigil, Zeki 2007: Europeanization as Institutional Change, in: Mediterranean Politics, 12. Jg., S. 39-58.
Sater, James N. 2009: Parliamentary Elections and Authoritarian Rule in Morocco, in: Middle East Journal, 63. Jg., S. 381-400.
Savran, Sungur 2002: The Legacy of the Twentieth Century, in: Nesecan Balkan und Sungur Savran (Hrsg.) 2002: The Politics of Permanent Crisis, Huntington, S. 1-20.
Sawyer, Amos 2008: Emerging Patterns in Liberia's Post-Conflict Politics: Observations from the 2005 Elections, in: African Affairs, 107. Jg., S. 177-200.
Schatzberg, Michael G. 2001: Political Legitimacy in Middle Africa: Father, Familiy, Food, Bloomington und Indianapolis.
Schatzberg, Michael G. 1980/81: Ethnicity and Class at the Local Level: Bars and Bureaucrats in Lisala, Zaire, in: Comparative Politics, 13. Jg., S. 461-478.
Scheele, Judith 2009: Village Matters: Knowledge, Politics & Community in Kabylia, Algeria, Suffolk und Rochester.
Schimmel, Annemarie 2000. Sufismus. Einführung in die islamische Mystik, München.
Schirazi, Asghar 1998: The Constitution of Iran: Politics and the State in the Islamic Republic, London und New York.
Schlötzer, Christiane 2010a: Die Justiz schlägt zurück, in: Süddeutsche Zeitung vom 24.2.2010, S. 7.
Schlötzer, Chrisitane 2010b: "Wir wenden uns an das Volk". Türkischer Premier: Referendum über neue Verfassung, in: Süddeutsche Zeitung vom 7.5.2010, S. 7.
Schlötzer, Christiane 2009: "Glückwunsch an den Libanon, die Demokratie, die Freiheit", in: Süddeutsche Zeitung vom 9.6.2009, S. 9.
Schmidt, Elizabeth 2005: Mobilizing the Masses: Gender Ethnicity, and Class in the Nationalist Movement in Guinea, 1939-1958, Porthsmouth, N.H.
Schmidt, Peter R. 2010: Peasants, Power and Ethnicity: A Bottom-Up Perspective on Rwanda's Political Transition, in: African Affairs, 109. Jg., S. 273-292.
Schölch, Alexander 1987: Der arabische Osten im neunzehnten Jahrhundert, in: Ulrich Haarmann (Hrsg.), Geschichte der arabischen Welt, München 1987, S. 365-431.
Schneckener, Ulrich (Hrsg.) 2006: Fragile Staatlichkeit. „States at Risk" zwischen Stabilität und Scheitern, Baden-Baden.
Schulze, Reinhard 2003: Geschichte der islamischen Welt im 20. Jahrhundert, 2. Aufl., München.
Schweizer, Gerhard 2000: Iran. Drehscheibe zwischen Ost und West., 4. Aufl., Stuttgart.
Seekings, Jeremy 2004: Trade Unions, Social Policy & Class Compromise in Post-Apartheid South Africa, Nr. 100, S. 299-312.
Seekings, Jeremy 2008: The Continuing Salience of Race: Discrimination and Diversity in South Africa, in: Journal of Contemporary African Studies, 26. Jg., S. 1-25.
Segev, Tom 2006: Es war einmal in Palästina. Juden und Araber vor der Staatsgründung Israels, München.
Seifzadeh, Hossein S. 2003: The Landscape of Factional Politics in Iran, in: Middle East Journal, 57. Jg., S. 57-75.

Sfeir, Antoine 2006: Tunisie. Terre des paradoxes, Paris.
Shalakany, Amr 2006: "I Heard It All Befor": Egyptian Tales of Law and Development, in: Third World Quarterly, 27. Jg., S. 833-853.
Shambayati, Bootan 1994: The Rentier State, Interest Groups, and the Paradox of Autonomy: State and Business in Turkey and Iran, in: Comparative Politics, 26. Jg., S. 307-332.
Shechter, Relli 2009: From *effendi* to *infitahi*? Consumerism and Its Malcontents in the Emergence of Egyptian Market Society, in: British Journal of Middle Eastern Studies, 36. Jg., S. 21-35.
Shehata, Samer 2003: In the Basha's House: The Organizational Culture of Egyptian Public-Sector Enterprise, in; International Journal of Middle East Studies, 35. Jg., S. 103-132.
Shorbagy, Monar 2007: Understanding Kefaya: The New Politics in Egypt, in: Arab Studies Quarterly, 29. Jg., Nr. 1, S. 39-60.
Sidahmed, Abdel Salam und Alsir Sidahmed 2005: Sudan, London und New York.
Signer, David 2004: Die Ökonomie der Hexerei oder Warum es in Afrika keine Wolkenkratzer gibt, Wuppertal.
Singerman, Diane 1995: Family, Politics, and Networks in Urban Quarters of Cairo, Princeton.
Singerman, Diane 2002: The Politics of Emergency Rule in Egypt, in: Current History, 101., Jg., S.29-35.
Smith, Zeric Kay 2001: Mali's Decade of Democracy, in: Journal of Democracy, 12. Jg., S. 73-79.
Somer, Murat 2007: Moderate Islam and Secularist Opposition in Turkey: Implications for the World, Muslims and Secular Democracy, in: Third World Quarterly, 28. Jg., 1271-1289.
Southall, Roger 2004: The ANC and Black Capitalism in South Africa, in: Review of African Political Economy, Nr. 100, S. 313-328.
Southall, Roger 2008: The ANC for Sale? Morality & Business in South Africa, in: Review of African Economy, Nr. 116, S. 281-300.
Spellman, W. M. 2001: Monarchies 1000-2000, London.
Springborg, Robert 1975: Patterns of Association in the Egyptian Political Elite, in: George Lenczowski (Hrsg.), Political Elites in the Middle East, Washington, D.C., S. 83-107.
Springborg, Robert 1989: Mubarak's Egypt: Fragmentation of the Political Order, Boulder und London.
Springborg, Robert 2005: Präsidentennachfolge in Ägypten: Die Abwehr der Prätorianer, in: Hartmut Fähndrich (Hrsg.), Vererbte Macht. Monarchien und Dynastien in der arabischen Welt, Frankfurt/M. und New York, S. 103-110.
Stacher, Joshua A. 2008: Egypt: The Anatomy of Succession, in: Review of African Political Economy, Nr. 116, S. 301-314.
Stacher, Joshua A. 2004: Parties Over: The Demise of Egypt's Opposition Parties, in: British Journal of Middle East Studies, 31. Jg., S. 215-233.

Stacher, Joshua A. 2002: Post-Islamist Rumblings in Egypt: The Emergence of the Wasat Party, in: Middle East Journal, 56. Jg., S. 415-432.
Stearns, Jason K. 2009: In Congo's Conflict, a Surprising Twist, in: Current History, 108. Jg., S. 202-207.
Stearns, Jason K. 2007: Congo's Peace: Miracle or Mirage?, in: Current History, 106. Jg., S. 202-207.
Steinbach, Udo 2007: Geschichte der Türkei, 4. Aufl., München.
Steinberg, Guido 2004: Saudi-Arabien. Politik, Geschichte, Religion, München.
Steiner, Johannes 2006: Gamal Husni Mubarak, in: Orient, 47. Jg., S. 311-322.
Straßner, Alexander, und Margarete Klein (Hrsg.) 2007: Wenn Staaten scheitern. Theorie und Empirie des Staatszerfalls, Wiesbaden.
Streck, Bernhard 2007: Sudan. Ansichten eines zerrissenen Landes, Wuppertal.
Strittmatter, Kai 2010: Ein Volk zeigt Flagge, in: Süddeutsche Zeitung vom 14.9.2010, S. 2.
Strittmatter, Kai 2008: Die dunkle Seite des Staates, in: Süddeutsche Zeitung vom 31.3.2008, S. 3.
Subern, Rotini T. 2008: The Supreme Court and Federalism in Nigeria, in: Journal of Modern African Studies, 46. Jg., S. 451-485.
Sullivan, Denis J. 2003: The Struggle for Egypt's Future, in: Current History, 102. Jg., S. 27-31.
Sullivan, Denis J. 1994: Private Voluntary Organization in Egypt: Islamic Development, Private Initiative, and State Control, Gainesville.
Summitt, April R. 2004: For a White Revolution: John F. Kennedy and the Shah of Iran, in: Middle East Journal, 58. Jg., S. 560-575.
Sumner, Andrew 2006: In Search of the Post-Washington (Dis)Consensus: The Missing Content, in: Third World Quarterly, 27. Jg., S.1401-1412.
SZ (Süddeutsche Zeitung) vom 15.10.2008, S. 10.
SZ (Süddeutsche Zeitung) vom 9.9.2008; S. 9.
Szeftel, Morris 2004: Two Cheers? South African Democracy's First Decade, in: Review of African Political Economy, Nr. 100; S. 193-202.
Szeftel, Morris 2000a: Between Governance & Underdevelopment: Accumulation and Africa's "Catastrophic Corruption", in: Review of African Political Economy, Nr.84, S. 287-306.
Szeftel, Morris 2000b: Clientelism, Corruption & Catastrophe, in: Review of African Political Economy, Nr.85, S. 427-441.
Szmolka, Immaculada 2006: The Algerian Presidential Elections of 2004: An Analysis of Power Relationships in the Political System, in: Mediterranean Politics, 11. Jg., S. 39-58.
Tachau, Frank 2004: Izimir, in: Philip Mattar (Hrsg.), Encyclopaedia of Modern Middle East & North Africa, 2. Aufl., Detroit, S. 1201-1202.
Tachau, Frank, und Metin Heper 1983/84: The State, Politics, and the Military in Turkey, in: Comparative Politics, 16. Jg., S. 17-33.
Tadros, Mariz 2006: State Welfare in Egypt since Adjustment: Hegemonic Control with a Minimalist Role, in: Review of African Political Economy, Nr. 108, S. 237-254.

Takeyh, Ray 2008: Iran's New Iraq, in: Middle East Journal, 62. Jg., S. 13-30.
Takeyh, Ray 2003: Iran at the Crossroads, in: Middle East Journal, 57. Jg., S. 42-56.
Takougang, Joseph 2003: Nationalism, Democratisation and Political Opportunism in Cameroon, in: Journal of Contemporary African Studies, 21. Jg., S. 427-446.
Talhamy, Yvette 2009: The Syrian Muslim Brothers and the Syrian-Iranian Relationship, in: Middle East Journal, 63. Jg., S. 561-580.
Tangri, Roger 2006: Politics, Donors, and the Ineffectivenss of Anti-Corruption Institutions in Uganda, in: Journal of Modern African Studies, 44. Jg., S. 101-124.
Tangri, Roger 1999: Parastatals, Privatization & Private Enterprise, Oxford.
Tangri, Roger 1985: Politics in Sub-Saharan Africa, London.
Tangri, Roger, und Andrew M. Mwenda 2003: Military Corruption & Ugandan Politics since the Late 1980s, Review of African Political Economy, Nr.98, S. 539-552.
Tarango, Pierre Engelbert Stacy, und Matthew Carter 2002: Dismemberment and Suffocation: A Contribution to the Debate on African Boundaries, in: Comparative Politics, 35. Jg., S. 1092-1118.
Tarock, Adam 2001: The Muzzling of the Liberal Press in Iran, in: Third World Quarterly, 22. Jg., S. 585-602.
Taylor, Ian 2003: Conflict in Central Africa: Clandestine Networks & Regional/Global Configurations, in: Review of African Political Economy, Nr. 95, S. 45-55.
Tessler, Mark 2000: Morocco's Next Political Generation, in: Journal of North African Studies, 5. Jg., S. 1-26.
Tetzlaff, Rainer 2002: Die Staaten Afrikas zwischen demokratischer Konsolidierung und StaatSzerfall, in: Aus Politik und Zeitgeschichte, B 13/14, S. 3-6.
Tetzlaff, Rainer 1995: Afrika zwischen Staatsversagen und Demokratiehoffnung, in: Aus Politik und Zeitgeschichte, B 44/45, S. 3-13.
Tetzlaff, Rainer 1993: Staatswerdung im Sudan. Ein Bürgerkriegsstaat zwischen Demokratie, ethnischen Konflikten und Islamisierung, Münster und Hamburg.
Tetzlaff, Rainer, und Cord Jacobeit 2005: Das nachkoloniale Afrika. Politik – Wirtschaft – Gesellschaft, Wiesbaden.
Thomas, Melissa A., und Oumar Sissokho 2005: Liaison Legislature: The Role of the National Assembly in Senegal, in: Comparative Politics, 43. Jg., S. 97-117.
Thomson, Alex 2004: An Introduction to African Politics, 2. Aufl., London un d New York.
Tibi, Bassam 1991: Die Krise des modernen Islams. Eine vorindustrielle Kultur im wissenschaftlich-technischen Zeitalter, Frankfurt/M.
Tibi, Bassam 1990: Old Tribes and Imposed Nation-States, in: Philip S. Khoury and Joseph Kostiner (Hrsg.), Tribes and State Formation in the Middle East, Berkeley, Los Angeles und Oxford, S. 127-152.
Tibi, Bassam 1973: Militär und Sozialismus in der Dritten Welt, Frankfurt/M.
Tilly, Charles 1975: The Formation of National States in Western Europe, Princeton.
Timm, Angelika 2003: Israel – Gesellschaft im Wandel, Opladen.
Nagel, Tilman 1987: Das Kalifat der Abbasiden, in: Ulrich Haarmann (Hrsg.), Geschichte der arabischen Welt, München, S. 101-165.

Tonah, Steve 2003: Integratio or Exclusion of Fulbe Pastoralists in West Africa: A Comparative Analysis of Interethnic Relations, State and Local Policies in Ghana and Cote d'Ivoire, in: Journal of Modern African Studies, 41. Jg., S. 91-114.

Toprak, Binnanz 1988: The State, Politics, and Religion in Turkey, in: Metin Heper und Ahmet Evin (Hrsg.), Democracy and the Military: Turkey in the 1980s, Berlin und New York, S. 119-136.

Torbat, Akbar E. 2002: The Brain Drain from the United States, in: Middle East Journal, 56. Jg., S. 727-296.

Tordoff, William 2002: Government and Politics in Africa, 4. Auf., Houndmills.

Toth, James 2003: Islamism in Southern Egypt: A Case Study of a Radical Religious Movement, in: Internationale Journal of Middle Eastern Studies, 35. Jg., S. 547-572.

Toth, James 1999: Rural Labor Movement in Egypt and Their Impact on the State, Gainesville.

Towfigh, Ebrahim 2004: Islamische Demokratie und "Restauration" der Theokratie – Diskursanalytische Betrachtung des Reformprozesses in der Islamischen Republik Iran, in: Orient, 45. Jg., S. 521-547.

Tozy, Mohamed 2008: Islamists, Technocrats, and the Palace, in: Journal of Democracy, 19. Jg., S. 34-41.

Tripp, Charles 2007: A History of Iraq, 3. Aufl., Cambridge und New York.

Tull, Denis M. 2007: The Democratic Republic of the Congo: Militarized Politics in a "Failed State", in: Morten Boas und Kevin C. Dunn (Hrsg.), African Guerillas: Raging against the Maschine, Boulder und London, S. 113-130.

Turfan, N. Naim 2000: The Rise of the Young Turks: Politics, the Military and Ottoman Collapse, London und New York.

Turner, Thomas 2001: The Kabilas' Congo, in: Current History, 100. Jg., S. 213-218.

Twagiramutawa, Pancrace 1998: Ethnicity and Genocide in Ruanda, in:. Nnoli Okwudiba (Hrsg.), Ethnic Conflicts in Africa, Nottingham, S. 105-130.

Ukwo, Ukoha 2003: Politics, Ethno-Religious Conflicts and Democratic Consolidation in Nigeria, in: Journal of Modern African Studies, 41. Jg., S. 115-138.

Ullrich, Janine 1998: Die Ära Juvénal Habyarimana: Aufschwund und Niedergang, in: Leonhard Harding (Hrsg.), Ruanda – der Weg zum Völkermord. Vorgeschichte–Verlauf–Deutung, Hamburg, S. 83-98.

Uvin, Peter 1999: Ethnicity and Power in Burundi and Ruanda: Different Paths to Mass Violence, in: Comparative Politics, 31.Jg., S. 253-271.

Van Dam, Nicolaos 1997: The Struggle for Power in Syria: Politics and Society under Asad and the Ba'th Party, London und New York.

Vandewalle, Dirk 2004: Boumédienne, Houari, in: Philip Mattar (Hrsg.), Encyclopaedia of Modern Middle East & North Africa, 2. Aufl., Detroit, S. 498-500.

Van de Walle, Nicolas 2001: African Economies and the Politics of Permanent Crisis, 1979-1999, Cambridge und New York.

Van Dijk, Han 2007: Political Deadlock in Chad, in: African Affairs, 106. Jg., Nr. 425, S. 697-703.

Van Leeuwen, Mathejs 2008: Imagining the Great Lakes Region, in: Journal of Modern African Studies, 46. Jg., S. 393-426.

Vandewalle, Dirk (Hrsg.) 2008: Libya since 1969: QadHafiz's Revolution Revisited, New York und Basingstoke.
Vandewalle, Dirk 2008: Libya's Revolution in Perspective, 1969-2000, in: Dirk Vandewalle (Hrsg.), Libya since 1969: QadHafiz's Revolution Revisited, New York und Basingstoke, S. 9-54.
Vandewalle, Dirk 1998: Libya since Independence:Oil and State-Building, London.
Vassiliev, Alexei 2000: The History of Saudi-Arabia, London.
Vaughan, Olufemi 1991: Chieftaincy Politics and Social Relations in Nigeria, in: Journal of Commonwealth and Comparative Politics, 29. Jg., S. 308-326.
Vengroff, Richard, und Moctar Kone 1995: Mali: Democracy and Political Change, in: John A. Wiseman (Hrsg.), Democracy and Political Change in Sub-Saharan Africa, London und New York, S. 45-70.
Villalón, Leonardo A. 2007: Senegal: Shades of Islamism on a Sufi Landscape, in: William F. S. Miles (Hrsg.), Political Islam in West Africa, Boulder und London, S.161-182.
Villalón, Leonardo A. 1994: Sufi Rituals as Ralliles: Religious Ceremonies in the Politics of Senegalese State-Society Relations, in: Comparative Politics, 26. Jg.,, S. 415-436.
Vines, Alex, und Markus Weimer 2009: Angola: Thirty Years of Dos Santos, in: Review of African Political Economy, Nr. 120, S. 287-293.
Vinci, Anthony 2007: "Like Worms in the Entrails of a Natural Man": A Conceptual Analysis of Warlords, in: Review of African Political Economy, Nr. 112, S. 313-331.
Vlassenroot, Koen 2002: Citizenship, Identity Formation & Conflict in South Kivu: The Case of the Banyamulenge, in: Review of African Political Economy, Nr. 93/94., S. 499-516.
Volpi, Frédéric 2000: Democracy in Algeria: Continuity and Change in the Organisation of Political Representation, in: Journal of North African Studies, 5. Jg., Nr. 2, S. 25-40.
Waal, Alex de 2005: Who are the Darfurians? Arab and African Identities, Violence and External Engagement, in: African Affairs, 104. Jg., S. 181-205.
Waldner, David 2004: Land Code of 1858, in: Philip Mattar (Hrsg.), Encyclopaedia of Modern Middle East & North Africa, 2. Aufl., Detroit, S. 1367-1369.
Warburg, Gabriel R. 2009: From Sufism to Fundamentalism: The Mahdiyya and the Wahabiyya, in: Middle Eastern Studies, 45. Jg., S. 661-672.
Warburg, Gabriel R. 1999: Religious and Ethnic Conflict in Sudan: Can National Unity Survive?, in: Leonard Binder (Hrsg.), Ethnic Conflict and International Politics in the Middle East, Gainesville, S.110-130.
Waterbury, John 1992: Export-Led Growth and the Center-Right Coalition in Turkey, in: Comparative Politics, 25. Jg., S. 127-145.
Waterbury, John 1983: The Egypt of Nasser and Sadat: The Political Economy of Two Regimes, Princeton.
Weber, Max 2002: Schriften 1894-1922, ausgew. u. hrsg. von Dirk Käsler, Stuttgart.
Wedeen, Lisa 1999: Ambiguities of Domination: Politics, Rhetoric, and Symbols in Contemporary Syria, Chicago.
Weiss, Herbert 1995: Zaire: Collapsed Society, Surviving State, Future Polity, in: I. William Zartman (Hrsg.), Collapsed States: The Disintegration and Restoration of Legitimate Authority, Boulder und London, S.157-170.

Weiss, Herbert F., und Tatiana Carayannis 2005: The Enduring Idea of the Congo, in: Ricardo René Larémont (Hrsg.), Borders, Nationalism, and the African State, Boulder und London, S. 135-177.

Werenfels. Isabelle 2007: Managing Instability in Algeria: Elites and Political Change since 1995, New York.

Werenfels, Isabelle: Obstacles to Privatisation of State-Owned Industries in Algeria, in: Journal of North African Studies, 7. Jg., S. 1-28.

Werthmann, Katja 2005: Wo sind die Dyula? Ethnicity and Civil War in Côte d'Ivoire, in: Africa Spectrum, 40. Jg., S. 221-240.

Wheeler, Deborah 2003: Egypt: Building an Information Society for International Development, in: Review of African Political Economy, Nr. 98, S. 627-642.

White, Gregory 2008: The "End of the Era of Leniency" in Morocco, in: Yahia A. Zoubir und Haizam Amirah-Fernandéz (Hrsg.), North Africa: Politics, Region, and the Limits of Transformation, London und New York, S. 90-108.

White, Jenny 2007: The Ebbing Power of Turkey's Secularized Elite, in: Current History, 106. Jg., S. 427-433.

Wiktorowicz, Victor 2000: Civil Society as Social Control: State Power in Jordan, in: Comparative Politics, 33. Jg., S. 43-61.

Wiktorowiecz, Quinlan 1999: Islamists, the State and Cooperation in Jordan, in: Arab Studies Quarterly, 21. Jg., Nr. 4, S. 1-17.

Williams, Donald C. 1992: Accommodation in the Midst of Crisis? Assessing Governance in Nigeria, in: Goran Hyden und Michael Bratton (Hrsg.), Governance and Politics in Africa, Boulder und London, S. 97-119.

Willis, Michael J. 2008: The Politics of Berber (Amazigh) Idenity, in: Yahia A. Zubir und Haizam Amirah-Fernandez (Hrsg.), North Africa: Politics, Region and the Limits of Transformation, London, S. 227-244.

Willis, Justin, und Atta El Battahani 2010: "We changed the Laws": Electoral Practice and Malpractice in Sudan since 1953, in: African Affairs, 109. Jg., S. 191-212.

Willis, Michael J. 1999: After Hassan: A New Monarch in Morocco, in: Mediterranean Politics, 4. Jg., S. 115-128.

Wissbar, Katrin 1998: Guter Hutu – Böser Tutsi. Der Aufstieg der Hutu-Power, in: Leonhard Harding (Hrsg.), Ruanda – der Weg zum Völkermord. Vorgeschichte–Verlauf–Deutung, Hamburg, S. 125-138.

Wolffsohn, Michael 2007: Israel. Geschichte, Politik, Wirtschaft, Gesellschaft, 7. Aufl., Wiesbaden.

Woltering, Robbert A FL 2002: The Roots of Islamic Popularity, in: Third World Quarterly, 23. Jg., S. 1133-1143.

Woods, Dwayne 2003: The Tragedy of the Cocoa Pod: Rent-Seeking, Land and Ethnic Confllict in Ivory Coast, in: Journal of Modern African Studies, 41. Jg., S. 641-655.

Yalman, Galip L. 2002: The Turkish State and Bourgeoisie in Historical Perspective: A Relativist Paradigma or a Panoply of Hegemonic Strategies, in: Nesecan Balkan und Sungur Savran (Hrsg.) 2002: The Politics of Permanent Crisis, Huntington, S. 21-54.

Yavuz, M. Hakan 2000: Turkey's Fault Lines and the Crisis of Kemalism, in: Current History, 99. Jg., S. 33-38.

Yavuz, M. Hakan, und Michael M. Gunter 2001: The Kurdish Nation, in: Current History, 100. Jg., S. 32-39.
Yildiz, Ahmet 2008: Problematizing the Intellectual and Political Vestiges: From "Welfare" to "Justice and Development", in: Ümet Cizre (Hrsg.), Secular and Islamic Politics in Turkey: The Making of the Justice and Development Party, London und New York, S. 41-61.
Yom, Sean L. 2009: Jordan: Ten More Years of Autocracy, in: Journal of Democracy, 20. Jg., S. 151-166.
Yom, Sean L., und Mohammad H. al-Momani 2008: The International Dimensions of Regime Stability; Jordan in the Post-Cold War Era, in: Arab Studies Quarterly, 30. Jg., Nr. 1, S. 39-60.
Young, Crawford, und Babacar Kante 1992: Governance, Democracy, and the 1988 Senegalese Elections, in: Goran Hyden und Michael Bratton (Hrsg.), Governance and Politics in Africa, Boulder und London, S. 57-74.
Young, John 2003: Sudan: Liberation Movements, Regional Armies, Ethnic Militias & Peace, in: Review of African Political Economy, Nr. 97, S. 423-434.
Young, John 2005: Sudan: A Flawed Peace Process Leading to a Flawed Peace, in: Review of African Political Economy, Nr.103, S. 99-113.
Zack-Williams, A.B. 2001: Child Soldiers in the Civil War in Sierra Leone, in: Review of African Political Economy, Nr.87, S. 73-82.
Zartman, I. William 1995a: Introduction: Posing the Problem of State Collapse, in: I. William Zartman (Hrsg.), State Collapse: The Disintegration and Restoration of Legitimate Authority, Boulder und London, S. 1-14.
Zartman, I. William (Hrsg.) 1995b: State Collapse: The Disintegration and Restoration of Legitimate Authority, Boulder und London.
Zeghal, Malika 2008: Islamism in Morocco: Religion, Authoritarianism, and Electoral Politics, Princeton.
Zeidel, Ronen 2005: Tikriti Regional Identity as Reflected in Two Regional Myths and a Folkloristic Tale, in: Middle East Studies, 41. Jg., S. 899-910.
Zeilig, Leo 2009: The Student-Intelligentsia in Sub-Saharan Africa: Structural Adjustment, Activism and Transformation, in: Review of African Political Economy, Nr. 119, S. 63-78.
Zisser, Eyal 2008: Where Is Bashar al-Assad Heading?, in: Middle East Quarterly, 15. Jg., Nr. 1, S. 35-40.
Zisser, Eyal 2006a: Who's Afraid of Syrian Nationalism? National and State Identity in Syria, in: Middle East Studies, 42. Jg., S. 179-198.
Zisser, Eyal 2006b: Lebanon – The Cedar Revolution – Between Continuity and Change, in: Orient, 47. Jg., S. 460-483.
Zisser, Eyal 2004: Bashar al-Asad and his Regime – Between Continuity and Change, in: Orient, 45. Jg., S. 239-255.
Zisser, Eyal 2000: Lebanon: The Challenge of Independence, London und New York.

Tabellarischer Anhang*

Tabelle 1: Eckdaten der politischen Entwicklung

	Unabhängigkeit	*autoritäre Herrschaft*	*erfolgreicher Putsch*	*ausländische Intervention*	*politische Lockerung (Liberalisierung, Demokratie)*	*Regierung verliert Kontrolle über Gebiete*	*Bürgerkrieg*
Ägypten	1922	dauerhaft	1952	1956			
Syrien	1945	1958-1961, dauerhaft seit 1966	1949 (2x), 1954, 1955, 1958, 1966		1961		
Libanon	1943			1958, 1975, 1982, 1996		seit 1975 in Teilen der Hauptstadt, im Südlibanon	1975-1990
Irak	1932	1958-2003	1936, 1941, 1958, 1966, 1968	1941, 2003	2005	im Kurdengebiet seit 1958 mit Unterbrechungen	2003-2008
Jordanien	1946	dauerhaft		1958		teilweise, 1967-1970	
Saudi-Arabien	1932	dauerhaft					
Iran	war nie eine Kolonie	bis 1945, dauerhaft seit 1953		1941			
Türkei	1923	bis 1946, 1960/61, 1970-1974, 1980-1983	1960, 1971, 1980, 1997		1961. 1974, 1983, 1999/ 2000		1984-1999 im Kurdengebiet
Algerien	1962	1962-1988, 1991-1999, moderat andauernd	1965, 1991		1988, moderat nach 1999	vereinzelt, 1963 und seit 1992	1992-1999
Marokko	1956	1956-1998			1998		
Tunesien	1956	dauerhaft					
Libyen	1949	dauerhaft	1969				
Kamerun	1960	dauerhaft					
Nigeria	1960	1966-1979, 1983-1993	1966 (2x), 1975, 1983, 1985		1979, 1993, 1999	vereinzelt seit 1999	1967-1970
Senegal	1960	1960-1993			1976, 1993, 2001	vereinzelt Seit 1980	

	Unabhängigkeit	*autoritäre Herrschaft*	*erfolgreicher Putsch*	*ausländische Intervention*	*politische Lockerung (Liberalisierung, Demokratie)*	*Regierung verliert Kontrolle über Gebiete*	*Bürgerkrieg*
Liberia	1847	1847-2003	1980, 1983, 1989	1989, 2003	2005	vollständig, 1989-1995, 1999-2003	1980-2003
Sierra Leone	1961	1968-1996, 1997-1998	1968, 1992, 1997	1989, 2002	1996, 2002	vollständig, 1991-2002	1991-202
Ghana	1957	1957-1966, 1972-1979, 1981-1993	1966, 1972, 1979, 1981		1979, 1993		
Elfenbeinküste	1960	1960-1993	1999	2003	1990	großflächig seit 2002	2003-2007
Angola	1975	dauerhaft				großflächig bis 2002	1975-2002
Kongo-Brazzaville	1960	1963-1992, seit 1997	1963, 1968, 1979	1997	1992	1992	1993-1997
Ruanda	1962	1962-1992, seit 1994	1973		1992	vollständig, 1994	
Burundi	1962	1965-1993	1965, 1966, 1976, 1987, 1993		1993, 1994	vereinzelt seit 1983	1983-2002, stellenweise andauernd
Kongo/Zaire	1960	1965-2007	1965	1961, 1978, 1996, 1998, 1999-2002	1991. 1997, 2007	stellenweise 1960. vereinzelt seit 1973, im östlichen Kongo seit 1996	1996-2009
Uganda	1962	1967-2003, moderat andauernd	1971	1979	2003	seit 1987 im nördlichen Uganda	1980-1985
Kenia	1963	1964-1991			1991		
Südafrika	1910	1910-1994			1994		
Simbabwe	1980	seit 1982					1980-1987
Mali	1960	1960-1992	1968, 1991		1992		
Niger	1960	1960-1991, 1996-1999	1991, 1996, 1999		1991-1993, 1999		1991-1995
Tschad	1960	dauerhaft	1975, 1980, 1982, 1989			vereinzelt seit 1965	mit Unterbrechungen seit 1966
Sudan	1956	1958-1964, 1969-1986, seit 1989	1958, 1969, 1971, 1972, 1989		1965	vereinzelt und dauerhaft seit 1965	1965-2003 im Südsudan, seit 2003 in Darfur

* Die Daten sind dem Fischer-Weltalmanach, Jg. 2010, S. 73ff., S. 548ff., und Jg. 2009, S. 44ff., S. 522ff. entnommen.

Tabelle 2: Basisdaten im Vergleich (in Prozent)

	Anteil der städtischen Bevölkerung (2007)	*durchschnittliche Lebenserwartung in Jahren (2007)*	*Bevölkerung unter 15 Jahre (2007)*	*Kindersterblichkeit auf 1.000 Geburten (2007)*	*Zugang zu Trinkwasser (2006)*	*Lesen und Schreiben (2007) m/w*	*BIP pro Kopf in US-Dollar (2007)*	*Anteil der Militärausgben am BIP (2006)*
Deutschland	74	80	14	4	100		38.990	1,3
Russland	73	73	15	15	97	100/99	7.530	4,0
China	42	71	21	22	88	96/90	2.370	1,9
Ägypten	46	71	33	36	98	75/58*	1.580	2,7
Syrien	54	74	36	17	89	90/76	1.780	3,8
Libanon	87	72	28	29	100	93/86	5.800	4,1
Irak	67				77	84/64*		
Jordanien	83	78	36	24	98	95/87	2.840	4,9
Saudi-Arab.	83	73	33	25		89/79	15.470	8,5
Iran	68	71	27	33	94	88/77*	3.540	4,8
Türkei	68	72	27	23	97	96/81	8.030	2,9
Algerien	65	72	28	37	85	84/66	3.620	2,7
Marokko	56	71	29	34	83	69/43	2.290	3,7
Tunesien	66	74	25	21	94	86/69	3.210	1,4
Libyen	77	74	30	18		94/78	9.010	1,5
Kamerun	56	50	41	148	70	77/60	1.050	1,4
Nigeria	48	47	44	189	47	80/64	920	0,7
Senegal	42	63	42	114	77	52/33*	830	1,6
Liberia	54	46	47	133	64	60/51	140	
Sierra Leone	37	43	43	262	53	50/27	260	1,0
Ghana	49	60	38	115	80	72/58	590	0.7
Elfenbeink.	48	48	41	127	81	61/39*	920	1,6
Kongo	61	55	42	125	71	91/79*	1.540	1,1
Angola	56	43	46	158	51	81/54	2.540	5,4
Ruanda	18	46	43	181	99	71/60*	320	2,7
Burundi	10	49	44	180	71	67/52*	110	5,5
D.R. Kongo	33	46	47	161	46	81/54*	140	
Uganda	13	51	49	130	64	82/66	370	2,1
Kenia	21	54	43	121	57	78/70*	640	1,6
Südafrika	60	50	32	59	93	80/87	5.720	1,4
Mali	32	54	48	196	60	35/18*	500	2,2
Niger	16	57	48	176	42	43/15*	280	1,l
Tschad	26	51	46	209	48	43/21	540	0,9
Sudan	43	59	40	109	70	71/52	950	

* Die Angaben beziehen sich auf 2006 oder ein älteres Jahr.

Tabelle 3: Basisdaten Ägypten (2007)

Bevölkerung (1.000 Ew.)	75.467
Bevölkerung großer Städte (1.000 Ew.)*	Kairo (7.7787), Alexandria (4.110), Gise (2.221)
Religionszugehörigkeit	80% sunnitische Muslime, 15% christliche Kopten
Völker	99% Araber
Sprachen	Arabisch
Exportgüter	56% Brenn- und Schmierstoffe, 8% Nahrungsmittel, 3% chemische Produkte
Streitkräfte (1.000)*	468,5

* 2006

Tabelle 4: Basisdaten Syrien (2007)

Bevölkerung (1.000 Ew.)	19.891
Bevölkerung großer Städte (1.000 Ew.)*	Damaskus (2.272), Aleppo (2.520), Homs (923), Latakia (420), Hama (427)
Religionszugehörigkeit	72% sunnitische Muslime, 12% Alawiten, 10% Christen, 4% Drusen
Völker	89% Araber, 6% Kurden, 2% Armenier, Türken u.a.
Sprachen	Arabisch
Exportgüter	36% Erdöl, 13% Baumwolle und Textilien, 6% Nahrungsmittel
Streitkräfte (1.000)**	307,6

* 2005. ** 2006.

Tabelle 5: Basisdaten Libanon (2007)

Bevölkerung (1.000 Ew.)	4.097
Bevölkerung großer Städte (1.000 Ew.)*	Beirut (1.711), Tripoli (212.9)
Religionszugehörigkeit	Keine offiziellen Angaben, 60 % mehrheitlich schiitische Muslime, ca. 40% Christen
Völker	95% Araber, 4% Armenier
Sprachen	Hauptsächlich Arabisch
Exportgüter	17% Edelsteine u. Schmuck, 16% Maschinen, Anlagen, 9% landwirtsch. Produkte, 8% chemische Produkte
Streitkräfte (1.000)	72,1**

* 2003. ** 2006.

Tabelle 6: Basisdaten Irak (2007)

Bevölkerung (1.000 Ew.)	28.993
Bevölkerung großer Städte (1.000 Ew.)*	Bagdad (5.772), Mossul (1.739), Basra (1.400), Erbil (850), Kirkuk (750), Suleimanja (525), Nadschaf (410), Kerbala (380), Hillah (268)
Religionszugehörigkeit	95% Muslime, davon 2/3 Schiiten, weniger als 5% Christen
Völker	80% Araber, 15% Kurden
Sprachen	80% Arabisch, 15% Kurdisch
Streitkräfte (1.000)**	227

* 2003. ** 2006.

Tabelle 7: Basisdaten Jordanien (2007)

Bevölkerung (1.000 Ew.)	5.719
Bevölkerung großer Städte (1.000 Ew.)*	Amman (1.036), Az-Zarqua (395), Irbid (250)
Religionszugehörigkeit	92% sunnitische Muslime, 2% schiitische Muslime, 6% Christen
Völker	98% Araber
Sprachen	Arabisch
Exportgüter	27% Textilien, 24% Chemie,13% Nahrungsmittel
Streitkräfte (1.000)**	100,5

* 2004. **2006.

Tabelle 8: Basisdaten Saudi-Arabien (2007)

Bevölkerung (1.000 Ew.)	24.157
Bevölkerung großer Städte (1.000 Ew.)*	Riad (4.078), Jidda (2.801). Mekka (1.294), Medina (919)
Religionszugehörigkeit	98% Muslime, die meisten davon Sunniten
Völker*	74,8% Araber (davon 30% Nomaden und Halbnomaden), 25,1% Ausländer
Sprachen	Arabisch
Exportgüter	88% Erdöl,
Streitkräfte (1.000)	224,5**

* 2004. ** 2006.

Tabelle 9: Basisdaten Iran (2007)

Bevölkerung (1.000 Ew.)	71.021
Bevölkerung großer Städte (1.000 Ew.)*	Teheran (7.797), Mashhad (2.427), Isfahan (1.602), Täbris (1.398), Karaj (1.386), Shiraz (1.227), weitere 11 Städte mit mehr als 400.000 Ew.
Religionszugehörigkeit	90% schiitische Muslime, 8% sunnitische Muslime
Völker*	51% Perser, 24% Aserbeidschaner, 8% Gilaki u. Mazandarani, 7% Kurden
Sprachen	50% Persisch (Farsi)
Exportgüter	84% Erdöl und Erdgas
Streitkräfte (1.000)*	545

* 2006.

Tabelle 10: Basisdaten Türkei (2007)

Bevölkerung (1.000 Ew.)	73.885
Bevölkerung großer Städte (1.000 Ew.)	Istanbul (10.757), Ankara (3.763), Izmir (2.606), Bursa (1.431), Adana (1.366), acht weitere Städte mit mehr als 400.000 Ew.
Religionszugehörigkeit	99% Muslime, davon 70% sunnitische Muslime, 15-25% Alawiten
Völker	70% Türken, 20% Kurden, 2% Araber, 0,5% Tscherkessen, 0,5% Georgier
Exportgüter	15% Fahrzeuge, 8% Maschinen/Anlagen, 8% Eisen/Stahl, 8% Textilien
Streitkräfte (1.000)*	514,8

* 2006.

Tabelle 11: Basisdaten Algerien (2007)

Bevölkerung (1.000 Ew.)	33.853
Bevölkerung großer Städte (1.000 Ew.)*	Algier (1.159), Oran (655), Constantine (462), Batna (242), Annaba (215), Setif (211), Sidi bel Abbès (180), Biskara (170), Djelfa (154), Tabassa (153)
Religionszugehörigkeit	100% Muslime
Völker	70% Araber, 30% Berber
Sprachen	70% Arabisch, 30% Berbersprachen
Exportgüter	98% Erdöl und Erdgas
Streitkräfte (1.000)**	137

* 1998. ** 2006.

Tabelle 12: Basisdaten Marokko (2007)

Bevölkerung (1.000 Ew.)	30.861
Bevölkerung großer Städte (1.000 Ew.)*	Casablanca (2.933), Rabat (1.622), Fés (946), Marrakesch (823), Agadir (678), Tanger (669), Meknès (536), Oudja (496), Kenitra (359), Tétouan (320), Safi (284)
Religionszugehörigkeit	99% Muslime, davon 90% Sunniten, Christen und Juden
Völker	60% Araber, 30-40% Berber
Sprachen	60% Arabisch, 40% Berbersprachen
Exportgüter	15% Phosphate, 16% Textilien, 7% natürl. u. chem. Düngemittel
Streitkräfte (1.000)**	200,8

* 2004. ** 2006.

Tabelle 13: Basisdaten Tunesien (2007)

Bevölkerung (1.000 Ew.)	10.225
Bevölkerung großer Städte (1.000 Ew.)*	Tunis (728), Sfax (265), Ariana (240), Sousse (173), Kairouan (117), Gabès (116), Biserta (114), Gafsa (84)
Religionszugehörigkeit	99% Muslime, ca 2.000 Christen und Juden
Völker	98% Araber, 1,2% Berber
Sprachen	Arabisch, Berbersprachen, Französisch
Exportgüter	26% Konsumgüter (Textilien), 17% Energie, 13% Phosphate und Chemie
Streitkräfte (1.000)**	35,3

* 2004. ** 2006.

Tabelle 14: Basisdaten Libyen (2007)

Bevölkerung (1.000 Ew.)	6.156
Bevölkerung großer Städte (1.000 Ew.)*	Tripolis (1.065), Bengasi (670), Misurata (360), Almirqueb (328), Turhona & Misllatah (296), Al-Jafra (289), An-Nikhar-al-Ghames (296), As-Zawiyah (208)
Religionszugehörigkeit	97% Muslime, sonst Katholiken, Kopten
Völker	Araber
Sprachen	Arabisch
Exportgüter	96% Erdöl und Erdgas
Streitkräfte (1.000)*	11,6

* 2006.

Tabelle 15: Basisdaten Kamerun (2007)

Bevölkerung (1.000 Ew.)	18.533
Bevölkerung großer Städte (1.000 Ew.)*	Duala (1.494), Jaunde (1.248), vier weitere Städte zwischen 200.000 und 300.000 Ew.
Religionszugehörigkeit*	53% Christen, 22% Muslime, 25% afrik. Religionen
Völker	40% Bantu, 20% sudansprachige Völker
Sprachen	80% Französisch, 20% Englisch, daneben afrik. Sprachen
Exportgüter**	62% Erdöl, 17% Rohstoffe, 12% Agrarprodukte
Streitkräfte (1.000)**	14,1

* 2001. ** 2006.

Tabelle 16: Nigeria (2007)

Bevölkerung (1.000 Ew.)	147.983
Bevölkerung großer Städte (1.000 Ew.)*	Lagos (10.866), Kano (2.993), Ibadan (2.437), Kaduna (1.375), Benin (1.055), neun weitere Städte zwischen 350.000 und 1 Mio. Ew.
Religionszugehörigkeit	50% Muslime, 40% Christen, 10% afrikan. Religionen
Völker	21% Hausa, 21% Yoruba, 15% Igbo, 6% Ijaw
Sprachen	entsprechend den Völkern
Exportgüter	98% Erdöl und Erdgas
Streitkräfte (1.000)	85**

* 2005. ** 2006.

Tabelle 17: Basisdaten Senegal (2007)

Bevölkerung (1.000 Ew.)	12.411
Bevölkerung großer Städte (1.000 Ew.)	Dakar (2.243), Touba (529), sechs weitere Städte zwischen 150.000 und 260.000 Ew.
Religionszugehörigkeit	94,5% sunnitische Muslime, 5% Christen
Völker	36% Wolof, 23% Fulbe und Tukulör, 125% Serer, 6% Diola, 4% Mandingo
Sprachen	entsprechend den Völkern
Exportgüter	29% Nahrungsmittel, 19% Brennstoffe, Schmiermittel, 16% chemische Produkte,
Streitkräfte (1.000)	13,6*

* 2006.

Tabelle 18: Basisdaten Liberia (2007)

Bevölkerung (1.000 Ew.)	3.714
Bevölkerung großer Städte(1.000 Ew.)*	Monrovia (1.010), Ganta (41), Buchanan (34)
Religionszugehörigkeit	70% afrik. Religionen, 21% Muslime, 10% Christen
Völker	20% Kpelle, 14% Bassa, 9% Grebo, 8% Kru, 8% Gio, 7% Mandingo, 5% Krahn
Sprachen	Englisch, afrik. Sprachen
Exportgüter	88% Naturkautschuk*
Streitkräfte (1.000)	2,4**

* 2008. ** 2006.

Tabelle 19: Basisdaten Sierra Leone (2007)

Bevölkerung (1.000 Ew.)	5.848
Bevölkerung großer Städte (1.000 Ew.)*	Freetown (772), Bo (149), Kenema (128), Makene (82), Koidu (80)
Religionszugehörigkeit	60% Muslime, 30% Christen, 10% afrik. Religionen
Völker*	35% Mende, 32% Temne, 8% Limna, 4% Kuranko
Sprachen	entsprechend den Völkern
Exportgüter**	54% Diamanten, 5% Kakao
Streitkräfte (1.000)**	10,5

* 2004. ** 2006.

Tabelle 20: Basisdaten Ghana (2007)

Bevölkerung (1.000 Ew.)	23.462
Bevölkerung großer Städte (1.000 Ew.)*	Accra (1.847), Kumasi (1.170), Tamale (202), Takoradi (175)
Religionszugehörigkeit	69% Christen, 16% Muslime, 7% afrik. Religionen
Völker**	44% Akan, darunter Ashanti
Exportgüter	34% Gold, 32% Kakao, 6% Holz
Streitkräfte (1.000)**	13,5

* 2003. ** 2006.

Tabelle 21: Basisdaten Elfenbeinküste (2007)

Bevölkerung (1.000 Ew.)	19.268
Bevölkerung großer Städte (1.000 Ew.)*	Abidjan (3.576), Bouaké (573), Yamous-souro (299), Korhogu (149), San Pedro (131), Man, (116), Gagnoa (107)
Religionszugehörigkeit	40% Muslime, 30% Christen, 30% afrik. Religionen
Völker**	23% Baoulé, 18% Bete, 15% Senoufo, 11% Malinke
Staatsangehörigkeit**	74% Ivoirer, 15% Burkinesen, 5% Malier, 6% Guineer, Ghanaer, Liberianer
Sprachen	Französisch und entsprechend den Völkern
Exportgüter	37% Erdöl, 19% Kakao
Streitkräfte (1.000)***	17

* 2005. ** 1998. *** 2006.

Tabelle 22: Basisdaten Angola (2007)

Bevölkerung (1.000 Ew.)	16.949
Bevölkerung großer Städte (1.000 Ew.)*	Luanda (2.766), Huambo (400.000), Ben-guela (155), Lobito (150), Lubango (105), Namibe (100)
Religionszugehörigkeit	68% Katholiken, 20% Protestanten, 12% afrik. Religionen
Völker	38% Ovimbundu, 23% Mbundu, 12% Bakongo
Sprachen	Portugiesisch, indigene Sprachen
Exportgüter	95% Rohöl, 3% Diamanten

* 2005.

Tabelle 23: Basisdaten Kongo-Brazzaville (2007)

Bevölkerung (1.000 Ew.)	3.767
Bevölkerung großer Städte(1.000 Ew.)*	Brazzaville (1.308), Pointe Noire (747), Loubomo (118), Nkayi (60), Quesso (26) Mossendjo (18)
Religionszugehörigkeit	53% kathol. Christen, 2% Muslime
Völker**	52% Bakongo, darunter Lari, 24% Téké und Bavilie, 12% Mbochi
Exportgüter	88% Rohöl, 8% Holz
Streitkräfte (1.000)***	10

* 2008. ** 1996. *** 2006.

Tabelle 24: Basisdaten Ruanda (2007)

Bevölkerung (1.000 Ew.)	9.736
Bevölkerung großer Städte (1.000 Ew.)*	Kigali (603), Gitarama (87), Butare (77), Ruhengeri (71), Gisenyi (67)
Religionszugehörigkeit	92% Christen, davon 48% Katholiken, 44% Protestanten
Völker	85% Hutu, 14% Tutsi
Sprachen	Kinyarwanda (Ruandisch)
Exportgüter	28% Kaffee, 24% Tee, 24% Metalle
Streitkräfte (1.000)**	33

* 2002. ** 2006.

Tabelle 25: Basisdaten Burundi (2007)

Bevölkerung (1.000 Ew.)	8.496
Bevölkerung großer Städte (1.000 Ew.)*	Bujumbura (374), Gitega (123), Muyinga (120), Buzoni (117)
Religionszugehörigkeit**	62% katholische Christen, 23% afrik. Religionen, 10% Muslime
Völker	80% Hutu, 19% Tutsi, 1% Twa
Sprachen	Kirundi, Suaheli
Exportgüter	52% Gold, 35% Kaffee
Streitkräfte (1.000)***	35

* 2004. ** 2006. *** 2006.

Tabelle 26: Kongo/Zaire (2007)

Bevölkerung (1.000 Ew.)	62.399
Bevölkerung großer Städte (1.000 Ew.)*	Kinshasa (7.723), Lubumbashi, (1.283), Mbuji-Maji (1.213), Kananga (720), Buka-vu (471), Kolwezi (456), Lisaki (367), Tshikapa (366), Kikwit (294), Mbandaka (262), Goma (249),Matadi (245)
Religionszugehörigkeit	56% Katholiken, 25% Protestanten, 15% weitere christliche Gemeinschaften
Völker**	80% Bantu, darunter 10% ethnische Ruan-der, 18% Sudan-Völker, 2% Niloten, 20.000 Europäer (zumeist Belgier)
Sprachen	Französisch, sonst entsprechend den Völkern
Exportgüter	Kupfer, Diamanten, Kobalt, Gold, Kaffee, Palmöl
Streitkräfte (1.000)***	51

* 2004. ** 1984. *** 2006.

Tabelle 27: Basisdaten Uganda (2007)

Bevölkerung (1.000 Ew.)	30.916
Bevölkerung großer Städte (1.000 Ew.)*	Kampala (1.480), Kira (158), Gulu (141), Lira (98), Mbarara (97), Mbale (84), Jinja (82), Nansana (79), Masaka (71)
Religionszugehörigkeit**	42% Katholiken, 42% Protestanten, 12% Muslime
Völker**	50% Bantu, darunter 17% Baganda, 26% nilotische Völker, darunter 6% Langi, 5% Acholi
Sprachen	Englisch, Suaheli, afrik. Sprachen
Streitkräfte (1.000)***	45

* 2008. ** 2002. *** 2006.

Tabelle 28: Basisdaten Kenia (2007)

Bevölkerung (1.000 Ew.)	37.531
Bevölkerung großer Städte (1.000 Ew.)*	Nairobi (2.845), Mombasa (828), Nakuru (219), Kisumu (194), Eldoret (167), Thika (82), Meru (78), Kitale (63)
Religionszugehörigkeit	38% Protestanten, 28% Katholiken, 26% afrik. Religionen, 6% Muslime
Völker*	60% Bantu, davon 21% Kikuyu, 25% Niloten, davon 13% Luo, 12% Kalenjin
Sprachen	Suaheli, Englisch, afrik. Sprachen
Exportgüter	21% Kaffee, Tee, Gewürze, 11% tierische und pflanzliche Rohstoffe, 10% Obst und Gemüse, 6% Bekleidung
Streitkräfte (1.000)	24,1

* 1999. ** 2006.

Tabelle 29: Südafrika (2007)

Bevölkerung (1.000 Ew.)	47.851
Bevölkerung großer Städte (1.000 Ew.)*	Johannesburg (3.225), Durban (3.090), Kapstadt (2.893), Prätoria (983), Port Elizabeth (1.005), Soweto (858), sieben weitere Städte zwischen 100.000 und 350.000 Ew.
Religionszugehörigkeit*	79,8% Christen, 1,5% Muslime, 1,2% Hindus, 0,2% Juden
Völker*	79% ethnische Afrikaner, 9,6% Weiße, 2,5% Asiaten
Sprachen*	23,8% Zulu, 17,6% Xhosa, 13,3 Afrikaans
Exportgüter	23% Edelmetalle u. Edelsteine, 17% unedle Metalle, 10% Fahrzeuge, 10% Maschinen und Anlagen, 7% Chemieprodukte
Streitkräfte (1.000)	62,3**

* 2001. ** 2006.

Tabelle 30: Simbabwe (2007)

Bevölkerung (1.000 Ew.)	13.403
Bevölkerung großer Städte (1.000 Ew.)*	Harare (1.444), Bulawayo (676), Chi-tungwiza (352), Mutare (153)
Religionszugehörigkeit	ca. 70% Christen, davon zehn Prozent Katholiken
Völker	77% Schona, 17% Ndelele, 1,4% Weiße
Sprachen	Englisch, Schona und andere Bantu-Sprachen
Exportgüter**	37% Industrieprodukte, 7% Baumwollprodukte, 36% Mineralien (Gold, Platin, Nickel), 23% Agrar-produkte (14% Agrar-produkte, vor allem Tabak)
Streitkräfte (1.000)***	29

* 2002. ** 2008. *** 2006

Tabelle 31: Mali (2007)

Bevölkerung (1.000 Ew.)	12.334
Bevölkerung großer Städte (1.000 Ew.)*	Bamako (1.178), Sikasso (156), Ségou (87), Kayes (83), Mopti (82), Kati (55), Gao (52), San (47)
Religionszugehörigkeit	80% Muslime, 18% afrik. Religionen, 1,2% Christen
Völker**	36,5% Bambara, 13,9% Fulbe, 9% Senufo, 8,8% Soninke, 8,0% Dogon, 7,2% Song-hai, 6,6% Malinke, 2,9% Diola, 2,4% Bobo und Oulé, 4,7% Tuareg
Sprachen	40% Bambara, 10% Französisch, Rest afrik. Sprachen
Exportgüter	Gold, Baumwolle
Streitkräfte (1.000)	7,3***

* 2002. ** 1998. *** 2006.

Tabelle 32: Niger (2007)

Bevölkerung (1.000 Ew.)	14.195
Bevölkerung großer Städte (1.000 Ew.)*	Niamey (674), Zinder (170), Maradi (147), Agadez (76), Tahoua (72)
Religionszugehörigkeit	95% Muslime
Völker*	55,4 Hausa, 21,0 Niloten (Songhai und Djerma), 9,3% Tuareg, 8,5% Fulbe, 4,7% Kanuri, außerdem Tubu und andere
Sprachen	entsprechend den Völkern
Exportgüter	Erze, Uran, landwirtsch. Produkte
Streitkräfte (1.000)**	5,3

* 2001. ** 2006.

Tabelle 33: Tschad (2007)

Bevölkerung (1.000 Ew.)	10.467
Bevölkerung großer Städte (1.000 Ew.)*	N'Djamena (880), Moundo (281), Sarh (198), Bongor (194), Abéche (187)
Religionszugehörigkeit**	54% Muslime, 30% Christen
Völker**	15% Sudanaraber, 40% arabisierte Völker, 30% Hausa und Fulbe
Sprachen	Französisch, Arabisch, afrik. Sprachen
Exportgüter	66% Mineralöl, 21% chemische Produkte
Streitkräfte (1.000)***	25,3

* 2005. ** 1993. *** 2006.

Tabelle 34: Sudan (2007)

Bevölkerung (1.000 Ew.)	38.556
Bevölkerung großer Städte (1.000 Ew.)*	Khartum (4.285), Omdurman (1.271), Al-Khartum-Bari (770), Port Sudan (308), Kassala (234), Al-Obeid (229), Nyala (227), Al-Gezira (211), Gedaref (191)
Religionszugehörigkeit**	70% Muslime, 10% Katholiken, 20% afrik. Religionen
Völker**	40-50% Araber und arabisierte Afrikaner, 30% Afrikaner, vor allem Niloten
Sprachen	50% Arabisch, 50% afrikanische Sprachen
Exportgüter	79% Erdöl, 4% Baumwolle
Streitkräfte (1.000)***	104,8

* 2003. ** 2008. *** 2006.